2018 年

江苏省高等学校
社科统计资料汇编

本书课题组　编

东南大学出版社
SOUTHEAST UNIVERSITY PRESS
·南京·

图书在版编目(CIP)数据

2018年江苏省高等学校社科统计资料汇编 /《江苏省高等学校社科统计资料汇编》课题组编. — 南京：东南大学出版社，2019.12

ISBN 978-7-5641-8679-1

Ⅰ.①2… Ⅱ.①江… Ⅲ.①高等学校—社会科学—科学研究—统计资料汇总—江苏—2018 Ⅳ.①G644-66

中国版本图书馆CIP数据核字(2019)第275521号

2018年江苏省高等学校社科统计资料汇编

2018Nian Jiangsusheng Gaodeng Xuexiao Sheke Tongjiziliao Huibian

编　　者　本书课题组

出版发行　东南大学出版社

社　　址　南京市四牌楼2号

邮　　编　210096

出 版 人　江建中

责任编辑　叶　娟

印　　刷　江苏凤凰数码印务有限公司

开　　本　787 mm×1092 mm　1/16

印　　张　41

字　　数　1050千字

版　　次　2019年12月第1版

印　　次　2019年12月第1次印刷

书　　号　ISBN 978-7-5641-8679-1

定　　价　108.00元

编委会名单

Contents 目录

八 社科研究、课题与成果(来源情况) …… 348

一、编写说明

（一）高校名称说明

本报告中的高校名称以2018年年底的名称为准。

（二）指标说明

1. 社科人力：指高等学校职工中，在本年内从事大专以上人文社会科学教学、研究与咨询工作以及直接为教学、研究与咨询工作服务的教师和其他技术职务人员、辅助人员，按年末实有人数统计（校机关行政人员、离退休人员和校外兼职人员不在统计范围内，本年度从事社科活动累计工作时间在一个月以上的外籍和高教系统以外的专家和访问学者只录入数据库，不在统计范围内）。

2. 社科研究与发展经费：用于统计本年度各个高校人文、社科研发（R&D）经费收入、支出和结余情况。

3. 社科研究与发展机构：用于统计经学校上级主管部门或非上级主管部门批准以及学校自建的人文、社会科学研究与发展机构。

4. 社科研究、课题与成果：用于统计本年度列入学校上级主管部门、非上级主管部门和学校年度计划，以及虽未列入计划但通过签订协议、合同或计划任务书经学校社科研究管理部门确认并在当年开展活动的人文、社会科学各类研究课题。成果部分用于统计本年度人文、社科研究成果情况，包括立项和非立项研究成果。所有研究成果均由第一署名者单位（以成果的版权页为准）填报。

5. 社科研究、课题与成果（来源情况）：用于统计本年度列入学校上级主管部门、非上级主管部门和学校年度计划，以及虽未列入计划但通过签订协议、合同或计划任务书经学校社科研究管理部门确认并在当年开展活动的人文、社会科学各类研究课题的来源情况。成果部分用于统计本年度列入学校社科计划课题的研究成果来源情况，均由第一署名者单位（以成果的版权页为准）填报。

6. 社科研究成果获奖：用于统计本年度各个高校人文、社科立项和非立项研究成果获奖情况，只包括国家级、部级和省级奖。

7. 社科学术交流：用于统计本年度高校人文、社会科学学术交流情况。

8. 社科专利：用于统计本年度高校人文、社会科学专利情况。

二、参与统计的高等学校名单

1. 参与统计的公办本科高等学校名单

高校代码	高校名称	办学类型	办学层次	举办者	所在地
10284	南京大学	公办	本科	教育部	南京
10285	苏州大学	公办	本科	省教育厅	苏州
10286	东南大学	公办	本科	教育部	南京
10287	南京航空航天大学	公办	本科	工业与信息化部	南京
10288	南京理工大学	公办	本科	工业与信息化部	南京
10289	江苏科技大学	公办	本科	省教育厅	镇江
10290	中国矿业大学	公办	本科	教育部	徐州
10291	南京工业大学	公办	本科	省教育厅	南京
10292	常州大学	公办	本科	省教育厅	常州
10293	南京邮电大学	公办	本科	省教育厅	南京
10294	河海大学	公办	本科	教育部	南京
10295	江南大学	公办	本科	教育部	无锡
10298	南京林业大学	公办	本科	省教育厅	南京
10299	江苏大学	公办	本科	省教育厅	镇江
10300	南京信息工程大学	公办	本科	省教育厅	南京
10304	南通大学	公办	本科	省教育厅	南通
10305	盐城工学院	公办	本科	省教育厅	盐城
10307	南京农业大学	公办	本科	教育部	南京
10312	南京医科大学	公办	本科	省教育厅	南京
10313	徐州医科大学	公办	本科	省教育厅	徐州
10315	南京中医药大学	公办	本科	省教育厅	南京
10316	中国药科大学	公办	本科	教育部	南京

续表

高校代码	高校名称	办学类型	办学层次	举办者	所在地
10319	南京师范大学	公办	本科	省教育厅	南京
10320	江苏师范大学	公办	本科	省教育厅	徐州
10323	淮阴师范学院	公办	本科	省教育厅	淮安
10324	盐城师范学院	公办	本科	省教育厅	盐城
10327	南京财经大学	公办	本科	省教育厅	南京
10329	江苏警官学院	公办	本科	省公安厅	南京
10330	南京体育学院	公办	本科	省体育局	南京
10331	南京艺术学院	公办	本科	省教育厅	南京
10332	苏州科技大学	公办	本科	省教育厅	苏州
10333	常熟理工学院	公办	本科	省教育厅	苏州
11049	淮阴工学院	公办	本科	省教育厅	淮安
11055	常州工学院	公办	本科	省教育厅	常州
11117	扬州大学	公办	本科	省教育厅	扬州
11276	南京工程学院	公办	本科	省教育厅	南京
11287	南京审计大学	公办	本科	省教育厅	南京
11460	南京晓庄学院	公办	本科	市政府	南京
11463	江苏理工学院	公办	本科	省教育厅	常州
11641	淮海工学院	公办	本科	省教育厅	连云港
11998	徐州工程学院	公办	本科	市政府	徐州
12048	南京特殊教育师范学院	公办	本科	省教育厅	南京
12213	南京森林警察学院	公办	本科	国家林业局	南京
12917	泰州学院	公办	本科	市政府	泰州
13573	金陵科技学院	公办	本科	市政府	南京
14436	江苏第二师范学院	公办	本科	省教育厅	南京

2. 参与统计的公办专科高校名单

高校代码	高校名称	办学类型	办学层次	举办者	所在地
00466	盐城幼儿师范高等专科学校	公办	专科	省教育厅	盐城
00583	苏州幼儿师范高等专科学校	公办	专科	省教育厅	苏州
10848	无锡职业技术学院	公办	专科	省教育厅	无锡
10849	江苏建筑职业技术学院	公办	专科	省教育厅	徐州
10850	南京工业职业技术学院	公办	专科	省教育厅	南京
10958	江苏工程职业技术学院	公办	专科	省教育厅	南通
10960	苏州工艺美术职业技术学院	公办	专科	省教育厅	苏州
11050	连云港职业技术学院	公办	专科	市政府	连云港
11051	镇江市高等专科学校	公办	专科	市政府	镇江
11052	南通职业大学	公办	专科	市政府	南通
11054	苏州职业大学	公办	专科	市政府	苏州
11288	沙洲职业工学院	公办	专科	市政府	苏州
11462	扬州市职业大学	公办	专科	市政府	扬州
11585	连云港师范高等专科学校	公办	专科	市政府	连云港
12047	江苏经贸职业技术学院	公办	专科	省教育厅	南京
12106	泰州职业技术学院	公办	专科	市政府	泰州
12317	常州信息职业技术学院	公办	专科	省经济和信息化委员会	常州
12679	江苏海事职业技术学院	公办	专科	省教育厅	南京
12681	无锡科技职业学院	公办	专科	市政府	无锡
12682	江苏医药职业学院	公办	专科	省卫生和计划生育委员会	盐城
12684	南通科技职业学院	公办	专科	市政府	南通
12685	苏州经贸职业技术学院	公办	专科	省教育厅	苏州
12686	苏州工业职业技术学院	公办	专科	市政府	苏州
12688	苏州卫生职业技术学院	公办	专科	省卫生和计划生育委员会	苏州
12702	无锡商业职业技术学院	公办	专科	省教育厅	无锡
12703	南通航运职业技术学院	公办	专科	省交通运输厅	南通
12804	南京交通职业技术学院	公办	专科	省交通运输厅	南京
12805	淮安信息职业技术学院	公办	专科	省经济和信息化委员会	淮安
12806	江苏农牧科技职业学院	公办	专科	省农业委员会	泰州
12807	常州纺织服装职业技术学院	公办	专科	省教育厅	常州
12808	苏州农业职业技术学院	公办	专科	省农业委员会	苏州

续表

高校代码	高校名称	办学类型	办学层次	举办者	所在地
12920	南京科技职业学院	公办	专科	省教育厅	南京
13101	常州轻工职业技术学院	公办	专科	省教育厅	常州
13102	常州工程职业技术学院	公办	专科	省教育厅	常州
13103	江苏农林职业技术学院	公办	专科	省农业委员会	镇江
13104	江苏食品药品职业技术学院	公办	专科	省教育厅	淮安
13106	南京铁道职业技术学院	公办	专科	省教育厅	南京
13107	徐州工业职业技术学院	公办	专科	省教育厅	徐州
13108	江苏信息职业技术学院	公办	专科	省教育厅	无锡
13112	南京信息职业技术学院	公办	专科	省经济和信息化委员会	南京
13114	常州机电职业技术学院	公办	专科	省教育厅	常州
13137	江阴职业技术学院	公办	专科	市政府	无锡
13748	无锡城市职业技术学院	公办	专科	市政府	无锡
13749	无锡工艺职业技术学院	公办	专科	省教育厅	无锡
13751	苏州健雄职业技术学院	公办	专科	市政府	苏州
13752	盐城工业职业技术学院	公办	专科	省教育厅	盐城
13753	江苏财经职业技术学院	公办	专科	省教育厅	淮安
13754	扬州工业职业技术学院	公办	专科	省教育厅	扬州
14000	江苏城市职业学院	公办	专科	省教育厅	南京
14001	南京城市职业学院	公办	专科	市政府	南京
14056	南京机电职业技术学院	公办	专科	市政府	南京
14180	南京旅游职业学院	公办	专科	省旅游局	南京
14255	江苏卫生健康职业学院	公办	专科	省卫生和计划生育委员会	南京
14256	苏州信息职业技术学院	公办	专科	市政府	苏州
14295	苏州工业园区服务外包职业学院	公办	专科	市政府	苏州
14329	徐州幼儿师范高等专科学校	公办	专科	市政府	徐州
14401	徐州生物工程职业技术学院	公办	专科	市政府	徐州
14475	江苏商贸职业学院	公办	专科	省供销合作总社	南京
14493	南通师范高等专科学校	公办	专科	省教育厅	南通
14541	江苏护理职业学院	公办	专科	省卫生和计划生育委员会	淮安
14542	江苏财会职业学院	公办	专科	省财政厅	连云港
14543	江苏城乡建设职业学院	公办	专科	省住房和城乡建设厅	常州
14568	江苏航空职业技术学院	公办	专科	江苏省教育厅	镇江
14589	江苏安全技术职业学院	公办	专科	江苏省安全生产 监督管理局	徐州
14604	江苏旅游职业学院	公办	专科	教科研处	扬州

3. 参与统计的民办及中外合作办学高校名单

高校代码	高校名称	办学类型	办学层次	举办者	所在地
10826	明达职业技术学院	民办	专科	民办	盐城
11122	三江学院	民办	本科	民办	南京
12054	九州职业技术学院	民办	专科	民办	徐州
12056	南通理工学院	民办	本科	民办	南通
12078	硅湖职业技术学院	民办	专科	民办	苏州
12680	应天职业技术学院	民办	专科	民办	南京
12687	苏州托普信息职业技术学院	民办	专科	民办	苏州
12689	东南大学成贤学院	民办	专科	民办	南京
12809	苏州工业园区职业技术学院	民办	专科	民办	苏州
12918	太湖创意职业技术学院	民办	专科	民办	无锡
12919	炎黄职业技术学院	民办	专科	民办	淮安
12921	正德职业技术学院	民办	专科	民办	南京
12922	钟山职业技术学院	民办	专科	民办	南京
12923	无锡南洋职业技术学院	民办	专科	民办	无锡
13017	江南影视艺术职业学院	民办	专科	民办	无锡
13100	金肯职业技术学院	民办	专科	民办	南京
13105	建东职业技术学院	民办	专科	民办	常州
13110	宿迁职业技术学院	民办	专科	民办	宿迁
13113	江海职业技术学院	民办	专科	民办	扬州
13571	无锡太湖学院	民办	本科	民办	无锡
13579	中国矿业大学徐海学院	民办	专科	民办	徐州
13646	南京大学金陵学院	民办	专科	民办	南京
13654	南京理工大学紫金学院	民办	专科	民办	南京
13655	南京航空航天大学金城学院	民办	专科	民办	南京
13687	中国传媒大学南广学院	民办	专科	民办	南京
13750	金山职业技术学院	民办	专科	民办	镇江

续表

高校代码	高校名称	办学类型	办学层次	举办者	所在地
13842	南京理工大学泰州科技学院	民办	专科	民办	泰州
13843	南京师范大学泰州学院	民办	专科	民办	泰州
13905	南京工业大学浦江学院	民办	专科	民办	南京
13906	南京师范大学中北学院	民办	专科	民办	南京
13962	苏州百年职业学院	中外合作办学	专科	民办	苏州
13963	昆山登云科技职业学院	民办	专科	民办	苏州
13964	南京视觉艺术职业学院	民办	专科	民办	南京
13980	南京医科大学康达学院	民办	本科	民办	连云港
13981	南京中医药大学翰林学院	民办	专科	民办	泰州
13982	南京信息工程大学滨江学院	民办	专科	民办	南京
13983	苏州大学文正学院	民办	专科	民办	苏州
13984	苏州大学应用技术学院	民办	专科	民办	苏州
13985	苏州科技大学天平学院	民办	专科	民办	苏州
13986	江苏大学京江学院	民办	专科	民办	镇江
13987	扬州大学广陵学院	民办	专科	民办	扬州
13988	江苏师范大学科文学院	民办	专科	民办	徐州
13989	南京邮电大学通达学院	民办	专科	民办	扬州
13990	南京财经大学红山学院	民办	专科	民办	南京
13991	江苏科技大学苏州理工学院	民办	专科	民办	苏州
13992	常州大学怀德学院	民办	专科	民办	泰州
13993	南通大学杏林学院	民办	专科	民办	南通
13994	南京审计大学金审学院	民办	专科	民办	南京
14160	宿迁学院	民办	本科	民办	宿迁
14163	苏州高博软件技术职业学院	民办	专科	民办	苏州
14293	宿迁泽达职业技术学院	民办	专科	民办	宿迁
16403	西交利物浦大学	中外合作办学	本科	民办	苏州
14606	昆山杜克大学	中外合作办学	本科	民办	苏州

三、社科研究与发展概况

1. 江苏省十三市高等学校人文、社会科学活动人员情况表

各市名称	编号	总计		按职称划分						按最后学历划分			按最后学位划分		其他人员
			女性	小计	教授	副教授	讲师	助教	初级	研究生	本科生	其他	博士	硕士	
		L01	L02	L03	L04	L05	L06	L07	L08	L09	L10	L11	L12	L13	L14
合　计	/	48 138	27 143	48 117	4 932	14 736	23 521	4 148	780	29 932	18 034	151	9 722	25 124	21
南京市	1	19 024	10 572	19 024	2 443	5 802	9 188	1 380	211	13 712	5 253	59	5 660	9 346	0
无锡市	2	3 200	2 037	3 200	167	872	1 524	572	65	1 772	1 423	5	313	1823	0
徐州市	3	3 383	1 849	3 364	382	1 169	1 582	185	46	2 052	1 310	2	660	1 707	19
常州市	4	2 978	1 674	2 978	270	791	1 623	276	18	1 508	1 463	7	396	1 477	0
苏州市	5	5 866	3 413	5 866	517	1 644	2 791	632	282	3 528	2 326	12	996	3 108	0
南通市	6	2 604	1 501	2 603	226	920	1 328	102	27	1 373	1 221	9	261	1 599	1
连云港市	7	1 349	784	1 349	99	510	613	109	18	523	825	1	74	717	0
淮安市	8	2 266	1 172	2 266	198	680	1 206	158	24	1 169	1 069	28	287	1 232	0
盐城市	9	1 914	1 039	1 914	208	682	772	242	10	1 008	886	20	225	1 053	0
扬州市	10	2 171	1 178	2 171	214	678	1 020	231	28	1 366	802	3	410	1 134	0
镇江市	11	1 977	1 057	1 976	162	621	1 055	120	18	1 171	802	3	371	968	1
泰州市	12	1 106	673	1 106	42	280	661	95	28	581	524	1	61	712	0
宿迁市	13	300	194	300	4	87	158	46	5	169	130	1	8	248	0

2. 江苏省十三市高等学校人文、社会科学研究与发展经费情况表

各市名称	编号	总数					基础研究					应用研究					实验与发展				
		课题数（项）	当年投入人数（人年）	其中：研究生	当年拨入经费（千元）	当年支出经费（千元）	课题数（项）	当年投入人数（人年）	其中：研究生	当年拨入经费（千元）	当年支出经费（千元）	课题数（项）	当年投入人数（人年）	其中：研究生	当年拨入经费（千元）	当年支出经费（千元）	课题数（项）	当年投入人数（人年）	其中：研究生	当年拨入经费（千元）	当年支出经费（千元）
		L01	L02	L03	L04	L05	L06	L07	L08	L09	L10	L11	L12	L13	L14	L15	L16	L17	L18	L19	L20
合计	/	3 5750	8 220.5	722.2	801 110.54	718 819.27	15 430	3 696.2	272.5	336 807.56	286 686.79	20 280	4 512.3	444	463 486.99	431 463.45	40	12	5.7	815.99	669.03
南京市	1	16 163	3 556.1	450.8	408 282.4	368 959.5	7 210	1 689.8	179.8	154 606	137 676	8 920	1 855.8	265.3	252 920.4	230 632	33	10.5	5.7	755.99	651.53
无锡市	2	1 762	615.9	91.9	33 056.71	29 211.76	340	129.3	14.6	3 238.1	3 129.04	1 422	486.6	77.3	29 818.61	26 082.72	0	0	0	0	0
徐州市	3	3 287	1 076.7	52.2	92 104.94	70 191.33	1 610	528.1	30.8	69 464.72	52 674.55	1 677	548.6	21.4	22 640.22	17 516.78	0	0	0	0	0
常州市	4	2 468	576.7	0.6	42 454.25	37 317.61	633	152.3	0	12 335.3	9 219.46	1 835	424.4	0.6	30 118.95	28 098.15	0	0	0	0	0
苏州市	5	3 247	722.4	34.9	78 949.67	72 575.06	1 282	334.4	17.1	21 294.41	18 460.23	1 960	387.1	17.8	57 601.76	54 098.33	5	0.9	0	53.5	16.5
南通市	6	1 571	265.1	2.1	16 102.6	15 072.93	773	128.5	1.3	5 178.6	3 550.8	798	136.6	0.8	10 924	11 522.13	0	0	0	0	0
连云港市	7	974	130.1	0	12 901.6	10 312.95	246	30.7	0	2 016.2	1 471.55	728	99.4	0	10 885.4	8 841.4	0	0	0	0	0
淮安市	8	1 550	249	0	33 932.66	34 620.21	872	150.2	0	13 574.24	14 145.63	678	98.8	0	20 358.42	2 0474.58	0	0	0	0	0
盐城市	9	1 381	292.5	0	42 521.76	41 266.25	548	150.9	0	27 975.02	20 744.45	831	141	0	14 540.24	20 520.8	2	0.6	0	6.5	1
扬州市	10	1 545	283.9	8.6	23 066.31	21 040.97	1 009	171.5	8.6	19 651.78	17 508.55	536	112.4	0	3 414.53	3 532.42	0	0	0	0	0
镇江市	11	1 155	299.6	81.1	14 452.96	15 376.88	609	159.1	20.3	6 112.66	6 672.73	546	140.5	60.8	8 340.3	8 704.15	0	0	0	0	0
泰州市	12	480	128.1	0	2 889.15	2 376.34	201	58	0	1 095	1 102.26	279	70.1	0	1 794.15	1 274.08	0	0	0	0	0
宿迁市	13	167	24.4	0	395.5	497.47	97	13.4	0	265.5	331.52	70	11	0	130	165.95	0	0	0	0	0

3. 江苏省十三市高等学校人文、社会科学研究与课题来源情况表

各市名称		合计	课题来源														
			国家社科基金项目	国家社科基金单列学科项目	教育部人文社科研究项目	高校古籍整理研究项目	国家自然科学基金项目	中央其他部门社科专门项目	省、市、自治区社科基金项目	省教育厅社科项目	地、市厅、局等政府部门项目	国际合作研究项目	与港、澳、台地区合作研究项目	企事业单位委托项目	学校社科项目	外资项目	其他
	编号	L01	L02	L03	L04	L05	L06	L07	L08	L09	L10	L11	L12	L13	L14	L15	L16
南京市	1	16 163	1 330	93	917	12	466	639	1 488	3 539	1 771	34	2	2 327	3 470	13	62
无锡市	2	1 762	14	6	68	0	9	23	90	547	290	0	0	273	404	0	38
徐州市	3	3 287	212	18	149	8	41	56	208	768	886	1	0	390	535	1	14
常州市	4	2 468	82	7	93	0	0	16	140	655	506	3	0	556	395	1	14
苏州市	5	3 247	219	23	132	5	32	42	202	830	823	5	0	561	305	2	66
南通市	6	1 571	62	1	55	3	0	16	85	507	404	0	0	93	345	0	0
连云港市	7	974	9	0	7	0	0	0	112	190	167	0	0	219	263	0	7
淮安市	8	1 550	32	1	45	1	0	12	106	384	333	0	0	403	233	0	0
盐城市	9	1 381	38	7	33	0	0	16	92	346	174	0	0	414	225	0	36
扬州市	10	1 545	116	16	77	1	0	18	113	366	320	0	0	215	240	0	63
镇江市	11	1 155	67	3	83	0	40	28	132	270	231	0	0	195	100	0	6
泰州市	12	480	1	1	6	2	1	1	12	242	81	0	0	24	88	0	21
宿迁市	13	167	1	0	0	0	0	0	4	94	68	0	0	0	0	0	0

4. 江苏省十三市高等学校人文、社会科学研究与发展课题成果表

各市名称	编号	出版著作(部)合计	专著	其中：被译成外文	编著教材	工具书参考书	皮书/发展报告	科普读物	古籍整理(部)	译著(部)	发表译文(篇)	电子出版物(件)	发表论文(篇)合计	国内学术刊物	国外学术刊物	港、澳、台地区刊物	获奖成果(项)合计	国家级奖	部级奖	省级奖	研究与咨询报告(篇)合计	其中：被采纳数
		L01	L02	L03	L04	L05	L06	L07	L08	L09	L10	L11	L12	L13	L14	L15	L16	L17	L18	L19	L20	L21
合计	/	1 768	1041	24	628	39	21	39	43	182	40	60	30 288	29 186	1 074	28	394	0	16	378	2 814	1 507
南京市	1	813	487	10	260	16	15	35	34	137	31	56	13 052	12 417	622	13	247	0	16	231	808	585
无锡市	2	129	46	0	80	3	0	0	1	3	0	0	2 239	2 190	49	0	15	0	0	15	182	29
徐州市	3	173	112	3	61	0	0	0	0	12	3	0	2 617	2 470	142	5	34	0	0	34	429	161
常州市	4	91	61	1	27	1	2	0	0	7	0	0	2 038	2 028	10	0	17	0	0	17	334	107
苏州市	5	252	127	5	102	17	4	2	0	16	5	1	3 407	3 282	118	7	30	0	0	30	384	292
南通市	6	50	35	3	12	1	0	2	7	1	0	0	1 222	1213	9	0	9	0	0	9	88	53
连云港市	7	19	15	0	4	0	0	0	0	0	0	0	596	591	5	0	5	0	0	5	70	14
淮安市	8	57	38	0	19	0	0	0	0	1	0	0	1 167	1 131	35	1	6	0	0	6	36	2
盐城市	9	73	53	0	20	0	0	0	0	2	0	0	1 134	1 108	24	2	3	0	0	3	157	123
扬州市	10	66	43	1	22	1	0	0	1	1	0	3	1 540	1 524	16	0	20	0	0	20	237	103
镇江市	11	19	18	1	1	0	0	0	0	2	1	0	624	589	35	0	6	0	0	6	70	30
泰州市	12	20	6	0	14	0	0	0	0	0	0	0	476	467	9	0	1	0	0	1	19	8
宿迁市	13	6	0	0	6	0	0	0	0	0	0	0	176	176	0	0	1	0	0	1	0	0

5. 江苏省十三市高等学校人文、社会科学学术交流情况表

各市名称		校办学术会议		学术会议			受聘讲学		社科考察		进修学习		合作研究		
		本校独办数	与外单位合办数	参加人次		提交论文(篇)	派出人次	来校人次	派出人次	来校人次	派出人次	来校人次	派出人次	来校人次	课题数(项)
				合计	其中:赴境外人次										
	编号	L01	L02	L03	L04	L05	L06	L07	L08	L09	L10	L11	L12	L13	L14
合计	/	1 243	452	15 245	1 121	10 977	2 485	4 911	4 178	4 049	5 741	3 596	1 461	1 401	798
南京市	1	959	335	9 539	700	6 184	1 247	2 335	1 743	1 509	2 253	1 749	692	713	492
无锡市	2	42	13	572	19	327	150	314	415	380	338	136	53	105	28
徐州市	3	55	18	1 500	81	1 223	237	602	415	312	853	484	384	301	99
常州市	4	28	21	464	25	401	114	215	284	286	305	343	50	51	63
苏州市	5	59	20	1 047	159	1039	279	544	215	565	604	206	122	118	31
南通市	6	38	2	279	55	130	123	251	400	345	442	369	44	21	5
连云港市	7	6	1	275	0	192	10	18	17	10	32	22	0	0	0
淮安市	8	20	2	782	42	719	125	225	229	282	365	121	10	0	12
盐城市	9	3	21	285	21	276	72	134	117	55	107	51	38	33	30
扬州市	10	26	13	322	8	328	55	95	88	72	192	49	14	10	24
镇江市	11	6	4	109	7	102	34	100	49	18	125	6	40	37	8
泰州市	12	1	2	61	4	46	39	73	203	215	105	60	14	12	6
宿迁市	13	0	0	10	0	10	0	5	3	0	20	0	0	0	0

四、社科人力

1. 全省高等学校人文、社会科学活动人员情况表

学科门类		总计		按职称划分						按最后学历划分			按最后学位划分		其他人员
			女性	小计	教授	副教授	讲师	助教	初级	研究生	本科生	其他	博士	硕士	
	编号	L01	L02	L03	L04	L05	L06	L07	L08	L09	L10	L11	L12	L13	L14
合　计	/	48 138	27 143	48 117	4 932	14 736	23 521	4 148	780	29 932	18 034	151	9 722	25 124	21
管理学	1	8 188	4 311	8 183	971	2 335	3 924	773	180	5 530	2 635	18	2 089	4 318	5
马克思主义	2	2 058	1 088	2 058	250	797	862	135	14	1 415	642	1	484	1 184	0
哲学	3	753	337	753	137	254	294	63	5	649	103	1	348	335	0
逻辑学	4	89	34	89	8	37	41	3	0	49	37	3	11	53	0
宗教学	5	30	10	30	9	14	7	0	0	29	1	0	28	1	0
语言学	6	6 996	5 319	6 996	317	1 893	4 199	473	114	3 919	3 073	4	697	3 926	0
中国文学	7	1 962	1 122	1 961	314	741	787	105	14	1 376	581	4	753	804	1
外国文学	8	1 296	939	1 296	114	359	750	66	7	907	388	1	255	743	0
艺术学	9	6 274	3 454	6 272	518	1 649	3 117	881	107	3 665	2 586	21	644	3 686	2
历史学	10	660	235	660	147	234	254	20	5	557	103	0	358	213	0
考古学	11	35	9	35	15	9	8	3	0	27	7	1	24	4	0
经济学	12	4 886	2 732	4 881	636	1 570	2 174	425	76	3 379	1 493	9	1 461	2 361	5
政治学	13	609	270	609	99	203	272	29	6	433	175	1	178	312	0
法学	14	1 857	833	1 857	273	677	777	120	10	1281	571	5	583	924	0
社会学	15	874	481	874	107	291	403	54	19	682	183	9	325	421	0
民族学与文化学	16	63	36	63	5	20	28	9	1	41	22	0	20	24	0
新闻学与传播学	17	672	384	672	82	177	338	65	10	504	168	0	183	347	0
图书馆、情报与文献学	18	1 996	1 276	1 996	148	497	1 177	116	58	774	1 158	64	226	665	0
教育学	19	4 662	2 643	4 659	501	1 382	2 295	384	97	2 925	1 727	7	679	2 930	3
统计学	20	280	130	275	40	85	127	15	8	188	87	0	82	132	5
心理学	21	550	360	550	66	156	265	52	11	421	129	0	139	317	0
体育科学	22	3 348	1 140	3 348	175	1 356	1 422	357	38	1 181	2 165	2	155	1 424	0

2. 公办本科高等学校人文、社会科学活动人员情况表

		总计		按职称划分						按最后学历划分			按最后学位划分		其他
			女性	小计	教授	副教授	讲师	助教	初级	研究生	本科生	其他	博士	硕士	人员
	编号	L01	L02	L03	L04	L05	L06	L07	L08	L09	L10	L11	L12	L13	L14
合　计	/	28 119	14 338	28 100	4 006	9 698	13 080	1 260	56	20 081	7 963	56	8 965	12 788	19
管理学	1	4 466	2 071	4 461	719	1 398	2 145	180	19	3 523	937	1	1 911	1 825	5
马克思主义	2	1 198	547	1 198	209	495	458	35	1	909	289	0	442	573	0
哲学	3	544	202	544	122	197	212	13	0	486	58	0	325	183	0
逻辑学	4	35	11	35	7	17	11	0	0	30	5	0	7	25	0
宗教学	5	29	10	29	9	13	7	0	0	29	0	0	28	1	0
语言学	6	3 765	2 693	3 765	255	1 159	2 197	154	0	2 602	1 163	0	637	2 150	0
中国文学	7	1 267	630	1 266	261	472	501	31	1	1 038	225	3	702	388	1
外国文学	8	971	690	971	109	293	534	35	0	720	251	0	243	532	0
艺术学	9	3 263	1 663	3 261	441	1 056	1 474	289	1	2 205	1 052	4	606	1 823	2
历史学	10	539	178	539	141	192	199	7	0	475	64	0	340	140	0
考古学	11	30	7	30	13	9	7	1	0	23	7	0	21	2	0
经济学	12	2 825	1 303	2 820	505	1 041	1 216	58	0	2 164	654	2	1 312	993	5
政治学	13	434	172	434	88	156	182	8	0	337	97	0	167	197	0
法学	14	1410	559	1410	260	550	547	53	0	1 048	360	2	563	621	0
社会学	15	608	299	608	94	225	275	13	1	523	84	1	299	248	0
民族学与文化学	16	48	28	48	5	15	21	7	0	33	15	0	18	15	0
新闻学与传播学	17	434	220	434	73	130	203	26	2	357	77	0	165	199	0
图书馆、情报与文献学	18	1 344	834	1 344	128	385	771	52	8	633	670	41	219	470	0
教育学	19	2 292	1 231	2 291	333	784	1 048	106	20	1 692	597	2	598	1 307	1
统计学	20	187	78	182	35	67	76	3	1	143	39	0	74	83	5
心理学	21	340	195	340	58	118	154	10	0	293	47	0	136	165	0
体育科学	22	2 090	717	2 090	141	926	842	179	2	818	1 272	0	152	848	0

2.1 管理学人文、社会科学活动人员情况表

高校名称		总计		按职称划分					按最后学历划分			按最后学位划分		其他人员
			女性	小计	教授	副教授	讲师	助教	初级	研究生	本科生	其他	博士	硕士	
	编号	L01	L02	L03	L04	L05	L06	L07	L08	L09	L10	L11	L12	L13	L14
合　计	/	4 466	2 071	4 461	719	1 398	2 145	180	19	3 523	937	1	1 911	1 825	5
南京大学	1	137	43	137	43	48	42	4	0	132	5	0	117	15	0
东南大学	2	114	42	114	37	32	39	0	6	103	11	0	73	29	0
江南大学	3	97	64	97	13	41	38	5	0	86	11	0	42	31	0
南京农业大学	4	250	96	250	57	67	106	20	0	204	46	0	108	100	0
中国矿业大学	5	152	60	152	39	56	57	0	0	136	16	0	104	36	0
河海大学	6	148	63	148	31	49	68	0	0	141	7	0	112	32	0
南京理工大学	7	88	42	88	15	38	32	3	0	83	5	0	62	22	0
南京航空航天大学	8	123	47	123	33	37	50	3	0	117	6	0	86	28	0
中国药科大学	9	30	19	30	4	10	13	3	0	25	5	0	11	14	0
南京森林警察学院	10	21	14	21	0	6	13	2	0	5	16	0	2	6	0
苏州大学	11	110	53	110	14	32	61	3	0	69	41	0	32	47	0
江苏科技大学	12	185	87	185	22	52	108	3	0	130	55	0	54	88	0
南京工业大学	13	125	61	125	17	49	58	1	0	114	11	0	56	63	0
常州大学	14	85	26	85	15	17	47	6	0	65	19	1	41	24	0
南京邮电大学	15	98	52	98	22	37	39	0	0	88	10	0	57	31	0
南京林业大学	16	53	18	53	6	9	38	0	0	48	5	0	23	25	0
江苏大学	17	195	69	195	32	67	82	13	1	174	21	0	85	88	0
南京信息工程大学	18	154	68	154	34	48	71	1	0	136	18	0	114	27	0
南通大学	19	105	50	105	7	45	53	0	0	87	18	0	18	77	0
盐城工学院	20	96	48	96	12	41	40	3	0	54	42	0	11	78	0
南京医科大学	21	45	23	45	5	4	30	1	5	44	1	0	19	25	0
徐州医科大学	22	49	21	49	4	8	34	1	2	28	21	0	8	36	0
南京中医药大学	23	63	42	63	5	8	50	0	0	58	5	0	24	36	0

续表

高校名称		总计		按职称划分						按最后学历划分			按最后学位划分		其他人员
			女性	小计	教授	副教授	讲师	助教	初级	研究生	本科生	其他	博士	硕士	
	编号	L01	L02	L03	L04	L05	L06	L07	L08	L09	L10	L11	L12	L13	L14
南京师范大学	24	68	29	68	12	29	21	6	0	64	4	0	33	31	0
江苏师范大学	25	99	36	99	16	33	50	0	0	77	22	0	37	43	0
淮阴师范学院	26	99	47	99	7	30	54	8	0	75	24	0	25	58	0
盐城师范学院	27	63	28	63	6	27	24	6	0	58	5	0	16	43	0
南京财经大学	28	215	96	215	29	55	128	3	0	176	39	0	144	33	0
江苏警官学院	29	43	23	43	3	9	20	11	0	21	22	0	11	15	0
南京体育学院	30	18	7	18	1	2	13	2	0	6	12	0	0	5	0
南京艺术学院	31	19	10	19	2	3	14	0	0	12	7	0	0	15	0
苏州科技大学	32	103	58	103	5	28	64	6	0	73	30	0	29	48	0
常熟理工学院	33	62	35	62	4	30	27	1	0	41	21	0	20	28	0
淮阴工学院	34	83	38	83	12	41	30	0	0	55	28	0	24	52	0
常州工学院	35	72	36	72	10	8	49	5	0	52	20	0	20	37	0
扬州大学	36	91	34	91	14	31	46	0	0	65	26	0	43	25	0
南京工程学院	37	183	111	183	13	47	116	5	2	130	53	0	39	106	0
南京审计大学	38	209	111	209	29	64	89	27	0	182	27	0	109	87	0
南京晓庄学院	39	18	11	18	3	6	9	0	0	17	1	0	8	9	0
江苏理工学院	40	62	33	62	13	16	28	5	0	41	21	0	16	25	0
淮海工学院	41	83	37	83	16	22	45	0	0	41	42	0	14	35	0
徐州工程学院	42	162	67	157	26	64	61	4	2	91	66	0	19	80	5
南京特殊教育师范学院	43	10	7	10	2	2	6	0	0	6	4	0	2	4	0
泰州学院	44	28	16	28	4	6	12	6	0	18	10	0	5	21	0
金陵科技学院	45	136	80	136	24	43	59	9	1	81	55	0	36	54	0
江苏第二师范学院	46	17	13	17	1	1	11	4	0	14	3	0	2	13	0

2.2 马克思主义人文、社会科学活动人员情况表

高校名称		总计		按职称划分						按最后学历划分			按最后学位划分		其他人员
			女性	小计	教授	副教授	讲师	助教	初级	研究生	本科生	其他	博士	硕士	
	编号	L01	L02	L03	L04	L05	L06	L07	L08	L09	L10	L11	L12	L13	L14
合　计	/	1 198	547	1 198	209	495	458	35	1	909	289	0	442	573	0
南京大学	1	43	14	43	13	16	14	0	0	38	5	0	36	2	0
东南大学	2	30	12	30	4	10	16	0	0	27	3	0	24	3	0
江南大学	3	37	21	37	4	15	18	0	0	28	9	0	17	12	0
南京农业大学	4	16	6	16	0	6	8	2	0	15	1	0	7	8	0
中国矿业大学	5	54	23	54	8	21	22	3	0	48	6	0	38	12	0
河海大学	6	30	15	30	5	13	12	0	0	28	2	0	22	7	0
南京理工大学	7	18	9	18	3	6	8	1	0	17	1	0	13	4	0
南京航空航天大学	8	24	10	24	4	14	4	2	0	23	1	0	13	10	0
中国药科大学	9	23	9	23	2	7	14	0	0	21	2	0	9	12	0
南京森林警察学院	10	2	1	2	0	1	1	0	0	2	0	0	1	1	0
苏州大学	11	47	21	47	10	23	13	1	0	24	23	0	7	22	0
江苏科技大学	12	31	11	31	5	16	10	0	0	18	13	0	5	16	0
南京工业大学	13	26	14	26	1	9	13	3	0	23	3	0	6	20	0
常州大学	14	20	9	20	5	5	10	0	0	17	3	0	6	13	0
南京邮电大学	15	13	6	13	3	8	2	0	0	11	2	0	9	2	0
南京林业大学	16	33	14	33	4	11	18	0	0	31	2	0	13	18	0
江苏大学	17	15	9	15	1	6	7	1	0	12	3	0	3	9	0
南京信息工程大学	18	51	23	51	11	22	18	0	0	40	11	0	21	24	0
南通大学	19	61	35	61	17	25	19	0	0	49	12	0	14	42	0
盐城工学院	20	53	16	53	11	21	18	3	0	30	23	0	7	39	0
南京医科大学	21	38	23	38	4	15	19	0	0	32	6	0	10	25	0
徐州医科大学	22	9	2	9	0	5	4	0	0	8	1	0	1	7	0
南京中医药大学	23	17	12	17	0	4	13	0	0	15	2	0	5	11	0

续表

高校名称		总计		按职称划分						按最后学历划分			按最后学位划分		其他人员
			女性	小计	教授	副教授	讲师	助教	初级	研究生	本科生	其他	博士	硕士	
	编号	L01	L02	L03	L04	L05	L06	L07	L08	L09	L10	L11	L12	L13	L14
南京师范大学	24	40	13	40	20	13	6	1	0	35	5	0	18	17	0
江苏师范大学	25	22	12	22	2	6	14	0	0	14	8	0	5	12	0
淮阴师范学院	26	19	7	19	6	8	5	0	0	16	3	0	7	10	0
盐城师范学院	27	39	15	39	13	12	13	1	0	34	5	0	13	23	0
南京财经大学	28	27	12	27	5	8	13	1	0	19	8	0	9	14	0
江苏警官学院	29	28	7	28	3	8	12	5	0	13	15	0	7	11	0
南京体育学院	30	8	6	8	2	3	2	1	0	3	5	0	1	3	0
南京艺术学院	31	12	8	12	2	8	2	0	0	10	2	0	3	9	0
苏州科技大学	32	9	2	9	2	2	5	0	0	7	2	0	2	6	0
常熟理工学院	33	25	9	25	1	18	6	0	0	16	9	0	8	14	0
淮阴工学院	34	23	10	23	2	11	10	0	0	14	9	0	8	12	0
常州工学院	35	15	9	15	2	6	6	1	0	5	10	0	2	7	0
扬州大学	36	50	20	50	7	34	9	0	0	35	15	0	20	15	0
南京工程学院	37	23	12	23	4	7	11	1	0	18	5	0	4	15	0
南京审计大学	38	24	10	24	4	6	11	3	0	19	5	0	11	12	0
南京晓庄学院	39	16	8	16	1	8	7	0	0	15	1	0	8	8	0
江苏理工学院	40	19	11	19	5	7	6	1	0	11	8	0	4	7	0
淮海工学院	41	30	11	30	6	13	11	0	0	12	18	0	3	14	0
徐州工程学院	42	23	12	23	3	11	9	0	0	13	10	0	4	14	0
南京特殊教育师范学院	43	12	7	12	2	8	2	0	0	8	4	0	4	5	0
泰州学院	44	10	7	10	1	3	3	3	0	8	2	0	1	7	0
金陵科技学院	45	14	9	14	0	5	7	1	1	13	1	0	4	10	0
江苏第二师范学院	46	19	15	19	1	11	7	0	0	14	5	0	9	9	0

2.3 哲学人文、社会科学活动人员情况表

高校名称		总计		按职称划分						按最后学历划分			按最后学位划分		其他人员
			女性	小计	教授	副教授	讲师	助教	初级	研究生	本科生	其他	博士	硕士	
	编号	L01	L02	L03	L04	L05	L06	L07	L08	L09	L10	L11	L12	L13	L14
合　计	/	544	202	544	122	197	212	13	0	486	58	0	325	183	0
南京大学	1	40	10	40	19	10	10	1	0	40	0	0	37	3	0
东南大学	2	41	18	41	11	15	15	0	0	40	1	0	37	3	0
江南大学	3	12	3	12	3	3	6	0	0	11	1	0	10	1	0
南京农业大学	4	10	2	10	1	1	8	0	0	10	0	0	6	4	0
中国矿业大学	5	2	0	2	1	1	0	0	0	2	0	0	2	0	0
河海大学	6	16	7	16	3	7	6	0	0	16	0	0	13	3	0
南京理工大学	7	12	4	12	0	7	5	0	0	10	2	0	8	2	0
南京航空航天大学	8	6	1	6	0	3	3	0	0	6	0	0	3	3	0
中国药科大学	9	1	0	1	0	0	1	0	0	1	0	0	1	0	0
南京森林警察学院	10	5	2	5	1	0	4	0	0	4	1	0	2	3	0
苏州大学	11	26	5	26	14	7	5	0	0	26	0	0	21	4	0
江苏科技大学	12	14	6	14	1	4	8	1	0	12	2	0	3	9	0
南京工业大学	13	3	2	3	2	1	0	0	0	3	0	0	3	0	0
常州大学	14	9	3	9	2	2	5	0	0	8	1	0	7	1	0
南京邮电大学	15	15	5	15	0	10	5	0	0	14	1	0	10	4	0
南京林业大学	16	8	4	8	0	1	7	0	0	8	0	0	5	3	0
江苏大学	17	13	5	13	3	6	4	0	0	12	1	0	7	5	0
南京信息工程大学	18	16	7	16	3	4	8	1	0	16	0	0	11	5	0
南通大学	19	23	3	23	4	13	6	0	0	18	5	0	9	12	0
盐城工学院	20	15	6	15	5	7	3	0	0	8	7	0	0	14	0
南京医科大学	21	1	0	1	0	0	1	0	0	1	0	0	1	0	0
徐州医科大学	22	5	2	5	0	2	2	1	0	4	1	0	0	5	0
南京中医药大学	23	14	7	14	3	8	3	0	0	12	2	0	9	3	0

续表

高校名称	编号	总计		按职称划分						按最后学历划分			按最后学位划分		其他人员
			女性	小计	教授	副教授	讲师	助教	初级	研究生	本科生	其他	博士	硕士	
	编号	L01	L02	L03	L04	L05	L06	L07	L08	L09	L10	L11	L12	L13	L14
南京师范大学	24	40	16	40	12	18	10	0	0	37	3	0	21	16	0
江苏师范大学	25	26	14	26	8	10	8	0	0	20	6	0	13	10	0
淮阴师范学院	26	17	10	17	4	8	4	1	0	17	0	0	9	8	0
盐城师范学院	27	6	2	6	0	1	4	1	0	6	0	0	3	3	0
南京财经大学	28	10	3	10	2	3	5	0	0	6	4	0	6	2	0
江苏警官学院	29	5	1	5	1	4	0	0	0	3	2	0	1	4	0
南京体育学院	30	3	0	3	1	0	1	1	0	3	0	0	2	1	0
南京艺术学院	31	0	0	0	0	0	0	0	0	0	0	0	0	0	0
苏州科技大学	32	20	4	20	4	7	9	0	0	20	0	0	18	2	0
常熟理工学院	33	3	0	3	0	2	1	0	0	3	0	0	2	1	0
淮阴工学院	34	13	4	13	3	4	6	0	0	11	2	0	3	9	0
常州工学院	35	2	0	2	0	0	2	0	0	1	1	0	1	1	0
扬州大学	36	10	3	10	3	1	6	0	0	9	1	0	8	1	0
南京工程学院	37	17	7	17	2	3	12	0	0	11	6	0	8	6	0
南京审计大学	38	14	9	14	0	3	10	1	0	12	2	0	6	6	0
南京晓庄学院	39	12	7	12	2	5	5	0	0	9	3	0	3	6	0
江苏理工学院	40	9	3	9	1	5	2	1	0	8	1	0	6	2	0
淮海工学院	41	6	4	6	1	0	5	0	0	5	1	0	3	2	0
徐州工程学院	42	12	7	12	1	6	4	1	0	12	0	0	1	11	0
南京特殊教育师范学院	43	1	0	1	0	1	0	0	0	1	0	0	0	1	0
泰州学院	44	4	2	4	0	1	1	2	0	4	0	0	2	2	0
金陵科技学院	45	4	2	4	0	2	1	1	0	3	1	0	2	1	0
江苏第二师范学院	46	3	2	3	1	1	1	0	0	3	0	0	2	1	0

2.4 逻辑学人文、社会科学活动人员情况表

高校名称		总计		按职称划分						按最后学历划分			按最后学位划分		其他人员
			女性	小计	教授	副教授	讲师	助教	初级	研究生	本科生	其他	博士	硕士	
	编号	L01	L02	L03	L04	L05	L06	L07	L08	L09	L10	L11	L12	L13	L14
合　计	/	35	11	35	7	17	11	0	0	30	5	0	7	25	0
南京大学	1	6	0	6	4	0	2	0	0	5	1	0	4	1	0
东南大学	2	1	1	1	0	0	1	0	0	1	0	0	1	0	0
江南大学	3	16	4	16	0	16	0	0	0	16	0	0	1	15	0
南京农业大学	4	0	0	0	0	0	0	0	0	0	0	0	0	0	0
中国矿业大学	5	0	0	0	0	0	0	0	0	0	0	0	0	0	0
河海大学	6	1	1	1	0	1	0	0	0	1	0	0	0	1	0
南京理工大学	7	0	0	0	0	0	0	0	0	0	0	0	0	0	0
南京航空航天大学	8	0	0	0	0	0	0	0	0	0	0	0	0	0	0
中国药科大学	9	0	0	0	0	0	0	0	0	0	0	0	0	0	0
南京森林警察学院	10	0	0	0	0	0	0	0	0	0	0	0	0	0	0
苏州大学	11	0	0	0	0	0	0	0	0	0	0	0	0	0	0
江苏科技大学	12	2	0	2	1	0	1	0	0	1	1	0	1	0	0
南京工业大学	13	0	0	0	0	0	0	0	0	0	0	0	0	0	0
常州大学	14	0	0	0	0	0	0	0	0	0	0	0	0	0	0
南京邮电大学	15	0	0	0	0	0	0	0	0	0	0	0	0	0	0
南京林业大学	16	0	0	0	0	0	0	0	0	0	0	0	0	0	0
江苏大学	17	1	0	1	0	0	1	0	0	1	0	0	0	1	0
南京信息工程大学	18	0	0	0	0	0	0	0	0	0	0	0	0	0	0
南通大学	19	0	0	0	0	0	0	0	0	0	0	0	0	0	0
盐城工学院	20	0	0	0	0	0	0	0	0	0	0	0	0	0	0
南京医科大学	21	0	0	0	0	0	0	0	0	0	0	0	0	0	0
徐州医科大学	22	0	0	0	0	0	0	0	0	0	0	0	0	0	0
南京中医药大学	23	1	1	1	0	0	1	0	0	1	0	0	0	1	0

续表

高校名称		总计		按职称划分						按最后学历划分			按最后学位划分		其他
			女性	小计	教授	副教授	讲师	助教	初级	研究生	本科生	其他	博士	硕士	人员
	编号	L01	L02	L03	L04	L05	L06	L07	L08	L09	L10	L11	L12	L13	L14
南京师范大学	24	0	0	0	0	0	0	0	0	0	0	0	0	0	0
江苏师范大学	25	1	0	1	1	0	0	0	0	0	1	0	0	0	0
淮阴师范学院	26	1	1	1	1	0	0	0	0	1	0	0	0	1	0
盐城师范学院	27	0	0	0	0	0	0	0	0	0	0	0	0	0	0
南京财经大学	28	0	0	0	0	0	0	0	0	0	0	0	0	0	0
江苏警官学院	29	2	1	2	0	0	2	0	0	2	0	0	0	2	0
南京体育学院	30	0	0	0	0	0	0	0	0	0	0	0	0	0	0
南京艺术学院	31	0	0	0	0	0	0	0	0	0	0	0	0	0	0
苏州科技大学	32	0	0	0	0	0	0	0	0	0	0	0	0	0	0
常熟理工学院	33	1	1	1	0	0	1	0	0	0	1	0	0	1	0
淮阴工学院	34	0	0	0	0	0	0	0	0	0	0	0	0	0	0
常州工学院	35	0	0	0	0	0	0	0	0	0	0	0	0	0	0
扬州大学	36	0	0	0	0	0	0	0	0	0	0	0	0	0	0
南京工程学院	37	1	1	1	0	0	1	0	0	0	1	0	0	1	0
南京审计大学	38	0	0	0	0	0	0	0	0	0	0	0	0	0	0
南京晓庄学院	39	0	0	0	0	0	0	0	0	0	0	0	0	0	0
江苏理工学院	40	0	0	0	0	0	0	0	0	0	0	0	0	0	0
淮海工学院	41	1	0	1	0	0	1	0	0	1	0	0	0	1	0
徐州工程学院	42	0	0	0	0	0	0	0	0	0	0	0	0	0	0
南京特殊教育师范学院	43	0	0	0	0	0	0	0	0	0	0	0	0	0	0
泰州学院	44	0	0	0	0	0	0	0	0	0	0	0	0	0	0
金陵科技学院	45	0	0	0	0	0	0	0	0	0	0	0	0	0	0
江苏第二师范学院	46	0	0	0	0	0	0	0	0	0	0	0	0	0	0

2.5 宗教学人文、社会科学活动人员情况表

高校名称		总计		按职称划分						按最后学历划分			按最后学位划分		其他人员
			女性	小计	教授	副教授	讲师	助教	初级	研究生	本科生	其他	博士	硕士	
	编号	L01	L02	L03	L04	L05	L06	L07	L08	L09	L10	L11	L12	L13	L14
合　计	/	29	10	29	9	13	7	0	0	29	0	0	28	1	0
南京大学	1	13	2	13	7	6	0	0	0	13	0	0	13	0	0
东南大学	2	3	2	3	0	2	1	0	0	3	0	0	3	0	0
江南大学	3	0	0	0	0	0	0	0	0	0	0	0	0	0	0
南京农业大学	4	1	1	1	0	0	1	0	0	1	0	0	1	0	0
中国矿业大学	5	0	0	0	0	0	0	0	0	0	0	0	0	0	0
河海大学	6	2	1	2	1	0	1	0	0	2	0	0	2	0	0
南京理工大学	7	0	0	0	0	0	0	0	0	0	0	0	0	0	0
南京航空航天大学	8	0	0	0	0	0	0	0	0	0	0	0	0	0	0
中国药科大学	9	0	0	0	0	0	0	0	0	0	0	0	0	0	0
南京森林警察学院	10	0	0	0	0	0	0	0	0	0	0	0	0	0	0
苏州大学	11	1	0	1	0	1	0	0	0	1	0	0	1	0	0
江苏科技大学	12	0	0	0	0	0	0	0	0	0	0	0	0	0	0
南京工业大学	13	1	1	1	0	1	0	0	0	1	0	0	0	1	0
常州大学	14	0	0	0	0	0	0	0	0	0	0	0	0	0	0
南京邮电大学	15	0	0	0	0	0	0	0	0	0	0	0	0	0	0
南京林业大学	16	0	0	0	0	0	0	0	0	0	0	0	0	0	0
江苏大学	17	0	0	0	0	0	0	0	0	0	0	0	0	0	0
南京信息工程大学	18	1	1	1	0	0	1	0	0	1	0	0	1	0	0
南通大学	19	1	0	1	0	1	0	0	0	1	0	0	1	0	0
盐城工学院	20	0	0	0	0	0	0	0	0	0	0	0	0	0	0
南京医科大学	21	0	0	0	0	0	0	0	0	0	0	0	0	0	0
徐州医科大学	22	0	0	0	0	0	0	0	0	0	0	0	0	0	0
南京中医药大学	23	0	0	0	0	0	0	0	0	0	0	0	0	0	0

续表

高校名称		总计		按职称划分						按最后学历划分			按最后学位划分		其他人员
			女性	小计	教授	副教授	讲师	助教	初级	研究生	本科生	其他	博士	硕士	
	编号	L01	L02	L03	L04	L05	L06	L07	L08	L09	L10	L11	L12	L13	L14
南京师范大学	24	0	0	0	0	0	0	0	0	0	0	0	0	0	0
江苏师范大学	25	1	0	1	1	0	0	0	0	1	0	0	1	0	0
淮阴师范学院	26	0	0	0	0	0	0	0	0	0	0	0	0	0	0
盐城师范学院	27	0	0	0	0	0	0	0	0	0	0	0	0	0	0
南京财经大学	28	0	0	0	0	0	0	0	0	0	0	0	0	0	0
江苏警官学院	29	1	0	1	0	1	0	0	0	1	0	0	1	0	0
南京体育学院	30	0	0	0	0	0	0	0	0	0	0	0	0	0	0
南京艺术学院	31	0	0	0	0	0	0	0	0	0	0	0	0	0	0
苏州科技大学	32	0	0	0	0	0	0	0	0	0	0	0	0	0	0
常熟理工学院	33	0	0	0	0	0	0	0	0	0	0	0	0	0	0
淮阴工学院	34	1	1	1	0	1	0	0	0	1	0	0	1	0	0
常州工学院	35	0	0	0	0	0	0	0	0	0	0	0	0	0	0
扬州大学	36	3	1	3	0	0	3	0	0	3	0	0	3	0	0
南京工程学院	37	0	0	0	0	0	0	0	0	0	0	0	0	0	0
南京审计大学	38	0	0	0	0	0	0	0	0	0	0	0	0	0	0
南京晓庄学院	39	0	0	0	0	0	0	0	0	0	0	0	0	0	0
江苏理工学院	40	0	0	0	0	0	0	0	0	0	0	0	0	0	0
淮海工学院	41	0	0	0	0	0	0	0	0	0	0	0	0	0	0
徐州工程学院	42	0	0	0	0	0	0	0	0	0	0	0	0	0	0
南京特殊教育师范学院	43	0	0	0	0	0	0	0	0	0	0	0	0	0	0
泰州学院	44	0	0	0	0	0	0	0	0	0	0	0	0	0	0
金陵科技学院	45	0	0	0	0	0	0	0	0	0	0	0	0	0	0
江苏第二师范学院	46	0	0	0	0	0	0	0	0	0	0	0	0	0	0

2.6 语言学人文、社会科学活动人员情况表

高校名称		总计		按职称划分						按最后学历划分			按最后学位划分		其他人员
			女性	小计	教授	副教授	讲师	助教	初级	研究生	本科生	其他	博士	硕士	
	编号	L01	L02	L03	L04	L05	L06	L07	L08	L09	L10	L11	L12	L13	L14
合　计	/	3 765	2 693	3 765	255	1 159	2 197	154	0	2 602	1 163	0	637	2 150	0
南京大学	1	130	94	130	21	54	53	2	0	119	11	0	66	50	0
东南大学	2	155	108	155	13	59	81	2	0	113	42	0	35	78	0
江南大学	3	106	89	106	7	27	69	3	0	97	9	0	20	77	0
南京农业大学	4	95	80	95	5	28	58	4	0	70	25	0	13	59	0
中国矿业大学	5	48	33	48	3	24	21	0	0	42	6	0	6	39	0
河海大学	6	27	17	27	3	12	12	0	0	23	4	0	11	12	0
南京理工大学	7	62	43	62	5	11	44	2	0	49	13	0	20	26	0
南京航空航天大学	8	81	53	81	8	30	42	1	0	63	18	0	17	46	0
中国药科大学	9	51	34	51	2	10	29	10	0	41	10	0	4	36	0
南京森林警察学院	10	24	18	24	2	11	11	0	0	8	16	0	0	13	0
苏州大学	11	201	143	201	12	55	110	24	0	128	73	0	41	97	0
江苏科技大学	12	103	83	103	1	18	84	0	0	86	17	0	9	75	0
南京工业大学	13	52	40	52	1	17	32	2	0	42	10	0	11	37	0
常州大学	14	81	64	81	4	17	54	6	0	56	25	0	11	53	0
南京邮电大学	15	66	43	66	11	18	36	1	0	49	17	0	13	37	0
南京林业大学	16	76	56	76	6	12	57	1	0	46	30	0	7	38	0
江苏大学	17	148	107	148	8	51	88	1	0	78	70	0	23	60	0
南京信息工程大学	18	113	82	113	4	20	79	10	0	82	31	0	9	77	0
南通大学	19	128	93	128	11	72	45	0	0	81	47	0	17	94	0
盐城工学院	20	62	38	62	4	23	31	4	0	31	31	0	2	50	0
南京医科大学	21	50	42	50	0	14	34	2	0	33	17	0	2	32	0
徐州医科大学	22	38	24	38	0	8	28	2	0	18	20	0	1	17	0
南京中医药大学	23	43	34	43	2	11	30	0	0	23	20	0	7	24	0

续表

高校名称		总计		按职称划分						按最后学历划分			按最后学位划分		其他人员
			女性	小计	教授	副教授	讲师	助教	初级	研究生	本科生	其他	博士	硕士	
	编号	L01	L02	L03	L04	L05	L06	L07	L08	L09	L10	L11	L12	L13	L14
南京师范大学	24	176	108	176	31	45	97	3	0	162	14	0	69	94	0
江苏师范大学	25	143	84	143	18	43	81	1	0	112	31	0	38	78	0
淮阴师范学院	26	104	73	104	3	28	70	3	0	61	43	0	15	51	0
盐城师范学院	27	93	53	93	8	39	39	7	0	77	16	0	18	59	0
南京财经大学	28	80	52	80	5	28	46	1	0	46	34	0	6	40	0
江苏警官学院	29	35	27	35	0	10	20	5	0	17	18	0	7	19	0
南京体育学院	30	14	10	14	0	3	11	0	0	10	4	0	1	7	0
南京艺术学院	31	19	14	19	0	6	11	2	0	11	8	0	0	11	0
苏州科技大学	32	98	68	98	5	32	59	2	0	76	22	0	16	67	0
常熟理工学院	33	73	51	73	6	27	36	4	0	58	15	0	13	50	0
淮阴工学院	34	71	51	71	4	28	36	3	0	40	31	0	6	51	0
常州工学院	35	70	54	70	3	14	49	4	0	47	23	0	11	39	0
扬州大学	36	160	106	160	12	43	102	3	0	109	51	0	29	81	0
南京工程学院	37	65	47	65	1	16	44	4	0	32	33	0	1	35	0
南京审计大学	38	77	56	77	5	28	37	7	0	62	15	0	14	56	0
南京晓庄学院	39	113	92	113	5	33	75	0	0	63	50	0	8	55	0
江苏理工学院	40	99	73	99	7	19	66	7	0	64	35	0	11	56	0
淮海工学院	41	51	38	51	2	17	32	0	0	27	24	0	6	26	0
徐州工程学院	42	98	75	98	3	33	53	9	0	46	52	0	7	42	0
南京特殊教育师范学院	43	10	9	10	0	5	4	1	0	7	3	0	2	6	0
泰州学院	44	71	51	71	2	17	50	2	0	15	56	0	2	27	0
金陵科技学院	45	66	52	66	0	29	34	3	0	46	20	0	5	43	0
江苏第二师范学院	46	39	31	39	2	14	17	6	0	36	3	0	7	30	0

2.7 中国文学人文、社会科学活动人员情况表

高校名称		总计		按职称划分						按最后学历划分			按最后学位划分		其他人员
			女性	小计	教授	副教授	讲师	助教	初级	研究生	本科生	其他	博士	硕士	
	编号	L01	L02	L03	L04	L05	L06	L07	L08	L09	L10	L11	L12	L13	L14
合　计	/	1 267	630	1 266	261	472	501	31	1	1 038	225	3	702	388	1
南京大学	1	71	20	71	30	17	24	0	0	68	2	1	63	4	0
东南大学	2	24	12	24	2	8	13	1	0	21	3	0	14	7	0
江南大学	3	31	15	31	6	13	12	0	0	27	4	0	17	9	0
南京农业大学	4	3	2	3	0	1	2	0	0	2	1	0	1	1	0
中国矿业大学	5	26	14	26	5	13	8	0	0	22	4	0	17	6	0
河海大学	6	4	1	4	2	1	1	0	0	4	0	0	1	3	0
南京理工大学	7	7	2	7	3	3	1	0	0	6	1	0	4	2	0
南京航空航天大学	8	0	0	0	0	0	0	0	0	0	0	0	0	0	0
中国药科大学	9	0	0	0	0	0	0	0	0	0	0	0	0	0	0
南京森林警察学院	10	0	0	0	0	0	0	0	0	0	0	0	0	0	0
苏州大学	11	85	30	85	26	29	27	3	0	81	4	0	67	17	0
江苏科技大学	12	15	9	15	0	5	10	0	0	8	7	0	3	8	0
南京工业大学	13	3	2	3	0	2	1	0	0	3	0	0	2	1	0
常州大学	14	10	4	10	1	1	7	1	0	10	0	0	5	5	0
南京邮电大学	15	10	7	10	0	7	3	0	0	5	5	0	3	3	0
南京林业大学	16	27	18	27	2	7	18	0	0	22	5	0	7	15	0
江苏大学	17	23	15	23	5	6	12	0	0	21	2	0	16	5	0
南京信息工程大学	18	48	34	48	6	19	23	0	0	43	5	0	36	7	0
南通大学	19	55	22	55	11	24	20	0	0	51	4	0	37	14	0
盐城工学院	20	21	16	21	1	7	13	0	0	13	8	0	3	14	0
南京医科大学	21	1	1	1	0	0	1	0	0	1	0	0	0	1	0
徐州医科大学	22	12	10	12	0	2	9	1	0	8	4	0	0	9	0
南京中医药大学	23	2	1	2	0	0	2	0	0	2	0	0	2	0	0

续表

高校名称		总计		按职称划分						按最后学历划分			按最后学位划分		其他
			女性	小计	教授	副教授	讲师	助教	初级	研究生	本科生	其他	博士	硕士	人员
	编号	L01	L02	L03	L04	L05	L06	L07	L08	L09	L10	L11	L12	L13	L14
南京师范大学	24	94	44	94	30	37	26	1	0	92	2	0	75	17	0
江苏师范大学	25	66	28	66	27	22	17	0	0	59	7	0	41	18	0
淮阴师范学院	26	70	33	70	14	26	29	1	0	51	17	2	27	28	0
盐城师范学院	27	65	32	65	9	25	29	2	0	58	7	0	34	24	0
南京财经大学	28	17	12	17	2	9	6	0	0	12	5	0	8	4	0
江苏警官学院	29	14	3	14	3	5	5	1	0	9	5	0	5	7	0
南京体育学院	30	3	2	3	0	0	2	1	0	3	0	0	0	3	0
南京艺术学院	31	5	4	5	1	3	1	0	0	3	2	0	3	1	0
苏州科技大学	32	32	18	32	8	13	11	0	0	28	4	0	18	11	0
常熟理工学院	33	23	14	23	5	5	7	6	0	21	2	0	15	8	0
淮阴工学院	34	14	8	14	0	5	9	0	0	8	6	0	5	6	0
常州工学院	35	34	16	34	7	10	13	4	0	19	15	0	14	10	0
扬州大学	36	69	21	69	18	27	24	0	0	65	4	0	59	7	0
南京工程学院	37	8	5	8	0	1	7	0	0	6	2	0	1	5	0
南京审计大学	38	18	10	18	1	8	5	4	0	13	5	0	7	6	0
南京晓庄学院	39	52	28	52	11	27	14	0	0	39	13	0	23	16	0
江苏理工学院	40	21	10	21	6	9	5	1	0	20	1	0	11	9	0
淮海工学院	41	34	17	34	7	9	17	1	0	21	13	0	9	17	0
徐州工程学院	42	44	34	43	3	14	25	1	0	29	14	0	7	26	1
南京特殊教育师范学院	43	8	6	8	0	5	3	0	0	7	1	0	1	6	0
泰州学院	44	40	17	40	1	20	18	0	1	8	32	0	7	11	0
金陵科技学院	45	23	14	23	3	13	6	1	0	16	7	0	9	9	0
江苏第二师范学院	46	35	19	35	5	14	15	1	0	33	2	0	25	8	0

2.8 外国文学人文、社会科学活动人员情况表

高校名称		总计		按职称划分						按最后学历划分			按最后学位划分		其他人员
			女性	小计	教授	副教授	讲师	助教	初级	研究生	本科生	其他	博士	硕士	
	编号	L01	L02	L03	L04	L05	L06	L07	L08	L09	L10	L11	L12	L13	L14
合　计	/	971	690	971	109	293	534	35	0	720	251	0	243	532	0
南京大学	1	70	37	70	20	21	29	0	0	69	1	0	52	17	0
东南大学	2	10	8	10	2	3	4	1	0	8	2	0	5	3	0
江南大学	3	14	10	14	1	3	10	0	0	13	1	0	3	10	0
南京农业大学	4	1	1	1	0	1	0	0	0	1	0	0	1	0	0
中国矿业大学	5	69	46	69	4	25	39	1	0	62	7	0	7	57	0
河海大学	6	7	3	7	2	3	2	0	0	5	2	0	2	3	0
南京理工大学	7	15	13	15	1	2	11	1	0	13	2	0	5	8	0
南京航空航天大学	8	14	11	14	0	6	8	0	0	14	0	0	10	4	0
中国药科大学	9	11	7	11	0	0	9	2	0	4	7	0	0	4	0
南京森林警察学院	10	3	3	3	0	0	3	0	0	3	0	0	0	3	0
苏州大学	11	46	29	46	9	12	21	4	0	39	7	0	17	20	0
江苏科技大学	12	21	13	21	1	7	13	0	0	18	3	0	1	17	0
南京工业大学	13	7	6	7	0	2	5	0	0	7	0	0	5	2	0
常州大学	14	3	2	3	0	1	0	2	0	3	0	0	1	2	0
南京邮电大学	15	22	14	22	2	10	10	0	0	18	4	0	10	8	0
南京林业大学	16	2	1	2	0	1	1	0	0	1	1	0	1	1	0
江苏大学	17	7	4	7	1	3	3	0	0	7	0	0	2	5	0
南京信息工程大学	18	23	13	23	5	7	11	0	0	18	5	0	5	15	0
南通大学	19	53	38	53	3	21	29	0	0	37	16	0	12	32	0
盐城工学院	20	22	17	22	1	10	10	1	0	7	15	0	0	16	0
南京医科大学	21	3	2	3	0	1	2	0	0	3	0	0	1	2	0
徐州医科大学	22	1	1	1	0	0	1	0	0	1	0	0	0	1	0
南京中医药大学	23	9	6	9	0	2	7	0	0	2	7	0	0	4	0

续表

高校名称		总计		按职称划分						按最后学历划分			按最后学位划分		其他
			女性	小计	教授	副教授	讲师	助教	初级	研究生	本科生	其他	博士	硕士	人员
	编号	L01	L02	L03	L04	L05	L06	L07	L08	L09	L10	L11	L12	L13	L14
南京师范大学	24	78	64	78	16	23	35	4	0	77	1	0	34	43	0
江苏师范大学	25	44	29	44	6	15	23	0	0	38	6	0	12	28	0
淮阴师范学院	26	32	24	32	3	8	21	0	0	19	13	0	5	16	0
盐城师范学院	27	21	16	21	3	9	6	3	0	21	0	0	5	16	0
南京财经大学	28	9	5	9	1	4	4	0	0	7	2	0	1	5	0
江苏警官学院	29	1	1	1	0	0	1	0	0	1	0	0	0	1	0
南京体育学院	30	11	8	11	0	0	6	5	0	4	7	0	0	4	0
南京艺术学院	31	0	0	0	0	0	0	0	0	0	0	0	0	0	0
苏州科技大学	32	19	16	19	5	5	9	0	0	19	0	0	9	10	0
常熟理工学院	33	17	13	17	0	6	11	0	0	15	2	0	1	15	0
淮阴工学院	34	15	13	15	2	4	9	0	0	7	8	0	1	12	0
常州工学院	35	40	31	40	1	6	31	2	0	17	23	0	4	16	0
扬州大学	36	38	23	38	6	7	25	0	0	24	14	0	9	14	0
南京工程学院	37	20	14	20	1	3	10	6	0	16	4	0	5	14	0
南京审计大学	38	19	15	19	2	6	10	1	0	14	5	0	4	13	0
南京晓庄学院	39	7	5	7	1	3	3	0	0	6	1	0	0	6	0
江苏理工学院	40	17	12	17	2	9	6	0	0	9	8	0	2	7	0
淮海工学院	41	73	55	73	2	26	45	0	0	30	43	0	4	35	0
徐州工程学院	42	39	30	39	3	11	25	0	0	19	20	0	2	16	0
南京特殊教育师范学院	43	20	18	20	1	3	15	1	0	11	9	0	0	17	0
泰州学院	44	6	4	6	1	1	4	0	0	1	5	0	1	2	0
金陵科技学院	45	6	4	6	1	1	4	0	0	6	0	0	0	6	0
江苏第二师范学院	46	6	5	6	0	2	3	1	0	6	0	0	4	2	0

2.9 艺术学人文、社会科学活动人员情况表

高校名称		总计		按职称划分						按最后学历划分			按最后学位划分		其他人员
			女性	小计	教授	副教授	讲师	助教	初级	研究生	本科生	其他	博士	硕士	
	编号	L01	L02	L03	L04	L05	L06	L07	L08	L09	L10	L11	L12	L13	L14
合　计	/	3 263	1 663	3 261	441	1 056	1 474	289	1	2 205	1 052	4	606	1 823	2
南京大学	1	44	19	44	13	18	13	0	0	37	6	1	35	3	0
东南大学	2	70	27	70	16	20	31	3	0	67	3	0	50	17	0
江南大学	3	191	96	191	27	83	76	5	0	157	34	0	50	94	0
南京农业大学	4	22	10	22	4	3	14	1	0	16	6	0	5	11	0
中国矿业大学	5	49	25	49	8	19	21	1	0	40	9	0	7	40	0
河海大学	6	5	3	5	1	1	3	0	0	3	2	0	0	3	0
南京理工大学	7	39	17	39	2	9	25	3	0	37	2	0	16	21	0
南京航空航天大学	8	52	25	52	10	14	25	3	0	32	20	0	14	18	0
中国药科大学	9	0	0	0	0	0	0	0	0	0	0	0	0	0	0
南京森林警察学院	10	4	2	4	0	2	2	0	0	3	1	0	0	3	0
苏州大学	11	122	55	122	29	35	47	11	0	57	65	0	16	43	0
江苏科技大学	12	9	6	9	0	1	7	1	0	7	2	0	1	7	0
南京工业大学	13	39	18	39	5	14	18	2	0	39	0	0	16	23	0
常州大学	14	78	39	78	9	15	30	24	0	67	11	0	12	57	0
南京邮电大学	15	28	18	28	3	10	13	2	0	26	2	0	7	19	0
南京林业大学	16	73	44	73	8	19	41	5	0	62	11	0	19	43	0
江苏大学	17	60	26	60	4	21	27	8	0	38	22	0	11	29	0
南京信息工程大学	18	51	22	51	6	9	29	7	0	44	7	0	8	39	0
南通大学	19	112	57	112	11	53	48	0	0	62	50	0	21	62	0
盐城工学院	20	54	21	54	2	18	29	5	0	27	27	0	6	39	0
南京医科大学	21	1	1	1	0	0	1	0	0	0	1	0	0	0	0
徐州医科大学	22	4	4	4	0	0	4	0	0	2	2	0	0	2	0
南京中医药大学	23	3	3	3	0	1	2	0	0	3	0	0	1	2	0

续表

高校名称		总计		按职称划分						按最后学历划分			按最后学位划分		其他人员
			女性	小计	教授	副教授	讲师	助教	初级	研究生	本科生	其他	博士	硕士	
	编号	L01	L02	L03	L04	L05	L06	L07	L08	L09	L10	L11	L12	L13	L14
南京师范大学	24	176	83	176	40	60	52	24	0	135	41	0	41	96	0
江苏师范大学	25	117	56	117	20	53	44	0	0	62	55	0	21	44	0
淮阴师范学院	26	130	59	130	8	29	79	14	0	80	49	1	16	71	0
盐城师范学院	27	95	53	95	3	36	32	24	0	64	31	0	5	56	0
南京财经大学	28	45	22	45	3	14	28	0	0	39	5	1	7	34	0
江苏警官学院	29	1	0	1	0	0	1	0	0	1	0	0	0	1	0
南京体育学院	30	4	3	4	0	0	2	2	0	4	0	0	1	3	0
南京艺术学院	31	493	224	493	119	175	183	16	0	330	162	1	113	284	0
苏州科技大学	32	112	53	112	16	36	53	7	0	78	34	0	19	60	0
常熟理工学院	33	79	45	79	9	29	35	6	0	43	36	0	11	50	0
淮阴工学院	34	57	28	57	2	18	32	5	0	33	24	0	6	44	0
常州工学院	35	84	44	84	8	18	48	10	0	56	28	0	17	45	0
扬州大学	36	95	55	95	12	23	50	10	0	66	29	0	15	51	0
南京工程学院	37	71	39	71	6	22	39	4	0	47	24	0	9	50	0
南京审计大学	38	15	9	15	0	4	9	2	0	7	8	0	1	11	0
南京晓庄学院	39	104	69	104	6	27	67	4	0	64	40	0	6	61	0
江苏理工学院	40	80	43	80	6	25	38	11	0	45	35	0	4	44	0
淮海工学院	41	38	20	38	0	6	29	3	0	27	11	0	0	27	0
徐州工程学院	42	93	57	91	5	30	39	16	1	42	49	0	2	48	2
南京特殊教育师范学院	43	48	31	48	2	16	25	5	0	22	26	0	4	20	0
泰州学院	44	77	45	77	8	22	28	19	0	34	43	0	5	45	0
金陵科技学院	45	62	40	62	5	23	27	7	0	35	27	0	4	44	0
江苏第二师范学院	46	77	47	77	5	25	28	19	0	65	12	0	4	59	0

2.10 历史学人文、社会科学活动人员情况表

高校名称		总计		按职称划分						按最后学历划分			按最后学位划分		其他人员
			女性	小计	教授	副教授	讲师	助教	初级	研究生	本科生	其他	博士	硕士	
	编号	L01	L02	L03	L04	L05	L06	L07	L08	L09	L10	L11	L12	L13	L14
合　计	/	539	178	539	141	192	199	7	0	475	64	0	340	140	0
南京大学	1	59	15	59	26	17	16	0	0	59	0	0	55	4	0
东南大学	2	6	1	6	1	0	5	0	0	5	1	0	4	1	0
江南大学	3	4	0	4	1	2	1	0	0	4	0	0	2	2	0
南京农业大学	4	18	3	18	6	6	6	0	0	17	1	0	12	5	0
中国矿业大学	5	0	0	0	0	0	0	0	0	0	0	0	0	0	0
河海大学	6	4	2	4	0	1	3	0	0	4	0	0	3	1	0
南京理工大学	7	8	1	8	2	3	3	0	0	7	1	0	6	1	0
南京航空航天大学	8	3	2	3	0	1	1	1	0	3	0	0	2	1	0
中国药科大学	9	2	1	2	0	0	2	0	0	2	0	0	2	0	0
南京森林警察学院	10	1	0	1	0	0	1	0	0	1	0	0	0	1	0
苏州大学	11	34	9	34	16	9	9	0	0	32	2	0	27	5	0
江苏科技大学	12	7	2	7	0	4	3	0	0	7	0	0	3	4	0
南京工业大学	13	3	1	3	0	1	2	0	0	3	0	0	2	1	0
常州大学	14	8	3	8	3	0	5	0	0	8	0	0	6	2	0
南京邮电大学	15	12	6	12	2	8	2	0	0	9	3	0	8	1	0
南京林业大学	16	3	1	3	1	1	0	1	0	3	0	0	1	2	0
江苏大学	17	15	6	15	1	8	6	0	0	12	3	0	9	4	0
南京信息工程大学	18	17	2	17	4	1	12	0	0	17	0	0	14	3	0
南通大学	19	15	5	15	2	8	5	0	0	14	1	0	9	5	0
盐城工学院	20	6	3	6	3	1	2	0	0	5	1	0	4	2	0
南京医科大学	21	0	0	0	0	0	0	0	0	0	0	0	0	0	0
徐州医科大学	22	1	0	1	0	0	1	0	0	1	0	0	0	1	0
南京中医药大学	23	10	5	10	3	4	3	0	0	9	1	0	7	2	0

续表

高校名称		总计		按职称划分						按最后学历划分			按最后学位划分		其他人员
			女性	小计	教授	副教授	讲师	助教	初级	研究生	本科生	其他	博士	硕士	
	编号	L01	L02	L03	L04	L05	L06	L07	L08	L09	L10	L11	L12	L13	L14
南京师范大学	24	41	14	41	14	12	14	1	0	36	5	0	30	6	0
江苏师范大学	25	37	13	37	12	15	10	0	0	32	5	0	28	4	0
淮阴师范学院	26	24	8	24	5	10	9	0	0	20	4	0	12	8	0
盐城师范学院	27	21	10	21	6	9	5	1	0	18	3	0	6	13	0
南京财经大学	28	11	6	11	0	3	8	0	0	9	2	0	5	4	0
江苏警官学院	29	2	0	2	1	0	1	0	0	2	0	0	2	0	0
南京体育学院	30	1	0	1	0	0	1	0	0	0	1	0	0	0	0
南京艺术学院	31	0	0	0	0	0	0	0	0	0	0	0	0	0	0
苏州科技大学	32	26	8	26	10	8	7	1	0	22	4	0	15	7	0
常熟理工学院	33	5	2	5	1	3	1	0	0	4	1	0	3	1	0
淮阴工学院	34	8	2	8	0	4	4	0	0	8	0	0	4	4	0
常州工学院	35	6	4	6	0	3	3	0	0	3	3	0	1	2	0
扬州大学	36	48	8	48	13	18	17	0	0	44	4	0	38	7	0
南京工程学院	37	4	1	4	0	1	2	1	0	3	1	0	1	2	0
南京审计大学	38	10	2	10	2	2	6	0	0	10	0	0	6	4	0
南京晓庄学院	39	11	4	11	3	5	3	0	0	8	3	0	6	2	0
江苏理工学院	40	5	2	5	1	2	1	1	0	3	2	0	1	2	0
淮海工学院	41	4	0	4	0	1	3	0	0	3	1	0	0	4	0
徐州工程学院	42	19	16	19	0	11	8	0	0	12	7	0	0	12	0
南京特殊教育师范学院	43	0	0	0	0	0	0	0	0	0	0	0	0	0	0
泰州学院	44	10	7	10	0	6	4	0	0	6	4	0	1	5	0
金陵科技学院	45	3	1	3	0	2	1	0	0	3	0	0	3	0	0
江苏第二师范学院	46	7	2	7	2	2	3	0	0	7	0	0	2	5	0

2.11 考古学人文、社会科学活动人员情况表

高校名称		总计		按职称划分						按最后学历划分			按最后学位划分		其他人员
			女性	小计	教授	副教授	讲师	助教	初级	研究生	本科生	其他	博士	硕士	
	编号	L01	L02	L03	L04	L05	L06	L07	L08	L09	L10	L11	L12	L13	L14
合　计	/	30	7	30	13	9	7	1	0	23	7	0	21	2	0
南京大学	1	17	3	17	9	5	3	0	0	14	3	0	14	0	0
东南大学	2	0	0	0	0	0	0	0	0	0	0	0	0	0	0
江南大学	3	0	0	0	0	0	0	0	0	0	0	0	0	0	0
南京农业大学	4	0	0	0	0	0	0	0	0	0	0	0	0	0	0
中国矿业大学	5	0	0	0	0	0	0	0	0	0	0	0	0	0	0
河海大学	6	0	0	0	0	0	0	0	0	0	0	0	0	0	0
南京理工大学	7	0	0	0	0	0	0	0	0	0	0	0	0	0	0
南京航空航天大学	8	1	0	1	1	0	0	0	0	1	0	0	1	0	0
中国药科大学	9	0	0	0	0	0	0	0	0	0	0	0	0	0	0
南京森林警察学院	10	0	0	0	0	0	0	0	0	0	0	0	0	0	0
苏州大学	11	0	0	0	0	0	0	0	0	0	0	0	0	0	0
江苏科技大学	12	0	0	0	0	0	0	0	0	0	0	0	0	0	0
南京工业大学	13	0	0	0	0	0	0	0	0	0	0	0	0	0	0
常州大学	14	0	0	0	0	0	0	0	0	0	0	0	0	0	0
南京邮电大学	15	0	0	0	0	0	0	0	0	0	0	0	0	0	0
南京林业大学	16	0	0	0	0	0	0	0	0	0	0	0	0	0	0
江苏大学	17	0	0	0	0	0	0	0	0	0	0	0	0	0	0
南京信息工程大学	18	0	0	0	0	0	0	0	0	0	0	0	0	0	0
南通大学	19	0	0	0	0	0	0	0	0	0	0	0	0	0	0
盐城工学院	20	0	0	0	0	0	0	0	0	0	0	0	0	0	0
南京医科大学	21	0	0	0	0	0	0	0	0	0	0	0	0	0	0
徐州医科大学	22	0	0	0	0	0	0	0	0	0	0	0	0	0	0
南京中医药大学	23	0	0	0	0	0	0	0	0	0	0	0	0	0	0

续表

高校名称		总计		按职称划分						按最后学历划分			按最后学位划分		其他人员
			女性	小计	教授	副教授	讲师	助教	初级	研究生	本科生	其他	博士	硕士	
	编号	L01	L02	L03	L04	L05	L06	L07	L08	L09	L10	L11	L12	L13	L14
南京师范大学	24	6	0	6	3	2	1	0	0	2	4	0	2	0	0
江苏师范大学	25	2	1	2	0	1	1	0	0	2	0	0	2	0	0
淮阴师范学院	26	1	1	1	0	0	1	0	0	1	0	0	0	1	0
盐城师范学院	27	0	0	0	0	0	0	0	0	0	0	0	0	0	0
南京财经大学	28	0	0	0	0	0	0	0	0	0	0	0	0	0	0
江苏警官学院	29	0	0	0	0	0	0	0	0	0	0	0	0	0	0
南京体育学院	30	0	0	0	0	0	0	0	0	0	0	0	0	0	0
南京艺术学院	31	0	0	0	0	0	0	0	0	0	0	0	0	0	0
苏州科技大学	32	0	0	0	0	0	0	0	0	0	0	0	0	0	0
常熟理工学院	33	0	0	0	0	0	0	0	0	0	0	0	0	0	0
淮阴工学院	34	0	0	0	0	0	0	0	0	0	0	0	0	0	0
常州工学院	35	0	0	0	0	0	0	0	0	0	0	0	0	0	0
扬州大学	36	0	0	0	0	0	0	0	0	0	0	0	0	0	0
南京工程学院	37	0	0	0	0	0	0	0	0	0	0	0	0	0	0
南京审计大学	38	0	0	0	0	0	0	0	0	0	0	0	0	0	0
南京晓庄学院	39	0	0	0	0	0	0	0	0	0	0	0	0	0	0
江苏理工学院	40	0	0	0	0	0	0	0	0	0	0	0	0	0	0
淮海工学院	41	0	0	0	0	0	0	0	0	0	0	0	0	0	0
徐州工程学院	42	0	0	0	0	0	0	0	0	0	0	0	0	0	0
南京特殊教育师范学院	43	1	1	1	0	0	1	0	0	1	0	0	1	0	0
泰州学院	44	0	0	0	0	0	0	0	0	0	0	0	0	0	0
金陵科技学院	45	0	0	0	0	0	0	0	0	0	0	0	0	0	0
江苏第二师范学院	46	2	1	2	0	1	0	1	0	2	0	0	1	1	0

2.12 经济学人文、社会科学活动人员情况表

高校名称		总计		按职称划分						按最后学历划分			按最后学位划分		其他
			女性	小计	教授	副教授	讲师	助教	初级	研究生	本科生	其他	博士	硕士	人员
	编号	L01	L02	L03	L04	L05	L06	L07	L08	L09	L10	L11	L12	L13	L14
合　计	/	2 825	1 303	2 820	505	1 041	1 216	58	0	2 164	654	2	1 312	993	5
南京大学	1	120	32	120	45	45	28	2	0	119	1	0	113	6	0
东南大学	2	106	42	106	18	50	38	0	0	85	21	0	61	26	0
江南大学	3	45	22	45	5	28	12	0	0	42	3	0	26	14	0
南京农业大学	4	61	30	61	18	19	20	4	0	58	3	0	49	7	0
中国矿业大学	5	36	18	36	6	14	16	0	0	31	5	0	21	14	0
河海大学	6	61	19	61	18	20	23	0	0	58	3	0	39	20	0
南京理工大学	7	57	33	57	13	29	15	0	0	50	7	0	30	24	0
南京航空航天大学	8	30	14	30	10	13	7	0	0	28	2	0	16	12	0
中国药科大学	9	17	7	17	2	10	5	0	0	17	0	0	8	9	0
南京森林警察学院	10	0	0	0	0	0	0	0	0	0	0	0	0	0	0
苏州大学	11	98	49	98	23	49	25	1	0	69	29	0	37	42	0
江苏科技大学	12	77	39	77	5	28	44	0	0	42	35	0	19	31	0
南京工业大学	13	18	8	18	3	7	8	0	0	13	5	0	6	10	0
常州大学	14	42	18	42	7	11	23	1	0	34	8	0	20	16	0
南京邮电大学	15	36	21	36	5	15	16	0	0	32	4	0	15	17	0
南京林业大学	16	49	23	49	12	15	22	0	0	40	9	0	20	20	0
江苏大学	17	96	49	96	9	36	47	4	0	73	23	0	31	42	0
南京信息工程大学	18	68	38	68	11	25	32	0	0	56	12	0	40	18	0
南通大学	19	68	30	68	15	34	19	0	0	56	12	0	23	36	0
盐城工学院	20	56	25	56	4	26	23	3	0	23	33	0	7	36	0
南京医科大学	21	0	0	0	0	0	0	0	0	0	0	0	0	0	0
徐州医科大学	22	2	1	2	1	0	1	0	0	0	2	0	0	1	0
南京中医药大学	23	21	14	21	2	8	11	0	0	20	1	0	6	14	0

续表

高校名称		总计		按职称划分						按最后学历划分			按最后学位划分		其他人员
			女性	小计	教授	副教授	讲师	助教	初级	研究生	本科生	其他	博士	硕士	
	编号	L01	L02	L03	L04	L05	L06	L07	L08	L09	L10	L11	L12	L13	L14
南京师范大学	24	83	32	83	20	30	32	1	0	70	13	0	45	27	0
江苏师范大学	25	90	38	90	26	24	40	0	0	74	16	0	50	32	0
淮阴师范学院	26	53	25	53	9	17	27	0	0	44	8	1	25	21	0
盐城师范学院	27	64	31	64	6	23	25	10	0	55	9	0	17	38	0
南京财经大学	28	402	182	402	65	130	206	1	0	298	104	0	215	85	0
江苏警官学院	29	5	2	5	2	1	2	0	0	2	3	0	1	1	0
南京体育学院	30	11	6	11	3	1	4	3	0	3	8	0	2	2	0
南京艺术学院	31	0	0	0	0	0	0	0	0	0	0	0	0	0	0
苏州科技大学	32	26	12	26	6	7	13	0	0	23	3	0	10	13	0
常熟理工学院	33	19	7	19	2	8	9	0	0	16	3	0	7	11	0
淮阴工学院	34	42	20	42	8	12	21	1	0	20	21	1	9	28	0
常州工学院	35	43	19	43	5	13	19	6	0	25	18	0	14	14	0
扬州大学	36	146	60	146	26	53	67	0	0	101	45	0	49	54	0
南京工程学院	37	55	30	55	3	13	36	3	0	33	22	0	9	30	0
南京审计大学	38	310	137	310	56	113	136	5	0	271	39	0	205	81	0
南京晓庄学院	39	45	24	45	3	18	24	0	0	42	3	0	18	24	0
江苏理工学院	40	94	50	94	13	32	41	8	0	52	42	0	23	40	0
淮海工学院	41	34	15	34	2	13	18	1	0	21	13	0	5	19	0
徐州工程学院	42	79	43	74	8	33	31	2	0	34	40	0	4	37	5
南京特殊教育师范学院	43	1	1	1	0	0	1	0	0	1	0	0	1	0	0
泰州学院	44	14	8	14	4	1	9	0	0	7	7	0	3	4	0
金陵科技学院	45	37	24	37	5	15	16	1	0	19	18	0	10	13	0
江苏第二师范学院	46	8	5	8	1	2	4	1	0	7	1	0	3	4	0

2.13 政治学人文、社会科学活动人员情况表

高校名称		总计		按职称划分						按最后学历划分			按最后学位划分		其他人员
			女性	小计	教授	副教授	讲师	助教	初级	研究生	本科生	其他	博士	硕士	
	编号	L01	L02	L03	L04	L05	L06	L07	L08	L09	L10	L11	L12	L13	L14
合　计	/	434	172	434	88	156	182	8	0	337	97	0	167	197	0
南京大学	1	52	18	52	12	14	25	1	0	50	2	0	40	10	0
东南大学	2	18	7	18	1	8	8	1	0	16	2	0	9	7	0
江南大学	3	7	2	7	4	0	3	0	0	7	0	0	4	3	0
南京农业大学	4	6	2	6	1	2	3	0	0	5	1	0	2	4	0
中国矿业大学	5	3	1	3	1	2	0	0	0	3	0	0	3	0	0
河海大学	6	18	9	18	5	5	8	0	0	18	0	0	10	8	0
南京理工大学	7	4	0	4	1	2	1	0	0	4	0	0	4	0	0
南京航空航天大学	8	10	5	10	3	6	1	0	0	10	0	0	7	3	0
中国药科大学	9	0	0	0	0	0	0	0	0	0	0	0	0	0	0
南京森林警察学院	10	8	2	8	0	4	3	1	0	7	1	0	3	4	0
苏州大学	11	25	7	25	10	8	6	1	0	21	4	0	10	10	0
江苏科技大学	12	12	5	12	2	3	6	1	0	9	3	0	3	6	0
南京工业大学	13	1	0	1	0	1	0	0	0	1	0	0	0	1	0
常州大学	14	4	1	4	2	0	2	0	0	3	1	0	3	1	0
南京邮电大学	15	8	1	8	3	3	2	0	0	8	0	0	5	3	0
南京林业大学	16	1	0	1	1	0	0	0	0	1	0	0	0	1	0
江苏大学	17	10	4	10	3	3	4	0	0	7	3	0	5	2	0
南京信息工程大学	18	12	6	12	3	3	6	0	0	9	3	0	4	6	0
南通大学	19	9	4	9	2	6	1	0	0	6	3	0	4	4	0
盐城工学院	20	2	1	2	0	1	1	0	0	2	0	0	0	2	0
南京医科大学	21	0	0	0	0	0	0	0	0	0	0	0	0	0	0
徐州医科大学	22	3	2	3	0	1	2	0	0	2	1	0	2	1	0
南京中医药大学	23	4	2	4	0	0	4	0	0	3	1	0	1	2	0

续表

高校名称		总计		按职称划分						按最后学历划分			按最后学位划分		其他人员
			女性	小计	教授	副教授	讲师	助教	初级	研究生	本科生	其他	博士	硕士	
	编号	L01	L02	L03	L04	L05	L06	L07	L08	L09	L10	L11	L12	L13	L14
南京师范大学	24	24	11	24	6	10	8	0	0	24	0	0	10	14	0
江苏师范大学	25	14	5	14	1	9	4	0	0	12	2	0	6	6	0
淮阴师范学院	26	27	8	27	5	9	13	0	0	21	6	0	4	18	0
盐城师范学院	27	8	2	8	1	5	2	0	0	4	4	0	1	3	0
南京财经大学	28	7	3	7	1	1	5	0	0	6	1	0	2	4	0
江苏警官学院	29	5	2	5	0	3	2	0	0	4	1	0	2	3	0
南京体育学院	30	3	2	3	0	0	2	1	0	3	0	0	0	3	0
南京艺术学院	31	0	0	0	0	0	0	0	0	0	0	0	0	0	0
苏州科技大学	32	16	9	16	1	5	10	0	0	11	5	0	5	7	0
常熟理工学院	33	3	0	3	1	0	1	1	0	3	0	0	1	2	0
淮阴工学院	34	13	5	13	4	4	5	0	0	6	7	0	0	11	0
常州工学院	35	4	2	4	1	0	3	0	0	3	1	0	1	2	0
扬州大学	36	14	6	14	3	6	5	0	0	9	5	0	4	5	0
南京工程学院	37	19	10	19	1	6	11	1	0	11	8	0	2	11	0
南京审计大学	38	10	4	10	2	1	7	0	0	10	0	0	7	3	0
南京晓庄学院	39	5	3	5	2	1	2	0	0	3	2	0	0	3	0
江苏理工学院	40	5	1	5	1	3	1	0	0	3	2	0	1	3	0
淮海工学院	41	3	1	3	0	2	1	0	0	2	1	0	0	3	0
徐州工程学院	42	10	5	10	1	5	4	0	0	2	8	0	0	6	0
南京特殊教育师范学院	43	0	0	0	0	0	0	0	0	0	0	0	0	0	0
泰州学院	44	13	6	13	1	10	2	0	0	0	13	0	0	6	0
金陵科技学院	45	11	6	11	1	4	6	0	0	5	6	0	1	4	0
江苏第二师范学院	46	3	2	3	1	0	2	0	0	3	0	0	1	2	0

2.14 法学人文、社会科学活动人员情况表

高校名称		总计		按职称划分						按最后学历划分			按最后学位划分		其他人员
			女性	小计	教授	副教授	讲师	助教	初级	研究生	本科生	其他	博士	硕士	
	编号	L01	L02	L03	L04	L05	L06	L07	L08	L09	L10	L11	L12	L13	L14
合　计	/	1 410	559	1 410	260	550	547	53	0	1 048	360	2	563	621	0
南京大学	1	80	27	80	27	33	20	0	0	75	5	0	61	15	0
东南大学	2	68	22	68	15	31	19	3	0	66	2	0	55	10	0
江南大学	3	37	19	37	3	16	17	1	0	34	3	0	17	17	0
南京农业大学	4	17	6	17	2	6	9	0	0	15	2	0	3	14	0
中国矿业大学	5	14	5	14	2	3	9	0	0	8	6	0	6	4	0
河海大学	6	42	17	42	9	23	10	0	0	42	0	0	33	8	0
南京理工大学	7	24	8	24	3	11	10	0	0	21	3	0	14	6	0
南京航空航天大学	8	27	12	27	3	11	12	1	0	25	2	0	13	11	0
中国药科大学	9	10	3	10	4	1	5	0	0	7	3	0	3	4	0
南京森林警察学院	10	67	33	67	6	28	33	0	0	45	22	0	5	53	0
苏州大学	11	81	22	81	26	32	22	1	0	66	15	0	55	17	0
江苏科技大学	12	8	3	8	1	3	4	0	0	5	3	0	1	5	0
南京工业大学	13	30	14	30	8	11	8	3	0	28	2	0	10	17	0
常州大学	14	31	9	31	7	8	14	2	0	27	4	0	17	12	0
南京邮电大学	15	13	6	13	1	10	2	0	0	10	3	0	4	7	0
南京林业大学	16	13	12	13	1	3	9	0	0	11	2	0	3	8	0
江苏大学	17	53	19	53	7	24	22	0	0	47	6	0	15	32	0
南京信息工程大学	18	31	18	31	4	13	13	1	0	28	3	0	10	19	0
南通大学	19	24	13	24	4	11	9	0	0	16	8	0	3	19	0
盐城工学院	20	9	3	9	1	2	4	2	0	7	2	0	2	5	0
南京医科大学	21	2	1	2	0	1	1	0	0	2	0	0	1	1	0
徐州医科大学	22	14	7	14	0	1	9	4	0	5	9	0	0	9	0
南京中医药大学	23	12	5	12	3	2	7	0	0	11	1	0	5	6	0

续表

高校名称		总计		按职称划分						按最后学历划分			按最后学位划分		其他人员
			女性	小计	教授	副教授	讲师	助教	初级	研究生	本科生	其他	博士	硕士	
	编号	L01	L02	L03	L04	L05	L06	L07	L08	L09	L10	L11	L12	L13	L14
南京师范大学	24	88	21	88	28	34	25	1	0	82	6	0	63	19	0
江苏师范大学	25	37	10	37	10	17	10	0	0	17	20	0	13	17	0
淮阴师范学院	26	37	12	37	7	18	12	0	0	32	4	1	10	24	0
盐城师范学院	27	41	18	41	6	18	16	1	0	34	7	0	14	20	0
南京财经大学	28	52	20	52	13	20	19	0	0	44	7	1	20	26	0
江苏警官学院	29	157	62	157	17	55	62	23	0	52	105	0	19	84	0
南京体育学院	30	2	1	2	1	0	1	0	0	1	1	0	0	1	0
南京艺术学院	31	0	0	0	0	0	0	0	0	0	0	0	0	0	0
苏州科技大学	32	12	6	12	0	4	7	1	0	10	2	0	1	11	0
常熟理工学院	33	1	0	1	0	0	1	0	0	1	0	0	0	1	0
淮阴工学院	34	11	4	11	1	4	6	0	0	10	1	0	3	8	0
常州工学院	35	11	6	11	1	4	6	0	0	4	7	0	2	7	0
扬州大学	36	55	19	55	18	22	15	0	0	41	14	0	28	13	0
南京工程学院	37	13	5	13	1	1	11	0	0	7	6	0	1	7	0
南京审计大学	38	67	34	67	12	25	27	3	0	58	9	0	33	29	0
南京晓庄学院	39	8	4	8	1	1	5	1	0	7	1	0	5	2	0
江苏理工学院	40	7	3	7	1	1	5	0	0	5	2	0	2	3	0
淮海工学院	41	28	12	28	1	12	15	0	0	9	19	0	4	11	0
徐州工程学院	42	34	17	34	1	14	17	2	0	10	24	0	3	13	0
南京特殊教育师范学院	43	0	0	0	0	0	0	0	0	0	0	0	0	0	0
泰州学院	44	14	5	14	2	8	4	0	0	8	6	0	3	9	0
金陵科技学院	45	15	7	15	1	6	7	1	0	6	9	0	0	10	0
江苏第二师范学院	46	13	9	13	1	2	8	2	0	9	4	0	3	7	0

2.15 社会学人文、社会科学活动人员情况表

高校名称		总计		按职称划分						按最后学历划分			按最后学位划分		其他人员
			女性	小计	教授	副教授	讲师	助教	初级	研究生	本科生	其他	博士	硕士	
	编号	L01	L02	L03	L04	L05	L06	L07	L08	L09	L10	L11	L12	L13	L14
合　计	/	608	299	608	94	225	275	13	1	523	84	1	299	248	0
南京大学	1	47	14	47	18	19	10	0	0	47	0	0	39	7	0
东南大学	2	17	10	17	2	7	8	0	0	17	0	0	12	5	0
江南大学	3	21	10	21	4	11	6	0	0	21	0	0	10	11	0
南京农业大学	4	21	15	21	2	9	9	1	0	17	4	0	12	5	0
中国矿业大学	5	1	1	1	0	0	0	1	0	1	0	0	0	1	0
河海大学	6	63	24	63	18	18	27	0	0	62	1	0	51	11	0
南京理工大学	7	13	5	13	2	6	5	0	0	13	0	0	10	3	0
南京航空航天大学	8	5	2	5	0	3	2	0	0	5	0	0	4	1	0
中国药科大学	9	0	0	0	0	0	0	0	0	0	0	0	0	0	0
南京森林警察学院	10	3	2	3	0	2	1	0	0	2	1	0	0	3	0
苏州大学	11	30	11	30	10	12	8	0	0	28	2	0	13	15	0
江苏科技大学	12	18	8	18	2	4	12	0	0	13	5	0	5	8	0
南京工业大学	13	10	3	10	0	3	6	1	0	9	1	0	5	5	0
常州大学	14	23	9	23	4	5	14	0	0	22	1	0	15	7	0
南京邮电大学	15	36	19	36	6	16	14	0	0	33	3	0	20	13	0
南京林业大学	16	4	2	4	1	0	3	0	0	4	0	0	2	2	0
江苏大学	17	2	1	2	1	1	0	0	0	2	0	0	1	1	0
南京信息工程大学	18	19	13	19	1	5	13	0	0	18	1	0	11	7	0
南通大学	19	12	6	12	2	8	2	0	0	10	2	0	7	3	0
盐城工学院	20	7	6	7	0	2	2	3	0	6	1	0	1	6	0
南京医科大学	21	4	3	4	0	3	1	0	0	4	0	0	1	3	0
徐州医科大学	22	9	7	9	0	3	5	1	0	7	2	0	2	5	0
南京中医药大学	23	16	12	16	1	5	10	0	0	14	2	0	4	12	0

续表

高校名称		总计		按职称划分						按最后学历划分			按最后学位划分		其他人员
			女性	小计	教授	副教授	讲师	助教	初级	研究生	本科生	其他	博士	硕士	
	编号	L01	L02	L03	L04	L05	L06	L07	L08	L09	L10	L11	L12	L13	L14
南京师范大学	24	23	9	23	7	9	7	0	0	21	2	0	12	9	0
江苏师范大学	25	18	10	18	0	10	8	0	0	12	6	0	7	9	0
淮阴师范学院	26	7	1	7	1	3	3	0	0	5	2	0	2	4	0
盐城师范学院	27	9	4	9	0	5	2	2	0	8	1	0	3	5	0
南京财经大学	28	14	7	14	0	6	8	0	0	13	1	0	9	4	0
江苏警官学院	29	13	6	13	2	2	8	1	0	7	6	0	1	8	0
南京体育学院	30	3	2	3	1	2	0	0	0	2	1	0	1	2	0
南京艺术学院	31	0	0	0	0	0	0	0	0	0	0	0	0	0	0
苏州科技大学	32	10	6	10	0	3	7	0	0	10	0	0	3	7	0
常熟理工学院	33	3	2	3	1	2	0	0	0	3	0	0	3	0	0
淮阴工学院	34	14	7	14	2	4	8	0	0	8	5	1	3	9	0
常州工学院	35	4	2	4	1	0	2	0	1	3	1	0	0	4	0
扬州大学	36	27	11	27	1	14	12	0	0	25	2	0	15	12	0
南京工程学院	37	13	7	13	0	1	12	0	0	12	1	0	3	10	0
南京审计大学	38	4	1	4	0	0	3	1	0	3	1	0	2	2	0
南京晓庄学院	39	12	10	12	1	3	8	0	0	10	2	0	3	7	0
江苏理工学院	40	2	1	2	0	2	0	0	0	2	0	0	1	1	0
淮海工学院	41	2	2	2	0	0	1	1	0	2	0	0	1	1	0
徐州工程学院	42	37	22	37	2	13	22	0	0	10	27	0	0	13	0
南京特殊教育师范学院	43	5	3	5	1	2	2	0	0	5	0	0	2	3	0
泰州学院	44	3	0	3	0	1	2	0	0	3	0	0	1	2	0
金陵科技学院	45	1	1	1	0	0	0	1	0	1	0	0	0	1	0
江苏第二师范学院	46	3	2	3	0	1	2	0	0	3	0	0	2	1	0

2.16 民族学与文化学人文、社会科学活动人员情况表

高校名称		总计		按职称划分						按最后学历划分			按最后学位划分		其他人员
			女性	小计	教授	副教授	讲师	助教	初级	研究生	本科生	其他	博士	硕士	
	编号	L01	L02	L03	L04	L05	L06	L07	L08	L09	L10	L11	L12	L13	L14
合　计	/	48	28	48	5	15	21	7	0	33	15	0	18	15	0
南京大学	1	1	0	1	1	0	0	0	0	1	0	0	1	0	0
东南大学	2	2	0	2	0	1	1	0	0	1	1	0	1	0	0
江南大学	3	1	0	1	0	1	0	0	0	1	0	0	0	1	0
南京农业大学	4	4	3	4	0	0	1	3	0	4	0	0	1	3	0
中国矿业大学	5	0	0	0	0	0	0	0	0	0	0	0	0	0	0
河海大学	6	10	7	10	1	4	5	0	0	7	3	0	4	2	0
南京理工大学	7	1	1	1	0	0	1	0	0	1	0	0	1	0	0
南京航空航天大学	8	0	0	0	0	0	0	0	0	0	0	0	0	0	0
中国药科大学	9	0	0	0	0	0	0	0	0	0	0	0	0	0	0
南京森林警察学院	10	0	0	0	0	0	0	0	0	0	0	0	0	0	0
苏州大学	11	0	0	0	0	0	0	0	0	0	0	0	0	0	0
江苏科技大学	12	1	0	1	0	0	1	0	0	1	0	0	0	1	0
南京工业大学	13	1	1	1	0	1	0	0	0	1	0	0	1	0	0
常州大学	14	0	0	0	0	0	0	0	0	0	0	0	0	0	0
南京邮电大学	15	0	0	0	0	0	0	0	0	0	0	0	0	0	0
南京林业大学	16	0	0	0	0	0	0	0	0	0	0	0	0	0	0
江苏大学	17	2	2	2	0	0	2	0	0	2	0	0	2	0	0
南京信息工程大学	18	0	0	0	0	0	0	0	0	0	0	0	0	0	0
南通大学	19	0	0	0	0	0	0	0	0	0	0	0	0	0	0
盐城工学院	20	0	0	0	0	0	0	0	0	0	0	0	0	0	0
南京医科大学	21	0	0	0	0	0	0	0	0	0	0	0	0	0	0
徐州医科大学	22	0	0	0	0	0	0	0	0	0	0	0	0	0	0
南京中医药大学	23	2	2	2	0	2	0	0	0	1	1	0	0	1	0

续表

高校名称		总计		按职称划分						按最后学历划分			按最后学位划分		其他人员
			女性	小计	教授	副教授	讲师	助教	初级	研究生	本科生	其他	博士	硕士	
	编号	L01	L02	L03	L04	L05	L06	L07	L08	L09	L10	L11	L12	L13	L14
南京师范大学	24	0	0	0	0	0	0	0	0	0	0	0	0	0	0
江苏师范大学	25	6	2	6	2	2	1	1	0	5	1	0	4	1	0
淮阴师范学院	26	0	0	0	0	0	0	0	0	0	0	0	0	0	0
盐城师范学院	27	0	0	0	0	0	0	0	0	0	0	0	0	0	0
南京财经大学	28	0	0	0	0	0	0	0	0	0	0	0	0	0	0
江苏警官学院	29	0	0	0	0	0	0	0	0	0	0	0	0	0	0
南京体育学院	30	1	0	1	0	1	0	0	0	0	1	0	0	0	0
南京艺术学院	31	0	0	0	0	0	0	0	0	0	0	0	0	0	0
苏州科技大学	32	0	0	0	0	0	0	0	0	0	0	0	0	0	0
常熟理工学院	33	1	1	1	0	0	1	0	0	1	0	0	0	1	0
淮阴工学院	34	0	0	0	0	0	0	0	0	0	0	0	0	0	0
常州工学院	35	2	2	2	0	0	2	0	0	2	0	0	2	0	0
扬州大学	36	0	0	0	0	0	0	0	0	0	0	0	0	0	0
南京工程学院	37	0	0	0	0	0	0	0	0	0	0	0	0	0	0
南京审计大学	38	0	0	0	0	0	0	0	0	0	0	0	0	0	0
南京晓庄学院	39	0	0	0	0	0	0	0	0	0	0	0	0	0	0
江苏理工学院	40	1	1	1	0	0	0	1	0	1	0	0	0	1	0
淮海工学院	41	0	0	0	0	0	0	0	0	0	0	0	0	0	0
徐州工程学院	42	12	6	12	1	3	6	2	0	4	8	0	1	4	0
南京特殊教育师范学院	43	0	0	0	0	0	0	0	0	0	0	0	0	0	0
泰州学院	44	0	0	0	0	0	0	0	0	0	0	0	0	0	0
金陵科技学院	45	0	0	0	0	0	0	0	0	0	0	0	0	0	0
江苏第二师范学院	46	0	0	0	0	0	0	0	0	0	0	0	0	0	0

2.17 新闻学与传播学人文、社会科学活动人员情况表

高校名称		总计		按职称划分						按最后学历划分			按最后学位划分		其他人员
			女性	小计	教授	副教授	讲师	助教	初级	研究生	本科生	其他	博士	硕士	
	编号	L01	L02	L03	L04	L05	L06	L07	L08	L09	L10	L11	L12	L13	L14
合　计	/	434	220	434	73	130	203	26	2	357	77	0	165	199	0
南京大学	1	48	16	48	18	16	14	0	0	43	5	0	36	7	0
东南大学	2	3	1	3	0	1	2	0	0	3	0	0	2	1	0
江南大学	3	6	3	6	1	2	3	0	0	4	2	0	1	3	0
南京农业大学	4	0	0	0	0	0	0	0	0	0	0	0	0	0	0
中国矿业大学	5	0	0	0	0	0	0	0	0	0	0	0	0	0	0
河海大学	6	17	9	17	4	4	9	0	0	17	0	0	10	7	0
南京理工大学	7	15	5	15	1	3	10	0	1	8	7	0	3	6	0
南京航空航天大学	8	10	6	10	0	5	5	0	0	7	3	0	3	4	0
中国药科大学	9	1	1	1	0	0	0	1	0	1	0	0	0	1	0
南京森林警察学院	10	1	1	1	0	0	1	0	0	0	1	0	0	0	0
苏州大学	11	47	25	47	8	14	17	8	0	45	2	0	24	20	0
江苏科技大学	12	1	1	1	0	0	1	0	0	1	0	0	1	0	0
南京工业大学	13	2	2	2	0	1	0	1	0	2	0	0	0	2	0
常州大学	14	1	1	1	0	1	0	0	0	0	1	0	0	1	0
南京邮电大学	15	13	6	13	2	5	6	0	0	12	1	0	5	7	0
南京林业大学	16	7	4	7	1	0	5	1	0	6	1	0	1	5	0
江苏大学	17	0	0	0	0	0	0	0	0	0	0	0	0	0	0
南京信息工程大学	18	6	4	6	0	3	3	0	0	4	2	0	0	4	0
南通大学	19	8	5	8	1	2	5	0	0	8	0	0	1	7	0
盐城工学院	20	7	4	7	1	3	2	1	0	4	3	0	0	5	0
南京医科大学	21	3	3	3	0	0	2	0	1	3	0	0	0	3	0
徐州医科大学	22	1	1	1	0	1	0	0	0	0	1	0	0	0	0
南京中医药大学	23	3	3	3	0	2	1	0	0	0	3	0	0	0	0

续表

高校名称		总计		按职称划分						按最后学历划分			按最后学位划分		其他人员
			女性	小计	教授	副教授	讲师	助教	初级	研究生	本科生	其他	博士	硕士	
	编号	L01	L02	L03	L04	L05	L06	L07	L08	L09	L10	L11	L12	L13	L14
南京师范大学	24	58	21	58	13	25	17	3	0	48	10	0	22	25	0
江苏师范大学	25	15	7	15	6	6	3	0	0	12	3	0	7	5	0
淮阴师范学院	26	10	2	10	2	4	4	0	0	6	4	0	1	5	0
盐城师范学院	27	6	4	6	0	0	4	2	0	6	0	0	0	5	0
南京财经大学	28	19	9	19	3	4	12	0	0	18	1	0	12	6	0
江苏警官学院	29	3	3	3	1	0	2	0	0	1	2	0	1	1	0
南京体育学院	30	4	2	4	0	1	0	3	0	4	0	0	0	4	0
南京艺术学院	31	0	0	0	0	0	0	0	0	0	0	0	0	0	0
苏州科技大学	32	6	3	6	1	2	3	0	0	4	2	0	2	3	0
常熟理工学院	33	4	4	4	0	0	4	0	0	3	1	0	1	2	0
淮阴工学院	34	0	0	0	0	0	0	0	0	0	0	0	0	0	0
常州工学院	35	11	9	11	1	1	9	0	0	5	6	0	0	8	0
扬州大学	36	38	16	38	6	9	21	2	0	30	8	0	11	19	0
南京工程学院	37	1	1	1	0	0	1	0	0	1	0	0	0	1	0
南京审计大学	38	0	0	0	0	0	0	0	0	0	0	0	0	0	0
南京晓庄学院	39	28	17	28	2	9	16	1	0	26	2	0	15	11	0
江苏理工学院	40	0	0	0	0	0	0	0	0	0	0	0	0	0	0
淮海工学院	41	6	3	6	0	0	6	0	0	5	1	0	0	6	0
徐州工程学院	42	4	2	4	0	0	4	0	0	3	1	0	0	3	0
南京特殊教育师范学院	43	1	1	1	0	0	1	0	0	1	0	0	0	1	0
泰州学院	44	6	5	6	1	1	2	2	0	6	0	0	1	5	0
金陵科技学院	45	7	5	7	0	2	4	1	0	4	3	0	2	2	0
江苏第二师范学院	46	7	5	7	0	3	4	0	0	6	1	0	3	4	0

2.18 图书馆、情报与文献学人文、社会科学活动人员情况表

高校名称		总计		按职称划分						按最后学历划分			按最后学位划分		其他人员
			女性	小计	教授	副教授	讲师	助教	初级	研究生	本科生	其他	博士	硕士	
	编号	L01	L02	L03	L04	L05	L06	L07	L08	L09	L10	L11	L12	L13	L14
合　计	/	1 344	834	1 344	128	385	771	52	8	633	670	41	219	470	0
南京大学	1	56	19	56	25	14	16	1	0	51	4	1	42	10	0
东南大学	2	94	69	94	4	17	70	3	0	49	38	7	5	44	0
江南大学	3	41	29	41	2	17	20	2	0	19	22	0	2	15	0
南京农业大学	4	58	24	58	7	25	25	1	0	48	10	0	31	18	0
中国矿业大学	5	3	2	3	2	1	0	0	0	2	1	0	1	2	0
河海大学	6	35	10	35	13	13	9	0	0	33	2	0	27	7	0
南京理工大学	7	28	13	28	5	8	15	0	0	27	1	0	25	3	0
南京航空航天大学	8	47	36	47	0	6	36	5	0	17	30	0	2	16	0
中国药科大学	9	55	36	55	4	4	44	3	0	23	23	9	3	23	0
南京森林警察学院	10	10	7	10	2	1	6	1	0	3	7	0	0	4	0
苏州大学	11	39	23	39	8	20	10	1	0	27	12	0	13	12	0
江苏科技大学	12	37	23	37	2	6	25	4	0	8	29	0	1	6	0
南京工业大学	13	23	22	23	1	9	11	2	0	20	3	0	4	15	0
常州大学	14	21	16	21	0	1	15	5	0	8	12	1	1	8	0
南京邮电大学	15	33	21	33	2	17	14	0	0	18	15	0	2	16	0
南京林业大学	16	22	18	22	0	7	14	1	0	2	15	5	0	3	0
江苏大学	17	45	24	45	5	13	27	0	0	27	18	0	7	20	0
南京信息工程大学	18	30	22	30	4	9	15	2	0	14	16	0	5	11	0
南通大学	19	42	25	42	7	15	20	0	0	22	20	0	4	25	0
盐城工学院	20	39	25	39	3	17	18	1	0	10	29	0	1	17	0
南京医科大学	21	30	21	30	1	5	24	0	0	16	14	0	0	19	0
徐州医科大学	22	29	18	29	1	8	20	0	0	5	24	0	0	5	0
南京中医药大学	23	47	34	47	6	10	31	0	0	32	15	0	8	22	0

续表

高校名称		总计		按职称划分						按最后学历划分			按最后学位划分		其他人员
			女性	小计	教授	副教授	讲师	助教	初级	研究生	本科生	其他	博士	硕士	
	编号	L01	L02	L03	L04	L05	L06	L07	L08	L09	L10	L11	L12	L13	L14
南京师范大学	24	44	28	44	2	16	24	2	0	19	25	0	7	16	0
江苏师范大学	25	2	1	2	0	0	2	0	0	1	1	0	1	0	0
淮阴师范学院	26	45	20	45	2	12	31	0	0	16	20	9	2	16	0
盐城师范学院	27	29	19	29	3	5	17	4	0	11	18	0	2	11	0
南京财经大学	28	44	27	44	1	18	25	0	0	6	36	2	3	6	0
江苏警官学院	29	17	11	17	1	4	9	3	0	6	11	0	2	4	0
南京体育学院	30	7	4	7	0	2	5	0	0	2	5	0	0	1	0
南京艺术学院	31	19	15	19	1	7	11	0	0	5	13	1	0	8	0
苏州科技大学	32	13	9	13	0	2	5	6	0	8	5	0	0	9	0
常熟理工学院	33	21	11	21	2	11	8	0	0	5	16	0	2	2	0
淮阴工学院	34	25	12	25	1	9	15	0	0	7	15	3	3	6	0
常州工学院	35	14	10	14	0	5	8	1	0	2	12	0	0	3	0
扬州大学	36	10	5	10	2	3	5	0	0	8	2	0	6	2	0
南京工程学院	37	30	24	30	1	3	24	2	0	12	18	0	2	11	0
南京审计大学	38	21	13	21	2	5	13	1	0	12	9	0	5	11	0
南京晓庄学院	39	25	14	25	0	9	16	0	0	10	13	2	0	10	0
江苏理工学院	40	6	3	6	1	3	2	0	0	2	4	0	0	2	0
淮海工学院	41	48	33	48	1	14	33	0	0	2	46	0	0	7	0
徐州工程学院	42	9	5	9	1	2	6	0	0	2	7	0	0	2	0
南京特殊教育师范学院	43	11	8	11	1	2	8	0	0	3	8	0	0	3	0
泰州学院	44	14	11	14	0	3	10	0	1	3	10	1	0	5	0
金陵科技学院	45	8	3	8	1	3	3	1	0	2	6	0	0	3	0
江苏第二师范学院	46	18	11	18	1	4	6	0	7	8	10	0	0	11	0

2.19 教育学人文、社会科学活动人员情况表

高校名称	编号	总计		按职称划分						按最后学历划分			按最后学位划分		其他人员
			女性	小计	教授	副教授	讲师	助教	初级	研究生	本科生	其他	博士	硕士	
		L01	L02	L03	L04	L05	L06	L07	L08	L09	L10	L11	L12	L13	L14
合　计	/	2 292	1 231	2 291	333	784	1 048	106	20	1 692	597	2	598	1 307	1
南京大学	1	16	8	16	6	5	4	1	0	14	2	0	13	2	0
东南大学	2	21	11	21	3	9	9	0	0	14	7	0	10	5	0
江南大学	3	64	39	64	9	12	41	2	0	61	3	0	25	36	0
南京农业大学	4	15	4	15	2	4	9	0	0	10	5	0	3	9	0
中国矿业大学	5	7	5	7	1	2	3	1	0	6	1	0	1	5	0
河海大学	6	32	16	32	3	10	18	1	0	31	1	0	9	21	0
南京理工大学	7	25	15	25	1	8	14	2	0	20	5	0	6	15	0
南京航空航天大学	8	16	7	16	1	8	6	1	0	14	2	0	5	9	0
中国药科大学	9	9	5	9	0	0	8	0	1	7	1	1	0	7	0
南京森林警察学院	10	7	5	7	0	4	2	1	0	3	4	0	0	3	0
苏州大学	11	56	23	56	12	25	18	1	0	38	18	0	21	20	0
江苏科技大学	12	77	37	77	2	7	61	7	0	64	13	0	7	57	0
南京工业大学	13	52	27	52	1	13	36	2	0	43	9	0	10	38	0
常州大学	14	52	20	52	4	6	37	5	0	38	14	0	7	34	0
南京邮电大学	15	53	33	53	5	24	21	3	0	45	8	0	18	28	0
南京林业大学	16	9	3	9	0	3	5	1	0	6	3	0	0	6	0
江苏大学	17	32	15	32	5	13	14	0	0	22	10	0	17	5	0
南京信息工程大学	18	37	25	37	4	10	22	1	0	33	4	0	9	27	0
南通大学	19	187	102	187	30	77	74	5	1	144	43	0	28	146	0
盐城工学院	20	94	42	94	8	39	42	5	0	38	56	0	6	66	0
南京医科大学	21	9	6	9	1	2	5	1	0	3	6	0	2	2	0
徐州医科大学	22	52	36	52	0	11	34	6	1	34	18	0	1	42	0
南京中医药大学	23	37	25	37	2	13	22	0	0	35	2	0	13	21	0

续表

高校名称		总计		按职称划分						按最后学历划分			按最后学位划分		其他
			女性	小计	教授	副教授	讲师	助教	初级	研究生	本科生	其他	博士	硕士	人员
	编号	L01	L02	L03	L04	L05	L06	L07	L08	L09	L10	L11	L12	L13	L14
南京师范大学	24	187	88	187	69	76	38	4	0	180	7	0	118	61	0
江苏师范大学	25	82	35	82	17	38	27	0	0	73	9	0	38	35	0
淮阴师范学院	26	97	37	97	14	31	52	0	0	64	33	0	18	62	0
盐城师范学院	27	64	36	64	8	30	23	3	0	55	9	0	18	38	0
南京财经大学	28	16	10	16	0	4	12	0	0	8	7	1	4	5	0
江苏警官学院	29	12	4	12	3	0	7	2	0	1	11	0	0	3	0
南京体育学院	30	17	10	17	1	5	8	3	0	15	2	0	7	9	0
南京艺术学院	31	0	0	0	0	0	0	0	0	0	0	0	0	0	0
苏州科技大学	32	46	27	46	3	13	29	1	0	33	13	0	15	20	0
常熟理工学院	33	29	18	29	5	10	10	4	0	20	9	0	3	24	0
淮阴工学院	34	45	15	45	7	10	28	0	0	21	24	0	2	40	0
常州工学院	35	30	19	30	5	12	10	3	0	15	15	0	9	13	0
扬州大学	36	56	21	56	9	25	20	2	0	46	10	0	30	18	0
南京工程学院	37	49	25	49	2	11	34	2	0	37	12	0	6	36	0
南京审计大学	38	56	39	56	3	7	36	10	0	48	8	0	4	47	0
南京晓庄学院	39	90	52	90	15	28	46	1	0	70	20	0	28	48	0
江苏理工学院	40	55	31	55	14	21	16	4	0	41	14	0	12	31	0
淮海工学院	41	7	4	7	1	3	3	0	0	2	5	0	1	4	0
徐州工程学院	42	87	49	86	9	39	35	3	0	36	50	0	5	48	1
南京特殊教育师范学院	43	118	90	118	17	47	32	5	17	86	32	0	22	75	0
泰州学院	44	51	31	51	4	19	24	4	0	24	27	0	7	24	0
金陵科技学院	45	16	11	16	2	1	8	5	0	9	7	0	0	10	0
江苏第二师范学院	46	123	70	123	25	49	45	4	0	85	38	0	40	52	0

2.20 统计学人文、社会科学活动人员情况表

高校名称		总计		按职称划分						按最后学历划分			按最后学位划分		其他人员
			女性	小计	教授	副教授	讲师	助教	初级	研究生	本科生	其他	博士	硕士	
	编号	L01	L02	L03	L04	L05	L06	L07	L08	L09	L10	L11	L12	L13	L14
合 计	/	187	78	182	35	67	76	3	1	143	39	0	74	83	5
南京大学	1	3	0	3	3	0	0	0	0	3	0	0	3	0	0
东南大学	2	2	1	2	0	0	2	0	0	2	0	0	0	2	0
江南大学	3	1	0	1	0	1	0	0	0	1	0	0	0	1	0
南京农业大学	4	4	1	4	0	3	1	0	0	3	1	0	1	2	0
中国矿业大学	5	1	1	1	0	0	1	0	0	1	0	0	0	1	0
河海大学	6	23	8	23	9	9	5	0	0	23	0	0	16	7	0
南京理工大学	7	1	0	1	0	1	0	0	0	1	0	0	1	0	0
南京航空航天大学	8	0	0	0	0	0	0	0	0	0	0	0	0	0	0
中国药科大学	9	1	0	1	0	1	0	0	0	1	0	0	1	0	0
南京森林警察学院	10	0	0	0	0	0	0	0	0	0	0	0	0	0	0
苏州大学	11	0	0	0	0	0	0	0	0	0	0	0	0	0	0
江苏科技大学	12	2	2	2	0	1	1	0	0	0	2	0	0	1	0
南京工业大学	13	2	1	2	0	1	1	0	0	2	0	0	1	1	0
常州大学	14	4	2	4	1	1	2	0	0	4	0	0	1	3	0
南京邮电大学	15	2	1	2	1	1	0	0	0	2	0	0	1	1	0
南京林业大学	16	1	0	1	1	0	0	0	0	1	0	0	1	0	0
江苏大学	17	16	6	16	3	6	6	1	0	15	1	0	7	8	0
南京信息工程大学	18	4	3	4	2	0	2	0	0	4	0	0	1	3	0
南通大学	19	5	2	5	0	2	3	0	0	4	1	0	1	3	0
盐城工学院	20	7	5	7	1	4	2	0	0	1	6	0	0	7	0
南京医科大学	21	2	1	2	0	2	0	0	0	2	0	0	0	2	0
徐州医科大学	22	10	3	10	0	4	4	1	1	7	3	0	1	8	0
南京中医药大学	23	2	1	2	1	1	0	0	0	2	0	0	1	1	0

续表

高校名称		总计		按职称划分						按最后学历划分			按最后学位划分		其他
			女性	小计	教授	副教授	讲师	助教	初级	研究生	本科生	其他	博士	硕士	人员
	编号	L01	L02	L03	L04	L05	L06	L07	L08	L09	L10	L11	L12	L13	L14
南京师范大学	24	1	0	1	1	0	0	0	0	1	0	0	1	0	0
江苏师范大学	25	10	4	10	0	1	9	0	0	9	1	0	8	1	0
淮阴师范学院	26	1	1	1	0	0	1	0	0	1	0	0	0	1	0
盐城师范学院	27	4	2	4	0	1	3	0	0	3	1	0	0	3	0
南京财经大学	28	25	9	25	8	7	10	0	0	18	7	0	12	7	0
江苏警官学院	29	2	2	2	0	1	1	0	0	1	1	0	0	1	0
南京体育学院	30	0	0	0	0	0	0	0	0	0	0	0	0	0	0
南京艺术学院	31	0	0	0	0	0	0	0	0	0	0	0	0	0	0
苏州科技大学	32	0	0	0	0	0	0	0	0	0	0	0	0	0	0
常熟理工学院	33	6	3	6	0	2	4	0	0	6	0	0	4	2	0
淮阴工学院	34	8	6	8	0	3	5	0	0	4	4	0	0	7	0
常州工学院	35	3	2	3	0	1	2	0	0	3	0	0	1	2	0
扬州大学	36	1	0	1	0	1	0	0	0	1	0	0	1	0	0
南京工程学院	37	1	1	1	0	1	0	0	0	1	0	0	0	1	0
南京审计大学	38	10	3	10	3	4	3	0	0	6	4	0	5	1	0
南京晓庄学院	39	0	0	0	0	0	0	0	0	0	0	0	0	0	0
江苏理工学院	40	5	3	5	0	3	1	1	0	5	0	0	2	3	0
淮海工学院	41	0	0	0	0	0	0	0	0	0	0	0	0	0	0
徐州工程学院	42	12	3	7	0	4	3	0	0	1	6	0	0	2	5
南京特殊教育师范学院	43	2	0	2	1	0	1	0	0	2	0	0	2	0	0
泰州学院	44	0	0	0	0	0	0	0	0	0	0	0	0	0	0
金陵科技学院	45	3	1	3	0	0	3	0	0	2	1	0	1	1	0
江苏第二师范学院	46	0	0	0	0	0	0	0	0	0	0	0	0	0	0

2.21 心理学人文、社会科学活动人员情况表

高校名称		总计		按职称划分						按最后学历划分			按最后学位划分		其他人员
			女性	小计	教授	副教授	讲师	助教	初级	研究生	本科生	其他	博士	硕士	
	编号	L01	L02	L03	L04	L05	L06	L07	L08	L09	L10	L11	L12	L13	L14
合　计	/	340	195	340	58	118	154	10	0	293	47	0	136	165	0
南京大学	1	13	6	13	3	8	2	0	0	10	3	0	10	1	0
东南大学	2	5	3	5	1	1	3	0	0	5	0	0	2	3	0
江南大学	3	1	1	1	0	1	0	0	0	1	0	0	0	1	0
南京农业大学	4	1	1	1	0	0	1	0	0	0	1	0	0	0	0
中国矿业大学	5	0	0	0	0	0	0	0	0	0	0	0	0	0	0
河海大学	6	9	6	9	2	2	5	0	0	9	0	0	7	2	0
南京理工大学	7	3	0	3	1	0	2	0	0	3	0	0	2	1	0
南京航空航天大学	8	2	2	2	0	0	1	1	0	2	0	0	1	1	0
中国药科大学	9	2	1	2	0	0	2	0	0	2	0	0	0	2	0
南京森林警察学院	10	0	0	0	0	0	0	0	0	0	0	0	0	0	0
苏州大学	11	35	17	35	12	15	7	1	0	34	1	0	20	10	0
江苏科技大学	12	6	3	6	0	2	4	0	0	4	2	0	1	3	0
南京工业大学	13	1	1	1	0	1	0	0	0	1	0	0	0	1	0
常州大学	14	3	1	3	1	0	2	0	0	3	0	0	0	3	0
南京邮电大学	15	1	0	1	1	0	0	0	0	1	0	0	1	0	0
南京林业大学	16	2	2	2	0	0	2	0	0	2	0	0	1	1	0
江苏大学	17	7	3	7	2	2	2	1	0	3	4	0	1	4	0
南京信息工程大学	18	6	2	6	0	3	3	0	0	6	0	0	1	5	0
南通大学	19	20	12	20	6	7	7	0	0	16	4	0	11	6	0
盐城工学院	20	0	0	0	0	0	0	0	0	0	0	0	0	0	0
南京医科大学	21	1	1	1	0	0	1	0	0	1	0	0	1	0	0
徐州医科大学	22	10	8	10	0	1	7	2	0	7	3	0	1	7	0
南京中医药大学	23	25	15	25	2	6	17	0	0	23	2	0	6	17	0

续表

高校名称		总计		按职称划分						按最后学历划分			按最后学位划分		其他人员
			女性	小计	教授	副教授	讲师	助教	初级	研究生	本科生	其他	博士	硕士	
	编号	L01	L02	L03	L04	L05	L06	L07	L08	L09	L10	L11	L12	L13	L14
南京师范大学	24	44	23	44	15	21	8	0	0	43	1	0	32	11	0
江苏师范大学	25	21	12	21	3	6	12	0	0	20	1	0	9	11	0
淮阴师范学院	26	16	7	16	1	6	9	0	0	12	4	0	6	7	0
盐城师范学院	27	10	7	10	2	4	3	1	0	9	1	0	5	3	0
南京财经大学	28	9	7	9	1	2	6	0	0	8	1	0	2	6	0
江苏警官学院	29	7	4	7	0	2	5	0	0	5	2	0	0	6	0
南京体育学院	30	0	0	0	0	0	0	0	0	0	0	0	0	0	0
南京艺术学院	31	2	2	2	0	1	0	1	0	2	0	0	0	2	0
苏州科技大学	32	2	1	2	0	0	2	0	0	2	0	0	2	0	0
常熟理工学院	33	2	0	2	0	0	1	1	0	2	0	0	1	1	0
淮阴工学院	34	8	6	8	0	4	4	0	0	4	4	0	0	8	0
常州工学院	35	5	3	5	0	2	3	0	0	4	1	0	1	3	0
扬州大学	36	2	1	2	0	1	1	0	0	2	0	0	0	2	0
南京工程学院	37	2	1	2	0	1	1	0	0	2	0	0	0	2	0
南京审计大学	38	6	3	6	0	1	4	1	0	5	1	0	1	4	0
南京晓庄学院	39	22	15	22	2	8	12	0	0	17	5	0	4	13	0
江苏理工学院	40	5	2	5	1	2	1	1	0	5	0	0	3	2	0
淮海工学院	41	2	1	2	0	0	2	0	0	2	0	0	0	2	0
徐州工程学院	42	2	1	2	0	1	1	0	0	1	1	0	0	1	0
南京特殊教育师范学院	43	5	4	5	0	1	4	0	0	5	0	0	0	5	0
泰州学院	44	2	0	2	1	1	0	0	0	2	0	0	0	1	0
金陵科技学院	45	5	5	5	0	1	4	0	0	2	3	0	1	3	0
江苏第二师范学院	46	8	5	8	1	4	3	0	0	6	2	0	3	4	0

2.22 体育科学人文、社会科学活动人员情况表

高校名称		总计		按职称划分						按最后学历划分			按最后学位划分		其他人员
			女性	小计	教授	副教授	讲师	助教	初级	研究生	本科生	其他	博士	硕士	
	编号	L01	L02	L03	L04	L05	L06	L07	L08	L09	L10	L11	L12	L13	L14
合　计	/	2 090	717	2 090	141	926	842	179	2	818	1 272	0	152	848	0
南京大学	1	43	15	43	3	19	18	3	0	13	30	0	2	15	0
东南大学	2	70	25	70	2	48	18	2	0	21	49	0	5	18	0
江南大学	3	58	22	58	0	22	32	4	0	26	32	0	1	25	0
南京农业大学	4	36	13	36	0	15	15	6	0	17	19	0	0	16	0
中国矿业大学	5	45	15	45	4	26	11	4	0	24	21	0	9	27	0
河海大学	6	19	3	19	5	11	3	0	0	11	8	0	3	8	0
南京理工大学	7	48	16	48	4	24	14	5	1	16	32	0	3	14	0
南京航空航天大学	8	40	7	40	3	15	20	2	0	13	27	0	1	11	0
中国药科大学	9	42	18	42	1	15	21	5	0	12	30	0	0	15	0
南京森林警察学院	10	35	5	35	2	11	17	5	0	8	27	0	2	15	0
苏州大学	11	125	43	125	14	59	43	9	0	58	67	0	16	45	0
江苏科技大学	12	48	18	48	2	23	22	1	0	11	37	0	2	30	0
南京工业大学	13	24	6	24	3	10	11	0	0	7	17	0	1	7	0
常州大学	14	43	14	43	2	13	28	0	0	25	18	0	3	23	0
南京邮电大学	15	38	15	38	2	25	8	3	0	15	23	0	2	14	0
南京林业大学	16	34	9	34	0	13	18	3	0	16	18	0	0	18	0
江苏大学	17	57	21	57	2	34	19	2	0	15	42	0	3	27	0
南京信息工程大学	18	55	25	55	3	21	29	2	0	17	38	0	3	16	0
南通大学	19	92	25	92	6	60	25	1	0	48	44	0	13	49	0
盐城工学院	20	36	11	36	2	20	10	4	0	15	21	0	2	20	0
南京医科大学	21	19	9	19	0	4	11	4	0	5	14	0	0	13	0
徐州医科大学	22	21	9	21	0	8	8	5	0	7	14	0	0	6	0
南京中医药大学	23	21	8	21	0	3	18	0	0	5	16	0	0	13	0

续表

高校名称		总计		按职称划分						按最后学历划分			按最后学位划分		其他人员
			女性	小计	教授	副教授	讲师	助教	初级	研究生	本科生	其他	博士	硕士	
	编号	L01	L02	L03	L04	L05	L06	L07	L08	L09	L10	L11	L12	L13	L14
南京师范大学	24	80	34	80	16	40	18	6	0	48	32	0	16	38	0
江苏师范大学	25	55	20	55	6	30	19	0	0	15	40	0	5	20	0
淮阴师范学院	26	47	11	47	6	26	12	3	0	15	32	0	2	13	0
盐城师范学院	27	44	11	44	5	21	15	3	0	24	20	0	6	20	0
南京财经大学	28	40	18	40	1	19	20	0	0	16	24	0	2	15	0
江苏警官学院	29	33	8	33	2	12	15	4	0	8	25	0	0	15	0
南京体育学院	30	243	100	243	13	73	115	42	0	73	170	0	15	66	0
南京艺术学院	31	12	6	12	2	5	5	0	0	3	9	0	0	7	0
苏州科技大学	32	36	8	36	1	11	22	2	0	18	18	0	2	16	0
常熟理工学院	33	24	7	24	2	12	8	2	0	11	13	0	1	11	0
淮阴工学院	34	40	10	40	1	13	26	0	0	17	23	0	4	15	0
常州工学院	35	29	8	29	1	16	11	1	0	7	22	0	2	7	0
扬州大学	36	48	16	48	10	19	15	4	0	34	14	0	16	18	0
南京工程学院	37	59	21	59	1	20	30	8	0	29	30	0	0	35	0
南京审计大学	38	27	10	27	2	11	10	4	0	14	13	0	2	12	0
南京晓庄学院	39	41	12	41	4	14	19	4	0	20	21	0	6	16	0
江苏理工学院	40	29	10	29	1	15	11	2	0	17	12	0	0	17	0
淮海工学院	41	42	14	42	3	22	17	0	0	3	39	0	1	8	0
徐州工程学院	42	38	12	38	2	20	14	2	0	10	28	0	0	14	0
南京特殊教育师范学院	43	12	5	12	2	5	4	1	0	8	4	0	1	7	0
泰州学院	44	17	5	17	0	4	6	7	0	6	11	0	0	8	0
金陵科技学院	45	26	11	26	0	13	6	6	1	10	16	0	0	13	0
江苏第二师范学院	46	19	8	19	0	6	5	8	0	7	12	0	0	12	0

3. 公办专科高等学校人文、社会科学活动人员情况表

学科门类		总计		按职称划分						按最后学历划分			按最后学位划分		其他人员
			女性	小计	教授	副教授	讲师	助教	初级	研究生	本科生	其他	博士	硕士	
	编号	L01	L02	L03	L04	L05	L06	L07	L08	L09	L10	L11	L12	L13	L14
合　计	/	1 3931	8 661	13 929	797	4 088	7 226	1 570	248	5941	7 915	73	440	8 113	2
管理学	1	2 518	1 468	2 518	223	720	1241	298	36	1 232	1 280	6	107	1 682	0
马克思主义	2	605	372	605	39	249	268	46	3	322	282	1	33	412	0
哲学	3	124	76	124	11	46	48	16	3	82	41	1	12	85	0
逻辑学	4	50	22	50	0	19	28	3	0	15	32	3	4	24	0
宗教学	5	1	0	1	0	1	0	0	0	0	1	0	0	0	0
语言学	6	2 220	1 769	2 220	52	588	1355	206	19	692	1 525	3	22	1069	0
中国文学	7	539	382	539	47	236	205	44	7	219	319	1	32	306	0
外国文学	8	165	124	165	4	51	97	12	1	71	93	1	4	93	0
艺术学	9	2 002	1 157	2 002	66	461	1 109	319	47	866	1 125	11	30	1 128	0
历史学	10	86	41	86	5	38	37	3	3	54	32	0	10	51	0
考古学	11	2	1	2	0	0	1	1	0	1	0	1	1	1	0
经济学	12	1 331	881	1 331	100	414	621	165	31	654	672	5	66	855	0
政治学	13	148	84	148	9	44	73	16	6	75	72	1	7	97	0
法学	14	326	193	326	12	97	171	42	4	159	164	3	13	215	0
社会学	15	207	145	207	9	58	98	33	9	113	86	8	11	141	0
民族学与文化学	16	10	6	10	0	4	5	1	0	4	6	0	2	5	0
新闻学与传播学	17	76	51	76	4	19	44	8	1	37	39	0	2	39	0
图书馆、情报与文献学	18	500	336	500	16	100	326	42	16	105	374	21	3	156	0
教育学	19	1 877	1 084	1 875	156	538	980	167	34	910	960	5	72	1 254	2
统计学	20	73	40	73	4	16	44	8	1	30	43	0	8	34	0
心理学	21	146	115	146	7	32	74	27	6	82	64	0	0	106	0
体育科学	22	925	314	925	33	357	401	113	21	218	705	2	1	360	0

3.1 管理学人文、社会科学活动人员情况表

高校名称		总计		按职称划分						按最后学历划分			按最后学位划分		其他
			女性	小计	教授	副教授	讲师	助教	初级	研究生	本科生	其他	博士	硕士	人员
	编号	L01	L02	L03	L04	L05	L06	L07	L08	L09	L10	L11	L12	L13	L14
合　计	/	2 518	1 468	2 518	223	720	1241	298	36	1 232	1 280	6	107	1 682	0
盐城幼儿师范高等专科学校	1	5	5	5	0	0	3	2	0	1	4	0	0	2	0
苏州幼儿师范高等专科学校	2	1	0	1	1	0	0	0	0	1	0	0	0	1	0
无锡职业技术学院	3	53	24	53	5	18	28	2	0	37	16	0	10	31	0
江苏建筑职业技术学院	4	49	29	49	3	14	27	5	0	38	11	0	4	38	0
南京工业职业技术学院	5	158	109	158	16	37	77	28	0	98	60	0	13	109	0
江苏工程职业技术学院	6	42	19	42	1	18	23	0	0	19	23	0	1	30	0
苏州工艺美术职业技术学院	7	7	4	7	0	2	2	3	0	3	4	0	0	5	0
连云港职业技术学院	8	50	28	50	4	18	26	2	0	20	30	0	5	33	0
镇江市高等专科学校	9	67	35	67	10	26	25	6	0	22	45	0	2	49	0
南通职业大学	10	21	15	21	2	11	7	1	0	10	11	0	2	9	0
苏州职业大学	11	95	64	95	3	34	43	15	0	42	53	0	4	62	0
沙洲职业工学院	12	9	3	9	1	4	3	1	0	4	5	0	0	6	0
扬州市职业大学	13	48	27	48	6	15	21	6	0	27	21	0	3	32	0
连云港师范高等专科学校	14	19	7	19	1	6	11	1	0	11	8	0	0	17	0
江苏经贸职业技术学院	15	135	85	135	18	46	63	8	0	80	55	0	11	96	0
泰州职业技术学院	16	19	13	19	0	7	11	1	0	13	6	0	1	16	0
常州信息职业技术学院	17	61	39	61	5	18	30	8	0	23	38	0	5	39	0
江苏海事职业技术学院	18	13	7	13	2	5	5	1	0	4	9	0	0	10	0
无锡科技职业学院	19	36	16	36	3	9	19	5	0	15	21	0	0	22	0
江苏医药职业学院	20	15	8	15	2	1	8	4	0	8	7	0	1	8	0

续表

南通科技职业学院	21	20	12	20	2	4	10	2	2	10	10	0	0	15	0
苏州经贸职业技术学院	22	63	24	63	3	18	29	13	0	38	25	0	5	46	0
苏州工业职业技术学院	23	40	25	40	4	12	22	2	0	10	30	0	5	16	0
苏州卫生职业技术学院	24	26	18	26	1	2	14	8	1	14	12	0	0	15	0
无锡商业职业技术学院	25	122	84	122	8	32	74	7	1	39	83	0	2	93	0
南通航运职业技术学院	26	70	36	70	7	13	44	3	3	26	42	2	1	44	0
南京交通职业技术学院	27	34	23	34	3	11	16	3	1	20	14	0	0	25	0
淮安信息职业技术学院	28	49	18	49	5	12	29	3	0	26	23	0	1	34	0
江苏农牧科技职业学院	29	6	2	6	0	3	3	0	0	6	0	0	0	6	0
常州纺织服装职业技术学院	30	88	50	88	7	31	45	5	0	28	60	0	0	45	0
苏州农业职业技术学院	31	19	11	19	2	6	7	4	0	5	14	0	0	16	0
南京科技职业学院	32	65	36	65	5	17	42	0	1	33	32	0	2	41	0
常州轻工职业技术学院	33	51	30	51	4	11	29	7	0	31	19	1	1	37	0
常州工程职业技术学院	34	11	6	11	0	0	11	0	0	4	7	0	0	4	0
江苏农林职业技术学院	35	15	9	15	0	1	10	4	0	9	6	0	1	11	0
江苏食品药品职业技术学院	36	15	3	15	3	2	10	0	0	3	12	0	0	5	0
南京铁道职业技术学院	37	62	31	62	4	16	34	8	0	28	34	0	5	42	0
徐州工业职业技术学院	38	33	23	33	2	14	13	4	0	23	10	0	1	29	0
江苏信息职业技术学院	39	66	39	66	2	19	35	10	0	29	37	0	2	45	0
南京信息职业技术学院	40	32	17	32	3	10	15	4	0	21	11	0	1	26	0
常州机电职业技术学院	41	65	25	65	17	24	21	3	0	25	40	0	1	45	0
江阴职业技术学院	42	24	15	24	1	12	8	3	0	6	18	0	0	16	0
无锡城市职业技术学院	43	20	15	20	2	4	8	0	6	14	6	0	1	14	0
无锡工艺职业技术学院	44	23	16	23	1	6	9	6	1	15	8	0	1	18	0

续表

高校名称		总计		按职称划分						按最后学历划分			按最后学位划分		其他人员
			女性	小计	教授	副教授	讲师	助教	初级	研究生	本科生	其他	博士	硕士	
	编号	L01	L02	L03	L04	L05	L06	L07	L08	L09	L10	L11	L12	L13	L14
苏州健雄职业技术学院	45	24	18	24	3	8	9	4	0	13	11	0	2	17	0
盐城工业职业技术学院	46	46	19	46	6	14	15	11	0	26	19	1	0	27	0
江苏财经职业技术学院	47	79	40	79	14	26	32	6	1	26	52	1	2	49	0
扬州工业职业技术学院	48	16	6	16	1	5	4	6	0	13	3	0	0	14	0
江苏城市职业学院	49	53	34	53	7	11	30	3	2	27	26	0	4	30	0
南京城市职业学院	50	55	34	55	7	15	24	3	6	33	22	0	1	46	0
南京机电职业技术学院	51	21	16	21	0	0	6	9	6	2	19	0	0	3	0
南京旅游职业学院	52	51	31	51	5	7	26	13	0	39	11	1	5	35	0
江苏卫生健康职业学院	53	22	17	22	2	3	13	4	0	15	7	0	0	18	0
苏州信息职业技术学院	54	28	17	28	1	14	12	0	1	5	23	0	0	13	0
苏州工业园区服务外包职业学院	55	37	25	37	2	7	22	6	0	31	6	0	1	34	0
徐州幼儿师范高等专科学校	56	0	0	0	0	0	0	0	0	0	0	0	0	0	0
徐州生物工程职业技术学院	57	8	4	8	0	5	1	2	0	0	8	0	0	0	0
江苏商贸职业学院	58	44	28	44	1	14	15	14	0	18	26	0	0	26	0
南通师范高等专科学校	59	1	0	1	0	0	1	0	0	0	1	0	0	1	0
江苏护理职业学院	60	3	2	3	0	0	2	1	0	1	2	0	0	1	0
江苏财会职业学院	61	20	11	20	1	3	8	8	0	5	15	0	0	13	0
江苏城乡建设职业学院	62	35	19	35	1	9	21	3	1	6	29	0	0	13	0
江苏航空职业技术学院	63	4	4	4	0	0	3	0	1	2	2	0	0	2	0
江苏安全技术职业学院	64	2	2	2	0	0	1	0	1	1	1	0	0	1	0
江苏旅游职业学院	65	47	36	47	3	10	26	7	1	30	17	0	0	36	0

3.2 马克思主义人文、社会科学活动人员情况表

高校名称		总计		按职称划分						按最后学历划分			按最后学位划分		其他人员
			女性	小计	教授	副教授	讲师	助教	初级	研究生	本科生	其他	博士	硕士	
	编号	L01	L02	L03	L04	L05	L06	L07	L08	L09	L10	L11	L12	L13	L14
合　计	/	605	372	605	39	249	268	46	3	322	282	1	33	412	0
盐城幼儿师范高等专科学校	1	1	0	1	0	1	0	0	0	0	1	0	0	1	0
苏州幼儿师范高等专科学校	2	1	0	1	0	0	1	0	0	1	0	0	0	1	0
无锡职业技术学院	3	5	4	5	0	1	3	1	0	5	0	0	1	4	0
江苏建筑职业技术学院	4	8	4	8	1	6	1	0	0	4	4	0	0	8	0
南京工业职业技术学院	5	5	4	5	0	2	3	0	0	2	3	0	2	0	0
江苏工程职业技术学院	6	14	7	14	1	2	11	0	0	9	5	0	0	13	0
苏州工艺美术职业技术学院	7	5	3	5	0	5	0	0	0	4	1	0	0	5	0
连云港职业技术学院	8	7	5	7	0	4	3	0	0	3	4	0	0	4	0
镇江市高等专科学校	9	19	11	19	1	8	10	0	0	3	16	0	0	11	0
南通职业大学	10	9	6	9	3	4	2	0	0	3	6	0	0	8	0
苏州职业大学	11	31	18	31	0	13	17	1	0	16	15	0	4	13	0
沙洲职业工学院	12	3	0	3	0	2	1	0	0	1	2	0	0	0	0
扬州市职业大学	13	16	6	16	2	8	4	2	0	7	9	0	1	12	0
连云港师范高等专科学校	14	18	12	18	2	12	4	0	0	11	7	0	0	14	0
江苏经贸职业技术学院	15	18	12	18	0	8	8	2	0	12	6	0	2	13	0
泰州职业技术学院	16	12	7	12	0	7	5	0	0	4	8	0	0	8	0
常州信息职业技术学院	17	9	4	9	1	4	4	0	0	8	1	0	3	6	0
江苏海事职业技术学院	18	33	20	33	1	13	18	1	0	19	14	0	2	19	0
无锡科技职业学院	19	4	4	4	1	1	2	0	0	1	3	0	0	3	0
江苏医药职业学院	20	7	5	7	1	2	2	2	0	2	5	0	0	4	0

续表

高校名称		总计		按职称划分						按最后学历划分			按最后学位划分		其他人员
			女性	小计	教授	副教授	讲师	助教	初级	研究生	本科生	其他	博士	硕士	
	编号	L01	L02	L03	L04	L05	L06	L07	L08	L09	L10	L11	L12	L13	L14
南通科技职业学院	21	4	1	4	0	2	1	1	0	2	2	0	0	3	0
苏州经贸职业技术学院	22	3	0	3	0	2	1	0	0	3	0	0	1	2	0
苏州工业职业技术学院	23	12	9	12	0	4	7	1	0	3	9	0	2	7	0
苏州卫生职业技术学院	24	6	5	6	0	1	3	1	1	4	2	0	0	5	0
无锡商业职业技术学院	25	18	12	18	2	7	9	0	0	11	7	0	1	14	0
南通航运职业技术学院	26	22	11	22	5	11	6	0	0	6	15	1	0	15	0
南京交通职业技术学院	27	7	4	7	0	5	2	0	0	2	5	0	1	5	0
淮安信息职业技术学院	28	7	3	7	1	3	3	0	0	3	4	0	0	6	0
江苏农牧科技职业学院	29	11	6	11	0	5	4	2	0	9	2	0	0	9	0
常州纺织服装职业技术学院	30	8	5	8	2	4	2	0	0	5	3	0	0	4	0
苏州农业职业技术学院	31	10	7	10	0	5	5	0	0	4	6	0	0	6	0
南京科技职业学院	32	19	9	19	2	3	12	2	0	11	8	0	0	16	0
常州轻工职业技术学院	33	6	4	6	0	4	2	0	0	4	2	0	2	4	0
常州工程职业技术学院	34	6	6	6	0	3	1	2	0	1	5	0	0	2	0
江苏农林职业技术学院	35	4	3	4	0	3	1	0	0	3	1	0	0	4	0
江苏食品药品职业技术学院	36	15	9	15	0	7	8	0	0	6	9	0	1	10	0
南京铁道职业技术学院	37	14	8	14	1	5	8	0	0	11	3	0	4	9	0
徐州工业职业技术学院	38	9	3	9	1	2	6	0	0	3	6	0	0	5	0
江苏信息职业技术学院	39	11	7	11	0	6	5	0	0	2	9	0	0	6	0
南京信息职业技术学院	40	11	7	11	0	6	5	0	0	7	4	0	1	8	0
常州机电职业技术学院	41	11	4	11	0	5	6	0	0	6	5	0	0	9	0

续表

江阴职业技术学院	42	8	8	8	1	4	3	0	0	2	6	0	0	4	0
无锡城市职业技术学院	43	9	6	9	0	2	7	0	0	4	5	0	1	6	0
无锡工艺职业技术学院	44	6	3	6	2	2	2	0	0	2	4	0	0	4	0
苏州健雄职业技术学院	45	5	2	5	0	3	2	0	0	3	2	0	0	4	0
盐城工业职业技术学院	46	7	6	7	1	2	0	4	0	4	3	0	0	4	0
江苏财经职业技术学院	47	12	8	12	0	7	5	0	0	5	7	0	0	9	0
扬州工业职业技术学院	48	20	13	20	1	5	7	7	0	15	5	0	1	15	0
江苏城市职业学院	49	10	7	10	1	3	6	0	0	5	5	0	1	6	0
南京城市职业学院	50	2	1	2	0	1	1	0	0	1	1	0	0	2	0
南京机电职业技术学院	51	4	2	4	0	1	2	1	0	3	1	0	0	4	0
南京旅游职业学院	52	4	3	4	1	0	3	0	0	3	1	0	0	3	0
江苏卫生健康职业学院	53	7	5	7	0	2	2	3	0	6	1	0	0	6	0
苏州信息职业技术学院	54	6	3	6	0	6	0	0	0	0	6	0	0	0	0
苏州工业园区服务外包职业学院	55	9	7	9	0	0	8	1	0	9	0	0	1	8	0
徐州幼儿师范高等专科学校	56	4	3	4	1	3	0	0	0	1	3	0	0	3	0
徐州生物工程职业技术学院	57	3	2	3	1	1	0	1	0	2	1	0	1	1	0
江苏商贸职业学院	58	26	20	26	1	4	16	5	0	21	5	0	0	20	0
南通师范高等专科学校	59	4	4	4	0	1	3	0	0	1	3	0	0	2	0
江苏护理职业学院	60	4	3	4	0	0	0	4	0	4	0	0	0	4	0
江苏财会职业学院	61	3	2	3	0	2	1	0	0	0	3	0	0	1	0
江苏城乡建设职业学院	62	1	1	1	0	1	0	0	0	1	0	0	0	1	0
江苏航空职业技术学院	63	2	1	2	0	1	0	1	0	1	1	0	0	1	0
江苏安全技术职业学院	64	6	4	6	0	0	3	1	2	6	0	0	0	6	0
江苏旅游职业学院	65	4	3	4	1	2	1	0	0	2	2	0	0	2	0

3.3 哲学人文、社会科学活动人员情况表

高校名称		总计		按职称划分						按最后学历划分			按最后学位划分		其他人员
			女性	小计	教授	副教授	讲师	助教	初级	研究生	本科生	其他	博士	硕士	
	编号	L01	L02	L03	L04	L05	L06	L07	L08	L09	L10	L11	L12	L13	L14
合　计	/	124	76	124	11	46	48	16	3	82	41	1	12	85	0
盐城幼儿师范高等专科学校	1	0	0	0	0	0	0	0	0	0	0	0	0	0	0
苏州幼儿师范高等专科学校	2	1	1	1	0	0	1	0	0	1	0	0	0	1	0
无锡职业技术学院	3	5	4	5	0	3	2	0	0	4	1	0	2	2	0
江苏建筑职业技术学院	4	6	5	6	1	3	2	0	0	5	1	0	1	5	0
南京工业职业技术学院	5	11	8	11	0	6	4	1	0	8	3	0	0	10	0
江苏工程职业技术学院	6	1	1	1	0	1	0	0	0	1	0	0	0	1	0
苏州工艺美术职业技术学院	7	0	0	0	0	0	0	0	0	0	0	0	0	0	0
连云港职业技术学院	8	2	0	2	0	1	0	1	0	1	1	0	0	1	0
镇江市高等专科学校	9	0	0	0	0	0	0	0	0	0	0	0	0	0	0
南通职业大学	10	1	0	1	0	0	1	0	0	1	0	0	0	1	0
苏州职业大学	11	7	3	7	1	2	1	3	0	6	1	0	2	5	0
沙洲职业工学院	12	2	1	2	0	0	2	0	0	0	2	0	0	0	0
扬州市职业大学	13	11	7	11	1	6	3	1	0	2	9	0	0	7	0
连云港师范高等专科学校	14	3	1	3	2	1	0	0	0	1	2	0	0	1	0
江苏经贸职业技术学院	15	2	1	2	0	1	1	0	0	2	0	0	1	1	0
泰州职业技术学院	16	0	0	0	0	0	0	0	0	0	0	0	0	0	0
常州信息职业技术学院	17	7	4	7	1	3	1	2	0	3	4	0	1	5	0
江苏海事职业技术学院	18	2	2	2	0	0	2	0	0	2	0	0	0	2	0
无锡科技职业学院	19	2	2	2	0	1	1	0	0	2	0	0	0	2	0
江苏医药职业学院	20	4	2	4	1	0	0	1	2	3	0	1	1	3	0

续表

南通科技职业学院	21	0	0	0	0	0	0	0	0	0	0	0	0	0	0
苏州经贸职业技术学院	22	3	2	3	0	0	3	0	0	2	1	0	0	2	0
苏州工业职业技术学院	23	0	0	0	0	0	0	0	0	0	0	0	0	0	0
苏州卫生职业技术学院	24	1	1	1	0	0	1	0	0	1	0	0	0	1	0
无锡商业职业技术学院	25	0	0	0	0	0	0	0	0	0	0	0	0	0	0
南通航运职业技术学院	26	1	1	1	0	0	1	0	0	1	0	0	0	1	0
南京交通职业技术学院	27	0	0	0	0	0	0	0	0	0	0	0	0	0	0
淮安信息职业技术学院	28	1	1	1	0	0	1	0	0	1	0	0	0	1	0
江苏农牧科技职业学院	29	0	0	0	0	0	0	0	0	0	0	0	0	0	0
常州纺织服装职业技术学院	30	2	2	2	0	0	2	0	0	1	1	0	0	1	0
苏州农业职业技术学院	31	1	1	1	0	0	1	0	0	1	0	0	0	1	0
南京科技职业学院	32	3	1	3	0	1	2	0	0	3	0	0	0	3	0
常州轻工职业技术学院	33	0	0	0	0	0	0	0	0	0	0	0	0	0	0
常州工程职业技术学院	34	0	0	0	0	0	0	0	0	0	0	0	0	0	0
江苏农林职业技术学院	35	0	0	0	0	0	0	0	0	0	0	0	0	0	0
江苏食品药品职业技术学院	36	0	0	0	0	0	0	0	0	0	0	0	0	0	0
南京铁道职业技术学院	37	2	1	2	0	0	1	1	0	2	0	0	1	1	0
徐州工业职业技术学院	38	3	1	3	0	0	3	0	0	3	0	0	0	3	0
江苏信息职业技术学院	39	0	0	0	0	0	0	0	0	0	0	0	0	0	0
南京信息职业技术学院	40	1	0	1	0	1	0	0	0	0	1	0	0	0	0
常州机电职业技术学院	41	3	1	3	0	1	2	0	0	3	0	0	1	2	0
江阴职业技术学院	42	0	0	0	0	0	0	0	0	0	0	0	0	0	0
无锡城市职业技术学院	43	1	0	1	0	1	0	0	0	0	1	0	0	0	0
无锡工艺职业技术学院	44	0	0	0	0	0	0	0	0	0	0	0	0	0	0

续表

高校名称		总计		按职称划分						按最后学历划分			按最后学位划分		其他人员
			女性	小计	教授	副教授	讲师	助教	初级	研究生	本科生	其他	博士	硕士	
	编号	L01	L02	L03	L04	L05	L06	L07	L08	L09	L10	L11	L12	L13	L14
苏州健雄职业技术学院	45	2	2	2	0	2	0	0	0	1	1	0	0	2	0
盐城工业职业技术学院	46	4	3	4	2	0	1	1	0	2	2	0	0	2	0
江苏财经职业技术学院	47	5	1	5	1	2	2	0	0	4	1	0	1	3	0
扬州工业职业技术学院	48	2	1	2	0	0	1	1	0	2	0	0	0	2	0
江苏城市职业学院	49	1	1	1	0	1	0	0	0	1	0	0	0	1	0
南京城市职业学院	50	2	1	2	1	0	0	0	1	2	0	0	0	1	0
南京机电职业技术学院	51	2	2	2	0	0	1	1	0	0	2	0	0	0	0
南京旅游职业学院	52	1	1	1	0	0	0	1	0	0	1	0	0	0	0
江苏卫生健康职业学院	53	2	1	2	0	2	0	0	0	1	1	0	1	0	0
苏州信息职业技术学院	54	0	0	0	0	0	0	0	0	0	0	0	0	0	0
苏州工业园区服务外包职业学院	55	1	1	1	0	0	1	0	0	1	0	0	0	1	0
徐州幼儿师范高等专科学校	56	5	5	5	0	3	2	0	0	4	1	0	0	5	0
徐州生物工程职业技术学院	57	3	1	3	0	2	1	0	0	1	2	0	0	2	0
江苏商贸职业学院	58	2	1	2	0	0	1	1	0	2	0	0	0	2	0
南通师范高等专科学校	59	0	0	0	0	0	0	0	0	0	0	0	0	0	0
江苏护理职业学院	60	1	0	1	0	1	0	0	0	0	1	0	0	0	0
江苏财会职业学院	61	0	0	0	0	0	0	0	0	0	0	0	0	0	0
江苏城乡建设职业学院	62	1	1	1	0	1	0	0	0	0	1	0	0	0	0
江苏航空职业技术学院	63	0	0	0	0	0	0	0	0	0	0	0	0	0	0
江苏安全技术职业学院	64	0	0	0	0	0	0	0	0	0	0	0	0	0	0
江苏旅游职业学院	65	1	0	1	0	0	0	1	0	1	0	0	0	1	0

3.4 逻辑学人文、社会科学活动人员情况表

高校名称		总计		按职称划分						按最后学历划分			按最后学位划分		其他人员
			女性	小计	教授	副教授	讲师	助教	初级	研究生	本科生	其他	博士	硕士	
	编号	L01	L02	L03	L04	L05	L06	L07	L08	L09	L10	L11	L12	L13	L14
合　计	/	50	22	50	0	19	28	3	0	15	32	3	4	24	0
盐城幼儿师范高等专科学校	1	0	0	0	0	0	0	0	0	0	0	0	0	0	0
苏州幼儿师范高等专科学校	2	11	5	11	0	7	4	0	0	6	5	0	0	7	0
无锡职业技术学院	3	0	0	0	0	0	0	0	0	0	0	0	0	0	0
江苏建筑职业技术学院	4	0	0	0	0	0	0	0	0	0	0	0	0	0	0
南京工业职业技术学院	5	5	1	5	0	1	3	1	0	2	0	3	3	2	0
江苏工程职业技术学院	6	0	0	0	0	0	0	0	0	0	0	0	0	0	0
苏州工艺美术职业技术学院	7	0	0	0	0	0	0	0	0	0	0	0	0	0	0
连云港职业技术学院	8	0	0	0	0	0	0	0	0	0	0	0	0	0	0
镇江市高等专科学校	9	0	0	0	0	0	0	0	0	0	0	0	0	0	0
南通职业大学	10	0	0	0	0	0	0	0	0	0	0	0	0	0	0
苏州职业大学	11	1	1	1	0	0	1	0	0	1	0	0	0	1	0
沙洲职业工学院	12	0	0	0	0	0	0	0	0	0	0	0	0	0	0
扬州市职业大学	13	1	0	1	0	0	1	0	0	0	1	0	0	1	0
连云港师范高等专科学校	14	1	1	1	0	0	1	0	0	1	0	0	0	1	0
江苏经贸职业技术学院	15	0	0	0	0	0	0	0	0	0	0	0	0	0	0
泰州职业技术学院	16	0	0	0	0	0	0	0	0	0	0	0	0	0	0
常州信息职业技术学院	17	0	0	0	0	0	0	0	0	0	0	0	0	0	0
江苏海事职业技术学院	18	0	0	0	0	0	0	0	0	0	0	0	0	0	0
无锡科技职业学院	19	0	0	0	0	0	0	0	0	0	0	0	0	0	0
江苏医药职业学院	20	0	0	0	0	0	0	0	0	0	0	0	0	0	0

续表

高校名称		总计		按职称划分						按最后学历划分			按最后学位划分		其他人员
			女性	小计	教授	副教授	讲师	助教	初级	研究生	本科生	其他	博士	硕士	
	编号	L01	L02	L03	L04	L05	L06	L07	L08	L09	L10	L11	L12	L13	L14
南通科技职业学院	21	1	1	1	0	1	0	0	0	0	1	0	0	1	0
苏州经贸职业技术学院	22	0	0	0	0	0	0	0	0	0	0	0	0	0	0
苏州工业职业技术学院	23	0	0	0	0	0	0	0	0	0	0	0	0	0	0
苏州卫生职业技术学院	24	4	2	4	0	0	3	1	0	0	4	0	0	0	0
无锡商业职业技术学院	25	0	0	0	0	0	0	0	0	0	0	0	0	0	0
南通航运职业技术学院	26	1	0	1	0	0	1	0	0	1	0	0	1	0	0
南京交通职业技术学院	27	0	0	0	0	0	0	0	0	0	0	0	0	0	0
淮安信息职业技术学院	28	0	0	0	0	0	0	0	0	0	0	0	0	0	0
江苏农牧科技职业学院	29	0	0	0	0	0	0	0	0	0	0	0	0	0	0
常州纺织服装职业技术学院	30	10	3	10	0	3	7	0	0	3	7	0	0	5	0
苏州农业职业技术学院	31	0	0	0	0	0	0	0	0	0	0	0	0	0	0
南京科技职业学院	32	0	0	0	0	0	0	0	0	0	0	0	0	0	0
常州轻工职业技术学院	33	0	0	0	0	0	0	0	0	0	0	0	0	0	0
常州工程职业技术学院	34	0	0	0	0	0	0	0	0	0	0	0	0	0	0
江苏农林职业技术学院	35	0	0	0	0	0	0	0	0	0	0	0	0	0	0
江苏食品药品职业技术学院	36	11	8	11	0	5	6	0	0	0	11	0	0	5	0
南京铁道职业技术学院	37	0	0	0	0	0	0	0	0	0	0	0	0	0	0
徐州工业职业技术学院	38	1	0	1	0	0	0	1	0	1	0	0	0	1	0
江苏信息职业技术学院	39	0	0	0	0	0	0	0	0	0	0	0	0	0	0
南京信息职业技术学院	40	0	0	0	0	0	0	0	0	0	0	0	0	0	0
常州机电职业技术学院	41	0	0	0	0	0	0	0	0	0	0	0	0	0	0

续表

江阴职业技术学院	42	0	0	0	0	0	0	0	0	0	0	0	0	0	0
无锡城市职业技术学院	43	0	0	0	0	0	0	0	0	0	0	0	0	0	0
无锡工艺职业技术学院	44	1	0	1	0	0	1	0	0	0	1	0	0	0	0
苏州健雄职业技术学院	45	1	0	1	0	1	0	0	0	0	1	0	0	0	0
盐城工业职业技术学院	46	0	0	0	0	0	0	0	0	0	0	0	0	0	0
江苏财经职业技术学院	47	0	0	0	0	0	0	0	0	0	0	0	0	0	0
扬州工业职业技术学院	48	0	0	0	0	0	0	0	0	0	0	0	0	0	0
江苏城市职业学院	49	0	0	0	0	0	0	0	0	0	0	0	0	0	0
南京城市职业学院	50	1	0	1	0	1	0	0	0	0	1	0	0	0	0
南京机电职业技术学院	51	0	0	0	0	0	0	0	0	0	0	0	0	0	0
南京旅游职业学院	52	0	0	0	0	0	0	0	0	0	0	0	0	0	0
江苏卫生健康职业学院	53	0	0	0	0	0	0	0	0	0	0	0	0	0	0
苏州信息职业技术学院	54	0	0	0	0	0	0	0	0	0	0	0	0	0	0
苏州工业园区服务外包职业学院	55	0	0	0	0	0	0	0	0	0	0	0	0	0	0
徐州幼儿师范高等专科学校	56	0	0	0	0	0	0	0	0	0	0	0	0	0	0
徐州生物工程职业技术学院	57	0	0	0	0	0	0	0	0	0	0	0	0	0	0
江苏商贸职业学院	58	0	0	0	0	0	0	0	0	0	0	0	0	0	0
南通师范高等专科学校	59	0	0	0	0	0	0	0	0	0	0	0	0	0	0
江苏护理职业学院	60	0	0	0	0	0	0	0	0	0	0	0	0	0	0
江苏财会职业学院	61	0	0	0	0	0	0	0	0	0	0	0	0	0	0
江苏城乡建设职业学院	62	0	0	0	0	0	0	0	0	0	0	0	0	0	0
江苏航空职业技术学院	63	0	0	0	0	0	0	0	0	0	0	0	0	0	0
江苏安全技术职业学院	64	0	0	0	0	0	0	0	0	0	0	0	0	0	0
江苏旅游职业学院	65	0	0	0	0	0	0	0	0	0	0	0	0	0	0

3.5 宗教学人文、社会科学活动人员情况表

高校名称		总计		按职称划分						按最后学历划分			按最后学位划分		其他
			女性	小计	教授	副教授	讲师	助教	初级	研究生	本科生	其他	博士	硕士	人员
	编号	L01	L02	L03	L04	L05	L06	L07	L08	L09	L10	L11	L12	L13	L14
合 计	/	1	0	1	0	1	0	0	0	0	1	0	0	0	0
盐城幼儿师范高等专科学校	1	0	0	0	0	0	0	0	0	0	0	0	0	0	0
苏州幼儿师范高等专科学校	2	0	0	0	0	0	0	0	0	0	0	0	0	0	0
无锡职业技术学院	3	0	0	0	0	0	0	0	0	0	0	0	0	0	0
江苏建筑职业技术学院	4	0	0	0	0	0	0	0	0	0	0	0	0	0	0
南京工业职业技术学院	5	0	0	0	0	0	0	0	0	0	0	0	0	0	0
江苏工程职业技术学院	6	0	0	0	0	0	0	0	0	0	0	0	0	0	0
苏州工艺美术职业技术学院	7	0	0	0	0	0	0	0	0	0	0	0	0	0	0
连云港职业技术学院	8	1	0	1	0	1	0	0	0	0	1	0	0	0	0
镇江市高等专科学校	9	0	0	0	0	0	0	0	0	0	0	0	0	0	0
南通职业大学	10	0	0	0	0	0	0	0	0	0	0	0	0	0	0
苏州职业大学	11	0	0	0	0	0	0	0	0	0	0	0	0	0	0
沙洲职业工学院	12	0	0	0	0	0	0	0	0	0	0	0	0	0	0
扬州市职业大学	13	0	0	0	0	0	0	0	0	0	0	0	0	0	0
连云港师范高等专科学校	14	0	0	0	0	0	0	0	0	0	0	0	0	0	0
江苏经贸职业技术学院	15	0	0	0	0	0	0	0	0	0	0	0	0	0	0
泰州职业技术学院	16	0	0	0	0	0	0	0	0	0	0	0	0	0	0
常州信息职业技术学院	17	0	0	0	0	0	0	0	0	0	0	0	0	0	0
江苏海事职业技术学院	18	0	0	0	0	0	0	0	0	0	0	0	0	0	0
无锡科技职业学院	19	0	0	0	0	0	0	0	0	0	0	0	0	0	0
江苏医药职业学院	20	0	0	0	0	0	0	0	0	0	0	0	0	0	0

续表

南通科技职业学院	21	0	0	0	0	0	0	0	0	0	0	0	0	0	0
苏州经贸职业技术学院	22	0	0	0	0	0	0	0	0	0	0	0	0	0	0
苏州工业职业技术学院	23	0	0	0	0	0	0	0	0	0	0	0	0	0	0
苏州卫生职业技术学院	24	0	0	0	0	0	0	0	0	0	0	0	0	0	0
无锡商业职业技术学院	25	0	0	0	0	0	0	0	0	0	0	0	0	0	0
南通航运职业技术学院	26	0	0	0	0	0	0	0	0	0	0	0	0	0	0
南京交通职业技术学院	27	0	0	0	0	0	0	0	0	0	0	0	0	0	0
淮安信息职业技术学院	28	0	0	0	0	0	0	0	0	0	0	0	0	0	0
江苏农牧科技职业学院	29	0	0	0	0	0	0	0	0	0	0	0	0	0	0
常州纺织服装职业技术学院	30	0	0	0	0	0	0	0	0	0	0	0	0	0	0
苏州农业职业技术学院	31	0	0	0	0	0	0	0	0	0	0	0	0	0	0
南京科技职业学院	32	0	0	0	0	0	0	0	0	0	0	0	0	0	0
常州轻工职业技术学院	33	0	0	0	0	0	0	0	0	0	0	0	0	0	0
常州工程职业技术学院	34	0	0	0	0	0	0	0	0	0	0	0	0	0	0
江苏农林职业技术学院	35	0	0	0	0	0	0	0	0	0	0	0	0	0	0
江苏食品药品职业技术学院	36	0	0	0	0	0	0	0	0	0	0	0	0	0	0
南京铁道职业技术学院	37	0	0	0	0	0	0	0	0	0	0	0	0	0	0
徐州工业职业技术学院	38	0	0	0	0	0	0	0	0	0	0	0	0	0	0
江苏信息职业技术学院	39	0	0	0	0	0	0	0	0	0	0	0	0	0	0
南京信息职业技术学院	40	0	0	0	0	0	0	0	0	0	0	0	0	0	0
常州机电职业技术学院	41	0	0	0	0	0	0	0	0	0	0	0	0	0	0
江阴职业技术学院	42	0	0	0	0	0	0	0	0	0	0	0	0	0	0
无锡城市职业技术学院	43	0	0	0	0	0	0	0	0	0	0	0	0	0	0
无锡工艺职业技术学院	44	0	0	0	0	0	0	0	0	0	0	0	0	0	0

续表

高校名称		总计		按职称划分						按最后学历划分			按最后学位划分		其他
			女性	小计	教授	副教授	讲师	助教	初级	研究生	本科生	其他	博士	硕士	人员
	编号	L01	L02	L03	L04	L05	L06	L07	L08	L09	L10	L11	L12	L13	L14
苏州健雄职业技术学院	45	0	0	0	0	0	0	0	0	0	0	0	0	0	0
盐城工业职业技术学院	46	0	0	0	0	0	0	0	0	0	0	0	0	0	0
江苏财经职业技术学院	47	0	0	0	0	0	0	0	0	0	0	0	0	0	0
扬州工业职业技术学院	48	0	0	0	0	0	0	0	0	0	0	0	0	0	0
江苏城市职业学院	49	0	0	0	0	0	0	0	0	0	0	0	0	0	0
南京城市职业学院	50	0	0	0	0	0	0	0	0	0	0	0	0	0	0
南京机电职业技术学院	51	0	0	0	0	0	0	0	0	0	0	0	0	0	0
南京旅游职业学院	52	0	0	0	0	0	0	0	0	0	0	0	0	0	0
江苏卫生健康职业学院	53	0	0	0	0	0	0	0	0	0	0	0	0	0	0
苏州信息职业技术学院	54	0	0	0	0	0	0	0	0	0	0	0	0	0	0
苏州工业园区服务外包职业学院	55	0	0	0	0	0	0	0	0	0	0	0	0	0	0
徐州幼儿师范高等专科学校	56	0	0	0	0	0	0	0	0	0	0	0	0	0	0
徐州生物工程职业技术学院	57	0	0	0	0	0	0	0	0	0	0	0	0	0	0
江苏商贸职业学院	58	0	0	0	0	0	0	0	0	0	0	0	0	0	0
南通师范高等专科学校	59	0	0	0	0	0	0	0	0	0	0	0	0	0	0
江苏护理职业学院	60	0	0	0	0	0	0	0	0	0	0	0	0	0	0
江苏财会职业学院	61	0	0	0	0	0	0	0	0	0	0	0	0	0	0
江苏城乡建设职业学院	62	0	0	0	0	0	0	0	0	0	0	0	0	0	0
江苏航空职业技术学院	63	0	0	0	0	0	0	0	0	0	0	0	0	0	0
江苏安全技术职业学院	64	0	0	0	0	0	0	0	0	0	0	0	0	0	0
江苏旅游职业学院	65	0	0	0	0	0	0	0	0	0	0	0	0	0	0

3.6 语言学人文、社会科学活动人员情况表

高校名称		总计		按职称划分						按最后学历划分			按最后学位划分		其他人员
			女性	小计	教授	副教授	讲师	助教	初级	研究生	本科生	其他	博士	硕士	
	编号	L01	L02	L03	L04	L05	L06	L07	L08	L09	L10	L11	L12	L13	L14
合　计	/	2 220	1 769	2 220	52	588	1 355	206	19	692	1 525	3	22	1 069	0
盐城幼儿师范高等专科学校	1	87	73	87	8	18	48	13	0	8	79	0	1	32	0
苏州幼儿师范高等专科学校	2	15	13	15	4	4	7	0	0	8	7	0	0	14	0
无锡职业技术学院	3	44	34	44	1	6	31	6	0	27	17	0	3	24	0
江苏建筑职业技术学院	4	40	32	40	2	14	23	1	0	16	24	0	0	22	0
南京工业职业技术学院	5	33	25	33	1	13	17	2	0	21	11	1	5	24	0
江苏工程职业技术学院	6	26	21	26	0	10	16	0	0	10	16	0	0	13	0
苏州工艺美术职业技术学院	7	14	13	14	0	7	7	0	0	6	8	0	0	12	0
连云港职业技术学院	8	45	33	45	0	15	22	8	0	5	40	0	0	14	0
镇江市高等专科学校	9	61	44	61	1	16	43	1	0	17	44	0	0	20	0
南通职业大学	10	35	28	35	0	7	25	3	0	9	25	1	0	18	0
苏州职业大学	11	76	62	76	0	16	55	5	0	40	36	0	2	46	0
沙洲职业工学院	12	20	18	20	0	7	12	1	0	0	20	0	0	2	0
扬州市职业大学	13	106	81	106	1	34	49	22	0	51	55	0	1	55	0
连云港师范高等专科学校	14	33	23	33	0	22	8	3	0	12	21	0	0	23	0
江苏经贸职业技术学院	15	56	43	56	4	15	31	6	0	20	36	0	0	36	0
泰州职业技术学院	16	20	16	20	0	9	11	0	0	2	18	0	0	5	0
常州信息职业技术学院	17	62	49	62	1	15	39	7	0	22	40	0	2	30	0
江苏海事职业技术学院	18	65	50	65	2	9	52	2	0	22	43	0	1	22	0
无锡科技职业学院	19	58	40	58	0	13	32	13	0	10	48	0	0	23	0
江苏医药职业学院	20	22	17	22	0	6	14	2	0	4	17	1	0	12	0

续表

高校名称		总计		按职称划分						按最后学历划分			按最后学位划分		其他
			女性	小计	教授	副教授	讲师	助教	初级	研究生	本科生	其他	博士	硕士	人员
	编号	L01	L02	L03	L04	L05	L06	L07	L08	L09	L10	L11	L12	L13	L14
南通科技职业学院	21	22	17	22	0	4	15	3	0	11	11	0	0	10	0
苏州经贸职业技术学院	22	32	25	32	0	7	22	3	0	16	16	0	1	17	0
苏州工业职业技术学院	23	51	45	51	2	8	41	0	0	13	38	0	0	20	0
苏州卫生职业技术学院	24	28	26	28	1	6	17	2	2	12	16	0	0	13	0
无锡商业职业技术学院	25	50	36	50	0	12	38	0	0	9	41	0	0	29	0
南通航运职业技术学院	26	38	25	38	0	18	20	0	0	10	28	0	0	22	0
南京交通职业技术学院	27	26	20	26	2	4	19	0	1	9	17	0	0	17	0
淮安信息职业技术学院	28	33	22	33	0	9	19	5	0	5	28	0	0	9	0
江苏农牧科技职业学院	29	6	4	6	1	1	3	1	0	0	6	0	0	1	0
常州纺织服装职业技术学院	30	44	31	44	1	18	21	4	0	9	35	0	1	16	0
苏州农业职业技术学院	31	37	29	37	1	5	30	1	0	3	34	0	0	13	0
南京科技职业学院	32	18	16	18	0	4	14	0	0	9	9	0	0	12	0
常州轻工职业技术学院	33	32	27	32	0	9	23	0	0	2	30	0	0	14	0
常州工程职业技术学院	34	2	2	2	0	1	1	0	0	0	2	0	0	0	0
江苏农林职业技术学院	35	8	6	8	0	1	4	3	0	3	5	0	0	4	0
江苏食品药品职业技术学院	36	40	29	40	2	8	29	1	0	7	33	0	0	13	0
南京铁道职业技术学院	37	18	15	18	0	5	9	4	0	7	11	0	0	12	0
徐州工业职业技术学院	38	18	13	18	0	8	9	1	0	5	13	0	0	8	0
江苏信息职业技术学院	39	35	30	35	0	8	25	2	0	9	26	0	0	21	0
南京信息职业技术学院	40	36	28	36	0	14	17	5	0	17	19	0	1	24	0
常州机电职业技术学院	41	32	27	32	0	9	22	1	0	7	25	0	0	15	0

续表

江阴职业技术学院	42	45	34	45	1	14	26	4	0	1	44	0	0	15	0
无锡城市职业技术学院	43	36	23	36	2	14	20	0	0	7	29	0	0	9	0
无锡工艺职业技术学院	44	29	25	29	0	8	17	4	0	11	18	0	0	14	0
苏州健雄职业技术学院	45	35	30	35	1	5	26	3	0	10	25	0	0	18	0
盐城工业职业技术学院	46	16	15	16	0	7	6	3	0	4	12	0	0	4	0
江苏财经职业技术学院	47	22	18	22	0	6	14	2	0	3	19	0	0	5	0
扬州工业职业技术学院	48	34	28	34	0	9	15	10	0	17	17	0	0	19	0
江苏城市职业学院	49	33	26	33	0	11	22	0	0	20	13	0	0	24	0
南京城市职业学院	50	12	10	12	0	5	4	1	2	5	7	0	0	10	0
南京机电职业技术学院	51	18	18	18	0	0	10	7	1	6	12	0	0	7	0
南京旅游职业学院	52	28	22	28	0	3	22	3	0	21	7	0	0	23	0
江苏卫生健康职业学院	53	5	5	5	0	1	2	2	0	3	2	0	0	3	0
苏州信息职业技术学院	54	29	26	29	0	6	23	0	0	5	24	0	0	13	0
苏州工业园区服务外包职业学院	55	28	25	28	3	5	14	6	0	22	6	0	2	24	0
徐州幼儿师范高等专科学校	56	27	23	27	4	16	6	1	0	8	19	0	2	7	0
徐州生物工程职业技术学院	57	9	7	9	0	1	5	3	0	1	8	0	0	4	0
江苏商贸职业学院	58	43	37	43	0	6	28	9	0	12	31	0	0	23	0
南通师范高等专科学校	59	143	121	143	4	38	96	5	0	22	121	0	0	51	0
江苏护理职业学院	60	16	13	16	0	5	9	2	0	5	11	0	0	7	0
江苏财会职业学院	61	26	23	26	0	6	15	5	0	7	19	0	0	16	0
江苏城乡建设职业学院	62	14	12	14	0	4	9	0	1	2	12	0	0	6	0
江苏航空职业技术学院	63	15	10	15	0	1	8	0	6	3	12	0	0	3	0
江苏安全技术职业学院	64	12	12	12	0	0	6	0	6	6	6	0	0	9	0
江苏旅游职业学院	65	21	18	21	2	2	12	5	0	18	3	0	0	18	0

3.7 中国文学人文、社会科学活动人员情况表

高校名称		总计		按职称划分						按最后学历划分			按最后学位划分		其他
			女性	小计	教授	副教授	讲师	助教	初级	研究生	本科生	其他	博士	硕士	人员
	编号	L01	L02	L03	L04	L05	L06	L07	L08	L09	L10	L11	L12	L13	L14
合　计	/	539	382	539	47	236	205	44	7	219	319	1	32	306	0
盐城幼儿师范高等专科学校	1	53	35	53	11	20	15	7	0	11	42	0	1	20	0
苏州幼儿师范高等专科学校	2	11	8	11	1	5	5	0	0	8	3	0	0	9	0
无锡职业技术学院	3	3	3	3	1	1	1	0	0	3	0	0	0	3	0
江苏建筑职业技术学院	4	8	8	8	1	2	4	1	0	4	4	0	0	6	0
南京工业职业技术学院	5	0	0	0	0	0	0	0	0	0	0	0	0	0	0
江苏工程职业技术学院	6	10	7	10	1	6	3	0	0	2	8	0	0	5	0
苏州工艺美术职业技术学院	7	7	3	7	2	2	3	0	0	4	3	0	2	3	0
连云港职业技术学院	8	14	8	14	0	9	4	1	0	3	11	0	1	4	0
镇江市高等专科学校	9	15	10	15	1	10	4	0	0	3	12	0	1	7	0
南通职业大学	10	5	3	5	0	3	2	0	0	2	3	0	0	4	0
苏州职业大学	11	32	21	32	6	15	9	1	1	17	14	1	6	17	0
沙洲职业工学院	12	2	1	2	0	2	0	0	0	1	1	0	0	1	0
扬州市职业大学	13	25	18	25	3	16	5	1	0	8	17	0	2	15	0
连云港师范高等专科学校	14	24	12	24	4	13	6	1	0	20	4	0	4	18	0
江苏经贸职业技术学院	15	3	3	3	0	0	3	0	0	3	0	0	0	3	0
泰州职业技术学院	16	5	1	5	0	2	3	0	0	2	3	0	1	1	0
常州信息职业技术学院	17	4	3	4	0	1	2	1	0	2	2	0	1	2	0
江苏海事职业技术学院	18	0	0	0	0	0	0	0	0	0	0	0	0	0	0
无锡科技职业学院	19	4	4	4	0	0	4	0	0	1	3	0	1	0	0
江苏医药职业学院	20	10	8	10	3	2	4	1	0	2	8	0	1	3	0

续表

南通科技职业学院	21	7	5	7	0	2	5	0	0	1	6	0	0	4	0
苏州经贸职业技术学院	22	4	3	4	0	4	0	0	0	2	2	0	0	2	0
苏州工业职业技术学院	23	4	2	4	0	0	3	1	0	1	3	0	1	2	0
苏州卫生职业技术学院	24	10	8	10	0	5	4	1	0	3	7	0	0	5	0
无锡商业职业技术学院	25	10	9	10	0	5	5	0	0	2	8	0	0	6	0
南通航运职业技术学院	26	0	0	0	0	0	0	0	0	0	0	0	0	0	0
南京交通职业技术学院	27	4	1	4	0	3	1	0	0	3	1	0	0	3	0
淮安信息职业技术学院	28	8	5	8	0	1	4	3	0	3	5	0	0	4	0
江苏农牧科技职业学院	29	0	0	0	0	0	0	0	0	0	0	0	0	0	0
常州纺织服装职业技术学院	30	4	3	4	0	0	4	0	0	2	2	0	0	2	0
苏州农业职业技术学院	31	4	4	4	0	3	1	0	0	2	2	0	0	4	0
南京科技职业学院	32	3	1	3	0	2	1	0	0	2	1	0	0	2	0
常州轻工职业技术学院	33	4	3	4	1	2	1	0	0	0	4	0	0	0	0
常州工程职业技术学院	34	8	7	8	0	2	5	0	1	4	4	0	1	6	0
江苏农林职业技术学院	35	2	2	2	1	0	0	1	0	0	2	0	0	1	0
江苏食品药品职业技术学院	36	5	3	5	0	4	0	0	1	1	4	0	0	2	0
南京铁道职业技术学院	37	5	5	5	0	3	2	0	0	2	3	0	0	3	0
徐州工业职业技术学院	38	0	0	0	0	0	0	0	0	0	0	0	0	0	0
江苏信息职业技术学院	39	3	2	3	1	1	1	0	0	1	2	0	0	1	0
南京信息职业技术学院	40	4	4	4	0	2	2	0	0	2	2	0	0	4	0
常州机电职业技术学院	41	4	3	4	0	3	1	0	0	2	2	0	0	3	0
江阴职业技术学院	42	12	10	12	2	6	2	2	0	3	9	0	0	6	0
无锡城市职业技术学院	43	4	3	4	0	2	2	0	0	1	3	0	0	4	0
无锡工艺职业技术学院	44	7	6	7	0	3	2	2	0	1	6	0	0	3	0

续表

高校名称		总计		按职称划分						按最后学历划分			按最后学位划分		其他人员
			女性	小计	教授	副教授	讲师	助教	初级	研究生	本科生	其他	博士	硕士	
	编号	L01	L02	L03	L04	L05	L06	L07	L08	L09	L10	L11	L12	L13	L14
苏州健雄职业技术学院	45	2	0	2	0	1	1	0	0	1	1	0	0	1	0
盐城工业职业技术学院	46	1	0	1	0	1	0	0	0	1	0	0	0	1	0
江苏财经职业技术学院	47	16	14	16	1	5	9	1	0	3	13	0	0	8	0
扬州工业职业技术学院	48	4	2	4	0	1	3	0	0	4	0	0	1	3	0
江苏城市职业学院	49	10	7	10	3	4	2	0	1	5	5	0	2	5	0
南京城市职业学院	50	7	7	7	0	3	3	1	0	4	3	0	0	6	0
南京机电职业技术学院	51	3	3	3	1	0	0	1	1	0	3	0	0	0	0
南京旅游职业学院	52	2	2	2	0	0	2	0	0	2	0	0	0	2	0
江苏卫生健康职业学院	53	3	3	3	0	1	1	1	0	2	1	0	0	3	0
苏州信息职业技术学院	54	0	0	0	0	0	0	0	0	0	0	0	0	0	0
苏州工业园区服务外包职业学院	55	6	5	6	0	1	4	1	0	6	0	0	1	5	0
徐州幼儿师范高等专科学校	56	23	17	23	0	17	6	0	0	5	18	0	2	14	0
徐州生物工程职业技术学院	57	13	5	13	0	6	5	2	0	2	11	0	0	7	0
江苏商贸职业学院	58	14	9	14	1	8	4	1	0	7	7	0	0	11	0
南通师范高等专科学校	59	13	9	13	1	3	9	0	0	12	1	0	2	11	0
江苏护理职业学院	60	14	8	14	0	5	5	4	0	5	9	0	1	4	0
江苏财会职业学院	61	19	15	19	0	8	10	1	0	5	14	0	0	12	0
江苏城乡建设职业学院	62	11	10	11	1	3	5	2	0	2	9	0	0	5	0
江苏航空职业技术学院	63	0	0	0	0	0	0	0	0	0	0	0	0	0	0
江苏安全技术职业学院	64	7	6	7	0	0	4	1	2	5	2	0	0	5	0
江苏旅游职业学院	65	20	15	20	0	7	9	4	0	14	6	0	0	15	0

3.8 外国文学人文、社会科学活动人员情况表

高校名称		总计		按职称划分						按最后学历划分			按最后学位划分		其他人员
			女性	小计	教授	副教授	讲师	助教	初级	研究生	本科生	其他	博士	硕士	
	编号	L01	L02	L03	L04	L05	L06	L07	L08	L09	L10	L11	L12	L13	L14
合　计	/	165	124	165	4	51	97	12	1	71	93	1	4	93	0
盐城幼儿师范高等专科学校	1	5	4	5	0	4	0	1	0	2	3	0	0	2	0
苏州幼儿师范高等专科学校	2	1	1	1	0	1	0	0	0	1	0	0	0	1	0
无锡职业技术学院	3	1	1	1	0	0	1	0	0	1	0	0	1	0	0
江苏建筑职业技术学院	4	3	2	3	0	1	2	0	0	1	2	0	0	2	0
南京工业职业技术学院	5	0	0	0	0	0	0	0	0	0	0	0	0	0	0
江苏工程职业技术学院	6	5	4	5	0	1	4	0	0	3	1	1	0	4	0
苏州工艺美术职业技术学院	7	4	2	4	0	4	0	0	0	3	1	0	0	4	0
连云港职业技术学院	8	2	2	2	0	0	2	0	0	2	0	0	0	2	0
镇江市高等专科学校	9	8	8	8	0	5	3	0	0	1	7	0	0	1	0
南通职业大学	10	9	5	9	0	2	6	1	0	1	8	0	0	1	0
苏州职业大学	11	22	13	22	0	3	17	2	0	10	12	0	2	14	0
沙洲职业工学院	12	1	1	1	0	1	0	0	0	0	1	0	0	0	0
扬州市职业大学	13	6	4	6	0	3	2	1	0	3	3	0	0	4	0
连云港师范高等专科学校	14	9	8	9	2	5	2	0	0	6	3	0	0	9	0
江苏经贸职业技术学院	15	0	0	0	0	0	0	0	0	0	0	0	0	0	0
泰州职业技术学院	16	0	0	0	0	0	0	0	0	0	0	0	0	0	0
常州信息职业技术学院	17	1	1	1	0	0	1	0	0	1	0	0	0	1	0
江苏海事职业技术学院	18	0	0	0	0	0	0	0	0	0	0	0	0	0	0
无锡科技职业学院	19	4	4	4	0	0	4	0	0	1	3	0	0	2	0
江苏医药职业学院	20	0	0	0	0	0	0	0	0	0	0	0	0	0	0

续表

高校名称		总计		按职称划分						按最后学历划分			按最后学位划分		其他
			女性	小计	教授	副教授	讲师	助教	初级	研究生	本科生	其他	博士	硕士	人员
	编号	L01	L02	L03	L04	L05	L06	L07	L08	L09	L10	L11	L12	L13	L14
南通科技职业学院	21	5	5	5	0	1	4	0	0	2	3	0	0	2	0
苏州经贸职业技术学院	22	1	0	1	0	0	0	1	0	1	0	0	0	0	0
苏州工业职业技术学院	23	0	0	0	0	0	0	0	0	0	0	0	0	0	0
苏州卫生职业技术学院	24	0	0	0	0	0	0	0	0	0	0	0	0	0	0
无锡商业职业技术学院	25	7	2	7	0	5	2	0	0	1	6	0	0	2	0
南通航运职业技术学院	26	1	0	1	1	0	0	0	0	0	1	0	0	1	0
南京交通职业技术学院	27	0	0	0	0	0	0	0	0	0	0	0	0	0	0
淮安信息职业技术学院	28	0	0	0	0	0	0	0	0	0	0	0	0	0	0
江苏农牧科技职业学院	29	1	0	1	0	0	1	0	0	0	1	0	0	0	0
常州纺织服装职业技术学院	30	5	4	5	0	1	4	0	0	0	5	0	0	0	0
苏州农业职业技术学院	31	1	1	1	0	0	1	0	0	1	0	0	0	1	0
南京科技职业学院	32	0	0	0	0	0	0	0	0	0	0	0	0	0	0
常州轻工职业技术学院	33	2	2	2	0	1	1	0	0	1	1	0	0	2	0
常州工程职业技术学院	34	0	0	0	0	0	0	0	0	0	0	0	0	0	0
江苏农林职业技术学院	35	0	0	0	0	0	0	0	0	0	0	0	0	0	0
江苏食品药品职业技术学院	36	1	1	1	0	0	1	0	0	0	1	0	0	0	0
南京铁道职业技术学院	37	7	6	7	0	0	6	1	0	3	4	0	0	6	0
徐州工业职业技术学院	38	0	0	0	0	0	0	0	0	0	0	0	0	0	0
江苏信息职业技术学院	39	1	0	1	0	0	1	0	0	0	1	0	0	1	0
南京信息职业技术学院	40	2	1	2	0	0	1	1	0	2	0	0	0	2	0
常州机电职业技术学院	41	7	7	7	0	1	6	0	0	0	7	0	0	1	0

续表

江阴职业技术学院	42	0	0	0	0	0	0	0	0	0	0	0	0	0	0
无锡城市职业技术学院	43	0	0	0	0	0	0	0	0	0	0	0	0	0	0
无锡工艺职业技术学院	44	0	0	0	0	0	0	0	0	0	0	0	0	0	0
苏州健雄职业技术学院	45	1	1	1	0	0	1	0	0	0	1	0	0	1	0
盐城工业职业技术学院	46	0	0	0	0	0	0	0	0	0	0	0	0	0	0
江苏财经职业技术学院	47	0	0	0	0	0	0	0	0	0	0	0	0	0	0
扬州工业职业技术学院	48	0	0	0	0	0	0	0	0	0	0	0	0	0	0
江苏城市职业学院	49	3	3	3	0	1	2	0	0	2	1	0	0	3	0
南京城市职业学院	50	4	3	4	0	3	1	0	0	0	4	0	0	1	0
南京机电职业技术学院	51	1	1	1	0	0	0	0	1	1	0	0	0	1	0
南京旅游职业学院	52	4	3	4	0	0	2	2	0	4	0	0	0	4	0
江苏卫生健康职业学院	53	8	6	8	0	4	4	0	0	3	5	0	0	4	0
苏州信息职业技术学院	54	0	0	0	0	0	0	0	0	0	0	0	0	0	0
苏州工业园区服务外包职业学院	55	11	9	11	0	2	9	0	0	9	2	0	1	9	0
徐州幼儿师范高等专科学校	56	0	0	0	0	0	0	0	0	0	0	0	0	0	0
徐州生物工程职业技术学院	57	0	0	0	0	0	0	0	0	0	0	0	0	0	0
江苏商贸职业学院	58	3	3	3	0	1	2	0	0	3	0	0	0	3	0
南通师范高等专科学校	59	2	1	2	0	0	2	0	0	1	1	0	0	1	0
江苏护理职业学院	60	1	1	1	0	0	0	1	0	0	1	0	0	0	0
江苏财会职业学院	61	0	0	0	0	0	0	0	0	0	0	0	0	0	0
江苏城乡建设职业学院	62	0	0	0	0	0	0	0	0	0	0	0	0	0	0
江苏航空职业技术学院	63	0	0	0	0	0	0	0	0	0	0	0	0	0	0
江苏安全技术职业学院	64	0	0	0	0	0	0	0	0	0	0	0	0	0	0
江苏旅游职业学院	65	5	4	5	1	1	2	1	0	1	4	0	0	1	0

3.9 艺术学人文、社会科学活动人员情况表

高校名称		总计		按职称划分						按最后学历划分			按最后学位划分		其他人员
			女性	小计	教授	副教授	讲师	助教	初级	研究生	本科生	其他	博士	硕士	
	编号	L01	L02	L03	L04	L05	L06	L07	L08	L09	L10	L11	L12	L13	L14
合　计	/	2 002	1 157	2 002	66	461	1 109	319	47	866	1 125	11	30	1 128	0
盐城幼儿师范高等专科学校	1	92	58	92	13	16	26	37	0	6	78	8	0	8	0
苏州幼儿师范高等专科学校	2	38	28	38	0	11	17	10	0	23	15	0	1	22	0
无锡职业技术学院	3	26	18	26	2	5	18	1	0	18	8	0	1	19	0
江苏建筑职业技术学院	4	45	28	45	3	9	26	7	0	31	14	0	0	35	0
南京工业职业技术学院	5	64	39	64	2	9	44	9	0	39	24	1	1	55	0
江苏工程职业技术学院	6	52	22	52	3	13	36	0	0	17	35	0	1	28	0
苏州工艺美术职业技术学院	7	219	98	219	7	75	109	21	7	105	113	1	4	134	0
连云港职业技术学院	8	27	14	27	0	4	15	8	0	3	24	0	0	7	0
镇江市高等专科学校	9	35	19	35	0	9	21	5	0	7	28	0	0	12	0
南通职业大学	10	34	20	34	2	6	23	3	0	10	24	0	0	15	0
苏州职业大学	11	81	43	81	5	17	53	5	1	28	53	0	2	33	0
沙洲职业工学院	12	8	3	8	0	2	5	1	0	4	4	0	0	6	0
扬州市职业大学	13	92	50	92	2	22	44	24	0	42	49	1	1	56	0
连云港师范高等专科学校	14	55	25	55	2	40	8	5	0	22	33	0	1	27	0
江苏经贸职业技术学院	15	42	31	42	1	5	29	6	1	28	14	0	0	33	0
泰州职业技术学院	16	21	12	21	0	2	18	0	1	6	15	0	0	7	0
常州信息职业技术学院	17	34	24	34	1	6	24	3	0	18	16	0	2	25	0
江苏海事职业技术学院	18	9	7	9	0	0	4	5	0	9	0	0	0	9	0
无锡科技职业学院	19	16	8	16	1	3	6	6	0	3	13	0	0	4	0
江苏医药职业学院	20	3	2	3	0	0	3	0	0	0	3	0	0	0	0

续表

南通科技职业学院	21	4	4	4	0	1	1	0	2	4	0	0	0	4	0
苏州经贸职业技术学院	22	37	21	37	1	9	27	0	0	14	23	0	0	23	0
苏州工业职业技术学院	23	11	6	11	0	1	7	3	0	5	6	0	4	3	0
苏州卫生职业技术学院	24	0	0	0	0	0	0	0	0	0	0	0	0	0	0
无锡商业职业技术学院	25	32	21	32	1	14	15	2	0	11	21	0	0	19	0
南通航运职业技术学院	26	23	12	23	0	6	16	1	0	5	18	0	0	10	0
南京交通职业技术学院	27	16	9	16	1	3	11	1	0	10	6	0	1	12	0
淮安信息职业技术学院	28	23	13	23	0	4	17	2	0	10	13	0	0	15	0
江苏农牧科技职业学院	29	2	2	2	0	0	2	0	0	2	0	0	0	2	0
常州纺织服装职业技术学院	30	89	48	89	4	15	58	12	0	26	63	0	0	41	0
苏州农业职业技术学院	31	0	0	0	0	0	0	0	0	0	0	0	0	0	0
南京科技职业学院	32	8	4	8	0	0	8	0	0	5	3	0	0	5	0
常州轻工职业技术学院	33	40	21	40	1	7	28	4	0	14	26	0	0	24	0
常州工程职业技术学院	34	2	0	2	0	0	2	0	0	2	0	0	0	2	0
江苏农林职业技术学院	35	9	3	9	0	0	5	4	0	3	6	0	0	4	0
江苏食品药品职业技术学院	36	4	2	4	0	0	4	0	0	0	4	0	0	1	0
南京铁道职业技术学院	37	26	15	26	2	4	14	6	0	12	14	0	1	20	0
徐州工业职业技术学院	38	4	3	4	1	1	1	1	0	2	2	0	0	4	0
江苏信息职业技术学院	39	32	19	32	1	8	20	3	0	20	12	0	2	21	0
南京信息职业技术学院	40	13	9	13	0	0	8	5	0	4	9	0	0	12	0
常州机电职业技术学院	41	18	6	18	1	3	14	0	0	9	9	0	0	12	0
江阴职业技术学院	42	14	8	14	0	3	9	2	0	3	11	0	0	7	0
无锡城市职业技术学院	43	34	22	34	0	5	26	0	3	22	12	0	0	23	0
无锡工艺职业技术学院	44	141	85	141	1	30	61	48	1	85	56	0	0	104	0

续表

高校名称		总计		按职称划分						按最后学历划分			按最后学位划分		其他
			女性	小计	教授	副教授	讲师	助教	初级	研究生	本科生	其他	博士	硕士	人员
	编号	L01	L02	L03	L04	L05	L06	L07	L08	L09	L10	L11	L12	L13	L14
苏州健雄职业技术学院	45	20	8	20	0	5	10	5	0	10	10	0	0	14	0
盐城工业职业技术学院	46	46	33	46	1	16	24	5	0	18	28	0	0	18	0
江苏财经职业技术学院	47	10	9	10	0	2	6	2	0	4	6	0	0	4	0
扬州工业职业技术学院	48	23	16	23	1	4	10	8	0	14	9	0	0	15	0
江苏城市职业学院	49	43	25	43	1	8	28	3	3	28	15	0	4	30	0
南京城市职业学院	50	29	23	29	0	4	12	3	10	17	12	0	0	19	0
南京机电职业技术学院	51	15	14	15	0	0	5	4	6	6	9	0	0	7	0
南京旅游职业学院	52	14	6	14	1	1	8	4	0	10	4	0	0	10	0
江苏卫生健康职业学院	53	2	2	2	0	0	2	0	0	1	1	0	0	1	0
苏州信息职业技术学院	54	0	0	0	0	0	0	0	0	0	0	0	0	0	0
苏州工业园区服务外包职业学院	55	17	8	17	0	3	13	1	0	14	3	0	0	16	0
徐州幼儿师范高等专科学校	56	58	37	58	2	17	27	10	2	18	40	0	2	17	0
徐州生物工程职业技术学院	57	2	2	2	0	0	0	1	1	1	1	0	0	1	0
江苏商贸职业学院	58	26	19	26	0	3	15	8	0	11	15	0	0	17	0
南通师范高等专科学校	59	65	38	65	1	24	32	6	2	11	54	0	2	22	0
江苏护理职业学院	60	1	1	1	0	0	0	1	0	0	1	0	0	0	0
江苏财会职业学院	61	4	4	4	0	1	1	2	0	0	4	0	0	0	0
江苏城乡建设职业学院	62	20	9	20	0	2	13	2	3	5	15	0	0	11	0
江苏航空职业技术学院	63	3	2	3	0	0	0	0	3	2	1	0	0	2	0
江苏安全技术职业学院	64	4	3	4	0	0	2	1	1	3	1	0	0	3	0
江苏旅游职业学院	65	25	16	25	1	3	18	3	0	6	19	0	0	18	0

3.10 历史学人文、社会科学活动人员情况表

高校名称		总计		按职称划分						按最后学历划分			按最后学位划分		其他人员
			女性	小计	教授	副教授	讲师	助教	初级	研究生	本科生	其他	博士	硕士	
	编号	L01	L02	L03	L04	L05	L06	L07	L08	L09	L10	L11	L12	L13	L14
合　计	/	86	41	86	5	38	37	3	3	54	32	0	10	51	0
盐城幼儿师范高等专科学校	1	4	2	4	2	2	0	0	0	2	2	0	0	3	0
苏州幼儿师范高等专科学校	2	2	1	2	0	0	2	0	0	1	1	0	0	2	0
无锡职业技术学院	3	5	2	5	0	3	2	0	0	3	2	0	1	2	0
江苏建筑职业技术学院	4	3	2	3	0	2	1	0	0	3	0	0	0	3	0
南京工业职业技术学院	5	1	1	1	0	0	1	0	0	1	0	0	0	1	0
江苏工程职业技术学院	6	2	1	2	0	1	1	0	0	1	1	0	0	2	0
苏州工艺美术职业技术学院	7	5	2	5	0	3	2	0	0	4	1	0	0	5	0
连云港职业技术学院	8	0	0	0	0	0	0	0	0	0	0	0	0	0	0
镇江市高等专科学校	9	4	2	4	1	1	2	0	0	1	3	0	0	1	0
南通职业大学	10	1	1	1	0	0	1	0	0	1	0	0	0	1	0
苏州职业大学	11	3	0	3	0	3	0	0	0	3	0	0	2	1	0
沙洲职业工学院	12	0	0	0	0	0	0	0	0	0	0	0	0	0	0
扬州市职业大学	13	8	3	8	0	3	4	1	0	4	4	0	0	4	0
连云港师范高等专科学校	14	2	2	2	0	2	0	0	0	2	0	0	0	2	0
江苏经贸职业技术学院	15	1	0	1	1	0	0	0	0	1	0	0	1	0	0
泰州职业技术学院	16	0	0	0	0	0	0	0	0	0	0	0	0	0	0
常州信息职业技术学院	17	0	0	0	0	0	0	0	0	0	0	0	0	0	0
江苏海事职业技术学院	18	1	1	1	0	0	1	0	0	1	0	0	1	0	0
无锡科技职业学院	19	0	0	0	0	0	0	0	0	0	0	0	0	0	0
江苏医药职业学院	20	1	1	1	0	0	1	0	0	1	0	0	0	1	0

续表

高校名称		总计		按职称划分						按最后学历划分			按最后学位划分		其他人员
			女性	小计	教授	副教授	讲师	助教	初级	研究生	本科生	其他	博士	硕士	
	编号	L01	L02	L03	L04	L05	L06	L07	L08	L09	L10	L11	L12	L13	L14
南通科技职业学院	21	0	0	0	0	0	0	0	0	0	0	0	0	0	0
苏州经贸职业技术学院	22	1	1	1	0	0	1	0	0	1	0	0	0	1	0
苏州工业职业技术学院	23	1	0	1	0	0	1	0	0	0	1	0	0	1	0
苏州卫生职业技术学院	24	0	0	0	0	0	0	0	0	0	0	0	0	0	0
无锡商业职业技术学院	25	0	0	0	0	0	0	0	0	0	0	0	0	0	0
南通航运职业技术学院	26	0	0	0	0	0	0	0	0	0	0	0	0	0	0
南京交通职业技术学院	27	0	0	0	0	0	0	0	0	0	0	0	0	0	0
淮安信息职业技术学院	28	2	0	2	0	1	1	0	0	2	0	0	1	1	0
江苏农牧科技职业学院	29	0	0	0	0	0	0	0	0	0	0	0	0	0	0
常州纺织服装职业技术学院	30	1	1	1	0	0	1	0	0	0	1	0	0	0	0
苏州农业职业技术学院	31	0	0	0	0	0	0	0	0	0	0	0	0	0	0
南京科技职业学院	32	1	1	1	0	1	0	0	0	0	1	0	0	0	0
常州轻工职业技术学院	33	0	0	0	0	0	0	0	0	0	0	0	0	0	0
常州工程职业技术学院	34	1	0	1	0	0	0	0	1	1	0	0	0	1	0
江苏农林职业技术学院	35	0	0	0	0	0	0	0	0	0	0	0	0	0	0
江苏食品药品职业技术学院	36	0	0	0	0	0	0	0	0	0	0	0	0	0	0
南京铁道职业技术学院	37	0	0	0	0	0	0	0	0	0	0	0	0	0	0
徐州工业职业技术学院	38	0	0	0	0	0	0	0	0	0	0	0	0	0	0
江苏信息职业技术学院	39	1	1	1	0	0	1	0	0	1	0	0	0	1	0
南京信息职业技术学院	40	0	0	0	0	0	0	0	0	0	0	0	0	0	0
常州机电职业技术学院	41	5	2	5	0	1	3	1	0	4	1	0	1	3	0

续表

江阴职业技术学院	42	2	1	2	0	2	0	0	0	0	2	0	0	0	0
无锡城市职业技术学院	43	4	3	4	0	2	2	0	0	2	2	0	0	4	0
无锡工艺职业技术学院	44	0	0	0	0	0	0	0	0	0	0	0	0	0	0
苏州健雄职业技术学院	45	0	0	0	0	0	0	0	0	0	0	0	0	0	0
盐城工业职业技术学院	46	1	0	1	0	0	1	0	0	1	0	0	0	1	0
江苏财经职业技术学院	47	1	1	1	0	0	1	0	0	0	1	0	0	0	0
扬州工业职业技术学院	48	1	0	1	0	1	0	0	0	1	0	0	1	0	0
江苏城市职业学院	49	1	0	1	0	1	0	0	0	1	0	0	1	0	0
南京城市职业学院	50	1	1	1	0	0	0	0	1	1	0	0	0	1	0
南京机电职业技术学院	51	0	0	0	0	0	0	0	0	0	0	0	0	0	0
南京旅游职业学院	52	0	0	0	0	0	0	0	0	0	0	0	0	0	0
江苏卫生健康职业学院	53	0	0	0	0	0	0	0	0	0	0	0	0	0	0
苏州信息职业技术学院	54	0	0	0	0	0	0	0	0	0	0	0	0	0	0
苏州工业园区服务外包职业学院	55	1	1	1	0	0	1	0	0	1	0	0	0	1	0
徐州幼儿师范高等专科学校	56	2	2	2	0	2	0	0	0	0	2	0	0	0	0
徐州生物工程职业技术学院	57	1	0	1	0	0	1	0	0	0	1	0	0	0	0
江苏商贸职业学院	58	1	0	1	0	0	1	0	0	1	0	0	0	1	0
南通师范高等专科学校	59	6	3	6	0	4	2	0	0	0	6	0	0	1	0
江苏护理职业学院	60	3	2	3	0	0	1	1	1	3	0	0	1	2	0
江苏财会职业学院	61	0	0	0	0	0	0	0	0	0	0	0	0	0	0
江苏城乡建设职业学院	62	1	0	1	0	1	0	0	0	1	0	0	0	1	0
江苏航空职业技术学院	63	0	0	0	0	0	0	0	0	0	0	0	0	0	0
江苏安全技术职业学院	64	0	0	0	0	0	0	0	0	0	0	0	0	0	0
江苏旅游职业学院	65	4	0	4	1	2	1	0	0	4	0	0	0	3	0

3.11 考古学人文、社会科学活动人员情况表

高校名称		总计		按职称划分						按最后学历划分			按最后学位划分		其他人员
			女性	小计	教授	副教授	讲师	助教	初级	研究生	本科生	其他	博士	硕士	
	编号	L01	L02	L03	L04	L05	L06	L07	L08	L09	L10	L11	L12	L13	L14
合 计	/	2	1	2	0	0	1	1	0	1	0	1	1	1	0
盐城幼儿师范高等专科学校	1	0	0	0	0	0	0	0	0	0	0	0	0	0	0
苏州幼儿师范高等专科学校	2	0	0	0	0	0	0	0	0	0	0	0	0	0	0
无锡职业技术学院	3	0	0	0	0	0	0	0	0	0	0	0	0	0	0
江苏建筑职业技术学院	4	0	0	0	0	0	0	0	0	0	0	0	0	0	0
南京工业职业技术学院	5	1	0	1	0	0	1	0	0	0	0	1	1	0	0
江苏工程职业技术学院	6	0	0	0	0	0	0	0	0	0	0	0	0	0	0
苏州工艺美术职业技术学院	7	0	0	0	0	0	0	0	0	0	0	0	0	0	0
连云港职业技术学院	8	0	0	0	0	0	0	0	0	0	0	0	0	0	0
镇江市高等专科学校	9	0	0	0	0	0	0	0	0	0	0	0	0	0	0
南通职业大学	10	0	0	0	0	0	0	0	0	0	0	0	0	0	0
苏州职业大学	11	0	0	0	0	0	0	0	0	0	0	0	0	0	0
沙洲职业工学院	12	0	0	0	0	0	0	0	0	0	0	0	0	0	0
扬州市职业大学	13	0	0	0	0	0	0	0	0	0	0	0	0	0	0
连云港师范高等专科学校	14	0	0	0	0	0	0	0	0	0	0	0	0	0	0
江苏经贸职业技术学院	15	0	0	0	0	0	0	0	0	0	0	0	0	0	0
泰州职业技术学院	16	0	0	0	0	0	0	0	0	0	0	0	0	0	0
常州信息职业技术学院	17	0	0	0	0	0	0	0	0	0	0	0	0	0	0
江苏海事职业技术学院	18	0	0	0	0	0	0	0	0	0	0	0	0	0	0
无锡科技职业学院	19	0	0	0	0	0	0	0	0	0	0	0	0	0	0
江苏医药职业学院	20	0	0	0	0	0	0	0	0	0	0	0	0	0	0

续表

南通科技职业学院	21	0	0	0	0	0	0	0	0	0	0	0	0	0	0
苏州经贸职业技术学院	22	0	0	0	0	0	0	0	0	0	0	0	0	0	0
苏州工业职业技术学院	23	0	0	0	0	0	0	0	0	0	0	0	0	0	0
苏州卫生职业技术学院	24	0	0	0	0	0	0	0	0	0	0	0	0	0	0
无锡商业职业技术学院	25	0	0	0	0	0	0	0	0	0	0	0	0	0	0
南通航运职业技术学院	26	0	0	0	0	0	0	0	0	0	0	0	0	0	0
南京交通职业技术学院	27	0	0	0	0	0	0	0	0	0	0	0	0	0	0
淮安信息职业技术学院	28	0	0	0	0	0	0	0	0	0	0	0	0	0	0
江苏农牧科技职业学院	29	0	0	0	0	0	0	0	0	0	0	0	0	0	0
常州纺织服装职业技术学院	30	0	0	0	0	0	0	0	0	0	0	0	0	0	0
苏州农业职业技术学院	31	0	0	0	0	0	0	0	0	0	0	0	0	0	0
南京科技职业学院	32	0	0	0	0	0	0	0	0	0	0	0	0	0	0
常州轻工职业技术学院	33	0	0	0	0	0	0	0	0	0	0	0	0	0	0
常州工程职业技术学院	34	0	0	0	0	0	0	0	0	0	0	0	0	0	0
江苏农林职业技术学院	35	0	0	0	0	0	0	0	0	0	0	0	0	0	0
江苏食品药品职业技术学院	36	0	0	0	0	0	0	0	0	0	0	0	0	0	0
南京铁道职业技术学院	37	0	0	0	0	0	0	0	0	0	0	0	0	0	0
徐州工业职业技术学院	38	0	0	0	0	0	0	0	0	0	0	0	0	0	0
江苏信息职业技术学院	39	0	0	0	0	0	0	0	0	0	0	0	0	0	0
南京信息职业技术学院	40	0	0	0	0	0	0	0	0	0	0	0	0	0	0
常州机电职业技术学院	41	0	0	0	0	0	0	0	0	0	0	0	0	0	0
江阴职业技术学院	42	0	0	0	0	0	0	0	0	0	0	0	0	0	0
无锡城市职业技术学院	43	0	0	0	0	0	0	0	0	0	0	0	0	0	0
无锡工艺职业技术学院	44	1	1	1	0	0	0	1	0	1	0	0	0	1	0

续表

高校名称		总计		按职称划分						按最后学历划分			按最后学位划分		其他人员
			女性	小计	教授	副教授	讲师	助教	初级	研究生	本科生	其他	博士	硕士	
	编号	L01	L02	L03	L04	L05	L06	L07	L08	L09	L10	L11	L12	L13	L14
苏州健雄职业技术学院	45	0	0	0	0	0	0	0	0	0	0	0	0	0	0
盐城工业职业技术学院	46	0	0	0	0	0	0	0	0	0	0	0	0	0	0
江苏财经职业技术学院	47	0	0	0	0	0	0	0	0	0	0	0	0	0	0
扬州工业职业技术学院	48	0	0	0	0	0	0	0	0	0	0	0	0	0	0
江苏城市职业学院	49	0	0	0	0	0	0	0	0	0	0	0	0	0	0
南京城市职业学院	50	0	0	0	0	0	0	0	0	0	0	0	0	0	0
南京机电职业技术学院	51	0	0	0	0	0	0	0	0	0	0	0	0	0	0
南京旅游职业学院	52	0	0	0	0	0	0	0	0	0	0	0	0	0	0
江苏卫生健康职业学院	53	0	0	0	0	0	0	0	0	0	0	0	0	0	0
苏州信息职业技术学院	54	0	0	0	0	0	0	0	0	0	0	0	0	0	0
苏州工业园区服务外包职业学院	55	0	0	0	0	0	0	0	0	0	0	0	0	0	0
徐州幼儿师范高等专科学校	56	0	0	0	0	0	0	0	0	0	0	0	0	0	0
徐州生物工程职业技术学院	57	0	0	0	0	0	0	0	0	0	0	0	0	0	0
江苏商贸职业学院	58	0	0	0	0	0	0	0	0	0	0	0	0	0	0
南通师范高等专科学校	59	0	0	0	0	0	0	0	0	0	0	0	0	0	0
江苏护理职业学院	60	0	0	0	0	0	0	0	0	0	0	0	0	0	0
江苏财会职业学院	61	0	0	0	0	0	0	0	0	0	0	0	0	0	0
江苏城乡建设职业学院	62	0	0	0	0	0	0	0	0	0	0	0	0	0	0
江苏航空职业技术学院	63	0	0	0	0	0	0	0	0	0	0	0	0	0	0
江苏安全技术职业学院	64	0	0	0	0	0	0	0	0	0	0	0	0	0	0
江苏旅游职业学院	65	0	0	0	0	0	0	0	0	0	0	0	0	0	0

3.12 经济学人文、社会科学活动人员情况表

高校名称		总计		按职称划分						按最后学历划分			按最后学位划分		其他人员
			女性	小计	教授	副教授	讲师	助教	初级	研究生	本科生	其他	博士	硕士	
	编号	L01	L02	L03	L04	L05	L06	L07	L08	L09	L10	L11	L12	L13	L14
合　计	/	1 331	881	1 331	100	414	621	165	31	654	672	5	66	855	0
盐城幼儿师范高等专科学校	1	5	4	5	0	0	4	1	0	1	3	1	0	3	0
苏州幼儿师范高等专科学校	2	0	0	0	0	0	0	0	0	0	0	0	0	0	0
无锡职业技术学院	3	24	15	24	3	6	14	1	0	15	9	0	5	13	0
江苏建筑职业技术学院	4	11	5	11	3	4	2	2	0	5	6	0	2	6	0
南京工业职业技术学院	5	44	30	44	3	13	27	1	0	29	14	1	5	31	0
江苏工程职业技术学院	6	20	9	20	2	9	9	0	0	7	12	1	0	15	0
苏州工艺美术职业技术学院	7	0	0	0	0	0	0	0	0	0	0	0	0	0	0
连云港职业技术学院	8	24	17	24	0	8	14	2	0	6	18	0	1	13	0
镇江市高等专科学校	9	8	5	8	1	3	3	1	0	4	4	0	1	4	0
南通职业大学	10	38	20	38	2	14	19	3	0	15	22	1	3	27	0
苏州职业大学	11	53	35	53	0	16	35	2	0	33	20	0	3	41	0
沙洲职业工学院	12	15	12	15	0	7	6	2	0	4	11	0	1	5	0
扬州市职业大学	13	76	45	76	7	26	34	9	0	39	37	0	2	52	0
连云港师范高等专科学校	14	15	9	15	1	11	3	0	0	6	9	0	0	10	0
江苏经贸职业技术学院	15	26	16	26	6	6	8	6	0	19	7	0	5	17	0
泰州职业技术学院	16	13	6	13	1	5	7	0	0	3	10	0	0	11	0
常州信息职业技术学院	17	19	14	19	3	1	12	3	0	15	4	0	3	13	0
江苏海事职业技术学院	18	14	5	14	3	3	7	1	0	9	5	0	2	8	0
无锡科技职业学院	19	20	17	20	1	4	10	5	0	9	11	0	1	14	0
江苏医药职业学院	20	5	4	5	1	0	1	1	2	1	4	0	0	1	0

续表

高校名称		总计		按职称划分						按最后学历划分			按最后学位划分		其他
			女性	小计	教授	副教授	讲师	助教	初级	研究生	本科生	其他	博士	硕士	人员
	编号	L01	L02	L03	L04	L05	L06	L07	L08	L09	L10	L11	L12	L13	L14
南通科技职业学院	21	14	10	14	0	6	8	0	0	2	12	0	0	8	0
苏州经贸职业技术学院	22	53	25	53	9	18	23	2	1	29	24	0	3	35	0
苏州工业职业技术学院	23	3	3	3	0	2	1	0	0	3	0	0	3	0	0
苏州卫生职业技术学院	24	11	7	11	0	1	4	3	3	7	4	0	0	7	0
无锡商业职业技术学院	25	35	22	35	5	12	14	4	0	20	15	0	4	23	0
南通航运职业技术学院	26	24	14	24	1	8	15	0	0	9	15	0	0	16	0
南京交通职业技术学院	27	7	6	7	1	3	1	2	0	5	2	0	0	5	0
淮安信息职业技术学院	28	10	6	10	0	3	7	0	0	4	6	0	0	5	0
江苏农牧科技职业学院	29	10	5	10	2	3	4	1	0	4	6	0	0	9	0
常州纺织服装职业技术学院	30	21	13	21	1	8	9	3	0	11	10	0	0	13	0
苏州农业职业技术学院	31	22	14	22	2	13	6	1	0	12	10	0	4	16	0
南京科技职业学院	32	15	9	15	0	6	9	0	0	8	7	0	1	8	0
常州轻工职业技术学院	33	12	10	12	0	1	7	4	0	9	3	0	0	10	0
常州工程职业技术学院	34	8	6	8	0	3	4	1	0	4	4	0	0	5	0
江苏农林职业技术学院	35	4	1	4	1	2	1	0	0	1	3	0	0	2	0
江苏食品药品职业技术学院	36	38	22	38	6	6	26	0	0	15	23	0	0	17	0
南京铁道职业技术学院	37	29	20	29	4	2	17	5	1	11	18	0	0	15	0
徐州工业职业技术学院	38	3	1	3	0	2	1	0	0	3	0	0	0	3	0
江苏信息职业技术学院	39	22	16	22	1	7	11	3	0	14	8	0	0	16	0
南京信息职业技术学院	40	16	12	16	3	4	6	3	0	6	10	0	0	10	0
常州机电职业技术学院	41	13	11	13	1	1	11	0	0	6	7	0	0	8	0

续表

江阴职业技术学院	42	22	13	22	0	11	11	0	0	0	22	0	0	7	0
无锡城市职业技术学院	43	45	33	45	3	18	23	0	1	26	19	0	6	27	0
无锡工艺职业技术学院	44	17	9	17	1	6	6	4	0	3	14	0	0	5	0
苏州健雄职业技术学院	45	16	9	16	2	4	10	0	0	8	8	0	0	12	0
盐城工业职业技术学院	46	27	18	27	4	8	9	6	0	14	12	1	0	16	0
江苏财经职业技术学院	47	53	37	53	0	11	26	16	0	31	22	0	0	39	0
扬州工业职业技术学院	48	27	17	27	1	10	7	9	0	17	10	0	0	20	0
江苏城市职业学院	49	38	28	38	2	13	15	2	6	26	12	0	5	28	0
南京城市职业学院	50	34	29	34	3	9	16	2	4	12	22	0	1	20	0
南京机电职业技术学院	51	13	10	13	0	0	3	3	7	1	12	0	0	1	0
南京旅游职业学院	52	29	17	29	1	12	14	2	0	27	2	0	4	23	0
江苏卫生健康职业学院	53	1	0	1	1	0	0	0	0	1	0	0	0	1	0
苏州信息职业技术学院	54	16	13	16	0	5	8	1	2	3	13	0	0	13	0
苏州工业园区服务外包职业学院	55	19	17	19	1	4	10	4	0	17	2	0	1	15	0
徐州幼儿师范高等专科学校	56	1	1	1	0	0	1	0	0	1	0	0	0	1	0
徐州生物工程职业技术学院	57	7	6	7	0	4	2	0	1	2	5	0	0	5	0
江苏商贸职业学院	58	50	36	50	3	17	11	19	0	19	31	0	0	27	0
南通师范高等专科学校	59	1	1	1	0	0	1	0	0	1	0	0	0	1	0
江苏护理职业学院	60	0	0	0	0	0	0	0	0	0	0	0	0	0	0
江苏财会职业学院	61	73	52	73	3	24	26	20	0	22	51	0	0	51	0
江苏城乡建设职业学院	62	7	6	7	0	1	4	1	1	1	6	0	0	2	0
江苏航空职业技术学院	63	1	1	1	0	0	1	0	0	0	1	0	0	0	0
江苏安全技术职业学院	64	0	0	0	0	0	0	0	0	0	0	0	0	0	0
江苏旅游职业学院	65	34	27	34	1	10	17	4	2	19	15	0	0	26	0

3.13 政治学人文、社会科学活动人员情况表

高校名称		总计		按职称划分						按最后学历划分			按最后学位划分		其他人员
			女性	小计	教授	副教授	讲师	助教	初级	研究生	本科生	其他	博士	硕士	
	编号	L01	L02	L03	L04	L05	L06	L07	L08	L09	L10	L11	L12	L13	L14
合　计	/	148	84	148	9	44	73	16	6	75	72	1	7	97	0
盐城幼儿师范高等专科学校	1	19	6	19	3	7	6	3	0	7	11	1	1	8	0
苏州幼儿师范高等专科学校	2	4	4	4	1	2	1	0	0	1	3	0	0	4	0
无锡职业技术学院	3	1	1	1	0	0	1	0	0	1	0	0	0	1	0
江苏建筑职业技术学院	4	4	0	4	0	1	3	0	0	2	2	0	0	2	0
南京工业职业技术学院	5	3	2	3	0	0	2	1	0	3	0	0	0	3	0
江苏工程职业技术学院	6	1	1	1	0	1	0	0	0	0	1	0	0	1	0
苏州工艺美术职业技术学院	7	0	0	0	0	0	0	0	0	0	0	0	0	0	0
连云港职业技术学院	8	1	0	1	1	0	0	0	0	1	0	0	1	0	0
镇江市高等专科学校	9	3	1	3	0	1	2	0	0	1	2	0	0	3	0
南通职业大学	10	1	0	1	0	0	1	0	0	0	1	0	0	0	0
苏州职业大学	11	3	2	3	0	1	1	1	0	3	0	0	1	2	0
沙洲职业工学院	12	2	0	2	0	1	1	0	0	0	2	0	0	0	0
扬州市职业大学	13	1	0	1	0	0	1	0	0	1	0	0	0	1	0
连云港师范高等专科学校	14	7	3	7	2	4	1	0	0	2	5	0	1	4	0
江苏经贸职业技术学院	15	0	0	0	0	0	0	0	0	0	0	0	0	0	0
泰州职业技术学院	16	0	0	0	0	0	0	0	0	0	0	0	0	0	0
常州信息职业技术学院	17	3	1	3	0	1	1	1	0	2	1	0	0	2	0
江苏海事职业技术学院	18	0	0	0	0	0	0	0	0	0	0	0	0	0	0
无锡科技职业学院	19	0	0	0	0	0	0	0	0	0	0	0	0	0	0
江苏医药职业学院	20	1	1	1	0	0	1	0	0	1	0	0	0	1	0

续表

南通科技职业学院	21	0	0	0	0	0	0	0	0	0	0	0	0	0	0
苏州经贸职业技术学院	22	1	1	1	0	0	1	0	0	1	0	0	0	1	0
苏州工业职业技术学院	23	0	0	0	0	0	0	0	0	0	0	0	0	0	0
苏州卫生职业技术学院	24	1	0	1	0	0	1	0	0	1	0	0	1	0	0
无锡商业职业技术学院	25	1	1	1	0	1	0	0	0	0	1	0	0	1	0
南通航运职业技术学院	26	1	1	1	0	0	1	0	0	1	0	0	0	1	0
南京交通职业技术学院	27	3	2	3	0	1	2	0	0	2	1	0	0	3	0
淮安信息职业技术学院	28	1	1	1	0	0	1	0	0	1	0	0	0	1	0
江苏农牧科技职业学院	29	1	0	1	0	0	1	0	0	0	1	0	0	0	0
常州纺织服装职业技术学院	30	1	1	1	0	0	1	0	0	0	1	0	0	1	0
苏州农业职业技术学院	31	0	0	0	0	0	0	0	0	0	0	0	0	0	0
南京科技职业学院	32	4	2	4	0	0	4	0	0	3	1	0	0	4	0
常州轻工职业技术学院	33	2	1	2	0	0	2	0	0	2	0	0	0	2	0
常州工程职业技术学院	34	1	0	1	0	1	0	0	0	1	0	0	0	1	0
江苏农林职业技术学院	35	15	11	15	0	3	10	2	0	8	7	0	0	15	0
江苏食品药品职业技术学院	36	4	1	4	0	0	4	0	0	2	2	0	0	3	0
南京铁道职业技术学院	37	1	0	1	0	0	0	0	1	1	0	0	0	1	0
徐州工业职业技术学院	38	2	1	2	0	2	0	0	0	0	2	0	0	2	0
江苏信息职业技术学院	39	3	0	3	0	1	2	0	0	1	2	0	0	3	0
南京信息职业技术学院	40	0	0	0	0	0	0	0	0	0	0	0	0	0	0
常州机电职业技术学院	41	0	0	0	0	0	0	0	0	0	0	0	0	0	0
江阴职业技术学院	42	3	3	3	0	2	1	0	0	0	3	0	0	0	0
无锡城市职业技术学院	43	0	0	0	0	0	0	0	0	0	0	0	0	0	0
无锡工艺职业技术学院	44	1	1	1	0	0	1	0	0	1	0	0	1	0	0

续表

高校名称		总计		按职称划分						按最后学历划分			按最后学位划分		其他人员
			女性	小计	教授	副教授	讲师	助教	初级	研究生	本科生	其他	博士	硕士	
	编号	L01	L02	L03	L04	L05	L06	L07	L08	L09	L10	L11	L12	L13	L14
苏州健雄职业技术学院	45	1	1	1	0	0	1	0	0	1	0	0	0	1	0
盐城工业职业技术学院	46	0	0	0	0	0	0	0	0	0	0	0	0	0	0
江苏财经职业技术学院	47	1	0	1	0	0	1	0	0	1	0	0	1	0	0
扬州工业职业技术学院	48	4	1	4	0	1	3	0	0	2	2	0	0	2	0
江苏城市职业学院	49	0	0	0	0	0	0	0	0	0	0	0	0	0	0
南京城市职业学院	50	6	4	6	1	1	1	0	3	6	0	0	0	4	0
南京机电职业技术学院	51	0	0	0	0	0	0	0	0	0	0	0	0	0	0
南京旅游职业学院	52	2	2	2	0	0	1	1	0	1	1	0	0	1	0
江苏卫生健康职业学院	53	0	0	0	0	0	0	0	0	0	0	0	0	0	0
苏州信息职业技术学院	54	0	0	0	0	0	0	0	0	0	0	0	0	0	0
苏州工业园区服务外包职业学院	55	3	1	3	0	2	1	0	0	3	0	0	0	3	0
徐州幼儿师范高等专科学校	56	0	0	0	0	0	0	0	0	0	0	0	0	0	0
徐州生物工程职业技术学院	57	1	0	1	0	0	1	0	0	0	1	0	0	0	0
江苏商贸职业学院	58	4	4	4	0	1	1	2	0	2	2	0	0	2	0
南通师范高等专科学校	59	11	8	11	1	5	5	0	0	2	9	0	0	6	0
江苏护理职业学院	60	2	2	2	0	0	0	2	0	2	0	0	0	2	0
江苏财会职业学院	61	4	4	4	0	0	1	3	0	3	1	0	0	3	0
江苏城乡建设职业学院	62	5	5	5	0	3	2	0	0	0	5	0	0	0	0
江苏航空职业技术学院	63	0	0	0	0	0	0	0	0	0	0	0	0	0	0
江苏安全技术职业学院	64	4	3	4	0	1	1	0	2	2	2	0	0	2	0
江苏旅游职业学院	65	0	0	0	0	0	0	0	0	0	0	0	0	0	0

3.14 法学人文、社会科学活动人员情况表

高校名称		总计		按职称划分						按最后学历划分			按最后学位划分		其他人员
			女性	小计	教授	副教授	讲师	助教	初级	研究生	本科生	其他	博士	硕士	
	编号	L01	L02	L03	L04	L05	L06	L07	L08	L09	L10	L11	L12	L13	L14
合　计	/	326	193	326	12	97	171	42	4	159	164	3	13	215	0
盐城幼儿师范高等专科学校	1	3	1	3	0	1	1	1	0	1	2	0	0	1	0
苏州幼儿师范高等专科学校	2	0	0	0	0	0	0	0	0	0	0	0	0	0	0
无锡职业技术学院	3	15	9	15	0	4	9	2	0	13	2	0	1	12	0
江苏建筑职业技术学院	4	8	3	8	0	4	4	0	0	4	4	0	0	6	0
南京工业职业技术学院	5	3	2	3	0	1	2	0	0	0	1	2	2	0	0
江苏工程职业技术学院	6	8	4	8	1	2	5	0	0	6	2	0	0	8	0
苏州工艺美术职业技术学院	7	0	0	0	0	0	0	0	0	0	0	0	0	0	0
连云港职业技术学院	8	9	5	9	1	5	3	0	0	3	6	0	0	6	0
镇江市高等专科学校	9	12	6	12	0	2	9	1	0	6	6	0	0	10	0
南通职业大学	10	7	3	7	0	1	4	2	0	1	6	0	0	2	0
苏州职业大学	11	16	10	16	1	5	9	1	0	8	8	0	0	12	0
沙洲职业工学院	12	4	4	4	0	2	2	0	0	0	4	0	0	0	0
扬州市职业大学	13	17	11	17	2	7	5	3	0	8	9	0	2	13	0
连云港师范高等专科学校	14	3	0	3	1	2	0	0	0	1	2	0	0	2	0
江苏经贸职业技术学院	15	13	5	13	1	5	7	0	0	7	6	0	2	8	0
泰州职业技术学院	16	0	0	0	0	0	0	0	0	0	0	0	0	0	0
常州信息职业技术学院	17	5	4	5	0	0	5	0	0	3	2	0	0	3	0
江苏海事职业技术学院	18	2	1	2	1	1	0	0	0	2	0	0	0	2	0
无锡科技职业学院	19	2	2	2	0	0	2	0	0	1	1	0	0	2	0
江苏医药职业学院	20	1	1	1	0	0	1	0	0	0	1	0	0	1	0

续表

高校名称		总计		按职称划分						按最后学历划分			按最后学位划分		其他人员
			女性	小计	教授	副教授	讲师	助教	初级	研究生	本科生	其他	博士	硕士	
	编号	L01	L02	L03	L04	L05	L06	L07	L08	L09	L10	L11	L12	L13	L14
南通科技职业学院	21	9	6	9	0	4	3	2	0	2	7	0	0	3	0
苏州经贸职业技术学院	22	10	4	10	0	3	6	1	0	4	6	0	0	6	0
苏州工业职业技术学院	23	1	1	1	0	0	1	0	0	0	1	0	0	1	0
苏州卫生职业技术学院	24	6	4	6	0	2	1	1	2	5	1	0	1	4	0
无锡商业职业技术学院	25	7	3	7	2	0	5	0	0	2	5	0	0	6	0
南通航运职业技术学院	26	7	5	7	0	2	4	1	0	4	3	0	0	4	0
南京交通职业技术学院	27	5	2	5	0	3	2	0	0	4	1	0	0	5	0
淮安信息职业技术学院	28	1	1	1	0	0	1	0	0	0	1	0	0	1	0
江苏农牧科技职业学院	29	0	0	0	0	0	0	0	0	0	0	0	0	0	0
常州纺织服装职业技术学院	30	6	5	6	0	0	3	3	0	5	1	0	0	5	0
苏州农业职业技术学院	31	7	2	7	0	5	2	0	0	2	5	0	0	6	0
南京科技职业学院	32	5	3	5	0	1	4	0	0	4	1	0	0	4	0
常州轻工职业技术学院	33	3	1	3	0	0	2	1	0	1	2	0	0	3	0
常州工程职业技术学院	34	3	2	3	0	0	2	1	0	1	2	0	0	1	0
江苏农林职业技术学院	35	3	2	3	0	0	3	0	0	1	2	0	0	3	0
江苏食品药品职业技术学院	36	3	1	3	0	1	2	0	0	3	0	0	0	3	0
南京铁道职业技术学院	37	2	0	2	0	0	2	0	0	1	1	0	1	0	0
徐州工业职业技术学院	38	2	2	2	0	0	2	0	0	2	0	0	0	2	0
江苏信息职业技术学院	39	4	2	4	0	0	2	2	0	3	1	0	0	4	0
南京信息职业技术学院	40	3	3	3	0	1	1	1	0	2	1	0	0	3	0
常州机电职业技术学院	41	0	0	0	0	0	0	0	0	0	0	0	0	0	0

续表

江阴职业技术学院	42	4	2	4	0	1	2	1	0	0	4	0	0	1	0
无锡城市职业技术学院	43	3	2	3	0	2	1	0	0	1	2	0	1	1	0
无锡工艺职业技术学院	44	4	3	4	0	0	1	3	0	2	2	0	0	2	0
苏州健雄职业技术学院	45	4	3	4	0	1	3	0	0	4	0	0	0	4	0
盐城工业职业技术学院	46	1	0	1	0	0	1	0	0	0	1	0	0	0	0
江苏财经职业技术学院	47	15	9	15	0	4	9	2	0	8	7	0	1	9	0
扬州工业职业技术学院	48	4	2	4	0	1	2	1	0	2	2	0	0	2	0
江苏城市职业学院	49	11	6	11	1	6	3	1	0	6	5	0	1	8	0
南京城市职业学院	50	11	9	11	0	4	4	2	1	1	9	1	0	5	0
南京机电职业技术学院	51	5	5	5	0	1	3	1	0	2	3	0	0	2	0
南京旅游职业学院	52	1	0	1	1	0	0	0	0	1	0	0	1	0	0
江苏卫生健康职业学院	53	5	3	5	0	1	2	2	0	2	3	0	0	3	0
苏州信息职业技术学院	54	1	1	1	0	0	1	0	0	0	1	0	0	1	0
苏州工业园区服务外包职业学院	55	4	3	4	0	0	3	1	0	4	0	0	0	4	0
徐州幼儿师范高等专科学校	56	2	1	2	0	1	0	1	0	1	1	0	0	1	0
徐州生物工程职业技术学院	57	4	3	4	0	0	4	0	0	0	4	0	0	1	0
江苏商贸职业学院	58	10	9	10	0	4	3	3	0	4	6	0	0	7	0
南通师范高等专科学校	59	0	0	0	0	0	0	0	0	0	0	0	0	0	0
江苏护理职业学院	60	6	3	6	0	1	4	1	0	2	4	0	0	2	0
江苏财会职业学院	61	5	3	5	0	1	4	0	0	2	3	0	0	2	0
江苏城乡建设职业学院	62	3	1	3	0	2	1	0	0	1	2	0	0	1	0
江苏航空职业技术学院	63	3	3	3	0	0	2	0	1	2	1	0	0	2	0
江苏安全技术职业学院	64	0	0	0	0	0	0	0	0	0	0	0	0	0	0
江苏旅游职业学院	65	5	2	5	0	3	2	0	0	4	1	0	0	5	0

3.15 社会学人文、社会科学活动人员情况表

高校名称		总计		按职称划分						按最后学历划分			按最后学位划分		其他人员
			女性	小计	教授	副教授	讲师	助教	初级	研究生	本科生	其他	博士	硕士	
	编号	L01	L02	L03	L04	L05	L06	L07	L08	L09	L10	L11	L12	L13	L14
合 计	/	207	145	207	9	58	98	33	9	113	86	8	11	141	0
盐城幼儿师范高等专科学校	1	2	1	2	0	1	1	0	0	1	1	0	0	0	0
苏州幼儿师范高等专科学校	2	0	0	0	0	0	0	0	0	0	0	0	0	0	0
无锡职业技术学院	3	1	1	1	0	0	0	1	0	1	0	0	0	1	0
江苏建筑职业技术学院	4	4	2	4	0	1	2	1	0	2	2	0	0	3	0
南京工业职业技术学院	5	6	4	6	0	2	4	0	0	6	0	0	0	5	0
江苏工程职业技术学院	6	4	2	4	0	4	0	0	0	2	2	0	1	3	0
苏州工艺美术职业技术学院	7	2	0	2	0	2	0	0	0	1	1	0	0	2	0
连云港职业技术学院	8	2	0	2	0	0	2	0	0	0	2	0	0	1	0
镇江市高等专科学校	9	0	0	0	0	0	0	0	0	0	0	0	0	0	0
南通职业大学	10	2	2	2	0	0	2	0	0	1	0	1	0	1	0
苏州职业大学	11	3	3	3	0	2	1	0	0	2	1	0	1	2	0
沙洲职业工学院	12	1	1	1	0	0	1	0	0	0	1	0	0	1	0
扬州市职业大学	13	1	0	1	0	1	0	0	0	1	0	0	1	0	0
连云港师范高等专科学校	14	3	1	3	0	3	0	0	0	3	0	0	0	3	0
江苏经贸职业技术学院	15	6	2	6	0	1	4	1	0	6	0	0	2	4	0
泰州职业技术学院	16	1	1	1	0	0	1	0	0	1	0	0	0	1	0
常州信息职业技术学院	17	2	1	2	0	0	2	0	0	2	0	0	0	2	0
江苏海事职业技术学院	18	4	2	4	2	1	1	0	0	2	2	0	1	2	0
无锡科技职业学院	19	0	0	0	0	0	0	0	0	0	0	0	0	0	0
江苏医药职业学院	20	5	4	5	0	1	1	2	1	3	2	0	1	3	0

续表

南通科技职业学院	21	2	2	2	0	0	1	1	0	1	1	0	0	1	0
苏州经贸职业技术学院	22	0	0	0	0	0	0	0	0	0	0	0	0	0	0
苏州工业职业技术学院	23	0	0	0	0	0	0	0	0	0	0	0	0	0	0
苏州卫生职业技术学院	24	0	0	0	0	0	0	0	0	0	0	0	0	0	0
无锡商业职业技术学院	25	1	0	1	0	0	1	0	0	0	1	0	0	0	0
南通航运职业技术学院	26	10	10	10	0	1	6	0	3	1	9	0	0	6	0
南京交通职业技术学院	27	1	0	1	1	0	0	0	0	1	0	0	1	0	0
淮安信息职业技术学院	28	4	2	4	2	2	0	0	0	2	2	0	1	2	0
江苏农牧科技职业学院	29	0	0	0	0	0	0	0	0	0	0	0	0	0	0
常州纺织服装职业技术学院	30	0	0	0	0	0	0	0	0	0	0	0	0	0	0
苏州农业职业技术学院	31	1	1	1	0	0	0	1	0	1	0	0	0	1	0
南京科技职业学院	32	3	2	3	0	1	2	0	0	3	0	0	0	3	0
常州轻工职业技术学院	33	1	1	1	0	0	1	0	0	1	0	0	0	1	0
常州工程职业技术学院	34	0	0	0	0	0	0	0	0	0	0	0	0	0	0
江苏农林职业技术学院	35	2	2	2	0	0	2	0	0	0	2	0	0	1	0
江苏食品药品职业技术学院	36	7	4	7	0	1	6	0	0	2	5	0	0	6	0
南京铁道职业技术学院	37	0	0	0	0	0	0	0	0	0	0	0	0	0	0
徐州工业职业技术学院	38	1	1	1	0	0	0	1	0	1	0	0	0	1	0
江苏信息职业技术学院	39	1	1	1	0	0	0	1	0	1	0	0	0	1	0
南京信息职业技术学院	40	2	1	2	0	1	1	0	0	0	2	0	0	2	0
常州机电职业技术学院	41	4	4	4	0	1	3	0	0	3	1	0	0	3	0
江阴职业技术学院	42	2	1	2	0	2	0	0	0	1	1	0	0	1	0
无锡城市职业技术学院	43	0	0	0	0	0	0	0	0	0	0	0	0	0	0
无锡工艺职业技术学院	44	3	3	3	0	0	1	2	0	3	0	0	1	2	0

续表

高校名称		总计		按职称划分						按最后学历划分			按最后学位划分		其他
			女性	小计	教授	副教授	讲师	助教	初级	研究生	本科生	其他	博士	硕士	人员
	编号	L01	L02	L03	L04	L05	L06	L07	L08	L09	L10	L11	L12	L13	L14
苏州健雄职业技术学院	45	2	2	2	0	0	0	2	0	1	1	0	0	2	0
盐城工业职业技术学院	46	1	1	1	0	0	1	0	0	1	0	0	0	1	0
江苏财经职业技术学院	47	5	3	5	0	2	3	0	0	1	4	0	0	3	0
扬州工业职业技术学院	48	0	0	0	0	0	0	0	0	0	0	0	0	0	0
江苏城市职业学院	49	1	0	1	0	1	0	0	0	1	0	0	0	1	0
南京城市职业学院	50	7	7	7	0	1	2	0	4	6	1	0	0	7	0
南京机电职业技术学院	51	0	0	0	0	0	0	0	0	0	0	0	0	0	0
南京旅游职业学院	52	1	1	1	0	1	0	0	0	1	0	0	1	0	0
江苏卫生健康职业学院	53	1	0	1	0	1	0	0	0	1	0	0	0	1	0
苏州信息职业技术学院	54	0	0	0	0	0	0	0	0	0	0	0	0	0	0
苏州工业园区服务外包职业学院	55	2	1	2	0	0	2	0	0	2	0	0	0	2	0
徐州幼儿师范高等专科学校	56	0	0	0	0	0	0	0	0	0	0	0	0	0	0
徐州生物工程职业技术学院	57	0	0	0	0	0	0	0	0	0	0	0	0	0	0
江苏商贸职业学院	58	2	2	2	0	1	0	1	0	2	0	0	0	2	0
南通师范高等专科学校	59	0	0	0	0	0	0	0	0	0	0	0	0	0	0
江苏护理职业学院	60	80	59	80	4	19	39	17	1	36	37	7	0	48	0
江苏财会职业学院	61	8	6	8	0	2	4	2	0	4	4	0	0	7	0
江苏城乡建设职业学院	62	0	0	0	0	0	0	0	0	0	0	0	0	0	0
江苏航空职业技术学院	63	0	0	0	0	0	0	0	0	0	0	0	0	0	0
江苏安全技术职业学院	64	0	0	0	0	0	0	0	0	0	0	0	0	0	0
江苏旅游职业学院	65	3	1	3	0	2	1	0	0	2	1	0	0	2	0

3.16 民族学与文化学人文、社会科学活动人员情况表

高校名称		总计		按职称划分						按最后学历划分			按最后学位划分		其他人员
			女性	小计	教授	副教授	讲师	助教	初级	研究生	本科生	其他	博士	硕士	
	编号	L01	L02	L03	L04	L05	L06	L07	L08	L09	L10	L11	L12	L13	L14
合　计	/	10	6	10	0	4	5	1	0	4	6	0	2	5	0
盐城幼儿师范高等专科学校	1	0	0	0	0	0	0	0	0	0	0	0	0	0	0
苏州幼儿师范高等专科学校	2	0	0	0	0	0	0	0	0	0	0	0	0	0	0
无锡职业技术学院	3	0	0	0	0	0	0	0	0	0	0	0	0	0	0
江苏建筑职业技术学院	4	0	0	0	0	0	0	0	0	0	0	0	0	0	0
南京工业职业技术学院	5	0	0	0	0	0	0	0	0	0	0	0	0	0	0
江苏工程职业技术学院	6	0	0	0	0	0	0	0	0	0	0	0	0	0	0
苏州工艺美术职业技术学院	7	0	0	0	0	0	0	0	0	0	0	0	0	0	0
连云港职业技术学院	8	0	0	0	0	0	0	0	0	0	0	0	0	0	0
镇江市高等专科学校	9	0	0	0	0	0	0	0	0	0	0	0	0	0	0
南通职业大学	10	0	0	0	0	0	0	0	0	0	0	0	0	0	0
苏州职业大学	11	0	0	0	0	0	0	0	0	0	0	0	0	0	0
沙洲职业工学院	12	0	0	0	0	0	0	0	0	0	0	0	0	0	0
扬州市职业大学	13	1	0	1	0	1	0	0	0	0	1	0	0	1	0
连云港师范高等专科学校	14	1	1	1	0	0	1	0	0	0	1	0	0	1	0
江苏经贸职业技术学院	15	0	0	0	0	0	0	0	0	0	0	0	0	0	0
泰州职业技术学院	16	0	0	0	0	0	0	0	0	0	0	0	0	0	0
常州信息职业技术学院	17	0	0	0	0	0	0	0	0	0	0	0	0	0	0
江苏海事职业技术学院	18	0	0	0	0	0	0	0	0	0	0	0	0	0	0
无锡科技职业学院	19	0	0	0	0	0	0	0	0	0	0	0	0	0	0
江苏医药职业学院	20	0	0	0	0	0	0	0	0	0	0	0	0	0	0

续表

高校名称		总计		按职称划分						按最后学历划分			按最后学位划分		其他人员
			女性	小计	教授	副教授	讲师	助教	初级	研究生	本科生	其他	博士	硕士	
	编号	L01	L02	L03	L04	L05	L06	L07	L08	L09	L10	L11	L12	L13	L14
南通科技职业学院	21	0	0	0	0	0	0	0	0	0	0	0	0	0	0
苏州经贸职业技术学院	22	0	0	0	0	0	0	0	0	0	0	0	0	0	0
苏州工业职业技术学院	23	0	0	0	0	0	0	0	0	0	0	0	0	0	0
苏州卫生职业技术学院	24	0	0	0	0	0	0	0	0	0	0	0	0	0	0
无锡商业职业技术学院	25	0	0	0	0	0	0	0	0	0	0	0	0	0	0
南通航运职业技术学院	26	0	0	0	0	0	0	0	0	0	0	0	0	0	0
南京交通职业技术学院	27	0	0	0	0	0	0	0	0	0	0	0	0	0	0
淮安信息职业技术学院	28	2	1	2	0	1	1	0	0	0	2	0	0	1	0
江苏农牧科技职业学院	29	0	0	0	0	0	0	0	0	0	0	0	0	0	0
常州纺织服装职业技术学院	30	0	0	0	0	0	0	0	0	0	0	0	0	0	0
苏州农业职业技术学院	31	0	0	0	0	0	0	0	0	0	0	0	0	0	0
南京科技职业学院	32	0	0	0	0	0	0	0	0	0	0	0	0	0	0
常州轻工职业技术学院	33	1	0	1	0	0	1	0	0	0	1	0	0	0	0
常州工程职业技术学院	34	0	0	0	0	0	0	0	0	0	0	0	0	0	0
江苏农林职业技术学院	35	0	0	0	0	0	0	0	0	0	0	0	0	0	0
江苏食品药品职业技术学院	36	0	0	0	0	0	0	0	0	0	0	0	0	0	0
南京铁道职业技术学院	37	0	0	0	0	0	0	0	0	0	0	0	0	0	0
徐州工业职业技术学院	38	0	0	0	0	0	0	0	0	0	0	0	0	0	0
江苏信息职业技术学院	39	0	0	0	0	0	0	0	0	0	0	0	0	0	0
南京信息职业技术学院	40	0	0	0	0	0	0	0	0	0	0	0	0	0	0
常州机电职业技术学院	41	0	0	0	0	0	0	0	0	0	0	0	0	0	0

续表

江阴职业技术学院	42	0	0	0	0	0	0	0	0	0	0	0	0	0	0
无锡城市职业技术学院	43	0	0	0	0	0	0	0	0	0	0	0	0	0	0
无锡工艺职业技术学院	44	1	1	1	0	0	0	1	0	1	0	0	0	1	0
苏州健雄职业技术学院	45	0	0	0	0	0	0	0	0	0	0	0	0	0	0
盐城工业职业技术学院	46	0	0	0	0	0	0	0	0	0	0	0	0	0	0
江苏财经职业技术学院	47	0	0	0	0	0	0	0	0	0	0	0	0	0	0
扬州工业职业技术学院	48	2	1	2	0	1	1	0	0	1	1	0	1	0	0
江苏城市职业学院	49	0	0	0	0	0	0	0	0	0	0	0	0	0	0
南京城市职业学院	50	0	0	0	0	0	0	0	0	0	0	0	0	0	0
南京机电职业技术学院	51	0	0	0	0	0	0	0	0	0	0	0	0	0	0
南京旅游职业学院	52	0	0	0	0	0	0	0	0	0	0	0	0	0	0
江苏卫生健康职业学院	53	1	1	1	0	0	1	0	0	1	0	0	0	1	0
苏州信息职业技术学院	54	0	0	0	0	0	0	0	0	0	0	0	0	0	0
苏州工业园区服务外包职业学院	55	0	0	0	0	0	0	0	0	0	0	0	0	0	0
徐州幼儿师范高等专科学校	56	0	0	0	0	0	0	0	0	0	0	0	0	0	0
徐州生物工程职业技术学院	57	0	0	0	0	0	0	0	0	0	0	0	0	0	0
江苏商贸职业学院	58	0	0	0	0	0	0	0	0	0	0	0	0	0	0
南通师范高等专科学校	59	0	0	0	0	0	0	0	0	0	0	0	0	0	0
江苏护理职业学院	60	1	1	1	0	1	0	0	0	1	0	0	1	0	0
江苏财会职业学院	61	0	0	0	0	0	0	0	0	0	0	0	0	0	0
江苏城乡建设职业学院	62	0	0	0	0	0	0	0	0	0	0	0	0	0	0
江苏航空职业技术学院	63	0	0	0	0	0	0	0	0	0	0	0	0	0	0
江苏安全技术职业学院	64	0	0	0	0	0	0	0	0	0	0	0	0	0	0
江苏旅游职业学院	65	0	0	0	0	0	0	0	0	0	0	0	0	0	0

3.17 新闻学与传播学人文、社会科学活动人员情况表

高校名称		总计		按职称划分						按最后学历划分			按最后学位划分		其他人员
			女性	小计	教授	副教授	讲师	助教	初级	研究生	本科生	其他	博士	硕士	
	编号	L01	L02	L03	L04	L05	L06	L07	L08	L09	L10	L11	L12	L13	L14
合 计	/	76	51	76	4	19	44	8	1	37	39	0	2	39	0
盐城幼儿师范高等专科学校	1	0	0	0	0	0	0	0	0	0	0	0	0	0	0
苏州幼儿师范高等专科学校	2	0	0	0	0	0	0	0	0	0	0	0	0	0	0
无锡职业技术学院	3	0	0	0	0	0	0	0	0	0	0	0	0	0	0
江苏建筑职业技术学院	4	0	0	0	0	0	0	0	0	0	0	0	0	0	0
南京工业职业技术学院	5	0	0	0	0	0	0	0	0	0	0	0	0	0	0
江苏工程职业技术学院	6	4	3	4	0	1	3	0	0	3	1	0	0	3	0
苏州工艺美术职业技术学院	7	3	0	3	0	3	0	0	0	2	1	0	1	1	0
连云港职业技术学院	8	1	1	1	0	0	1	0	0	1	0	0	0	1	0
镇江市高等专科学校	9	4	3	4	1	1	2	0	0	1	3	0	0	2	0
南通职业大学	10	0	0	0	0	0	0	0	0	0	0	0	0	0	0
苏州职业大学	11	3	3	3	1	0	2	0	0	2	1	0	0	2	0
沙洲职业工学院	12	0	0	0	0	0	0	0	0	0	0	0	0	0	0
扬州市职业大学	13	7	7	7	0	0	5	2	0	4	3	0	0	4	0
连云港师范高等专科学校	14	10	5	10	1	6	2	1	0	5	5	0	0	5	0
江苏经贸职业技术学院	15	2	2	2	0	0	2	0	0	1	1	0	0	1	0
泰州职业技术学院	16	0	0	0	0	0	0	0	0	0	0	0	0	0	0
常州信息职业技术学院	17	1	0	1	0	0	0	1	0	1	0	0	0	1	0
江苏海事职业技术学院	18	0	0	0	0	0	0	0	0	0	0	0	0	0	0
无锡科技职业学院	19	0	0	0	0	0	0	0	0	0	0	0	0	0	0
江苏医药职业学院	20	0	0	0	0	0	0	0	0	0	0	0	0	0	0

续表

南通科技职业学院	21	0	0	0	0	0	0	0	0	0	0	0	0	0	0
苏州经贸职业技术学院	22	2	1	2	0	2	0	0	0	2	0	0	0	2	0
苏州工业职业技术学院	23	0	0	0	0	0	0	0	0	0	0	0	0	0	0
苏州卫生职业技术学院	24	0	0	0	0	0	0	0	0	0	0	0	0	0	0
无锡商业职业技术学院	25	0	0	0	0	0	0	0	0	0	0	0	0	0	0
南通航运职业技术学院	26	3	1	3	0	0	3	0	0	0	3	0	0	0	0
南京交通职业技术学院	27	0	0	0	0	0	0	0	0	0	0	0	0	0	0
淮安信息职业技术学院	28	0	0	0	0	0	0	0	0	0	0	0	0	0	0
江苏农牧科技职业学院	29	0	0	0	0	0	0	0	0	0	0	0	0	0	0
常州纺织服装职业技术学院	30	1	1	1	0	0	1	0	0	0	1	0	0	0	0
苏州农业职业技术学院	31	1	1	1	0	0	1	0	0	0	1	0	0	1	0
南京科技职业学院	32	2	2	2	0	0	2	0	0	0	2	0	0	0	0
常州轻工职业技术学院	33	1	1	1	0	0	1	0	0	1	0	0	0	1	0
常州工程职业技术学院	34	0	0	0	0	0	0	0	0	0	0	0	0	0	0
江苏农林职业技术学院	35	0	0	0	0	0	0	0	0	0	0	0	0	0	0
江苏食品药品职业技术学院	36	1	1	1	0	0	1	0	0	0	1	0	0	0	0
南京铁道职业技术学院	37	0	0	0	0	0	0	0	0	0	0	0	0	0	0
徐州工业职业技术学院	38	1	1	1	0	0	1	0	0	1	0	0	0	1	0
江苏信息职业技术学院	39	1	1	1	0	0	1	0	0	0	1	0	0	0	0
南京信息职业技术学院	40	0	0	0	0	0	0	0	0	0	0	0	0	0	0
常州机电职业技术学院	41	1	0	1	0	1	0	0	0	1	0	0	1	0	0
江阴职业技术学院	42	1	1	1	0	0	1	0	0	1	0	0	0	1	0
无锡城市职业技术学院	43	0	0	0	0	0	0	0	0	0	0	0	0	0	0
无锡工艺职业技术学院	44	0	0	0	0	0	0	0	0	0	0	0	0	0	0

续表

高校名称		总计		按职称划分						按最后学历划分			按最后学位划分		其他
			女性	小计	教授	副教授	讲师	助教	初级	研究生	本科生	其他	博士	硕士	人员
	编号	L01	L02	L03	L04	L05	L06	L07	L08	L09	L10	L11	L12	L13	L14
苏州健雄职业技术学院	45	1	0	1	0	1	0	0	0	0	1	0	0	0	0
盐城工业职业技术学院	46	0	0	0	0	0	0	0	0	0	0	0	0	0	0
江苏财经职业技术学院	47	2	1	2	0	0	2	0	0	0	2	0	0	0	0
扬州工业职业技术学院	48	0	0	0	0	0	0	0	0	0	0	0	0	0	0
江苏城市职业学院	49	7	6	7	0	3	3	0	1	4	3	0	0	5	0
南京城市职业学院	50	8	5	8	0	1	7	0	0	5	3	0	0	6	0
南京机电职业技术学院	51	3	2	3	0	0	0	3	0	0	3	0	0	0	0
南京旅游职业学院	52	0	0	0	0	0	0	0	0	0	0	0	0	0	0
江苏卫生健康职业学院	53	1	0	1	0	0	1	0	0	0	1	0	0	0	0
苏州信息职业技术学院	54	0	0	0	0	0	0	0	0	0	0	0	0	0	0
苏州工业园区服务外包职业学院	55	0	0	0	0	0	0	0	0	0	0	0	0	0	0
徐州幼儿师范高等专科学校	56	1	1	1	0	0	1	0	0	0	1	0	0	0	0
徐州生物工程职业技术学院	57	0	0	0	0	0	0	0	0	0	0	0	0	0	0
江苏商贸职业学院	58	0	0	0	0	0	0	0	0	0	0	0	0	0	0
南通师范高等专科学校	59	1	0	1	1	0	0	0	0	1	0	0	0	1	0
江苏护理职业学院	60	0	0	0	0	0	0	0	0	0	0	0	0	0	0
江苏财会职业学院	61	0	0	0	0	0	0	0	0	0	0	0	0	0	0
江苏城乡建设职业学院	62	0	0	0	0	0	0	0	0	0	0	0	0	0	0
江苏航空职业技术学院	63	1	1	1	0	0	1	0	0	0	1	0	0	0	0
江苏安全技术职业学院	64	0	0	0	0	0	0	0	0	0	0	0	0	0	0
江苏旅游职业学院	65	1	0	1	0	0	0	1	0	1	0	0	0	1	0

3.18 图书馆、情报与文献学人文、社会科学活动人员情况表

高校名称		总计		按职称划分						按最后学历划分			按最后学位划分		其他人员
			女性	小计	教授	副教授	讲师	助教	初级	研究生	本科生	其他	博士	硕士	
	编号	L01	L02	L03	L04	L05	L06	L07	L08	L09	L10	L11	L12	L13	L14
合　计	/	500	336	500	16	100	326	42	16	105	374	21	3	156	0
盐城幼儿师范高等专科学校	1	1	1	1	0	0	1	0	0	0	1	0	0	0	0
苏州幼儿师范高等专科学校	2	2	2	2	0	0	1	0	1	2	0	0	0	2	0
无锡职业技术学院	3	16	10	16	1	6	9	0	0	6	10	0	1	7	0
江苏建筑职业技术学院	4	4	2	4	0	0	4	0	0	3	1	0	0	4	0
南京工业职业技术学院	5	4	3	4	0	2	1	1	0	1	3	0	0	4	0
江苏工程职业技术学院	6	19	11	19	2	5	12	0	0	2	17	0	0	6	0
苏州工艺美术职业技术学院	7	11	7	11	0	3	7	1	0	5	6	0	0	5	0
连云港职业技术学院	8	18	14	18	0	4	12	2	0	0	18	0	0	5	0
镇江市高等专科学校	9	23	20	23	1	7	14	1	0	1	20	2	0	3	0
南通职业大学	10	4	3	4	0	3	1	0	0	0	4	0	0	2	0
苏州职业大学	11	27	14	27	1	2	23	0	1	13	14	0	0	17	0
沙洲职业工学院	12	6	3	6	0	2	4	0	0	0	6	0	0	0	0
扬州市职业大学	13	13	7	13	0	4	9	0	0	2	9	2	0	2	0
连云港师范高等专科学校	14	12	8	12	1	4	7	0	0	5	6	1	0	7	0
江苏经贸职业技术学院	15	8	2	8	1	3	4	0	0	2	6	0	1	4	0
泰州职业技术学院	16	6	4	6	0	2	4	0	0	0	6	0	0	2	0
常州信息职业技术学院	17	12	5	12	0	0	5	7	0	1	11	0	0	3	0
江苏海事职业技术学院	18	15	12	15	0	2	13	0	0	1	14	0	0	3	0
无锡科技职业学院	19	9	6	9	1	1	7	0	0	1	8	0	0	3	0
江苏医药职业学院	20	8	5	8	0	0	6	1	1	2	3	3	0	2	0

续表

高校名称		总计		按职称划分						按最后学历划分			按最后学位划分		其他人员
			女性	小计	教授	副教授	讲师	助教	初级	研究生	本科生	其他	博士	硕士	
	编号	L01	L02	L03	L04	L05	L06	L07	L08	L09	L10	L11	L12	L13	L14
南通科技职业学院	21	11	10	11	0	5	4	0	2	0	11	0	0	0	0
苏州经贸职业技术学院	22	7	4	7	0	1	4	2	0	2	5	0	0	2	0
苏州工业职业技术学院	23	3	2	3	0	0	3	0	0	0	0	3	0	0	0
苏州卫生职业技术学院	24	7	3	7	0	2	3	2	0	4	3	0	0	4	0
无锡商业职业技术学院	25	9	8	9	0	3	6	0	0	2	7	0	0	5	0
南通航运职业技术学院	26	3	0	3	0	2	1	0	0	0	3	0	0	0	0
南京交通职业技术学院	27	15	9	15	0	0	13	0	2	7	8	0	0	6	0
淮安信息职业技术学院	28	11	4	11	0	1	8	2	0	1	10	0	0	2	0
江苏农牧科技职业学院	29	2	1	2	0	1	1	0	0	1	1	0	0	2	0
常州纺织服装职业技术学院	30	11	7	11	0	1	10	0	0	0	11	0	0	3	0
苏州农业职业技术学院	31	14	11	14	0	2	11	1	0	0	14	0	0	0	0
南京科技职业学院	32	3	2	3	0	0	3	0	0	0	2	1	0	2	0
常州轻工职业技术学院	33	5	3	5	0	3	2	0	0	0	5	0	0	1	0
常州工程职业技术学院	34	12	9	12	0	1	11	0	0	1	11	0	0	1	0
江苏农林职业技术学院	35	15	13	15	0	0	11	4	0	3	12	0	0	4	0
江苏食品药品职业技术学院	36	11	8	11	1	4	6	0	0	1	10	0	0	1	0
南京铁道职业技术学院	37	7	6	7	0	0	7	0	0	3	3	1	0	4	0
徐州工业职业技术学院	38	1	0	1	0	0	1	0	0	1	0	0	0	1	0
江苏信息职业技术学院	39	6	4	6	1	1	4	0	0	1	5	0	0	2	0
南京信息职业技术学院	40	8	5	8	1	1	3	3	0	3	5	0	0	4	0
常州机电职业技术学院	41	5	3	5	0	1	4	0	0	2	3	0	0	2	0

续表

江阴职业技术学院	42	3	3	3	0	1	2	0	0	0	3	0	0	0	0
无锡城市职业技术学院	43	9	6	9	0	1	6	0	2	2	7	0	0	3	0
无锡工艺职业技术学院	44	12	9	12	0	0	6	3	3	1	11	0	0	2	0
苏州健雄职业技术学院	45	5	3	5	1	0	4	0	0	2	3	0	0	2	0
盐城工业职业技术学院	46	5	3	5	0	2	2	1	0	2	2	1	0	2	0
江苏财经职业技术学院	47	6	2	6	0	1	5	0	0	1	5	0	0	1	0
扬州工业职业技术学院	48	11	8	11	1	1	8	1	0	0	11	0	0	0	0
江苏城市职业学院	49	8	5	8	1	3	4	0	0	3	5	0	0	4	0
南京城市职业学院	50	7	6	7	1	2	3	1	0	2	4	1	1	1	0
南京机电职业技术学院	51	4	2	4	0	0	2	2	0	0	4	0	0	1	0
南京旅游职业学院	52	9	6	9	0	0	9	0	0	3	5	1	0	2	0
江苏卫生健康职业学院	53	4	3	4	1	1	2	0	0	1	3	0	0	3	0
苏州信息职业技术学院	54	1	1	1	0	0	1	0	0	0	0	1	0	0	0
苏州工业园区服务外包职业学院	55	2	2	2	0	0	2	0	0	1	1	0	0	0	0
徐州幼儿师范高等专科学校	56	5	5	5	0	1	3	1	0	1	2	2	0	1	0
徐州生物工程职业技术学院	57	2	1	2	0	1	1	0	0	0	2	0	0	0	0
江苏商贸职业学院	58	6	4	6	0	2	3	1	0	1	4	1	0	1	0
南通师范高等专科学校	59	3	2	3	0	2	1	0	0	0	2	1	0	0	0
江苏护理职业学院	60	4	4	4	0	0	1	1	2	3	1	0	0	3	0
江苏财会职业学院	61	3	3	3	0	0	0	3	0	0	3	0	0	0	0
江苏城乡建设职业学院	62	3	3	3	0	1	1	1	0	0	3	0	0	0	0
江苏航空职业技术学院	63	1	1	1	0	0	0	0	1	1	0	0	0	1	0
江苏安全技术职业学院	64	1	1	1	0	0	0	0	1	0	1	0	0	0	0
江苏旅游职业学院	65	2	2	2	0	2	0	0	0	2	0	0	0	2	0

3.19 教育学人文、社会科学活动人员情况表

高校名称		总计		按职称划分						按最后学历划分			按最后学位划分		其他人员
			女性	小计	教授	副教授	讲师	助教	初级	研究生	本科生	其他	博士	硕士	
	编号	L01	L02	L03	L04	L05	L06	L07	L08	L09	L10	L11	L12	L13	L14
合　计	/	1 877	1 084	1 875	156	538	980	167	34	910	960	5	72	1 254	2
盐城幼儿师范高等专科学校	1	30	23	30	0	9	10	11	0	14	15	1	0	20	0
苏州幼儿师范高等专科学校	2	47	37	47	7	12	22	6	0	29	18	0	3	34	0
无锡职业技术学院	3	63	40	63	3	17	34	9	0	37	26	0	2	48	0
江苏建筑职业技术学院	4	11	6	11	0	4	7	0	0	7	4	0	0	9	0
南京工业职业技术学院	5	1	1	1	0	0	0	1	0	1	0	0	0	1	0
江苏工程职业技术学院	6	52	28	51	9	17	25	0	0	24	27	0	3	34	1
苏州工艺美术职业技术学院	7	49	29	49	3	17	25	4	0	31	18	0	1	34	0
连云港职业技术学院	8	43	19	43	6	21	16	0	0	18	25	0	4	28	0
镇江市高等专科学校	9	36	17	36	2	16	16	2	0	7	29	0	0	12	0
南通职业大学	10	27	15	27	1	9	16	1	0	14	13	0	2	18	0
苏州职业大学	11	46	31	46	4	9	25	7	1	36	10	0	3	38	0
沙洲职业工学院	12	12	9	12	2	3	6	1	0	3	9	0	1	6	0
扬州市职业大学	13	36	29	36	2	5	24	5	0	20	16	0	0	31	0
连云港师范高等专科学校	14	80	46	80	13	37	26	4	0	31	49	0	3	55	0
江苏经贸职业技术学院	15	6	4	6	0	3	3	0	0	3	3	0	0	6	0
泰州职业技术学院	16	3	1	3	1	1	1	0	0	1	2	0	0	2	0
常州信息职业技术学院	17	21	15	21	3	6	9	3	0	11	10	0	1	17	0
江苏海事职业技术学院	18	27	16	27	1	11	14	1	0	15	12	0	1	22	0
无锡科技职业学院	19	15	8	15	1	5	7	2	0	5	10	0	2	7	0
江苏医药职业学院	20	15	7	15	0	1	10	2	2	7	8	0	0	9	0

续表

南通科技职业学院	21	30	18	30	3	6	17	3	1	17	13	0	1	24	0
苏州经贸职业技术学院	22	13	6	13	2	2	9	0	0	10	3	0	1	9	0
苏州工业职业技术学院	23	17	12	17	1	6	10	0	0	2	15	0	0	11	0
苏州卫生职业技术学院	24	18	16	18	0	6	8	1	3	12	6	0	0	16	0
无锡商业职业技术学院	25	8	4	8	0	3	5	0	0	2	6	0	0	5	0
南通航运职业技术学院	26	124	53	124	6	27	84	7	0	66	58	0	2	98	0
南京交通职业技术学院	27	12	8	12	0	2	10	0	0	7	5	0	0	8	0
淮安信息职业技术学院	28	72	32	72	4	21	36	11	0	28	44	0	0	50	0
江苏农牧科技职业学院	29	36	13	36	0	11	25	0	0	29	7	0	5	26	0
常州纺织服装职业技术学院	30	50	29	50	3	17	22	8	0	23	27	0	1	29	0
苏州农业职业技术学院	31	40	17	40	10	12	16	2	0	11	29	0	1	24	0
南京科技职业学院	32	52	31	52	5	20	27	0	0	34	18	0	4	38	0
常州轻工职业技术学院	33	7	5	7	1	1	2	3	0	6	1	0	0	7	0
常州工程职业技术学院	34	72	39	72	0	24	47	1	0	15	56	1	0	24	0
江苏农林职业技术学院	35	3	1	3	0	2	1	0	0	0	3	0	0	3	0
江苏食品药品职业技术学院	36	40	23	40	1	9	29	1	0	23	17	0	5	28	0
南京铁道职业技术学院	37	34	24	34	1	6	22	5	0	21	13	0	3	25	0
徐州工业职业技术学院	38	3	1	3	0	0	2	1	0	3	0	0	0	3	0
江苏信息职业技术学院	39	24	13	24	3	5	12	4	0	11	13	0	1	16	0
南京信息职业技术学院	40	8	5	8	0	1	6	1	0	3	5	0	1	7	0
常州机电职业技术学院	41	108	51	108	19	32	57	0	0	41	67	0	11	58	0
江阴职业技术学院	42	12	6	12	0	9	2	1	0	1	11	0	0	4	0
无锡城市职业技术学院	43	19	13	19	0	5	13	0	1	10	9	0	0	17	0
无锡工艺职业技术学院	44	15	8	15	0	2	10	3	0	7	8	0	0	8	0

续表

高校名称		总计		按职称划分						按最后学历划分			按最后学位划分		其他人员
			女性	小计	教授	副教授	讲师	助教	初级	研究生	本科生	其他	博士	硕士	
	编号	L01	L02	L03	L04	L05	L06	L07	L08	L09	L10	L11	L12	L13	L14
苏州健雄职业技术学院	45	19	11	19	2	5	10	2	0	12	7	0	2	14	0
盐城工业职业技术学院	46	18	6	18	6	5	7	0	0	4	14	0	0	6	0
江苏财经职业技术学院	47	7	5	7	1	1	4	1	0	2	5	0	0	3	0
扬州工业职业技术学院	48	14	7	14	3	0	8	3	0	10	4	0	1	11	0
江苏城市职业学院	49	50	38	50	4	9	21	6	10	39	11	0	1	44	0
南京城市职业学院	50	16	14	16	0	5	2	1	8	12	4	0	0	14	0
南京机电职业技术学院	51	3	2	3	0	1	0	2	0	1	2	0	0	2	0
南京旅游职业学院	52	9	6	9	2	1	5	1	0	6	3	0	1	5	0
江苏卫生健康职业学院	53	13	10	13	0	1	4	8	0	8	5	0	0	8	0
苏州信息职业技术学院	54	6	6	6	0	1	5	0	0	1	5	0	0	3	0
苏州工业园区服务外包职业学院	55	10	6	10	0	2	8	0	0	7	3	0	0	7	0
徐州幼儿师范高等专科学校	56	57	39	57	6	14	29	8	0	38	19	0	2	39	0
徐州生物工程职业技术学院	57	6	2	6	0	3	3	0	0	2	4	0	0	2	0
江苏商贸职业学院	58	28	16	28	3	9	11	5	0	9	19	0	0	10	0
南通师范高等专科学校	59	42	32	42	5	14	23	0	0	10	32	0	0	31	0
江苏护理职业学院	60	11	8	11	1	1	5	4	0	4	7	0	1	4	0
江苏财会职业学院	61	8	7	8	2	1	2	3	0	2	6	0	1	6	0
江苏城乡建设职业学院	62	54	25	54	2	13	27	6	6	12	39	3	0	21	0
江苏航空职业技术学院	63	4	3	3	0	0	2	0	1	1	2	0	0	1	1
江苏安全技术职业学院	64	6	5	6	0	1	4	0	1	1	5	0	0	4	0
江苏旅游职业学院	65	59	27	59	2	19	32	6	0	33	26	0	1	50	0

3.20 统计学人文、社会科学活动人员情况表

高校名称		总计		按职称划分						按最后学历划分			按最后学位划分		其他人员
			女性	小计	教授	副教授	讲师	助教	初级	研究生	本科生	其他	博士	硕士	
	编号	L01	L02	L03	L04	L05	L06	L07	L08	L09	L10	L11	L12	L13	L14
合　计	/	73	40	73	4	16	44	8	1	30	43	0	8	34	0
盐城幼儿师范高等专科学校	1	0	0	0	0	0	0	0	0	0	0	0	0	0	0
苏州幼儿师范高等专科学校	2	0	0	0	0	0	0	0	0	0	0	0	0	0	0
无锡职业技术学院	3	0	0	0	0	0	0	0	0	0	0	0	0	0	0
江苏建筑职业技术学院	4	2	1	2	0	2	0	0	0	2	0	0	1	1	0
南京工业职业技术学院	5	0	0	0	0	0	0	0	0	0	0	0	0	0	0
江苏工程职业技术学院	6	1	0	1	0	1	0	0	0	0	1	0	0	1	0
苏州工艺美术职业技术学院	7	1	1	1	0	0	0	1	0	1	0	0	0	1	0
连云港职业技术学院	8	2	0	2	1	0	1	0	0	1	1	0	1	0	0
镇江市高等专科学校	9	0	0	0	0	0	0	0	0	0	0	0	0	0	0
南通职业大学	10	0	0	0	0	0	0	0	0	0	0	0	0	0	0
苏州职业大学	11	0	0	0	0	0	0	0	0	0	0	0	0	0	0
沙洲职业工学院	12	4	3	4	0	1	3	0	0	0	4	0	0	0	0
扬州市职业大学	13	3	3	3	0	1	1	1	0	1	2	0	0	1	0
连云港师范高等专科学校	14	0	0	0	0	0	0	0	0	0	0	0	0	0	0
江苏经贸职业技术学院	15	0	0	0	0	0	0	0	0	0	0	0	0	0	0
泰州职业技术学院	16	0	0	0	0	0	0	0	0	0	0	0	0	0	0
常州信息职业技术学院	17	0	0	0	0	0	0	0	0	0	0	0	0	0	0
江苏海事职业技术学院	18	0	0	0	0	0	0	0	0	0	0	0	0	0	0
无锡科技职业学院	19	1	0	1	0	1	0	0	0	1	0	0	1	0	0
江苏医药职业学院	20	0	0	0	0	0	0	0	0	0	0	0	0	0	0

续表

高校名称		总计		按职称划分						按最后学历划分			按最后学位划分		其他人员
			女性	小计	教授	副教授	讲师	助教	初级	研究生	本科生	其他	博士	硕士	
	编号	L01	L02	L03	L04	L05	L06	L07	L08	L09	L10	L11	L12	L13	L14
南通科技职业学院	21	3	2	3	0	0	3	0	0	2	1	0	0	2	0
苏州经贸职业技术学院	22	3	1	3	0	2	1	0	0	2	1	0	0	1	0
苏州工业职业技术学院	23	0	0	0	0	0	0	0	0	0	0	0	0	0	0
苏州卫生职业技术学院	24	0	0	0	0	0	0	0	0	0	0	0	0	0	0
无锡商业职业技术学院	25	0	0	0	0	0	0	0	0	0	0	0	0	0	0
南通航运职业技术学院	26	4	1	4	0	0	3	0	1	1	3	0	0	2	0
南京交通职业技术学院	27	5	4	5	0	2	3	0	0	3	2	0	0	3	0
淮安信息职业技术学院	28	5	3	5	0	0	3	2	0	3	2	0	0	4	0
江苏农牧科技职业学院	29	0	0	0	0	0	0	0	0	0	0	0	0	0	0
常州纺织服装职业技术学院	30	2	1	2	2	0	0	0	0	0	2	0	0	0	0
苏州农业职业技术学院	31	0	0	0	0	0	0	0	0	0	0	0	0	0	0
南京科技职业学院	32	0	0	0	0	0	0	0	0	0	0	0	0	0	0
常州轻工职业技术学院	33	1	0	1	0	1	0	0	0	0	1	0	0	0	0
常州工程职业技术学院	34	1	0	1	0	0	1	0	0	0	1	0	0	0	0
江苏农林职业技术学院	35	0	0	0	0	0	0	0	0	0	0	0	0	0	0
江苏食品药品职业技术学院	36	3	2	3	0	0	3	0	0	1	2	0	1	0	0
南京铁道职业技术学院	37	8	7	8	0	1	6	1	0	3	5	0	2	3	0
徐州工业职业技术学院	38	0	0	0	0	0	0	0	0	0	0	0	0	0	0
江苏信息职业技术学院	39	1	0	1	0	0	1	0	0	0	1	0	0	0	0
南京信息职业技术学院	40	12	6	12	1	4	6	1	0	5	7	0	2	7	0
常州机电职业技术学院	41	3	3	3	0	0	3	0	0	0	3	0	0	3	0

续表

江阴职业技术学院	42	0	0	0	0	0	0	0	0	0	0	0	0	0	0
无锡城市职业技术学院	43	0	0	0	0	0	0	0	0	0	0	0	0	0	0
无锡工艺职业技术学院	44	0	0	0	0	0	0	0	0	0	0	0	0	0	0
苏州健雄职业技术学院	45	0	0	0	0	0	0	0	0	0	0	0	0	0	0
盐城工业职业技术学院	46	0	0	0	0	0	0	0	0	0	0	0	0	0	0
江苏财经职业技术学院	47	0	0	0	0	0	0	0	0	0	0	0	0	0	0
扬州工业职业技术学院	48	1	0	1	0	0	1	0	0	1	0	0	0	1	0
江苏城市职业学院	49	1	0	1	0	0	1	0	0	1	0	0	0	1	0
南京城市职业学院	50	0	0	0	0	0	0	0	0	0	0	0	0	0	0
南京机电职业技术学院	51	1	0	1	0	0	1	0	0	0	1	0	0	0	0
南京旅游职业学院	52	1	0	1	0	0	0	1	0	0	1	0	0	0	0
江苏卫生健康职业学院	53	1	0	1	0	0	1	0	0	1	0	0	0	1	0
苏州信息职业技术学院	54	1	1	1	0	0	1	0	0	0	1	0	0	1	0
苏州工业园区服务外包职业学院	55	0	0	0	0	0	0	0	0	0	0	0	0	0	0
徐州幼儿师范高等专科学校	56	0	0	0	0	0	0	0	0	0	0	0	0	0	0
徐州生物工程职业技术学院	57	0	0	0	0	0	0	0	0	0	0	0	0	0	0
江苏商贸职业学院	58	0	0	0	0	0	0	0	0	0	0	0	0	0	0
南通师范高等专科学校	59	0	0	0	0	0	0	0	0	0	0	0	0	0	0
江苏护理职业学院	60	0	0	0	0	0	0	0	0	0	0	0	0	0	0
江苏财会职业学院	61	1	0	1	0	0	0	1	0	1	0	0	0	1	0
江苏城乡建设职业学院	62	0	0	0	0	0	0	0	0	0	0	0	0	0	0
江苏航空职业技术学院	63	0	0	0	0	0	0	0	0	0	0	0	0	0	0
江苏安全技术职业学院	64	1	1	1	0	0	1	0	0	0	1	0	0	0	0
江苏旅游职业学院	65	0	0	0	0	0	0	0	0	0	0	0	0	0	0

3.21 心理学人文、社会科学活动人员情况表

高校名称		总计		按职称划分						按最后学历划分			按最后学位划分		其他人员
			女性	小计	教授	副教授	讲师	助教	初级	研究生	本科生	其他	博士	硕士	
	编号	L01	L02	L03	L04	L05	L06	L07	L08	L09	L10	L11	L12	L13	L14
合　计	/	146	115	146	7	32	74	27	6	82	64	0	0	106	0
盐城幼儿师范高等专科学校	1	6	4	6	0	2	4	0	0	1	5	0	0	2	0
苏州幼儿师范高等专科学校	2	0	0	0	0	0	0	0	0	0	0	0	0	0	0
无锡职业技术学院	3	0	0	0	0	0	0	0	0	0	0	0	0	0	0
江苏建筑职业技术学院	4	2	1	2	0	0	0	2	0	2	0	0	0	2	0
南京工业职业技术学院	5	2	1	2	0	0	1	1	0	2	0	0	0	2	0
江苏工程职业技术学院	6	0	0	0	0	0	0	0	0	0	0	0	0	0	0
苏州工艺美术职业技术学院	7	3	3	3	1	0	1	1	0	3	0	0	0	3	0
连云港职业技术学院	8	1	1	1	1	0	0	0	0	1	0	0	0	1	0
镇江市高等专科学校	9	6	4	6	1	3	0	2	0	3	3	0	0	4	0
南通职业大学	10	1	1	1	0	1	0	0	0	0	1	0	0	0	0
苏州职业大学	11	11	6	11	0	5	5	1	0	3	8	0	0	9	0
沙洲职业工学院	12	1	1	1	0	0	1	0	0	1	0	0	0	1	0
扬州市职业大学	13	4	1	4	0	3	1	0	0	0	4	0	0	3	0
连云港师范高等专科学校	14	7	5	7	2	1	1	3	0	4	3	0	0	5	0
江苏经贸职业技术学院	15	4	4	4	0	0	4	0	0	3	1	0	0	3	0
泰州职业技术学院	16	1	0	1	0	0	1	0	0	1	0	0	0	1	0
常州信息职业技术学院	17	1	1	1	0	0	1	0	0	1	0	0	0	1	0
江苏海事职业技术学院	18	0	0	0	0	0	0	0	0	0	0	0	0	0	0
无锡科技职业学院	19	2	2	2	0	1	1	0	0	0	2	0	0	0	0
江苏医药职业学院	20	7	5	7	0	0	5	1	1	4	3	0	0	4	0

续表

南通科技职业学院	21	3	3	3	1	0	2	0	0	1	2	0	0	2	0
苏州经贸职业技术学院	22	2	1	2	0	1	1	0	0	2	0	0	0	2	0
苏州工业职业技术学院	23	0	0	0	0	0	0	0	0	0	0	0	0	0	0
苏州卫生职业技术学院	24	3	3	3	0	0	0	2	1	2	1	0	0	2	0
无锡商业职业技术学院	25	0	0	0	0	0	0	0	0	0	0	0	0	0	0
南通航运职业技术学院	26	6	6	6	0	0	5	0	1	4	2	0	0	6	0
南京交通职业技术学院	27	3	3	3	0	0	2	0	1	3	0	0	0	3	0
淮安信息职业技术学院	28	6	5	6	1	4	1	0	0	4	2	0	0	4	0
江苏农牧科技职业学院	29	3	2	3	0	0	3	0	0	2	1	0	0	2	0
常州纺织服装职业技术学院	30	4	3	4	0	1	3	0	0	0	4	0	0	0	0
苏州农业职业技术学院	31	1	1	1	0	1	0	0	0	1	0	0	0	1	0
南京科技职业学院	32	1	1	1	0	0	1	0	0	0	1	0	0	1	0
常州轻工职业技术学院	33	3	1	3	0	0	1	2	0	2	1	0	0	2	0
常州工程职业技术学院	34	0	0	0	0	0	0	0	0	0	0	0	0	0	0
江苏农林职业技术学院	35	0	0	0	0	0	0	0	0	0	0	0	0	0	0
江苏食品药品职业技术学院	36	3	3	3	0	0	3	0	0	3	0	0	0	3	0
南京铁道职业技术学院	37	4	4	4	0	0	3	1	0	4	0	0	0	4	0
徐州工业职业技术学院	38	5	4	5	0	1	4	0	0	4	1	0	0	4	0
江苏信息职业技术学院	39	1	1	1	0	1	0	0	0	1	0	0	0	1	0
南京信息职业技术学院	40	5	4	5	0	2	3	0	0	1	4	0	0	4	0
常州机电职业技术学院	41	1	1	1	0	0	1	0	0	0	1	0	0	0	0
江阴职业技术学院	42	1	1	1	0	0	1	0	0	0	1	0	0	0	0
无锡城市职业技术学院	43	1	1	1	0	1	0	0	0	0	1	0	0	1	0
无锡工艺职业技术学院	44	0	0	0	0	0	0	0	0	0	0	0	0	0	0

续表

高校名称		总计		按职称划分						按最后学历划分			按最后学位划分		其他人员
			女性	小计	教授	副教授	讲师	助教	初级	研究生	本科生	其他	博士	硕士	
	编号	L01	L02	L03	L04	L05	L06	L07	L08	L09	L10	L11	L12	L13	L14
苏州健雄职业技术学院	45	2	1	2	0	0	2	0	0	1	1	0	0	1	0
盐城工业职业技术学院	46	1	0	1	0	1	0	0	0	1	0	0	0	1	0
江苏财经职业技术学院	47	1	1	1	0	0	1	0	0	1	0	0	0	1	0
扬州工业职业技术学院	48	1	1	1	0	0	1	0	0	1	0	0	0	1	0
江苏城市职业学院	49	2	2	2	0	1	1	0	0	0	2	0	0	2	0
南京城市职业学院	50	3	2	3	0	0	1	0	2	2	1	0	0	2	0
南京机电职业技术学院	51	0	0	0	0	0	0	0	0	0	0	0	0	0	0
南京旅游职业学院	52	1	1	1	0	0	1	0	0	0	1	0	0	1	0
江苏卫生健康职业学院	53	8	7	8	0	0	5	3	0	4	4	0	0	4	0
苏州信息职业技术学院	54	1	1	1	0	1	0	0	0	0	1	0	0	0	0
苏州工业园区服务外包职业学院	55	1	1	1	0	0	1	0	0	1	0	0	0	1	0
徐州幼儿师范高等专科学校	56	1	1	1	0	1	0	0	0	1	0	0	0	1	0
徐州生物工程职业技术学院	57	1	1	1	0	0	0	1	0	0	1	0	0	0	0
江苏商贸职业学院	58	4	4	4	0	0	0	4	0	4	0	0	0	4	0
南通师范高等专科学校	59	1	1	1	0	0	1	0	0	1	0	0	0	1	0
江苏护理职业学院	60	1	1	1	0	0	0	1	0	0	1	0	0	1	0
江苏财会职业学院	61	0	0	0	0	0	0	0	0	0	0	0	0	0	0
江苏城乡建设职业学院	62	1	1	1	0	0	0	1	0	1	0	0	0	1	0
江苏航空职业技术学院	63	0	0	0	0	0	0	0	0	0	0	0	0	0	0
江苏安全技术职业学院	64	0	0	0	0	0	0	0	0	0	0	0	0	0	0
江苏旅游职业学院	65	1	1	1	0	0	0	1	0	1	0	0	0	1	0

3.22 体育科学人文、社会科学活动人员情况表

高校名称		总计		按职称划分						按最后学历划分			按最后学位划分		其他人员
			女性	小计	教授	副教授	讲师	助教	初级	研究生	本科生	其他	博士	硕士	
	编号	L01	L02	L03	L04	L05	L06	L07	L08	L09	L10	L11	L12	L13	L14
合　计	/	925	314	925	33	357	401	113	21	218	705	2	1	360	0
盐城幼儿师范高等专科学校	1	28	8	28	4	11	7	6	0	4	23	1	0	8	0
苏州幼儿师范高等专科学校	2	7	3	7	1	2	4	0	0	5	2	0	0	6	0
无锡职业技术学院	3	18	3	18	2	4	9	3	0	8	10	0	0	10	0
江苏建筑职业技术学院	4	18	5	18	2	7	8	1	0	5	13	0	0	8	0
南京工业职业技术学院	5	19	9	19	1	4	11	3	0	6	13	0	0	11	0
江苏工程职业技术学院	6	12	4	12	1	5	6	0	0	4	8	0	0	5	0
苏州工艺美术职业技术学院	7	14	5	14	0	6	6	2	0	5	9	0	0	8	0
连云港职业技术学院	8	18	4	18	0	14	4	0	0	1	17	0	0	6	0
镇江市高等专科学校	9	21	7	21	0	12	9	0	0	0	21	0	0	6	0
南通职业大学	10	10	5	10	0	8	2	0	0	0	10	0	0	5	0
苏州职业大学	11	24	12	24	1	13	10	0	0	7	17	0	0	11	0
沙洲职业工学院	12	8	2	8	0	7	1	0	0	0	8	0	0	0	0
扬州市职业大学	13	48	18	48	4	19	19	6	0	7	41	0	1	11	0
连云港师范高等专科学校	14	31	11	31	3	22	3	3	0	2	29	0	0	6	0
江苏经贸职业技术学院	15	26	7	26	1	8	12	4	1	14	12	0	0	16	0
泰州职业技术学院	16	10	4	10	0	8	1	1	0	2	8	0	0	4	0
常州信息职业技术学院	17	17	5	17	0	9	7	1	0	6	11	0	0	9	0
江苏海事职业技术学院	18	20	9	20	0	8	12	0	0	1	19	0	0	2	0
无锡科技职业学院	19	11	5	11	0	1	4	6	0	0	11	0	0	3	0
江苏医药职业学院	20	9	3	9	0	2	4	2	1	4	5	0	0	5	0

续表

高校名称		总计		按职称划分						按最后学历划分			按最后学位划分		其他人员
			女性	小计	教授	副教授	讲师	助教	初级	研究生	本科生	其他	博士	硕士	
	编号	L01	L02	L03	L04	L05	L06	L07	L08	L09	L10	L11	L12	L13	L14
南通科技职业学院	21	8	2	8	0	2	4	1	1	2	6	0	0	2	0
苏州经贸职业技术学院	22	12	5	12	0	4	7	1	0	5	7	0	0	4	0
苏州工业职业技术学院	23	18	5	18	1	4	9	4	0	1	17	0	0	7	0
苏州卫生职业技术学院	24	14	7	14	0	6	8	0	0	3	11	0	0	5	0
无锡商业职业技术学院	25	14	3	14	0	6	7	1	0	2	12	0	0	5	0
南通航运职业技术学院	26	13	2	13	1	2	10	0	0	6	7	0	0	8	0
南京交通职业技术学院	27	18	5	18	0	8	7	3	0	2	16	0	0	7	0
淮安信息职业技术学院	28	13	4	13	0	3	7	3	0	2	11	0	0	3	0
江苏农牧科技职业学院	29	3	2	3	0	2	1	0	0	0	3	0	0	0	0
常州纺织服装职业技术学院	30	12	3	12	0	4	8	0	0	1	11	0	0	3	0
苏州农业职业技术学院	31	9	6	9	0	5	3	1	0	0	9	0	0	5	0
南京科技职业学院	32	15	5	15	0	5	10	0	0	4	11	0	0	6	0
常州轻工职业技术学院	33	14	4	14	0	4	9	1	0	0	14	0	0	2	0
常州工程职业技术学院	34	12	3	12	0	3	7	2	0	2	10	0	0	2	0
江苏农林职业技术学院	35	5	1	5	0	0	2	3	0	1	4	0	0	2	0
江苏食品药品职业技术学院	36	12	3	12	0	4	8	0	0	1	11	0	0	2	0
南京铁道职业技术学院	37	11	7	11	1	1	8	1	0	8	3	0	0	8	0
徐州工业职业技术学院	38	15	6	15	2	7	6	0	0	2	13	0	0	8	0
江苏信息职业技术学院	39	11	2	11	0	4	7	0	0	0	11	0	0	2	0
南京信息职业技术学院	40	18	7	18	1	7	7	3	0	6	12	0	0	11	0
常州机电职业技术学院	41	6	2	6	0	1	5	0	0	5	1	0	0	4	0

续表

江阴职业技术学院	42	24	7	24	1	15	7	1	0	0	24	0	0	9	0
无锡城市职业技术学院	43	11	4	11	0	5	6	0	0	4	7	0	0	5	0
无锡工艺职业技术学院	44	12	3	12	0	3	4	5	0	6	6	0	0	8	0
苏州健雄职业技术学院	45	9	4	9	0	5	3	1	0	1	8	0	0	1	0
盐城工业职业技术学院	46	11	3	11	1	6	1	3	0	3	8	0	0	3	0
江苏财经职业技术学院	47	19	5	19	2	6	9	2	0	3	16	0	0	8	0
扬州工业职业技术学院	48	18	3	18	0	7	8	3	0	6	12	0	0	6	0
江苏城市职业学院	49	9	4	9	0	6	1	2	0	3	6	0	0	7	0
南京城市职业学院	50	8	4	8	0	1	3	0	4	7	1	0	0	7	0
南京机电职业技术学院	51	14	6	14	0	1	8	4	1	1	13	0	0	4	0
南京旅游职业学院	52	13	5	13	0	2	6	5	0	5	8	0	0	6	0
江苏卫生健康职业学院	53	7	2	7	0	3	3	1	0	3	4	0	0	4	0
苏州信息职业技术学院	54	8	3	8	0	3	4	0	1	1	7	0	0	1	0
苏州工业园区服务外包职业学院	55	10	3	10	0	1	8	1	0	10	0	0	0	10	0
徐州幼儿师范高等专科学校	56	9	1	9	0	4	4	1	0	1	8	0	0	2	0
徐州生物工程职业技术学院	57	10	3	10	0	2	5	2	1	0	10	0	0	2	0
江苏商贸职业学院	58	16	10	16	0	5	7	4	0	3	13	0	0	6	0
南通师范高等专科学校	59	28	12	28	3	14	11	0	0	5	23	0	0	8	0
江苏护理职业学院	60	13	5	13	0	2	3	8	0	7	6	0	0	7	0
江苏财会职业学院	61	16	5	16	0	4	8	4	0	0	16	0	0	4	0
江苏城乡建设职业学院	62	19	5	19	0	7	6	4	2	8	11	0	0	9	0
江苏航空职业技术学院	63	7	0	7	0	0	3	0	4	2	4	1	0	2	0
江苏安全技术职业学院	64	10	2	10	0	2	3	0	5	4	6	0	0	4	0
江苏旅游职业学院	65	2	2	2	0	1	1	0	0	1	1	0	0	1	0

4. 民办及中外合作办学高等学校人文、社会科学活动人员情况表

		总计		按职称划分						按最后学历划分			按最后学位划分		其他人员
			女性	小计	教授	副教授	讲师	助教	初级	研究生	本科生	其他	博士	硕士	
	编号	L01	L02	L03	L04	L05	L06	L07	L08	L09	L10	L11	L12	L13	L14
合　计	/	6 088	4 144	6 088	129	950	3 215	1 318	476	3 910	2 156	22	317	4 223	0
管理学	1	1 204	772	1 204	29	217	538	295	125	775	418	11	71	811	0
马克思主义	2	255	169	255	2	53	136	54	10	184	71	0	9	199	0
哲学	3	85	59	85	4	11	34	34	2	81	4	0	11	67	0
逻辑学	4	4	1	4	1	1	2	0	0	4	0	0	0	4	0
宗教学	5	0	0	0	0	0	0	0	0	0	0	0	0	0	0
语言学	6	1 011	857	1 011	10	146	647	113	95	625	385	1	38	707	0
中国文学	7	156	110	156	6	33	81	30	6	119	37	0	19	110	0
外国文学	8	160	125	160	1	15	119	19	6	116	44	0	8	118	0
艺术学	9	1 009	634	1 009	11	132	534	273	59	594	409	6	8	735	0
历史学	10	35	16	35	1	4	18	10	2	28	7	0	8	22	0
考古学	11	3	1	3	2	0	0	1	0	3	0	0	2	1	0
经济学	12	730	548	730	31	115	337	202	45	561	167	2	83	513	0
政治学	13	27	14	27	2	3	17	5	0	21	6	0	4	18	0
法学	14	121	81	121	1	30	59	25	6	74	47	0	7	88	0
社会学	15	59	37	59	4	8	30	8	9	46	13	0	15	32	0
民族学与文化学	16	5	2	5	0	1	2	1	1	4	1	0	0	4	0
新闻学与传播学	17	162	113	162	5	28	91	31	7	110	52	0	16	109	0
图书馆、情报与文献学	18	152	106	152	4	12	80	22	34	36	114	2	4	39	0
教育学	19	493	328	493	12	60	267	111	43	323	170	0	9	369	0
统计学	20	20	12	20	1	2	7	4	6	15	5	0	0	15	0
心理学	21	64	50	64	1	6	37	15	5	46	18	0	3	46	0
体育科学	22	333	109	333	1	73	179	65	15	145	188	0	2	216	0

4.1 管理学人文、社会科学活动人员情况表

高校名称		总计		按职称划分						按最后学历划分			按最后学位划分		其他人员
			女性	小计	教授	副教授	讲师	助教	初级	研究生	本科生	其他	博士	硕士	
	编号	L01	L02	L03	L04	L05	L06	L07	L08	L09	L10	L11	L12	L13	L14
合　计	/	1 204	772	1 204	29	217	538	295	125	775	418	11	71	811	0
明达职业技术学院	1	2	1	2	0	0	2	0	0	0	2	0	0	0	0
三江学院	2	56	41	56	5	24	24	3	0	39	17	0	6	43	0
九州职业技术学院	3	26	17	26	1	2	15	7	1	14	12	0	0	15	0
南通理工学院	4	49	25	49	3	8	21	17	0	29	20	0	2	38	0
硅湖职业技术学院	5	48	29	48	4	15	11	17	1	30	18	0	4	31	0
应天职业技术学院	6	6	5	6	0	1	4	1	0	4	2	0	0	5	0
苏州托普信息职业技术学院	7	35	25	35	0	1	18	14	2	11	24	0	0	11	0
东南大学成贤学院	8	2	1	2	1	1	0	0	0	2	0	0	1	1	0
苏州工业园区职业技术学院	9	33	22	33	1	10	11	7	4	15	18	0	0	22	0
太湖创意职业技术学院	10	4	0	4	1	1	1	1	0	1	2	1	0	1	0
炎黄职业技术学院	11	7	4	7	0	0	6	0	1	1	6	0	0	2	0
正德职业技术学院	12	20	12	20	0	2	15	3	0	10	10	0	0	13	0
钟山职业技术学院	13	7	4	7	0	3	4	0	0	1	6	0	0	6	0
无锡南洋职业技术学院	14	34	26	34	0	4	18	2	10	3	29	2	0	10	0
江南影视艺术职业学院	15	22	19	22	2	1	2	16	1	15	7	0	1	15	0
金肯职业技术学院	16	6	5	6	0	0	5	1	0	3	3	0	0	5	0
建东职业技术学院	17	8	4	8	0	1	7	0	0	2	6	0	0	3	0
宿迁职业技术学院	18	6	4	6	0	0	1	3	2	2	3	1	0	2	0
江海职业技术学院	19	28	20	28	0	8	18	2	0	10	18	0	0	14	0
无锡太湖学院	20	116	84	116	0	16	43	57	0	89	26	1	0	95	0
中国矿业大学徐海学院	21	14	8	14	0	2	9	1	2	13	1	0	2	11	0
南京大学金陵学院	22	2	0	2	0	1	0	0	1	1	1	0	0	1	0
南京理工大学紫金学院	23	27	19	27	0	6	21	0	0	24	3	0	1	24	0
南京航空航天大学金城学院	24	36	26	36	0	3	20	9	4	24	12	0	1	27	0
中国传媒大学南广学院	25	17	12	17	0	10	6	1	0	15	2	0	0	16	0
金山职业技术学院	26	11	8	11	0	0	2	9	0	2	9	0	0	2	0

续表

高校名称		总计		按职称划分						按最后学历划分			按最后学位划分		其他
			女性	小计	教授	副教授	讲师	助教	初级	研究生	本科生	其他	博士	硕士	人员
	编号	L01	L02	L03	L04	L05	L06	L07	L08	L09	L10	L11	L12	L13	L14
南京理工大学泰州科技学院	27	21	11	21	0	4	14	3	0	11	10	0	0	14	0
南京师范大学泰州学院	28	5	4	5	0	3	2	0	0	5	0	0	1	4	0
南京工业大学浦江学院	29	38	20	38	3	7	12	7	9	24	10	4	7	19	0
南京师范大学中北学院	30	13	13	13	0	1	6	6	0	13	0	0	0	13	0
苏州百年职业学院	31	10	7	10	0	0	4	2	4	8	2	0	0	8	0
昆山登云科技职业学院	32	45	20	45	1	4	15	16	9	17	28	0	0	21	0
南京视觉艺术职业学院	33	2	1	2	0	1	0	1	0	1	1	0	0	1	0
南京医科大学康达学院	34	7	4	7	0	0	5	1	1	6	1	0	0	6	0
南京中医药大学翰林学院	35	26	14	26	0	1	25	0	0	16	10	0	0	16	0
南京信息工程大学滨江学院	36	14	6	14	1	2	8	0	3	10	4	0	2	8	0
苏州大学文正学院	37	53	26	53	1	7	26	19	0	33	19	1	2	37	0
苏州大学应用技术学院	38	21	15	21	0	7	10	3	1	15	6	0	1	15	0
苏州科技大学天平学院	39	17	12	17	0	0	5	9	3	14	3	0	0	14	0
江苏大学京江学院	40	7	7	7	0	0	2	5	0	7	0	0	0	7	0
扬州大学广陵学院	41	20	11	20	1	3	7	7	2	16	4	0	1	18	0
江苏师范大学科文学院	42	10	4	10	0	1	6	3	0	7	3	0	0	9	0
南京邮电大学通达学院	43	9	9	9	0	2	3	4	0	8	1	0	0	8	0
南京财经大学红山学院	44	22	19	22	0	3	2	17	0	22	0	0	0	22	0
江苏科技大学苏州理工学院	45	18	9	18	0	4	12	2	0	15	3	0	4	11	0
常州大学怀德学院	46	23	17	23	0	2	5	8	8	23	0	0	1	22	0
南通大学杏林学院	47	34	20	34	0	6	25	0	3	24	10	0	0	27	0
南京审计大学金审学院	48	15	12	15	0	9	3	3	0	11	4	0	0	12	0
宿迁学院	49	32	16	32	0	10	22	0	0	28	4	0	0	31	0
苏州高博软件技术职业学院	50	24	16	24	0	5	17	1	1	9	15	0	0	13	0
宿迁泽达职业技术学院	51	0	0	0	0	0	0	0	0	0	0	0	0	0	0
西交利物浦大学	52	96	58	96	4	15	18	7	52	72	23	1	34	42	0
昆山杜克大学	53	0	0	0	0	0	0	0	0	0	0	0	0	0	0

4.2 马克思主义人文、社会科学活动人员情况表

高校名称		总计		按职称划分						按最后学历划分			按最后学位划分		其他人员
			女性	小计	教授	副教授	讲师	助教	初级	研究生	本科生	其他	博士	硕士	
	编号	L01	L02	L03	L04	L05	L06	L07	L08	L09	L10	L11	L12	L13	L14
合　计	/	255	169	255	2	53	136	54	10	184	71	0	9	199	0
明达职业技术学院	1	1	0	1	0	1	0	0	0	0	1	0	0	1	0
三江学院	2	38	26	38	0	6	27	5	0	19	19	0	1	26	0
九州职业技术学院	3	2	2	2	0	1	1	0	0	1	1	0	0	1	0
南通理工学院	4	4	2	4	0	3	1	0	0	4	0	0	0	4	0
硅湖职业技术学院	5	8	6	8	0	2	2	3	1	4	4	0	1	4	0
应天职业技术学院	6	1	1	1	0	0	1	0	0	0	1	0	0	1	0
苏州托普信息职业技术学院	7	2	1	2	0	1	0	1	0	0	2	0	0	0	0
东南大学成贤学院	8	6	5	6	0	0	3	0	3	2	4	0	0	2	0
苏州工业园区职业技术学院	9	1	0	1	0	0	1	0	0	0	1	0	0	0	0
太湖创意职业技术学院	10	2	0	2	0	0	0	0	2	1	1	0	0	1	0
炎黄职业技术学院	11	1	1	1	0	0	1	0	0	0	1	0	0	1	0
正德职业技术学院	12	4	1	4	0	1	2	1	0	1	3	0	0	3	0
钟山职业技术学院	13	5	4	5	0	4	1	0	0	3	2	0	1	4	0
无锡南洋职业技术学院	14	3	2	3	0	0	1	0	2	0	3	0	0	0	0
江南影视艺术职业学院	15	8	8	8	0	0	1	7	0	7	1	0	0	7	0
金肯职业技术学院	16	7	6	7	0	0	6	1	0	4	3	0	0	6	0
建东职业技术学院	17	3	3	3	0	3	0	0	0	1	2	0	0	2	0
宿迁职业技术学院	18	2	2	2	0	0	0	2	0	2	0	0	0	2	0
江海职业技术学院	19	7	6	7	0	2	4	1	0	5	2	0	0	5	0
无锡太湖学院	20	11	11	11	0	3	4	4	0	11	0	0	0	11	0
中国矿业大学徐海学院	21	3	1	3	0	1	2	0	0	2	1	0	0	3	0
南京大学金陵学院	22	7	1	7	0	1	5	0	1	7	0	0	0	7	0
南京理工大学紫金学院	23	3	2	3	0	0	3	0	0	2	1	0	0	2	0
南京航空航天大学金城学院	24	7	6	7	0	1	4	2	0	7	0	0	0	7	0
中国传媒大学南广学院	25	5	3	5	0	2	3	0	0	5	0	0	0	5	0
金山职业技术学院	26	2	1	2	1	0	0	1	0	1	1	0	0	1	0

续表

高校名称		总计		按职称划分						按最后学历划分			按最后学位划分		其他人员
			女性	小计	教授	副教授	讲师	助教	初级	研究生	本科生	其他	博士	硕士	
	编号	L01	L02	L03	L04	L05	L06	L07	L08	L09	L10	L11	L12	L13	L14
南京理工大学泰州科技学院	27	6	5	6	0	0	6	0	0	3	3	0	0	4	0
南京师范大学泰州学院	28	5	3	5	0	3	2	0	0	5	0	0	0	5	0
南京工业大学浦江学院	29	1	1	1	0	0	0	1	0	1	0	0	0	1	0
南京师范大学中北学院	30	2	1	2	0	0	2	0	0	2	0	0	0	2	0
苏州百年职业学院	31	2	1	2	0	0	2	0	0	2	0	0	0	2	0
昆山登云科技职业学院	32	3	3	3	0	0	1	2	0	2	1	0	0	2	0
南京视觉艺术职业学院	33	3	1	3	0	0	1	2	0	2	1	0	0	2	0
南京医科大学康达学院	34	4	3	4	0	1	2	1	0	4	0	0	0	4	0
南京中医药大学翰林学院	35	2	0	2	0	1	1	0	0	2	0	0	1	1	0
南京信息工程大学滨江学院	36	1	1	1	0	1	0	0	0	1	0	0	1	0	0
苏州大学文正学院	37	18	7	18	1	4	4	9	0	13	5	0	2	11	0
苏州大学应用技术学院	38	1	1	1	0	0	1	0	0	0	1	0	0	1	0
苏州科技大学天平学院	39	1	1	1	0	0	1	0	0	1	0	0	0	1	0
江苏大学京江学院	40	0	0	0	0	0	0	0	0	0	0	0	0	0	0
扬州大学广陵学院	41	9	5	9	0	0	6	2	1	8	1	0	0	8	0
江苏师范大学科文学院	42	2	1	2	0	1	1	0	0	1	1	0	0	1	0
南京邮电大学通达学院	43	4	1	4	0	2	2	0	0	3	1	0	0	4	0
南京财经大学红山学院	44	19	14	19	0	0	13	6	0	18	1	0	0	18	0
江苏科技大学苏州理工学院	45	1	1	1	0	0	1	0	0	1	0	0	1	0	0
常州大学怀德学院	46	3	0	3	0	1	2	0	0	3	0	0	0	3	0
南通大学杏林学院	47	8	8	8	0	0	7	1	0	8	0	0	0	7	0
南京审计大学金审学院	48	2	2	2	0	1	0	1	0	2	0	0	0	2	0
宿迁学院	49	11	7	11	0	4	7	0	0	9	2	0	0	11	0
苏州高博软件技术职业学院	50	2	0	2	0	2	0	0	0	2	0	0	0	2	0
宿迁泽达职业技术学院	51	0	0	0	0	0	0	0	0	0	0	0	0	0	0
西交利物浦大学	52	2	1	2	0	0	1	1	0	2	0	0	1	1	0
昆山杜克大学	53	0	0	0	0	0	0	0	0	0	0	0	0	0	0

4.3 哲学人文、社会科学活动人员情况表

高校名称		总计		按职称划分						按最后学历划分			按最后学位划分		其他
			女性	小计	教授	副教授	讲师	助教	初级	研究生	本科生	其他	博士	硕士	人员
	编号	L01	L02	L03	L04	L05	L06	L07	L08	L09	L10	L11	L12	L13	L14
合　计	/	85	59	85	4	11	34	34	2	81	4	0	11	67	0
明达职业技术学院	1	0	0	0	0	0	0	0	0	0	0	0	0	0	0
三江学院	2	8	6	8	0	0	2	6	0	7	1	0	0	7	0
九州职业技术学院	3	1	1	1	0	0	0	1	0	1	0	0	0	1	0
南通理工学院	4	0	0	0	0	0	0	0	0	0	0	0	0	0	0
硅湖职业技术学院	5	0	0	0	0	0	0	0	0	0	0	0	0	0	0
应天职业技术学院	6	0	0	0	0	0	0	0	0	0	0	0	0	0	0
苏州托普信息职业技术学院	7	1	1	1	0	0	1	0	0	1	0	0	0	1	0
东南大学成贤学院	8	0	0	0	0	0	0	0	0	0	0	0	0	0	0
苏州工业园区职业技术学院	9	0	0	0	0	0	0	0	0	0	0	0	0	0	0
太湖创意职业技术学院	10	0	0	0	0	0	0	0	0	0	0	0	0	0	0
炎黄职业技术学院	11	0	0	0	0	0	0	0	0	0	0	0	0	0	0
正德职业技术学院	12	1	1	1	0	0	0	1	0	1	0	0	0	1	0
钟山职业技术学院	13	0	0	0	0	0	0	0	0	0	0	0	0	0	0
无锡南洋职业技术学院	14	0	0	0	0	0	0	0	0	0	0	0	0	0	0
江南影视艺术职业学院	15	5	2	5	0	0	2	3	0	5	0	0	0	5	0
金肯职业技术学院	16	0	0	0	0	0	0	0	0	0	0	0	0	0	0
建东职业技术学院	17	0	0	0	0	0	0	0	0	0	0	0	0	0	0
宿迁职业技术学院	18	3	2	3	0	0	1	2	0	3	0	0	1	2	0
江海职业技术学院	19	0	0	0	0	0	0	0	0	0	0	0	0	0	0
无锡太湖学院	20	3	2	3	0	1	1	1	0	3	0	0	1	2	0
中国矿业大学徐海学院	21	0	0	0	0	0	0	0	0	0	0	0	0	0	0
南京大学金陵学院	22	1	0	1	0	0	0	1	0	1	0	0	0	1	0
南京理工大学紫金学院	23	0	0	0	0	0	0	0	0	0	0	0	0	0	0
南京航空航天大学金城学院	24	2	1	2	0	0	2	0	0	2	0	0	0	2	0
中国传媒大学南广学院	25	3	3	3	0	0	3	0	0	3	0	0	0	2	0
金山职业技术学院	26	0	0	0	0	0	0	0	0	0	0	0	0	0	0

续表

高校名称		总计		按职称划分						按最后学历划分			按最后学位划分		其他
			女性	小计	教授	副教授	讲师	助教	初级	研究生	本科生	其他	博士	硕士	人员
	编号	L01	L02	L03	L04	L05	L06	L07	L08	L09	L10	L11	L12	L13	L14
南京理工大学泰州科技学院	27	4	3	4	0	0	2	2	0	4	0	0	0	4	0
南京师范大学泰州学院	28	4	2	4	0	1	3	0	0	4	0	0	1	3	0
南京工业大学浦江学院	29	3	2	3	0	1	1	1	0	3	0	0	1	1	0
南京师范大学中北学院	30	2	1	2	0	1	1	0	0	2	0	0	0	2	0
苏州百年职业学院	31	0	0	0	0	0	0	0	0	0	0	0	0	0	0
昆山登云科技职业学院	32	3	3	3	0	1	1	1	0	3	0	0	0	3	0
南京视觉艺术职业学院	33	1	1	1	0	0	1	0	0	0	1	0	0	0	0
南京医科大学康达学院	34	0	0	0	0	0	0	0	0	0	0	0	0	0	0
南京中医药大学翰林学院	35	0	0	0	0	0	0	0	0	0	0	0	0	0	0
南京信息工程大学滨江学院	36	0	0	0	0	0	0	0	0	0	0	0	0	0	0
苏州大学文正学院	37	0	0	0	0	0	0	0	0	0	0	0	0	0	0
苏州大学应用技术学院	38	0	0	0	0	0	0	0	0	0	0	0	0	0	0
苏州科技大学天平学院	39	0	0	0	0	0	0	0	0	0	0	0	0	0	0
江苏大学京江学院	40	1	1	1	0	0	1	0	0	1	0	0	0	1	0
扬州大学广陵学院	41	3	2	3	1	0	2	0	0	2	1	0	0	1	0
江苏师范大学科文学院	42	1	0	1	0	0	1	0	0	0	1	0	0	0	0
南京邮电大学通达学院	43	0	0	0	0	0	0	0	0	0	0	0	0	0	0
南京财经大学红山学院	44	16	14	16	0	0	2	14	0	16	0	0	0	16	0
江苏科技大学苏州理工学院	45	3	1	3	0	1	2	0	0	3	0	0	0	3	0
常州大学怀德学院	46	4	3	4	2	0	1	0	1	4	0	0	2	2	0
南通大学杏林学院	47	2	1	2	0	0	2	0	0	2	0	0	0	2	0
南京审计大学金审学院	48	1	1	1	0	0	0	1	0	1	0	0	0	1	0
宿迁学院	49	4	3	4	1	3	0	0	0	4	0	0	1	3	0
苏州高博软件技术职业学院	50	0	0	0	0	0	0	0	0	0	0	0	0	0	0
宿迁泽达职业技术学院	51	0	0	0	0	0	0	0	0	0	0	0	0	0	0
西交利物浦大学	52	2	1	2	0	1	0	0	1	2	0	0	1	1	0
昆山杜克大学	53	3	1	3	0	1	2	0	0	3	0	0	3	0	0

4.4 逻辑学人文、社会科学活动人员情况表

高校名称		总计		按职称划分						按最后学历划分			按最后学位划分		其他
			女性	小计	教授	副教授	讲师	助教	初级	研究生	本科生	其他	博士	硕士	人员
	编号	L01	L02	L03	L04	L05	L06	L07	L08	L09	L10	L11	L12	L13	L14
合 计	/	4	1	4	1	1	2	0	0	4	0	0	0	4	0
明达职业技术学院	1	0	0	0	0	0	0	0	0	0	0	0	0	0	0
三江学院	2	0	0	0	0	0	0	0	0	0	0	0	0	0	0
九州职业技术学院	3	0	0	0	0	0	0	0	0	0	0	0	0	0	0
南通理工学院	4	0	0	0	0	0	0	0	0	0	0	0	0	0	0
硅湖职业技术学院	5	1	0	1	1	0	0	0	0	1	0	0	0	1	0
应天职业技术学院	6	0	0	0	0	0	0	0	0	0	0	0	0	0	0
苏州托普信息职业技术学院	7	0	0	0	0	0	0	0	0	0	0	0	0	0	0
东南大学成贤学院	8	0	0	0	0	0	0	0	0	0	0	0	0	0	0
苏州工业园区职业技术学院	9	0	0	0	0	0	0	0	0	0	0	0	0	0	0
太湖创意职业技术学院	10	0	0	0	0	0	0	0	0	0	0	0	0	0	0
炎黄职业技术学院	11	0	0	0	0	0	0	0	0	0	0	0	0	0	0
正德职业技术学院	12	0	0	0	0	0	0	0	0	0	0	0	0	0	0
钟山职业技术学院	13	0	0	0	0	0	0	0	0	0	0	0	0	0	0
无锡南洋职业技术学院	14	0	0	0	0	0	0	0	0	0	0	0	0	0	0
江南影视艺术职业学院	15	1	0	1	0	1	0	0	0	1	0	0	0	1	0
金肯职业技术学院	16	0	0	0	0	0	0	0	0	0	0	0	0	0	0
建东职业技术学院	17	0	0	0	0	0	0	0	0	0	0	0	0	0	0
宿迁职业技术学院	18	0	0	0	0	0	0	0	0	0	0	0	0	0	0
江海职业技术学院	19	0	0	0	0	0	0	0	0	0	0	0	0	0	0
无锡太湖学院	20	0	0	0	0	0	0	0	0	0	0	0	0	0	0
中国矿业大学徐海学院	21	0	0	0	0	0	0	0	0	0	0	0	0	0	0
南京大学金陵学院	22	0	0	0	0	0	0	0	0	0	0	0	0	0	0
南京理工大学紫金学院	23	0	0	0	0	0	0	0	0	0	0	0	0	0	0
南京航空航天大学金城学院	24	1	0	1	0	0	1	0	0	1	0	0	0	1	0
中国传媒大学南广学院	25	0	0	0	0	0	0	0	0	0	0	0	0	0	0
金山职业技术学院	26	0	0	0	0	0	0	0	0	0	0	0	0	0	0

续表

高校名称		总计		按职称划分						按最后学历划分			按最后学位划分		其他人员
			女性	小计	教授	副教授	讲师	助教	初级	研究生	本科生	其他	博士	硕士	
	编号	L01	L02	L03	L04	L05	L06	L07	L08	L09	L10	L11	L12	L13	L14
南京理工大学泰州科技学院	27	0	0	0	0	0	0	0	0	0	0	0	0	0	0
南京师范大学泰州学院	28	0	0	0	0	0	0	0	0	0	0	0	0	0	0
南京工业大学浦江学院	29	0	0	0	0	0	0	0	0	0	0	0	0	0	0
南京师范大学中北学院	30	0	0	0	0	0	0	0	0	0	0	0	0	0	0
苏州百年职业学院	31	0	0	0	0	0	0	0	0	0	0	0	0	0	0
昆山登云科技职业学院	32	0	0	0	0	0	0	0	0	0	0	0	0	0	0
南京视觉艺术职业学院	33	0	0	0	0	0	0	0	0	0	0	0	0	0	0
南京医科大学康达学院	34	0	0	0	0	0	0	0	0	0	0	0	0	0	0
南京中医药大学翰林学院	35	0	0	0	0	0	0	0	0	0	0	0	0	0	0
南京信息工程大学滨江学院	36	0	0	0	0	0	0	0	0	0	0	0	0	0	0
苏州大学文正学院	37	0	0	0	0	0	0	0	0	0	0	0	0	0	0
苏州大学应用技术学院	38	0	0	0	0	0	0	0	0	0	0	0	0	0	0
苏州科技大学天平学院	39	0	0	0	0	0	0	0	0	0	0	0	0	0	0
江苏大学京江学院	40	0	0	0	0	0	0	0	0	0	0	0	0	0	0
扬州大学广陵学院	41	0	0	0	0	0	0	0	0	0	0	0	0	0	0
江苏师范大学科文学院	42	0	0	0	0	0	0	0	0	0	0	0	0	0	0
南京邮电大学通达学院	43	0	0	0	0	0	0	0	0	0	0	0	0	0	0
南京财经大学红山学院	44	1	1	1	0	0	1	0	0	1	0	0	0	1	0
江苏科技大学苏州理工学院	45	0	0	0	0	0	0	0	0	0	0	0	0	0	0
常州大学怀德学院	46	0	0	0	0	0	0	0	0	0	0	0	0	0	0
南通大学杏林学院	47	0	0	0	0	0	0	0	0	0	0	0	0	0	0
南京审计大学金审学院	48	0	0	0	0	0	0	0	0	0	0	0	0	0	0
宿迁学院	49	0	0	0	0	0	0	0	0	0	0	0	0	0	0
苏州高博软件技术职业学院	50	0	0	0	0	0	0	0	0	0	0	0	0	0	0
宿迁泽达职业技术学院	51	0	0	0	0	0	0	0	0	0	0	0	0	0	0
西交利物浦大学	52	0	0	0	0	0	0	0	0	0	0	0	0	0	0
昆山杜克大学	53	0	0	0	0	0	0	0	0	0	0	0	0	0	0

4.5 语言学人文、社会科学活动人员情况表

高校名称		总计		按职称划分						按最后学历划分			按最后学位划分		其他人员
			女性	小计	教授	副教授	讲师	助教	初级	研究生	本科生	其他	博士	硕士	
	编号	L01	L02	L03	L04	L05	L06	L07	L08	L09	L10	L11	L12	L13	L14
合　计	/	1 011	857	1 011	10	146	647	113	95	625	385	1	38	707	0
明达职业技术学院	1	0	0	0	0	0	0	0	0	0	0	0	0	0	0
三江学院	2	60	53	60	0	11	49	0	0	43	17	0	4	48	0
九州职业技术学院	3	6	5	6	0	3	3	0	0	1	5	0	0	4	0
南通理工学院	4	27	24	27	1	4	14	8	0	12	15	0	0	13	0
硅湖职业技术学院	5	14	13	14	0	2	8	4	0	5	9	0	0	6	0
应天职业技术学院	6	3	3	3	0	0	3	0	0	1	2	0	0	1	0
苏州托普信息职业技术学院	7	16	13	16	0	2	8	6	0	7	9	0	0	7	0
东南大学成贤学院	8	18	15	18	1	1	16	0	0	11	7	0	0	14	0
苏州工业园区职业技术学院	9	24	21	24	0	5	11	4	4	10	14	0	0	13	0
太湖创意职业技术学院	10	6	6	6	0	0	3	0	3	2	4	0	0	2	0
炎黄职业技术学院	11	16	12	16	0	2	9	3	2	2	14	0	0	3	0
正德职业技术学院	12	11	9	11	0	3	7	1	0	2	9	0	0	6	0
钟山职业技术学院	13	6	3	6	0	4	2	0	0	0	6	0	0	6	0
无锡南洋职业技术学院	14	16	14	16	0	0	13	1	2	0	15	1	0	4	0
江南影视艺术职业学院	15	21	19	21	0	0	8	12	1	4	17	0	0	4	0
金肯职业技术学院	16	3	3	3	0	1	2	0	0	2	1	0	0	2	0
建东职业技术学院	17	11	8	11	0	4	4	3	0	2	9	0	0	3	0
宿迁职业技术学院	18	5	5	5	0	0	0	5	0	4	1	0	0	4	0
江海职业技术学院	19	28	20	28	0	7	21	0	0	5	23	0	0	9	0
无锡太湖学院	20	68	59	68	0	11	41	16	0	47	21	0	1	50	0
中国矿业大学徐海学院	21	28	22	28	0	2	24	1	1	24	4	0	0	26	0
南京大学金陵学院	22	5	4	5	0	1	4	0	0	5	0	0	1	4	0
南京理工大学紫金学院	23	22	22	22	0	3	19	0	0	20	2	0	0	21	0
南京航空航天大学金城学院	24	44	41	44	0	0	43	1	0	39	5	0	0	44	0
中国传媒大学南广学院	25	45	44	45	2	12	27	4	0	41	4	0	2	37	0
金山职业技术学院	26	5	5	5	0	0	3	2	0	1	4	0	0	1	0

续表

高校名称		总计		按职称划分						按最后学历划分			按最后学位划分		其他人员
			女性	小计	教授	副教授	讲师	助教	初级	研究生	本科生	其他	博士	硕士	
	编号	L01	L02	L03	L04	L05	L06	L07	L08	L09	L10	L11	L12	L13	L14
南京理工大学泰州科技学院	27	20	17	20	0	2	16	2	0	14	6	0	0	17	0
南京师范大学泰州学院	28	44	38	44	0	4	39	1	0	23	21	0	0	39	0
南京工业大学浦江学院	29	23	19	23	0	3	6	5	9	18	5	0	0	19	0
南京师范大学中北学院	30	13	10	13	0	0	13	0	0	12	1	0	0	12	0
苏州百年职业学院	31	11	10	11	0	0	6	2	3	8	3	0	0	8	0
昆山登云科技职业学院	32	13	9	13	0	1	10	2	0	1	12	0	0	1	0
南京视觉艺术职业学院	33	4	2	4	0	1	2	1	0	3	1	0	0	3	0
南京医科大学康达学院	34	16	13	16	0	1	14	0	1	15	1	0	0	15	0
南京中医药大学翰林学院	35	8	7	8	0	0	8	0	0	6	2	0	1	5	0
南京信息工程大学滨江学院	36	9	6	9	0	1	6	1	1	7	2	0	2	6	0
苏州大学文正学院	37	23	13	23	0	3	11	9	0	20	3	0	3	17	0
苏州大学应用技术学院	38	7	7	7	0	0	5	2	0	7	0	0	1	6	0
苏州科技大学天平学院	39	28	25	28	0	0	26	2	0	25	3	0	0	25	0
江苏大学京江学院	40	11	11	11	0	0	8	3	0	11	0	0	0	11	0
扬州大学广陵学院	41	16	12	16	0	2	7	5	2	16	0	0	2	14	0
江苏师范大学科文学院	42	5	5	5	0	1	2	2	0	5	0	0	0	5	0
南京邮电大学通达学院	43	12	11	12	0	3	8	1	0	11	1	0	0	11	0
南京财经大学红山学院	44	5	5	5	0	0	4	1	0	5	0	0	0	5	0
江苏科技大学苏州理工学院	45	7	5	7	0	2	5	0	0	4	3	0	0	4	0
常州大学怀德学院	46	24	19	24	1	5	13	2	3	12	12	0	2	19	0
南通大学杏林学院	47	15	15	15	0	0	13	0	2	13	2	0	0	13	0
南京审计大学金审学院	48	11	10	11	0	5	6	0	0	4	7	0	0	9	0
宿迁学院	49	67	55	67	2	24	41	0	0	21	46	0	0	57	0
苏州高博软件技术职业学院	50	23	18	23	0	4	16	1	2	16	7	0	0	15	0
宿迁泽达职业技术学院	51	0	0	0	0	0	0	0	0	0	0	0	0	0	0
西交利物浦大学	52	72	61	72	1	4	10	0	57	42	30	0	15	27	0
昆山杜克大学	53	16	11	16	2	2	10	0	2	16	0	0	4	12	0

4.6 中国文学人文、社会科学活动人员情况表

高校名称	编号	总计		按职称划分						按最后学历划分			按最后学位划分		其他
			女性	小计	教授	副教授	讲师	助教	初级	研究生	本科生	其他	博士	硕士	人员
	编号	L01	L02	L03	L04	L05	L06	L07	L08	L09	L10	L11	L12	L13	L14
合　计	/	156	110	156	6	33	81	30	6	119	37	0	19	110	0
明达职业技术学院	1	0	0	0	0	0	0	0	0	0	0	0	0	0	0
三江学院	2	10	4	10	1	3	5	1	0	9	1	0	2	7	0
九州职业技术学院	3	3	1	3	0	1	2	0	0	0	3	0	0	1	0
南通理工学院	4	1	0	1	0	0	1	0	0	1	0	0	1	0	0
硅湖职业技术学院	5	3	2	3	1	2	0	0	0	1	2	0	0	1	0
应天职业技术学院	6	1	1	1	0	0	0	1	0	0	1	0	0	0	0
苏州托普信息职业技术学院	7	0	0	0	0	0	0	0	0	0	0	0	0	0	0
东南大学成贤学院	8	1	0	1	0	1	0	0	0	0	1	0	0	1	0
苏州工业园区职业技术学院	9	1	0	1	0	1	0	0	0	0	1	0	0	1	0
太湖创意职业技术学院	10	0	0	0	0	0	0	0	0	0	0	0	0	0	0
炎黄职业技术学院	11	3	2	3	0	1	1	0	1	1	2	0	0	3	0
正德职业技术学院	12	2	2	2	0	0	0	2	0	1	1	0	0	1	0
钟山职业技术学院	13	0	0	0	0	0	0	0	0	0	0	0	0	0	0
无锡南洋职业技术学院	14	0	0	0	0	0	0	0	0	0	0	0	0	0	0
江南影视艺术职业学院	15	22	20	22	0	2	4	15	1	14	8	0	1	13	0
金肯职业技术学院	16	0	0	0	0	0	0	0	0	0	0	0	0	0	0
建东职业技术学院	17	0	0	0	0	0	0	0	0	0	0	0	0	0	0
宿迁职业技术学院	18	0	0	0	0	0	0	0	0	0	0	0	0	0	0
江海职业技术学院	19	4	4	4	0	2	2	0	0	2	2	0	0	4	0
无锡太湖学院	20	0	0	0	0	0	0	0	0	0	0	0	0	0	0
中国矿业大学徐海学院	21	4	4	4	1	0	3	0	0	4	0	0	0	4	0
南京大学金陵学院	22	6	5	6	0	0	5	0	1	4	2	0	0	4	0
南京理工大学紫金学院	23	0	0	0	0	0	0	0	0	0	0	0	0	0	0
南京航空航天大学金城学院	24	2	1	2	0	1	1	0	0	2	0	0	0	2	0
中国传媒大学南广学院	25	12	10	12	0	3	9	0	0	12	0	0	1	11	0
金山职业技术学院	26	3	2	3	0	1	2	0	0	0	3	0	0	0	0

续表

高校名称		总计		按职称划分						按最后学历划分			按最后学位划分		其他人员
			女性	小计	教授	副教授	讲师	助教	初级	研究生	本科生	其他	博士	硕士	
	编号	L01	L02	L03	L04	L05	L06	L07	L08	L09	L10	L11	L12	L13	L14
南京理工大学泰州科技学院	27	0	0	0	0	0	0	0	0	0	0	0	0	0	0
南京师范大学泰州学院	28	15	10	15	0	4	10	1	0	14	1	0	2	12	0
南京工业大学浦江学院	29	4	1	4	1	0	1	2	0	4	0	0	1	3	0
南京师范大学中北学院	30	7	6	7	0	1	6	0	0	7	0	0	0	7	0
苏州百年职业学院	31	1	0	1	0	0	1	0	0	1	0	0	0	1	0
昆山登云科技职业学院	32	2	0	2	0	0	1	0	1	0	2	0	0	0	0
南京视觉艺术职业学院	33	3	2	3	1	0	1	1	0	3	0	0	1	2	0
南京医科大学康达学院	34	0	0	0	0	0	0	0	0	0	0	0	0	0	0
南京中医药大学翰林学院	35	1	0	1	0	0	1	0	0	1	0	0	0	1	0
南京信息工程大学滨江学院	36	0	0	0	0	0	0	0	0	0	0	0	0	0	0
苏州大学文正学院	37	4	2	4	1	1	1	1	0	4	0	0	4	0	0
苏州大学应用技术学院	38	0	0	0	0	0	0	0	0	0	0	0	0	0	0
苏州科技大学天平学院	39	1	1	1	0	0	1	0	0	1	0	0	0	1	0
江苏大学京江学院	40	0	0	0	0	0	0	0	0	0	0	0	0	0	0
扬州大学广陵学院	41	5	4	5	0	0	4	1	0	5	0	0	1	4	0
江苏师范大学科文学院	42	3	2	3	0	0	3	0	0	3	0	0	0	3	0
南京邮电大学通达学院	43	1	0	1	0	0	1	0	0	0	1	0	0	0	0
南京财经大学红山学院	44	3	3	3	0	0	0	3	0	3	0	0	0	3	0
江苏科技大学苏州理工学院	45	0	0	0	0	0	0	0	0	0	0	0	0	0	0
常州大学怀德学院	46	0	0	0	0	0	0	0	0	0	0	0	0	0	0
南通大学杏林学院	47	5	4	5	0	0	5	0	0	5	0	0	0	5	0
南京审计大学金审学院	48	0	0	0	0	0	0	0	0	0	0	0	0	0	0
宿迁学院	49	14	9	14	0	8	6	0	0	9	5	0	2	9	0
苏州高博软件技术职业学院	50	0	0	0	0	0	0	0	0	0	0	0	0	0	0
宿迁泽达职业技术学院	51	0	0	0	0	0	0	0	0	0	0	0	0	0	0
西交利物浦大学	52	9	8	9	0	1	4	2	2	8	1	0	3	6	0
昆山杜克大学	53	0	0	0	0	0	0	0	0	0	0	0	0	0	0

4.7 外国文学人文、社会科学活动人员情况表

高校名称		总计		按职称划分						按最后学历划分			按最后学位划分		其他人员
			女性	小计	教授	副教授	讲师	助教	初级	研究生	本科生	其他	博士	硕士	
	编号	L01	L02	L03	L04	L05	L06	L07	L08	L09	L10	L11	L12	L13	L14
合　计	/	160	125	160	1	15	119	19	6	116	44	0	8	118	0
明达职业技术学院	1	0	0	0	0	0	0	0	0	0	0	0	0	0	0
三江学院	2	8	6	8	1	3	3	1	0	7	1	0	1	6	0
九州职业技术学院	3	0	0	0	0	0	0	0	0	0	0	0	0	0	0
南通理工学院	4	0	0	0	0	0	0	0	0	0	0	0	0	0	0
硅湖职业技术学院	5	0	0	0	0	0	0	0	0	0	0	0	0	0	0
应天职业技术学院	6	0	0	0	0	0	0	0	0	0	0	0	0	0	0
苏州托普信息职业技术学院	7	1	1	1	0	0	1	0	0	1	0	0	0	1	0
东南大学成贤学院	8	0	0	0	0	0	0	0	0	0	0	0	0	0	0
苏州工业园区职业技术学院	9	1	1	1	0	1	0	0	0	1	0	0	0	1	0
太湖创意职业技术学院	10	0	0	0	0	0	0	0	0	0	0	0	0	0	0
炎黄职业技术学院	11	1	1	1	0	0	0	0	1	0	1	0	0	0	0
正德职业技术学院	12	3	1	3	0	0	2	1	0	0	3	0	0	2	0
钟山职业技术学院	13	1	1	1	0	0	1	0	0	0	1	0	0	1	0
无锡南洋职业技术学院	14	1	1	1	0	0	1	0	0	0	1	0	0	0	0
江南影视艺术职业学院	15	3	3	3	0	0	0	3	0	2	1	0	0	2	0
金肯职业技术学院	16	0	0	0	0	0	0	0	0	0	0	0	0	0	0
建东职业技术学院	17	0	0	0	0	0	0	0	0	0	0	0	0	0	0
宿迁职业技术学院	18	4	3	4	0	0	0	4	0	2	2	0	0	2	0
江海职业技术学院	19	0	0	0	0	0	0	0	0	0	0	0	0	0	0
无锡太湖学院	20	1	1	1	0	0	0	1	0	1	0	0	0	1	0
中国矿业大学徐海学院	21	1	0	1	0	0	0	0	1	1	0	0	0	1	0
南京大学金陵学院	22	63	48	63	0	1	57	4	1	51	12	0	0	51	0
南京理工大学紫金学院	23	0	0	0	0	0	0	0	0	0	0	0	0	0	0
南京航空航天大学金城学院	24	9	9	9	0	1	7	1	0	9	0	0	0	9	0
中国传媒大学南广学院	25	4	4	4	0	0	4	0	0	4	0	0	0	3	0
金山职业技术学院	26	0	0	0	0	0	0	0	0	0	0	0	0	0	0

续表

高校名称		总计		按职称划分						按最后学历划分			按最后学位划分		其他人员
			女性	小计	教授	副教授	讲师	助教	初级	研究生	本科生	其他	博士	硕士	
	编号	L01	L02	L03	L04	L05	L06	L07	L08	L09	L10	L11	L12	L13	L14
南京理工大学泰州科技学院	27	0	0	0	0	0	0	0	0	0	0	0	0	0	0
南京师范大学泰州学院	28	1	1	1	0	0	1	0	0	0	1	0	0	1	0
南京工业大学浦江学院	29	4	4	4	0	0	1	2	1	4	0	0	0	4	0
南京师范大学中北学院	30	1	1	1	0	1	0	0	0	1	0	0	0	1	0
苏州百年职业学院	31	1	1	1	0	0	1	0	0	1	0	0	0	1	0
昆山登云科技职业学院	32	1	0	1	0	0	1	0	0	1	0	0	0	1	0
南京视觉艺术职业学院	33	3	2	3	0	0	3	0	0	3	0	0	0	2	0
南京医科大学康达学院	34	0	0	0	0	0	0	0	0	0	0	0	0	0	0
南京中医药大学翰林学院	35	0	0	0	0	0	0	0	0	0	0	0	0	0	0
南京信息工程大学滨江学院	36	1	1	1	0	0	0	0	1	1	0	0	0	1	0
苏州大学文正学院	37	3	2	3	0	1	1	1	0	3	0	0	1	2	0
苏州大学应用技术学院	38	0	0	0	0	0	0	0	0	0	0	0	0	0	0
苏州科技大学天平学院	39	3	3	3	0	0	3	0	0	3	0	0	0	3	0
江苏大学京江学院	40	1	0	1	0	0	1	0	0	1	0	0	0	1	0
扬州大学广陵学院	41	0	0	0	0	0	0	0	0	0	0	0	0	0	0
江苏师范大学科文学院	42	17	13	17	0	2	15	0	0	6	11	0	0	6	0
南京邮电大学通达学院	43	0	0	0	0	0	0	0	0	0	0	0	0	0	0
南京财经大学红山学院	44	0	0	0	0	0	0	0	0	0	0	0	0	0	0
江苏科技大学苏州理工学院	45	0	0	0	0	0	0	0	0	0	0	0	0	0	0
常州大学怀德学院	46	0	0	0	0	0	0	0	0	0	0	0	0	0	0
南通大学杏林学院	47	4	4	4	0	0	4	0	0	4	0	0	0	4	0
南京审计大学金审学院	48	4	4	4	0	3	1	0	0	1	3	0	0	3	0
宿迁学院	49	8	7	8	0	0	8	0	0	1	7	0	0	7	0
苏州高博软件技术职业学院	50	0	0	0	0	0	0	0	0	0	0	0	0	0	0
宿迁泽达职业技术学院	51	0	0	0	0	0	0	0	0	0	0	0	0	0	0
西交利物浦大学	52	7	2	7	0	2	3	1	1	7	0	0	6	1	0
昆山杜克大学	53	0	0	0	0	0	0	0	0	0	0	0	0	0	0

4.8 艺术学人文、社会科学活动人员情况表

高校名称	编号	总计		按职称划分						按最后学历划分			按最后学位划分		其他人员
			女性	小计	教授	副教授	讲师	助教	初级	研究生	本科生	其他	博士	硕士	
		L01	L02	L03	L04	L05	L06	L07	L08	L09	L10	L11	L12	L13	L14
合　计	/	1 009	634	1 009	11	132	534	273	59	594	409	6	8	735	0
明达职业技术学院	1	0	0	0	0	0	0	0	0	0	0	0	0	0	0
三江学院	2	40	23	40	2	14	21	3	0	19	21	0	0	36	0
九州职业技术学院	3	5	4	5	0	1	4	0	0	0	5	0	0	1	0
南通理工学院	4	1	1	1	0	0	1	0	0	0	1	0	0	1	0
硅湖职业技术学院	5	29	19	29	2	3	10	10	4	13	16	0	0	15	0
应天职业技术学院	6	9	6	9	0	2	7	0	0	3	6	0	0	7	0
苏州托普信息职业技术学院	7	24	11	24	0	1	11	12	0	0	24	0	0	1	0
东南大学成贤学院	8	0	0	0	0	0	0	0	0	0	0	0	0	0	0
苏州工业园区职业技术学院	9	20	14	20	1	1	13	2	3	9	10	1	0	9	0
太湖创意职业技术学院	10	6	2	6	0	2	1	3	0	3	3	0	0	3	0
炎黄职业技术学院	11	5	3	5	0	0	1	0	4	1	3	1	0	1	0
正德职业技术学院	12	21	14	21	1	1	14	5	0	7	14	0	0	14	0
钟山职业技术学院	13	9	6	9	0	6	3	0	0	4	5	0	0	9	0
无锡南洋职业技术学院	14	11	6	11	0	0	5	2	4	5	6	0	0	5	0
江南影视艺术职业学院	15	116	78	116	0	3	24	84	5	61	55	0	1	60	0
金肯职业技术学院	16	2	2	2	0	0	2	0	0	2	0	0	0	2	0
建东职业技术学院	17	8	6	8	0	0	4	4	0	0	8	0	0	0	0
宿迁职业技术学院	18	6	5	6	0	0	2	3	1	4	2	0	0	4	0
江海职业技术学院	19	16	7	16	0	4	9	3	0	7	9	0	0	10	0
无锡太湖学院	20	70	42	70	0	17	43	10	0	39	31	0	0	54	0
中国矿业大学徐海学院	21	4	2	4	0	1	1	1	1	3	1	0	0	3	0
南京大学金陵学院	22	36	25	36	1	3	29	1	2	29	7	0	2	27	0
南京理工大学紫金学院	23	1	1	1	0	0	1	0	0	0	1	0	0	0	0
南京航空航天大学金城学院	24	42	25	42	0	3	13	25	1	32	10	0	0	38	0
中国传媒大学南广学院	25	144	84	144	0	28	83	32	1	101	41	2	2	126	0
金山职业技术学院	26	1	1	1	0	0	1	0	0	0	1	0	0	0	0

续表

高校名称		总计		按职称划分						按最后学历划分			按最后学位划分		其他人员
			女性	小计	教授	副教授	讲师	助教	初级	研究生	本科生	其他	博士	硕士	
	编号	L01	L02	L03	L04	L05	L06	L07	L08	L09	L10	L11	L12	L13	L14
南京理工大学泰州科技学院	27	8	5	8	0	1	7	0	0	6	2	0	0	6	0
南京师范大学泰州学院	28	67	45	67	0	13	53	1	0	31	36	0	0	59	0
南京工业大学浦江学院	29	25	10	25	0	2	10	5	8	19	6	0	0	25	0
南京师范大学中北学院	30	22	15	22	0	2	17	3	0	21	1	0	0	19	0
苏州百年职业学院	31	3	3	3	0	0	3	0	0	3	0	0	0	3	0
昆山登云科技职业学院	32	19	15	19	0	0	9	4	6	8	11	0	0	11	0
南京视觉艺术职业学院	33	52	31	52	1	7	25	18	1	32	20	0	1	31	0
南京医科大学康达学院	34	0	0	0	0	0	0	0	0	0	0	0	0	0	0
南京中医药大学翰林学院	35	1	1	1	0	0	1	0	0	1	0	0	0	1	0
南京信息工程大学滨江学院	36	3	2	3	0	0	0	2	1	2	1	0	0	3	0
苏州大学文正学院	37	13	11	13	1	0	10	2	0	12	1	0	0	12	0
苏州大学应用技术学院	38	13	9	13	0	1	7	4	1	11	2	0	1	11	0
苏州科技大学天平学院	39	18	12	18	0	0	9	9	0	17	1	0	0	18	0
江苏大学京江学院	40	2	2	2	0	0	0	2	0	2	0	0	0	2	0
扬州大学广陵学院	41	26	16	26	0	0	11	6	9	24	2	0	0	24	0
江苏师范大学科文学院	42	4	3	4	0	0	3	1	0	2	2	0	0	3	0
南京邮电大学通达学院	43	1	1	1	0	0	0	1	0	1	0	0	0	1	0
南京财经大学红山学院	44	1	0	1	0	0	0	1	0	1	0	0	0	1	0
江苏科技大学苏州理工学院	45	0	0	0	0	0	0	0	0	0	0	0	0	0	0
常州大学怀德学院	46	15	10	15	0	0	8	3	4	15	0	0	0	15	0
南通大学杏林学院	47	7	5	7	0	1	6	0	0	6	1	0	0	6	0
南京审计大学金审学院	48	29	20	29	2	6	11	10	0	14	14	1	1	22	0
宿迁学院	49	28	15	28	0	6	21	1	0	12	16	0	0	22	0
苏州高博软件技术职业学院	50	24	14	24	0	3	20	0	1	11	13	0	0	13	0
宿迁泽达职业技术学院	51	0	0	0	0	0	0	0	0	0	0	0	0	0	0
西交利物浦大学	52	2	2	2	0	0	0	0	2	1	0	1	0	1	0
昆山杜克大学	53	0	0	0	0	0	0	0	0	0	0	0	0	0	0

4.9 历史学人文、社会科学活动人员情况表

高校名称		总计		按职称划分						按最后学历划分			按最后学位划分		其他人员
			女性	小计	教授	副教授	讲师	助教	初级	研究生	本科生	其他	博士	硕士	
	编号	L01	L02	L03	L04	L05	L06	L07	L08	L09	L10	L11	L12	L13	L14
合　计	/	35	16	35	1	4	18	10	2	28	7	0	8	22	0
明达职业技术学院	1	0	0	0	0	0	0	0	0	0	0	0	0	0	0
三江学院	2	1	0	1	0	0	1	0	0	1	0	0	0	1	0
九州职业技术学院	3	0	0	0	0	0	0	0	0	0	0	0	0	0	0
南通理工学院	4	0	0	0	0	0	0	0	0	0	0	0	0	0	0
硅湖职业技术学院	5	1	1	1	0	0	0	1	0	0	1	0	0	0	0
应天职业技术学院	6	0	0	0	0	0	0	0	0	0	0	0	0	0	0
苏州托普信息职业技术学院	7	0	0	0	0	0	0	0	0	0	0	0	0	0	0
东南大学成贤学院	8	0	0	0	0	0	0	0	0	0	0	0	0	0	0
苏州工业园区职业技术学院	9	1	0	1	1	0	0	0	0	1	0	0	0	1	0
太湖创意职业技术学院	10	0	0	0	0	0	0	0	0	0	0	0	0	0	0
炎黄职业技术学院	11	1	0	1	0	0	0	1	0	0	1	0	0	0	0
正德职业技术学院	12	0	0	0	0	0	0	0	0	0	0	0	0	0	0
钟山职业技术学院	13	0	0	0	0	0	0	0	0	0	0	0	0	0	0
无锡南洋职业技术学院	14	0	0	0	0	0	0	0	0	0	0	0	0	0	0
江南影视艺术职业学院	15	1	1	1	0	0	0	1	0	1	0	0	0	1	0
金肯职业技术学院	16	0	0	0	0	0	0	0	0	0	0	0	0	0	0
建东职业技术学院	17	0	0	0	0	0	0	0	0	0	0	0	0	0	0
宿迁职业技术学院	18	1	0	1	0	0	0	1	0	1	0	0	0	1	0
江海职业技术学院	19	0	0	0	0	0	0	0	0	0	0	0	0	0	0
无锡太湖学院	20	2	1	2	0	0	0	2	0	2	0	0	0	2	0
中国矿业大学徐海学院	21	0	0	0	0	0	0	0	0	0	0	0	0	0	0
南京大学金陵学院	22	0	0	0	0	0	0	0	0	0	0	0	0	0	0
南京理工大学紫金学院	23	0	0	0	0	0	0	0	0	0	0	0	0	0	0
南京航空航天大学金城学院	24	3	2	3	0	0	1	2	0	3	0	0	0	3	0
中国传媒大学南广学院	25	1	0	1	0	1	0	0	0	1	0	0	1	0	0
金山职业技术学院	26	0	0	0	0	0	0	0	0	0	0	0	0	0	0

续表

高校名称		总计		按职称划分						按最后学历划分			按最后学位划分		其他人员
			女性	小计	教授	副教授	讲师	助教	初级	研究生	本科生	其他	博士	硕士	
	编号	L01	L02	L03	L04	L05	L06	L07	L08	L09	L10	L11	L12	L13	L14
南京理工大学泰州科技学院	27	0	0	0	0	0	0	0	0	0	0	0	0	0	0
南京师范大学泰州学院	28	6	3	6	0	1	4	1	0	5	1	0	0	6	0
南京工业大学浦江学院	29	0	0	0	0	0	0	0	0	0	0	0	0	0	0
南京师范大学中北学院	30	0	0	0	0	0	0	0	0	0	0	0	0	0	0
苏州百年职业学院	31	0	0	0	0	0	0	0	0	0	0	0	0	0	0
昆山登云科技职业学院	32	0	0	0	0	0	0	0	0	0	0	0	0	0	0
南京视觉艺术职业学院	33	0	0	0	0	0	0	0	0	0	0	0	0	0	0
南京医科大学康达学院	34	0	0	0	0	0	0	0	0	0	0	0	0	0	0
南京中医药大学翰林学院	35	0	0	0	0	0	0	0	0	0	0	0	0	0	0
南京信息工程大学滨江学院	36	0	0	0	0	0	0	0	0	0	0	0	0	0	0
苏州大学文正学院	37	0	0	0	0	0	0	0	0	0	0	0	0	0	0
苏州大学应用技术学院	38	0	0	0	0	0	0	0	0	0	0	0	0	0	0
苏州科技大学天平学院	39	1	0	1	0	0	1	0	0	1	0	0	0	1	0
江苏大学京江学院	40	0	0	0	0	0	0	0	0	0	0	0	0	0	0
扬州大学广陵学院	41	2	0	2	0	0	1	0	1	2	0	0	0	2	0
江苏师范大学科文学院	42	2	0	2	0	1	1	0	0	0	2	0	0	0	0
南京邮电大学通达学院	43	0	0	0	0	0	0	0	0	0	0	0	0	0	0
南京财经大学红山学院	44	0	0	0	0	0	0	0	0	0	0	0	0	0	0
江苏科技大学苏州理工学院	45	2	1	2	0	1	1	0	0	2	0	0	2	0	0
常州大学怀德学院	46	0	0	0	0	0	0	0	0	0	0	0	0	0	0
南通大学杏林学院	47	0	0	0	0	0	0	0	0	0	0	0	0	0	0
南京审计大学金审学院	48	0	0	0	0	0	0	0	0	0	0	0	0	0	0
宿迁学院	49	2	0	2	0	0	2	0	0	2	0	0	0	2	0
苏州高博软件技术职业学院	50	1	1	1	0	0	1	0	0	1	0	0	0	1	0
宿迁泽达职业技术学院	51	0	0	0	0	0	0	0	0	0	0	0	0	0	0
西交利物浦大学	52	3	3	3	0	0	1	1	1	1	2	0	1	1	0
昆山杜克大学	53	4	3	4	0	0	4	0	0	4	0	0	4	0	0

4.10 考古学人文、社会科学活动人员情况表

高校名称		总计		按职称划分						按最后学历划分			按最后学位划分		其他
			女性	小计	教授	副教授	讲师	助教	初级	研究生	本科生	其他	博士	硕士	人员
	编号	L01	L02	L03	L04	L05	L06	L07	L08	L09	L10	L11	L12	L13	L14
合　计	/	3	1	3	2	0	0	1	0	3	0	0	2	1	0
明达职业技术学院	1	0	0	0	0	0	0	0	0	0	0	0	0	0	0
三江学院	2	1	0	1	1	0	0	0	0	1	0	0	1	0	0
九州职业技术学院	3	0	0	0	0	0	0	0	0	0	0	0	0	0	0
南通理工学院	4	0	0	0	0	0	0	0	0	0	0	0	0	0	0
硅湖职业技术学院	5	0	0	0	0	0	0	0	0	0	0	0	0	0	0
应天职业技术学院	6	0	0	0	0	0	0	0	0	0	0	0	0	0	0
苏州托普信息职业技术学院	7	0	0	0	0	0	0	0	0	0	0	0	0	0	0
东南大学成贤学院	8	0	0	0	0	0	0	0	0	0	0	0	0	0	0
苏州工业园区职业技术学院	9	1	1	1	0	0	0	1	0	1	0	0	0	1	0
太湖创意职业技术学院	10	0	0	0	0	0	0	0	0	0	0	0	0	0	0
炎黄职业技术学院	11	0	0	0	0	0	0	0	0	0	0	0	0	0	0
正德职业技术学院	12	0	0	0	0	0	0	0	0	0	0	0	0	0	0
钟山职业技术学院	13	0	0	0	0	0	0	0	0	0	0	0	0	0	0
无锡南洋职业技术学院	14	0	0	0	0	0	0	0	0	0	0	0	0	0	0
江南影视艺术职业学院	15	0	0	0	0	0	0	0	0	0	0	0	0	0	0
金肯职业技术学院	16	0	0	0	0	0	0	0	0	0	0	0	0	0	0
建东职业技术学院	17	0	0	0	0	0	0	0	0	0	0	0	0	0	0
宿迁职业技术学院	18	0	0	0	0	0	0	0	0	0	0	0	0	0	0
江海职业技术学院	19	0	0	0	0	0	0	0	0	0	0	0	0	0	0
无锡太湖学院	20	0	0	0	0	0	0	0	0	0	0	0	0	0	0
中国矿业大学徐海学院	21	0	0	0	0	0	0	0	0	0	0	0	0	0	0
南京大学金陵学院	22	0	0	0	0	0	0	0	0	0	0	0	0	0	0
南京理工大学紫金学院	23	0	0	0	0	0	0	0	0	0	0	0	0	0	0
南京航空航天大学金城学院	24	0	0	0	0	0	0	0	0	0	0	0	0	0	0
中国传媒大学南广学院	25	0	0	0	0	0	0	0	0	0	0	0	0	0	0
金山职业技术学院	26	0	0	0	0	0	0	0	0	0	0	0	0	0	0

续表

高校名称		总计		按职称划分						按最后学历划分			按最后学位划分		其他人员
			女性	小计	教授	副教授	讲师	助教	初级	研究生	本科生	其他	博士	硕士	
	编号	L01	L02	L03	L04	L05	L06	L07	L08	L09	L10	L11	L12	L13	L14
南京理工大学泰州科技学院	27	0	0	0	0	0	0	0	0	0	0	0	0	0	0
南京师范大学泰州学院	28	0	0	0	0	0	0	0	0	0	0	0	0	0	0
南京工业大学浦江学院	29	0	0	0	0	0	0	0	0	0	0	0	0	0	0
南京师范大学中北学院	30	0	0	0	0	0	0	0	0	0	0	0	0	0	0
苏州百年职业学院	31	0	0	0	0	0	0	0	0	0	0	0	0	0	0
昆山登云科技职业学院	32	0	0	0	0	0	0	0	0	0	0	0	0	0	0
南京视觉艺术职业学院	33	0	0	0	0	0	0	0	0	0	0	0	0	0	0
南京医科大学康达学院	34	0	0	0	0	0	0	0	0	0	0	0	0	0	0
南京中医药大学翰林学院	35	0	0	0	0	0	0	0	0	0	0	0	0	0	0
南京信息工程大学滨江学院	36	0	0	0	0	0	0	0	0	0	0	0	0	0	0
苏州大学文正学院	37	0	0	0	0	0	0	0	0	0	0	0	0	0	0
苏州大学应用技术学院	38	0	0	0	0	0	0	0	0	0	0	0	0	0	0
苏州科技大学天平学院	39	0	0	0	0	0	0	0	0	0	0	0	0	0	0
江苏大学京江学院	40	0	0	0	0	0	0	0	0	0	0	0	0	0	0
扬州大学广陵学院	41	0	0	0	0	0	0	0	0	0	0	0	0	0	0
江苏师范大学科文学院	42	0	0	0	0	0	0	0	0	0	0	0	0	0	0
南京邮电大学通达学院	43	0	0	0	0	0	0	0	0	0	0	0	0	0	0
南京财经大学红山学院	44	0	0	0	0	0	0	0	0	0	0	0	0	0	0
江苏科技大学苏州理工学院	45	0	0	0	0	0	0	0	0	0	0	0	0	0	0
常州大学怀德学院	46	0	0	0	0	0	0	0	0	0	0	0	0	0	0
南通大学杏林学院	47	0	0	0	0	0	0	0	0	0	0	0	0	0	0
南京审计大学金审学院	48	0	0	0	0	0	0	0	0	0	0	0	0	0	0
宿迁学院	49	0	0	0	0	0	0	0	0	0	0	0	0	0	0
苏州高博软件技术职业学院	50	0	0	0	0	0	0	0	0	0	0	0	0	0	0
宿迁泽达职业技术学院	51	0	0	0	0	0	0	0	0	0	0	0	0	0	0
西交利物浦大学	52	0	0	0	0	0	0	0	0	0	0	0	0	0	0
昆山杜克大学	53	1	0	1	1	0	0	0	0	1	0	0	1	0	0

4.11 经济学人文、社会科学活动人员情况表

高校名称		总计		按职称划分						按最后学历划分			按最后学位划分		其他人员
			女性	小计	教授	副教授	讲师	助教	初级	研究生	本科生	其他	博士	硕士	
	编号	L01	L02	L03	L04	L05	L06	L07	L08	L09	L10	L11	L12	L13	L14
合　计	/	730	548	730	31	115	337	202	45	561	167	2	83	513	0
明达职业技术学院	1	2	2	2	0	0	1	1	0	0	2	0	0	0	0
三江学院	2	25	18	25	3	11	8	3	0	22	3	0	3	20	0
九州职业技术学院	3	16	11	16	1	1	4	8	2	6	10	0	0	6	0
南通理工学院	4	18	14	18	3	5	7	3	0	11	7	0	1	16	0
硅湖职业技术学院	5	6	5	6	0	3	3	0	0	1	5	0	0	4	0
应天职业技术学院	6	3	3	3	0	0	3	0	0	2	1	0	0	3	0
苏州托普信息职业技术学院	7	15	14	15	0	0	5	10	0	5	10	0	0	5	0
东南大学成贤学院	8	21	20	21	1	3	13	4	0	21	0	0	1	20	0
苏州工业园区职业技术学院	9	11	10	11	1	2	4	1	3	4	7	0	0	5	0
太湖创意职业技术学院	10	1	0	1	1	0	0	0	0	0	1	0	0	0	0
炎黄职业技术学院	11	6	4	6	0	0	4	2	0	0	6	0	0	2	0
正德职业技术学院	12	9	6	9	0	0	9	0	0	6	3	0	0	6	0
钟山职业技术学院	13	6	4	6	0	4	2	0	0	2	4	0	0	5	0
无锡南洋职业技术学院	14	9	3	9	0	0	5	2	2	1	8	0	0	3	0
江南影视艺术职业学院	15	5	5	5	0	0	1	4	0	3	2	0	0	3	0
金肯职业技术学院	16	12	11	12	0	2	10	0	0	10	2	0	0	10	0
建东职业技术学院	17	9	8	9	0	2	2	5	0	1	8	0	0	2	0
宿迁职业技术学院	18	8	4	8	0	0	4	3	1	3	5	0	2	1	0
江海职业技术学院	19	13	6	13	0	6	7	0	0	4	9	0	0	5	0
无锡太湖学院	20	72	58	72	1	9	23	37	2	59	13	0	1	59	0
中国矿业大学徐海学院	21	10	9	10	0	0	3	5	2	8	2	0	0	9	0
南京大学金陵学院	22	52	40	52	3	7	41	1	0	46	6	0	7	39	0
南京理工大学紫金学院	23	18	15	18	1	3	12	0	2	15	3	0	0	16	0
南京航空航天大学金城学院	24	22	21	22	0	3	14	5	0	21	1	0	0	22	0
中国传媒大学南广学院	25	3	3	3	0	0	3	0	0	3	0	0	0	3	0
金山职业技术学院	26	0	0	0	0	0	0	0	0	0	0	0	0	0	0

续表

高校名称		总计		按职称划分						按最后学历划分			按最后学位划分		其他
			女性	小计	教授	副教授	讲师	助教	初级	研究生	本科生	其他	博士	硕士	人员
	编号	L01	L02	L03	L04	L05	L06	L07	L08	L09	L10	L11	L12	L13	L14
南京理工大学泰州科技学院	27	32	24	32	3	3	15	11	0	30	2	0	1	29	0
南京师范大学泰州学院	28	13	8	13	0	5	8	0	0	10	3	0	2	9	0
南京工业大学浦江学院	29	11	6	11	0	1	4	5	1	9	2	0	0	9	0
南京师范大学中北学院	30	6	5	6	0	0	5	1	0	6	0	0	0	6	0
苏州百年职业学院	31	14	10	14	0	1	11	2	0	14	0	0	0	14	0
昆山登云科技职业学院	32	7	4	7	0	0	7	0	0	3	3	1	0	3	0
南京视觉艺术职业学院	33	2	2	2	0	0	2	0	0	2	0	0	0	2	0
南京医科大学康达学院	34	0	0	0	0	0	0	0	0	0	0	0	0	0	0
南京中医药大学翰林学院	35	5	4	5	0	0	5	0	0	5	0	0	0	5	0
南京信息工程大学滨江学院	36	9	3	9	2	4	2	0	1	9	0	0	3	5	0
苏州大学文正学院	37	16	14	16	1	5	5	5	0	16	0	0	4	12	0
苏州大学应用技术学院	38	8	5	8	1	2	3	1	1	8	0	0	2	6	0
苏州科技大学天平学院	39	5	4	5	0	1	3	0	1	4	1	0	1	3	0
江苏大学京江学院	40	2	2	2	0	0	1	1	0	2	0	0	0	2	0
扬州大学广陵学院	41	8	5	8	1	0	2	3	2	6	2	0	0	6	0
江苏师范大学科文学院	42	6	6	6	2	0	1	3	0	3	3	0	0	3	0
南京邮电大学通达学院	43	2	1	2	0	0	0	2	0	2	0	0	0	2	0
南京财经大学红山学院	44	42	38	42	0	0	7	35	0	42	0	0	0	42	0
江苏科技大学苏州理工学院	45	9	6	9	0	1	8	0	0	6	3	0	1	5	0
常州大学怀德学院	46	11	7	11	1	4	3	3	0	7	4	0	0	9	0
南通大学杏林学院	47	8	6	8	0	0	7	0	1	7	1	0	0	7	0
南京审计大学金审学院	48	30	25	30	1	4	5	20	0	24	6	0	1	26	0
宿迁学院	49	22	17	22	0	7	11	4	0	19	3	0	1	21	0
苏州高博软件技术职业学院	50	10	8	10	1	1	4	4	0	6	3	1	0	7	0
宿迁泽达职业技术学院	51	0	0	0	0	0	0	0	0	0	0	0	0	0	0
西交利物浦大学	52	80	44	80	3	15	30	8	24	67	13	0	52	16	0
昆山杜克大学	53	0	0	0	0	0	0	0	0	0	0	0	0	0	0

4.12 政治学人文、社会科学活动人员情况表

高校名称		总计		按职称划分						按最后学历划分			按最后学位划分		其他人员
			女性	小计	教授	副教授	讲师	助教	初级	研究生	本科生	其他	博士	硕士	
	编号	L01	L02	L03	L04	L05	L06	L07	L08	L09	L10	L11	L12	L13	L14
合　计	/	27	14	27	2	3	17	5	0	21	6	0	4	18	0
明达职业技术学院	1	0	0	0	0	0	0	0	0	0	0	0	0	0	0
三江学院	2	5	4	5	0	1	3	1	0	3	2	0	0	4	0
九州职业技术学院	3	0	0	0	0	0	0	0	0	0	0	0	0	0	0
南通理工学院	4	3	2	3	2	0	1	0	0	2	1	0	1	1	0
硅湖职业技术学院	5	0	0	0	0	0	0	0	0	0	0	0	0	0	0
应天职业技术学院	6	0	0	0	0	0	0	0	0	0	0	0	0	0	0
苏州托普信息职业技术学院	7	0	0	0	0	0	0	0	0	0	0	0	0	0	0
东南大学成贤学院	8	0	0	0	0	0	0	0	0	0	0	0	0	0	0
苏州工业园区职业技术学院	9	0	0	0	0	0	0	0	0	0	0	0	0	0	0
太湖创意职业技术学院	10	0	0	0	0	0	0	0	0	0	0	0	0	0	0
炎黄职业技术学院	11	0	0	0	0	0	0	0	0	0	0	0	0	0	0
正德职业技术学院	12	0	0	0	0	0	0	0	0	0	0	0	0	0	0
钟山职业技术学院	13	0	0	0	0	0	0	0	0	0	0	0	0	0	0
无锡南洋职业技术学院	14	0	0	0	0	0	0	0	0	0	0	0	0	0	0
江南影视艺术职业学院	15	0	0	0	0	0	0	0	0	0	0	0	0	0	0
金肯职业技术学院	16	0	0	0	0	0	0	0	0	0	0	0	0	0	0
建东职业技术学院	17	0	0	0	0	0	0	0	0	0	0	0	0	0	0
宿迁职业技术学院	18	0	0	0	0	0	0	0	0	0	0	0	0	0	0
江海职业技术学院	19	0	0	0	0	0	0	0	0	0	0	0	0	0	0
无锡太湖学院	20	0	0	0	0	0	0	0	0	0	0	0	0	0	0
中国矿业大学徐海学院	21	0	0	0	0	0	0	0	0	0	0	0	0	0	0
南京大学金陵学院	22	1	0	1	0	0	1	0	0	1	0	0	0	1	0
南京理工大学紫金学院	23	2	1	2	0	0	2	0	0	2	0	0	0	2	0
南京航空航天大学金城学院	24	3	2	3	0	0	3	0	0	2	1	0	0	2	0
中国传媒大学南广学院	25	1	1	1	0	1	0	0	0	1	0	0	0	1	0
金山职业技术学院	26	0	0	0	0	0	0	0	0	0	0	0	0	0	0

续表

高校名称		总计		按职称划分						按最后学历划分			按最后学位划分		其他人员
			女性	小计	教授	副教授	讲师	助教	初级	研究生	本科生	其他	博士	硕士	
	编号	L01	L02	L03	L04	L05	L06	L07	L08	L09	L10	L11	L12	L13	L14
南京理工大学泰州科技学院	27	0	0	0	0	0	0	0	0	0	0	0	0	0	0
南京师范大学泰州学院	28	2	2	2	0	1	1	0	0	2	0	0	0	2	0
南京工业大学浦江学院	29	1	0	1	0	0	0	1	0	0	1	0	0	0	0
南京师范大学中北学院	30	0	0	0	0	0	0	0	0	0	0	0	0	0	0
苏州百年职业学院	31	0	0	0	0	0	0	0	0	0	0	0	0	0	0
昆山登云科技职业学院	32	0	0	0	0	0	0	0	0	0	0	0	0	0	0
南京视觉艺术职业学院	33	0	0	0	0	0	0	0	0	0	0	0	0	0	0
南京医科大学康达学院	34	0	0	0	0	0	0	0	0	0	0	0	0	0	0
南京中医药大学翰林学院	35	0	0	0	0	0	0	0	0	0	0	0	0	0	0
南京信息工程大学滨江学院	36	0	0	0	0	0	0	0	0	0	0	0	0	0	0
苏州大学文正学院	37	0	0	0	0	0	0	0	0	0	0	0	0	0	0
苏州大学应用技术学院	38	0	0	0	0	0	0	0	0	0	0	0	0	0	0
苏州科技大学天平学院	39	0	0	0	0	0	0	0	0	0	0	0	0	0	0
江苏大学京江学院	40	0	0	0	0	0	0	0	0	0	0	0	0	0	0
扬州大学广陵学院	41	0	0	0	0	0	0	0	0	0	0	0	0	0	0
江苏师范大学科文学院	42	1	1	1	0	0	1	0	0	0	1	0	0	0	0
南京邮电大学通达学院	43	0	0	0	0	0	0	0	0	0	0	0	0	0	0
南京财经大学红山学院	44	3	1	3	0	0	1	2	0	3	0	0	0	3	0
江苏科技大学苏州理工学院	45	1	0	1	0	0	1	0	0	1	0	0	0	1	0
常州大学怀德学院	46	0	0	0	0	0	0	0	0	0	0	0	0	0	0
南通大学杏林学院	47	0	0	0	0	0	0	0	0	0	0	0	0	0	0
南京审计大学金审学院	48	0	0	0	0	0	0	0	0	0	0	0	0	0	0
宿迁学院	49	0	0	0	0	0	0	0	0	0	0	0	0	0	0
苏州高博软件技术职业学院	50	0	0	0	0	0	0	0	0	0	0	0	0	0	0
宿迁泽达职业技术学院	51	0	0	0	0	0	0	0	0	0	0	0	0	0	0
西交利物浦大学	52	1	0	1	0	0	0	1	0	1	0	0	0	1	0
昆山杜克大学	53	3	0	3	0	0	3	0	0	3	0	0	3	0	0

4.13 法学人文、社会科学活动人员情况表

高校名称		总计		按职称划分						按最后学历划分			按最后学位划分		其他人员
			女性	小计	教授	副教授	讲师	助教	初级	研究生	本科生	其他	博士	硕士	
	编号	L01	L02	L03	L04	L05	L06	L07	L08	L09	L10	L11	L12	L13	L14
合　计	/	121	81	121	1	30	59	25	6	74	47	0	7	88	0
明达职业技术学院	1	0	0	0	0	0	0	0	0	0	0	0	0	0	0
三江学院	2	13	11	13	0	7	4	2	0	7	6	0	1	11	0
九州职业技术学院	3	5	4	5	0	1	4	0	0	0	5	0	0	1	0
南通理工学院	4	1	1	1	0	0	1	0	0	0	1	0	0	0	0
硅湖职业技术学院	5	6	4	6	0	0	3	3	0	1	5	0	0	3	0
应天职业技术学院	6	2	2	2	0	0	1	1	0	2	0	0	0	2	0
苏州托普信息职业技术学院	7	1	0	1	0	0	1	0	0	0	1	0	0	0	0
东南大学成贤学院	8	1	0	1	0	0	1	0	0	1	0	0	0	1	0
苏州工业园区职业技术学院	9	1	1	1	0	1	0	0	0	0	1	0	0	1	0
太湖创意职业技术学院	10	0	0	0	0	0	0	0	0	0	0	0	0	0	0
炎黄职业技术学院	11	1	1	1	0	0	1	0	0	0	1	0	0	0	0
正德职业技术学院	12	3	2	3	0	0	2	0	1	2	1	0	0	2	0
钟山职业技术学院	13	1	1	1	0	1	0	0	0	0	1	0	0	0	0
无锡南洋职业技术学院	14	2	1	2	0	0	2	0	0	0	2	0	0	1	0
江南影视艺术职业学院	15	5	3	5	0	1	0	4	0	1	4	0	0	1	0
金肯职业技术学院	16	0	0	0	0	0	0	0	0	0	0	0	0	0	0
建东职业技术学院	17	1	1	1	0	0	1	0	0	0	1	0	0	1	0
宿迁职业技术学院	18	3	1	3	0	0	0	3	0	3	0	0	0	3	0
江海职业技术学院	19	0	0	0	0	0	0	0	0	0	0	0	0	0	0
无锡太湖学院	20	4	4	4	0	1	0	2	1	4	0	0	0	4	0
中国矿业大学徐海学院	21	2	2	2	0	0	2	0	0	1	1	0	0	1	0
南京大学金陵学院	22	0	0	0	0	0	0	0	0	0	0	0	0	0	0
南京理工大学紫金学院	23	5	5	5	0	0	5	0	0	5	0	0	0	5	0
南京航空航天大学金城学院	24	3	2	3	0	2	1	0	0	3	0	0	0	3	0
中国传媒大学南广学院	25	2	0	2	0	0	2	0	0	1	1	0	0	2	0
金山职业技术学院	26	1	0	1	0	1	0	0	0	0	1	0	0	1	0

续表

高校名称	编号	总计		按职称划分						按最后学历划分			按最后学位划分		其他人员
			女性	小计	教授	副教授	讲师	助教	初级	研究生	本科生	其他	博士	硕士	
	编号	L01	L02	L03	L04	L05	L06	L07	L08	L09	L10	L11	L12	L13	L14
南京理工大学泰州科技学院	27	1	1	1	0	0	1	0	0	1	0	0	0	1	0
南京师范大学泰州学院	28	9	3	9	0	3	6	0	0	8	1	0	0	8	0
南京工业大学浦江学院	29	1	0	1	0	0	1	0	0	0	1	0	0	1	0
南京师范大学中北学院	30	0	0	0	0	0	0	0	0	0	0	0	0	0	0
苏州百年职业学院	31	0	0	0	0	0	0	0	0	0	0	0	0	0	0
昆山登云科技职业学院	32	4	3	4	0	0	2	2	0	2	2	0	0	2	0
南京视觉艺术职业学院	33	2	2	2	0	0	0	2	0	2	0	0	0	2	0
南京医科大学康达学院	34	0	0	0	0	0	0	0	0	0	0	0	0	0	0
南京中医药大学翰林学院	35	1	1	1	0	0	1	0	0	1	0	0	0	1	0
南京信息工程大学滨江学院	36	5	3	5	0	3	2	0	0	4	1	0	0	5	0
苏州大学文正学院	37	7	4	7	1	1	3	2	0	6	1	0	3	3	0
苏州大学应用技术学院	38	0	0	0	0	0	0	0	0	0	0	0	0	0	0
苏州科技大学天平学院	39	1	0	1	0	1	0	0	0	1	0	0	1	0	0
江苏大学京江学院	40	0	0	0	0	0	0	0	0	0	0	0	0	0	0
扬州大学广陵学院	41	4	2	4	0	1	2	0	1	3	1	0	0	4	0
江苏师范大学科文学院	42	0	0	0	0	0	0	0	0	0	0	0	0	0	0
南京邮电大学通达学院	43	1	0	1	0	1	0	0	0	0	1	0	0	0	0
南京财经大学红山学院	44	5	5	5	0	0	2	3	0	5	0	0	0	5	0
江苏科技大学苏州理工学院	45	2	1	2	0	0	2	0	0	1	1	0	0	1	0
常州大学怀德学院	46	1	1	1	0	0	0	0	1	0	1	0	0	1	0
南通大学杏林学院	47	1	1	1	0	0	1	0	0	1	0	0	0	1	0
南京审计大学金审学院	48	1	1	1	0	0	1	0	0	0	1	0	0	0	0
宿迁学院	49	6	4	6	0	4	2	0	0	3	3	0	0	6	0
苏州高博软件技术职业学院	50	1	0	1	0	0	1	0	0	0	1	0	0	1	0
宿迁泽达职业技术学院	51	0	0	0	0	0	0	0	0	0	0	0	0	0	0
西交利物浦大学	52	4	2	4	0	1	1	0	2	4	0	0	1	3	0
昆山杜克大学	53	1	1	1	0	0	0	1	0	1	0	0	1	0	0

4.14 社会学人文、社会科学活动人员情况表

高校名称	编号	总计		按职称划分						按最后学历划分			按最后学位划分		其他人员
			女性	小计	教授	副教授	讲师	助教	初级	研究生	本科生	其他	博士	硕士	
	编号	L01	L02	L03	L04	L05	L06	L07	L08	L09	L10	L11	L12	L13	L14
合　计	/	59	37	59	4	8	30	8	9	46	13	0	15	32	0
明达职业技术学院	1	0	0	0	0	0	0	0	0	0	0	0	0	0	0
三江学院	2	0	0	0	0	0	0	0	0	0	0	0	0	0	0
九州职业技术学院	3	2	1	2	0	0	1	0	1	0	2	0	0	0	0
南通理工学院	4	0	0	0	0	0	0	0	0	0	0	0	0	0	0
硅湖职业技术学院	5	0	0	0	0	0	0	0	0	0	0	0	0	0	0
应天职业技术学院	6	0	0	0	0	0	0	0	0	0	0	0	0	0	0
苏州托普信息职业技术学院	7	1	1	1	0	0	0	1	0	1	0	0	0	1	0
东南大学成贤学院	8	0	0	0	0	0	0	0	0	0	0	0	0	0	0
苏州工业园区职业技术学院	9	0	0	0	0	0	0	0	0	0	0	0	0	0	0
太湖创意职业技术学院	10	0	0	0	0	0	0	0	0	0	0	0	0	0	0
炎黄职业技术学院	11	3	2	3	0	0	3	0	0	1	2	0	0	1	0
正德职业技术学院	12	0	0	0	0	0	0	0	0	0	0	0	0	0	0
钟山职业技术学院	13	2	2	2	0	0	2	0	0	2	0	0	0	2	0
无锡南洋职业技术学院	14	1	0	1	0	0	0	0	1	0	1	0	0	0	0
江南影视艺术职业学院	15	0	0	0	0	0	0	0	0	0	0	0	0	0	0
金肯职业技术学院	16	0	0	0	0	0	0	0	0	0	0	0	0	0	0
建东职业技术学院	17	0	0	0	0	0	0	0	0	0	0	0	0	0	0
宿迁职业技术学院	18	0	0	0	0	0	0	0	0	0	0	0	0	0	0
江海职业技术学院	19	0	0	0	0	0	0	0	0	0	0	0	0	0	0
无锡太湖学院	20	0	0	0	0	0	0	0	0	0	0	0	0	0	0
中国矿业大学徐海学院	21	0	0	0	0	0	0	0	0	0	0	0	0	0	0
南京大学金陵学院	22	0	0	0	0	0	0	0	0	0	0	0	0	0	0
南京理工大学紫金学院	23	1	1	1	0	0	1	0	0	1	0	0	0	1	0
南京航空航天大学金城学院	24	1	1	1	0	0	1	0	0	1	0	0	0	1	0
中国传媒大学南广学院	25	2	2	2	0	1	1	0	0	2	0	0	0	2	0
金山职业技术学院	26	0	0	0	0	0	0	0	0	0	0	0	0	0	0

续表

高校名称		总计		按职称划分						按最后学历划分			按最后学位划分		其他人员
			女性	小计	教授	副教授	讲师	助教	初级	研究生	本科生	其他	博士	硕士	
	编号	L01	L02	L03	L04	L05	L06	L07	L08	L09	L10	L11	L12	L13	L14
南京理工大学泰州科技学院	27	0	0	0	0	0	0	0	0	0	0	0	0	0	0
南京师范大学泰州学院	28	0	0	0	0	0	0	0	0	0	0	0	0	0	0
南京工业大学浦江学院	29	2	1	2	0	0	0	0	2	2	0	0	0	2	0
南京师范大学中北学院	30	0	0	0	0	0	0	0	0	0	0	0	0	0	0
苏州百年职业学院	31	3	2	3	0	0	0	0	3	0	3	0	0	0	0
昆山登云科技职业学院	32	0	0	0	0	0	0	0	0	0	0	0	0	0	0
南京视觉艺术职业学院	33	1	0	1	0	0	1	0	0	1	0	0	0	1	0
南京医科大学康达学院	34	0	0	0	0	0	0	0	0	0	0	0	0	0	0
南京中医药大学翰林学院	35	3	3	3	0	0	3	0	0	3	0	0	0	3	0
南京信息工程大学滨江学院	36	0	0	0	0	0	0	0	0	0	0	0	0	0	0
苏州大学文正学院	37	7	3	7	2	1	1	3	0	6	1	0	3	3	0
苏州大学应用技术学院	38	0	0	0	0	0	0	0	0	0	0	0	0	0	0
苏州科技大学天平学院	39	1	0	1	0	0	1	0	0	0	1	0	0	0	0
江苏大学京江学院	40	0	0	0	0	0	0	0	0	0	0	0	0	0	0
扬州大学广陵学院	41	1	1	1	1	0	0	0	0	1	0	0	1	0	0
江苏师范大学科文学院	42	2	1	2	0	0	1	1	0	1	1	0	0	1	0
南京邮电大学通达学院	43	0	0	0	0	0	0	0	0	0	0	0	0	0	0
南京财经大学红山学院	44	2	2	2	0	0	0	2	0	2	0	0	0	2	0
江苏科技大学苏州理工学院	45	1	0	1	0	0	1	0	0	1	0	0	0	1	0
常州大学怀德学院	46	0	0	0	0	0	0	0	0	0	0	0	0	0	0
南通大学杏林学院	47	1	1	1	0	0	1	0	0	1	0	0	0	1	0
南京审计大学金审学院	48	1	1	1	0	1	0	0	0	1	0	0	0	1	0
宿迁学院	49	6	2	6	0	1	5	0	0	5	1	0	0	6	0
苏州高博软件技术职业学院	50	0	0	0	0	0	0	0	0	0	0	0	0	0	0
宿迁泽达职业技术学院	51	0	0	0	0	0	0	0	0	0	0	0	0	0	0
西交利物浦大学	52	10	7	10	0	4	3	1	2	9	1	0	7	2	0
昆山杜克大学	53	5	3	5	1	0	4	0	0	5	0	0	4	1	0

4.15 民族学与文化学人文、社会科学活动人员情况表

高校名称		总计		按职称划分						按最后学历划分			按最后学位划分		其他
			女性	小计	教授	副教授	讲师	助教	初级	研究生	本科生	其他	博士	硕士	人员
	编号	L01	L02	L03	L04	L05	L06	L07	L08	L09	L10	L11	L12	L13	L14
合　计	/	5	2	5	0	1	2	1	1	4	1	0	0	4	0
明达职业技术学院	1	0	0	0	0	0	0	0	0	0	0	0	0	0	0
三江学院	2	0	0	0	0	0	0	0	0	0	0	0	0	0	0
九州职业技术学院	3	0	0	0	0	0	0	0	0	0	0	0	0	0	0
南通理工学院	4	0	0	0	0	0	0	0	0	0	0	0	0	0	0
硅湖职业技术学院	5	0	0	0	0	0	0	0	0	0	0	0	0	0	0
应天职业技术学院	6	0	0	0	0	0	0	0	0	0	0	0	0	0	0
苏州托普信息职业技术学院	7	0	0	0	0	0	0	0	0	0	0	0	0	0	0
东南大学成贤学院	8	0	0	0	0	0	0	0	0	0	0	0	0	0	0
苏州工业园区职业技术学院	9	1	1	1	0	0	1	0	0	1	0	0	0	1	0
太湖创意职业技术学院	10	0	0	0	0	0	0	0	0	0	0	0	0	0	0
炎黄职业技术学院	11	1	0	1	0	0	0	0	1	0	1	0	0	0	0
正德职业技术学院	12	0	0	0	0	0	0	0	0	0	0	0	0	0	0
钟山职业技术学院	13	0	0	0	0	0	0	0	0	0	0	0	0	0	0
无锡南洋职业技术学院	14	0	0	0	0	0	0	0	0	0	0	0	0	0	0
江南影视艺术职业学院	15	0	0	0	0	0	0	0	0	0	0	0	0	0	0
金肯职业技术学院	16	0	0	0	0	0	0	0	0	0	0	0	0	0	0
建东职业技术学院	17	0	0	0	0	0	0	0	0	0	0	0	0	0	0
宿迁职业技术学院	18	0	0	0	0	0	0	0	0	0	0	0	0	0	0
江海职业技术学院	19	0	0	0	0	0	0	0	0	0	0	0	0	0	0
无锡太湖学院	20	0	0	0	0	0	0	0	0	0	0	0	0	0	0
中国矿业大学徐海学院	21	0	0	0	0	0	0	0	0	0	0	0	0	0	0
南京大学金陵学院	22	1	1	1	0	0	1	0	0	1	0	0	0	1	0
南京理工大学紫金学院	23	0	0	0	0	0	0	0	0	0	0	0	0	0	0
南京航空航天大学金城学院	24	0	0	0	0	0	0	0	0	0	0	0	0	0	0
中国传媒大学南广学院	25	0	0	0	0	0	0	0	0	0	0	0	0	0	0
金山职业技术学院	26	0	0	0	0	0	0	0	0	0	0	0	0	0	0

续表

高校名称		总计		按职称划分						按最后学历划分			按最后学位划分		其他
			女性	小计	教授	副教授	讲师	助教	初级	研究生	本科生	其他	博士	硕士	人员
	编号	L01	L02	L03	L04	L05	L06	L07	L08	L09	L10	L11	L12	L13	L14
南京理工大学泰州科技学院	27	0	0	0	0	0	0	0	0	0	0	0	0	0	0
南京师范大学泰州学院	28	0	0	0	0	0	0	0	0	0	0	0	0	0	0
南京工业大学浦江学院	29	0	0	0	0	0	0	0	0	0	0	0	0	0	0
南京师范大学中北学院	30	0	0	0	0	0	0	0	0	0	0	0	0	0	0
苏州百年职业学院	31	0	0	0	0	0	0	0	0	0	0	0	0	0	0
昆山登云科技职业学院	32	0	0	0	0	0	0	0	0	0	0	0	0	0	0
南京视觉艺术职业学院	33	0	0	0	0	0	0	0	0	0	0	0	0	0	0
南京医科大学康达学院	34	0	0	0	0	0	0	0	0	0	0	0	0	0	0
南京中医药大学翰林学院	35	0	0	0	0	0	0	0	0	0	0	0	0	0	0
南京信息工程大学滨江学院	36	0	0	0	0	0	0	0	0	0	0	0	0	0	0
苏州大学文正学院	37	0	0	0	0	0	0	0	0	0	0	0	0	0	0
苏州大学应用技术学院	38	1	0	1	0	1	0	0	0	1	0	0	0	1	0
苏州科技大学天平学院	39	0	0	0	0	0	0	0	0	0	0	0	0	0	0
江苏大学京江学院	40	0	0	0	0	0	0	0	0	0	0	0	0	0	0
扬州大学广陵学院	41	0	0	0	0	0	0	0	0	0	0	0	0	0	0
江苏师范大学科文学院	42	0	0	0	0	0	0	0	0	0	0	0	0	0	0
南京邮电大学通达学院	43	0	0	0	0	0	0	0	0	0	0	0	0	0	0
南京财经大学红山学院	44	1	0	1	0	0	0	1	0	1	0	0	0	1	0
江苏科技大学苏州理工学院	45	0	0	0	0	0	0	0	0	0	0	0	0	0	0
常州大学怀德学院	46	0	0	0	0	0	0	0	0	0	0	0	0	0	0
南通大学杏林学院	47	0	0	0	0	0	0	0	0	0	0	0	0	0	0
南京审计大学金审学院	48	0	0	0	0	0	0	0	0	0	0	0	0	0	0
宿迁学院	49	0	0	0	0	0	0	0	0	0	0	0	0	0	0
苏州高博软件技术职业学院	50	0	0	0	0	0	0	0	0	0	0	0	0	0	0
宿迁泽达职业技术学院	51	0	0	0	0	0	0	0	0	0	0	0	0	0	0
西交利物浦大学	52	0	0	0	0	0	0	0	0	0	0	0	0	0	0
昆山杜克大学	53	0	0	0	0	0	0	0	0	0	0	0	0	0	0

4.16 新闻学与传播学人文、社会科学活动人员情况表

高校名称		总计		按职称划分						按最后学历划分			按最后学位划分		其他
			女性	小计	教授	副教授	讲师	助教	初级	研究生	本科生	其他	博士	硕士	人员
	编号	L01	L02	L03	L04	L05	L06	L07	L08	L09	L10	L11	L12	L13	L14
合　计	/	162	113	162	5	28	91	31	7	110	52	0	16	109	0
明达职业技术学院	1	0	0	0	0	0	0	0	0	0	0	0	0	0	0
三江学院	2	15	8	15	1	6	3	5	0	9	6	0	1	11	0
九州职业技术学院	3	0	0	0	0	0	0	0	0	0	0	0	0	0	0
南通理工学院	4	0	0	0	0	0	0	0	0	0	0	0	0	0	0
硅湖职业技术学院	5	0	0	0	0	0	0	0	0	0	0	0	0	0	0
应天职业技术学院	6	0	0	0	0	0	0	0	0	0	0	0	0	0	0
苏州托普信息职业技术学院	7	0	0	0	0	0	0	0	0	0	0	0	0	0	0
东南大学成贤学院	8	0	0	0	0	0	0	0	0	0	0	0	0	0	0
苏州工业园区职业技术学院	9	3	2	3	0	0	0	3	0	0	3	0	0	0	0
太湖创意职业技术学院	10	0	0	0	0	0	0	0	0	0	0	0	0	0	0
炎黄职业技术学院	11	0	0	0	0	0	0	0	0	0	0	0	0	0	0
正德职业技术学院	12	3	2	3	0	0	2	1	0	1	2	0	0	2	0
钟山职业技术学院	13	0	0	0	0	0	0	0	0	0	0	0	0	0	0
无锡南洋职业技术学院	14	1	1	1	0	0	1	0	0	0	1	0	0	1	0
江南影视艺术职业学院	15	19	11	19	0	1	6	12	0	9	10	0	0	9	0
金肯职业技术学院	16	0	0	0	0	0	0	0	0	0	0	0	0	0	0
建东职业技术学院	17	0	0	0	0	0	0	0	0	0	0	0	0	0	0
宿迁职业技术学院	18	0	0	0	0	0	0	0	0	0	0	0	0	0	0
江海职业技术学院	19	1	1	1	0	0	0	1	0	0	1	0	0	0	0
无锡太湖学院	20	1	1	1	0	0	1	0	0	1	0	0	1	0	0
中国矿业大学徐海学院	21	0	0	0	0	0	0	0	0	0	0	0	0	0	0
南京大学金陵学院	22	28	20	28	2	2	22	1	1	21	7	0	1	21	0
南京理工大学紫金学院	23	0	0	0	0	0	0	0	0	0	0	0	0	0	0
南京航空航天大学金城学院	24	0	0	0	0	0	0	0	0	0	0	0	0	0	0
中国传媒大学南广学院	25	39	34	39	0	12	23	3	1	31	8	0	1	34	0
金山职业技术学院	26	0	0	0	0	0	0	0	0	0	0	0	0	0	0

续表

高校名称		总计		按职称划分						按最后学历划分			按最后学位划分		其他
			女性	小计	教授	副教授	讲师	助教	初级	研究生	本科生	其他	博士	硕士	人员
	编号	L01	L02	L03	L04	L05	L06	L07	L08	L09	L10	L11	L12	L13	L14
南京理工大学泰州科技学院	27	0	0	0	0	0	0	0	0	0	0	0	0	0	0
南京师范大学泰州学院	28	5	2	5	0	1	3	1	0	3	2	0	0	3	0
南京工业大学浦江学院	29	1	1	1	0	0	1	0	0	1	0	0	0	1	0
南京师范大学中北学院	30	1	1	1	0	0	1	0	0	1	0	0	0	1	0
苏州百年职业学院	31	1	1	1	0	0	1	0	0	1	0	0	0	1	0
昆山登云科技职业学院	32	0	0	0	0	0	0	0	0	0	0	0	0	0	0
南京视觉艺术职业学院	33	4	3	4	0	1	0	2	1	2	2	0	0	2	0
南京医科大学康达学院	34	2	2	2	0	0	1	0	1	2	0	0	0	2	0
南京中医药大学翰林学院	35	0	0	0	0	0	0	0	0	0	0	0	0	0	0
南京信息工程大学滨江学院	36	0	0	0	0	0	0	0	0	0	0	0	0	0	0
苏州大学文正学院	37	7	4	7	1	0	4	2	0	5	2	0	0	6	0
苏州大学应用技术学院	38	0	0	0	0	0	0	0	0	0	0	0	0	0	0
苏州科技大学天平学院	39	0	0	0	0	0	0	0	0	0	0	0	0	0	0
江苏大学京江学院	40	0	0	0	0	0	0	0	0	0	0	0	0	0	0
扬州大学广陵学院	41	2	2	2	0	0	1	0	1	2	0	0	0	2	0
江苏师范大学科文学院	42	1	1	1	0	0	1	0	0	0	1	0	0	0	0
南京邮电大学通达学院	43	0	0	0	0	0	0	0	0	0	0	0	0	0	0
南京财经大学红山学院	44	2	2	2	0	0	2	0	0	0	2	0	0	1	0
江苏科技大学苏州理工学院	45	0	0	0	0	0	0	0	0	0	0	0	0	0	0
常州大学怀德学院	46	0	0	0	0	0	0	0	0	0	0	0	0	0	0
南通大学杏林学院	47	2	2	2	0	0	2	0	0	2	0	0	0	2	0
南京审计大学金审学院	48	0	0	0	0	0	0	0	0	0	0	0	0	0	0
宿迁学院	49	5	4	5	0	2	3	0	0	2	3	0	0	3	0
苏州高博软件技术职业学院	50	1	1	1	0	0	1	0	0	1	0	0	0	1	0
宿迁泽达职业技术学院	51	0	0	0	0	0	0	0	0	0	0	0	0	0	0
西交利物浦大学	52	18	7	18	1	3	12	0	2	16	2	0	12	6	0
昆山杜克大学	53	0	0	0	0	0	0	0	0	0	0	0	0	0	0

4.17 图书馆、情报与文献学人文、社会科学活动人员情况表

高校名称		总计		按职称划分						按最后学历划分			按最后学位划分		其他
			女性	小计	教授	副教授	讲师	助教	初级	研究生	本科生	其他	博士	硕士	人员
	编号	L01	L02	L03	L04	L05	L06	L07	L08	L09	L10	L11	L12	L13	L14
合　计	/	152	106	152	4	12	80	22	34	36	114	2	4	39	0
明达职业技术学院	1	0	0	0	0	0	0	0	0	0	0	0	0	0	0
三江学院	2	8	7	8	0	3	5	0	0	1	7	0	0	2	0
九州职业技术学院	3	3	1	3	0	0	3	0	0	1	2	0	0	0	0
南通理工学院	4	7	6	7	0	0	7	0	0	0	7	0	0	1	0
硅湖职业技术学院	5	3	0	3	0	0	1	0	2	0	3	0	0	0	0
应天职业技术学院	6	1	1	1	0	0	1	0	0	0	1	0	0	0	0
苏州托普信息职业技术学院	7	1	1	1	0	0	1	0	0	0	1	0	0	0	0
东南大学成贤学院	8	0	0	0	0	0	0	0	0	0	0	0	0	0	0
苏州工业园区职业技术学院	9	4	3	4	1	1	1	1	0	0	4	0	0	1	0
太湖创意职业技术学院	10	0	0	0	0	0	0	0	0	0	0	0	0	0	0
炎黄职业技术学院	11	1	1	1	0	0	1	0	0	1	0	0	0	1	0
正德职业技术学院	12	1	1	1	0	0	0	0	1	0	1	0	0	0	0
钟山职业技术学院	13	1	0	1	0	0	1	0	0	0	1	0	0	1	0
无锡南洋职业技术学院	14	0	0	0	0	0	0	0	0	0	0	0	0	0	0
江南影视艺术职业学院	15	3	1	3	0	0	1	0	2	0	3	0	0	0	0
金肯职业技术学院	16	1	0	1	0	0	1	0	0	0	1	0	0	0	0
建东职业技术学院	17	3	3	3	0	0	2	0	1	0	3	0	0	0	0
宿迁职业技术学院	18	1	0	1	0	0	0	0	1	0	1	0	0	0	0
江海职业技术学院	19	2	2	2	0	1	1	0	0	0	2	0	0	0	0
无锡太湖学院	20	0	0	0	0	0	0	0	0	0	0	0	0	0	0
中国矿业大学徐海学院	21	1	1	1	0	0	0	0	1	0	1	0	0	0	0
南京大学金陵学院	22	3	3	3	0	0	2	1	0	1	2	0	0	1	0
南京理工大学紫金学院	23	0	0	0	0	0	0	0	0	0	0	0	0	0	0
南京航空航天大学金城学院	24	13	13	13	0	0	5	8	0	2	11	0	0	2	0
中国传媒大学南广学院	25	2	1	2	0	0	1	1	0	2	0	0	0	2	0
金山职业技术学院	26	1	1	1	0	0	0	1	0	0	1	0	0	0	0

续表

高校名称		总计		按职称划分						按最后学历划分			按最后学位划分		其他
			女性	小计	教授	副教授	讲师	助教	初级	研究生	本科生	其他	博士	硕士	人员
	编号	L01	L02	L03	L04	L05	L06	L07	L08	L09	L10	L11	L12	L13	L14
南京理工大学泰州科技学院	27	17	12	17	0	0	16	0	1	1	16	0	0	1	0
南京师范大学泰州学院	28	6	5	6	0	1	5	0	0	0	6	0	0	3	0
南京工业大学浦江学院	29	2	1	2	0	0	0	1	1	1	1	0	0	1	0
南京师范大学中北学院	30	0	0	0	0	0	0	0	0	0	0	0	0	0	0
苏州百年职业学院	31	1	1	1	0	0	0	0	1	0	1	0	0	0	0
昆山登云科技职业学院	32	2	0	2	0	0	1	0	1	0	2	0	0	0	0
南京视觉艺术职业学院	33	1	1	1	0	0	0	1	0	0	1	0	0	0	0
南京医科大学康达学院	34	13	9	13	0	0	2	0	11	1	12	0	0	1	0
南京中医药大学翰林学院	35	9	8	9	0	1	3	0	5	1	8	0	0	1	0
南京信息工程大学滨江学院	36	1	1	1	0	0	1	0	0	1	0	0	0	0	0
苏州大学文正学院	37	11	3	11	2	1	4	4	0	6	5	0	1	5	0
苏州大学应用技术学院	38	2	0	2	0	0	1	1	0	0	2	0	0	0	0
苏州科技大学天平学院	39	0	0	0	0	0	0	0	0	0	0	0	0	0	0
江苏大学京江学院	40	0	0	0	0	0	0	0	0	0	0	0	0	0	0
扬州大学广陵学院	41	2	2	2	0	1	1	0	0	2	0	0	1	1	0
江苏师范大学科文学院	42	1	1	1	0	0	1	0	0	1	0	0	0	1	0
南京邮电大学通达学院	43	3	3	3	0	0	1	2	0	2	1	0	0	2	0
南京财经大学红山学院	44	4	3	4	0	0	4	0	0	0	2	2	0	0	0
江苏科技大学苏州理工学院	45	1	1	1	0	0	0	1	0	1	0	0	0	1	0
常州大学怀德学院	46	1	0	1	0	1	0	0	0	0	1	0	0	0	0
南通大学杏林学院	47	0	0	0	0	0	0	0	0	0	0	0	0	0	0
南京审计大学金审学院	48	1	1	1	0	1	0	0	0	0	1	0	0	0	0
宿迁学院	49	3	0	3	0	1	2	0	0	1	2	0	0	3	0
苏州高博软件技术职业学院	50	1	0	1	0	0	1	0	0	0	1	0	0	0	0
宿迁泽达职业技术学院	51	0	0	0	0	0	0	0	0	0	0	0	0	0	0
西交利物浦大学	52	3	2	3	0	0	0	0	3	3	0	0	1	2	0
昆山杜克大学	53	7	6	7	1	0	3	0	3	7	0	0	1	6	0

4.18 教育学人文、社会科学活动人员情况表

高校名称	编号	总计		按职称划分						按最后学历划分			按最后学位划分		其他人员
			女性	小计	教授	副教授	讲师	助教	初级	研究生	本科生	其他	博士	硕士	
		L01	L02	L03	L04	L05	L06	L07	L08	L09	L10	L11	L12	L13	L14
合　计	/	493	328	493	12	60	267	111	43	323	170	0	9	369	0
明达职业技术学院	1	0	0	0	0	0	0	0	0	0	0	0	0	0	0
三江学院	2	20	14	20	0	5	11	4	0	9	11	0	0	13	0
九州职业技术学院	3	12	9	12	0	2	8	2	0	3	9	0	0	7	0
南通理工学院	4	31	17	31	4	3	11	12	1	17	14	0	1	23	0
硅湖职业技术学院	5	28	18	28	2	4	1	16	5	15	13	0	1	14	0
应天职业技术学院	6	5	4	5	0	1	4	0	0	4	1	0	0	4	0
苏州托普信息职业技术学院	7	4	4	4	0	0	2	2	0	3	1	0	0	3	0
东南大学成贤学院	8	0	0	0	0	0	0	0	0	0	0	0	0	0	0
苏州工业园区职业技术学院	9	7	5	7	1	1	5	0	0	5	2	0	0	7	0
太湖创意职业技术学院	10	2	1	2	0	1	0	0	1	1	1	0	0	1	0
炎黄职业技术学院	11	5	1	5	1	1	2	0	1	0	5	0	0	2	0
正德职业技术学院	12	2	1	2	0	0	1	1	0	1	1	0	0	1	0
钟山职业技术学院	13	9	8	9	0	2	7	0	0	4	5	0	0	8	0
无锡南洋职业技术学院	14	9	6	9	0	1	4	1	3	3	6	0	0	3	0
江南影视艺术职业学院	15	25	20	25	0	2	1	21	1	19	6	0	0	19	0
金肯职业技术学院	16	8	5	8	0	0	8	0	0	3	5	0	0	2	0
建东职业技术学院	17	5	4	5	0	0	4	1	0	0	5	0	0	0	0
宿迁职业技术学院	18	7	6	7	0	0	1	6	0	5	2	0	1	4	0
江海职业技术学院	19	5	2	5	0	4	1	0	0	2	3	0	0	3	0
无锡太湖学院	20	4	3	4	0	0	2	2	0	2	2	0	0	2	0
中国矿业大学徐海学院	21	4	3	4	0	0	4	0	0	3	1	0	0	4	0
南京大学金陵学院	22	8	8	8	0	0	6	0	2	7	1	0	0	7	0
南京理工大学紫金学院	23	0	0	0	0	0	0	0	0	0	0	0	0	0	0
南京航空航天大学金城学院	24	10	9	10	0	0	8	1	1	7	3	0	0	8	0
中国传媒大学南广学院	25	5	3	5	0	0	4	1	0	2	3	0	0	4	0
金山职业技术学院	26	0	0	0	0	0	0	0	0	0	0	0	0	0	0

续表

高校名称		总计		按职称划分						按最后学历划分			按最后学位划分		其他
			女性	小计	教授	副教授	讲师	助教	初级	研究生	本科生	其他	博士	硕士	人员
	编号	L01	L02	L03	L04	L05	L06	L07	L08	L09	L10	L11	L12	L13	L14
南京理工大学泰州科技学院	27	15	8	15	0	4	11	0	0	5	10	0	0	8	0
南京师范大学泰州学院	28	16	11	16	0	6	8	2	0	14	2	0	0	16	0
南京工业大学浦江学院	29	13	5	13	1	3	4	4	1	8	5	0	1	10	0
南京师范大学中北学院	30	0	0	0	0	0	0	0	0	0	0	0	0	0	0
苏州百年职业学院	31	2	2	2	0	1	1	0	0	2	0	0	0	2	0
昆山登云科技职业学院	32	8	6	8	0	2	1	4	1	4	4	0	0	5	0
南京视觉艺术职业学院	33	5	3	5	0	1	3	1	0	3	2	0	0	4	0
南京医科大学康达学院	34	16	14	16	0	1	11	0	4	10	6	0	0	10	0
南京中医药大学翰林学院	35	26	11	26	0	0	25	0	1	18	8	0	0	18	0
南京信息工程大学滨江学院	36	3	2	3	0	0	3	0	0	3	0	0	0	3	0
苏州大学文正学院	37	6	3	6	1	1	4	0	0	5	1	0	0	6	0
苏州大学应用技术学院	38	10	7	10	1	0	3	6	0	8	2	0	1	8	0
苏州科技大学天平学院	39	1	1	1	0	0	1	0	0	0	1	0	0	1	0
江苏大学京江学院	40	1	1	1	0	0	1	0	0	1	0	0	0	1	0
扬州大学广陵学院	41	14	10	14	0	0	11	1	2	13	1	0	0	13	0
江苏师范大学科文学院	42	8	4	8	0	1	7	0	0	3	5	0	0	6	0
南京邮电大学通达学院	43	3	2	3	0	0	3	0	0	3	0	0	0	3	0
南京财经大学红山学院	44	5	5	5	0	0	1	4	0	5	0	0	0	5	0
江苏科技大学苏州理工学院	45	15	3	15	0	2	10	3	0	14	1	0	1	13	0
常州大学怀德学院	46	1	1	1	0	0	1	0	0	1	0	0	0	1	0
南通大学杏林学院	47	45	29	45	0	1	39	4	1	42	3	0	0	44	0
南京审计大学金审学院	48	14	11	14	0	3	9	2	0	11	3	0	0	13	0
宿迁学院	49	21	16	21	0	7	7	7	0	14	7	0	0	21	0
苏州高博软件技术职业学院	50	9	7	9	1	0	5	3	0	5	4	0	0	6	0
宿迁泽达职业技术学院	51	0	0	0	0	0	0	0	0	0	0	0	0	0	0
西交利物浦大学	52	21	15	21	0	0	3	0	18	16	5	0	3	13	0
昆山杜克大学	53	0	0	0	0	0	0	0	0	0	0	0	0	0	0

4.19 统计学人文、社会科学活动人员情况表

高校名称		总计		按职称划分						按最后学历划分			按最后学位划分		其他人员
			女性	小计	教授	副教授	讲师	助教	初级	研究生	本科生	其他	博士	硕士	
	编号	L01	L02	L03	L04	L05	L06	L07	L08	L09	L10	L11	L12	L13	L14
合　计	/	20	12	20	1	2	7	4	6	15	5	0	0	15	0
明达职业技术学院	1	0	0	0	0	0	0	0	0	0	0	0	0	0	0
三江学院	2	0	0	0	0	0	0	0	0	0	0	0	0	0	0
九州职业技术学院	3	0	0	0	0	0	0	0	0	0	0	0	0	0	0
南通理工学院	4	0	0	0	0	0	0	0	0	0	0	0	0	0	0
硅湖职业技术学院	5	0	0	0	0	0	0	0	0	0	0	0	0	0	0
应天职业技术学院	6	0	0	0	0	0	0	0	0	0	0	0	0	0	0
苏州托普信息职业技术学院	7	0	0	0	0	0	0	0	0	0	0	0	0	0	0
东南大学成贤学院	8	0	0	0	0	0	0	0	0	0	0	0	0	0	0
苏州工业园区职业技术学院	9	0	0	0	0	0	0	0	0	0	0	0	0	0	0
太湖创意职业技术学院	10	1	0	1	0	0	0	1	0	0	1	0	0	0	0
炎黄职业技术学院	11	2	1	2	0	0	0	0	2	0	2	0	0	0	0
正德职业技术学院	12	0	0	0	0	0	0	0	0	0	0	0	0	0	0
钟山职业技术学院	13	0	0	0	0	0	0	0	0	0	0	0	0	0	0
无锡南洋职业技术学院	14	0	0	0	0	0	0	0	0	0	0	0	0	0	0
江南影视艺术职业学院	15	1	0	1	0	0	0	1	0	1	0	0	0	1	0
金肯职业技术学院	16	0	0	0	0	0	0	0	0	0	0	0	0	0	0
建东职业技术学院	17	0	0	0	0	0	0	0	0	0	0	0	0	0	0
宿迁职业技术学院	18	0	0	0	0	0	0	0	0	0	0	0	0	0	0
江海职业技术学院	19	0	0	0	0	0	0	0	0	0	0	0	0	0	0
无锡太湖学院	20	1	1	1	0	0	0	1	0	1	0	0	0	1	0
中国矿业大学徐海学院	21	1	0	1	0	0	1	0	0	1	0	0	0	1	0
南京大学金陵学院	22	0	0	0	0	0	0	0	0	0	0	0	0	0	0
南京理工大学紫金学院	23	0	0	0	0	0	0	0	0	0	0	0	0	0	0
南京航空航天大学金城学院	24	0	0	0	0	0	0	0	0	0	0	0	0	0	0
中国传媒大学南广学院	25	0	0	0	0	0	0	0	0	0	0	0	0	0	0
金山职业技术学院	26	0	0	0	0	0	0	0	0	0	0	0	0	0	0

续表

高校名称		总计		按职称划分						按最后学历划分			按最后学位划分		其他人员
			女性	小计	教授	副教授	讲师	助教	初级	研究生	本科生	其他	博士	硕士	
	编号	L01	L02	L03	L04	L05	L06	L07	L08	L09	L10	L11	L12	L13	L14
南京理工大学泰州科技学院	27	0	0	0	0	0	0	0	0	0	0	0	0	0	0
南京师范大学泰州学院	28	1	0	1	0	1	0	0	0	1	0	0	0	1	0
南京工业大学浦江学院	29	0	0	0	0	0	0	0	0	0	0	0	0	0	0
南京师范大学中北学院	30	0	0	0	0	0	0	0	0	0	0	0	0	0	0
苏州百年职业学院	31	0	0	0	0	0	0	0	0	0	0	0	0	0	0
昆山登云科技职业学院	32	0	0	0	0	0	0	0	0	0	0	0	0	0	0
南京视觉艺术职业学院	33	0	0	0	0	0	0	0	0	0	0	0	0	0	0
南京医科大学康达学院	34	1	1	1	0	0	1	0	0	1	0	0	0	1	0
南京中医药大学翰林学院	35	1	1	1	0	0	1	0	0	1	0	0	0	1	0
南京信息工程大学滨江学院	36	0	0	0	0	0	0	0	0	0	0	0	0	0	0
苏州大学文正学院	37	0	0	0	0	0	0	0	0	0	0	0	0	0	0
苏州大学应用技术学院	38	0	0	0	0	0	0	0	0	0	0	0	0	0	0
苏州科技大学天平学院	39	0	0	0	0	0	0	0	0	0	0	0	0	0	0
江苏大学京江学院	40	0	0	0	0	0	0	0	0	0	0	0	0	0	0
扬州大学广陵学院	41	0	0	0	0	0	0	0	0	0	0	0	0	0	0
江苏师范大学科文学院	42	1	1	1	0	0	0	1	0	1	0	0	0	1	0
南京邮电大学通达学院	43	0	0	0	0	0	0	0	0	0	0	0	0	0	0
南京财经大学红山学院	44	1	1	1	0	0	1	0	0	1	0	0	0	1	0
江苏科技大学苏州理工学院	45	1	1	1	0	0	1	0	0	1	0	0	0	1	0
常州大学怀德学院	46	0	0	0	0	0	0	0	0	0	0	0	0	0	0
南通大学杏林学院	47	1	1	1	0	0	1	0	0	1	0	0	0	1	0
南京审计大学金审学院	48	1	0	1	0	1	0	0	0	1	0	0	0	1	0
宿迁学院	49	1	0	1	0	0	1	0	0	1	0	0	0	1	0
苏州高博软件技术职业学院	50	1	0	1	1	0	0	0	0	0	1	0	0	0	0
宿迁泽达职业技术学院	51	0	0	0	0	0	0	0	0	0	0	0	0	0	0
西交利物浦大学	52	4	4	4	0	0	0	0	4	3	1	0	0	3	0
昆山杜克大学	53	0	0	0	0	0	0	0	0	0	0	0	0	0	0

4.20 心理学人文、社会科学活动人员情况表

高校名称		总计		按职称划分						按最后学历划分			按最后学位划分		其他
			女性	小计	教授	副教授	讲师	助教	初级	研究生	本科生	其他	博士	硕士	人员
	编号	L01	L02	L03	L04	L05	L06	L07	L08	L09	L10	L11	L12	L13	L14
合　计	/	64	50	64	1	6	37	15	5	46	18	0	3	46	0
明达职业技术学院	1	1	1	1	0	0	1	0	0	0	1	0	0	0	0
三江学院	2	0	0	0	0	0	0	0	0	0	0	0	0	0	0
九州职业技术学院	3	2	2	2	0	0	1	0	1	1	1	0	0	1	0
南通理工学院	4	1	1	1	0	0	0	1	0	1	0	0	0	1	0
硅湖职业技术学院	5	5	3	5	0	0	3	1	1	4	1	0	1	3	0
应天职业技术学院	6	0	0	0	0	0	0	0	0	0	0	0	0	0	0
苏州托普信息职业技术学院	7	1	1	1	0	0	1	0	0	1	0	0	0	1	0
东南大学成贤学院	8	0	0	0	0	0	0	0	0	0	0	0	0	0	0
苏州工业园区职业技术学院	9	3	3	3	0	1	2	0	0	2	1	0	0	3	0
太湖创意职业技术学院	10	0	0	0	0	0	0	0	0	0	0	0	0	0	0
炎黄职业技术学院	11	0	0	0	0	0	0	0	0	0	0	0	0	0	0
正德职业技术学院	12	1	1	1	0	0	1	0	0	1	0	0	0	1	0
钟山职业技术学院	13	1	1	1	0	0	1	0	0	0	1	0	0	1	0
无锡南洋职业技术学院	14	2	1	2	0	0	0	1	1	2	0	0	0	1	0
江南影视艺术职业学院	15	2	2	2	0	0	0	2	0	1	1	0	0	1	0
金肯职业技术学院	16	4	4	4	0	0	3	1	0	3	1	0	0	4	0
建东职业技术学院	17	4	4	4	0	1	1	2	0	0	4	0	0	0	0
宿迁职业技术学院	18	0	0	0	0	0	0	0	0	0	0	0	0	0	0
江海职业技术学院	19	1	1	1	0	0	1	0	0	0	1	0	0	0	0
无锡太湖学院	20	3	2	3	1	0	2	0	0	3	0	0	1	2	0
中国矿业大学徐海学院	21	1	0	1	0	0	1	0	0	1	0	0	0	1	0
南京大学金陵学院	22	0	0	0	0	0	0	0	0	0	0	0	0	0	0
南京理工大学紫金学院	23	2	2	2	0	1	1	0	0	2	0	0	0	2	0
南京航空航天大学金城学院	24	1	1	1	0	0	1	0	0	0	1	0	0	1	0
中国传媒大学南广学院	25	1	0	1	0	0	1	0	0	0	1	0	0	0	0
金山职业技术学院	26	0	0	0	0	0	0	0	0	0	0	0	0	0	0

续表

高校名称		总计		按职称划分						按最后学历划分			按最后学位划分		其他人员
			女性	小计	教授	副教授	讲师	助教	初级	研究生	本科生	其他	博士	硕士	
	编号	L01	L02	L03	L04	L05	L06	L07	L08	L09	L10	L11	L12	L13	L14
南京理工大学泰州科技学院	27	3	1	3	0	0	3	0	0	1	2	0	0	1	0
南京师范大学泰州学院	28	3	1	3	0	3	0	0	0	3	0	0	1	2	0
南京工业大学浦江学院	29	1	1	1	0	0	0	1	0	1	0	0	0	1	0
南京师范大学中北学院	30	0	0	0	0	0	0	0	0	0	0	0	0	0	0
苏州百年职业学院	31	4	3	4	0	0	3	0	1	4	0	0	0	4	0
昆山登云科技职业学院	32	1	0	1	0	0	0	1	0	0	1	0	0	0	0
南京视觉艺术职业学院	33	0	0	0	0	0	0	0	0	0	0	0	0	0	0
南京医科大学康达学院	34	0	0	0	0	0	0	0	0	0	0	0	0	0	0
南京中医药大学翰林学院	35	2	2	2	0	0	2	0	0	2	0	0	0	2	0
南京信息工程大学滨江学院	36	0	0	0	0	0	0	0	0	0	0	0	0	0	0
苏州大学文正学院	37	3	2	3	0	0	2	1	0	3	0	0	0	3	0
苏州大学应用技术学院	38	0	0	0	0	0	0	0	0	0	0	0	0	0	0
苏州科技大学天平学院	39	0	0	0	0	0	0	0	0	0	0	0	0	0	0
江苏大学京江学院	40	0	0	0	0	0	0	0	0	0	0	0	0	0	0
扬州大学广陵学院	41	0	0	0	0	0	0	0	0	0	0	0	0	0	0
江苏师范大学科文学院	42	1	1	1	0	0	1	0	0	1	0	0	0	1	0
南京邮电大学通达学院	43	0	0	0	0	0	0	0	0	0	0	0	0	0	0
南京财经大学红山学院	44	3	3	3	0	0	1	2	0	3	0	0	0	3	0
江苏科技大学苏州理工学院	45	1	1	1	0	0	1	0	0	1	0	0	0	1	0
常州大学怀德学院	46	0	0	0	0	0	0	0	0	0	0	0	0	0	0
南通大学杏林学院	47	1	1	1	0	0	1	0	0	1	0	0	0	1	0
南京审计大学金审学院	48	1	1	1	0	0	0	1	0	1	0	0	0	1	0
宿迁学院	49	1	1	1	0	0	1	0	0	1	0	0	0	1	0
苏州高博软件技术职业学院	50	2	2	2	0	0	1	1	0	1	1	0	0	1	0
宿迁泽达职业技术学院	51	0	0	0	0	0	0	0	0	0	0	0	0	0	0
西交利物浦大学	52	1	0	1	0	0	0	0	1	1	0	0	0	1	0
昆山杜克大学	53	0	0	0	0	0	0	0	0	0	0	0	0	0	0

4.21 体育科学人文、社会科学活动人员情况表

高校名称		总计		按职称划分						按最后学历划分			按最后学位划分		其他人员
			女性	小计	教授	副教授	讲师	助教	初级	研究生	本科生	其他	博士	硕士	
	编号	L01	L02	L03	L04	L05	L06	L07	L08	L09	L10	L11	L12	L13	L14
合　计	/	333	109	333	1	73	179	65	15	145	188	0	2	216	0
明达职业技术学院	1	1	0	1	0	0	1	0	0	0	1	0	0	0	0
三江学院	2	21	8	21	0	10	10	1	0	6	15	0	0	20	0
九州职业技术学院	3	3	0	3	0	0	2	1	0	1	2	0	0	2	0
南通理工学院	4	11	2	11	0	6	5	0	0	3	8	0	0	5	0
硅湖职业技术学院	5	8	2	8	0	0	6	2	0	1	7	0	0	1	0
应天职业技术学院	6	1	0	1	0	0	1	0	0	0	1	0	0	0	0
苏州托普信息职业技术学院	7	9	3	9	0	1	3	4	1	1	8	0	0	1	0
东南大学成贤学院	8	0	0	0	0	0	0	0	0	0	0	0	0	0	0
苏州工业园区职业技术学院	9	9	4	9	0	2	3	3	1	6	3	0	0	7	0
太湖创意职业技术学院	10	3	0	3	0	0	3	0	0	0	3	0	0	0	0
炎黄职业技术学院	11	9	1	9	0	0	4	0	5	2	7	0	0	2	0
正德职业技术学院	12	7	2	7	0	3	4	0	0	1	6	0	0	5	0
钟山职业技术学院	13	1	0	1	0	1	0	0	0	0	1	0	0	0	0
无锡南洋职业技术学院	14	2	1	2	0	0	1	0	1	1	1	0	0	1	0
江南影视艺术职业学院	15	7	2	7	0	0	1	6	0	1	6	0	0	1	0
金肯职业技术学院	16	2	1	2	0	0	1	1	0	1	1	0	0	1	0
建东职业技术学院	17	5	2	5	0	2	1	2	0	0	5	0	0	1	0
宿迁职业技术学院	18	2	1	2	0	0	0	2	0	0	2	0	0	0	0
江海职业技术学院	19	6	1	6	0	2	4	0	0	0	6	0	0	2	0
无锡太湖学院	20	25	7	25	0	1	10	14	0	12	13	0	0	14	0
中国矿业大学徐海学院	21	8	2	8	0	0	8	0	0	4	4	0	0	4	0
南京大学金陵学院	22	7	3	7	0	0	7	0	0	7	0	0	0	7	0
南京理工大学紫金学院	23	8	2	8	0	6	2	0	0	4	4	0	0	8	0
南京航空航天大学金城学院	24	9	4	9	0	0	9	0	0	7	2	0	0	7	0
中国传媒大学南广学院	25	12	6	12	0	2	9	1	0	3	9	0	0	10	0
金山职业技术学院	26	5	1	5	0	1	2	2	0	2	3	0	1	2	0

续表

高校名称		总计		按职称划分						按最后学历划分			按最后学位划分		其他
			女性	小计	教授	副教授	讲师	助教	初级	研究生	本科生	其他	博士	硕士	人员
	编号	L01	L02	L03	L04	L05	L06	L07	L08	L09	L10	L11	L12	L13	L14
南京理工大学泰州科技学院	27	10	3	10	0	0	10	0	0	3	7	0	0	7	0
南京师范大学泰州学院	28	13	5	13	0	4	9	0	0	7	6	0	0	13	0
南京工业大学浦江学院	29	6	2	6	0	3	3	0	0	3	3	0	0	5	0
南京师范大学中北学院	30	1	0	1	0	0	0	1	0	1	0	0	0	1	0
苏州百年职业学院	31	2	1	2	0	0	2	0	0	2	0	0	0	2	0
昆山登云科技职业学院	32	7	3	7	0	1	4	1	1	3	4	0	0	5	0
南京视觉艺术职业学院	33	6	1	6	0	0	4	2	0	3	3	0	0	3	0
南京医科大学康达学院	34	8	5	8	0	0	4	4	0	4	4	0	0	4	0
南京中医药大学翰林学院	35	2	2	2	0	0	2	0	0	2	0	0	0	2	0
南京信息工程大学滨江学院	36	4	1	4	0	3	1	0	0	2	2	0	0	4	0
苏州大学文正学院	37	9	2	9	0	2	6	1	0	5	4	0	0	6	0
苏州大学应用技术学院	38	3	1	3	0	0	1	2	0	2	1	0	0	2	0
苏州科技大学天平学院	39	6	3	6	0	2	4	0	0	5	1	0	0	6	0
江苏大学京江学院	40	4	1	4	0	0	0	4	0	4	0	0	0	4	0
扬州大学广陵学院	41	8	4	8	0	0	2	2	4	7	1	0	0	7	0
江苏师范大学科文学院	42	4	1	4	0	0	2	2	0	2	2	0	0	2	0
南京邮电大学通达学院	43	7	1	7	0	6	1	0	0	5	2	0	0	5	0
南京财经大学红山学院	44	3	1	3	0	0	2	1	0	3	0	0	0	3	0
江苏科技大学苏州理工学院	45	2	1	2	0	0	2	0	0	2	0	0	0	2	0
常州大学怀德学院	46	12	6	12	0	3	5	3	1	2	10	0	0	6	0
南通大学杏林学院	47	3	2	3	0	0	3	0	0	3	0	0	0	3	0
南京审计大学金审学院	48	3	1	3	0	1	1	1	0	2	1	0	0	2	0
宿迁学院	49	21	5	21	1	10	10	0	0	8	13	0	0	19	0
苏州高博软件技术职业学院	50	6	2	6	0	1	3	2	0	0	6	0	0	1	0
宿迁泽达职业技术学院	51	0	0	0	0	0	0	0	0	0	0	0	0	0	0
西交利物浦大学	52	2	0	2	0	0	1	0	1	2	0	0	1	1	0
昆山杜克大学	53	0	0	0	0	0	0	0	0	0	0	0	0	0	0

五、社科研究与发展经费

1. 全省高等学校人文、社会科学研究与发展经费情况表

经费名称	编号	单位(千元)	经费名称	编号	单位(千元)
上年结转经费	1	456 700.08	当年R&D经费支出合计	23	1 162 649.88
当年经费收入合计	2	1 211 187.01	转拨给外单位经费	24	11 212.36
政府资金投入	3	662 702.59	其中:对国内研究机构支出	25	1 201.17
其中:科研活动经费	4	444 696.59	对国内高等学校支出	26	2 212.81
其中:教育部科研项目经费	5	28 174.9	对国内企业支出	27	1 601.11
教育部其他科研经费	6	34 692.85	对境外机构支出	28	28.87
中央高校基本科研业务费	7	24 874.9	R&D经费内部支出合计	29	1 151 437.52
中央其他部门科研项目经费	8	194 807.46	其中:基础研究支出	30	465 724.08
省、市、自治区社科基金项目	9	32 979.18	应用研究支出	31	684 712.15
省教育厅科研项目经费	10	34 058.51	试验发展支出	32	1 001.29
省教育厅其他科研经费	11	24 727.7	其中:政府资金	33	686 022.89
其他各类地方政府经费	12	95 255.99	企业资金	34	391 240.35
科技活动人员工资	13	218 006	境外资金	35	5 732.54
科研基建费	14	0	其他	36	68 441.74
非政府资金投入	15	548 484.42	其中:科研人员费	37	279 342.9
其中:企事业单位委托项目经费	16	369 878.66	业务费	38	498 846.52
金融机构贷款	17	0	科研基建费	39	0
自筹经费	18	154 911.37	仪器设备费	40	73 304.93
境外资金	19	6 863.29	其中:单价在1万元以上的设备费	41	9 862.8
其中:港、澳、台地区合作项目经费	20	536.12	图书资料费	42	135 653.78
其他收入	21	2 686.75	间接费	43	95 173.86
科技活动人员工资	22	14 144.35	其中:管理费	44	29 469.44
			其他支出	45	69 115.53
			当年结余经费	46	505 237.21
			银行存款	47	503 039.55
			暂付款	48	2 197.66

2. 公办本科高等学校人文、社会科学研究与发展经费情况表

高校名称	编号	上年结转经费(千元)	当年经费收入合计(千元)	拨入(千元)：政府资金投入	其中：科研活动经费	其中：教育部科研项目经费	其中：教育部其他科研经费	其中：中央高校基本科研业务费	其中：中央其他部门科研项目经费	其中：省、市、自治区社科基金项目	其中：省教育厅科研项目经费	其中：省教育厅其他科研经费	其中：其他各类地方政府经费	其中：科技活动人员工资	其中：科研基建费	非政府资金投入	其中：企事业单位委托项目经费	其中：金融机构贷款	其中：自筹经费	境外资金	其中：港、澳、台地区合作项目经费	其他收入	其中：科技活动人员工资
		L01	L02	L03	L04	L05	L06	L07	L08	L09	L10	L11	L12	L13	L14	L15	L16	L17	L18	L19	L20	L21	L22
合计	/	397 482.23	1 057 744	585 095.1	412 822.7	26 605.8	34 434.55	24 874.9	193 501.7	31 395.28	22 266.49	22 372.8	82 246.07	172 272.5	0	472 649.2	335 294.9	0	130 099.6	6 217.78	406.46	1 037	0
南京大学	1	23 373.54	107 603.4	49 712.75	45 495.25	3 016	7 976.25	6 000	31 603	1 692	538	250	420	4 217.5	0	57 890.65	38 090.65	0	19 800	0	0	0	0
东南大学	2	19 429.06	34 154.6	28 874.8	22 870.8	466	5 395	5 395	8 132.5	5 834.8	452	0	2 590.5	6 004	0	5 279.8	4 364.8	0	570	0	0	345	0
江南大学	3	17 116.17	34 334.64	20 884.65	13 864	710	0	0	4 630	1 555	1 030	0	5 939	7 020.65	0	13 449.99	10 020	0	3 429.99	0	0	0	0
南京农业大学	4	9 878.62	48 734.59	40 671.66	35 421.66	631.6	5 089	5 089	15 697.4	1 438	1 032	4 000	7 533.66	5 250	0	8 062.93	8 032.2	0	0	30.73	0	0	0
中国矿业大学	5	5 862.35	33 086.46	24 698.3	16 848.3	2 167	5 048.9	2 048.9	6 583.9	910	316	1 100	722.5	7 850	0	8 388.16	8 388.16	0	0	0	0	0	0
河海大学	6	6 271.58	65 202.15	32 014.3	27 964.3	670.1	3 602.4	3 569	12 779.8	992	376	1 300	8 244	4 050	0	33 187.85	27 143.26	0	30	5 425.59	0	589	0
南京理工大学	7	8 538.72	16 074.85	10 860.19	8 685.09	550	0	0	4 069.27	539.52	208	0	3 318.3	2 175.1	0	5 214.66	4 606.56	0	608.1	0	0	0	0
南京航空航天大学	8	1 828.05	15 874.4	11 304.4	9 050.4	532	2 553	2 553	4 610.8	373	280	302.6	399	2 254	0	4 570	2 550	0	2 020	0	0	0	0
中国药科大学	9	3 209	16 170	5 884.5	4 184.5	155	220	220	2 128	183	332	0	1 166.5	1 700	0	10 285.5	10 135.5	0	150	0	0	0	0
南京森林警察学院	10	2 132.01	1 126.35	505.95	189.95	36	0	0	10	137.06	6.89	0	0	316	0	620.4	183.4	0	437	0	0	0	0
苏州大学	11	24 878.9	38 560.3	22 482.5	17 652.5	1 431	0	0	11 987.5	1 428	586	0	2 220	4 830	0	16 077.8	14 812.8	0	1 265	0	0	0	0
江苏科技大学	12	3 221.6	9 743.85	7 540.26	3 420.26	408	0	0	940	257.5	588	0	1 226.76	4 120	0	2 203.59	423	0	1 780.59	0	0	0	0
南京工业大学	13	100	12 088.2	7 552.2	5 230.2	213	0	0	1 940	554	192	200	2 131.2	2 322	0	4 536	745	0	3 791	0	0	0	0
常州大学	14	5 413.65	17 323.3	13 476.1	8 306.2	668	0	0	4 105	408	184	0	2 941.2	5 169.9	0	3 847.2	1 327.2	0	2 500	0	0	20	0
南京邮电大学	15	5 495.55	18 811.03	11 021.65	6 563.65	757	0	0	3 097.65	830	743	300	836	4 458	0	7 789.38	6 346.08	0	1 443.3	0	0	0	0
南京林业大学	16	2 913.72	4 940.8	4 718.8	3 010.8	649.8	0	0	1 250	400	638	0	73	1 708	0	222	140	0	82	0	0	0	0
江苏大学	17	140	14 949.7	9 601	6 316	600	0	0	3 276	693	1 170	0	577	3 285	0	5 348.7	2 823.7	0	2 525	0	0	0	0
南京信息工程大学	18	9 660.83	27 469.6	15 439.6	6 775.6	1 700	0	0	3 604	394	659	0	418.6	8 664	0	12 030	3 800	0	8 230	0	0	0	0

续表

南通大学	19	2 856.14	16 361.9	8 659.4	6 432	852	0	0	3 308	704	800	0	768	2 227.4	0	7 702.5	7 362.5	0	340	0	0	0	0
盐城工学院	20	636.4	6 099	2 617	1 546	90	0	0	500	183	259	0	514	1071	0	3 482	2 697.3	0	741.7	0	0	43	0
南京医科大学	21	1 225.86	5 460.08	2 550	1 576	20	0	0	397	200	140	500	319	974	0	2 910.08	1 086.08	0	1 569	255	0	0	0
徐州医科大学	22	352.6	991.9	598.9	63	10	0	0	0	40	0	0	13	535.9	0	393	3	0	390	0	0	0	0
南京中医药大学	23	4 021.19	9 156.6	6 061.2	2 325.2	164	0	0	1 306.2	338	496	0	21	3 736	0	3 095.4	2 665.4	0	430	0	0	0	0
南京师范大学	24	48 339.61	43 020.62	21 162.75	14 762.75	700	0	0	11 342.8	748	556	0	1 415.95	6 400	0	21 857.87	21 351.41	0	0	506.46	406.46	0	0
江苏师范大学	25	39 067.15	87 637.16	56 274.38	36 939	1 230	0	0	18 466	1 038	1 680	0	14 525	19 335.38	0	31 362.78	9 892.78	0	21 470	0	0	0	0
淮阴师范学院	26	5 264.85	22 684.06	8 122	4 914	1 200	0	0	1 588	900	684	0	542	3 208	0	14 562.06	13 234.06	0	1 328	0	0	0	0
盐城师范学院	27	16 716.6	41 512.46	9 215	3 717	276	0	0	1 908	548	925	0	60	5 498	0	32 297.46	31 938.46	0	359	0	0	0	0
南京财经大学	28	19 318.04	33 625.98	16 479.04	14 397.04	1 900.8	0	0	10 358.04	1 340.2	767	0	31	2 082	0	17 146.94	17 146.94	0	0	0	0	0	0
江苏警官学院	29	7 757.91	6 728.2	6 428.2	4 466.2	128	0	0	1 300	160	96	1 856.2	926	1 962	0	300	0	0	300	0	0	0	0
南京体育学院	30	1 368.93	3 504	2 140	1 834	50	0	0	1 190	150	42	0	402	306	0	1 364	620	0	744	0	0	0	0
南京艺术学院	31	9 293.75	28 167.3	22 021.3	20 023.3	254	4 500	0	1 571	314	426	6 808	6 150.3	1 998	0	6 146	658	0	5 488	0	0	0	0
苏州科技大学	32	1 365	17 790	8 879.5	5 959.5	318	0	0	1 932	630	176	150	2 753.5	2 920	0	8 910.5	6 537.9	0	2 372.6	0	0	0	0
常熟理工学院	33	6 817.02	28 979.19	10 797.6	7 728.6	410	0	0	605	150	478	100	5 985.6	3 069	0	18 181.59	16 681.59	0	1 500	0	0	0	0
淮阴工学院	34	5 156.66	28 499.49	8 415.4	4 388	327	0	0	392	449	880	100	2 240	4 027.4	0	20 084.09	9 027.1	0	11 056.99	0	0	0	0
常州工学院	35	3 989.18	10 400.8	4 522	946	471	0	0	0	127	68	0	280	3576	0	5 878.8	4 222.2	0	1 656.6	0	0	0	0
扬州大学	36	15 617.12	32 628.7	14 677.84	9 377	635	0	0	6 712	720	1 260	0	50	5 300.84	0	17 950.86	10 546.86	0	7 404	0	0	0	0
南京工程学院	37	3 030.06	10 025.47	5 942.9	4 116.5	223.5	0	0	3 095	43	591	0	164	1 826.4	0	4 082.57	2 480.8	0	1 601.77	0	0	0	0
南京审计大学	38	24 541.33	28 586.1	16 066.8	10 936.8	867	0	0	3 411.8	1 450	648	4 486	74	5130	0	12 519.3	2 617.5	0	9 901.8	0	0	0	0
南京晓庄学院	39	3 770	7 774.75	3 278	1 998	128	0	0	439	520	580	0	331	1 280	0	4 496.75	60	0	4 424.75	0	0	12	0
江苏理工学院	40	6 182.76	28 434.85	9 349.9	2 359.4	202	0	0	1 174	372.4	247	0	364	6 990.5	0	19 084.95	17 174.85	0	1 910.1	0	0	0	0
淮海工学院	41	3 340.65	14 206.8	5 201.3	3 467.3	80	0	0	650	615.8	243	0	1 878.5	1 734	0	9 005.5	8 283.8	0	721.7	0	0	0	0
徐州工程学院	42	959.28	9 229.6	6 366.6	1 766.6	180	0	0	200	160	453.6	20	753	4 600	0	2 863	569.5	0	2 293.5	0	0	0	0
南京特殊教育师范学院	43	818.72	2 632	2 132	1 532	305	50	0	406	40	64	550	117	600	0	500	0	0	500	0	0	0	0
泰州学院	44	1 519.87	2 430	1 792	232	40	0	0	0	0	172	0	20	1 560	0	638	20	0	610	0	0	8	0
金陵科技学院	45	4 951.68	6 888.45	2 642	1 172	110	0	0	200	128	54	0	680	1 470	0	4246.45	3 936.45	0	290	0	0	20	0
江苏第二师范学院	46	9 740.52	8 040.66	5 458.5	1 998	74	0	0	605	708	150	350	111	3 460.5	0	2 582.16	548.08	0	2 034.08	0	0	0	0

高校名称	经费名称	当年R&D经费支出合计(千元)	支出(千元)																					当年结余经费(千元)	银行存款
			转拨给外单位经费	其中				R&D经费内部支出合计	其中			其中				其中									
				对国内研究机构支出	对国内高等学校支出	对国内企业支出	对境外机构支出		基础研究支出	应用研究支出	试验发展支出	政府资金	企业资金	境外资金	其他	科研人员费	业务费	科研基建费	仪器设备费	其中：单价在1万元以上的设备费	图书资料费	间接费	其中：管理费	其他支出		
	编号	L23	L24	L25	L26	L27	L28	L29	L30	L31	L32	L33	L34	L35	L36	L37	L38	L39	L40	L41	L42	L43	L44	L45	L46	L47
合计	/	1 008 945	10 829.41	1 021.17	2 144.81	1 598.11	28.87	998 115.7	427 859.7	56 9383.9	872.14	597 600.5	350 307.9	5 187.07	45 020.21	206 760.5	448 498.7	0	69 250.35	9 669.8	121 796.2	89 486.22	27 220.32	62 323.8	44 6281.5	444 112.8
南京大学	1	106 002.8	0	0	0	0	0	106 002.8	71 246.65	34 756.14	0	56 325.76	41 655.82	0	8 021.21	12 217.5	47 296.24	0	12 642.4	2 000	14 016.91	14 683.05	3 450.55	5 146.69	24 974.15	24 974.15
东南大学	2	33 621.53	0	0	0	0	0	33 621.53	20 825.07	12 649.31	147.15	25 694.73	6 613.61	0	1 313.19	6 064	20 977.58	0	654.1	0	1 076.84	4 682.63	1 386.83	166.38	19 962.13	19 962.13
江南大学	3	43 747.33	884.89	302	274.5	207.5	0	42 862.44	5 193.94	37 668.5	0	29 377.86	12 420.4	0	1 064.18	8 755.52	19 079.17	0	7 143.6	175	2 549.9	5 308.75	1 807.25	25.5	7 703.48	7 678.48
南京农业大学	4	50 221.59	3 824.69	54.43	73.49	36.23	28.87	46 396.9	1 699.89	44 697.01	0	35 776.64	10 351.98	30.69	237.59	5 340	10 297.54	0	8 263.72	375.38	11 443.97	3 481.59	2 131.83	7 570.08	8 391.62	6 248.96
中国矿业大学	5	23 412.54	0	0	0	0	0	23 412.54	13 131.8	10 280.74	0	17 953.03	5 459.51	0	0	8 150	8 717.5	0	577.21	0	1 628.37	2 843.32	558.1	1 496.14	15 536.27	15 536.27
河海大学	6	64 260.5	913.09	100	300	179	0	63 347.41	13 696.87	49 117.73	532.81	30 121.64	27 297.69	4 975.83	952.25	4 083.4	31 536.49	0	4 769.8	561	8 297	7 849.44	4 459.44	6 811.28	7 213.23	7 213.23
南京理工大学	7	14 881.09	0	0	0	0	0	14 881.09	9 469.1	5 411.99	0	10 598.39	3 815.13	0	467.57	2 463.2	2 061.82	0	709.35	0	3 016.9	1 150.64	581.42	5 479.18	9 732.48	9 732.48
南京航空航天大学	8	15 734.85	0	0	0	0	0	15 734.85	7 659.66	8 075.19	0	10 024.79	3 336.28	0	2 373.78	2 553	5 620.45	0	678.45	0	2 341.3	1 686.7	629.46	2 854.95	1 967.6	1 967.6
中国药科大学	9	14 587	0	0	0	0	0	14 587	3 182.38	11 404.62	0	6 014.15	8 430.42	0	142.43	1 700	7 687	0	0	0	4 282	490	400	428	4 792	4 792
南京森林警察学院	10	1 699.7	0	0	0	0	0	1 699.7	817.89	871.32	10.49	1 058.46	284.24	0	357	316	1 286.17	0	0	0	94.53	3	0	0	1 558.66	1 558.66
苏州大学	11	33 632.1	0	0	0	0	0	33 632.1	16 111.36	17 520.74	0	21 695.11	10 950.19	0	986.8	4 965	10 257.4	0	1 516.6	1 365.3	5 821.4	5 535.6	1 565.8	5 536.1	29 807.1	29 807.1
江苏科技大学	12	10 056.07	0	0	0	0	0	10 056.07	7 793.2	2 262.87	0	9 377.46	627.48	0	51.13	4 800	2 082.24	0	2.8	0	1 344.7	1 780.95	235.7	45.38	2 909.38	2 909.38
南京工业大学	13	11 730.7	1 149.76	296.74	553.14	299.18	0	10 580.94	5 504.59	4 894.66	181.69	8 888.53	1 034.35	0	658.06	2 427	3 135.78	0	1 909.7	892	2 140.36	968.1	0	0	457.5	457.5
常州大学	14	13 871.45	0	0	0	0	0	13 871.45	9 587.19	4 284.26	0	12 098.25	1 754.2	0	19	5 777.35	2 257.4	0	239.1	0	477.4	432.4	0	4 687.8	8 865.5	8 865.5
南京邮电大学	15	18 815.53	0	0	0	0	0	18 815.53	1 303.99	17 511.54	0	12 270.18	6 255.43	0	289.92	5 201	10 345.22	0	424.1	0	312.05	2 532.46	818.68	0.7	5 491.05	5 491.05
南京林业大学	16	4 674.81	0	0	0	0	0	4 674.81	932.82	3 741.99	0	4 083.12	524.51	0	67.18	1 708	880.11	0	761.18	156.5	330.34	564.12	130.92	431.06	3 179.71	3 179.71
江苏大学	17	15 039.7	0	0	0	0	0	15 039.7	4 148.31	10 891.39	0	1 1761	2 853.7	0	425	5 385	3 135.01	0	117.2	114	3 178.19	1 997.68	450.85	1 226.62	50	50
南京信息工程大学	18	23 194.11	0	0	0	0	0	23 194.11	3 639	19 555.11	0	20 255.2	2 938.91	0	0	10 994	9 136.95	0	968.27	0	727.43	1 356.94	317.51	10.52	13 936.32	13 936.32

续表

南通大学	19	15 425.5	0	0	0	0	0	15 425.5	3 286.07	12 139.43	0	8 015.7	7 362.5	0	47.3	2 739.4	4 217.7	0	2 898.5	0	2 196	2 056.6	399.75	1 317.3	3 792.54	3 792.54
盐城工学院	20	6 497.4	0	0	0	0	0	6 497.4	899.12	5 598.28	0	2 946.26	3 486.23	0	64.91	1 467	3 673.76	0	0	0	907.04	123.6	0	326	238	238
南京医科大学	21	5 191.89	0	0	0	0	0	5 191.89	1 305.09	3 886.8	0	3 571.35	1 247.28	0	373.26	1 864	1 315.32	0	442.54	0	178.82	610.36	172.96	780.85	1 494.05	1 494.05
徐州医科大学	22	747.3	0	0	0	0	0	747.3	568.25	179.05	0	744.3	3	0	0	540.7	146.4	0	0	0	59.2	1	0	0	597.2	597.2
南京中医药大学	23	9 302.65	150	0	150	0	0	9 152.65	4 098.67	5 053.98	0	6 772.19	2 380.46	0	0	4 236	2 727.08	0	1	0	111.65	834.47	209.61	1 242.45	3 875.14	3 875.14
南京师范大学	24	36 018.84	1 625.9	0	0	847.2	0	34 392.94	18 278.04	16 114.9	0	19 208.76	15 004.73	167.35	12.1	6 500	21 003.75	0	450.9	0	532.27	1 468.24	1 468.24	4 437.78	55 341.39	55 341.39
江苏师范大学	25	75 791.28	0	0	0	0	0	75 791.28	61 833.75	13 957.53	0	50 211.75	10 071.98	0	15 507.55	19 662	34 021.12	0	4 725.2	350	14 240.36	3 142.6	479.5	0	50 913.03	50 913.03
淮阴师范学院	26	23 483.49	0	0	0	0	0	23 483.49	10 651.91	12 831.58	0	9 396.86	13 820.89	0	265.74	4 508	14 651.34	0	79.8	0	3 118.13	397.5	0	728.72	4 465.42	4 465.42
盐城师范学院	27	39 404.05	0	0	0	0	0	39 404.05	23 327.85	16 076.2	0	9 579.25	29 606.5	0	218.3	5 612	17 707.55	0	2 798.6	46	10 713.75	697.65	239.8	1 874.5	18 825.01	18 825.01
南京财经大学	28	31 514.11	1 053	0	0	0	0	30 461.11	1 949.57	28 511.54	0	15 528.37	14 932.74	0	0	2 855	15 958.17	0	160	0	1 759.08	9 728.86	884.24	0	21 429.91	21 429.91
江苏警官学院	29	12 849.6	0	0	0	0	0	12 849.6	3 262.92	9 586.68	0	10 517.12	0	0	2 332.48	2 962	8 397.24	0	109	0	122.16	36	11	1 223.2	1 636.51	1 636.51
南京体育学院	30	3 104.05	0	0	0	0	0	3 104.05	1 182.18	1 921.87	0	2 474.13	381.8	0	248.12	954	1 627.7	0	189.7	0	175.02	30	0	127.63	1 768.88	1 768.88
南京艺术学院	31	28 044.44	0	0	0	0	0	28 044.44	16 211.48	11 832.96	0	21 197.48	6 145.69	0	701.27	1 999	15 906.76	0	5 246.24	2 156.57	3 517.4	1 101.6	244.49	273.44	9 416.61	9 416.61
苏州科技大学	32	17 707	0	0	0	0	0	17 707	3 009.55	14 697.45	0	11 147.76	6 559.24	0	0	4 761	6 106.04	0	49.6	0	3 323.94	1 660.06	656.66	1 806.36	1 448	1 448
常熟理工学院	33	26 956.4	0	0	0	0	0	26 956.4	1 936.05	25 020.35	0	5 724.12	21 232.28	0	0	3 324.63	22 010.64	0	298.99	0	156.5	1 165.64	938.53	0	8 839.81	8 839.81
淮阴工学院	34	29 929.7	0	0	0	0	0	29 929.7	10 897.56	19 032.14	0	14 225.05	14 231.91	0	1 472.74	9 352.24	18 609.52	0	481.2	0	935.39	550.6	26.13	0.75	3 726.45	3 726.45
常州工学院	35	7 371.4	0	0	0	0	0	7 371.4	411.04	6 960.36	0	4 577.4	2 291.1	10	492.9	3 600	980.32	0	0	0	2 497.65	293.43	253.43	0	7 018.58	7 018.58
扬州大学	36	28 618.43	200	0	200	0	0	28 418.43	26 816.78	1 601.65	0	15 483.76	12 873.58	0	61.09	6 538.24	13 896.26	0	1 642	580	2 780.48	2 415.97	606.67	1 145.48	19 627.39	19 627.39
南京工程学院	37	9 952.64	40.9	0	0	0	0	9 911.74	8 948.78	962.96	0	6 413.39	2 619.11	0	879.24	1 989.27	4 377.97	0	12.27	0	1 244.04	1 333.05	955.68	955.14	3 102.89	3 102.89
南京审计大学	38	23 201.55	0	0	0	0	0	23 201.55	10 329.65	12 871.9	0	15 632.4	7 208.6	0	360.55	5 830	8 741.86	0	4 093.04	457.72	3 223.55	613.2	0	699.9	29 925.88	29 925.88
南京晓庄学院	39	8 355.21	964.5	268	571	29	0	7 390.71	6 818.78	571.93	0	5 351.07	75.25	0	1 964.39	1 480	4 258.47	0	985.1	187.1	282.6	257.88	93.7	126.66	3 189.54	3 189.54
江苏理工学院	40	28 454.48	0	0	0	0	0	28 454.48	2 434.65	26 019.83	0	10 255.96	17 873.05	3.2	322.27	7 002.5	12 879.41	0	2 115.61	0	2 740.53	1 671.64	29.4	2 044.79	6 163.13	6 163.13
淮海工学院	41	11 711.55	0	0	0	0	0	11 711.55	1 571.53	10 140.02	0	4 280.85	6 642.2	0	788.5	1 751.15	9 720.67	0	6	0	107.5	126.23	104.1	0	5 835.9	5 835.9
徐州工程学院	42	9 093.28	0	0	0	0	0	9 093.28	2 558.14	6 535.14	0	7 433.01	751.61	0	908.66	4 880.58	1 339.5	0	305.1	55.7	1 173.5	995.75	343.07	398.85	1 095.6	1 095.6
南京特殊教育师范学院	43	2 301.82	0	0	0	0	0	2 301.82	3.75	2 298.07	0	2 290.7	11.12	0	0	700	782.02	0	210.8	90	346.3	261.5	37.85	1.2	1 148.9	1 148.9
泰州学院	44	2 845.67	0	0	0	0	0	2 845.67	2 085.08	760.59	0	2 417.87	20	0	407.8	1601.8	949.97	0	143.7	0	73.2	77	12	0	1 104.2	1104.2
金陵科技学院	45	8 597.51	0	0	0	0	0	8 597.51	1 163.88	7 433.63	0	2 988.67	5 555.54	0	53.3	1 500	3 942	0	229	0	2 004.8	32	30	889.71	3 242.62	3 241.62
江苏第二师范学院	46	7 290.48	22.68	0	22.68	0	0	7 267.8	6 075.85	1 191.95	0	5 840.71	1 315.64	0	111.45	3 650	2 760.05	0	198.88	107.53	195.74	456.42	99.17	6.71	10 490.7	10 490.7

3. 公办专科高等学校人文、社会科学研究与发展经费情况表

高校名称	编号	上年结转经费(千元)	当年经费收入合计(千元)	拨入(千元) 政府资金投入	其中 科研活动经费	其中 教育部科研项目经费	教育部其他科研经费	中央高校基本科研业务费	中央其他部门科研项目经费	省、市、自治区社科基金项目	省教育厅科研项目经费	省教育厅其他科研经费	其他各类地方政府经费	科技活动人员工资	科研基建费	非政府资金投入	其中 企事业单位委托项目经费	金融机构贷款	自筹经费	境外资金	其中 港、澳、台地区合作项目经费	其他收入	科技活动人员工资
		L01	L02	L03	L04	L05	L06	L07	L08	L09	L10	L11	L12	L13	L14	L15	L16	L17	L18	L19	L20	L21	L22
合计	/	44 490.63	121 812.8	69 488.84	23 755.31	1 279	237	0	537.2	1 133.5	7 815.62	2 206.3	10 546.69	45 733.53	0	52 323.92	32 511.44	0	18 568.73	0	0	1049.75	194
盐城幼儿师范高等专科学校	1	1 874	725	235	235	20	0	0	0	0	170	0	45	0	0	490	0	0	235.5	0	0	60.5	194
苏州幼儿师范高等专科学校	2	873.14	1 273.6	947.6	578	0	0	0	0	0	160	14	404	369.6	0	326	30	0	266	0	0	30	0
无锡职业技术学院	3	1 533.82	3 419	2 728	760	150	0	0	5	0	181	0	424	1 968	0	691	200	0	491	0	0	0	0
江苏建筑职业技术学院	4	156.35	2 508	1 448	84	50	0	0	0	3	16	0	15	1 364	0	1 060	132	0	928	0	0	0	0
南京工业职业技术学院	5	962.56	8 507.45	4 491	881	10	0	0	190	40	96	0	545	3 610	0	4 016.45	3 247.7	0	7 68.75	0	0	0	0
江苏工程职业技术学院	6	258	850	822	242	0	0	0	0	10	26	26	180	580	0	28	0	0	28	0	0	0	0
苏州工艺美术职业技术学院	7	328.9	2 366	894	294	0	0	0	0	0	3	3	288	600	0	1 472	405	0	704	0	0	363	0
连云港职业技术学院	8	4.55	955.45	892.5	47.5	0	0	0	0	10	13	0	24.5	845	0	62.95	44.5	0	18.45	0	0	0	0
镇江市高等专科学校	9	255.7	2 186.6	1 576	460	60	0	0	0	86	20	0	294	1116	0	610.6	200	0	399.2	0	0	11.4	0
南通职业大学	10	145	1 338	1 099	399	0	0	0	0	0	250	0	149	700	0	239	165	0	74	0	0	0	0
苏州职业大学	11	648.82	4 257.6	2 618.5	776	40	0	0	0	60	192	0	484	1 842.5	0	1 639.1	841.6	0	797.5	0	0	0	0
沙洲职业工学院	12	174.45	759	404	244	0	0	0	0	30	111	0	103	160	0	355	90	0	265	0	0	0	0
扬州市职业大学	13	174.08	3 485.85	2 197.9	330	120	0	0	0	0	0	0	210	1 867.9	0	1 287.95	678.95	0	609	0	0	0	0
连云港师范高等专科学校	14	51.2	1 235.6	1 012	232	0	0	0	0	57	64	12	99	780	0	223.6	0	0	223.6	0	0	0	0
江苏经贸职业技术学院	15	8 931.94	5 282	970	284	20	0	0	0	80	170	0	14	686	0	4 312	3 914	0	398	0	0	0	0
泰州职业技术学院	16	1 236.92	976.85	564.85	170	0	0	0	0	0	90	0	80	394.85	0	412	280	0	132	0	0	0	0
常州信息职业技术学院	17	345.4	2 220.18	1 412.4	250.5	40	0	0	0	0	190	0	20.5	1 161.9	0	807.78	0	0	807.78	0	0	0	0

续表

江苏海事职业技术学院	18	1 254.46	4 461.84	1 901.64	941.64	0	0	0	0	139	224	0	578.64	960	0	2 560.2	2 269.8	0	290.4	0	0	0	0
无锡科技职业学院	19	194.2	1 244.4	839.4	180	20	0	0	0	0	160	0	0	659.4	0	405	105	0	300	0	0	0	0
江苏医药职业学院	20	803.45	2 629.6	1 617.6	188.5	0	0	0	0	0	0	150	38.5	1 429.1	0	1012	60	0	952	0	0	0	0
南通科技职业学院	21	425.8	1 769	1 699	790	0	0	0	0	7	113	0	670	909	0	70	42	0	28	0	0	0	0
苏州经贸职业技术学院	22	445.15	3 243.3	1 409.8	664	152	0	0	0	0	0	0	512	745.8	0	1833.5	704.5	0	1 129	0	0	0	0
苏州工业职业技术学院	23	1629.81	2574	1662	1305	30	45	0	0	0	90	0	1140	357	0	912	912	0	0	0	0	0	0
苏州卫生职业技术学院	24	408.2	1 269	1 189	1 001	0	0	0	0	7	380	380	234	188	0	80	0	0	80	0	0	0	0
无锡商业职业技术学院	25	1 040.32	2 744.94	1 754	1 176	60	70	0	0	0	359	382	305	578	0	990.94	469.94	0	472	0	0	49	0
南通航运职业技术学院	26	807.18	1 347.5	1 010.5	482.5	0	0	0	50	0	246	0	186.5	528	0	337	0	0	337	0	0	0	0
南京交通职业技术学院	27	1 508.54	1 234	594	75	40	0	0	0	0	0	0	35	519	0	640	0	0	640	0	0	0	0
淮安信息职业技术学院	28	991.71	1 838.1	1 426.4	481	30	0	0	0	0	180	0	271	945.4	0	411.7	24	0	387.7	0	0	0	0
江苏农牧科技职业学院	29	23	366.8	346.8	198	0	0	0	0	0	180	0	18	148.8	0	20	0	0	0	0	0	20	0
常州纺织服装职业技术学院	30	1 338.28	2 144.3	1 855.8	340.8	0	0	0	162	0	0	0	178.8	1 515	0	288.5	10	0	278.5	0	0	0	0
苏州农业职业技术学院	31	55.5	396.7	396.7	198	30	0	0	0	18	140	0	10	198.7	0	0	0	0	0	0	0	0	0
南京科技职业学院	32	137	1 106	1 061	861	120	60	0	0	90	180	383	28	200	0	45	0	0	45	0	0	0	0
常州轻工职业技术学院	33	1 439	4 593.6	1 352	152	30	0	0	0	0	50	0	72	1 200	0	3 241.6	2 724.1	0	517.5	0	0	0	0
常州工程职业技术学院	34	1 217.9	3 110.5	542	162	0	0	0	0	23	0	0	139	380	0	2 568.5	2 262.5	0	306	0	0	0	0
江苏农林职业技术学院	35	30	320	320	200	30	0	0	0	0	170	0	0	120	0	0	0	0	0	0	0	0	0
江苏食品药品职业技术学院	36	1 381.3	1 221	1 060	690	0	0	0	0	0	210	210	270	370	0	161	75.5	0	85.5	0	0	0	0
南京铁道职业技术学院	37	865.4	1 860.8	1 117.8	500.3	0	0	0	0	0	200	300.3	0	617.5	0	743	125	0	618	0	0	0	0
徐州工业职业技术学院	38	235.9	834	554	274	0	0	0	0	0	150	0	124	280	0	280	41	0	215	0	0	24	0
江苏信息职业技术学院	39	265.17	1 416.57	857.32	185.32	0	0	0	0	0	181.62	0	3.7	672	0	559.25	336.25	0	223	0	0	0	0
南京信息职业技术学院	40	324	1 172	787	135	0	0	0	0	30	80	0	25	652	0	385	20	0	365	0	0	0	0
常州机电职业技术学院	41	761.57	1 394	1 108	326	0	0	0	0	0	287	0	39	782	0	286	60	0	226	0	0	0	0
江阴职业技术学院	42	76	418	226	90	0	0	0	0	0	80	0	10	136	0	192	142	0	50	0	0	0	0
无锡城市职业技术学院	43	120.8	639.4	639.4	198.4	0	0	0	0	40	90	0	68.4	441	0	0	0	0	0	0	0	0	0
无锡工艺职业技术学院	44	166	4 975.8	1 747.95	1 067.95	48	62	0	71.2	25.5	410	24	427.25	680	0	3 227.85	3 019	0	130	0	0	78.85	0
苏州健雄职业技术学院	45	313.5	882	733	173	0	0	0	0	10	120	0	43	560	0	149	129	0	20	0	0	0	0

续表

高校名称	编号	上年结转经费（千元）	当年经费收入合计（千元）	拨入（千元）政府资金投入	其中：科研活动经费	其中：教育部科研项目经费	其中：教育部其他科研经费	其中：中央高校基本科研业务费	其中：中央其他部门科研项目经费	其中：省、市、自治区社科基金项目	其中：省教育厅科研项目经费	其中：省教育厅其他科研经费	其中：其他各类地方政府经费	科技活动人员工资	科研基建费	非政府资金投入	其中：企事业单位委托项目经费	其中：金融机构贷款	其中：自筹经费	境外资金	其中：港、澳、台地区合作项目经费	其他收入	其中：科技活动人员工资
		L01	L02	L03	L04	L05	L06	L07	L08	L09	L10	L11	L12	L13	L14	L15	L16	L17	L18	L19	L20	L21	L22
盐城工业职业技术学院	46	1 653.45	2 990.7	1 338.9	321	0	0	0	20	0	260	0	41	1 017.9	0	1 651.8	1 405.8	0	246	0	0	0	0
江苏财经职业技术学院	47	593.63	2 468	922	364.8	50	0	0	34	0	180	0	100.8	557.2	0	1 546	1 296	0	250	0	0	0	0
扬州工业职业技术学院	48	255.4	2 049.1	841	361	0	0	0	0	40	42	200	79	480	0	1 208.1	814	0	394.1	0	0	0	0
江苏城市职业学院	49	2 401.21	4 763.1	3 152.5	700	90	0	0	0	129	459	0	22	2 452.5	0	1 610.6	782.6	0	828	0	0	0	0
南京城市职业学院	50	250.1	469.65	458	112.4	0	0	0	0	9	23.8	0	79.6	345.6	0	11.65	2	0	9.65	0	0	0	0
南京机电职业技术学院	51	134.8	827.2	593.2	199	0	0	0	0	25	100	0	74	394.2	0	234	40	0	194	0	0	0	0
南京旅游职业学院	52	698.69	558	423	263	0	0	0	0	10	129	24	100	160	0	135	0	0	72	0	0	63	0
江苏卫生健康职业学院	53	375.7	999.5	795.5	153	0	0	0	0	8	130	0	15	642.5	0	204	138	0	66	0	0	0	0
苏州信息职业技术学院	54	60.7	260.5	230.5	88	0	0	0	0	10	78	0	0	142.5	0	30	10	0	20	0	0	0	0
苏州工业园区服务外包职业学院	55	351.84	5 344.5	1034	254	0	0	0	0	0	9	0	245	780	0	4310.5	3810	0	251.5	0	0	249	0
徐州幼儿师范高等专科学校	56	222.15	941.7	939.7	379	0	0	0	0	0	151	0	228	560.7	0	2	0	0	2	0	0	0	0
徐州生物工程职业技术学院	57	95.7	226.6	141.8	4	0	0	0	0	0	0	0	4	137.8	0	84.8	0	0	84.8	0	0	0	0
江苏商贸职业学院	58	336.89	1 892.5	1 130.5	95.5	0	0	0	0	0	0	0	95.5	1 035	0	762	172.7	0	589.3	0	0	0	0
南通师范高等专科学校	59	81.9	187	173	88	15	0	0	0	0	3	43	27	85	0	14	0	0	14	0	0	0	0
江苏护理职业学院	60	15	275.2	270.2	99.2	0	0	0	0	0	89.2	0	10	171	0	5	0	0	5	0	0	0	0
江苏财会职业学院	61	4	902.18	872.18	76	0	0	0	0	11	0	0	65	796.18	0	30	0	0	15	0	0	15	0
江苏城乡建设职业学院	62	735.5	1 748	868	48	24	0	0	0	0	0	0	24	820	0	880	280	0	600	0	0	0	0
江苏航空职业技术学院	63	0	107	54	45	0	0	0	0	0	0	0	45	9	0	53	0	0	53	0	0	0	0
江苏安全技术职业学院	64	0	137	115	59	0	0	0	0	0	24	0	35	56	0	22	0	0	7	0	0	15	0
江苏旅游职业学院	65	10	1 112	1 015	742	0	0	0	5	126	105	55	451	273	0	97	0	0	26	0	0	71	0

高校名称	经费名称	当年R&D经费支出合计(千元)	转拨给外单位经费	其中：对国内研究机构支出	其中：对国内高等学校支出	其中：对国内企业支出	其中：对境外机构支出	R&D经费内部支出合计	其中：基础研究支出	其中：应用研究支出	其中：试验发展支出	其中：政府资金	其中：企业资金	其中：境外资金	其中：其他	其中：科研人员费	其中：业务费	其中：科研基建费	其中：仪器设备费	其中：单价在1万元以上的设备费	其中：图书资料费	其中：间接费	其中：管理费	其中：其他支出	当年结余经费(千元)	银行存款
	编号	L23	L24	L25	L26	L27	L28	L29	L30	L31	L32	L33	L34	L35	L36	L37	L38	L39	L40	L41	L42	L43	L44	L45	L46	L47
合计	/	12 4678.1	259.4	180	48	0	0	124 418.7	28 362.36	96 047.86	8.48	79 946.11	37 962.17	5.52	6 504.9	56 715.92	42 913.6	0	3 461.74	125	11 127.39	5 067.18	2 004.96	5 132.87	41 625.29	41 618.29
盐城幼儿师范高等专科学校	1	1 872	0	0	0	0	0	1 872	126.7	1 745.3	0	1 329.68	0	0	542.32	200	378.5	0	0	0	345.4	0	0	948.1	727	727
苏州幼儿师范高等专科学校	2	962.8	0	0	0	0	0	962.8	266.06	696.74	0	886.4	76.4	0	0	490.2	246	0	90	0	0.6	0	0	136	1 183.94	1 183.94
无锡职业技术学院	3	3 557.24	0	0	0	0	0	3 557.24	86.83	3 470.41	0	3 186.73	76.99	0	293.52	2451	716.94	0	0	0	90.4	177.15	33	121.75	1 395.58	1 395.58
江苏建筑职业技术学院	4	2 565.25	0	0	0	0	0	2 565.25	25.28	2 539.97	0	2 063.68	265.99	0	235.58	1 964	566.9	0	0	0	6.8	0	0	27.55	99.1	99.1
南京工业职业技术学院	5	8 171.67	0	0	0	0	0	8 171.67	4 058	4 113.67	0	4 854.8	3 221.59	0	95.28	4 100	3 887.56	0	26	0	85.2	38.66	15.36	34.25	1 298.34	1 298.34
江苏工程职业技术学院	6	848.5	0	0	0	0	0	848.5	394.06	454.44	0	824.5	0	0	24	581.5	224	0	0	0	33	10	9	0	259.5	259.5
苏州工艺美术职业技术学院	7	2 469.1	0	0	0	0	0	2 469.1	283.51	2 185.59	0	1 592.3	810	0	66.8	927.1	1 280.86	0	40.98	0	147.16	50	6	23	225.8	223.8
连云港职业技术学院	8	952.55	0	0	0	0	0	952.55	225.62	726.93	0	893.05	46.5	0	13	847	50.9	0	1.4	0	16.3	5.25	0.25	31.7	7.45	7.45
镇江市高等专科学校	9	2 284.2	180	180	0	0	0	2 104.2	778.36	1 325.84	0	1 709.8	277.4	0	117	1 441.6	369.4	0	110	0	88.6	55.9	15.1	38.7	158.1	158.1
南通职业大学	10	1 338	0	0	0	0	0	1 338	59.66	1 278.34	0	1 084	205	0	49	710	4 77.5	0	0	0	96.5	0	0	54	145	145
苏州职业大学	11	4 180.42	0	0	0	0	0	4 180.42	1 485.71	2 694.71	0	2 947.59	1 099.41	0	133.42	1 870.5	876.71	0	398.43	89	124.6	665.22	128.96	244.96	726	726
沙洲职业工学院	12	692.4	0	0	0	0	0	692.4	124.81	567.59	0	589.2	103.2	0	0	344	34.7	0	57.4	0	111.6	79.9	0.6	64.8	241.05	241.05
扬州市职业大学	13	3 499.45	0	0	0	0	0	3 499.45	0	3 499.45	0	2 751.5	678.95	0	69	2450.1	522.35	0	0	0	58.19	468.81	27.14	0	160.48	160.48
连云港师范高等专科学校	14	1 146.2	0	0	0	0	0	1 146.2	125.61	1 020.59	0	1 146.2	0	0	0	788	134.2	0	44	0	179	0	0	1	140.6	140.6
江苏经贸职业技术学院	15	8 643.13	0	0	0	0	0	8 643.13	82.92	8 560.21	0	1 323	7 106.13	0	214	1 034	2 657.05	0	780	0	3 429.65	581.69	580.19	160.74	5 570.81	5 570.81
泰州职业技术学院	16	719.53	0	0	0	0	0	719.53	10.73	708.8	0	548.24	103.12	0	68.17	398.95	176.46	0	0	0	72.44	37.74	30.82	33.94	1 494.24	1 494.24
常州信息职业技术学院	17	2 210.18	0	0	0	0	0	2 210.18	242.54	1 967.64	0	2 086.18	0	0	124	1 845.68	187.3	0	62	0	65.5	17.5	11	32.2	355.4	355.4
江苏海事职业技术学院	18	4 329.17	0	0	0	0	0	4 329.17	179.04	4 150.13	0	2 072.17	2 257	0	0	1 168.8	2 435.91	0	0	0	83.72	160	160	480.74	1 387.13	1 387.13
无锡科技职业学院	19	1 136.6	0	0	0	0	0	1 136.6	1 130.03	6.57	0	1 030.6	106	0	0	860	89	0	30.4	0	105.2	52	50	0	302	302
江苏医药职业学院	20	2 584.75	0	0	0	0	0	2 584.75	428.18	2 148.09	8.48	2 103.72	182.38	0	298.65	1 658.1	876.55	0	0	0	41.6	8.5	4.25	0	848.3	848.3

续表

高校名称	经费名称	当年R&D经费支出合计(千元)	支出(千元)：转拨给外单位经费	其中：对国内研究机构支出	其中：对国内高等学校支出	其中：对国内企业支出	其中：对境外机构支出	R&D经费内部支出合计	其中：基础研究支出	其中：应用研究支出	其中：试验发展支出	其中：政府资金	其中：企业资金	其中：境外资金	其中：其他	其中：科研人员费	其中：业务费	其中：科研基建费	其中：仪器设备费	其中：单价在1万元以上的设备费	其中：图书资料费	其中：间接费	其中：管理费	其中：其他支出	当年结余经费(千元)	银行存款
	编号	L23	L24	L25	L26	L27	L28	L29	L30	L31	L32	L33	L34	L35	L36	L37	L38	L39	L40	L41	L42	L43	L44	L45	L46	L47
南通科技职业学院	21	2 019.7	0	0	0	0	0	2 019.7	771.36	1 248.34	0	1 931.3	65.9	0	22.5	1 768.6	237.6	0	0	0	13.5	0	0	0	175.1	175.1
苏州经贸职业技术学院	22	2 606.48	0	0	0	0	0	2 606.48	263.28	2 343.2	0	1 606.92	777.38	0	222.18	755.8	1 070.44	0	321.49	0	309.21	128.95	91.65	20.59	1 081.97	1 081.97
苏州工业职业技术学院	23	3 215.02	0	0	0	0	0	3 215.02	5.22	3 209.8	0	1 814.33	1 388.57	0	12.12	423	1 206.26	0	637.5	0	524.94	294.32	138.32	129	988.79	988.79
苏州卫生职业技术学院	24	817.45	0	0	0	0	0	817.45	11.35	806.1	0	779.47	0	0	37.98	196	415.6	0	1.15	0	157.3	7.9	0	39.5	859.75	859.75
无锡商业职业技术学院	25	2 946.79	48	0	48	0	0	2 898.79	20.61	2 878.18	0	1 409.52	1 133.9	0	355.37	598	1851.96	0	0	0	333.6	115.23	28.23	0	838.47	838.47
南通航运职业技术学院	26	1 458.28	0	0	0	0	0	1 458.28	489.7	968.58	0	1 211.38	7.2	0	239.7	620	312.35	0	0	0	183.15	4	0	338.78	696.4	696.4
南京交通职业技术学院	27	869.4	0	0	0	0	0	869.4	23.15	846.25	0	679.48	102	0	87.92	519	60.4	0	0	0	18.92	1.3	0	269.78	1 873.14	1 873.14
淮安信息职业技术学院	28	2 342.11	0	0	0	0	0	2 342.11	300.77	2 041.34	0	2 175.11	46.5	0	120.5	1 738.61	108	0	89	0	400.5	6	0	0	487.7	487.7
江苏农牧科技职业学院	29	242.45	0	0	0	0	0	242.45	0	242.45	0	232.45	0	0	10	153.6	21.45	0	0	0	38	23.4	7.55	6	147.35	147.35
常州纺织服装职业技术学院	30	2 023.01	0	0	0	0	0	2 023.01	974.07	1 048.94	0	1 810.81	49.33	5.52	157.35	1 600	357.76	0	7	0	20.68	27.32	7.25	10.25	1 459.57	1 459.57
苏州农业职业技术学院	31	372.1	0	0	0	0	0	372.1	307.2	64.9	0	372.1	0	0	0	208.7	33.5	0	0	0	23.9	84.5	1.5	21.5	80.1	80.1
南京科技职业学院	32	1011	0	0	0	0	0	1 011	796.71	214.29	0	878.65	78.58	0	53.77	250	225	0	25	12	357	154	10	0	232	232
常州轻工职业技术学院	33	4 234.6	0	0	0	0	0	4 234.6	0	4 234.6	0	2 844	1 387.1	0	3.5	2 700	1 040.5	0	47.7	0	196	165.4	4	85	1 798	1 798
常州工程职业技术学院	34	3 028.5	0	0	0	0	0	3 028.5	1 902.51	1 125.99	0	925.39	2 098.18	0	4.93	405	1611.4	0	8	0	41.4	962.7	240.95	0	1 299.9	1 299.9
江苏农林职业技术学院	35	331	0	0	0	0	0	331	232.17	98.83	0	331	0	0	0	120	105	0	0	0	49.5	6	0	50.5	19	19
江苏食品药品职业技术学院	36	1 159.2	0	0	0	0	0	1 159.2	1 066.96	92.24	0	1 056	49	0	54.2	380	392.6	0	0	0	167	75	2.1	144.6	1 443.1	1 443.1
南京铁道职业技术学院	37	1 999.7	0	0	0	0	0	1 999.7	56.38	1 943.32	0	1 007.23	353.06	0	639.41	692.5	596.25	0	394.9	0	254.75	2	0	59.3	726.5	726.5
徐州工业职业技术学院	38	772.1	0	0	0	0	0	772.1	540.85	231.25	0	576.19	72.76	0	123.15	308	127.15	0	71.6	0	97.15	34.25	20.55	133.95	297.8	297.8
江苏信息职业技术学院	39	1 296.25	0	0	0	0	0	1 296.25	211.62	1 084.63	0	765.15	443.53	0	87.57	700	509.75	0	0	0	29.85	33.36	10.7	23.29	385.49	385.49

续表

南京信息职业技术学院	40	1 242	0	0	0	0	0	1 242	374.79	867.21	0	1 103.39	40.35	0	98.26	671	368.6	0	0	0	158.4	3	0	41	254	254
常州机电职业技术学院	41	1 403.22	0	0	0	0	0	1 403.22	3.51	1 399.71	0	1 174.42	95.77	0	133.03	802	295.89	0	91.59	0	201.25	12.49	12.49	0	752.35	752.35
江阴职业技术学院	42	384	0	0	0	0	0	384	0	384	0	217	142	0	25	150	12	0	0	0	222	0	0	0	110	110
无锡城市职业技术学院	43	640	0	0	0	0	0	640	303.47	336.53	0	624.9	0	0	15.1	460	67.85	0	36.55	0	52.2	23.4	7.55	0	120.2	120.2
无锡工艺职业技术学院	44	4 809.55	0	0	0	0	0	4 809.55	10.72	4 798.83	0	1 613.8	3 019	0	176.75	1 220	2 638.72	0	0	0	380.08	190.47	188.22	380.28	332.25	332.25
苏州健雄职业技术学院	45	983.5	0	0	0	0	0	983.5	485.05	498.45	0	811.5	127	0	45	580	367	0	0	0	36	0.5	0	0	212	212
盐城工业职业技术学院	46	3 505.45	0	0	0	0	0	3 505.45	28.28	3 477.17	0	1 467.16	2 008.13	0	30.16	1 210	1 948.15	0	0	0	238.3	0	0	109	1 138.7	1 138.7
江苏财经职业技术学院	47	2 088.23	0	0	0	0	0	2 088.23	312.6	1 775.63	0	1 060.26	971.59	0	56.38	757.2	648.8	0	0	0	196.31	31.2	31.2	454.72	973.4	973.4
扬州工业职业技术学院	48	2123.7	0	0	0	0	0	2 123.7	134.27	1 989.43	0	852.77	1 268.59	0	2.34	487	1 507.09	0	0	0	100.55	29.06	29.06	0	180.8	180.8
江苏城市职业学院	49	4 664.39	0	0	0	0	0	4 664.39	2 767.46	1 896.93	0	3 676.46	625.03	0	362.9	2 605.8	1 891.65	0	14.85	0	104.59	47.5	46.75	0	2 499.92	2 499.92
南京城市职业学院	50	527.75	0	0	0	0	0	527.75	0	527.75	0	498.1	2	0	27.65	425.2	99.45	0	0	0	3	0.1	0.1	0	192	192
南京机电职业技术学院	51	615.3	0	0	0	0	0	615.3	30.01	585.29	0	537.27	36.21	0	41.82	402	164.2	0	1	0	22.2	22.5	5.05	3.4	346.7	346.7
南京旅游职业学院	52	595.73	21.4	0	0	0	0	574.33	400.21	174.12	0	385.54	63.99	0	124.8	241.5	92.27	0	54.6	24	71.96	39	26	75	660.96	655.96
江苏卫生健康职业学院	53	1 125.35	0	0	0	0	0	1 125.35	661.59	463.76	0	888.25	111	0	126.1	693.9	420.65	0	0.5	0	10.3	0	0	0	249.85	249.85
苏州信息职业技术学院	54	213.6	0	0	0	0	0	213.6	0	213.6	0	203.6	10	0	0	162.5	40.7	0	3.8	0	4.6	0	0	2	107.6	107.6
苏州工业园区服务外包职业学院	55	5 423.64	0	0	0	0	0	5 423.64	2.48	5421.16	0	1 222.92	3 920.36	0	280.36	1 024.5	3 784.25	0	0	0	539.99	74.9	7.25	0	272.7	272.7
徐州幼儿师范高等专科学校	56	921.55	0	0	0	0	0	921.55	807.59	113.96	0	915.55	0	0	6	561.7	53.85	0	0.6	0	94.65	7.05	3.5	203.7	242.3	242.3
徐州生物工程职业技术学院	57	238.3	0	0	0	0	0	238.3	145.26	93.04	0	189.63	0	0	48.67	150.8	64.8	0	2.1	0	8.15	10.2	2.6	2.25	84	84
江苏商贸职业学院	58	1 878.12	0	0	0	0	0	1 878.12	1 865.58	12.54	0	1 544.44	281.44	0	52.24	1 523.5	328.35	0	0	0	17.45	8.82	8.82	0	351.27	351.27
南通师范高等专科学校	59	175.09	0	0	0	0	0	175.09	175.09	0	0	175.09	0	0	0	100	6	0	0	0	46.45	22.64	0	0	93.81	93.81
江苏护理职业学院	60	279.9	0	0	0	0	0	279.9	229.69	50.21	0	279.9	0	0	0	172	32.1	0	0	0	42.7	10.4	1.9	22.7	10.3	10.3
江苏财会职业学院	61	903.98	0	0	0	0	0	903.98	349.65	554.33	0	873.98	0	0	30	797.98	74.2	0	0	0	10.6	0	0	21.2	2.2	2.2
江苏城乡建设职业学院	62	1673.47	0	0	0	0	0	1 673.47	479.45	1 194.02	0	1 022.68	570.66	0	80.13	890	634.27	0	8.2	0	105.85	0	0	35.15	810.03	810.03
江苏航空职业技术学院	63	107	0	0	0	0	0	107	71.33	35.67	0	21	0	0	86	21	48	0	0	0	38	0	0	0	0	0
江苏安全技术职业学院	64	137	10	0	0	0	0	127	127	0	0	122.68	0	0	4.32	60	32	0	0	0	18	0	0	17	0	0
江苏旅游职业学院	65	1 110	0	0	0	0	0	1 110	509.72	600.28	0	1 034	0	0	76	279	821	0	4	0	6	0	0	0	12	12

4. 民办及中外合作办学高等学校人文、社会科学研究与发展经费情况表

高校名称		上年结转经费(千元)	当年经费收入合计(千元)	拨入(千元)																			
				政府资金投入	其中											非政府资金投入	其中			境外资金	其中		
					科研活动经费	其中								科技活动人员工资	科研基建费		企事业单位委托项目经费	金融机构贷款	自筹经费		港、澳、台地区合作项目经费	其他收入	科技活动人员工资
						教育部科研项目经费	教育部其他科研经费	中央高校基本科研业务费	中央其他部门科研项目经费	省、市、自治区社科基金项目	省教育厅科研项目经费	省教育厅其他科研经费	其他各类地方政府经费										
	编号	L01	L02	L03	L04	L05	L06	L07	L08	L09	L10	L11	L12	L13	L14	L15	L16	L17	L18	L19	L20	L21	L22
合计	/	14 727.22	31 629.91	8 118.63	8 118.63	290.1	21.3	0	768.6	450.4	3 976.4	148.6	2 463.23	0	0	23 511.28	2 072.35	0	6 243.07	645.51	129.66	600	13950.35
明达职业技术学院	1	0	0	0	0	0	0	0	0	0	0	0	0	0	0	0	0	0	0	0	0	0	0
三江学院	2	3 338.19	5 294.26	1 820.5	1 820.5	72.5	0	0	210	0	229	0	1 309	0	0	3 473.76	765	0	1 406.1	129.66	129.66	0	1 173
九州职业技术学院	3	97.7	622.5	179	179	0	0	0	0	0	170	0	9	0	0	443.5	0	0	77.5	0	0	0	366
南通理工学院	4	602.05	688	214	214	0	0	0	0	40	144	0	30	0	0	474	0	0	154	0	0	0	320
硅湖职业技术学院	5	354.5	797.2	274	274	0	0	0	0	64	143	0	67	0	0	523.2	9.2	0	37	0	0	77	400
应天职业技术学院	6	32.9	206	86	86	0	0	0	0	0	80	0	6	0	0	120	0	0	0	0	0	0	120
苏州托普信息职业技术学院	7	14.5	60	15	15	0	0	0	0	0	10	0	5	0	0	45	0	0	6	0	0	0	39
东南大学成贤学院	8	829.51	458.2	188.3	188.3	0	21.3	0	0	25	135.1	6.1	0.8	0	0	269.9	0	0	121.4	0	0	0	148.5
苏州工业园区职业技术学院	9	86.75	637.6	91	91	0	0	0	0	4	30	0	57	0	0	546.6	372	0	71	0	0	0	103.6
太湖创意职业技术学院	10	0	62.42	0	0	0	0	0	0	0	0	0	0	0	0	62.42	0	0	62.42	0	0	0	0
炎黄职业技术学院	11	0	0	0	0	0	0	0	0	0	0	0	0	0	0	0	0	0	0	0	0	0	0
正德职业技术学院	12	35	205	15	15	0	0	0	0	0	15	0	0	0	0	190	0	0	15	0	0	0	175
钟山职业技术学院	13	93.6	20	0	0	0	0	0	0	0	0	0	0	0	0	20	0	0	0	0	0	0	20
无锡南洋职业技术学院	14	392.4	626	104	104	0	0	0	0	88	16	0	0	0	0	522	0	0	104	0	0	150	268
江南影视艺术职业学院	15	28.8	1 035	114.3	114.3	0	0	0	0	0	32	0	82.3	0	0	920.7	0	0	281.6	0	0	0	639.1
金肯职业技术学院	16	385	411	100	100	0	0	0	0	0	100	0	0	0	0	311	0	0	108	0	0	3	200
建东职业技术学院	17	0	101	16	16	0	0	0	0	0	16	0	0	0	0	85	0	0	34	0	0	0	51
宿迁职业技术学院	18	0	23.5	3	3	0	0	0	0	0	2.5	0.5	0	0	0	20.5	0	0	9	0	0	1.5	10
江海职业技术学院	19	39	800	224.5	224.5	0	0	0	0	0	140.5	0	84	0	0	575.5	58	0	10	0	0	0	507.5
无锡太湖学院	20	1 085.3	3 188.4	830	830	60	0	0	0	40	476	100	154	0	0	2 358.4	102	0	611.4	0	0	0	1645
中国矿业大学徐海学院	21	137.59	241	0	0	0	0	0	0	0	0	0	0	0	0	241	0	0	100	0	0	0	141

续表

南京大学金陵学院	22	242.8	1 039.8	25.4	25.4	0	0	0	0	0	0	0	25.4	0	0	1 014.4	400	0	128	0	0	0	486.4
南京理工大学紫金学院	23	216	423	78	78	0	0	0	0	0	48	0	30	0	0	345	5	0	100	0	0	0	240
南京航空航天大学金城学院	24	220.03	373.6	9	9	0	0	0	0	3	0	0	6	0	0	364.6	0	0	132	0	0	0	232.6
中国传媒大学南广学院	25	371.5	506.6	189.4	189.4	35	0	0	0	33.6	114.8	0	6	0	0	317.2	0	0	7.2	0	0	0	310
金山职业技术学院	26	0.6	80	44	44	0	0	0	0	22	0	22	0	0	0	36	0	0	0	0	0	0	36
南京理工大学泰州科技学院	27	167.65	1267	338	338	0	0	0	0	50	118	0	170	0	0	929	30	0	176	0	0	0	723
南京师范大学泰州学院	28	615.91	1007.15	306	306	50	0	0	190	0	0	0	66	0	0	701.15	260.15	0	210	0	0	11	220
南京工业大学浦江学院	29	241	444	153	153	0	0	0	0	0	150	0	3	0	0	291	0	0	119	0	0	0	172
南京师范大学中北学院	30	34	838	150	150	0	0	0	0	0	130	20	0	0	0	688	0	0	247	0	0	41	400
苏州百年职业学院	31	0	205.6	40	40	0	0	0	0	0	40	0	0	0	0	165.6	0	0	74	0	0	0	91.6
昆山登云科技职业学院	32	18.9	503.5	52	52	0	0	0	0	0	43	0	9	0	0	451.5	0	0	241	0	0	4	206.5
南京视觉艺术职业学院	33	97.2	310	0	0	0	0	0	0	0	0	0	0	0	0	310	0	0	100	0	0	0	210
南京医科大学康达学院	34	44.5	205	91	91	0	0	0	0	0	91	0	0	0	0	114	0	0	0	0	0	0	114
南京中医药大学翰林学院	35	290.48	740	270	270	0	0	0	0	30	140	0	100	0	0	470	0	0	0	0	0	290	180
南京信息工程大学滨江学院	36	331.91	373.8	167.8	167.8	20	0	0	20	4.8	9	0	114	0	0	206	0	0	50	0	0	6	150
苏州大学文正学院	37	4	206	154	154	0	0	0	0	0	154	0	0	0	0	52	0	0	4	0	0	0	48
苏州大学应用技术学院	38	151.69	598.8	33.3	33.3	0	0	0	0	6	0	0	27.3	0	0	565.5	71	0	400	0	0	4.5	90
苏州科技大学天平学院	39	125	421	95	95	0	0	0	0	0	80	0	15	0	0	326	0	0	130	0	0	0	196
江苏大学京江学院	40	0	0	0	0	0	0	0	0	0	0	0	0	0	0	0	0	0	0	0	0	0	0
扬州大学广陵学院	41	8	846	180	180	30	0	0	0	0	150	0	0	0	0	666	0	0	70	0	0	0	596
江苏师范大学科文学院	42	261.8	236	150	150	0	0	0	0	0	150	0	0	0	0	86	0	0	0	0	0	0	86
南京邮电大学通达学院	43	0	19	0	0	0	0	0	0	0	0	0	0	0	0	19	0	0	4	0	0	12	3
南京财经大学红山学院	44	346	658.05	16	16	0	0	0	0	0	16	0	0	0	0	642.05	0	0	5	0	0	0	637.05
江苏科技大学苏州理工学院	45	58.5	183.5	73.5	73.5	0	0	0	0	0	73.5	0	0	0	0	110	0	0	80	0	0	0	30
常州大学怀德学院	46	107.1	300	70	70	0	0	0	0	0	70	0	0	0	0	230	0	0	38	0	0	0	192
南通大学杏林学院	47	166.3	579.6	210	210	0	0	0	0	0	210	0	0	0	0	369.6	0	0	9.6	0	0	0	360
南京审计大学金审学院	48	117.2	544	109	109	0	0	0	0	0	100	0	9	0	0	435	0	0	0	0	0	0	435
宿迁学院	49	560.37	1592	416	416	0	0	0	0	40	350	0	26	0	0	1176	0	0	450	0	0	0	726
苏州高博软件技术职业学院	50	51.5	420	38	38	0	0	0	0	0	0	0	38	0	0	382	0	0	62	0	0	0	320
宿迁泽达职业技术学院	51	0	0	0	0	0	0	0	0	0	0	0	0	0	0	0	0	0	0	0	0	0	0
西交利物浦大学	52	2 324.49	837.83	385.63	385.63	22.6	0	0	348.6	0	0	0	14.43	0	0	452.2	0	0	197.85	121.85	0	0	132.5
昆山杜克大学	53	0	394	0	0	0	0	0	0	0	0	0	0	0	0	394	0	0	0	394	0	0	0

高校名称	经费名称	当年R&D经费支出合计(千元)	支出(千元)																						当年结余经费(千元)	银行存款
			转拨给外单位经费	其中				R&D经费内部支出合计	其中			其中				其中										
				对国内研究机构支出	对国内高等学校支出	对国内企业支出	对境外机构支出		基础研究支出	应用研究支出	试验发展支出	政府资金	企业资金	境外资金	其他	科研人员费	业务费	科研基建费	仪器设备费	其中：单价在1万元以上的设备费	图书资料费	间接费	其中：管理费	其他支出		
	编号	L23	L24	L25	L26	L27	L28	L29	L30	L31	L32	L33	L34	L35	L36	L37	L38	L39	L40	L41	L42	L43	L44	L45	L46	L47
合计	/	29 026.67	123.55	0	20	3	0	28 903.12	9 502.04	19 280.41	120.67	8 476.24	2 970.3	539.95	16 916.63	15 866.5	7 434.26	0	592.84	68	2 730.2	620.46	244.16	1 658.86	17 330.46	17 308.46
明达职业技术学院	1	0	0	0	0	0	0	0	0	0	0	0	0	0	0	0	0	0	0	0	0	0	0	0	0	0
三江学院	2	4 084.87	20	0	20	0	0	4 064.87	75.78	3 989.09	0	1 700.9	691.22	195.25	1 477.5	1 383	1 849.88	0	171.37	0	337.56	127.83	15.21	195.23	4 547.58	4 547.58
九州职业技术学院	3	552.3	0	0	0	0	0	552.3	0	552.3	0	137.4	0	0	414.9	412	115.3	0	5.2	0	14.4	5.4	3.6	0	167.9	167.9
南通理工学院	4	572.4	0	0	0	0	0	572.4	226.85	345.55	0	218.3	0	0	354.1	325	118	0	0	0	33.1	17.15	17.15	79.15	717.65	717.65
硅湖职业技术学院	5	786.6	0	0	0	0	0	786.6	326.46	460.14	0	267.72	44.99	0	473.89	410	44.1	0	20	0	119	0	0	193.5	365.1	365.1
应天职业技术学院	6	164.8	0	0	0	0	0	164.8	0	164.8	0	39.8	0	0	125	125	6.7	0	5.6	0	22.8	0	0	4.7	74.1	74.1
苏州托普信息职业技术学院	7	54	0	0	0	0	0	54	30	24	0	9	0	0	45	45	5	0	2	0	2	0	0	0	20.5	20.5
东南大学成贤学院	8	514.04	0	0	0	0	0	514.04	103.39	410.65	0	204.14	10.36	0	299.54	248.5	12.7	0	21.5	0	138.34	62.92	45.12	30.08	773.67	773.67
苏州工业园区职业技术学院	9	692.35	0	0	0	0	0	692.35	0	692.35	0	95.75	432	0	164.6	143.6	390.2	0	1.85	0	129.5	27.2	27.2	0	32	32
太湖创意职业技术学院	10	62.42	0	0	0	0	0	62.42	31.21	31.21	0	0	0	0	62.42	0	62.42	0	0	0	0	0	0	0	0	0
炎黄职业技术学院	11	0	0	0	0	0	0	0	0	0	0	0	0	0	0	0	0	0	0	0	0	0	0	0	0	0
正德职业技术学院	12	205	0	0	0	0	0	205	0	205	0	15	0	0	190	190	12	0	0	0	3	0	0	0	35	35
钟山职业技术学院	13	39.6	0	0	0	0	0	39.6	10.1	29.5	0	19.6	0	0	20	20	0	0	0	0	11.8	0	0	7.8	74	74
无锡南洋职业技术学院	14	546.45	0	0	0	0	0	546.45	0	546.45	0	140.4	0	0	406.05	406.05	23.6	0	21.4	0	20.2	17	0	58.2	471.95	471.95
江南影视艺术职业学院	15	977.9	0	0	0	0	0	977.9	542.29	435.61	0	25.48	0	0	952.42	697.6	112.2	0	30.4	0	110.5	0	0	27.2	85.9	85.3
金肯职业技术学院	16	529	50	0	0	0	0	479	432.04	46.96	0	192.14	0	0	286.86	240	51.5	0	91	68	57	38	23	1.5	267	267

续表

建东职业技术学院	17	101	0	0	0	0	0	101	0	101	0	46	0	0	55	55	6	0	5	0	29	6	2	0	0	0
宿迁职业技术学院	18	23.5	0	0	0	0	0	23.5	23.5	0	0	10.5	0	0	13	13	3	0	0	0	6	1	0	0.5	0	0
江海职业技术学院	19	774	0	0	0	0	0	774	393.79	380.21	0	198.5	58	0	517.5	517.5	161	0	0	0	95.5	0	0	0	65	65
无锡太湖学院	20	3 539.35	0	0	0	0	0	3 539.35	527.26	3 012.09	0	768.88	656.93	0	2 113.54	2 088	1 258.24	0	45	0	145.05	3.06	3.06	0	734.35	734.35
中国矿业大学徐海学院	21	201.14	0	0	0	0	0	201.14	0	201.14	0	50.14	0	0	151	151	49.71	0	0	0	0.43	0	0	0	177.45	177.45
南京大学金陵学院	22	811.11	0	0	0	0	0	811.11	44.04	767.07	0	49.04	230.62	0	531.45	531.45	76.01	0	0	0	0	30.5	17.17	173.15	471.49	471.49
南京理工大学紫金学院	23	405	10	0	0	0	0	395	158	237	0	62.31	10.38	0	322.31	260	20	0	0	0	70	0	0	45	234	214
南京航空航天大学金城学院	24	397	0	0	0	0	0	397	145.71	251.29	0	102.5	0	0	294.5	293	55.06	0	0	0	31.12	11.3	0	6.52	196.63	196.63
中国传媒大学南广学院	25	472.9	0	0	0	0	0	472.9	351.61	121.29	0	143.6	0	0	329.3	315	118.4	0	0	0	0	21.4	0	18.1	405.2	405.2
金山职业技术学院	26	67	0	0	0	0	0	67	66.34	0.66	0	29	0	0	38	38	22.1	0	1	0	2	0	0	3.9	13.6	12.2
南京理工大学泰州科技学院	27	1 105.85	0	0	0	0	0	1 105.85	5.77	1 100.08	0	201.4	47.85	0	856.6	856.6	107.4	0	8.4	0	114.35	19.1	13.4	0	328.8	328.8
南京师范大学泰州学院	28	955.2	0	0	0	0	0	955.2	169.03	786.17	0	185.92	477.84	0	291.44	291	414.22	0	62.72	0	126.81	60.45	57.95	0	667.86	667.86
南京工业大学浦江学院	29	379.55	0	0	0	0	0	379.55	203.1	176.45	0	101.48	0	0	278.07	182	84.55	0	0	0	28.5	0	0	84.5	305.45	305.45
南京师范大学中北学院	30	495	0	0	0	0	0	495	448.59	46.41	0	85.19	0	0	409.81	401	59	0	0	0	20	0	0	15	377	377
苏州百年职业学院	31	143.6	0	0	0	0	0	143.6	0	143.6	0	18	0	0	125.6	117.6	10	0	0	0	12	0	0	4	62	62
昆山登云科技职业学院	32	459.65	0	0	0	0	0	459.65	306.32	153.33	0	154.3	0	0	305.35	210.5	180.35	0	0	0	47.85	7.4	0.3	13.55	62.75	62.75
南京视觉艺术职业学院	33	351.2	0	0	0	0	0	351.2	262.03	89.17	0	101.2	0	0	250	250	34.2	0	0	0	61	6	0	0	56	56
南京医科大学康达学院	34	185	0	0	0	0	0	185	165.96	19.04	0	68	0	0	117	117	36.5	0	0	0	17.6	13.9	2.6	0	64.5	64.5
南京中医药大学翰林学院	35	480.18	38.55	0	0	0	0	441.63	0	441.63	0	256.63	0	0	185	185	11.63	0	0	0	245	0	0	0	550.3	550.3
南京信息工程大学滨江学院	36	504	0	0	0	0	0	504	392.92	111.08	0	281	0	0	223	200	131.5	0	23.4	0	17.9	23.6	4	107.6	201.71	201.71
苏州大学文正学院	37	52	0	0	0	0	0	52	26	26	0	0	0	0	52	52	0	0	0	0	0	0	0	0	158	158

续表

高校名称	经费名称	当年R&D经费支出合计(千元)	支出(千元) 转拨给外单位经费	其中 对国内研究机构支出	其中 对国内高等学校支出	其中 对国内企业支出	其中 对境外机构支出	R&D经费内部支出合计	其中 基础研究支出	其中 应用研究支出	其中 试验发展支出	其中 政府资金	其中 企业资金	其中 境外资金	其中 其他	其中 科研人员费	其中 业务费	其中 科研基建费	其中 仪器设备费	其中 单价在1万元以上的设备费	其中 图书资料费	其中 间接费	其中 管理费	其中 其他支出	当年结余经费(千元)	银行存款
	编号	L23	L24	L25	L26	L27	L28	L29	L30	L31	L32	L33	L34	L35	L36	L37	L38	L39	L40	L41	L42	L43	L44	L45	L46	L47
苏州大学应用技术学院	38	495.6	0	0	0	0	0	495.6	5.8	489.8	0	60.49	310.11	0	125	125	180.2	0	0	0	89.85	93.55	4.3	7	254.89	254.89
苏州科技大学天平学院	39	271.5	2	0	0	0	0	269.5	131.29	138.21	0	53.5	0	0	216	211	32.5	0	0	0	23	2	0	1	274.5	274.5
江苏大学京江学院	40	0	0	0	0	0	0	0	0	0	0	0	0	0	0	0	0	0	0	0	0	0	0	0	0	0
扬州大学广陵学院	41	674.27	0	0	0	0	0	674.27	269.35	404.92	0	53.27	0	0	621	621	3.02	0	9.31	0	21.67	0.8	0	18.47	179.73	179.73
江苏师范大学科文学院	42	140.79	0	0	0	0	0	140.79	90.6	50.19	0	50.49	0	0	90.3	90.3	16.84	0	4.34	0	24.23	0	0	5.08	357.01	357.01
南京邮电大学通达学院	43	5	0	0	0	0	0	5	2.5	2.5	0	0	0	0	5	5	0	0	0	0	0	0	0	0	14	14
南京财经大学红山学院	44	918.1	0	0	0	0	0	918.1	837.89	80.21	0	206.1	0	0	712	702	0	0	0	0	0	0	0	216.1	85.95	85.95
江苏科技大学苏州理工学院	45	153	0	0	0	0	0	153	89.69	47.48	15.83	67	0	0	86	86	16	0	0	0	51	0	0	0	89	89
常州大学怀德学院	46	296.81	0	0	0	0	0	296.81	296.81	0	0	76.01	0	0	220.8	220.8	43.1	0	0	0	29.4	0	0	3.51	110.29	110.29
南通大学杏林学院	47	622	0	0	0	0	0	622	607.82	14.18	0	220	0	0	402	372	182.2	0	0	0	42.7	0	0	25.1	123.9	123.9
南京审计大学金审学院	48	545.8	0	0	0	0	0	545.8	0	545.8	0	105.8	0	0	440	440	14.4	0	11.9	0	69	0	0	10.5	115.4	115.4
宿迁学院	49	1 252.97	0	0	0	0	0	1 252.97	832.88	420.09	0	494.97	0	0	758	758	406.73	0	0	0	86.64	1.6	1.6	0	899.4	899.4
苏州高博软件技术职业学院	50	398.6	3	0	0	3	0	395.6	27.96	262.8	104.84	26.82	0	0	368.78	325	28.4	0	1.2	0	12.4	23.3	6.5	5.3	72.9	72.9
宿迁泽达职业技术学院	51	0	0	0	0	0	0	0	0	0	0	0	0	0	0	0	0	0	0	0	0	0	0	0	0	0
西交利物浦大学	52	1 327.27	0	0	0	0	0	1 327.27	841.36	485.91	0	1 082.57	0	104.7	140	140	628.4	0	50.25	0	211	0	0	297.62	1 835.05	1 835.05
昆山杜克大学	53	240	0	0	0	0	0	240	0	240	0	0	0	240	0	0	240	0	0	0	0	0	0	0	154	154

六、社科研究与发展机构

全省高等学校人文、社会科学研究机构一览表

机构名称	编号	成立时间	批准部门	组成方式	机构类型	学科分类	服务的国民经济行业	组成类型	R&D活动人员(人) 合计	其中 博士毕业	硕士毕业	高级职称	中级职称	初级职称	培养研究生(人)	R&D经费支出(千元)	仪器设备原价(千元)	其中 进口(千元)
		L01	L02	L03	L04	L05	L06	L07	L08	L09	L10	L11	L12	L13	L14	L15	L16	L17
南京大学	001	/	/	/	/	/	/	/	608	419	104	324	177	15	666	22 315	1 696	500
长江三角洲经济社会发展研究中心	1	2000/8/10	学校上级主管部门	独立设置研究所	教育部重点研究基地	经济学	商务服务业	政府部门办	15	12	2	10	4	1	30	1 200	200	0
当代外国文学与文化研究中心	2	2009/12/1	非学校上级主管部门	独立设置研究所	省级重点研究基地	外国文学	教育	政府部门办	16	10	6	8	6	2	33	48	22	0
公共事务与地方治理研究中心	3	2009/12/1	非学校上级主管部门	独立设置研究所	省级重点研究基地	政治学	社会保障	政府部门办	6	3	3	2	2	0	5	24	6	0
国家文化产业研究中心	4	2007/1/1	非学校上级主管部门	与校外合办所	中央其他部委重点实验室	经济学	文化艺术业	政府部门办	16	12	4	8	6	0	0	120	30	0
国家信息资源管理南京研究基地	5	2000/11/4	非学校上级主管部门	独立设置研究所	中央其他部委重点研究基地	图书馆、情报与文献学	软件和信息技术服务业	单位自办	10	8	2	5	5	0	36	100	0	0
江苏省城市现代化研究中心	6	2008/1/1	非学校上级主管部门	跨系所	省级重点研究基地	社会学	公共设施管理业	政府部门办	13	4	8	5	7	0	0	35	29	0
江苏省社会风险管理研究中心	7	2008/1/1	非学校上级主管部门	跨系所	省级重点研究基地	管理学	社会保障	政府部门办	15	12	2	8	4	2	32	110	10	0
江苏省数据工程与知识服务重点实验室	8	2014/7/1	学校上级主管部门	独立设置研究所	省级重点实验室	图书馆、情报与文献学	软件和信息技术服务业	政府部门办	8	4	3	4	2	0	22	600	400	300
马克思主义社会理论研究中心	9	2003/9/8	学校上级主管部门	独立设置研究所	教育部重点研究基地	马克思主义	中国共产党机关	政府部门办	15	10	5	12	3	0	0	800	0	0
民族与边疆研究中心	10	2004/3/20	学校自建	独立设置研究所	校级重点研究基地	民族学与文化学	社会工作	单位自办	6	4	2	3	1	0	0	20	8	0
区域经济转型与管理变革协同创新中心	11	2007/6/1	学校上级主管部门	独立设置研究所	省级 2011 协同创新中心	经济学	商务服务业	政府部门办	168	160	8	88	68	0	80	200	20	0
全国中国特色社会主义政治经济学研究中心	12	2017/3/30	学校上级主管部门	独立设置研究所	中央其他部委重点研究基地	经济学	商务服务业	与国内独立研究机构合办	22	18	4	14	8	0	0	200	0	0
儒佛道与中国传统文化研究中心	13	2010/3/1	非学校上级主管部门	独立设置研究所	省级重点研究基地	宗教学	群众团体、社会团体和其他成员组织	政府部门办	10	5	4	6	1	1	0	400	60	0

续表

机构名称	编号	成立时间	批准部门	组成方式	机构类型	学科分类	服务的国民经济行业	组成类型	R&D活动人员(人) 合计	其中 博士毕业	其中 硕士毕业	其中 高级职称	其中 中级职称	其中 初级职称	培养研究生(人)	R&D经费支出(千元)	仪器设备原价(千元)	其中 进口(千元)
		L01	L02	L03	L04	L05	L06	L07	L08	L09	L10	L11	L12	L13	L14	L15	L16	L17
社会舆情分析与决策支持研究中心	14	2004/1/1	学校上级主管部门	跨系所	省级重点研究基地	新闻学与传播学	新闻和出版业	政府部门办	36	18	12	16	4	0	40	120	0	0
社会与行为科学实验中心	15	2014/7/1	学校上级主管部门	独立设置研究所	省级重点研究基地	社会学	社会工作	政府部门办	13	12	1	11	2	0	0	330	200	200
苏南率先基本实现现代化研究中心	16	2004/1/1	学校上级主管部门	跨系所	省级重点研究基地	经济学	商务服务业	政府部门办	10	5	3	3	2	1	0	50	0	0
中国抗日战争研究协同创新中心	17	2016/2/1	学校上级主管部门	独立设置研究所	其他2011协同创新中心	历史学	教育	政府部门办	48	36	10	18	12	5	0	1 000	200	0
中国南海研究协同创新中心	18	2013/6/1	学校上级主管部门	与校外合办所	国家级2011协同创新中心	国际问题研究	国际组织	政府部门办	20	16	3	12	5	2	0	13 000	40	0
中国社会与文化研究中心	19	2004/8/1	学校自建	独立设置研究所	校级重点研究基地	社会学	社会工作	单位自办	8	6	2	4	2	0	10	8	2	0
中国诗学研究中心	20	2004/12/5	学校自建	独立设置研究所	校级重点研究基地	中国文学	文化艺术业	单位自办	6	5	1	5	1	0	28	200	2	0
中国特色社会主义理论体系研究基地	21	2004/1/1	学校上级主管部门	跨系所	教育部985创新基地	马克思主义	中国共产党机关	政府部门办	28	17	4	12	8	0	28	200	50	0
中国文学与东亚文明研究协同创新中心	22	2007/1/1	非学校上级主管部门	独立设置研究所	省级2011协同创新中心	中国文学	文化艺术业	政府部门办	64	2	6	40	12	0	25	2 600	200	0
中国新文学研究中心	23	1999/12/31	学校上级主管部门	独立设置研究所	教育部重点研究基地	中国文学	文化艺术业	政府部门办	28	18	5	14	8	0	160	600	15	0
中国语言战略研究中心	24	2007/1/1	非学校上级主管部门	与校外合办所	中央其他部委重点研究基地	语言学	教育	政府部门办	10	8	2	4	1	0	9	150	2	0
中华民国史研究中心	25	1993/6/18	学校上级主管部门	独立设置研究所	教育部重点研究基地	历史学	教育	政府部门办	17	14	2	12	3	1	128	200	200	0
东南大学	002	/	/	/	/	/	/	/	143	102	21	94	42	7	163	2 203.6	264.8	0
城市停车信息云平台实验室	1	2016/6/6	学校上级主管部门	独立设置研究所	校级重点研究基地	法学	教育	单位自办	4	4	0	4	0	0	5	60	60	0
反腐败法治研究中心	2	2015/1/30	非学校上级主管部门	独立设置研究所	省级重点研究基地	法学	中国共产党机关	政府部门办	12	9	3	6	6	0	15	200	70	0
江苏经济全球化研究中心	3	2011/11/17	非学校上级主管部门	与校外合办所	省级重点研究基地	经济学	卫生	单位自办	7	7	0	6	1	0	16	200	0	0
江苏民生幸福研究基地	4	2011/9/10	非学校上级主管部门	独立设置研究所	省级重点研究基地	经济学	卫生	单位自办	6	6	0	5	1	0	7	360	0	0
江苏省青少年工作研究基地(青少年违法犯罪)	5	2017/12/1	非学校上级主管部门	与校外合办所	其他	法学	教育	政府部门办	6	6	0	6	0	0	4	40	0	0

续表

江苏省区域经济与发展研究基地	6	2008/8/20	非学校上级主管部门	独立设置研究所	省级重点研究基地	管理学	科技推广和应用服务	单位自办	6	6	0	5	1	0	24	650	0	0
江苏省社区矫正损害修复项目研究基地	7	2017/9/1	非学校上级主管部门	与校外合办所	其他	法学	教育	政府部门办	11	11	0	10	1	0	3	40	0	0
交通法治与发展研究中心	8	2012/6/6	学校上级主管部门	独立设置研究所	省级重点研究基地	法学	教育	单位自办	8	8	0	7	1	0	6	152.6	124.8	0
情报科学技术研究所	9	1994/1/1	学校上级主管部门	独立设置研究所	其他	图书馆、情报与文献学	教育	单位自办	18	6	6	18	0	0	73	200	10	0
人民法院司法大数据研究基地	10	2016/7/1	非学校上级主管部门	与校外合办所	其他重点研究基地	法学	中国共产党机关	其他	19	0	5	5	7	7	10	250	0	0
中国特色社会主义理论体系研究基地	11	2015/4/2	非学校上级主管部门	独立设置研究所	省级重点研究基地	政治学	教育	政府部门办	46	39	7	22	24	0	0	51	0	0
江南大学	003	/	/	/	/	/	/	/	235	151	77	187	43	3	334	13 693.71	5 350	437
汉族服饰类非物质文化遗产研究基地	1	2014/7/21	非学校上级主管部门	独立设置研究所	其他重点研究基地	艺术学	纺织服装、服饰业	政府部门办	16	7	9	6	8	2	86	450	80	50
江南民族音乐研究中心	2	2017/7/1	学校自建	独立设置研究所	校级重点研究基地	艺术学	广播、电视、电影和影视录音制作业	单位自办	10	3	7	9	1	0	5	100	60	0
江苏党风廉政建设创新研究基地	3	2011/11/1	非学校上级主管部门	与校外合办所	其他重点研究基地，省社科联	马克思主义	中国共产党机关	单位自办	18	12	4	17	1	0	5	300	800	17
江苏省产品创意与文化重点研究基地	4	2010/1/1	非学校上级主管部门	跨系所	其他重点研究基地	艺术学	广播、电视、电影和影视录音制作业	单位自办	12	9	2	10	1	1	15	600	1 200	0
江苏省中国特色社会主义理论体系研究基地	5	2015/9/7	非学校上级主管部门	跨系所	其他重点研究基地，省委宣传部	马克思主义	中国共产党机关	政府部门办	18	15	3	15	3	0	13	1 780	200	0
教育信息化研究中心	6	2013/2/1	学校自建	独立设置研究所	其他重点研究基地，省教育厅	教育学	教育	单位自办	16	12	4	12	4	0	40	650.71	495	0
金融创新与风险管理研究基地	7	2017/7/1	学校上级主管部门	独立设置研究所	校级重点研究基地	经济学	货币金融服务	单位自办	10	10	0	5	5	0	19	85	55	0
品牌战略与管理创新研究基地	8	2017/1/20	非学校上级主管部门	跨系所	省级智库，其他重点研究基地，省规划办	管理学	文教、工美、体育和娱乐用品制造业	与国内高校合办	22	10	12	21	0	0	26	3 238	650	185
钱钟书及其海外传播研究中心	9	2017/7/1	学校上级主管部门	独立设置研究所	校级重点研究基地	语言学	教育	单位自办	10	7	3	9	1	0	20	150	50	0
食品安全风险治理研究院	10	2016/7/8	非学校上级主管部门	跨系所	省级智库，其他重点研究基地	管理学	人民政协、民主党派	与国内高校合办	22	10	12	21	0	0	26	3 280	650	185
无锡党的建设研究基地	11	2013/3/6	学校自建	与校外合办所	校级重点研究基地	政治学	中国共产党机关	政府部门办	10	6	2	3	7	0	8	200	20	0

续表

机构名称	编号	成立时间	批准部门	组成方式	机构类型	学科分类	服务的国民经济行业	组成类型	R&D活动人员(人) 合计	其中 博士毕业	其中 硕士毕业	其中 高级职称	其中 中级职称	其中 初级职称	培养研究生(人)	R&D经费支出(千元)	仪器设备原价(千元)	其中 进口(千元)
		L01	L02	L03	L04	L05	L06	L07	L08	L09	L10	L11	L12	L13	L14	L15	L16	L17
无锡古运河文化创意中心	12	2015/10/12	学校自建	与校外合办所	校级重点研究基地	艺术学	广播、电视、电影和影视录音制作业	政府部门办	9	5	4	6	3	0	0	780	500	0
无锡江南文化与影视研究中心	13	2007/12/27	学校自建	与校外合办所	校级重点研究基地	中国文学	广播、电视、电影和影视录音制作业	政府部门办	14	8	6	9	5	0	12	100	120	0
无锡老龄科学研究中心	14	2010/11/1	学校自建	独立设置研究所	校级重点研究基地	社会学	卫生	其他	14	10	4	13	1	0	30	230	70	0
无锡旅游与区域发展研究基地	15	2013/3/6	学校自建	与校外合办所	校级重点研究基地	经济学	研究和试验发展	政府部门办	10	5	3	10	0	0	26	850	250	0
无锡人力资源开发研究基地	16	2013/3/8	学校自建	与校外合办所	校级重点研究基地	管理学	商务服务业	与国内高校合办	16	14	2	14	2	0	3	500	40	0
中国物联网发展战略研究基地	17	2012/3/15	非学校上级主管部门	独立设置研究所	省级重点研究基地	管理学	互联网和相关服务	与国内独立研究机构合办	8	8	0	7	1	0	0	400	110	0
南京农业大学	004	/	/	/	/	/	/	/	621	521	80	458	140	3	748	21 523.88	2 683.46	0
不动产研究中心	1	2015/1/1	学校自建	独立设置研究所	校级重点研究基地	管理学	房地产业	单位自办	10	10	0	7	3	0	5	450	60	0
城乡规划设计研究院	2	2004/10/1	学校自建	独立设置研究所	校级重点研究基地	管理学		单位自办	16	16	0	15	1	0	8	36.16	4.52	0
地方治理与政策研究院	3	2017/7/1	非学校上级主管部门	跨系所	其他重点研究基地,教育厅校外基地	管理学	社会保障	政府部门办	32	9	11	8	3	1	15	800	0	0
典籍翻译与海外汉学研究中心	4	2015/11/23	学校自建	独立设置研究所	校级重点研究基地	语言学	教育	单位自办	6	1	5	2	4	0	16	40	0	0
电子商务研究中心	5	2001/6/1	学校自建	独立设置研究所	校级重点研究基地	管理学		单位自办	6	5	1	4	2	0	8	545	0	0
公共政策研究所	6	2004/1/1	学校自建	独立设置研究所	校级重点研究基地	管理学	社会工作	单位自办	3	3	0	3	0	0	10	60	20	0
管理工程研究室	7	2004/1/1	学校自建	独立设置研究所	校级重点实验室	管理学		单位自办	13	12	1	10	3	0	64	381	0	0
国际食品与农业经济研究中心	8	2004/6/10	学校自建	独立设置研究所	校级重点研究基地	管理学		单位自办	16	14	2	13	2	1	20	875	0	0
国际资源与环境经济研究所	9	2004/1/1	学校自建	独立设置研究所	校级重点研究基地	管理学	生态保护和环境治理业	单位自办	18	18	0	15	3	0	8	29.26	0	0
江苏粮食安全研究中心	10	2015/6/1	非学校上级主管部门	独立设置研究所	省级重点研究基地	管理学		单位自办	16	14	2	13	3	0	30	1406	90	0

续表

江苏农村金融发展研究中心	11	2010/11/2	学校上级主管部门	独立设置研究所	省级重点研究基地	经济学		政府部门办	23	20	3	7	16	0	33	25	45	0
江苏农业现代化决策咨询研究基地	12	2011/11/20	非学校上级主管部门	独立设置研究所	省级重点研究基地	管理学		政府部门办	25	25	0	20	5	0	18	1 310	81	0
江苏省国土资源利用与管理工程中心	13	2007/1/1	非学校上级主管部门	跨系所	其他重点研究基地	管理学		单位自办	28	28	0	24	4	0	16	20.3	1.98	0
江苏省农村发展与土地政策研究基地	14	2008/10/1	非学校上级主管部门	跨系所	省级重点研究基地	管理学		政府部门办	16	14	2	9	7	0	40	2 050	100	0
江苏省统计科学研究基地	15	2013/12/13	非学校上级主管部门	独立设置研究所	省级重点研究基地	管理学		单位自办	10	8	2	10	0	0	8	610	31	0
江苏省新农村科技创新思想库	16	2012/10/1	非学校上级主管部门	独立设置研究所	省级重点研究基地	管理学		政府部门办	10	10	0	7	3	0	8	580	26	0
金善宝农业现代化研究院	17	2015/11/10	非学校上级主管部门	独立设置研究所	省级智库	管理学		单位自办	16	14	2	13	2	1	30	1 654	82	0
劳动就业与公共政策研究中心	18	2017/1/1	学校自建	独立设置研究所	校级重点研究基地	管理学	社会保障	单位自办	6	6	0	5	1	0	4	150	0	0
领域知识关联研究中心	19	2004/6/1	学校自建	跨系所	校级重点实验室	图书馆、情报与文献学	软件和信息技术服务业	单位自办	16	9	3	13	3	0	10	1 000	2 000	0
农村土地资源利用与整治国家地方联合工程研究中心	20	2012/10/2	非学校上级主管部门	跨系所	中央其他部委重点研究基地	管理学		单位自办	66	66	0	60	6	0	30	45.4	1.98	0
农业保险研究所	21	2016/3/8	学校自建	与校外合办所	其他智库	经济学	保险业	与国内独立研究机构合办	5	4	1	5	0	0	25	20	0	0
农业经济研究所	22	1986/10/1	非学校上级主管部门	独立设置研究所	省级重点研究基地	管理学		政府部门办	16	14	2	14	2	0	40	1 650	83	0
农业园区研究中心	23	1995/1/2	学校自建	独立设置研究所	校级重点研究基地	管理学		单位自办	8	4	1	5	3	0	8	1 375	0	0
农业转基因生物安全管理政策研究中心	24	2009/11/2	学校自建	独立设置研究所	校级重点研究基地	管理学		单位自办	16	15	1	13	3	0	10	882	0	0
日语语言文化研究所	25	2004/10/1	学校自建	独立设置研究所	校级重点研究基地	语言学	教育	单位自办	15	4	10	4	11	0	19	100	0	0
统筹城乡发展与土地管理创新研究基地	26	2012/1/12	非学校上级主管部门	独立设置研究所	其他重点研究基地，江苏省教育厅校外基地	管理学		单位自办	15	15	0	15	0	0	8	9.2	0	0
英语语言文化研究所	27	2004/10/1	学校自建	独立设置研究所	校级重点研究基地	语言学	教育	单位自办	15	7	8	11	4	0	28	100	0	0
中国国土资源与生态文明建设研究院	28	2013/1/1	学校自建	独立设置研究所	校级重点研究基地	管理学	生态保护和环境治理业	单位自办	6	6	0	5	1	0	7	50	0	0
中国粮食安全保障研究中心	29	2009/1/1	学校自建	独立设置研究所	校级重点研究基地	管理学		单位自办	16	14	2	9	7	0	30	1 715	0	0
中国农业产业链管理研究与发展中心	30	2006/7/14	学校自建	独立设置研究所	校级重点研究基地	管理学		单位自办	16	15	1	13	3	0	10	605	0	0
中国农业历史研究中心	31	2009/11/20	学校上级主管部门	跨系所	省级重点研究基地	历史学		政府部门办	26	24	2	19	7	0	45	900	25	0

续表

机构名称	编号	成立时间	批准部门	组成方式	机构类型	学科分类	服务的国民经济行业	组成类型	R&D活动人员(人) 合计	其中 博士毕业	硕士毕业	高级职称	中级职称	初级职称	培养研究生(人)	R&D经费支出(千元)	仪器设备原价(千元)	其中 进口(千元)
		L01	L02	L03	L04	L05	L06	L07	L08	L09	L10	L11	L12	L13	L14	L15	L16	L17
中国农业遗产研究室	32	1955/8/5	非学校上级主管部门	独立设置研究所	中央其他部委重点研究基地	历史学		政府部门办	26	24	2	19	7	0	45	900	20	0
中国土地问题研究中心	33	2004/10/21	学校自建	独立设置研究所	校级重点研究基地	管理学		单位自办	31	31	0	27	4	0	26	205.28	1.98	0
中荷土地规划与地籍发展中心	34	2007/1/1	学校自建	独立设置研究所	校级重点研究基地	管理学		单位自办	17	17	0	13	4	0	16	27.28	0	0
中华农业文明研究院	35	2014/10/1	非学校上级主管部门	独立设置研究所	省级重点研究基地	历史学		单位自办	26	24	2	19	7	0	45	900	10	0
中外语言比较中心	36	2012/10/1	学校自建	独立设置研究所	校级重点研究基地	语言学	教育	单位自办	15	1	14	9	6	0	5	18	0	0
中国矿业大学	005	/	/	/	/	/	/	/	76	67	9	65	10	1	139	522	23.6	0
安全管理研究中心	1	2018/7/19	学校上级主管部门	独立设置研究所	省级重点研究基地	管理学	国家机构	政府部门办	16	14	2	11	4	1	28	156	0	0
澳大利亚研究中心	2	2017/6/13	学校上级主管部门	独立设置研究所	其他重点研究基地	国际问题研究	国家机构	政府部门办	19	12	7	14	5	0	20	66	0.6	0
国际能源政策研究中心	3	2013/7/1	学校上级主管部门	独立设置研究所	省级重点研究基地	管理学	国家机构	政府部门办	12	12	0	11	1	0	44	100	0	0
江苏省公共安全创新研究中心	4	2017/11/2	学校上级主管部门	独立设置研究所	省级重点研究基地	管理学	国家机构	与国内独立研究机构合办	15	15	0	15	0	0	8	100	20	0
江苏省能源经济管理研究基地	5	2008/10/1	学校上级主管部门	独立设置研究所	省级重点研究基地	管理学	国家机构	政府部门办	14	14	0	14	0	0	39	100	3	0
河海大学	006	/	/	/	/	/	/	/	402	301	101	273	129	0	499	11 511	814	0
“世界水谷”与水生态文明协同创新中心	1	2014/12/4	非学校上级主管部门	独立设置研究所	省级2011协同创新中心	管理学	生态保护和环境治理业	政府部门办	25	20	5	17	8	0	42	960	80	0
东部资源环境与持续发展研究中心	2	1994/12/1	非学校上级主管部门	与校外合办所	中央其他部委重点研究基地	经济学	中国共产党机关	政府部门办	24	17	7	14	10	0	26	640	53	0
公民道德发展与人的现代化研究基地	3	2012/12/12	非学校上级主管部门	独立设置研究所	省级重点研究基地	哲学	中国共产党机关	政府部门办	20	16	4	15	5	0	30	360	20	0
国际河流研究中心	4	2013/7/6	非学校上级主管部门	独立设置研究所	省级重点研究基地	国际问题研究	水利管理业	政府部门办	19	12	7	11	8	0	20	180	15	0
环境与社会研究中心	5	2015/2/4	非学校上级主管部门	独立设置研究所	省级重点研究基地	社会学	人民政协、民主党派	政府部门办	18	15	3	14	4	0	25	240	20	0
江苏企业国际化发展研究基地	6	2011/11/20	非学校上级主管部门	独立设置研究所	省级重点研究基地	逻辑学	商务服务业	政府部门办	18	12	6	12	6	0	15	85	35	0

续表

江苏省科技体制改革科技思想库	7	2012/9/21	非学校上级主管部门	独立设置研究所	省级重点研究基地	管理学	中国共产党机关	政府部门办	12	10	2	8	4	0	16	200	15	0
江苏省老年学研究与培训基地	8	2015/12/6	非学校上级主管部门	与校外合办所	中央其他部委重点研究基地	社会学	人民政协、民主党派	政府部门办	19	13	6	10	9	0	20	150	13	0
江苏省水资源与可持续发展研究中心	9	2010/11/11	非学校上级主管部门	独立设置研究所	省级重点研究基地	经济学	中国共产党机关	政府部门办	20	17	3	16	4	0	30	560	20	0
江苏省循环经济工程研究中心	10	2005/12/1	非学校上级主管部门	独立设置研究所	省级重点研究基地	管理学	中国共产党机关	政府部门办	23	18	5	15	8	0	23	200	13	0
江苏省中国特色社会主义理论体系研究基地	11	2015/4/9	非学校上级主管部门	独立设置研究所	省级重点研究基地	马克思主义	娱乐业	政府部门办	21	15	6	16	5	0	30	460	32	0
江苏沿海资源经济研究中心	12	2011/12/31	非学校上级主管部门	与校外合办所	省级重点研究基地	经济学	水利管理业	政府部门办	18	14	4	13	5	0	23	320	16	0
企业人才研究中心	13	2015/5/12	非学校上级主管部门	独立设置研究所	省级重点研究基地	管理学	商务服务业	政府部门办	16	10	6	10	6	0	18	50	6	0
全国性别/妇女研究与培训基地	14	2013/9/16	非学校上级主管部门	与校外合办所	中央其他部委重点研究基地	社会学	社会保障	政府部门办	18	12	6	12	6	0	24	100	26	0
人口老龄化科研基地	15	2014/10/16	非学校上级主管部门	独立设置研究所	省级重点研究基地	社会学	人民政协、民主党派	政府部门办	13	10	3	9	4	0	21	350	54	0
水库移民经济研究中心	16	1992/9/15	非学校上级主管部门	独立设置研究所	中央其他部委重点研究基地	社会学	水利管理业	政府部门办	21	16	5	15	6	0	25	2 860	90	0
水利部人力资源研究院	17	2011/4/29	非学校上级主管部门	与校外合办所	中央其他部委重点研究基地	马克思主义	中国共产党机关	政府部门办	20	15	5	13	7	0	24	980	85	0
水利法治研究中心	18	2017/7/20	学校上级主管部门	与校外合办所	省级重点研究基地	法学	中国共产党机关	政府部门办	13	9	4	7	6	0	0	650	45	0
水利经济研究所	19	1985/12/28	非学校上级主管部门	独立设置研究所	中央其他部委重点研究基地	经济学	中国共产党机关	政府部门办	17	13	4	12	5	0	22	640	78	0
水利政策法制研究与培训中心	20	2011/10/18	非学校上级主管部门	独立设置研究所	中央其他部委重点研究基地	法学	生态保护和环境治理业	政府部门办	14	10	4	8	6	0	21	150	10	0
中国(南京)人才发展研究中心	21	2012/3/28	非学校上级主管部门	独立设置研究所	省级重点研究基地	管理学	娱乐业	政府部门办	16	14	2	13	3	0	21	256	32	0
中央人才理论研究基地	22	2014/5/9	非学校上级主管部门	独立设置研究所	中央其他部委重点研究基地	管理学	中国共产党机关	政府部门办	17	13	4	13	4	0	23	1 120	56	0
南京理工大学	007	/	/	/	/	/	/	/	137	82	55	4	58	7	15	555	260	0
国际经贸问题研究中心	1	2012/12/7	非学校上级主管部门	独立设置研究所	省级基地培育点	经济学	国家机构	其他	15	8	7	0	7	0	5	50	10	0
江苏产业集群研究基地	2	2011/11/5	非学校上级主管部门	独立设置研究所	省级重点研究基地	经济学	国家机构	单位自办	13	6	7	0	8	0	2	50	20	0
江苏服务型政府建设研究基地	3	2011/11/5	非学校上级主管部门	独立设置研究所	省级重点研究基地	社会学	国家机构	其他	15	6	9	0	7	2	2	50	20	0
江苏人才发展战略研究院	4	2016/7/7	非学校上级主管部门	独立设置研究所	省级智库	管理学	中国共产党机关	政府部门办	10	5	5	0	5	2	0	10	50	0

续表

机构名称	编号	成立时间	批准部门	组成方式	机构类型	学科分类	服务的国民经济行业	组成类型	R&D活动人员(人) 合计	其中 博士毕业	其中 硕士毕业	其中 高级职称	其中 中级职称	其中 初级职称	培养研究生(人)	R&D经费支出(千元)	仪器设备原价(千元)	其中 进口(千元)
		L01	L02	L03	L04	L05	L06	L07	L08	L09	L10	L11	L12	L13	L14	L15	L16	L17
江苏省版权研究中心	5	2017/4/6	非学校上级主管部门	独立设置研究所	省级重点研究基地	法学	国家机构	政府部门办	8	6	2	0	2	0	0	50	6	0
江苏省军民融合发展研究院	6	2017/8/31	非学校上级主管部门	独立设置研究所	省级重点研究基地	管理学	国家机构	政府部门办	7	5	2	0	2	0	0	15	50	0
江苏省军民融合科技与产业创新研究中心	7	2016/4/14	非学校上级主管部门	独立设置研究所	省级重点研究基地	管理学	国家机构	政府部门办	6	4	2	0	2	0	0	50	6	0
江苏省科技人才思想库	8	2012/10/19	非学校上级主管部门	独立设置研究所	省级重点研究基地	统计学	教育	单位自办	12	5	7	0	7	0	0	50	30	0
江苏省知识产权发展研究中心	9	2012/1/1	非学校上级主管部门	独立设置研究所	省级重点研究基地	法学	教育	单位自办	12	6	6	0	5	3	2	50	20	0
江苏省知识产权思想库	10	2016/2/3	非学校上级主管部门	独立设置研究所	省级重点研究基地	法学	教育	政府部门办	12	10	2	0	4	0	0	15	20	0
马克思主义与当代中国研究中心	11	2004/9/23	学校自建	独立设置研究所	省级基地培育点	马克思主义	教育	其他	7	5	2	0	2	0	2	50	10	0
沙特研究中心	12	2017/9/29	非学校上级主管部门	独立设置研究所	其他重点研究基地	国际问题研究	国家机构	单位自办	6	5	1	0	2	0	0	50	6	0
社会计算与舆情分析研究中心	13	2012/4/13	学校上级主管部门	独立设置研究所	省级基地培育点	图书馆、情报与文献学	国家机构	单位自办	8	5	3	0	3	0	2	50	6	0
政治建设与地方治理研究中心	14	2018/9/14	学校上级主管部门	独立设置研究所	江苏省高校哲学社会科学重点研究(建设)基地	政治学	国家机构	单位自办	6	6	0	4	2	0	0	15	6	0
南京航空航天大学	008	/	/	/	/	/	/	/	196	92	73	114	50	0	227	2 672	987	0
巴尔干地区研究中心	1	2017/6/13	非学校上级主管部门	独立设置研究所	教育部重点研究基地	国际问题研究	国家机构	单位自办	12	9	3	9	3	0	0	100	20	0
国际战略与安全研究中心	2	2013/6/28	非学校上级主管部门	独立设置研究所	省级重点研究基地	国际问题研究	国家机构	单位自办	14	12	2	9	1	0	19	25	21	0
国家文化产业研究中心	3	2006/12/7	非学校上级主管部门	独立设置研究所	中央其他部委重点研究基地	艺术学	社会工作	单位自办	24	6	18	14	10	0	2	200	75	0
江苏省非物质文化遗产研究基地	4	2014/6/25	非学校上级主管部门	独立设置研究所	省级重点研究基地	艺术学	文化艺术业	单位自办	21	7	14	11	10	0	3	100	75	0
江苏省高校思想政治教育研究中心	5	2018/7/19	非学校上级主管部门	独立设置研究所	省级重点研究基地	马克思主义	科技推广和应用服务	单位自办	13	9	4	10	3	0	9	102	34	0
江苏省后评价研究中心	6	2005/9/6	非学校上级主管部门	独立设置研究所	省级重点研究基地	管理学	社会工作	其他	13	7	6	6	1	0	23	442	115	0

续表

江苏省军民融合产业发展研究中心	7	2016/4/25	非学校上级主管部门	独立设置研究所	省级重点研究基地	经济学	科技推广和应用服务	单位自办	23	1	1	14	7	0	46	330	39	0
江苏省人力资源发展研究基地	8	2017/7/7	非学校上级主管部门	独立设置研究所	省级重点研究基地	管理学	科技推广和应用服务	单位自办	22	2	10	8	4	0	16	70	35	0
江苏省中国特色社会主义理论体系研究基地	9	2015/4/2	非学校上级主管部门	独立设置研究所	省级重点研究基地	马克思主义	国家机构	单位自办	16	10	6	10	6	0	8	80	48	0
科学发展研究中心	10	2010/8/5	非学校上级主管部门	独立设置研究所	省级重点研究基地	管理学	科技推广和应用服务	单位自办	22	13	9	12	1	0	26	1 063	445	0
能源软科学研究中心	11	2010/8/5	非学校上级主管部门	独立设置研究所	省级重点研究基地	管理学	科技推广和应用服务	单位自办	16	16	0	11	4	0	75	160	80	0
南京森林警察学院	009	/	/	/	/	/	/	/	4	1	1	1	3	0	0	48.78	216.03	0
国家林业局职业教育研究中心	1	1984/3/1	学校上级主管部门	独立设置研究所	职业教育研究机构	教育学	卫生	政府部门办	4	1	1	1	3	0	0	48.78	216.03	0
苏州大学	010	/	/	/	/	/	/	/	222	125	67	210	10	0	131	4 592.7	1 228.7	0
东吴智库	1	2015/6/18	学校上级主管部门	跨系所	省级智库,省级重点研究基地	经济学	其他服务业	单位自办	20	16	4	20	0	0	16	560	130	0
公法研究中心	2	2009/10/27	学校上级主管部门	独立设置研究所	省级重点研究基地	法学	其他服务业	单位自办	32	19	13	26	6	0	12	450	50	0
国家体育总局机能评定与体能训练重点实验室	3	2008/8/25	非学校上级主管部门	独立设置研究所	中央其他部委重点实验室	体育科学	文化艺术业	单位自办	15	5	10	13	2	0	6	300	250	0
国家体育总局体育社会科学重点研究基地	4	2001/5/18	非学校上级主管部门	独立设置研究所	中央其他部委重点研究基地	体育科学	文化艺术业	单位自办	17	6	11	15	2	0	3	300	150	0
江苏省吴文化研究基地	5	1996/12/5	非学校上级主管部门	独立设置研究所	省级重点研究基地	历史学	广播、电视、电影和影视录音制作业	单位自办	16	10	5	16	0	0	18	70	100	0
江苏省新型城镇化与社会治理协同创新中心	6	2014/3/20	学校上级主管部门	与校外合办所	省级 2011 协同创新中心	政治学	其他服务业	与国内高校合办	38	25	13	38	0	0	22	586.1	95	0
老挝——大湄公河次区域国家研究中心	7	2013/6/28	学校上级主管部门	独立设置研究所	校级重点研究基地	国际问题研究	其他服务业	单位自办	21	2	4	21	0	0	13	354.6	45.7	0
苏南发展研究院	8	1997/4/7	学校自建	跨系所	其他重点研究基地	社会学	其他服务业	单位自办	20	15	4	20	0	0	10	500	178	0
苏州基层党建研究所	9	2007/6/26	学校上级主管部门	与校外合办所	省级重点研究基地	马克思主义	卫生	政府部门办	15	12	1	15	0	0	8	490	50	0
中国特色城镇化研究中心	10	2003/4/28	学校上级主管部门	跨系所	教育部重点研究基地	管理学	其他服务业	单位自办	28	15	2	26	0	0	23	982	180	0
江苏科技大学	011	/	/	/	/	/	/	/	15	9	6	10	5	0	25	100	10	0
服务制造模式与信息化研究中心	1	2015/5/1	学校上级主管部门	独立设置研究所	省级重点研究基地	管理学	铁路、船舶、航空航天和其他运输设备制造业	与国内独立研究机构合办	15	9	6	10	5	0	25	100	10	0

续表

机构名称	编号	成立时间	批准部门	组成方式	机构类型	学科分类	服务的国民经济行业	组成类型	R&D活动人员(人) 合计	其中 博士毕业	其中 硕士毕业	其中 高级职称	其中 中级职称	其中 初级职称	培养研究生(人)	R&D经费支出(千元)	仪器设备原价(千元)	其中 进口(千元)
		L01	L02	L03	L04	L05	L06	L07	L08	L09	L10	L11	L12	L13	L14	L15	L16	L17
南京工业大学	012	/	/	/	/	/	/	/	5	4	1	3	2	0	3	200	16	0
江苏产业科技创新研究中心	1	2017/3/5	学校上级主管部门	与校外合办所	省级重点研究基地	管理学	科技推广和应用服务	与国内独立研究机构合办	5	4	1	3	2	0	3	200	16	0
常州大学	013	/	/	/	/	/	/	/	100	56	44	58	42	0	0	1 140	610	0
常州社科院历史文化研究所	1	2013/4/10	学校自建	与校外合办所	校级重点研究基地	历史学	其他服务业	与国内独立研究机构合办	6	4	2	2	4	0	0	100	20	0
常州现代服务业研究院	2	2014/9/23	非学校上级主管部门	与校外合办所	校级重点研究基地	管理学	商务服务业	单位自办	6	4	2	5	1	0	0	200	30	0
城乡文明研究所	3	2014/6/5	学校自建	独立设置研究所	校级重点研究基地	马克思主义	中国共产党机关	单位自办	4	1	3	3	1	0	0	20	20	0
国家与江苏石油石化发展战略研究基地	4	2013/3/19	学校上级主管部门	与校外合办所	省级重点研究基地	管理学	石油、煤炭及其他燃料加工业	政府部门办	10	6	4	6	4	0	0	100	50	0
江苏省非物质文化遗产研究基地	5	2014/10/20	学校上级主管部门	跨系所	省级重点研究基地	艺术学	中国共产党机关	政府部门办	10	5	5	6	4	0	0	100	50	0
江苏中国特色社会主义理论研究基地	6	2015/5/6	学校上级主管部门	跨系所	省级重点研究基地	马克思主义	国家机构	政府部门办	10	6	4	7	3	0	0	100	50	0
旅游产业战略研究所	7	2014/1/7	学校自建	跨系所	校级重点研究基地	管理学	商务服务业	单位自办	4	2	2	2	2	0	0	20	20	0
马克思主义研究院	8	2014/4/24	学校自建	独立设置研究所	校级重点研究基地	马克思主义	教育	单位自办	10	4	6	6	4	0	0	200	200	0
人力资源管理研究中心	9	2014/2/1	学校自建	与校外合办所	校级重点研究基地	管理学	其他服务业	单位自办	6	4	2	3	3	0	0	20	20	0
书画艺术研究院	10	2014/8/6	学校自建	独立设置研究所	校级重点研究基地	艺术学	广播、电视、电影和影视录音制作业	单位自办	4	2	2	2	2	0	0	20	20	0
苏台经贸合作和科技创新研究中心	11	2015/5/18	学校上级主管部门	与校外合办所	省级重点研究基地	管理学	商务服务业	单位自办	10	6	4	5	5	0	0	100	50	0
体育健康教育研究所	12	2011/10/17	学校自建	独立设置研究所	校级重点研究基地	体育科学	文化艺术业	单位自办	4	2	2	2	2	0	0	20	20	0
应用语言学研究所	13	2014/1/7	学校自建	独立设置研究所	校级重点研究基地	语言学	其他服务业	单位自办	5	3	2	3	2	0	0	20	20	0
语言应用研究基地	14	2015/10/19	非学校上级主管部门	与校外合办所	省级重点研究基地	语言学	其他服务业	与国内独立研究机构合办	7	5	2	4	3	0	0	100	20	0
中国财经文学研究中心	15	2013/6/5	学校自建	独立设置研究所	校级重点研究基地	中国文学	广播、电视、电影和影视录音制作业	单位自办	4	2	2	2	2	0	0	20	20	0

续表

南京邮电大学	014	/	/	/	/	/	/	/	76	44	32	41	35	0	0	700	177	0
大数据与人口流动研究	1	2015/6/10	学校上级主管部门	跨系所	江苏省教育厅批准江苏高校哲学社会科学优秀创新团队	社会学	社会工作	单位自办	8	4	4	4	4	0	0	100	32	0
江苏农业信息化研究基地	2	2011/11/15	非学校上级主管部门	跨系所	其他重点研究基地,江苏省社科联批准决策咨询研究基地	经济学	科技推广和应用服务	单位自办	14	6	8	5	9	0	0	100	21	0
江苏省统计科学研究基地	3	2010/6/7	非学校上级主管部门	跨系所	其他重点研究基地,江苏省统计局批准	统计学	软件和信息技术服务业	单位自办	8	5	3	6	2	0	0	100	13	0
江苏省物联网产业发展研究基地	4	2010/8/5	学校上级主管部门	跨系所	其他重点研究基地,江苏省教育厅批准江苏高校哲学社会科学重点研究基地	管理学	互联网和相关服务	单位自办	15	11	4	8	7	0	0	100	40	0
江苏现代信息服务业研究基地	5	2011/12/22	非学校上级主管部门	跨系所	其他重点研究基地,江苏省社科联批准决策咨询研究基地	管理学	软件和信息技术服务业	单位自办	13	7	6	6	7	0	0	100	11	0
江苏智慧养老研究院校外研究基地	6	2017/7/7	学校上级主管部门	与校外合办所	其他重点研究基地,江苏省教育厅批准江苏高校人文社会科学校外研究基地	社会学	社会工作	单位自办	10	6	4	6	4	0	0	100	30	0
信息产业融合创新与应急管理研究中心	7	2018/7/19	学校上级主管部门	跨系所	其他重点研究基地,江苏省教育厅批准江苏高校哲学社会科学重点研究基地	管理学	互联网和相关服务	单位自办	8	5	3	6	2	0	0	100	30	0
南京林业大学	015	/	/	/	/	/	/	/	31	9	17	21	10	0	0	586.8	1 200.2	281.8
江苏环境与发展研究中心	1	2009/12/15	学校上级主管部门	独立设置研究所	省级重点研究基地	哲学	生态保护和环境治理业	政府部门办	10	4	5	7	3	0	0	334.7	854.2	246
生态经济研究中心	2	2010/10/28	学校上级主管部门	独立设置研究所	省级重点研究基地	经济学	生态保护和环境治理业	政府部门办	21	5	12	14	7	0	0	252.1	346	35.8

续表

机构名称	编号	成立时间	批准部门	组成方式	机构类型	学科分类	服务的国民经济行业	组成类型	R&D活动人员(人) 合计	其中 博士毕业	硕士毕业	高级职称	中级职称	初级职称	培养研究生(人)	R&D经费支出(千元)	仪器设备原价(千元)	其中 进口(千元)
		L01	L02	L03	L04	L05	L06	L07	L08	L09	L10	L11	L12	L13	L14	L15	L16	L17
江苏大学	016	/	/	/	/	/	/	/	25	16	9	16	0	0	16	845	290	0
高等教育研究所	1	1983/8/1	学校自建	独立设置研究所	研究所	教育学	其他服务业	单位自办	2	1	1	1	0	0	1	40	10	0
江苏省统计应用研究基地	2	2012/1/11	非学校上级主管部门	与校外合办所	省级重点研究基地	统计学	其他服务业	与国内独立研究机构合办	3	3	0	3	0	0	3	100	10	0
江苏省知识产权研究中心	3	2008/9/27	非学校上级主管部门	独立设置研究所	省级重点研究基地	管理学	专业技术服务业	单位自办	4	2	2	2	0	0	2	80	20	0
江苏省中小企业发展研究基地	4	2008/10/3	非学校上级主管部门	跨系所	省级重点研究基地	管理学	专业技术服务业	政府部门办	4	2	2	2	0	0	2	90	10	0
能源发展与环境保护战略研究中心	5	2009/11/11	非学校上级主管部门	独立设置研究所	省级重点研究基地	经济学	专业技术服务业	政府部门办	4	4	0	4	0	0	4	280	100	0
现代农业经济研究所	6	2004/5/20	非学校上级主管部门	跨系所	研究所	经济学	农业	单位自办	4	2	2	2	0	0	2	80	10	0
中小企业研究中心	7	2002/9/1	学校自建	跨系所	研究所	管理学	专业技术服务业	单位自办	4	2	2	2	0	0	2	175	130	0
南京信息工程大学	017	/	/	/	/	/	/	/	254	200	34	184	62	0	103	3 880.6	1 652.7	0
国家体育总局体育文化研究基地	1	2013/11/3	非学校上级主管部门	独立设置研究所	省级重点研究基地	体育科学	文化艺术业	单位自办	20	4	2	15	5	0	0	144.6	68.1	0
江北新区发展研究院	2	2017/8/29	学校自建	与校外合办所	省级智库	管理学	中国共产党机关	其他	32	31	1	22	10	0	4	1 035.6	378	0
江苏人才强省建设研究基地	3	2011/10/22	非学校上级主管部门	与校外合办所	省级重点研究基地	管理学	中国共产党机关	其他	16	10	0	8	8	0	6	172.2	81.3	0
江苏省中国特色社会主义理论体系研究基地	4	2015/4/2	非学校上级主管部门	跨系所	省级重点研究基地	马克思主义	国家机构	单位自办	16	14	2	11	2	0	25	582.4	75.2	0
欧美再工业化战略研究中心	5	2013/7/2	学校上级主管部门	独立设置研究所	省级重点研究基地	管理学	其他制造业	单位自办	17	15	2	10	7	0	2	217.5	61.5	0
气候变化与公共政策研究院	6	2007/3/6	学校上级主管部门	跨系所	省级重点研究基地	政治学	中国共产党机关	单位自办	18	14	4	16	2	0	17	223.6	56.4	0
气候与环境治理研究院	7	2016/7/8	非学校上级主管部门	跨系所	省级智库	管理学	中国共产党机关	单位自办	47	43	4	40	4	0	8	410.3	138.6	0
清华大学技术创新研究中心分中心	8	2008/5/15	非学校上级主管部门	与校外合办所	其他重点研究基地	管理学	专业技术服务业	与国内高校合办	13	13	0	11	2	0	8	125.3	102.2	0
文化遗产科学认知与保护研究基地	9	2017/7/7	学校上级主管部门	与校外合办所	省级重点研究基地	历史学	广播、电视、电影和影视录音制作业	与国内独立研究机构合办	23	16	7	12	9	0	6	225.3	167	0

续表

中国科协科技人力资源研究基地	10	2007/6/3	非学校上级主管部门	与校外合办所	中央其他部委重点研究基地	管理学	科技推广和应用服务	与国内独立研究机构合办	20	16	4	14	6	0	7	220.1	123.2	0
中国制造业发展研究院	11	2006/5/18	学校上级主管部门	独立设置研究所	省级重点研究基地	经济学	其他制造业	单位自办	32	24	8	25	7	0	20	523.7	401.2	0
南通大学	018	/	/	/	/	/	/	/	77	47	24	55	14	8	49	4 020.5	1 939.5	50
楚辞研究中心	1	2007/4/12	学校上级主管部门	独立设置研究所	省高校哲学社会科学重点研究基地	中国文学	文化艺术业	单位自办	11	7	2	8	2	1	7	587.8	357.4	0
江苏长江经济带研究院	2	2016/4/20	非学校上级主管部门	与校外合办所	省级智库	管理学	中国共产党机关	与国内独立研究机构合办	9	7	2	4	4	1	8	459.8	387.6	0
江苏省中国特色社会主义理论体系研究基地南通大学研究中心	3	2015/4/10	非学校上级主管部门	跨系所	省级研究基地	马克思主义	中国共产党机关	其他	20	13	7	18	1	1	6	130	36.8	0
江苏先进典型研究中心	4	2011/4/18	学校上级主管部门	与校外合办所	省高校人文社会科学校外研究基地	马克思主义	教育	单位自办	8	5	2	6	1	1	6	512	98.6	0
江苏沿海沿江发展研究中心	5	2009/10/12	学校上级主管部门	与校外合办所	省级重点研究基地，其他重点研究基地，省教育厅校外研究基地	经济学	中国共产党机关	与国内独立研究机构合办	6	4	2	4	1	1	6	453	125.4	0
蓝印花布艺术研究所	6	2016/1/20	学校自建	独立设置研究所	研究所	艺术学	纺织服装、服饰业	单位自办	6	4	2	2	2	2	5	850	563	50
南通廉政文化研究所	7	2007/4/11	学校自建	与校外合办所	省高校哲学社会科学重点研究基地	政治学	国家机构	其他	11	3	5	8	2	1	5	668.4	178.9	0
张謇研究所	8	2004/10/20	学校自建	独立设置研究所	研究所	历史学	国家机构	单位自办	6	4	2	5	1	0	6	359.5	191.8	0
南京医科大学	019	/	/	/	/	/	/	/	54	30	21	51	3	0	5	600	10	0
健康江苏建设与发展研究院	1	2016/6/30	非学校上级主管部门	与校外合办所	省级智库	管理学	教育	与国内高校合办	54	30	21	51	3	0	5	600	10	0
南京中医药大学	020	/	/	/	/	/	/	/	20	20	0	17	3	0	16	320	79	0
中医文化研究中心	1	1994/6/1	学校上级主管部门	独立设置研究所	省级重点研究基地	民族学与文化学	其他服务业	单位自办	20	20	0	17	3	0	16	320	79	0
南京师范大学	021	/	/	/	/	/	/	/	764	631	6	0	0	0	87	1 019.65	841.58	191.37
道德教育研究所	1	2000/1/1	学校上级主管部门	独立设置研究所	教育部重点研究基地	教育学	教育	政府部门办	9	9	0	0	0	0	2	2	13.5	13.5

续表

机构名称	编号	成立时间	批准部门	组成方式	机构类型	学科分类	服务的国民经济行业	组成类型	R&D活动人员(人) 合计	其中 博士毕业	其中 硕士毕业	其中 高级职称	其中 中级职称	其中 初级职称	培养研究生(人)	R&D经费支出(千元)	仪器设备原价(千元)	其中 进口(千元)
		L01	L02	L03	L04	L05	L06	L07	L08	L09	L10	L11	L12	L13	L14	L15	L16	L17
东亚国际问题研究中心	2	2013/6/1	学校上级主管部门	独立设置研究所	省级重点研究基地	政治学	教育	政府部门办	10	9	0	0	0	0	3	0.32	0.1	0.1
符号的认知研究	3	2013/7/1	学校上级主管部门	独立设置研究所	省级重点研究基地	外国文学	教育	政府部门办	10	10	0	0	0	0	1	1	0	0
高等教育研究所	4	2013/12/1	学校自建	独立设置研究所	校级重点研究基地	教育学	教育	单位自办	7	7	0	0	0	0	1	0.5	1.5	1.5
国家体育总局体育社科研究中心	5	2003/9/1	非学校上级主管部门	独立设置研究所	省级重点研究基地	体育科学	教育	政府部门办	26	11	4	0	0	0	3	0.1	0.2	0.2
国家体育总局体育文化研究中心	6	2007/9/1	非学校上级主管部门	独立设置研究所	省级重点研究基地	体育科学	教育	政府部门办	26	10	2	0	0	0	4	0.1	0.1	0.1
江苏城乡一体研究基地	7	2011/11/1	非学校上级主管部门	独立设置研究所	省级重点研究基地	社会学	教育	单位自办	16	15	0	0	0	0	2	1.55	0	0
江苏当代作家研究基地	8	2013/10/31	学校上级主管部门	独立设置研究所	省级重点研究基地	中国文学	教育	政府部门办	12	9	0	0	0	0	3	0.1	0	0
江苏法治发展研究院	9	2008/1/1	学校上级主管部门	独立设置研究所	省级重点研究基地	法学	教育	政府部门办	66	59	0	0	0	0	6	0.23	4.07	4.07
江苏国际法治动态研究中心	10	2015/3/26	非学校上级主管部门	独立设置研究所	省级重点研究基地	语言学	教育	政府部门办	10	8	0	0	0	0	1	0.1	0	0
江苏省创新经济研究基地	11	2008/6/30	学校上级主管部门	独立设置研究所	省级重点研究基地	经济学	教育	政府部门办	40	36	0	0	0	0	5	0.1	6	0
江苏省非物质文化遗产研究基地	12	2014/6/24	非学校上级主管部门	跨系所	省级重点研究基地	社会学	教育	政府部门办	19	14	0	0	0	0	2	1.11	1.8	1.8
江苏省老年学研究基地	13	2006/9/1	非学校上级主管部门	跨系所	省级重点研究基地	社会学	人民政协、民主党派	其他	35	28	0	0	0	0	3	0.1	3	0
江苏省民营经济研究基地	14	2011/6/30	非学校上级主管部门	独立设置研究所	省级重点研究基地	经济学	教育	其他	27	24	0	0	0	0	4	0.1	2	0
江苏省社会主义文化理论研究中心	15	2018/3/9	非学校上级主管部门	独立设置研究所	校级重点研究基地	政治学	教育	政府部门办	22	18	0	0	0	0	2	0.1	1.8	0
江苏省学生体质健康促进研究中心	16	2011/1/1	学校上级主管部门	独立设置研究所	省级重点研究基地	体育科学	教育	政府部门办	21	13	0	0	0	0	2	0.1	5	0
江苏文学翻译与研究中心	17	2013/11/1	非学校上级主管部门	独立设置研究所	省级重点研究基地	外国文学	教育	政府部门办	9	9	0	0	0	0	1	9.5	0.4	0.4
江苏艺术强省建设研究基地	18	2013/1/1	非学校上级主管部门	独立设置研究所	省级重点研究基地	艺术学	广播、电视、电影和影视录音制作业	其他	25	12	0	0	0	0	3	1	0.7	0.7
教育社会学研究中心	19	2009/6/30	学校上级主管部门	独立设置研究所	省级重点研究基地	教育学	教育	政府部门办	21	20	0	0	0	0	4	0.03	0	0

续表

教育信息工程研究所	20	2012/3/1	学校自建	独立设置研究所	校级重点研究基地	教育学	教育	单位自办	16	14	0	0	0	0	3	960	630	0
马克思主义研究院	21	2009/6/30	学校上级主管部门	独立设置研究所	省级重点研究基地	马克思主义	教育	政府部门办	27	22	0	0	0	0	3	0.1	0.1	0
全国大学生职业发展教育研发基地	22	2015/7/30	非学校上级主管部门	独立设置研究所	省级重点研究基地	教育学	教育	政府部门办	2	2	0	0	0	0	1	0.3	0.8	0
全国民政政策理论研究基地	23	2016/11/29	学校上级主管部门	独立设置研究所	省级重点研究基地	政治学	教育	政府部门办	24	13	0	0	0	0	2	1.2	0.5	0
融合人文-教育-科技-康复的语言学交叉创新研究团队	24	2017/7/7	学校上级主管部门	独立设置研究所	校级重点研究基地	语言学	教育	政府部门办	11	11	0	0	0	0	2	7	82.5	82.5
社会主义意识形态研究中心	25	2015/4/1	非学校上级主管部门	独立设置研究所	省级重点研究基地	马克思主义	教育	政府部门办	22	20	0	0	0	0	2	0.1	0.1	0
司法现代化研究中心	26	2012/3/31	学校上级主管部门	与校外合办所	省级重点研究基地	法学	教育	其他	143	126	0	0	0	0	7	8.5	0.41	0
乡村文化振兴研究中心	27	2018/7/18	学校上级主管部门	独立设置研究所	省级重点研究基地	政治学	教育	政府部门办	46	43	0	0	0	0	5	0.1	0.1	0
新教育公平的理论建构与实践探索创新研究团队	28	2015/7/15	学校上级主管部门	独立设置研究所	校级重点研究基地	教育学	教育	政府部门办	10	10	0	0	0	0	2	0.51	0.4	0
语言信息科技研究中心	29	2010/8/1	学校上级主管部门	跨系所	省级重点研究基地	语言学	教育	单位自办	32	32	0	0	0	0	5	22.5	82.5	82.5
中小学课程与教学研究基地	30	2015/1/30	学校上级主管部门	独立设置研究所	省级重点研究基地	教育学	教育	政府部门办	20	17	0	0	0	0	3	1.2	4	4
江苏师范大学	022	/	/	/	/	/	/	/	589	481	95	460	122	0	375	12 450	18 420	3 100
“一带一路”研究院	1	2016/7/4	非学校上级主管部门	与校外合办所	省级智库	经济学	国家机构	政府部门办	36	34	2	30	6	0	23	1200	500	0
澳大利亚研究中心	2	2013/6/18	学校上级主管部门	独立设置研究所	其他重点研究基地,教育部国别和区域研究中心	国际问题研究	中国共产党机关	政府部门办	15	15	0	12	3	0	6	200	170	0
巴基斯坦研究中心	3	2017/6/13	学校上级主管部门	独立设置研究所	其他重点研究基地,教育部国别和区域研究中心	国际问题研究	中国共产党机关	单位自办	10	8	2	8	2	0	4	200	120	0
大运河文化带建设研究院徐州分院	4	2018/8/23	非学校上级主管部门	独立设置研究所	其他智库,江苏省高端智库分院	历史学	生态保护和环境治理业	单位自办	22	18	4	17	5	0	16	210	200	0

续表

机构名称	编号	成立时间	批准部门	组成方式	机构类型	学科分类	服务的国民经济行业	组成类型	R&D活动人员(人) 合计	其中 博士毕业	其中 硕士毕业	其中 高级职称	其中 中级职称	其中 初级职称	培养研究生(人)	R&D经费支出(千元)	仪器设备原价(千元)	其中 进口(千元)
		L01	L02	L03	L04	L05	L06	L07	L08	L09	L10	L11	L12	L13	L14	L15	L16	L17
独联体国家研究中心	5	2017/6/13	学校上级主管部门	独立设置研究所	其他重点研究基地,教育部国别和区域研究中心	国际问题研究	中国共产党机关	单位自办	17	14	3	15	2	0	8	200	120	0
古籍整理研究所	6	1998/2/1	学校自建	跨系所	校级重点研究基地	中国文学	其他服务业	单位自办	8	7	1	7	1	0	4	10	20	0
国家体育总局体育文化发展中心体育文化研究基地	7	2011/11/1	非学校上级主管部门	与校外合办所	其他重点研究基地	体育科学	其他服务业	政府部门办	15	9	6	10	5	0	10	10	200	0
国务院侨务办公室侨务理论研究江苏基地	8	2013/1/18	非学校上级主管部门	与校外合办所	中央其他部委重点研究基地	历史学	其他服务业	政府部门办	17	15	2	14	3	0	7	100	110	0
汉文化研究院	9	2008/12/12	学校上级主管部门	独立设置研究所	省级重点研究基地	艺术学	其他服务业	政府部门办	20	15	5	16	4	0	8	100	250	0
淮海发展研究院	10	1998/7/1	非学校上级主管部门	独立设置研究所	省级重点研究基地	经济学	软件和信息技术服务业	政府部门办	10	9	1	8	2	0	8	200	120	0
基础教育研究中心	11	2008/12/12	学校自建	跨系所	校级重点研究基地	教育学	其他服务业	单位自办	7	6	1	5	0	0	2	100	50	0
江苏省决策咨询研究基地江苏区域协调发展研究基地	12	2011/11/1	非学校上级主管部门	独立设置研究所	省级重点研究基地	经济学	国家机构	政府部门办	12	9	3	8	4	0	5	100	380	0
江苏省中国特色社会主义理论体系研究基地	13	2015/4/2	非学校上级主管部门	独立设置研究所	省级重点研究基地	马克思主义	国家机构	政府部门办	17	14	3	12	5	0	5	200	150	0
留学生与中国现代化研究基地	14	2018/7/19	学校上级主管部门	独立设置研究所	省级重点研究基地	历史学	教育	政府部门办	20	17	2	17	3	0	16	250	500	0
伦理学与德育研究中心	15	2008/12/12	学校自建	独立设置研究所	校级重点研究基地	哲学	其他服务业	单位自办	10	9	1	9	1	0	5	10	20	0
欧美同学会留学报国研究基地	16	2016/11/22	非学校上级主管部门	与校外合办所	中央其他部委重点研究基地	历史学	教育	与国内独立研究机构合办	12	10	2	9	3	0	8	100	200	0
苏北农村治理创新研究基地	17	2009/3/18	学校上级主管部门	与校外合办所	省级重点研究基地	社会学	社会工作	政府部门办	20	18	2	15	5	0	11	100	500	0
苏北三农研究中心	18	2008/12/12	学校自建	独立设置研究所	校级重点研究基地	经济学	科技推广和应用服务	单位自办	8	6	2	6	2	0	5	10	20	0
苏台合作与发展研究中心	19	2017/10/18	非学校上级主管部门	与校外合办所	其他智库,江苏省人民政府台湾事务办公室立项建设	管理学	教育	政府部门办	20	15	5	13	2	0	10	200	250	0

续表

特色镇村建设与土地管理研究基地	20	2017/7/7	学校上级主管部门	与校外合办所	省级重点研究基地	经济学	土地管理业	政府部门办	15	12	3	10	5	0	9	200	260	0
语言能力高等研究院	21	2017/6/27	非学校上级主管部门	与校外合办所	省级智库	中国文学	其他服务业	与国内独立研究机构合办	46	46	0	44	2	0	16	500	2 000	0
语言能力协同创新中心	22	2014/3/14	学校上级主管部门	与校外合办所	省级 2011 协同创新中心	语言学	其他服务业	与国内高校合办	138	110	24	110	28	0	115	7 200	8 410	2 200
语言研究所	23	1997/3/30	学校上级主管部门	独立设置研究所	省级重点研究基地	语言学	教育	政府部门办	36	23	10	19	17	0	35	300	3 000	900
智慧教育研究中心	24	2015/1/30	学校上级主管部门	独立设置研究所	省级重点研究基地	教育学	其他服务业	政府部门办	21	12	5	17	4	0	24	250	350	0
中共中央编译局发展理论研究中心	25	2011/7/1	非学校上级主管部门	与校外合办所	中央其他部委重点研究基地	马克思主义	其他服务业	政府部门办	12	12	0	9	3	0	5	100	200	0
中国-巴基斯坦教育文化研究中心	26	2013/6/18	学校上级主管部门	独立设置研究所	省级重点研究基地	国际问题研究	中国共产党机关	政府部门办	10	8	2	8	2	0	5	100	120	0
中华家文化研究基地	27	2017/6/27	非学校上级主管部门	独立设置研究所	省级重点研究基地	马克思主义	社会工作	政府部门办	15	10	4	12	3	0	5	300	200	0
淮阴师范学院	023	/	/	/	/	/	/	/	125	77	25	91	26	0	23	2 200	853	40
大运河文化带建设研究院淮安分院	1	2018/7/25	非学校上级主管部门	与校外合办所	省级智库	法学	生态保护和环境治理业	政府部门办	20	16	3	18	2	0	0	180	28	0
淮安市创意设计产业科技公共服务平台	2	2015/3/20	学校上级主管部门	跨系所	其他智库,淮安市政府立项建设	经济学	广播、电视、电影和影视录音制作业	单位自办	13	6	4	6	6	0	0	400	250	40
教师教育协同创新研究中心	3	2018/7/19	学校上级主管部门	独立设置研究所	省级重点研究基地	教育学	教育	政府部门办	18	15	2	16	2	0	0	110	35	0
欧美国家边界争端与化解研究中心	4	2013/10/9	学校上级主管部门	独立设置研究所	其他重点研究基地,省教育厅培育点	历史学	其他服务业	政府部门办	7	5	2	4	0	0	0	340	150	0
社会风险评估与治理法治化研究基地	5	2017/7/7	学校上级主管部门	独立设置研究所	省级重点研究基地	法学	教育	政府部门办	15	9	3	13	2	0	0	150	55	0
文化创意产业研究中心	6	2015/1/15	学校上级主管部门	跨系所	省级重点研究基地	中国文学	广播、电视、电影和影视录音制作业	政府部门办	29	13	6	23	6	0	23	500	75	0
周恩来精神与青少年教育研究中心	7	2010/10/22	学校上级主管部门	独立设置研究所	省级重点研究基地	教育学	其他服务业	政府部门办	23	13	5	11	8	0	0	520	260	0
盐城师范学院	024	/	/	/	/	/	/	/	40	22	18	19	13	8	0	1 398	1 348	0
江苏沿海发展研究基地	1	2011/12/9	非学校上级主管部门	独立设置研究所	省级重点研究基地	经济学	其他服务业	政府部门办	14	8	6	6	5	3	0	386	400	0
江苏沿海开发研究基地	2	2009/3/1	非学校上级主管部门	独立设置研究所	省级重点研究基地	经济学	其他服务业	政府部门办	11	6	5	5	4	2	0	712	450	0
沿海发展智库	3	2016/12/10	非学校上级主管部门	独立设置研究所	省级智库	经济学	其他服务业	单位自办	15	8	7	8	4	3	0	300	498	0

续表

机构名称	编号	成立时间	批准部门	组成方式	机构类型	学科分类	服务的国民经济行业	组成类型	R&D活动人员(人) 合计	其中 博士毕业	其中 硕士毕业	其中 高级职称	其中 中级职称	其中 初级职称	培养研究生(人)	R&D经费支出(千元)	仪器设备原价(千元)	其中 进口(千元)
		L01	L02	L03	L04	L05	L06	L07	L08	L09	L10	L11	L12	L13	L14	L15	L16	L17
南京财经大学	025	/	/	/	/	/	/	/	16	7	9	0	2	0	12	301	85	0
江苏产业发展研究院	1	2001/1/15	学校上级主管部门	独立设置研究所	省级重点研究基地	经济学	卫生	单位自办	7	3	4	0	1	0	0	110	50	0
江苏创新发展研究院	2	2017/11/1	学校自建	独立设置研究所	校属独立研究机构	经济学	其他服务业	单位自办	7	3	4	0	1	0	10	50	10	0
江苏现代服务业研究院	3	2012/1/1	非学校上级主管部门	与校外合办所	省级重点研究基地	经济学	机动车、电子产品和日用产品修理业	其他	2	1	1	0	0	0	2	141	25	0
江苏警官学院	026	/	/	/	/	/	/	/	11	4	5	6	1	2	0	850	500	0
江苏现代警务研究中心	1	2010/7/20	学校上级主管部门	独立设置研究所	省级智库，其他智库，省级重点研究基地	法学	社会保障	其他	11	4	5	6	1	2	0	850	500	0
南京体育学院	027	/	/	/	/	/	/	/	19	10	8	11	6	2	8	80	67	0
江苏省体育赛事研究中心	1	2018/7/20	学校上级主管部门	独立设置研究所	其他重点研究基地	体育科学	体育	单位自办	19	10	8	11	6	2	8	80	67	0
南京艺术学院	028	/	/	/	/	/	/	/	69	36	25	39	27	2	38	2 846.64	189.03	42
江苏省文化创意与综合设计重点实验室	1	2014/9/1	学校上级主管部门	独立设置研究所	省级重点实验室	艺术学	广播、电视、电影和影视录音制作业	单位自办	15	1	6	3	10	1	6	250.11	103.39	42
江苏文艺产业决策咨询研究基地	2	2015/4/15	非学校上级主管部门	独立设置研究所	省级重点研究基地	艺术学	广播、电视、电影和影视录音制作业	单位自办	5	4	1	3	2	0	4	70.86	9.84	0
文化创意协同创新中心	3	2011/9/15	学校上级主管部门	与校外合办所	省级2011协同创新中心	艺术学	广播、电视、电影和影视录音制作业	与国内高校合办	20	12	8	15	5	0	12	565.88	23	0
艺术学研究所	4	2004/10/19	学校自建	独立设置研究所	研究所	艺术学	广播、电视、电影和影视录音制作业	单位自办	12	9	3	9	2	1	15	466.13	17	0
音乐学研究所	5	2002/7/1	学校自建	独立设置研究所	研究中心	艺术学	广播、电视、电影和影视录音制作业	单位自办	2	1	1	1	1	0	1	21	4.8	0
紫金文创研究院	6	2015/11/10	学校上级主管部门	跨系所	省级智库	艺术学	广播、电视、电影和影视录音制作业	单位自办	15	9	6	8	7	0	0	1 472.66	31	0
苏州科技大学	029	/	/	/	/	/	/	/	192	98	65	138	54	0	182	950	502.7	50
城市发展智库	1	2018/7/26	学校上级主管部门	独立设置研究所	省级重点研究基地	管理学	国家机构	政府部门办	37	31	0	37	0	0	0	100	50	0
苏南地方音乐文化艺术研究所	2	2008/1/18	学校自建	与校外合办所	校级重点研究基地	艺术学	文化艺术业	单位自办	14	4	4	13	1	0	20	20	5	0

续表

苏州城乡一体化改革发展研究院	3	2012/1/17	学校上级主管部门	与校外合办所	省级重点研究基地	管理学	生态保护和环境治理业	政府部门办	60	22	35	35	25	0	67	300	200	50
苏州国家历史文化名城保护研究院	4	2014/3/26	学校上级主管部门	与校外合办所	省级重点研究基地	管理学	生态保护和环境治理业	政府部门办	49	21	14	28	21	0	40	280	212.7	0
苏州与国内外先进地区创新竞争力比较研究中心	5	2016/5/19	非学校上级主管部门	与校外合办所	校级重点研究基地	政治学	商务服务业	政府部门办	21	14	7	16	5	0	0	50	20	0
亚太国家现代化与国际问题研究中心	6	2013/6/3	学校上级主管部门	独立设置研究所	省级重点研究基地	历史学	国际组织	政府部门办	11	6	5	9	2	0	55	200	15	0
常熟理工学院	030	/	/	/	/	/	/	/	94	43	39	80	14	0	0	260	179	0
“琴川清风”预防职务犯罪研究中心	1	2014/12/1	学校自建	与校外合办所	校级重点研究基地	社会学	中国共产党机关	单位自办	6	3	2	5	1	0	0	10	20	0
苏南经济与社会发展研究基地	2	2012/9/2	学校自建	与校外合办所	校级重点研究基地	社会学	中国共产党机关	单位自办	18	11	6	18	0	0	0	10	60	0
苏南区域文化建设研究中心	3	2009/7/1	学校自建	与校外合办所	校级重点研究基地	中国文学	广播、电视、电影和影视录音制作业	单位自办	16	5	5	15	1	0	0	60	10	0
苏州农业现代化研究中心	4	2017/7/7	学校上级主管部门	与校外合办所	省级重点研究基地	管理学	农业	政府部门办	15	8	7	12	3	0	0	20	10	0
现代民政研究中心	5	2015/4/30	学校自建	与校外合办所	校级重点研究基地	社会学	人民政协、民主党派	单位自办	7	4	3	6	1	0	0	80	20	0
县域科技体制综合改革与发展研究中心	6	2015/11/30	学校自建	与校外合办所	校级重点研究基地	管理学	中国共产党机关	单位自办	10	6	4	8	2	0	0	10	10	0
学前教育研究中心	7	2018/11/9	学校自建	跨系所	校级重点研究基地	教育学	教育	与境内注册其他企业合办	15	4	7	11	4	0	0	10	9	0
中国县域金融研究中心	8	2014/12/1	学校自建	与校外合办所	校级重点研究基地	经济学	其他金融业	单位自办	7	2	5	5	2	0	0	60	40	0
淮阴工学院	031	/	/	/	/	/	/	/	92	44	41	55	12	4	15	2 120.1	206.87	0
创新创业研究中心	1	2018/10/18	学校上级主管部门	跨系所	省级重点研究基地	教育学	教育	单位自办	11	10	0	10	0	0	0	100	24.27	0
工业设计中心	2	2013/6/5	非学校上级主管部门	与校外合办所	其他重点实验室，江苏经济和信息化委员会批准	艺术学	文化艺术业	其他	26	4	22	12	10	4	0	100	76	0
苏北发展研究院	3	2015/2/3	非学校上级主管部门	与校外合办所	省级智库	经济学	其他服务业	与国内独立研究机构合办	44	20	19	23	2	0	15	1 820.1	86.6	0
台商研究中心	4	2017/7/20	学校上级主管部门	与校外合办所	省级重点研究基地	经济学	商务服务业	政府部门办	11	10	0	10	0	0	0	100	20	0
常州工学院	032	/	/	/	/	/	/	/	17	7	10	17	0	0	0	1 000	116	0
常州市创新创业与改革发展研究中心	1	2016/3/29	非学校上级主管部门	与校外合办所	市级科技平台	经济学	专业技术服务业	政府部门办	10	4	6	10	0	0	0	150	8	0

续表

机构名称	编号	成立时间	批准部门	组成方式	机构类型	学科分类	服务的国民经济行业	组成类型	R&D活动人员(人) 合计	其中 博士毕业	硕士毕业	高级职称	中级职称	初级职称	培养研究生(人)	R&D经费支出(千元)	仪器设备原价(千元)	其中 进口(千元)
		L01	L02	L03	L04	L05	L06	L07	L08	L09	L10	L11	L12	L13	L14	L15	L16	L17
江苏高校文化创意协同创新中心	2	2014/3/13	非学校上级主管部门	与校外合办所	省级2011协同创新中心	艺术学	广播、电视、电影和影视录音制作业	政府部门办	1	1	0	1	0	0	0	800	100	0
数据科学与经济发展研究中心	3	2016/10/26	非学校上级主管部门	独立设置研究所	市级科研平台	经济学	专业技术服务业	其他	6	2	4	6	0	0	0	50	8	0
扬州大学	033	/	/	/	/	/	/	/	214	140	56	196	15	1	247	1 728	671.8	0
“美声之林”声乐艺术中心	1	2016/9/15	学校自建	独立设置研究所	校研究机构	艺术学	广播、电视、电影和影视录音制作业	单位自办	7	0	7	3	1	1	12	100	45	0
当代中国民主政治研究中心	2	2014/3/28	学校自建	独立设置研究所	校级重点研究基地	马克思主义	国家机构	单位自办	12	10	2	12	0	0	32	100	87	0
淮扬文化研究中心	3	2010/8/5	学校上级主管部门	独立设置研究所	省级重点研究基地	历史学	文化艺术业	单位自办	15	2	4	15	0	0	26	50	80	0
江苏城乡融合发展研究中心	4	2018/8/16	学校上级主管部门	跨系所	其他重点研究基地,省教育厅	经济学	科技推广和应用服务	单位自办	12	10	1	12	0	0	30	100	63	0
江苏省学生心理健康运动干预研究中心	5	2016/4/6	学校上级主管部门	独立设置研究所	其他重点研究基地,省教育厅研究基地	体育科学	教育	单位自办	6	0	2	4	2	0	4	100	30	0
江苏苏中发展研究基地	6	2013/8/6	非学校上级主管部门	独立设置研究所	其他重点研究基地	管理学	中国共产党机关	单位自办	3	3	0	3	0	0	0	12	6.8	0
马克思主义大众化研究与传播中心	7	2012/11/30	学校上级主管部门	跨系所	其他重点研究基地,省马克思主义大众化学习实践基地	马克思主义	教育	单位自办	16	12	4	16	0	0	32	100	28	0
儒家经典诠释与东亚传播研究中心	8	2014/3/28	学校自建	独立设置研究所	校级重点研究基地	中国文学	教育	单位自办	16	14	2	16	0	0	34	300	52	0
苏中发展研究院	9	1997/1/1	学校上级主管部门	独立设置研究所	其他重点研究基地	经济学	科技推广和应用服务	政府部门办	5	5	0	5	0	0	0	90	30	0
体育运动与脑科学研究所	10	2017/2/24	学校自建	独立设置研究所	校研究机构	体育科学	文化艺术业	单位自办	14	5	9	8	6	0	0	200	39	0
政府治理与公共政策研究中心	11	2016/9/15	学校自建	与校外合办所	校研究机构	管理学	其他服务业	与国内高校合办	6	6	0	6	0	0	12	200	36	0
中国大运河研究院	12	2017/5/12	学校上级主管部门	独立设置研究所	其他重点研究基地	管理学	生态保护和环境治理业	单位自办	18	8	6	18	0	0	0	100	30	0
中国法律文化与法治发展研究中心	13	2014/3/28	学校自建	独立设置研究所	校级重点研究基地	法学	教育	单位自办	15	13	2	14	1	0	8	100	51	0

续表

中国近代史研究中心	14	1999/1/10	学校自建	独立设置研究所	校级重点研究基地	历史学	教育	单位自办	5	4	1	5	0	0	18	56	40	0
中国特色社会主义研究中心	15	2012/12/22	学校上级主管部门	跨系所	其他重点研究基地,省中国特色社会主义理论体系研究基地	马克思主义	中国共产党机关	单位自办	50	40	10	45	5	0	15	20	23	0
中外语言文化比较研究中心	16	2014/3/28	学校自建	独立设置研究所	校级重点研究基地	语言学	教育	单位自办	14	8	6	14	0	0	24	100	31	0
南京审计大学	034	/	/	/	/	/	/	/	33	20	3	13	18	2	20	330.2	230	0
江苏科技金融体系创新研究基地	1	2012/1/16	学校上级主管部门	独立设置研究所	省级重点研究基地	经济学	其他服务业	政府部门办	10	10	0	3	7	0	8	120	120	0
江苏劳动法治研究基地	2	2017/7/7	学校上级主管部门	与校外合办所	省级重点研究基地	法学	其他服务业	政府部门办	13	0	3	6	5	2	6	11.2	10	0
金融风险管理研究中心	3	2010/11/1	学校上级主管部门	独立设置研究所	省级重点研究基地	经济学	其他服务业	政府部门办	10	10	0	4	6	0	6	199	100	0
南京晓庄学院	035	/	/	/	/	/	/	/	6	3	3	4	2	0	0	6	30	0
陶行知研究所	1	2000/10/6	学校自建	独立设置研究所	校级重点研究基地	教育学	教育	单位自办	6	3	3	4	2	0	0	6	30	0
江苏理工学院	036	/	/	/	/	/	/	/	257	111	117	163	90	0	0	428	199.4	0
财税法学研究中心	1	2014/9/17	学校上级主管部门	独立设置研究所	校级重点研究基地	经济学	商务服务业	单位自办	17	7	10	9	8	0	0	12	6	0
财务与会计研究中心	2	2014/7/16	学校上级主管部门	独立设置研究所	校级重点研究基地	经济学	商务服务业	单位自办	15	5	10	7	8	0	0	11	4	0
常州画派研究所	3	2009/3/27	学校自建	独立设置研究所	校级重点研究基地	艺术学	文化艺术业	单位自办	5	0	2	4	1	0	0	3	2	0
常州历史文化研究所	4	2015/7/14	学校上级主管部门	独立设置研究所	校级重点研究基地	民族学与文化学	文化艺术业	单位自办	12	6	6	5	7	0	0	3	2	0
常州旅游文化研究所	5	2015/9/16	学校上级主管部门	独立设置研究所	校级重点研究基地	民族学与文化学	文化艺术业	单位自办	14	6	8	7	7	0	0	11	4	0
常州民营经济研究所	6	2006/6/2	学校自建	独立设置研究所	校级重点研究基地	经济学	商务服务业	单位自办	8	2	5	7	1	0	0	20	5.2	0
常州市名人研究院	7	2015/10/16	学校上级主管部门	独立设置研究所	校级重点研究基地	民族学与文化学	文化艺术业	单位自办	7	7	0	6	1	0	0	20	5	0
常州市青少年心理研究与指导中心	8	2015/3/2	学校自建	独立设置研究所	校级重点研究基地	教育学	教育	单位自办	8	5	0	5	3	0	0	20	4.6	0
传统壁画研究所	9	2014/10/14	学校上级主管部门	独立设置研究所	校级重点研究基地	艺术学	文化艺术业	单位自办	11	3	8	5	6	0	0	3	2	0
传统文化艺术研究所	10	2006/4/6	学校自建	独立设置研究所	校级重点研究基地	艺术学	文化艺术业	单位自办	7	1	4	7	0	0	0	10	3.7	0

续表

机构名称	编号	成立时间	批准部门	组成方式	机构类型	学科分类	服务的国民经济行业	组成类型	R&D活动人员(人) 合计	其中 博士毕业	硕士毕业	高级职称	中级职称	初级职称	培养研究生(人)	R&D经费支出(千元)	仪器设备原价(千元)	其中 进口(千元)
		L01	L02	L03	L04	L05	L06	L07	L08	L09	L10	L11	L12	L13	L14	L15	L16	L17
创新设计研究院	11	2018/7/12	学校上级主管部门	独立设置研究所	其他重点研究基地	艺术学	文化艺术业	政府部门办	30	20	10	19	11	0	0	3	2	0
江苏省职业技术教育科学研究中心	12	1989/5/1	学校上级主管部门	独立设置研究所	其他	教育学	教育	政府部门办	16	4	7	12	0	0	0	182	110	0
江苏职业教育与终身教育研究基地	13	2011/11/1	学校上级主管部门	独立设置研究所	其他	教育学	教育	政府部门办	12	4	4	12	0	0	0	25	5.6	0
跨语际文化与翻译研究所	14	2014/9/10	学校上级主管部门	独立设置研究所	校级重点研究基地	外国文学	文化艺术业	单位自办	14	4	10	7	7	0	0	11	4	0
马克思主义中国化研究所	15	2015/7/15	学校上级主管部门	独立设置研究所	校级重点研究基地	马克思主义	文化艺术业	单位自办	12	4	8	5	7	0	0	11	4	0
农村职业教育研究所	16	2006/2/10	学校自建	独立设置研究所	校级重点研究基地	教育学	其他服务业	单位自办	6	1	3	5	1	0	0	3	2	0
人力资源开发研究中心	17	2006/10/9	学校自建	独立设置研究所	校级重点研究基地	管理学	商务服务业	单位自办	6	4	1	5	1	0	0	5	3.6	0
双语教育研究所	18	2015/9/24	学校上级主管部门	独立设置研究所	校级重点研究基地	教育学	教育	单位自办	8	5	3	4	4	0	0	10	4	0
心理教育研究所	19	2004/4/8	学校自建	独立设置研究所	校级重点研究基地	心理学	教育	单位自办	8	5	0	5	3	0	0	10	5.6	0
艺术设计研究所	20	2014/8/20	学校上级主管部门	独立设置研究所	校级重点研究基地	艺术学	文化艺术业	单位自办	9	4	5	3	6	0	0	3	2	0
应用经济研究所	21	2015/2/19	学校上级主管部门	独立设置研究所	校级重点研究基地	经济学	商务服务业	单位自办	11	5	6	4	7	0	0	12	3	0
职业教育研究院	22	1989/5/11	学校自建	独立设置研究所	校级重点研究基地	教育学	教育	单位自办	11	5	4	11	0	0	0	20	4.6	0
职业教育与社会发展研究所	23	2006/10/20	学校自建	独立设置研究所	校级重点研究基地	教育学	教育	单位自办	5	4	1	5	0	0	0	10	4.2	0
职业心理研究所	24	2009/3/26	学校自建	独立设置研究所	校级重点研究基地	心理学	教育	单位自办	5	0	2	4	1	0	0	10	6.3	0
淮海工学院	037	/	/	/	/	/	/	/	116	52	62	72	44	0	0	668	170	0
中国社科院知识社会(连云港)研究基地	1	2016/12/8	非学校上级主管部门	独立设置研究所	中央其他部委重点研究基地	经济学	专业技术服务业	与国内独立研究机构合办	12	6	6	8	4	0	0	18	5	0
国家东中西合作示范区研究基地	2	2013/11/1	非学校上级主管部门	与校外合办所	其他重点研究基地	经济学	专业技术服务业	与国内独立研究机构合办	6	3	3	4	2	0	0	65	6	0

续表

江苏海洋发展研究院	3	2016/11/4	非学校上级主管部门	与校外合办所	其他重点研究基地	经济学	专业技术服务业	与国内独立研究机构合办	14	6	8	10	4	0	0	20	5	0
江苏省"一带一路"法律服务研究中心	4	2015/11/20	非学校上级主管部门	与校外合办所	其他智库	法学	专业技术服务业	与国内独立研究机构合办	12	5	7	5	7	0	0	55	7	0
江苏省大学生村官研究所	5	2009/4/9	非学校上级主管部门	与校外合办所	其他智库，与江苏省选聘高校毕业生到村任职工作领导小组办公室共建研究基地	管理学	其他服务业	其他	26	10	16	18	8	0	0	300	100	0
江苏省海洋经济研究中心	6	2009/11/15	学校上级主管部门	独立设置研究所	省级培育重点研究基地	经济学	专业技术服务业	单位自办	12	7	5	6	6	0	0	30	15	0
江苏省海洋文化产业研究院	7	2012/9/12	非学校上级主管部门	与校外合办所	该院经校批准，由江苏省文联与本校共建	艺术学	广播、电视、电影和影视录音制作业	其他	6	1	3	4	2	0	0	100	20	0
连云港市地方立法咨询研究基地	8	2016/7/10	非学校上级主管部门	独立设置研究所	地方立法咨询	法学	专业技术服务业	单位自办	10	4	6	4	6	0	0	60	10	0
中国社科院"一带一路"(连云港)研究基地	9	2016/12/8	非学校上级主管部门	独立设置研究所	中央其他部委重点研究基地	经济学	专业技术服务业	与国内独立研究机构合办	18	10	8	13	5	0	0	20	2	0
金陵科技学院	038	/	/	/	/	/	/	/	80	48	29	21	53	4	0	585	63	0
互联网经济与产业研究中心	1	2015/10/22	学校自建	独立设置研究所	校级重点研究基地	经济学	货币金融服务	单位自办	10	3	7	3	7	0	0	20	5	0
江苏省企业知识产权战略研究中心	2	2011/5/1	学校自建	独立设置研究所	校级重点研究基地	经济学	其他金融业	与国内独立研究机构合办	15	4	10	3	10	0	0	250	10	0
南京产业协同创新研究院	3	2015/10/8	学校自建	与校外合办所	校级重点研究基地	经济学	科技推广和应用服务	单位自办	35	28	7	5	30	0	0	10	4	0
南京知识产权人才培训基地	4	2009/11/1	学校自建	独立设置研究所	校级重点研究基地	经济学	软件和信息技术服务业	单位自办	5	4	1	2	3	0	0	200	19	0
数字艺术创意与应用实验室	5	2014/9/10	非学校上级主管部门	跨系所	省级重点实验室	艺术学	广播、电视、电影和影视录音制作业	政府部门办	5	0	3	2	3	0	0	55	15	0
智能物流运输与配送技术研究中心	6	2016/12/10	学校上级主管部门	独立设置研究所	校级重点实验室	管理学	道路运输业	单位自办	10	9	1	6	0	4	0	50	10	0
江苏第二师范学院	039	/	/	/	/	/	/	/	7	4	1	7	0	0	0	674.48	0	0
教育现代化研究院	1	2016/7/4	学校上级主管部门	独立设置研究所	省级智库	教育学	教育	单位自办	7	4	1	7	0	0	0	674.48	0	0

续表

机构名称	编号	成立时间	批准部门	组成方式	机构类型	学科分类	服务的国民经济行业	组成类型	R&D活动人员(人) 合计	其中 博士毕业	硕士毕业	高级职称	中级职称	初级职称	培养研究生(人)	R&D经费支出(千元)	仪器设备原价(千元)	其中 进口(千元)
		L01	L02	L03	L04	L05	L06	L07	L08	L09	L10	L11	L12	L13	L14	L15	L16	L17
无锡职业技术学院	040	/	/	/	/	/	/	/	58	16	41	27	29	1	0	180	174	0
财经研究所	1	2015/6/15	学校自建	独立设置研究所	校级重点研究基地	经济学	资本市场服务	单位自办	5	3	1	2	3	0	0	10	7	0
高职思想政治教育研究室	2	2015/6/15	学校自建	独立设置研究所	校级重点研究基地	马克思主义	教育	单位自办	8	3	5	7	1	0	0	10	7	0
管理与创新研究所	3	2015/6/15	学校自建	独立设置研究所	校级重点研究基地	管理学	商务服务业	单位自办	10	3	7	8	2	0	0	8	10	0
旅游文化研究所	4	2015/6/15	学校自建	独立设置研究所	校级重点研究基地	管理学	文化艺术业	单位自办	9	2	7	2	6	1	0	12	10	0
体育科学与健康指导研究所	5	2015/6/15	学校自建	独立设置研究所	校级重点研究基地	体育科学	体育	单位自办	9	1	8	3	6	0	0	20	100	0
无锡现代职教研究中心	6	2015/1/20	学校自建	独立设置研究所	校级重点研究基地	教育学	社会工作	单位自办	12	3	9	4	8	0	0	100	30	0
艺术设计研究所	7	2015/6/15	学校自建	独立设置研究所	校级重点研究基地	艺术学	广播、电视、电影和影视录音制作业	单位自办	5	1	4	1	3	0	0	20	10	0
南京工业职业技术学院	041	/	/	/	/	/	/	/	27	9	15	24	3	0	0	316	161	0
高等职业教育研究所	1	2002/11/1	学校自建	独立设置研究所	校级重点研究基地	教育学	其他服务业	单位自办	6	3	3	5	1	0	0	116	73	0
国际贸易与物流管理研究所	2	2011/5/11	学校自建	独立设置研究所	校级重点研究基地	管理学	其他金融业	单位自办	9	2	5	8	1	0	0	100	50	0
黄炎培职业教育思想研究会学术中心	3	2013/11/18	非学校上级主管部门	独立设置研究所	省级重点研究基地	教育学	其他服务业	与国内独立研究机构合办	12	4	7	11	1	0	0	100	38	0
苏州工艺美术职业技术学院	042	/	/	/	/	/	/	/	8	1	6	5	2	1	0	268	55	0
高等教育研究所	1	2017/4/15	学校自建	独立设置研究所	校级重点研究基地	教育学	教育	单位自办	4	1	2	3	1	0	0	260	25	0
桃花坞木刻年画研究所	2	2009/4/16	学校自建	与校外合办所	校级重点研究基地	艺术学	文化艺术业	与境内注册其他企业合办	4	0	4	2	1	1	0	8	30	0

续表

苏州职业大学	043	/	/	/	/	/	/	/	3	1	1	2	1	0	0	60	58	0
石湖智库	1	2017/11/25	非学校上级主管部门	跨系所	其他智库	管理学	教育	其他	3	1	1	2	1	0	0	60	58	0
泰州职业技术学院	044	/	/	/	/	/	/	/	6	1	3	4	2	0	0	8.5	4.6	0
泰州市工业经济研究院	1	2014/7/2	学校上级主管部门	与校外合办所	其他	经济学	研究和试验发展	政府部门办	6	1	3	4	2	0	0	8.5	4.6	0
江苏海事职业技术学院	045	/	/	/	/	/	/	/	22	6	15	6	12	0	0	300	230	0
一带一路应用型海事人才研究院	1	2018/10/18	学校上级主管部门	独立设置研究所	省级智库	管理学	水上运输业	单位自办	22	6	15	6	12	0	0	300	230	0
江苏医药职业学院	046	/	/	/	/	/	/	/	24	11	13	14	4	6	0	190	60	0
江苏基层卫生发展与全科医学教育研究中心	1	2018/7/19	学校上级主管部门	独立设置研究所	省级重点研究基地	管理学	卫生	单位自办	24	11	13	14	4	6	0	190	60	0
苏州经贸职业技术学院	047	/	/	/	/	/	/	/	44	4	28	17	23	4	0	41.3	13	0
大学生素质教育研究所	1	2015/1/1	学校自建	跨系所	校级自建研究机构	教育学	教育	单位自办	12	1	7	1	10	1	0	11.5	3	0
范成大文化研究中心	2	2015/1/1	学校自建	跨系所	校级自建研究机构	中国文学	文化艺术业	单位自办	10	1	5	6	3	1	0	10	3	0
苏州市电子商务研究中心	3	2015/2/1	学校自建	跨系所	校级自建研发中心	经济学	商务服务业	单位自办	11	1	7	5	5	1	0	10	5	0
吴商文化研究所	4	2015/1/1	学校自建	跨系所	校级自建研究机构	经济学	文化艺术业	单位自办	11	1	9	5	5	1	0	9.8	2	0
无锡商业职业技术学院	048	/	/	/	/	/	/	/	30	2	27	15	14	1	0	69.3	85	10
高校示范马克思主义学院	1	2018/6/1	学校上级主管部门	独立设置研究所	思想政治理论课教学科研机构	马克思主义	教育	单位自办	19	2	16	8	10	1	0	50	20	10
江苏省非物质文化遗产研究基地	2	2014/6/18	非学校上级主管部门	独立设置研究所	其他重点研究基地,其他重点研究基地	艺术学	文教、工美、体育和娱乐用品制造业	单位自办	11	0	11	7	4	0	0	19.3	65	0
苏州农业职业技术学院	049	/	/	/	/	/	/	/	25	3	22	13	10	2	0	90	30	0
苏州农村改革与发展研究院	1	2014/6/20	学校自建	独立设置研究所	校级重点研究基地	经济学	农、林、牧、渔专业及辅助性活动	单位自办	25	3	22	13	10	2	0	90	30	0

续表

机构名称	编号	成立时间	批准部门	组成方式	机构类型	学科分类	服务的国民经济行业	组成类型	R&D活动人员(人) 合计	其中 博士毕业	硕士毕业	高级职称	中级职称	初级职称	培养研究生(人)	R&D经费支出(千元)	仪器设备原价(千元)	其中 进口(千元)
		L01	L02	L03	L04	L05	L06	L07	L08	L09	L10	L11	L12	L13	L14	L15	L16	L17
南京铁道职业技术学院	050	/	/	/	/	/	/	/	7	2	1	4	3	0	0	220	128	0
高等教育研究所	1	2005/3/9	学校自建	独立设置研究所	校级研究机构	教育学	教育	单位自办	2	1	1	1	1	0	0	100	20	0
江苏铁路文化研究中心	2	2013/7/1	学校自建	独立设置研究所	校级研究机构	民族学与文化学	铁路运输业	单位自办	3	0	0	2	1	0	0	100	100	0
哲社研究中心	3	2013/11/20	学校自建	独立设置研究所	校级研究机构	马克思主义	铁路运输业	单位自办	2	1	0	1	1	0	0	20	8	0
南京信息职业技术学院	051	/	/	/	/	/	/	/	19	3	15	9	10	0	0	32	0	0
党建与思想政治教育研究会	1	2004/7/1	学校自建	独立设置研究所	校级研究会	马克思主义	其他服务业	单位自办	19	3	15	9	10	0	0	32	0	0
江苏财经职业技术学院	052	/	/	/	/	/	/	/	13	2	7	6	7	0	0	30	121	0
周恩来文化研究所	1	2014/3/1	学校自建	跨系所	校级重点研究基地	教育学	广播、电视、电影和影视录音制作业	单位自办	13	2	7	6	7	0	0	30	121	0
扬州工业职业技术学院	053	/	/	/	/	/	/	/	8	2	5	4	4	0	0	10	0	0
中国特色社会主义研究中心	1	2017/1/5	学校自建	独立设置研究所	研究中心	马克思主义	教育	单位自办	8	2	5	4	4	0	0	10	0	0
江苏城市职业学院	054	/	/	/	/	/	/	/	14	2	10	7	7	0	0	11	0	0
城市形象传播研究所	1	2014/10/31	学校自建	独立设置研究所	校级重点研究基地	新闻学与传播学	新闻和出版业	单位自办	6	2	3	4	2	0	0	5	0	0
供应链与物流信息技术研究所	2	2014/10/31	学校自建	独立设置研究所	校级重点研究基地	管理学	装卸搬运和仓储业	单位自办	8	0	7	3	5	0	0	6	0	0
江苏卫生健康职业学院	055	/	/	/	/	/	/	/	4	1	3	1	3	0	0	83	25	0
江苏省卫生职业院校文化研究室	1	2015/2/19	学校上级主管部门	与校外合办所	校级重点研究基地	教育学	其他服务业	政府部门办	4	1	3	1	3	0	0	83	25	0

续表

苏州工业园区服务外包职业学院	056	/	/	/	/	/	/	/	10	3	7	5	5	0	0	20	6	0
江苏服务外包研究中心	1	2017/7/13	学校上级主管部门	与校外合办所	省级重点研究基地	经济学	商务服务业	政府部门办	10	3	7	5	5	0	0	20	6	0
硅湖职业技术学院	057	/	/	/	/	/	/	/	39	5	26	21	12	6	0	110	150	0
电子商务重点实验室	1	2017/9/1	学校自建	独立设置研究所	校级重点实验室	管理学	其他服务业	单位自办	10	1	8	4	4	2	0	10	10	0
丝绸服饰文化创意产业设计研发中心	2	2017/9/11	学校自建	独立设置研究所	校级重点研究基地	艺术学	广播、电视、电影和影视录音制作业	与境内注册其他企业合办	11	2	3	7	2	2	0	80	120	0
物流管理研究基地	3	2017/11/1	学校自建	独立设置研究所	校级重点研究基地	管理学	其他服务业	单位自办	8	1	6	4	3	1	0	10	10	0
现代服务业研究室	4	2017/11/15	学校自建	独立设置研究所	校级重点实验室	管理学	商务服务业	与境内注册其他企业合办	10	1	9	6	3	1	0	10	10	0
无锡太湖学院	058	/	/	/	/	/	/	/	40	20	18	36	4	0	0	105	45	0
苏南产业转型创新发展研究中心	1	2018/7/19	学校上级主管部门	独立设置研究所	省级重点研究基地	管理学	商务服务业	单位自办	22	6	14	20	2	0	0	30	15	0
苏南资本市场研究中心	2	2017/9/1	学校上级主管部门	与校外合办所	省级重点研究基地	经济学	资本市场服务	与境内注册其他企业合办	18	14	4	16	2	0	0	75	30	0
南京大学金陵学院	059	/	/	/	/	/	/	/	49	10	37	18	27	4	0	479	681	0
拉丁美洲研究中心	1	2006/11/1	学校自建	独立设置研究所	校级重点研究基地	外国文学	其他服务业	单位自办	4	0	4	1	2	1	0	38	4	0
企业生态研究中心	2	2014/6/1	学校上级主管部门	独立设置研究所	校级重点实验室	经济学	生态保护和环境治理业	单位自办	38	10	28	15	22	1	0	396	650	0
塞万提斯研究中心	3	2006/11/1	学校自建	独立设置研究所	校级重点研究基地	外国文学	其他服务业	单位自办	5	0	5	0	3	2	0	5	7	0
数字传播媒介研究中心	4	2014/12/30	学校自建	独立设置研究所	校级重点研究基地	新闻学与传播学	新闻和出版业	单位自办	2	0	0	2	0	0	0	40	20	0
苏州高博软件技术职业学院	060	/	/	/	/	/	/	/	10	0	6	7	3	0	0	10	10	0
苏南非遗文化传承与创新研究基地	1	2017/9/12	学校上级主管部门	与校外合办所	其他重点研究基地，江苏高校人文社会科学校外研究基地	艺术学	广播、电视、电影和影视录音制作业	其他	10	0	6	7	3	0	0	10	10	0

七、社科研究、课题与成果

1. 全省高等学校人文、社会科学研究与课题成果情况表

学科门类	编号	总数：课题数（项）	总数：当年投入人数（人年）	总数：其中：研究生（人年）	总数：当年拨入经费（千元）	总数：当年支出经费（千元）	出版著作（部）：合计	出版著作（部）：专著	出版著作（部）：其中：被译成外文	出版著作（部）：编著教材	出版著作（部）：工具书参考书	出版著作（部）：皮书/发展报告	出版著作（部）：科普读物	古籍整理（部）	译著（部）	发表译文（篇）	电子出版物（件）	发表论文（篇）：合计	发表论文（篇）：国内学术刊物	发表论文（篇）：国外学术刊物	发表论文（篇）：港、澳、台地区刊物	获奖成果数（项）：合计	获奖成果数（项）：国家级奖	获奖成果数（项）：部级奖	获奖成果数（项）：省级奖	研究与咨询报告（篇）：合计	研究与咨询报告（篇）：其中：被采纳数
		L01	L02	L03	L04	L05	L06	L07	L08	L09	L10	L11	L12	L13	L14	L15	L16	L17	L18	L19	L20	L21	L22	L23	L24	L25	L26
合计	/	35 750	8 220.5	722.2	801 110.54	718 819.27	1 768	1 041	24	628	39	21	39	43	182	40	60	30 288	29 186	1 074	28	394	0	16	378	2 814	1 507
管理学	1	8 087	1 813	234.8	247 375.9	219 358.5	279	156	5	107	6	6	4	0	12	0	27	6 013	5 607	404	2	55	0	5	50	917	571
马克思主义	2	1 637	390.7	39.8	28 025.19	23 142.81	103	60	0	33	1	1	8	0	0	1	0	1 245	1 241	4	0	23	0	2	21	74	18
哲学	3	482	128.2	16.5	11 424.5	9 492.87	35	27	0	6	0	1	1	0	8	5	0	585	571	11	3	16	0	0	16	17	12
逻辑学	4	18	6.4	1.3	62	122.73	1	0	0	1	0	0	0	0	1	0	1	21	21	0	0	0	0	0	0	4	2
宗教学	5	52	9.4	0.6	733.5	791.74	7	4	0	3	0	0	0	0	1	0	0	44	42	1	1	1	0	0	1	2	2
语言学	6	1 640	398.1	19.1	27 400.19	26 975.69	125	63	2	54	7	0	1	3	23	7	1	1647	1 552	91	4	25	0	0	25	71	27
中国文学	7	1 020	262.1	14.9	43 992.44	34 741.32	144	103	1	34	2	0	5	15	14	0	1	1 493	1 481	6	6	39	0	0	39	35	12
外国文学	8	542	131.4	6.7	8 842.24	6 754.59	49	26	1	17	2	0	4	0	72	12	0	662	633	29	0	7	0	0	7	10	5
艺术学	9	2 867	746.5	53.8	57 745.02	55 239.72	277	148	4	120	7	1	1	0	10	2	5	3 600	3 551	44	5	37	0	0	37	240	79
历史学	10	634	138.8	16.2	45 238.31	37 874.35	51	34	0	9	8	0	0	1	5	1	0	387	378	8	1	11	0	1	10	24	18
考古学	11	81	10.4	0.6	8 170.69	5 354.9	3	3	0	0	0	0	0	0	0	0	0	20	19	0	1	1	0	0	1	2	0
经济学	12	3 719	822.3	90.6	85 540.73	76 434.99	140	81	2	57	1	0	1	0	6	1	6	2 515	2 336	179	0	59	0	3	56	501	246
政治学	13	654	159	19.4	11 814.18	9 824.62	31	20	0	9	0	1	1	0	3	0	0	445	440	5	0	13	0	0	13	39	25
法学	14	1 484	316	25.9	31 471.6	29 648.36	83	69	1	13	1	0	0	0	3	1	0	938	924	11	3	27	0	2	25	86	63
社会学	15	2 087	481.6	64.4	51 799.75	52 575.66	54	34	1	8	1	5	6	0	7	1	11	895	853	42	0	15	0	1	14	199	121
民族学与文化学	16	416	102.3	4.2	7 888.7	6 698.08	18	12	1	5	1	0	0	0	1	1	0	185	176	9	0	1	0	0	1	21	10
新闻学与传播学	17	576	133.7	13.4	15 687.29	12 231.35	24	17	1	4	0	1	2	0	0	0	0	544	530	13	1	10	0	0	10	21	13
图书馆、情报与文献学	18	647	152.1	21.3	8 151.26	8 750.24	29	18	3	8	0	2	1	24	4	2	0	930	874	56	0	3	0	0	3	60	46
教育学	19	7 596	1 671	53.8	78 550.23	75 641.04	223	105	1	112	2	2	2	0	9	3	4	6 572	6 504	67	1	35	0	1	34	356	166
统计学	20	197	52.3	15.1	5 355.26	4 908.14	10	3	0	5	0	1	1	0	0	0	3	150	131	19	0	3	0	0	3	28	19
心理学	21	427	88.6	4.3	6 026.92	5 520.3	18	6	0	12	0	0	0	0	2	0	1	299	253	46	0	4	0	0	4	20	11
体育科学	22	887	206.6	5.5	19 814.6	16 737.29	64	52	1	11	0	0	1	0	1	3	0	1 098	1 069	29	0	9	0	1	8	87	41

2. 公办本科高等学校人文、社会科学研究与课题成果情况表

学科门类		总数					出版著作(部)							古籍整理(部)	译著(部)	发表译文(篇)	电子出版物(件)	发表论文(篇)				获奖成果数(项)				研究与咨询报告(篇)	
		课题数(项)	当年投入人数(人年)	其中:研究生(人年)	当年拨入经费(千元)	当年支出经费(千元)	合计	专著	其中:被译成外文	编著教材	工具书参考书	皮书/发展报告	科普读物					合计	国内学术刊物	国外学术刊物	港、澳、台地区刊物	合计	国家级奖	部级奖	省级奖	合计	其中:被采纳数
	编号	L01	L02	L03	L04	L05	L06	L07	L08	L09	L10	L11	L12	L13	L14	L15	L16	L17	L18	L19	L20	L21	L22	L23	L24	L25	L26
合计	/	24 791	5 933.4	722.2	734 118.95	652 675.64	1 379	917	24	376	33	17	36	43	161	33	56	18 772	17 789	956	27	388	0	16	372	1933	1184
管理学	1	5 930	1 363.8	234.8	225 079.1	195 681.2	208	137	5	60	3	4	4	0	10	0	26	3 819	3 428	389	2	55	0	5	50	679	452
马克思主义	2	1 202	298.2	39.8	26 529	22 001.5	81	52	0	19	1	1	8	0	0	1	0	950	946	4	0	22	0	2	20	65	15
哲学	3	447	119.9	16.5	11 372.5	9 286.16	31	24	0	5	0	1	1	0	8	5	0	547	535	9	3	16	0	0	16	16	12
逻辑学	4	12	4	1.3	52	113	0	0	0	0	0	0	0	0	1	0	1	13	13	0	0	0	0	0	0	4	2
宗教学	5	51	9.3	0.6	453.5	517.74	7	4	0	3	0	0	0	0	1	0	0	43	41	1	1	0	0	0	0	2	2
语言学	6	1 229	306	19.1	24 527.62	24 262.43	99	53	2	39	6	0	1	3	16	2	1	1039	957	78	4	25	0	0	25	39	15
中国文学	7	908	236.4	14.9	42 950.44	33 993.55	134	99	1	29	2	0	4	15	12	0	1	1 264	1 253	5	6	38	0	0	38	33	10
外国文学	8	477	117.8	6.7	8 707.24	6 607.43	48	26	1	16	2	0	4	0	71	12	0	526	500	26	0	7	0	0	7	10	5
艺术学	9	1 994	549.5	53.8	50 898.58	48 607	207	130	4	69	7	0	1	0	9	2	2	2 297	2 258	34	5	37	0	0	37	104	37
历史学	10	578	128.9	16.2	43 725.05	36 462.86	49	32	0	9	8	0	0	1	4	1	0	342	333	8	1	11	0	1	10	14	14
考古学	11	80	10.2	0.6	8 160.69	5 351.9	2	2	0	0	0	0	0	0	0	0	0	18	17	0	1	1	0	0	1	2	0
经济学	12	2 811	637.3	90.6	79 320.78	69 725.15	107	77	2	28	1	0	1	0	5	1	6	1 524	1 375	149	0	59	0	3	56	334	187
政治学	13	534	132.6	19.4	11 497.02	9 526.35	24	17	0	5	0	1	1	0	2	0	0	351	347	4	0	13	0	0	13	35	25
法学	14	1 398	298.7	25.9	30 834.76	28 997.67	77	65	1	12	0	0	0	0	3	1	0	842	828	11	3	26	0	2	24	81	63
社会学	15	1 588	386.4	64.4	50 347.15	50 835.4	51	34	1	5	1	5	6	0	7	1	11	646	615	31	0	15	0	1	14	164	114
民族学与文化学	16	310	82.2	4.2	7 393.6	6 418.45	13	9	1	4	0	0	0	0	1	1	0	100	91	9	0	1	0	0	1	12	8
新闻学与传播学	17	502	115.1	13.4	15 310.99	11 780.54	20	15	1	3	0	1	1	0	0	0	0	453	444	8	1	10	0	0	10	18	13
图书馆、情报与文献学	18	541	129.3	21.3	7 598.46	8 355.13	23	15	3	5	0	2	1	24	4	2	0	728	674	54	0	3	0	0	3	57	46
教育学	19	3 136	749.6	53.8	60 616.8	59 297.58	129	75	1	49	2	1	2	0	5	1	4	2 273	2 223	50	0	34	0	1	33	183	114
统计学	20	168	46.6	15.1	5 196.76	4 770.31	8	3	0	3	0	1	1	0	0	0	3	124	105	19	0	3	0	0	3	25	17
心理学	21	258	57.7	4.3	5 460.07	4 991.16	11	5	0	6	0	0	0	0	2	0	1	211	166	45	0	4	0	0	4	15	9
体育科学	22	637	153.9	5.5	18 086.85	15 093.11	50	43	1	7	0	0	0	0	0	3	0	662	640	22	0	8	0	1	7	41	24

2.1 管理学人文、社会科学研究与课题成果情况表

高校名称		总数					出版著作(部)							古籍整理(部)	译著(部)	发表译文(篇)	电子出版物(件)	发表论文(篇)				获奖成果数(项)				研究与咨询报告(篇)	
		课题数(项)	当年投入人数(人年)	其中：研究生(人年)	当年拨入经费(千元)	当年支出经费(千元)	合计	专著	其中：被译成外文	编著教材	工具书参考书	皮书/发展报告	科普读物					合计	国内学术刊物	国外学术刊物	港、澳、台地区刊物	合计	国家级奖	部级奖	省级奖	合计	其中：被采纳数
	编号	L01	L02	L03	L04	L05	L06	L07	L08	L09	L10	L11	L12	L13	L14	L15	L16	L17	L18	L19	L20	L21	L22	L23	L24	L25	L26
合计	/	5 930	1 363.8	234.8	225 079.09	195 681.22	208	137	5	60	3	4	4	0	10	0	26	3 819	3 428	389	2	55	0	5	50	679	452
南京大学	1	186	24.5	7.2	13 040.8	9 926.45	19	14	1	5	0	0	0	0	4	0	0	205	197	7	1	9	0	0	9	32	28
东南大学	2	189	60.9	7.2	4 649.8	5 191.55	6	4	0	2	0	0	0	0	2	0	0	52	52	0	0	2	0	0	2	2	0
江南大学	3	79	57.9	19.9	4 229	3 493.33	7	2	0	5	0	0	0	0	0	0	0	105	81	24	0	1	0	0	1	44	16
南京农业大学	4	1 024	149.8	39.1	26 969.49	28 154.83	8	3	0	5	0	0	0	0	0	0	0	424	400	24	0	6	0	0	6	24	19
中国矿业大学	5	390	86.6	17.4	11 742.56	5 664.88	14	10	0	4	0	0	0	0	0	0	0	189	125	64	0	7	0	0	7	23	17
河海大学	6	242	96.7	59.4	21 522.72	19 042.39	18	7	0	1	2	4	4	0	1	0	26	261	208	53	0	4	0	0	4	63	59
南京理工大学	7	252	34.3	2.1	8 828.17	6 963.64	2	2	0	0	0	0	0	0	0	0	0	137	131	6	0	1	0	0	1	8	6
南京航空航天大学	8	106	24.2	0.4	4 839	5 159.15	15	11	1	4	0	0	0	0	0	0	0	104	62	42	0	2	0	2	0	7	7
中国药科大学	9	156	30.8	2.4	6 784	7 134	1	0	0	1	0	0	0	0	0	0	0	84	81	3	0	0	0	0	0	8	8
南京森林警察学院	10	17	2.5	0	20	153.12	0	0	0	0	0	0	0	0	0	0	0	13	12	1	0	0	0	0	0	0	0
苏州大学	11	111	19.7	1.7	7 251	4 448.5	3	2	0	1	0	0	0	0	0	0	0	77	66	11	0	1	0	0	1	9	5
江苏科技大学	12	65	26.4	8.2	231	1 410.95	0	0	0	0	0	0	0	0	0	0	0	95	94	1	0	1	0	0	1	2	2
南京工业大学	13	159	26.5	4.4	2 449	2 234.2	5	5	0	0	0	0	0	0	0	0	0	117	117	0	0	1	0	0	1	2	2
常州大学	14	83	25.7	0	3 143	2 764.4	2	0	0	2	0	0	0	0	0	0	0	69	64	5	0	2	0	0	2	3	2
南京邮电大学	15	164	47.5	16.2	3 516.4	3 626.6	5	5	0	0	0	0	0	0	1	0	0	75	75	0	0	2	0	0	2	9	6
南京林业大学	16	52	6.4	0	732	666.97	4	4	0	0	0	0	0	0	0	0	0	33	33	0	0	0	0	0	0	0	0
江苏大学	17	256	53.2	24.5	3 703.7	3 763.7	0	0	0	0	0	0	0	0	0	0	0	44	30	14	0	0	0	0	0	12	5
南京信息工程大学	18	277	124.9	8.9	6 110	3 546.52	8	7	0	1	0	0	0	0	0	0	0	78	33	45	0	2	0	2	0	41	30
南通大学	19	96	15.6	0.1	6 005.5	6 253	2	2	1	0	0	0	0	0	0	0	0	40	39	1	0	2	0	0	2	58	31
盐城工学院	20	65	6.5	0	1 305.3	1 206.7	2	2	0	0	0	0	0	0	0	0	0	72	72	0	0	0	0	0	0	6	6

续表

南京医科大学	21	103	16.8	0	1 824.08	1 246.49	0	0	0	0	0	0	0	0	0	0	0	79	79	0	0	0	0	0	0	4	4
徐州医科大学	22	13	2.4	0	0	8.2	0	0	0	0	0	0	0	0	0	0	0	1	1	0	0	0	0	0	0	0	0
南京中医药大学	23	97	30	0.6	3 281.6	2 935.75	2	0	0	2	0	0	0	0	0	0	0	142	142	0	0	1	0	1	0	5	5
南京师范大学	24	33	5.8	0.3	1 445.6	781.96	4	2	0	2	0	0	0	0	0	0	0	50	35	15	0	1	0	0	1	1	0
江苏师范大学	25	130	81.5	0.2	18 517.46	14 677.86	4	4	0	0	0	0	0	0	0	0	0	116	100	16	0	0	0	0	0	47	47
淮阴师范学院	26	72	10.1	0	2 913	2 731	1	1	0	0	0	0	0	0	0	0	0	52	47	5	0	0	0	0	0	0	0
盐城师范学院	27	84	21	0	7 667.22	5 706.8	7	6	0	1	0	0	0	0	0	0	0	92	90	2	0	1	0	0	1	41	32
南京财经大学	28	232	21.7	6.5	13 278.76	11 497.72	19	7	0	11	1	0	0	0	0	0	0	195	166	29	0	3	0	0	3	2	0
江苏警官学院	29	79	14.7	0	886	1 144.5	1	1	0	0	0	0	0	0	0	0	0	44	44	0	0	0	0	0	0	0	0
南京体育学院	30	0	0	0	0	0	0	0	0	0	0	0	0	0	0	0	0	0	0	0	0	0	0	0	0	0	0
南京艺术学院	31	30	6.7	0	117.4	94.26	2	0	0	2	0	0	0	0	0	0	0	84	84	0	0	0	0	0	0	0	0
苏州科技大学	32	153	35.9	5.8	6 756.8	6 038.8	2	2	0	0	0	0	0	0	0	0	0	91	90	1	0	1	0	0	1	5	4
常熟理工学院	33	43	14.9	0	7 568.06	7 345.93	1	0	0	1	0	0	0	0	0	0	0	37	36	1	0	0	0	0	0	40	40
淮阴工学院	34	76	14.1	0	5 702.3	5 377.3	2	2	0	0	0	0	0	0	0	0	0	40	31	9	0	0	0	0	0	6	1
常州工学院	35	28	4.3	0	0	29.7	0	0	0	0	0	0	0	0	0	0	0	51	51	0	0	1	0	0	1	3	0
扬州大学	36	153	20	1.3	4 148.77	4 039.38	3	3	1	0	0	0	0	0	0	0	0	59	56	3	0	0	0	0	0	44	41
南京工程学院	37	23	2.9	0	1 082.3	914.86	6	5	0	1	0	0	0	0	0	0	0	29	27	1	1	0	0	0	0	3	3
南京审计大学	38	115	36	1	2 627	1 361.39	8	8	1	0	0	0	0	0	1	0	0	71	71	0	0	2	0	0	2	20	3
南京晓庄学院	39	6	0.9	0	100	22	2	2	0	0	0	0	0	0	0	0	0	42	40	2	0	0	0	0	0	0	0
江苏理工学院	40	82	17	0	2 350.23	2 545.25	7	7	0	0	0	0	0	0	0	0	0	56	56	0	0	1	0	0	1	29	14
淮海工学院	41	163	16.3	0	4 726.5	4 004.05	4	4	0	0	0	0	0	0	0	0	0	63	62	1	0	0	0	0	0	26	6
徐州工程学院	42	109	35.8	0	1 213.5	869.7	7	2	0	5	0	0	0	0	1	0	0	91	88	3	0	0	0	0	0	47	2
南京特殊教育师范学院	43	2	0.3	0	0	1.8	0	0	0	0	0	0	0	0	0	0	0	2	2	0	0	0	0	0	0	0	0
泰州学院	44	57	17.5	0	215	314.48	1	0	0	1	0	0	0	0	0	0	0	27	27	0	0	0	0	0	0	0	0
金陵科技学院	45	63	12.7	0	1 442.07	1 118.5	4	1	0	3	0	0	0	0	0	0	0	31	31	0	0	1	0	0	1	3	1
江苏第二师范学院	46	15	3.9	0	143	68.66	0	0	0	0	0	0	0	0	0	0	0	0	0	0	0	0	0	0	0	0	0

2.2 马克思主义人文、社会科学研究与课题成果情况表

高校名称		总数					出版著作(部)							古籍整理(部)	译著(部)	发表译文(篇)	电子出版物(件)	发表论文(篇)				获奖成果数(项)				研究与咨询报告(篇)	
		课题数(项)	当年投入人数(人年)	其中：研究生(人年)	当年拨入经费(千元)	当年支出经费(千元)	合计	专著	其中：被译成外文	编著教材	工具书参考书	皮书/发展报告	科普读物					合计	国内学术刊物	国外学术刊物	港、澳、台地区刊物	合计	国家级奖	部级奖	省级奖	合计	其中：被采纳数
	编号	L01	L02	L03	L04	L05	L06	L07	L08	L09	L10	L11	L12	L13	L14	L15	L16	L17	L18	L19	L20	L21	L22	L23	L24	L25	L26
合计	/	1 202	298.2	39.8	26 529	22 001.5	81	52	0	19	1	1	8	0	0	1	0	950	946	4	0	22	0	2	20	65	15
南京大学	1	62	8.7	2.1	1 569	1 506	3	3	0	0	0	0	0	0	0	0	0	86	85	1	0	0	0	0	0	0	0
东南大学	2	97	24.3	1.7	3 347	2 554.9	3	2	0	1	0	0	0	0	0	0	0	44	44	0	0	1	0	0	1	1	0
江南大学	3	34	25.5	10.1	1 218	1 129.9	9	5	0	4	0	0	0	0	0	0	0	32	32	0	0	4	0	0	4	0	0
南京农业大学	4	6	1	0	60	69	0	0	0	0	0	0	0	0	0	0	0	9	9	0	0	0	0	0	0	0	0
中国矿业大学	5	106	27.1	2.5	761	320.43	7	6	0	1	0	0	0	0	0	0	0	41	41	0	0	2	0	0	2	2	2
河海大学	6	46	17.2	9.2	980	1 001	15	4	0	3	1	1	6	0	0	0	0	80	80	0	0	1	0	0	1	11	8
南京理工大学	7	12	1.5	0	438	232.5	2	1	0	1	0	0	0	0	0	0	0	1	1	0	0	0	0	0	0	0	0
南京航空航天大学	8	23	5.3	0	1 161	1 247.6	3	3	0	0	0	0	0	0	0	0	0	11	11	0	0	1	0	1	0	0	0
中国药科大学	9	14	1.7	0	100	90	0	0	0	0	0	0	0	0	0	0	0	0	0	0	0	0	0	0	0	0	0
南京森林警察学院	10	2	0.2	0	0	0	0	0	0	0	0	0	0	0	0	0	0	11	11	0	0	0	0	0	0	0	0
苏州大学	11	58	11.1	1.7	4 001	2 746.5	4	2	0	2	0	0	0	0	0	0	0	90	90	0	0	1	0	0	1	0	0
江苏科技大学	12	23	7.2	0.9	76.5	235.6	1	1	0	0	0	0	0	0	0	0	0	1	1	0	0	0	0	0	0	0	0
南京工业大学	13	45	6.6	0.9	316	299.5	4	4	0	0	0	0	0	0	0	1	0	38	38	0	0	0	0	0	0	0	0
常州大学	14	24	7	0	1 069	475.5	3	3	0	0	0	0	0	0	0	0	0	21	21	0	0	1	0	0	1	0	0
南京邮电大学	15	7	2.5	1.2	192	201	0	0	0	0	0	0	0	0	0	0	0	7	7	0	0	0	0	0	0	0	0
南京林业大学	16	25	2.5	0	878	317.97	3	3	0	0	0	0	0	0	0	0	0	7	7	0	0	0	0	0	0	0	0
江苏大学	17	19	7.2	4.5	960	960	0	0	0	0	0	0	0	0	0	0	0	10	10	0	0	1	0	0	1	1	1
南京信息工程大学	18	18	10.3	2.1	500	280.49	0	0	0	0	0	0	0	0	0	0	0	16	16	0	0	1	0	1	0	0	0
南通大学	19	64	11.9	0.3	661	432.3	3	1	0	0	0	0	2	0	0	0	0	33	33	0	0	1	0	0	1	0	0
盐城工学院	20	37	3.7	0	140.7	140.7	0	0	0	0	0	0	0	0	0	0	0	10	10	0	0	0	0	0	0	0	0

续表

南京医科大学	21	7	1.5	0	43	22.6	1	1	0	0	0	0	0	0	0	0	0	8	8	0	0	0	0	0	0	0	0
徐州医科大学	22	4	1	0	0	4.5	0	0	0	0	0	0	0	0	0	0	0	0	0	0	0	0	0	0	0	0	0
南京中医药大学	23	6	2.1	0	20	10.3	0	0	0	0	0	0	0	0	0	0	0	3	3	0	0	0	0	0	0	0	0
南京师范大学	24	39	9.9	1	628	799.5	2	2	0	0	0	0	0	0	0	0	0	50	50	0	0	4	0	0	4	0	0
江苏师范大学	25	43	20.5	0.7	2 090	1 325.17	0	0	0	0	0	0	0	0	0	0	0	22	22	0	0	1	0	0	1	1	1
淮阴师范学院	26	44	6.2	0	826	866	4	4	0	0	0	0	0	0	0	0	0	17	17	0	0	0	0	0	0	0	0
盐城师范学院	27	16	5.8	0	322.5	653	0	0	0	0	0	0	0	0	0	0	0	10	10	0	0	0	0	0	0	0	0
南京财经大学	28	32	2.8	0.7	1 400	1 169.61	3	2	0	1	0	0	0	0	0	0	0	28	27	1	0	0	0	0	0	0	0
江苏警官学院	29	15	3.2	0	130	203	0	0	0	0	0	0	0	0	0	0	0	8	8	0	0	0	0	0	0	0	0
南京体育学院	30	1	0.1	0	0	8	0	0	0	0	0	0	0	0	0	0	0	0	0	0	0	0	0	0	0	0	0
南京艺术学院	31	9	2.1	0	0	55.03	0	0	0	0	0	0	0	0	0	0	0	4	4	0	0	0	0	0	0	0	0
苏州科技大学	32	5	1.7	0	48	48	2	1	0	1	0	0	0	0	0	0	0	18	18	0	0	0	0	0	0	0	0
常熟理工学院	33	17	4.6	0	513.8	348.38	0	0	0	0	0	0	0	0	0	0	0	22	22	0	0	0	0	0	0	0	0
淮阴工学院	34	19	3.5	0	325	271.25	0	0	0	0	0	0	0	0	0	0	0	5	5	0	0	1	0	0	1	0	0
常州工学院	35	26	4.9	0	125	139.3	0	0	0	0	0	0	0	0	0	0	0	29	29	0	0	0	0	0	0	6	0
扬州大学	36	38	6.1	0.2	556.5	619.4	0	0	0	0	0	0	0	0	0	0	0	82	82	0	0	0	0	0	0	0	0
南京工程学院	37	10	1	0	66	47.85	0	0	0	0	0	0	0	0	0	0	0	3	3	0	0	0	0	0	0	0	0
南京审计大学	38	17	3.7	0	142	273.67	0	0	0	0	0	0	0	0	0	0	0	16	16	0	0	0	0	0	0	0	0
南京晓庄学院	39	17	2.8	0	108	96	6	1	0	5	0	0	0	0	0	0	0	16	16	0	0	0	0	0	0	0	0
江苏理工学院	40	13	2.4	0	135	234.5	0	0	0	0	0	0	0	0	0	0	0	9	9	0	0	0	0	0	0	5	2
淮海工学院	41	23	2.3	0	176	112.35	0	0	0	0	0	0	0	0	0	0	0	16	15	1	0	0	0	0	0	1	0
徐州工程学院	42	61	23.8	0	404	394.4	1	1	0	0	0	0	0	0	0	0	0	11	11	0	0	2	0	0	2	37	1
南京特殊教育师范学院	43	3	0.5	0	0	0	0	0	0	0	0	0	0	0	0	0	0	2	2	0	0	0	0	0	0	0	0
泰州学院	44	1	0.1	0	8	2	0	0	0	0	0	0	0	0	0	0	0	6	6	0	0	0	0	0	0	0	0
金陵科技学院	45	9	1	0	18	56	2	2	0	0	0	0	0	0	0	0	0	5	4	1	0	0	0	0	0	0	0
江苏第二师范学院	46	5	2.1	0	16	0.8	0	0	0	0	0	0	0	0	0	0	0	12	12	0	0	0	0	0	0	0	0

2.3 哲学人文、社会科学研究与课题成果情况表

高校名称		总数					出版著作(部)							古籍整理(部)	译著(部)	发表译文(篇)	电子出版物(件)	发表论文(篇)				获奖成果数(项)				研究与咨询报告(篇)	
		课题数(项)	当年投入人数(人年)	其中：研究生(人年)	当年拨入经费(千元)	当年支出经费(千元)	合计	专著	其中：被译成外文	编著教材	工具书参考书	皮书/发展报告	科普读物					合计	国内学术刊物	国外学术刊物	港澳、台地区刊物	合计	国家级奖	部级奖	省级奖	合计	其中：被采纳数
	编号	L01	L02	L03	L04	L05	L06	L07	L08	L09	L10	L11	L12	L13	L14	L15	L16	L17	L18	L19	L20	L21	L22	L23	L24	L25	L26
合计	/	447	119.9	16.5	11 372.5	9 286.16	31	24	0	5	0	1	1	0	8	5	0	547	535	9	3	16	0	0	16	16	12
南京大学	1	51	8.9	2.4	3 298	2 438	10	7	0	3	0	0	0	0	3	0	0	217	216	1	0	5	0	0	5	0	0
东南大学	2	46	10.1	0.5	700	782.5	3	3	0	0	0	0	0	0	1	0	0	26	26	0	0	2	0	0	2	2	0
江南大学	3	16	13.8	3.3	780	763.5	0	0	0	0	0	0	0	0	0	0	0	6	6	0	0	0	0	0	0	0	0
南京农业大学	4	17	1.9	0	0	0	1	1	0	0	0	0	0	0	0	0	0	5	5	0	0	0	0	0	0	0	0
中国矿业大学	5	14	3.5	0	76	85.06	1	1	0	0	0	0	0	0	0	0	0	3	3	0	0	0	0	0	0	0	0
河海大学	6	27	10.3	5.6	230	477.35	3	2	0	0	0	0	1	0	0	0	0	47	46	1	0	0	0	0	0	10	8
南京理工大学	7	7	0.9	0	10	17	0	0	0	0	0	0	0	0	0	0	0	5	4	0	1	0	0	0	0	0	0
南京航空航天大学	8	2	0.5	0	32	32	0	0	0	0	0	0	0	0	0	0	0	2	1	1	0	0	0	0	0	0	0
中国药科大学	9	3	0.3	0	25	25	0	0	0	0	0	0	0	0	0	0	0	2	2	0	0	0	0	0	0	0	0
南京森林警察学院	10	1	0.1	0	0	0	0	0	0	0	0	0	0	0	0	0	0	10	7	3	0	0	0	0	0	0	0
苏州大学	11	20	5.8	1.1	1 720	992.5	5	3	0	1	0	1	0	0	0	0	0	44	43	1	0	2	0	0	2	0	0
江苏科技大学	12	3	0.8	0	210	242.5	0	0	0	0	0	0	0	0	0	0	0	2	1	1	0	1	0	0	1	0	0
南京工业大学	13	5	0.8	0.2	0	0	0	0	0	0	0	0	0	0	0	0	0	4	4	0	0	0	0	0	0	0	0
常州大学	14	9	2.6	0	60	52.6	0	0	0	0	0	0	0	0	0	0	0	2	2	0	0	0	0	0	0	0	0
南京邮电大学	15	8	2.9	1.2	215	107	0	0	0	0	0	0	0	0	0	0	0	3	3	0	0	0	0	0	0	0	0
南京林业大学	16	31	3.9	0	158	262.99	2	2	0	0	0	0	0	0	0	0	0	6	6	0	0	0	0	0	0	0	0
江苏大学	17	9	0.9	0.1	0	0	0	0	0	0	0	0	0	0	1	0	0	1	1	0	0	0	0	0	0	0	0
南京信息工程大学	18	15	5.6	0.6	21	115.27	1	1	0	0	0	0	0	0	0	0	0	14	14	0	0	0	0	0	0	0	0
南通大学	19	10	2.5	0	220	116	0	0	0	0	0	0	0	0	0	0	0	0	0	0	0	0	0	0	0	0	0
盐城工学院	20	5	0.5	0	56	56	1	1	0	0	0	0	0	0	0	0	0	1	1	0	0	0	0	0	0	1	1

续表

南京医科大学	21	5	0.8	0	0	49.7	1	1	0	0	0	0	0	0	0	0	0	0	0	0	0	0	0	0	0	0	0
徐州医科大学	22	1	0.3	0	0	2	0	0	0	0	0	0	0	0	0	0	0	0	0	0	0	0	0	0	0	0	0
南京中医药大学	23	12	3.5	0	625	48.3	0	0	0	0	0	0	0	0	0	0	0	9	9	0	0	0	0	0	0	0	0
南京师范大学	24	27	9.1	1.1	958	875.7	1	1	0	0	0	0	0	0	0	5	0	32	29	1	2	2	0	0	2	0	0
江苏师范大学	25	26	11.8	0.1	636	653.7	1	0	0	1	0	0	0	0	1	0	0	22	22	0	0	1	0	0	1	1	1
淮阴师范学院	26	8	1.5	0	67	111	0	0	0	0	0	0	0	0	0	0	0	4	4	0	0	0	0	0	0	0	0
盐城师范学院	27	2	0.4	0	290	155	0	0	0	0	0	0	0	0	0	0	0	0	0	0	0	0	0	0	0	0	0
南京财经大学	28	1	0.1	0.1	0	0	0	0	0	0	0	0	0	0	0	0	0	6	6	0	0	2	0	0	2	0	0
江苏警官学院	29	7	1.3	0	0	14.1	0	0	0	0	0	0	0	0	1	0	0	7	7	0	0	0	0	0	0	0	0
南京体育学院	30	0	0	0	0	0	0	0	0	0	0	0	0	0	0	0	0	0	0	0	0	0	0	0	0	0	0
南京艺术学院	31	0	0	0	0	0	0	0	0	0	0	0	0	0	0	0	0	0	0	0	0	0	0	0	0	0	0
苏州科技大学	32	18	4.7	0	308	298	1	1	0	0	0	0	0	0	1	0	0	21	21	0	0	1	0	0	1	2	2
常熟理工学院	33	3	1	0	20	18.9	0	0	0	0	0	0	0	0	0	0	0	3	3	0	0	0	0	0	0	0	0
淮阴工学院	34	1	0.1	0	20	20	0	0	0	0	0	0	0	0	0	0	0	2	2	0	0	0	0	0	0	0	0
常州工学院	35	0	0	0	0	0	0	0	0	0	0	0	0	0	0	0	0	2	2	0	0	0	0	0	0	0	0
扬州大学	36	14	3.1	0.2	432.5	260	0	0	0	0	0	0	0	0	0	0	0	20	20	0	0	0	0	0	0	0	0
南京工程学院	37	2	0.2	0	0	1.9	0	0	0	0	0	0	0	0	0	0	0	6	6	0	0	0	0	0	0	0	0
南京审计大学	38	1	1.3	0	0	0	0	0	0	0	0	0	0	0	0	0	0	0	0	0	0	0	0	0	0	0	0
南京晓庄学院	39	2	0.3	0	0	10	0	0	0	0	0	0	0	0	0	0	0	0	0	0	0	0	0	0	0	0	0
江苏理工学院	40	7	1.3	0	10	70.4	0	0	0	0	0	0	0	0	0	0	0	8	8	0	0	0	0	0	0	0	0
淮海工学院	41	1	0.1	0	0	3	0	0	0	0	0	0	0	0	0	0	0	1	1	0	0	0	0	0	0	0	0
徐州工程学院	42	1	0.3	0	0	0	0	0	0	0	0	0	0	0	0	0	0	0	0	0	0	0	0	0	0	0	0
南京特殊教育师范学院	43	0	0	0	0	0	0	0	0	0	0	0	0	0	0	0	0	0	0	0	0	0	0	0	0	0	0
泰州学院	44	0	0	0	0	0	0	0	0	0	0	0	0	0	0	0	0	1	1	0	0	0	0	0	0	0	0
金陵科技学院	45	6	1.1	0	100	88	0	0	0	0	0	0	0	0	0	0	0	3	3	0	0	0	0	0	0	0	0
江苏第二师范学院	46	3	1	0	95	41.19	0	0	0	0	0	0	0	0	0	0	0	0	0	0	0	0	0	0	0	0	0

2.4 逻辑学人文、社会科学研究与课题成果情况表

高校名称	编号	总数：课题数(项)	总数：当年投入人数(人年)	总数：其中：研究生(人年)	总数：当年拨入经费(千元)	总数：当年支出经费(千元)	出版著作(部)：合计	出版著作(部)：专著	出版著作(部)：其中：被译成外文	出版著作(部)：编著教材	出版著作(部)：工具书参考书	出版著作(部)：皮书/发展报告	出版著作(部)：科普读物	古籍整理(部)	译著(部)	发表译文(篇)	电子出版物(件)	发表论文(篇)：合计	发表论文(篇)：国内学术刊物	发表论文(篇)：国外学术刊物	发表论文(篇)：港、澳、台地区刊物	获奖成果数(项)：合计	获奖成果数(项)：国家级奖	获奖成果数(项)：部级奖	获奖成果数(项)：省级奖	研究与咨询报告(篇)：合计	研究与咨询报告(篇)：其中：被采纳数
		L01	L02	L03	L04	L05	L06	L07	L08	L09	L10	L11	L12	L13	L14	L15	L16	L17	L18	L19	L20	L21	L22	L23	L24	L25	L26
合计	/	12	4	1.3	52	113	0	0	0	0	0	0	0	0	1	0	1	13	13	0	0	0	0	0	0	4	2
南京大学	1	5	0.5	0	0	0	0	0	0	0	0	0	0	0	1	0	0	6	6	0	0	0	0	0	0	0	0
东南大学	2	2	1.4	0.3	0	0	0	0	0	0	0	0	0	0	0	0	0	0	0	0	0	0	0	0	0	0	0
江南大学	3	0	0	0	0	0	0	0	0	0	0	0	0	0	0	0	0	0	0	0	0	0	0	0	0	1	0
南京农业大学	4	0	0	0	0	0	0	0	0	0	0	0	0	0	0	0	0	0	0	0	0	0	0	0	0	0	0
中国矿业大学	5	0	0	0	0	0	0	0	0	0	0	0	0	0	0	0	0	0	0	0	0	0	0	0	0	0	0
河海大学	6	2	0.7	0.4	10	61	0	0	0	0	0	0	0	0	0	0	1	6	6	0	0	0	0	0	0	3	2
南京理工大学	7	0	0	0	0	0	0	0	0	0	0	0	0	0	0	0	0	0	0	0	0	0	0	0	0	0	0
南京航空航天大学	8	0	0	0	0	0	0	0	0	0	0	0	0	0	0	0	0	0	0	0	0	0	0	0	0	0	0
中国药科大学	9	0	0	0	0	0	0	0	0	0	0	0	0	0	0	0	0	0	0	0	0	0	0	0	0	0	0
南京森林警察学院	10	0	0	0	0	0	0	0	0	0	0	0	0	0	0	0	0	0	0	0	0	0	0	0	0	0	0
苏州大学	11	0	0	0	0	0	0	0	0	0	0	0	0	0	0	0	0	0	0	0	0	0	0	0	0	0	0
江苏科技大学	12	0	0	0	0	0	0	0	0	0	0	0	0	0	0	0	0	0	0	0	0	0	0	0	0	0	0
南京工业大学	13	0	0	0	0	0	0	0	0	0	0	0	0	0	0	0	0	0	0	0	0	0	0	0	0	0	0
常州大学	14	0	0	0	0	0	0	0	0	0	0	0	0	0	0	0	0	0	0	0	0	0	0	0	0	0	0
南京邮电大学	15	1	0.8	0.6	40	40	0	0	0	0	0	0	0	0	0	0	0	0	0	0	0	0	0	0	0	0	0
南京林业大学	16	0	0	0	0	0	0	0	0	0	0	0	0	0	0	0	0	0	0	0	0	0	0	0	0	0	0
江苏大学	17	0	0	0	0	0	0	0	0	0	0	0	0	0	0	0	0	0	0	0	0	0	0	0	0	0	0
南京信息工程大学	18	1	0.5	0	0	10	0	0	0	0	0	0	0	0	0	0	0	0	0	0	0	0	0	0	0	0	0
南通大学	19	0	0	0	0	0	0	0	0	0	0	0	0	0	0	0	0	0	0	0	0	0	0	0	0	0	0
盐城工学院	20	0	0	0	0	0	0	0	0	0	0	0	0	0	0	0	0	0	0	0	0	0	0	0	0	0	0

续表

南京医科大学	21	0	0	0	0	0	0	0	0	0	0	0	0	0	0	0	0	0	0	0	0	0	0	0	0	0	0
徐州医科大学	22	0	0	0	0	0	0	0	0	0	0	0	0	0	0	0	0	0	0	0	0	0	0	0	0	0	0
南京中医药大学	23	0	0	0	0	0	0	0	0	0	0	0	0	0	0	0	0	0	0	0	0	0	0	0	0	0	0
南京师范大学	24	0	0	0	0	0	0	0	0	0	0	0	0	0	0	0	0	0	0	0	0	0	0	0	0	0	0
江苏师范大学	25	0	0	0	0	0	0	0	0	0	0	0	0	0	0	0	0	0	0	0	0	0	0	0	0	0	0
淮阴师范学院	26	0	0	0	0	0	0	0	0	0	0	0	0	0	0	0	0	0	0	0	0	0	0	0	0	0	0
盐城师范学院	27	0	0	0	0	0	0	0	0	0	0	0	0	0	0	0	0	0	0	0	0	0	0	0	0	0	0
南京财经大学	28	0	0	0	0	0	0	0	0	0	0	0	0	0	0	0	0	0	0	0	0	0	0	0	0	0	0
江苏警官学院	29	0	0	0	0	0	0	0	0	0	0	0	0	0	0	0	0	0	0	0	0	0	0	0	0	0	0
南京体育学院	30	0	0	0	0	0	0	0	0	0	0	0	0	0	0	0	0	0	0	0	0	0	0	0	0	0	0
南京艺术学院	31	0	0	0	0	0	0	0	0	0	0	0	0	0	0	0	0	0	0	0	0	0	0	0	0	0	0
苏州科技大学	32	0	0	0	0	0	0	0	0	0	0	0	0	0	0	0	0	0	0	0	0	0	0	0	0	0	0
常熟理工学院	33	0	0	0	0	0	0	0	0	0	0	0	0	0	0	0	0	0	0	0	0	0	0	0	0	0	0
淮阴工学院	34	0	0	0	0	0	0	0	0	0	0	0	0	0	0	0	0	0	0	0	0	0	0	0	0	0	0
常州工学院	35	0	0	0	0	0	0	0	0	0	0	0	0	0	0	0	0	0	0	0	0	0	0	0	0	0	0
扬州大学	36	0	0	0	0	0	0	0	0	0	0	0	0	0	0	0	0	0	0	0	0	0	0	0	0	0	0
南京工程学院	37	0	0	0	0	0	0	0	0	0	0	0	0	0	0	0	0	0	0	0	0	0	0	0	0	0	0
南京审计大学	38	0	0	0	0	0	0	0	0	0	0	0	0	0	0	0	0	0	0	0	0	0	0	0	0	0	0
南京晓庄学院	39	0	0	0	0	0	0	0	0	0	0	0	0	0	0	0	0	0	0	0	0	0	0	0	0	0	0
江苏理工学院	40	1	0.1	0	2	2	0	0	0	0	0	0	0	0	0	0	0	1	1	0	0	0	0	0	0	0	0
淮海工学院	41	0	0	0	0	0	0	0	0	0	0	0	0	0	0	0	0	0	0	0	0	0	0	0	0	0	0
徐州工程学院	42	0	0	0	0	0	0	0	0	0	0	0	0	0	0	0	0	0	0	0	0	0	0	0	0	0	0
南京特殊教育师范学院	43	0	0	0	0	0	0	0	0	0	0	0	0	0	0	0	0	0	0	0	0	0	0	0	0	0	0
泰州学院	44	0	0	0	0	0	0	0	0	0	0	0	0	0	0	0	0	0	0	0	0	0	0	0	0	0	0
金陵科技学院	45	0	0	0	0	0	0	0	0	0	0	0	0	0	0	0	0	0	0	0	0	0	0	0	0	0	0
江苏第二师范学院	46	0	0	0	0	0	0	0	0	0	0	0	0	0	0	0	0	0	0	0	0	0	0	0	0	0	0

2.5 宗教学人文、社会科学研究与课题成果情况表

高校名称		总数					出版著作(部)							古籍整理(部)	译著(部)	发表译文(篇)	电子出版物(件)	发表论文(篇)				获奖成果数(项)				研究与咨询报告(篇)	
		课题数(项)	当年投入人数(人年)	其中:研究生(人年)	当年拨入经费(千元)	当年支出经费(千元)	合计	专著	其中:被译成外文	编著教材	工具书参考书	皮书/发展报告	科普读物					合计	国内学术刊物	国外学术刊物	港、澳、台地区刊物	合计	国家级奖	部级奖	省级奖	合计	其中:被采纳数
	编号	L01	L02	L03	L04	L05	L06	L07	L08	L09	L10	L11	L12	L13	L14	L15	L16	L17	L18	L19	L20	L21	L22	L23	L24	L25	L26
合计	/	51	9.3	0.6	453.5	517.74	7	4	0	3	0	0	0	0	1	0	0	43	41	1	1	0	0	0	0	2	2
南京大学	1	21	2.1	0	63	126	4	2	0	2	0	0	0	0	0	0	0	24	24	0	0	0	0	0	0	0	0
东南大学	2	7	1.4	0	232.5	265	0	0	0	0	0	0	0	0	1	0	0	0	0	0	0	0	0	0	0	0	0
江南大学	3	0	0	0	0	0	0	0	0	0	0	0	0	0	0	0	0	0	0	0	0	0	0	0	0	0	0
南京农业大学	4	2	0.2	0	0	0	0	0	0	0	0	0	0	0	0	0	0	0	0	0	0	0	0	0	0	0	0
中国矿业大学	5	2	0.5	0	20	18.59	0	0	0	0	0	0	0	0	0	0	0	1	1	0	0	0	0	0	0	0	0
河海大学	6	3	0.9	0.6	0	0	0	0	0	0	0	0	0	0	0	0	0	5	5	0	0	0	0	0	0	2	2
南京理工大学	7	0	0	0	0	0	1	0	0	1	0	0	0	0	0	0	0	3	2	0	1	0	0	0	0	0	0
南京航空航天大学	8	0	0	0	0	0	0	0	0	0	0	0	0	0	0	0	0	0	0	0	0	0	0	0	0	0	0
中国药科大学	9	0	0	0	0	0	0	0	0	0	0	0	0	0	0	0	0	0	0	0	0	0	0	0	0	0	0
南京森林警察学院	10	0	0	0	0	0	0	0	0	0	0	0	0	0	0	0	0	0	0	0	0	0	0	0	0	0	0
苏州大学	11	0	0	0	0	0	1	1	0	0	0	0	0	0	0	0	0	1	1	0	0	0	0	0	0	0	0
江苏科技大学	12	1	0.3	0	0	0.35	0	0	0	0	0	0	0	0	0	0	0	1	1	0	0	0	0	0	0	0	0
南京工业大学	13	1	0.2	0	0	0	1	1	0	0	0	0	0	0	0	0	0	0	0	0	0	0	0	0	0	0	0
常州大学	14	1	0.4	0	0	15	0	0	0	0	0	0	0	0	0	0	0	0	0	0	0	0	0	0	0	0	0
南京邮电大学	15	0	0	0	0	0	0	0	0	0	0	0	0	0	0	0	0	0	0	0	0	0	0	0	0	0	0
南京林业大学	16	1	0.6	0	0	9	0	0	0	0	0	0	0	0	0	0	0	0	0	0	0	0	0	0	0	0	0
江苏大学	17	0	0	0	0	0	0	0	0	0	0	0	0	0	0	0	0	0	0	0	0	0	0	0	0	0	0
南京信息工程大学	18	1	0.1	0	0	0	0	0	0	0	0	0	0	0	0	0	0	0	0	0	0	0	0	0	0	0	0
南通大学	19	0	0	0	0	0	0	0	0	0	0	0	0	0	0	0	0	1	1	0	0	0	0	0	0	0	0
盐城工学院	20	0	0	0	0	0	0	0	0	0	0	0	0	0	0	0	0	0	0	0	0	0	0	0	0	0	0

续表

南京医科大学	21	0	0	0	0	0	0	0	0	0	0	0	0	0	0	0	0	0	0	0	0	0	0	0	0	0	0
徐州医科大学	22	0	0	0	0	0	0	0	0	0	0	0	0	0	0	0	0	0	0	0	0	0	0	0	0	0	0
南京中医药大学	23	1	0.5	0	0	10.8	0	0	0	0	0	0	0	0	0	0	0	0	0	0	0	0	0	0	0	0	0
南京师范大学	24	0	0	0	0	0	0	0	0	0	0	0	0	0	0	0	0	0	0	0	0	0	0	0	0	0	0
江苏师范大学	25	2	0.5	0	18	12	0	0	0	0	0	0	0	0	0	0	0	3	2	1	0	0	0	0	0	0	0
淮阴师范学院	26	0	0	0	0	0	0	0	0	0	0	0	0	0	0	0	0	0	0	0	0	0	0	0	0	0	0
盐城师范学院	27	0	0	0	0	0	0	0	0	0	0	0	0	0	0	0	0	1	1	0	0	0	0	0	0	0	0
南京财经大学	28	0	0	0	0	0	0	0	0	0	0	0	0	0	0	0	0	0	0	0	0	0	0	0	0	0	0
江苏警官学院	29	1	0.2	0	0	0	0	0	0	0	0	0	0	0	0	0	0	1	1	0	0	0	0	0	0	0	0
南京体育学院	30	0	0	0	0	0	0	0	0	0	0	0	0	0	0	0	0	0	0	0	0	0	0	0	0	0	0
南京艺术学院	31	0	0	0	0	0	0	0	0	0	0	0	0	0	0	0	0	0	0	0	0	0	0	0	0	0	0
苏州科技大学	32	0	0	0	0	0	0	0	0	0	0	0	0	0	0	0	0	1	1	0	0	0	0	0	0	0	0
常熟理工学院	33	0	0	0	0	0	0	0	0	0	0	0	0	0	0	0	0	0	0	0	0	0	0	0	0	0	0
淮阴工学院	34	0	0	0	0	0	0	0	0	0	0	0	0	0	0	0	0	0	0	0	0	0	0	0	0	0	0
常州工学院	35	0	0	0	0	0	0	0	0	0	0	0	0	0	0	0	0	1	1	0	0	0	0	0	0	0	0
扬州大学	36	4	0.6	0	0	0	0	0	0	0	0	0	0	0	0	0	0	0	0	0	0	0	0	0	0	0	0
南京工程学院	37	0	0	0	0	0	0	0	0	0	0	0	0	0	0	0	0	0	0	0	0	0	0	0	0	0	0
南京审计大学	38	0	0	0	0	0	0	0	0	0	0	0	0	0	0	0	0	0	0	0	0	0	0	0	0	0	0
南京晓庄学院	39	1	0.3	0	60	50	0	0	0	0	0	0	0	0	0	0	0	0	0	0	0	0	0	0	0	0	0
江苏理工学院	40	0	0	0	0	0	0	0	0	0	0	0	0	0	0	0	0	0	0	0	0	0	0	0	0	0	0
淮海工学院	41	0	0	0	0	0	0	0	0	0	0	0	0	0	0	0	0	0	0	0	0	0	0	0	0	0	0
徐州工程学院	42	0	0	0	0	0	0	0	0	0	0	0	0	0	0	0	0	0	0	0	0	0	0	0	0	0	0
南京特殊教育师范学院	43	1	0.1	0	20	11	0	0	0	0	0	0	0	0	0	0	0	0	0	0	0	0	0	0	0	0	0
泰州学院	44	0	0	0	0	0	0	0	0	0	0	0	0	0	0	0	0	0	0	0	0	0	0	0	0	0	0
金陵科技学院	45	0	0	0	0	0	0	0	0	0	0	0	0	0	0	0	0	0	0	0	0	0	0	0	0	0	0
江苏第二师范学院	46	1	0.4	0	40	0	0	0	0	0	0	0	0	0	0	0	0	0	0	0	0	0	0	0	0	0	0

2.6 语言学人文、社会科学研究与课题成果情况表

高校名称	编号	总数：课题数(项)	总数：当年投入人数(人年)	总数：其中：研究生(人年)	总数：当年拨入经费(千元)	总数：当年支出经费(千元)	出版著作(部)：合计	出版著作(部)：专著	出版著作(部)：其中：被译成外文	出版著作(部)：编著教材	出版著作(部)：工具书参考书	出版著作(部)：皮书/发展报告	出版著作(部)：科普读物	古籍整理(部)	译著(部)	发表译文(篇)	电子出版物(件)	发表论文(篇)：合计	发表论文(篇)：国内学术刊物	发表论文(篇)：国外学术刊物	发表论文(篇)：港、澳、台地区刊物	获奖成果数(项)：合计	获奖成果数(项)：国家级奖	获奖成果数(项)：部级奖	获奖成果数(项)：省级奖	研究与咨询报告(篇)：合计	研究与咨询报告(篇)：其中：被采纳数
		L01	L02	L03	L04	L05	L06	L07	L08	L09	L10	L11	L12	L13	L14	L15	L16	L17	L18	L19	L20	L21	L22	L23	L24	L25	L26
合计	/	1 229	306	19.1	24 527.62	24 262.43	99	53	2	39	6	0	1	3	16	2	1	1 039	957	78	4	25	0	0	25	39	15
南京大学	1	58	7	1.5	1 383	1 254.4	7	1	0	6	0	0	0	0	0	0	0	60	57	3	0	4	0	0	4	0	0
东南大学	2	44	13	0.4	158.5	318.1	11	0	0	11	0	0	0	0	2	0	0	34	34	0	0	0	0	0	0	0	0
江南大学	3	14	14.3	2.1	490	410.2	7	3	0	4	0	0	0	0	1	0	0	22	20	2	0	1	0	0	1	0	0
南京农业大学	4	72	10	1	209.4	159.5	0	0	0	0	0	0	0	0	0	0	1	4	4	0	0	0	0	0	0	4	4
中国矿业大学	5	58	12.8	0.9	309.5	168.94	2	1	0	1	0	0	0	0	1	0	0	33	31	2	0	1	0	0	1	1	0
河海大学	6	15	5.4	3.1	289.5	293.5	2	0	0	1	0	0	1	0	1	1	0	19	16	3	0	0	0	0	0	4	3
南京理工大学	7	20	2.7	0	592.72	306.58	1	1	0	0	0	0	0	0	0	0	0	9	5	4	0	0	0	0	0	0	0
南京航空航天大学	8	12	2.9	0	260	190	2	1	0	1	0	0	0	0	0	0	0	10	8	2	0	0	0	0	0	0	0
中国药科大学	9	26	4.8	0	140.5	78.5	1	1	0	0	0	0	0	0	0	0	0	18	17	1	0	0	0	0	0	0	0
南京森林警察学院	10	3	0.5	0	0	10	0	0	0	0	0	0	0	0	0	0	0	3	3	0	0	1	0	0	1	1	1
苏州大学	11	30	10.5	1.6	661	647	0	0	0	0	0	0	0	0	1	0	0	66	57	6	3	2	0	0	2	0	0
江苏科技大学	12	33	9.9	1	217	228	3	3	0	0	0	0	0	0	0	0	0	36	34	2	0	0	0	0	0	0	0
南京工业大学	13	31	4.2	0.2	90	90	7	7	2	0	0	0	0	0	0	0	0	19	17	2	0	1	0	0	1	0	0
常州大学	14	17	5.2	0	151.2	169	0	0	0	0	0	0	0	0	3	0	0	18	18	0	0	0	0	0	0	0	0
南京邮电大学	15	28	5.7	1.1	286	203	0	0	0	0	0	0	0	0	0	0	0	8	8	0	0	1	0	0	1	0	0
南京林业大学	16	25	2.5	0	112	109.74	1	1	0	0	0	0	0	0	0	0	0	9	9	0	0	0	0	0	0	0	0
江苏大学	17	31	9.4	0	443	453	0	0	0	0	0	0	0	0	0	0	0	7	7	0	0	0	0	0	0	0	0
南京信息工程大学	18	18	11.1	0.3	271.7	114.97	0	0	0	0	0	0	0	0	1	0	0	38	37	1	0	0	0	0	0	0	0
南通大学	19	23	5.3	0	42	65.6	1	1	0	0	0	0	0	0	0	0	0	19	19	0	0	1	0	0	1	0	0
盐城工学院	20	15	1.6	0	187	183	1	1	0	0	0	0	0	0	0	0	0	33	33	0	0	0	0	0	0	2	2

续表

南京医科大学	21	2	0.3	0	6	9.8	0	0	0	0	0	0	0	1	0	0	0	1	1	0	0	0	0	0	0	0	0
徐州医科大学	22	4	1.2	0	0	7.8	0	0	0	0	0	0	0	0	0	0	0	1	1	0	0	0	0	0	0	0	0
南京中医药大学	23	14	7	0	52	546.9	2	0	0	2	0	0	0	0	0	0	0	6	6	0	0	0	0	0	0	0	0
南京师范大学	24	66	23.1	3.8	2 080	2 395.15	13	4	0	4	5	0	0	2	3	1	0	103	82	21	0	3	0	0	3	0	0
江苏师范大学	25	82	37.6	1.2	4 078	6 164.18	2	2	0	0	0	0	0	0	0	0	0	69	61	7	1	2	0	0	2	0	0
淮阴师范学院	26	42	6.3	0	290	524.5	2	2	0	0	0	0	0	0	1	0	0	47	46	1	0	1	0	0	1	0	0
盐城师范学院	27	52	15.2	0	3 495.5	2 009.5	6	5	0	1	0	0	0	0	0	0	0	10	10	0	0	0	0	0	0	1	1
南京财经大学	28	8	0.7	0.2	39.5	55.4	4	0	0	4	0	0	0	0	1	0	0	16	13	3	0	0	0	0	0	0	0
江苏警官学院	29	4	0.6	0	350	310	0	0	0	0	0	0	0	0	0	0	0	13	13	0	0	0	0	0	0	0	0
南京体育学院	30	1	0.2	0	0	10	1	1	0	0	0	0	0	0	0	0	0	0	0	0	0	0	0	0	0	0	0
南京艺术学院	31	6	1.3	0	20	7.5	0	0	0	0	0	0	0	0	0	0	0	3	3	0	0	0	0	0	0	0	0
苏州科技大学	32	23	7.1	0	80	182	2	2	0	0	0	0	0	0	1	0	0	36	35	1	0	0	0	0	0	0	0
常熟理工学院	33	13	3.3	0	136	141.7	3	2	0	1	0	0	0	0	0	0	0	20	20	0	0	0	0	0	0	0	0
淮阴工学院	34	28	5.3	0	868	991.5	1	0	0	1	0	0	0	0	0	0	0	19	7	12	0	0	0	0	0	0	0
常州工学院	35	41	8	0	653	447	5	4	0	0	1	0	0	0	0	0	0	51	51	0	0	0	0	0	0	8	0
扬州大学	36	60	10.1	0.7	242	536.5	4	4	0	0	0	0	0	0	0	0	0	28	25	3	0	2	0	0	2	0	0
南京工程学院	37	12	1.2	0	245	200.9	0	0	0	0	0	0	0	0	0	0	0	0	0	0	0	0	0	0	0	0	0
南京审计大学	38	29	8.7	0	404	84.4	3	3	0	0	0	0	0	0	0	0	0	7	7	0	0	1	0	0	1	0	0
南京晓庄学院	39	9	1.7	0	334	142	2	1	0	1	0	0	0	0	0	0	0	21	21	0	0	1	0	0	1	0	0
江苏理工学院	40	34	7.1	0	3 100.6	3 085.89	0	0	0	0	0	0	0	0	0	0	0	18	18	0	0	1	0	0	1	10	4
淮海工学院	41	68	6.8	0	1 356.5	714	0	0	0	0	0	0	0	0	0	0	0	16	14	2	0	1	0	0	1	7	0
徐州工程学院	42	17	6.4	0	5	17.4	3	2	0	1	0	0	0	0	0	0	0	64	64	0	0	0	0	0	0	1	0
南京特殊教育师范学院	43	7	0.9	0	40	37.22	0	0	0	0	0	0	0	0	0	0	0	0	0	0	0	1	0	0	1	0	0
泰州学院	44	4	1.2	0	0	9	0	0	0	0	0	0	0	0	0	0	0	3	3	0	0	0	0	0	0	0	0
金陵科技学院	45	16	1.8	0	108	63.5	0	0	0	0	0	0	0	0	0	0	0	12	12	0	0	0	0	0	0	0	0
江苏第二师范学院	46	14	4.1	0	250.5	115.66	0	0	0	0	0	0	0	0	0	0	0	10	10	0	0	0	0	0	0	0	0

2.7 中国文学人文、社会科学研究与课题成果情况表

高校名称	编号	总数：课题数（项）	总数：当年投入人数（人年）	总数：其中：研究生（人年）	总数：当年拨入经费（千元）	总数：当年支出经费（千元）	出版著作（部）：合计	出版著作（部）：专著	出版著作（部）：其中：被译成外文	出版著作（部）：编著教材	出版著作（部）：工具书参考书	出版著作（部）：皮书/发展报告	出版著作（部）：科普读物	古籍整理（部）	译著（部）	发表译文（篇）	电子出版物（件）	发表论文（篇）：合计	发表论文（篇）：国内学术刊物	发表论文（篇）：国外学术刊物	发表论文（篇）：港、澳、台地区刊物	获奖成果数（项）：合计	获奖成果数（项）：国家级奖	获奖成果数（项）：部级奖	获奖成果数（项）：省级奖	研究与咨询报告（篇）：合计	研究与咨询报告（篇）：其中：被采纳数
		L01	L02	L03	L04	L05	L06	L07	L08	L09	L10	L11	L12	L13	L14	L15	L16	L17	L18	L19	L20	L21	L22	L23	L24	L25	L26
合计	/	908	236.4	14.9	42 950.44	33 993.55	134	99	1	29	2	0	4	15	12	0	1	1 264	1 253	5	6	38	0	0	38	33	10
南京大学	1	94	12.7	2.7	5 470	3 435	37	20	0	11	2	0	4	6	3	0	0	218	218	0	0	10	0	0	10	0	0
东南大学	2	27	7	0.2	2 110	2 352.1	4	3	0	1	0	0	0	0	5	0	0	5	5	0	0	2	0	0	2	0	0
江南大学	3	21	14	0.8	1 189	926.5	5	4	0	1	0	0	0	1	0	0	0	33	33	0	0	0	0	0	0	0	0
南京农业大学	4	3	0.3	0	0	0	0	0	0	0	0	0	0	0	1	0	0	0	0	0	0	0	0	0	0	0	0
中国矿业大学	5	32	7	0	315	126.83	1	0	0	1	0	0	0	0	0	0	0	22	21	1	0	0	0	0	0	2	1
河海大学	6	4	1.4	0.8	50	50	0	0	0	0	0	0	0	0	0	0	1	5	5	0	0	0	0	0	0	1	1
南京理工大学	7	4	0.8	0	0	21	0	0	0	0	0	0	0	0	0	0	0	0	0	0	0	0	0	0	0	0	0
南京航空航天大学	8	0	0	0	0	0	0	0	0	0	0	0	0	0	0	0	0	0	0	0	0	0	0	0	0	0	0
中国药科大学	9	0	0	0	0	0	0	0	0	0	0	0	0	0	0	0	0	0	0	0	0	0	0	0	0	0	0
南京森林警察学院	10	0	0	0	0	0	0	0	0	0	0	0	0	0	0	0	0	1	1	0	0	0	0	0	0	0	0
苏州大学	11	48	14.6	2.3	1 957	1 546.3	12	11	0	1	0	0	0	0	1	0	0	93	92	0	1	3	0	0	3	0	0
江苏科技大学	12	7	1.9	0	68	71.2	0	0	0	0	0	0	0	0	0	0	0	2	2	0	0	0	0	0	0	0	0
南京工业大学	13	4	0.7	0.2	60	60	0	0	0	0	0	0	0	0	0	0	0	6	6	0	0	0	0	0	0	0	0
常州大学	14	11	3.7	0	75	131.5	0	0	0	0	0	0	0	0	0	0	0	14	14	0	0	0	0	0	0	0	0
南京邮电大学	15	0	0	0	0	0	0	0	0	0	0	0	0	0	0	0	0	0	0	0	0	0	0	0	0	0	0
南京林业大学	16	6	0.6	0	64	50.06	0	0	0	0	0	0	0	0	0	0	0	10	10	0	0	0	0	0	0	0	0
江苏大学	17	17	5.1	2.7	265	265	0	0	0	0	0	0	0	0	0	0	0	17	15	2	0	0	0	0	0	0	0
南京信息工程大学	18	26	7.7	0.6	246	241.03	1	0	0	1	0	0	0	0	0	0	0	17	17	0	0	0	0	0	0	0	0
南通大学	19	62	14.5	0.6	1 144	750.9	10	10	1	0	0	0	0	7	0	0	0	44	44	0	0	3	0	0	3	0	0
盐城工学院	20	10	1	0	196	183	0	0	0	0	0	0	0	0	0	0	0	19	18	1	0	0	0	0	0	0	0

续表

南京医科大学	21	0	0	0	0	0	0	0	0	0	0	0	0	0	0	0	0	0	0	0	0	0	0	0	0	0	0
徐州医科大学	22	1	0.1	0	40	0	0	0	0	0	0	0	0	0	0	0	0	0	0	0	0	0	0	0	0	0	0
南京中医药大学	23	4	1.6	0	0	23.8	0	0	0	0	0	0	0	0	0	0	0	0	0	0	0	0	0	0	0	0	0
南京师范大学	24	56	14.9	1.8	696	1 163.91	16	12	0	4	0	0	0	1	1	0	0	79	78	1	0	7	0	0	7	0	0
江苏师范大学	25	70	35.2	1.4	2 3043	15 718.7	10	9	0	1	0	0	0	0	0	0	0	101	99	0	2	2	0	0	2	0	0
淮阴师范学院	26	48	7.2	0	988.44	1 054.54	9	5	0	4	0	0	0	0	0	0	0	39	39	0	0	0	0	0	0	0	0
盐城师范学院	27	42	14.6	0	1 919	1 290.2	3	3	0	0	0	0	0	0	1	0	0	90	88	0	2	1	0	0	1	0	0
南京财经大学	28	2	0	0	0	0	0	0	0	0	0	0	0	0	0	0	0	7	7	0	0	0	0	0	0	0	0
江苏警官学院	29	4	0.7	0	0	12.85	0	0	0	0	0	0	0	0	0	0	0	0	0	0	0	0	0	0	0	0	0
南京体育学院	30	0	0	0	0	0	0	0	0	0	0	0	0	0	0	0	0	0	0	0	0	0	0	0	0	0	0
南京艺术学院	31	6	1.9	0	20	35.46	0	0	0	0	0	0	0	0	0	0	0	4	4	0	0	0	0	0	0	0	0
苏州科技大学	32	19	2.9	0.3	46	239	2	2	0	0	0	0	0	0	0	0	0	32	31	0	1	0	0	0	0	0	0
常熟理工学院	33	23	7.4	0	515	408.1	1	0	0	1	0	0	0	0	0	0	0	33	33	0	0	2	0	0	2	3	3
淮阴工学院	34	6	0.9	0	3	28.7	0	0	0	0	0	0	0	0	0	0	0	17	17	0	0	0	0	0	0	0	0
常州工学院	35	31	5.7	0	367	175.8	0	0	0	0	0	0	0	0	0	0	0	19	19	0	0	0	0	0	0	10	0
扬州大学	36	81	15.4	0.5	961.5	1 004.1	7	4	0	3	0	0	0	0	0	0	0	139	139	0	0	6	0	0	6	0	0
南京工程学院	37	3	0.3	0	0	61.34	0	0	0	0	0	0	0	0	0	0	0	0	0	0	0	0	0	0	0	0	0
南京审计大学	38	8	2.5	0	50	62.6	0	0	0	0	0	0	0	0	0	0	0	15	15	0	0	0	0	0	0	0	0
南京晓庄学院	39	24	5.6	0	390	1 373	2	2	0	0	0	0	0	0	0	0	0	33	33	0	0	1	0	0	1	0	0
江苏理工学院	40	16	3.9	0	117	129.3	2	2	0	0	0	0	0	0	0	0	0	34	34	0	0	0	0	0	0	6	4
淮海工学院	41	23	2.4	0	299.5	246.5	1	1	0	0	0	0	0	0	0	0	0	5	5	0	0	0	0	0	0	0	0
徐州工程学院	42	16	6	0	53	121.8	5	5	0	0	0	0	0	0	0	0	0	40	40	0	0	1	0	0	1	8	1
南京特殊教育师范学院	43	1	0.1	0	0	0	4	4	0	0	0	0	0	0	0	0	0	1	1	0	0	0	0	0	0	0	0
泰州学院	44	20	5	0	158	141.8	1	1	0	0	0	0	0	0	0	0	0	23	23	0	0	0	0	0	0	0	0
金陵科技学院	45	5	1.2	0	0	34	0	0	0	0	0	0	0	0	0	0	0	12	12	0	0	0	0	0	0	3	0
江苏第二师范学院	46	23	7.9	0	75	457.63	1	1	0	0	0	0	0	0	0	0	0	35	35	0	0	0	0	0	0	0	0

2.8 外国文学人文、社会科学研究与课题成果情况表

高校名称		总数					出版著作(部)							古籍整理(部)	译著(部)	发表译文(篇)	电子出版物(件)	发表论文(篇)				获奖成果数(项)				研究与咨询报告(篇)	
		课题数(项)	当年投入人数(人年)	其中:研究生(人年)	当年拨入经费(千元)	当年支出经费(千元)	合计	专著	其中:被译成外文	编著教材	工具书参考书	皮书/发展报告	科普读物					合计	国内学术刊物	国外学术刊物	港、澳、台地区刊物	合计	国家级奖	部级奖	省级奖	合计	其中:被采纳数
	编号	L01	L02	L03	L04	L05	L06	L07	L08	L09	L10	L11	L12	L13	L14	L15	L16	L17	L18	L19	L20	L21	L22	L23	L24	L25	L26
合计	/	477	117.8	6.7	8 707.24	6 607.43	48	26	1	16	2	0	4	0	71	12	0	526	500	26	0	7	0	0	7	10	5
南京大学	1	51	6.9	0.9	1 702	1 340.6	13	4	0	7	2	0	0	0	37	5	0	68	65	3	0	4	0	0	4	0	0
东南大学	2	14	5.8	0.1	303	208	0	0	0	0	0	0	0	0	0	0	0	4	4	0	0	0	0	0	0	0	0
江南大学	3	8	5.2	1.2	710	530.5	0	0	0	0	0	0	0	0	0	0	0	15	14	1	0	0	0	0	0	0	0
南京农业大学	4	15	3.6	0.1	40	40	0	0	0	0	0	0	0	0	0	0	0	0	0	0	0	0	0	0	0	1	1
中国矿业大学	5	5	0.7	0	0	0	4	0	0	4	0	0	0	0	0	0	0	25	24	1	0	0	0	0	0	0	0
河海大学	6	5	1.6	0.8	50.5	54.5	5	1	0	0	0	0	4	0	3	0	0	8	7	1	0	0	0	0	0	2	1
南京理工大学	7	16	2.8	0	132.34	163.18	0	0	0	0	0	0	0	0	0	0	0	8	7	1	0	0	0	0	0	0	0
南京航空航天大学	8	9	2.5	0	0	10	0	0	0	0	0	0	0	0	2	0	0	2	2	0	0	0	0	0	0	0	0
中国药科大学	9	0	0	0	0	0	0	0	0	0	0	0	0	0	0	0	0	0	0	0	0	0	0	0	0	0	0
南京森林警察学院	10	0	0	0	0	0	0	0	0	0	0	0	0	0	0	0	0	0	0	0	0	0	0	0	0	0	0
苏州大学	11	37	9.2	1.2	386	505.8	1	1	0	0	0	0	0	0	0	0	0	14	14	0	0	0	0	0	0	0	0
江苏科技大学	12	11	3.7	0	45	41.3	0	0	0	0	0	0	0	0	0	0	0	5	5	0	0	0	0	0	0	0	0
南京工业大学	13	9	1.9	0.5	400	343	0	0	0	0	0	0	0	0	0	0	0	17	17	0	0	0	0	0	0	0	0
常州大学	14	7	2.1	0	0	20	0	0	0	0	0	0	0	0	2	0	0	7	6	1	0	0	0	0	0	0	0
南京邮电大学	15	14	3.7	1.2	90	61.3	0	0	0	0	0	0	0	0	2	0	0	7	7	0	0	0	0	0	0	0	0
南京林业大学	16	9	0.9	0	50	38.2	0	0	0	0	0	0	0	0	3	0	0	7	7	0	0	0	0	0	0	0	0
江苏大学	17	6	0.8	0	75	75	1	1	0	0	0	0	0	0	0	0	0	0	0	0	0	1	0	0	1	0	0
南京信息工程大学	18	10	6.6	0	77.4	45.64	0	0	0	0	0	0	0	0	5	0	0	17	17	0	0	0	0	0	0	0	0
南通大学	19	22	4.7	0.1	273	191	1	1	1	0	0	0	0	0	0	0	0	36	35	1	0	0	0	0	0	0	0
盐城工学院	20	4	0.4	0	50	40	1	1	0	0	0	0	0	0	0	0	0	26	26	0	0	0	0	0	0	0	0

续表

南京医科大学	21	0	0	0	0	0	0	0	0	0	0	0	0	0	0	0	0	0	0	0	0	0	0	0	0	0
徐州医科大学	22	0	0	0	0	0	0	0	0	0	0	0	0	0	0	0	0	0	0	0	0	0	0	0	0	0
南京中医药大学	23	0	0	0	0	0	0	0	0	0	0	0	0	0	1	0	0	16	16	0	0	0	0	0	0	0	0
南京师范大学	24	32	7.3	0.4	415	550.6	3	1	0	2	0	0	0	0	12	7	0	39	33	6	0	2	0	0	2	0	0
江苏师范大学	25	24	12.8	0	1 465	703.55	2	2	0	0	0	0	0	0	0	0	0	23	16	7	0	0	0	0	0	0	0
淮阴师范学院	26	4	0.4	0	10	15	1	0	0	1	0	0	0	0	0	0	0	10	10	0	0	0	0	0	0	0	0
盐城师范学院	27	16	3.7	0	1 160	604.7	1	1	0	0	0	0	0	0	0	0	0	28	28	0	0	0	0	0	0	4	2
南京财经大学	28	3	0.3	0.2	0	0	0	0	0	0	0	0	0	0	0	0	0	5	5	0	0	0	0	0	0	0	0
江苏警官学院	29	0	0	0	0	0	0	0	0	0	0	0	0	0	0	0	0	0	0	0	0	0	0	0	0	0	0
南京体育学院	30	1	0.2	0	8	11	0	0	0	0	0	0	0	0	0	0	0	0	0	0	0	0	0	0	0	0	0
南京艺术学院	31	0	0	0	0	0	0	0	0	0	0	0	0	0	0	0	0	0	0	0	0	0	0	0	0	0	0
苏州科技大学	32	8	1.1	0	0	0	1	1	0	0	0	0	0	0	0	0	0	12	12	0	0	0	0	0	0	0	0
常熟理工学院	33	13	3.8	0	290	206.55	1	1	0	0	0	0	0	0	0	0	0	7	7	0	0	0	0	0	0	0	0
淮阴工学院	34	12	2.2	0	216	157	2	0	0	2	0	0	0	0	0	0	0	18	18	0	0	0	0	0	0	0	0
常州工学院	35	12	2.2	0	177.5	61.7	2	2	0	0	0	0	0	0	0	0	0	0	0	0	0	0	0	0	0	0	0
扬州大学	36	32	5.2	0	200	210	0	0	0	0	0	0	0	0	1	0	0	14	14	0	0	0	0	0	0	0	0
南京工程学院	37	3	0.3	0	10	47	4	4	0	0	0	0	0	0	2	0	0	53	50	3	0	0	0	0	0	1	1
南京审计大学	38	7	2.2	0	0	0	0	0	0	0	0	0	0	0	1	0	0	1	1	0	0	0	0	0	0	0	0
南京晓庄学院	39	7	1.4	0	50	60	0	0	0	0	0	0	0	0	0	0	0	3	2	1	0	0	0	0	0	1	0
江苏理工学院	40	14	3.2	0	45	104.21	4	4	0	0	0	0	0	0	0	0	0	16	16	0	0	0	0	0	0	0	0
淮海工学院	41	13	1.4	0	186.5	107.5	0	0	0	0	0	0	0	0	0	0	0	6	6	0	0	0	0	0	0	0	0
徐州工程学院	42	12	4.5	0	60	33.9	1	1	0	0	0	0	0	0	0	0	0	4	4	0	0	0	0	0	0	1	0
南京特殊教育师范学院	43	0	0	0	0	0	0	0	0	0	0	0	0	0	0	0	0	0	0	0	0	0	0	0	0	0	0
泰州学院	44	4	1.2	0	10	12.7	0	0	0	0	0	0	0	0	0	0	0	0	0	0	0	0	0	0	0	0	0
金陵科技学院	45	4	0.4	0	6	14	0	0	0	0	0	0	0	0	0	0	0	5	5	0	0	0	0	0	0	0	0
江苏第二师范学院	46	4	0.9	0	14	0	0	0	0	0	0	0	0	0	0	0	0	0	0	0	0	0	0	0	0	0	0

2.9 艺术学人文、社会科学研究与课题成果情况表

高校名称		总数					出版著作(部)							古籍整理(部)	译著(部)	发表译文(篇)	电子出版物(件)	发表论文(篇)				获奖成果数(项)				研究与咨询报告(篇)	
		课题数(项)	当年投入人数(人年)	其中:研究生(人年)	当年拨入经费(千元)	当年支出经费(千元)	合计	专著	其中:被译成外文	编著教材	工具书参考书	皮书/发展报告	科普读物					合计	国内学术刊物	国外学术刊物	港澳台地区刊物	合计	国家级奖	部级奖	省级奖	合计	其中:被采纳数
	编号	L01	L02	L03	L04	L05	L06	L07	L08	L09	L10	L11	L12	L13	L14	L15	L16	L17	L18	L19	L20	L21	L22	L23	L24	L25	L26
合计	/	1 994	549.5	53.8	50 898.58	48 607	207	130	4	69	7	0	1	0	9	2	2	2 297	2 258	34	5	37	0	0	37	104	37
南京大学	1	35	4.4	0.6	1934	1 483.6	2	1	0	1	0	0	0	0	0	0	0	80	80	0	0	5	0	0	5	0	0
东南大学	2	88	23.2	0.8	1 876	1164	11	9	0	2	0	0	0	0	4	0	0	59	59	0	0	5	0	0	5	1	1
江南大学	3	133	93.1	23.8	8 253	6 646.65	25	14	0	8	3	0	0	0	1	0	0	168	163	5	0	6	0	0	6	3	1
南京农业大学	4	26	2.3	0.4	0	0	1	1	0	0	0	0	0	0	0	0	0	1	1	0	0	2	0	0	2	0	0
中国矿业大学	5	72	20.8	6.5	1 558	1 129.85	2	2	0	0	0	0	0	0	0	0	0	59	54	5	0	0	0	0	0	3	3
河海大学	6	5	1.8	1.1	10	13	4	1	0	2	0	0	1	0	0	0	0	10	10	0	0	0	0	0	0	1	1
南京理工大学	7	37	5.1	0.2	1 140	1 030.7	1	1	0	0	0	0	0	0	0	0	0	15	14	1	0	0	0	0	0	0	0
南京航空航天大学	8	24	7.7	0	580	765.5	0	0	0	0	0	0	0	0	0	0	0	11	11	0	0	0	0	0	0	1	1
中国药科大学	9	0	0	0	0	0	0	0	0	0	0	0	0	0	0	0	0	1	1	0	0	0	0	0	0	0	0
南京森林警察学院	10	0	0	0	0	0	0	0	0	0	0	0	0	0	0	0	0	0	0	0	0	0	0	0	0	0	0
苏州大学	11	54	12.3	1.3	901	1 498.7	21	5	1	13	3	0	0	0	0	1	0	32	32	0	0	1	0	0	1	0	0
江苏科技大学	12	3	1	0	10	12.5	0	0	0	0	0	0	0	0	0	0	0	0	0	0	0	0	0	0	0	0	0
南京工业大学	13	30	5.1	0.9	341	302.3	5	5	0	0	0	0	0	0	0	0	0	26	26	0	0	0	0	0	0	0	0
常州大学	14	45	11.7	0	1 112.2	764.1	7	6	0	1	0	0	0	0	0	0	0	46	46	0	0	1	0	0	1	1	1
南京邮电大学	15	36	8.3	2.5	504	475.3	2	2	0	0	0	0	0	0	0	0	0	16	16	0	0	0	0	0	0	3	3
南京林业大学	16	56	5.9	0	264.8	413.01	7	6	0	1	0	0	0	0	2	0	0	132	132	0	0	0	0	0	0	0	0
江苏大学	17	28	13.1	10.6	103	123	2	2	0	0	0	0	0	0	0	0	0	14	14	0	0	0	0	0	0	6	2
南京信息工程大学	18	40	19.6	0.6	345.8	287.82	3	2	0	1	0	0	0	0	0	0	0	62	61	1	0	0	0	0	0	0	0
南通大学	19	34	5.6	0.2	795	844	9	6	0	2	1	0	0	0	0	0	0	35	35	0	0	0	0	0	0	3	3
盐城工学院	20	36	3.6	0	608	906	0	0	0	0	0	0	0	0	0	0	0	54	52	2	0	0	0	0	0	1	1

续表

南京医科大学	21	0	0	0	0	0	0	0	0	0	0	0	0	0	0	0	0	0	0	0	0	0	0	0	0	0	0
徐州医科大学	22	0	0	0	0	0	0	0	0	0	0	0	0	0	0	0	0	0	0	0	0	0	0	0	0	0	0
南京中医药大学	23	1	0.2	0	0	10	0	0	0	0	0	0	0	0	0	0	0	0	0	0	0	0	0	0	0	0	0
南京师范大学	24	54	8	0.7	1 165.46	763.83	20	2	1	18	0	0	0	0	0	1	1	71	58	10	3	3	0	0	3	0	0
江苏师范大学	25	70	34.8	1.1	2 494.5	1 898.7	6	6	0	0	0	0	0	0	1	0	0	140	138	1	1	2	0	0	2	0	0
淮阴师范学院	26	65	12	0	2 888.6	2 633.05	4	4	0	0	0	0	0	0	0	0	0	65	64	0	1	2	0	0	2	0	0
盐城师范学院	27	79	24.7	0	6 931.3	7 081.3	7	6	0	1	0	0	0	0	0	0	0	41	40	1	0	0	0	0	0	4	3
南京财经大学	28	18	1.5	0.2	174	221.8	2	2	0	0	0	0	0	0	0	0	0	26	26	0	0	0	0	0	0	0	0
江苏警官学院	29	4	0.8	0	20	32.54	0	0	0	0	0	0	0	0	0	0	0	3	3	0	0	0	0	0	0	0	0
南京体育学院	30	0	0	0	0	2	0	0	0	0	0	0	0	0	0	0	0	0	0	0	0	0	0	0	0	0	0
南京艺术学院	31	286	83.6	1.4	3 696.9	3 714.4	25	16	0	9	0	0	0	0	0	0	0	501	501	0	0	6	0	0	6	5	4
苏州科技大学	32	74	22.8	0.5	1 502.5	1 652.5	6	4	1	2	0	0	0	0	0	0	1	64	64	0	0	1	0	0	1	0	0
常熟理工学院	33	30	7.6	0	130	160.97	0	0	0	0	0	0	0	0	0	0	0	42	41	1	0	0	0	0	0	5	5
淮阴工学院	34	29	6.4	0	1 662	1 265	1	1	0	0	0	0	0	0	0	0	0	53	49	4	0	0	0	0	0	5	1
常州工学院	35	88	17.1	0	2 331.4	1 036.26	3	3	0	0	0	0	0	0	0	0	0	63	62	1	0	0	0	0	0	15	0
扬州大学	36	72	11.9	0.4	953.94	982.89	6	3	0	3	0	0	0	0	0	0	0	90	89	1	0	1	0	0	1	4	1
南京工程学院	37	43	5	0	1 084.5	1051	1	1	0	0	0	0	0	0	0	0	0	21	21	0	0	0	0	0	0	0	0
南京审计大学	38	1	0.6	0	0	2.4	0	0	0	0	0	0	0	0	0	0	0	4	4	0	0	0	0	0	0	0	0
南京晓庄学院	39	24	5.4	0	122	247.26	0	0	0	0	0	0	0	0	0	0	0	58	58	0	0	1	0	0	1	0	0
江苏理工学院	40	29	6.2	0	1 136	1 233.92	5	5	0	0	0	0	0	0	0	0	0	31	31	0	0	0	0	0	0	4	3
淮海工学院	41	50	5.1	0	887.5	1 073	6	6	0	0	0	0	0	0	0	0	0	39	39	0	0	0	0	0	0	1	0
徐州工程学院	42	65	26.6	0	298.5	271	9	6	1	3	0	0	0	0	0	0	0	81	81	0	0	0	0	0	0	36	2
南京特殊教育师范学院	43	5	0.6	0	0	9.2	0	0	0	0	0	0	0	0	0	0	0	0	0	0	0	0	0	0	0	0	0
泰州学院	44	19	5.4	0	188	331.89	3	1	0	2	0	0	0	0	0	0	0	38	38	0	0	0	0	0	0	0	0
金陵科技学院	45	71	8.4	0	2 819.38	4 985.68	1	1	0	0	0	0	0	0	0	0	0	16	15	1	0	0	0	0	0	2	1
江苏第二师范学院	46	35	10.2	0	76.3	86.38	0	0	0	0	0	0	0	0	1	0	0	29	29	0	0	1	0	0	1	0	0

2.10 历史学人文、社会科学研究与课题成果情况表

高校名称		总数					出版著作(部)							古籍整理(部)	译著(部)	发表译文(篇)	电子出版物(件)	发表论文(篇)				获奖成果数(项)				研究与咨询报告(篇)	
		课题数(项)	当年投入人数(人年)	其中:研究生(人年)	当年拨入经费(千元)	当年支出经费(千元)	合计	专著	其中:被译成外文	编著教材	工具书参考书	皮书/发展报告	科普读物					合计	国内学术刊物	国外学术刊物	港、澳、台地区刊物	合计	国家级奖	部级奖	省级奖	合计	其中:被采纳数
	编号	L01	L02	L03	L04	L05	L06	L07	L08	L09	L10	L11	L12	L13	L14	L15	L16	L17	L18	L19	L20	L21	L22	L23	L24	L25	L26
合计	/	578	128.9	16.2	43 725.05	36 462.86	49	32	0	9	8	0	0	1	4	1	0	342	333	8	1	11	0	1	10	14	14
南京大学	1	167	15.3	2.1	35 433.85	28 554.65	8	7	0	1	0	0	0	0	2	0	0	42	38	4	0	1	0	0	1	0	0
东南大学	2	5	1.1	0.1	190	80	0	0	0	0	0	0	0	0	0	0	0	5	5	0	0	0	0	0	0	0	0
江南大学	3	3	2.8	0.6	140	172	1	1	0	0	0	0	0	0	0	0	0	3	3	0	0	0	0	0	0	0	0
南京农业大学	4	77	12	4.4	836.5	953.5	1	1	0	0	0	0	0	0	0	0	0	12	12	0	0	0	0	0	0	2	2
中国矿业大学	5	13	4.4	0	408	85.39	1	1	0	0	0	0	0	0	0	0	0	3	3	0	0	0	0	0	0	1	1
河海大学	6	11	4.4	2.4	277	419	0	0	0	0	0	0	0	0	0	0	0	36	36	0	0	0	0	0	0	1	1
南京理工大学	7	6	0.8	0	190	97	1	1	0	0	0	0	0	0	0	1	0	2	2	0	0	0	0	0	0	0	0
南京航空航天大学	8	0	0	0	0	0	0	0	0	0	0	0	0	0	0	0	0	0	0	0	0	0	0	0	0	0	0
中国药科大学	9	4	0.4	0	50	20	0	0	0	0	0	0	0	0	0	0	0	4	4	0	0	0	0	0	0	0	0
南京森林警察学院	10	1	0.1	0	16	16	0	0	0	0	0	0	0	0	0	0	0	1	1	0	0	0	0	0	0	0	0
苏州大学	11	31	8.6	1.5	424	639.7	12	3	0	1	8	0	0	0	0	0	0	51	51	0	0	2	0	0	2	0	0
江苏科技大学	12	0	0	0	0	0	0	0	0	0	0	0	0	0	0	0	0	1	1	0	0	0	0	0	0	0	0
南京工业大学	13	2	0.2	0	0	0	0	0	0	0	0	0	0	0	0	0	0	2	2	0	0	0	0	0	0	0	0
常州大学	14	11	3.9	0	110	246.5	4	4	0	0	0	0	0	0	0	0	0	2	2	0	0	0	0	0	0	0	0
南京邮电大学	15	19	6.5	2.4	490	396	1	1	0	0	0	0	0	0	0	0	0	2	2	0	0	0	0	0	0	0	0
南京林业大学	16	6	0.6	0	50	22.42	0	0	0	0	0	0	0	0	0	0	0	0	0	0	0	0	0	0	0	0	0
江苏大学	17	5	0.9	0	0	0	0	0	0	0	0	0	0	0	0	0	0	1	1	0	0	0	0	0	0	0	0
南京信息工程大学	18	12	3.2	0	130.7	135.21	0	0	0	0	0	0	0	0	0	0	0	14	14	0	0	0	0	0	0	0	0
南通大学	19	6	1.2	0	40	45	0	0	0	0	0	0	0	0	0	0	0	0	0	0	0	0	0	0	0	0	0
盐城工学院	20	3	0.3	0	30	78	0	0	0	0	0	0	0	0	0	0	0	0	0	0	0	0	0	0	0	0	0

续表

南京医科大学	21	0	0	0	0	0	0	0	0	0	0	0	0	0	0	0	0	0	0	0	0	0	0	0	0	0	0
徐州医科大学	22	0	0	0	0	0	0	0	0	0	0	0	0	0	0	0	0	0	0	0	0	0	0	0	0	0	0
南京中医药大学	23	12	2.7	0	124	97.5	2	0	0	2	0	0	0	0	0	0	0	2	2	0	0	1	0	1	0	0	0
南京师范大学	24	21	5.7	0	945	790.2	4	3	0	1	0	0	0	0	1	0	0	23	20	3	0	3	0	0	3	0	0
江苏师范大学	25	47	25.3	2.1	2 282	1 517.75	2	2	0	0	0	0	0	0	0	0	0	37	36	1	0	2	0	0	2	4	4
淮阴师范学院	26	16	3.5	0	260	563.04	4	2	0	2	0	0	0	0	0	0	0	13	13	0	0	0	0	0	0	0	0
盐城师范学院	27	8	3.9	0	6.5	93	0	0	0	0	0	0	0	0	0	0	0	2	2	0	0	0	0	0	0	0	0
南京财经大学	28	0	0	0	0	0	0	0	0	0	0	0	0	0	0	0	0	1	1	0	0	0	0	0	0	0	0
江苏警官学院	29	2	0.8	0	0	11.37	0	0	0	0	0	0	0	0	0	0	0	7	7	0	0	0	0	0	0	0	0
南京体育学院	30	0	0	0	0	0	0	0	0	0	0	0	0	0	0	0	0	0	0	0	0	0	0	0	0	0	0
南京艺术学院	31	0	0	0	0	0	0	0	0	0	0	0	0	0	0	0	0	1	1	0	0	0	0	0	0	0	0
苏州科技大学	32	10	1.8	0	230	250	2	2	0	0	0	0	0	0	0	0	0	22	21	0	1	0	0	0	0	0	0
常熟理工学院	33	6	1.5	0	145	148.9	1	1	0	0	0	0	0	0	1	0	0	3	3	0	0	0	0	0	0	1	1
淮阴工学院	34	12	1.9	0	129	102	1	1	0	0	0	0	0	0	0	0	0	4	4	0	0	0	0	0	0	0	0
常州工学院	35	3	0.6	0	2	5	0	0	0	0	0	0	0	0	0	0	0	1	1	0	0	0	0	0	0	0	0
扬州大学	36	26	5.7	0.6	570	435.7	3	1	0	2	0	0	0	1	0	0	0	35	35	0	0	1	0	0	1	2	2
南京工程学院	37	5	0.5	0	68	70.44	0	0	0	0	0	0	0	0	0	0	0	1	1	0	0	0	0	0	0	0	0
南京审计大学	38	2	1	0	40	0	1	1	0	0	0	0	0	0	0	0	0	0	0	0	0	0	0	0	0	0	0
南京晓庄学院	39	5	1.1	0	40	232	0	0	0	0	0	0	0	0	0	0	0	3	3	0	0	0	0	0	0	0	0
江苏理工学院	40	7	1.3	0	50	123	0	0	0	0	0	0	0	0	0	0	0	3	3	0	0	0	0	0	0	3	3
淮海工学院	41	1	0.1	0	0	15	0	0	0	0	0	0	0	0	0	0	0	0	0	0	0	0	0	0	0	0	0
徐州工程学院	42	7	3	0	1.5	6.5	0	0	0	0	0	0	0	0	0	0	0	1	1	0	0	0	0	0	0	0	0
南京特殊教育师范学院	43	2	0.4	0	0	7.5	0	0	0	0	0	0	0	0	0	0	0	0	0	0	0	0	0	0	0	0	0
泰州学院	44	0	0	0	0	0	0	0	0	0	0	0	0	0	0	0	0	2	2	0	0	0	0	0	0	0	0
金陵科技学院	45	2	0.7	0	0	29.83	0	0	0	0	0	0	0	0	0	0	0	0	0	0	0	0	0	0	0	0	0
江苏第二师范学院	46	2	0.7	0	16	3.76	0	0	0	0	0	0	0	0	0	0	0	0	0	0	0	1	0	0	1	0	0

2.11 考古学人文、社会科学研究与课题成果情况表

高校名称		总数					出版著作(部)							古籍整理(部)	译著(部)	发表译文(篇)	电子出版物(件)	发表论文(篇)				获奖成果数(项)				研究与咨询报告(篇)	
		课题数(项)	当年投入人数(人年)	其中：研究生(人年)	当年拨入经费(千元)	当年支出经费(千元)	合计	专著	其中：被译成外文	编著教材	工具书参考书	皮书/发展报告	科普读物					合计	国内学术刊物	国外学术刊物	港、澳、台地区刊物	合计	国家级奖	部级奖	省级奖	合计	其中：被采纳数
	编号	L01	L02	L03	L04	L05	L06	L07	L08	L09	L10	L11	L12	L13	L14	L15	L16	L17	L18	L19	L20	L21	L22	L23	L24	L25	L26
合计	/	80	10.2	0.6	8 160.69	5351.9	2	2	0	0	0	0	0	0	0	0	0	18	17	0	1	1	0	0	1	2	0
南京大学	1	47	1.7	0	1 575	747.1	1	1	0	0	0	0	0	0	0	0	0	10	10	0	0	1	0	0	1	0	0
东南大学	2	0	0	0	0	0	0	0	0	0	0	0	0	0	0	0	0	0	0	0	0	0	0	0	0	0	0
江南大学	3	0	0	0	0	0	0	0	0	0	0	0	0	0	0	0	0	0	0	0	0	0	0	0	0	0	0
南京农业大学	4	0	0	0	0	0	0	0	0	0	0	0	0	0	0	0	0	0	0	0	0	0	0	0	0	0	0
中国矿业大学	5	0	0	0	0	0	0	0	0	0	0	0	0	0	0	0	0	0	0	0	0	0	0	0	0	0	0
河海大学	6	0	0	0	0	0	0	0	0	0	0	0	0	0	0	0	0	0	0	0	0	0	0	0	0	0	0
南京理工大学	7	0	0	0	0	0	0	0	0	0	0	0	0	0	0	0	0	0	0	0	0	0	0	0	0	0	0
南京航空航天大学	8	0	0	0	0	0	0	0	0	0	0	0	0	0	0	0	0	0	0	0	0	0	0	0	0	0	0
中国药科大学	9	0	0	0	0	0	0	0	0	0	0	0	0	0	0	0	0	0	0	0	0	0	0	0	0	0	0
南京森林警察学院	10	0	0	0	0	0	0	0	0	0	0	0	0	0	0	0	0	0	0	0	0	0	0	0	0	0	0
苏州大学	11	0	0	0	0	0	0	0	0	0	0	0	0	0	0	0	0	0	0	0	0	0	0	0	0	0	0
江苏科技大学	12	2	0.4	0	50	28	0	0	0	0	0	0	0	0	0	0	0	0	0	0	0	0	0	0	0	0	0
南京工业大学	13	0	0	0	0	0	0	0	0	0	0	0	0	0	0	0	0	1	1	0	0	0	0	0	0	0	0
常州大学	14	0	0	0	0	0	0	0	0	0	0	0	0	0	0	0	0	0	0	0	0	0	0	0	0	0	0
南京邮电大学	15	0	0	0	0	0	0	0	0	0	0	0	0	0	0	0	0	0	0	0	0	0	0	0	0	0	0
南京林业大学	16	0	0	0	0	0	0	0	0	0	0	0	0	0	0	0	0	0	0	0	0	0	0	0	0	0	0
江苏大学	17	0	0	0	0	0	0	0	0	0	0	0	0	0	0	0	0	0	0	0	0	0	0	0	0	0	0
南京信息工程大学	18	4	1.9	0	43	44.88	0	0	0	0	0	0	0	0	0	0	0	1	1	0	0	0	0	0	0	0	0
南通大学	19	1	0.1	0	5	5	0	0	0	0	0	0	0	0	0	0	0	0	0	0	0	0	0	0	0	0	0
盐城工学院	20	0	0	0	0	0	0	0	0	0	0	0	0	0	0	0	0	0	0	0	0	0	0	0	0	0	0

续表

南京医科大学	21	0	0	0	0	0	0	0	0	0	0	0	0	0	0	0	0	0	0	0	0	0	0	0	0	0	0
徐州医科大学	22	0	0	0	0	0	0	0	0	0	0	0	0	0	0	0	0	0	0	0	0	0	0	0	0	0	0
南京中医药大学	23	0	0	0	0	0	0	0	0	0	0	0	0	0	0	0	0	0	0	0	0	0	0	0	0	0	0
南京师范大学	24	23	3.8	0.6	6 407.69	4 457.92	1	1	0	0	0	0	0	0	0	0	0	6	5	0	1	0	0	0	0	2	0
江苏师范大学	25	3	2.3	0	80	69	0	0	0	0	0	0	0	0	0	0	0	0	0	0	0	0	0	0	0	0	0
淮阴师范学院	26	0	0	0	0	0	0	0	0	0	0	0	0	0	0	0	0	0	0	0	0	0	0	0	0	0	0
盐城师范学院	27	0	0	0	0	0	0	0	0	0	0	0	0	0	0	0	0	0	0	0	0	0	0	0	0	0	0
南京财经大学	28	0	0	0	0	0	0	0	0	0	0	0	0	0	0	0	0	0	0	0	0	0	0	0	0	0	0
江苏警官学院	29	0	0	0	0	0	0	0	0	0	0	0	0	0	0	0	0	0	0	0	0	0	0	0	0	0	0
南京体育学院	30	0	0	0	0	0	0	0	0	0	0	0	0	0	0	0	0	0	0	0	0	0	0	0	0	0	0
南京艺术学院	31	0	0	0	0	0	0	0	0	0	0	0	0	0	0	0	0	0	0	0	0	0	0	0	0	0	0
苏州科技大学	32	0	0	0	0	0	0	0	0	0	0	0	0	0	0	0	0	0	0	0	0	0	0	0	0	0	0
常熟理工学院	33	0	0	0	0	0	0	0	0	0	0	0	0	0	0	0	0	0	0	0	0	0	0	0	0	0	0
淮阴工学院	34	0	0	0	0	0	0	0	0	0	0	0	0	0	0	0	0	0	0	0	0	0	0	0	0	0	0
常州工学院	35	0	0	0	0	0	0	0	0	0	0	0	0	0	0	0	0	0	0	0	0	0	0	0	0	0	0
扬州大学	36	0	0	0	0	0	0	0	0	0	0	0	0	0	0	0	0	0	0	0	0	0	0	0	0	0	0
南京工程学院	37	0	0	0	0	0	0	0	0	0	0	0	0	0	0	0	0	0	0	0	0	0	0	0	0	0	0
南京审计大学	38	0	0	0	0	0	0	0	0	0	0	0	0	0	0	0	0	0	0	0	0	0	0	0	0	0	0
南京晓庄学院	39	0	0	0	0	0	0	0	0	0	0	0	0	0	0	0	0	0	0	0	0	0	0	0	0	0	0
江苏理工学院	40	0	0	0	0	0	0	0	0	0	0	0	0	0	0	0	0	0	0	0	0	0	0	0	0	0	0
淮海工学院	41	0	0	0	0	0	0	0	0	0	0	0	0	0	0	0	0	0	0	0	0	0	0	0	0	0	0
徐州工程学院	42	0	0	0	0	0	0	0	0	0	0	0	0	0	0	0	0	0	0	0	0	0	0	0	0	0	0
南京特殊教育师范学院	43	0	0	0	0	0	0	0	0	0	0	0	0	0	0	0	0	0	0	0	0	0	0	0	0	0	0
泰州学院	44	0	0	0	0	0	0	0	0	0	0	0	0	0	0	0	0	0	0	0	0	0	0	0	0	0	0
金陵科技学院	45	0	0	0	0	0	0	0	0	0	0	0	0	0	0	0	0	0	0	0	0	0	0	0	0	0	0
江苏第二师范学院	46	0	0	0	0	0	0	0	0	0	0	0	0	0	0	0	0	0	0	0	0	0	0	0	0	0	0

2.12 经济学人文、社会科学研究与课题成果情况表

高校名称	编号	总数					出版著作(部)							古籍整理(部)	译著(部)	发表译文(篇)	电子出版物(件)	发表论文(篇)				获奖成果数(项)				研究与咨询报告(篇)	
		课题数(项)	当年投入人数(人年)	其中:研究生(人年)	当年拨入经费(千元)	当年支出经费(千元)	合计	专著	其中:被译成外文	编著教材	工具书参考书	皮书/发展报告	科普读物					合计	国内学术刊物	国外学术刊物	港、澳、台地区刊物	合计	国家级奖	部级奖	省级奖	合计	其中:被采纳数
		L01	L02	L03	L04	L05	L06	L07	L08	L09	L10	L11	L12	L13	L14	L15	L16	L17	L18	L19	L20	L21	L22	L23	L24	L25	L26
合计	/	2 811	637.3	90.6	79 320.78	69 725.15	107	77	2	28	1	0	1	0	5	1	6	1 524	1 375	149	0	59	0	3	56	334	187
南京大学	1	152	19.8	4.8	8 540	6 015.4	25	23	1	2	0	0	0	0	0	0	0	128	128	0	0	7	0	0	7	16	12
东南大学	2	105	29.7	7.4	2 911	2 580.6	9	7	0	2	0	0	0	0	1	0	0	56	56	0	0	6	0	0	6	7	2
江南大学	3	27	24.1	7.6	1 405	1 153.54	2	1	0	1	0	0	0	0	0	0	0	34	25	9	0	2	0	0	2	3	3
南京农业大学	4	242	32.5	5.6	3 812.2	3 174.26	0	0	0	0	0	0	0	0	0	0	0	48	47	1	0	1	0	0	1	12	11
中国矿业大学	5	90	20.5	3.5	1 030.5	703.15	2	2	0	0	0	0	0	0	0	0	0	68	48	20	0	0	0	0	0	7	4
河海大学	6	60	22.1	13.3	1 978.2	1 990.2	3	1	0	1	0	0	1	0	0	0	6	92	59	33	0	1	0	0	1	24	19
南京理工大学	7	33	5.9	0.6	170	544.54	1	1	0	0	0	0	0	0	0	0	0	11	11	0	0	0	0	0	0	0	0
南京航空航天大学	8	30	6.1	0	1 749.8	1 615.6	2	2	1	0	0	0	0	0	0	0	0	54	35	19	0	0	0	0	0	1	1
中国药科大学	9	62	16.5	3.7	6 890.5	4 991.5	0	0	0	0	0	0	0	0	0	0	0	44	42	2	0	0	0	0	0	8	8
南京森林警察学院	10	2	0.2	0	0	43.77	0	0	0	0	0	0	0	0	0	0	0	4	4	0	0	0	0	0	0	0	0
苏州大学	11	55	12	1.2	2 548	2 295.8	8	3	0	4	1	0	0	0	0	0	0	24	16	8	0	2	0	0	2	12	12
江苏科技大学	12	42	7.6	0.2	1 016	551.9	0	0	0	0	0	0	0	0	0	0	0	6	6	0	0	0	0	0	0	0	0
南京工业大学	13	21	3.9	0.5	80	80	0	0	0	0	0	0	0	0	0	0	0	19	19	0	0	0	0	0	0	0	0
常州大学	14	36	12.2	0.6	725	813	2	1	0	1	0	0	0	0	0	0	0	14	11	3	0	1	0	0	1	5	4
南京邮电大学	15	77	22.5	8.2	1 171	1 052.2	2	2	0	0	0	0	0	0	0	0	0	12	12	0	0	0	0	0	0	3	2
南京林业大学	16	21	2.3	0	182	264.52	0	0	0	0	0	0	0	0	0	0	0	11	11	0	0	2	0	0	2	0	0
江苏大学	17	78	20.7	15.1	958	958	0	0	0	0	0	0	0	0	0	0	0	6	2	4	0	0	0	0	0	22	4
南京信息工程大学	18	25	10.7	1.8	696.7	413.65	0	0	0	0	0	0	0	0	2	0	0	13	8	5	0	0	0	0	0	14	10
南通大学	19	86	13.7	0.1	879	887.7	0	0	0	0	0	0	0	0	0	0	0	12	12	0	0	0	0	0	0	3	2
盐城工学院	20	25	2.6	0	892	1 158	1	1	0	0	0	0	0	0	0	0	0	21	21	0	0	0	0	0	0	5	5

续表

南京医科大学	21	0	0	0	0	0	0	0	0	0	0	0	0	0	0	0	0	0	0	0	0	0	0	0	0	0	0
徐州医科大学	22	0	0	0	0	0	0	0	0	0	0	0	0	0	0	0	0	0	0	0	0	0	0	0	0	0	0
南京中医药大学	23	16	6.4	0	20	137.9	0	0	0	0	0	0	0	0	0	0	0	18	18	0	0	0	0	0	0	0	0
南京师范大学	24	55	11.1	2.2	1 485	1 215.22	2	2	0	0	0	0	0	0	0	1	0	28	21	7	0	2	0	0	2	1	1
江苏师范大学	25	65	37.2	3	1 122	1 687.45	4	4	0	0	0	0	0	0	0	0	0	59	56	3	0	4	0	0	4	22	22
淮阴师范学院	26	55	7.9	0	4 052	4 402	0	0	0	0	0	0	0	0	0	0	0	12	12	0	0	0	0	0	0	2	0
盐城师范学院	27	65	18.6	0	4 311	2 757.9	5	3	0	2	0	0	0	0	0	0	0	49	47	2	0	0	0	0	0	10	8
南京财经大学	28	319	27.9	7.6	13 857.22	13 304.46	17	8	0	9	0	0	0	0	1	0	0	141	124	17	0	9	0	0	9	0	0
江苏警官学院	29	3	0.4	0	0	15	0	0	0	0	0	0	0	0	0	0	0	1	1	0	0	0	0	0	0	0	0
南京体育学院	30	0	0	0	0	0	0	0	0	0	0	0	0	0	0	0	0	1	1	0	0	0	0	0	0	0	0
南京艺术学院	31	0	0	0	0	0	0	0	0	0	0	0	0	0	0	0	0	2	2	0	0	0	0	0	0	0	0
苏州科技大学	32	37	10.3	1.6	552	582	0	0	0	0	0	0	0	0	0	0	0	29	29	0	0	0	0	0	0	6	5
常熟理工学院	33	59	14.5	0	913.86	864.93	0	0	0	0	0	0	0	0	0	0	0	16	14	2	0	0	0	0	0	10	10
淮阴工学院	34	80	13.8	0	1 111	2 255.34	2	2	0	0	0	0	0	0	0	0	0	8	8	0	0	1	0	0	1	1	0
常州工学院	35	143	27.9	0	1 455.8	1 154.81	0	0	0	0	0	0	0	0	0	0	0	12	12	0	0	2	0	0	2	27	2
扬州大学	36	85	12.6	1.4	2 648.8	2 308.02	4	3	0	1	0	0	0	0	0	0	0	66	62	4	0	5	0	0	5	23	20
南京工程学院	37	31	3.5	0	743	795.57	0	0	0	0	0	0	0	0	0	0	0	1	0	1	0	0	0	0	0	0	0
南京审计大学	38	191	78.6	0.6	4 289.3	2 154.44	3	3	0	0	0	0	0	0	0	0	0	243	239	4	0	10	0	3	7	20	2
南京晓庄学院	39	44	7.6	0	424	376	2	2	0	0	0	0	0	0	1	0	0	23	18	5	0	0	0	0	0	0	0
江苏理工学院	40	88	18.4	0	1 675.6	1 799.46	0	0	0	0	0	0	0	0	0	0	0	43	43	0	0	1	0	0	1	20	8
淮海工学院	41	73	7.3	0	2 448.7	1 876.6	2	2	0	0	0	0	0	0	0	0	0	38	38	0	0	2	0	0	2	11	5
徐州工程学院	42	111	42.2	0	519.6	631	5	2	0	3	0	0	0	0	0	0	0	33	33	0	0	1	0	0	1	38	5
南京特殊教育师范学院	43	1	0.2	0	20	10	1	1	0	0	0	0	0	0	0	0	0	1	1	0	0	0	0	0	0	0	0
泰州学院	44	5	1.7	0	30	35.5	0	0	0	0	0	0	0	0	0	0	0	10	10	0	0	0	0	0	0	0	0
金陵科技学院	45	7	1.1	0	0	49	3	1	0	2	0	0	0	0	0	0	0	12	12	0	0	0	0	0	0	1	0
江苏第二师范学院	46	9	2.5	0	7	25.22	0	0	0	0	0	0	0	0	0	0	0	1	1	0	0	0	0	0	0	0	0

2.13 政治学人文、社会科学研究与课题成果情况表

高校名称		总数					出版著作(部)							古籍整理(部)	译著(部)	发表译文(篇)	电子出版物(件)	发表论文(篇)				获奖成果数(项)				研究与咨询报告(篇)	
		课题数(项)	当年投入人数(人年)	其中:研究生(人年)	当年拨入经费(千元)	当年支出经费(千元)	合计	专著	其中:被译成外文	编著教材	工具书参考书	皮书/发展报告	科普读物					合计	国内学术刊物	国外学术刊物	港、澳、台地区刊物	合计	国家级奖	部级奖	省级奖	合计	其中:被采纳数
	编号	L01	L02	L03	L04	L05	L06	L07	L08	L09	L10	L11	L12	L13	L14	L15	L16	L17	L18	L19	L20	L21	L22	L23	L24	L25	L26
合计	/	534	132.6	19.4	11 497.02	9 526.35	24	17	0	5	0	1	1	0	2	0	0	351	347	4	0	13	0	0	13	35	25
南京大学	1	77	10.7	3	2 882	2 207.9	9	6	0	3	0	0	0	0	0	0	0	108	105	3	0	4	0	0	4	3	1
东南大学	2	12	2.2	0	240	173	0	0	0	0	0	0	0	0	0	0	0	4	4	0	0	0	0	0	0	3	3
江南大学	3	16	8.3	4.9	220	287.2	1	0	0	1	0	0	0	0	0	0	0	5	5	0	0	0	0	0	0	0	0
南京农业大学	4	21	3.2	0.2	0	57	2	2	0	0	0	0	0	0	0	0	0	4	4	0	0	0	0	0	0	0	0
中国矿业大学	5	16	5.3	0.3	441	102.99	1	1	0	0	0	0	0	0	1	0	0	3	3	0	0	0	0	0	0	1	0
河海大学	6	18	7	3.8	60	282.5	1	0	0	0	0	0	1	0	0	0	0	46	45	1	0	1	0	0	1	8	6
南京理工大学	7	10	1.6	0.1	45	98.72	0	0	0	0	0	0	0	0	0	0	0	5	5	0	0	0	0	0	0	0	0
南京航空航天大学	8	4	0.5	0	47	47	0	0	0	0	0	0	0	0	0	0	0	2	2	0	0	0	0	0	0	0	0
中国药科大学	9	0	0	0	0	0	0	0	0	0	0	0	0	0	0	0	0	0	0	0	0	0	0	0	0	0	0
南京森林警察学院	10	4	0.6	0	168.83	350.78	0	0	0	0	0	0	0	0	0	0	0	0	0	0	0	0	0	0	0	0	0
苏州大学	11	25	6.6	0.6	797	754.5	1	0	0	0	0	1	0	0	0	0	0	17	17	0	0	0	0	0	0	9	6
江苏科技大学	12	1	0.2	0	5	3.5	0	0	0	0	0	0	0	0	0	0	0	2	2	0	0	0	0	0	0	0	0
南京工业大学	13	9	1.3	0.1	3	3	0	0	0	0	0	0	0	0	0	0	0	3	3	0	0	0	0	0	0	0	0
常州大学	14	5	1.7	0	4	68	0	0	0	0	0	0	0	0	0	0	0	2	2	0	0	0	0	0	0	0	0
南京邮电大学	15	28	8	2.4	299.75	473.05	0	0	0	0	0	0	0	0	0	0	0	5	5	0	0	0	0	0	0	0	0
南京林业大学	16	4	0.4	0	190	57.52	2	1	0	1	0	0	0	0	0	0	0	9	9	0	0	0	0	0	0	0	0
江苏大学	17	6	0.7	0	0	0	0	0	0	0	0	0	0	0	0	0	0	3	3	0	0	0	0	0	0	0	0
南京信息工程大学	18	12	5.9	0.6	310	194.22	0	0	0	0	0	0	0	0	0	0	0	2	2	0	0	0	0	0	0	0	0
南通大学	19	18	3.9	0.2	390	328	0	0	0	0	0	0	0	0	0	0	0	10	10	0	0	0	0	0	0	2	2
盐城工学院	20	2	0.2	0	0	0	0	0	0	0	0	0	0	0	0	0	0	0	0	0	0	0	0	0	0	0	0

续表

南京医科大学	21	2	0.2	0	0	4	0	0	0	0	0	0	0	0	0	0	0	0	0	0	0	0	0	0	0	0	0
徐州医科大学	22	2	0.3	0	0	1.4	0	0	0	0	0	0	0	0	0	0	0	0	0	0	0	0	0	0	0	0	0
南京中医药大学	23	5	1.8	0	0	20.5	0	0	0	0	0	0	0	0	0	0	0	1	1	0	0	0	0	0	0	0	0
南京师范大学	24	37	11.9	1	1 058.3	607.5	1	1	0	0	0	0	0	0	0	0	0	30	30	0	0	3	0	0	3	0	0
江苏师范大学	25	21	12.9	1.1	139	274.25	0	0	0	0	0	0	0	0	0	0	0	9	9	0	0	0	0	0	0	0	0
淮阴师范学院	26	2	0.3	0	0	42	0	0	0	0	0	0	0	0	0	0	0	1	1	0	0	0	0	0	0	0	0
盐城师范学院	27	13	2.7	0	1 092.5	533.8	1	1	0	0	0	0	0	0	0	0	0	15	15	0	0	0	0	0	0	1	0
南京财经大学	28	0	0	0	0	0	1	1	0	0	0	0	0	0	0	0	0	2	2	0	0	0	0	0	0	0	0
江苏警官学院	29	14	2	0	190	280	0	0	0	0	0	0	0	0	0	0	0	13	13	0	0	0	0	0	0	0	0
南京体育学院	30	1	0.2	0	10	2	0	0	0	0	0	0	0	0	0	0	0	1	1	0	0	0	0	0	0	0	0
南京艺术学院	31	0	0	0	0	0	0	0	0	0	0	0	0	0	0	0	0	0	0	0	0	0	0	0	0	0	0
苏州科技大学	32	14	3.8	0.4	304	354	0	0	0	0	0	0	0	0	1	0	0	6	6	0	0	1	0	0	1	0	0
常熟理工学院	33	10	2.3	0	259.14	157.64	0	0	0	0	0	0	0	0	0	0	0	6	6	0	0	0	0	0	0	6	6
淮阴工学院	34	10	1.7	0	135	133	0	0	0	0	0	0	0	0	0	0	0	15	15	0	0	0	0	0	0	0	0
常州工学院	35	3	0.6	0	0	0.4	0	0	0	0	0	0	0	0	0	0	0	0	0	0	0	0	0	0	0	0	0
扬州大学	36	47	7.7	0.5	1 441.5	1 115.7	0	0	0	0	0	0	0	0	0	0	0	0	0	0	0	1	0	0	1	1	1
南京工程学院	37	2	0.2	0	10	16.88	0	0	0	0	0	0	0	0	0	0	0	1	1	0	0	0	0	0	0	0	0
南京审计大学	38	12	4.1	0.2	170	121	1	1	0	0	0	0	0	0	0	0	0	0	0	0	0	2	0	0	2	0	0
南京晓庄学院	39	6	1.5	0	0	33	3	3	0	0	0	0	0	0	0	0	0	0	0	0	0	1	0	0	1	0	0
江苏理工学院	40	19	3.6	0	450	216.7	0	0	0	0	0	0	0	0	0	0	0	14	14	0	0	0	0	0	0	0	0
淮海工学院	41	9	0.9	0	65	33	0	0	0	0	0	0	0	0	0	0	0	6	6	0	0	0	0	0	0	0	0
徐州工程学院	42	5	1.8	0	0	4.7	0	0	0	0	0	0	0	0	0	0	0	0	0	0	0	0	0	0	0	0	0
南京特殊教育师范学院	43	2	0.5	0	0	11.7	0	0	0	0	0	0	0	0	0	0	0	0	0	0	0	0	0	0	0	0	0
泰州学院	44	4	1.6	0	0	40	0	0	0	0	0	0	0	0	0	0	0	0	0	0	0	0	0	0	0	0	0
金陵科技学院	45	1	0.1	0	0	8	0	0	0	0	0	0	0	0	0	0	0	0	0	0	0	0	0	0	0	1	0
江苏第二师范学院	46	5	1.6	0	70	26.3	0	0	0	0	0	0	0	0	0	0	0	1	1	0	0	0	0	0	0	0	0

2.14 法学人文、社会科学研究与课题成果情况表

高校名称		总数					出版著作(部)							古籍整理(部)	译著(部)	发表译文(篇)	电子出版物(件)	发表论文(篇)				获奖成果数(项)				研究与咨询报告(篇)	
		课题数(项)	当年投入人数(人年)	其中:研究生(人年)	当年拨入经费(千元)	当年支出经费(千元)	合计	专著	其中:被译成外文	编著教材	工具书参考书	皮书/发展报告	科普读物					合计	国内学术刊物	国外学术刊物	港、澳、台地区刊物	合计	国家级奖	部级奖	省级奖	合计	其中:被采纳数
	编号	L01	L02	L03	L04	L05	L06	L07	L08	L09	L10	L11	L12	L13	L14	L15	L16	L17	L18	L19	L20	L21	L22	L23	L24	L25	L26
合计	/	1 398	298.7	25.9	30 834.76	28 997.67	77	65	1	12	0	0	0	0	3	1	0	842	828	11	3	26	0	2	24	81	63
南京大学	1	82	9.9	2.7	2 191	1 646.2	0	0	0	0	0	0	0	0	0	0	0	108	108	0	0	6	0	1	5	0	0
东南大学	2	216	49.7	2	3 370	3 473.28	11	6	0	5	0	0	0	0	2	0	0	60	60	0	0	4	0	1	3	7	7
江南大学	3	9	7.7	0.6	210	201.1	0	0	0	0	0	0	0	0	0	0	0	0	0	0	0	0	0	0	0	0	0
南京农业大学	4	32	3.1	0	98	80.5	0	0	0	0	0	0	0	0	0	0	0	6	6	0	0	0	0	0	0	1	1
中国矿业大学	5	19	4.3	0	80	115.72	0	0	0	0	0	0	0	0	0	0	0	5	5	0	0	0	0	0	0	1	1
河海大学	6	42	17.7	10.3	2 405.9	2 416.43	2	1	0	1	0	0	0	0	0	0	0	75	70	5	0	1	0	0	1	13	11
南京理工大学	7	55	8.7	0.2	974.43	1 207.03	4	4	0	0	0	0	0	0	0	0	0	17	17	0	0	0	0	0	0	2	2
南京航空航天大学	8	18	4.6	0.3	647	710.8	7	7	0	0	0	0	0	0	0	0	0	9	9	0	0	0	0	0	0	0	0
中国药科大学	9	1	0.1	0	3	3	0	0	0	0	0	0	0	0	0	0	0	0	0	0	0	0	0	0	0	0	0
南京森林警察学院	10	59	6.8	0	474.2	517.25	0	0	0	0	0	0	0	0	0	0	0	52	52	0	0	0	0	0	0	2	1
苏州大学	11	112	24.5	2	3 492	3 234.3	14	14	0	0	0	0	0	0	0	1	0	73	73	0	0	4	0	0	4	7	7
江苏科技大学	12	5	0.8	0	37	35.6	0	0	0	0	0	0	0	0	0	0	0	1	1	0	0	0	0	0	0	0	0
南京工业大学	13	37	6.6	1.4	658	587	3	3	0	0	0	0	0	0	0	0	0	19	19	0	0	2	0	0	2	0	0
常州大学	14	37	12.6	0	1 198	730	5	5	1	0	0	0	0	0	0	0	0	29	29	0	0	1	0	0	1	0	0
南京邮电大学	15	9	1.8	0	0	0	0	0	0	0	0	0	0	0	0	0	0	1	1	0	0	0	0	0	0	0	0
南京林业大学	16	0	0	0	0	0	0	0	0	0	0	0	0	0	0	0	0	0	0	0	0	0	0	0	0	0	0
江苏大学	17	43	8.6	0	235	235	0	0	0	0	0	0	0	0	0	0	0	2	2	0	0	0	0	0	0	10	5
南京信息工程大学	18	22	6.1	0.4	84	80.92	1	1	0	0	0	0	0	0	0	0	0	14	14	0	0	0	0	0	0	0	0
南通大学	19	1	0.1	0	0	0	0	0	0	0	0	0	0	0	0	0	0	4	4	0	0	0	0	0	0	0	0
盐城工学院	20	6	0.6	0	104.5	105.5	1	1	0	0	0	0	0	0	0	0	0	2	2	0	0	0	0	0	0	1	1

续表

南京医科大学	21	3	0.7	0	0	47.3	0	0	0	0	0	0	0	0	0	0	0	0	0	0	0	0	0	0	0	0	0
徐州医科大学	22	3	0.9	0	0	6	0	0	0	0	0	0	0	0	0	0	0	0	0	0	0	0	0	0	0	0	0
南京中医药大学	23	8	2.2	0.3	146	95	0	0	0	0	0	0	0	0	0	0	0	9	9	0	0	0	0	0	0	0	0
南京师范大学	24	91	17.4	1.3	3 138.3	2 583.47	11	6	0	5	0	0	0	0	1	0	0	93	89	2	2	4	0	0	4	2	1
江苏师范大学	25	31	17.2	2.8	453	670.89	0	0	0	0	0	0	0	0	0	0	0	29	29	0	0	0	0	0	0	6	6
淮阴师范学院	26	42	5.7	0	1 623.42	1 422.5	2	1	0	1	0	0	0	0	0	0	0	15	15	0	0	0	0	0	0	0	0
盐城师范学院	27	31	7.5	0	818	1 193.6	0	0	0	0	0	0	0	0	0	0	0	9	9	0	0	0	0	0	0	12	12
南京财经大学	28	37	3.5	1	1 611	1 308.26	3	3	0	0	0	0	0	0	0	0	0	9	4	4	1	2	0	0	2	0	0
江苏警官学院	29	155	29.2	0	898	1 598.68	10	10	0	0	0	0	0	0	0	0	0	84	84	0	0	0	0	0	0	0	0
南京体育学院	30	0	0	0	0	0	0	0	0	0	0	0	0	0	0	0	0	0	0	0	0	0	0	0	0	0	0
南京艺术学院	31	0	0	0	0	5.15	0	0	0	0	0	0	0	0	0	0	0	0	0	0	0	0	0	0	0	0	0
苏州科技大学	32	0	0	0	0	0	0	0	0	0	0	0	0	0	0	0	0	1	1	0	0	0	0	0	0	0	0
常熟理工学院	33	6	1.9	0	1 068.6	1 071.1	0	0	0	0	0	0	0	0	0	0	0	0	0	0	0	0	0	0	0	0	0
淮阴工学院	34	7	1.5	0	361	385	0	0	0	0	0	0	0	0	0	0	0	3	3	0	0	0	0	0	0	2	0
常州工学院	35	3	0.5	0	30	12	0	0	0	0	0	0	0	0	0	0	0	6	6	0	0	0	0	0	0	0	0
扬州大学	36	41	8.3	0.6	1 782.91	1 657.81	0	0	0	0	0	0	0	0	0	0	0	42	42	0	0	0	0	0	0	2	2
南京工程学院	37	1	0.1	0	0	2	0	0	0	0	0	0	0	0	0	0	0	0	0	0	0	0	0	0	0	0	0
南京审计大学	38	63	16.8	0	1 470	315.75	1	1	0	0	0	0	0	0	0	0	0	42	42	0	0	1	0	0	1	4	1
南京晓庄学院	39	3	0.3	0	100	9	1	1	0	0	0	0	0	0	0	0	0	2	2	0	0	0	0	0	0	0	0
江苏理工学院	40	5	1.1	0	365	329	0	0	0	0	0	0	0	0	0	0	0	2	2	0	0	0	0	0	0	6	4
淮海工学院	41	42	4.3	0	637.5	770.1	1	1	0	0	0	0	0	0	0	0	0	10	10	0	0	0	0	0	0	1	1
徐州工程学院	42	1	0.3	0	0	0	0	0	0	0	0	0	0	0	0	0	0	0	0	0	0	0	0	0	0	0	0
南京特殊教育师范学院	43	0	0	0	0	0	0	0	0	0	0	0	0	0	0	0	0	1	1	0	0	0	0	0	0	0	0
泰州学院	44	15	4.3	0	70	120	0	0	0	0	0	0	0	0	0	0	0	4	4	0	0	1	0	0	1	0	0
金陵科技学院	45	4	0.5	0	0	14	0	0	0	0	0	0	0	0	0	0	0	1	1	0	0	0	0	0	0	2	0
江苏第二师范学院	46	1	0.2	0	0	1.43	0	0	0	0	0	0	0	0	0	0	0	3	3	0	0	0	0	0	0	0	0

2.15 社会学人文、社会科学研究与课题成果情况表

高校名称	编号	总数：课题数(项)	总数：当年投入人数(人年)	总数：其中：研究生(人年)	总数：当年拨入经费(千元)	总数：当年支出经费(千元)	出版著作(部)：合计	出版著作(部)：专著	出版著作(部)：其中：被译成外文	出版著作(部)：编著教材	出版著作(部)：工具书参考书	出版著作(部)：皮书/发展报告	出版著作(部)：科普读物	古籍整理(部)	译著(部)	发表译文(篇)	电子出版物(件)	发表论文(篇)：合计	发表论文(篇)：国内学术刊物	发表论文(篇)：国外学术刊物	发表论文(篇)：港、澳、台地区刊物	获奖成果数(项)：合计	获奖成果数(项)：国家级奖	获奖成果数(项)：部级奖	获奖成果数(项)：省级奖	研究与咨询报告(篇)：合计	研究与咨询报告(篇)：其中：被采纳数
		L01	L02	L03	L04	L05	L06	L07	L08	L09	L10	L11	L12	L13	L14	L15	L16	L17	L18	L19	L20	L21	L22	L23	L24	L25	L26
合计	/	1 588	386.4	64.4	50 347.15	50 835.4	51	34	1	5	1	5	6	0	7	1	11	646	615	31	0	15	0	1	14	164	114
南京大学	1	107	11.2	2.1	4 246	2 931.7	7	7	0	0	0	0	0	0	2	1	0	120	118	2	0	5	0	0	5	11	11
东南大学	2	117	35.3	1.6	1 195	2 275.07	0	0	0	0	0	0	0	0	0	0	0	3	3	0	0	1	0	0	1	0	0
江南大学	3	11	8.6	2.5	240	325	0	0	0	0	0	0	0	0	0	0	0	8	8	0	0	0	0	0	0	0	0
南京农业大学	4	44	6	1.2	182	398.6	0	0	0	0	0	0	0	0	0	0	0	11	10	1	0	0	0	0	0	1	1
中国矿业大学	5	29	5.2	1.1	536	164.53	2	2	0	0	0	0	0	0	0	0	0	9	9	0	0	0	0	0	0	2	1
河海大学	6	158	62.3	39.7	19 086.78	19 328.78	18	6	0	1	0	5	6	0	0	0	11	159	138	21	0	1	0	0	1	54	47
南京理工大学	7	33	5.5	1	617.24	586.96	1	0	0	1	0	0	0	0	0	0	0	13	13	0	0	1	0	0	1	0	0
南京航空航天大学	8	12	3.1	0	529	441.8	1	1	0	0	0	0	0	0	0	0	0	15	14	1	0	0	0	0	0	1	1
中国药科大学	9	1	0.1	0	5	5	0	0	0	0	0	0	0	0	0	0	0	0	0	0	0	0	0	0	0	0	0
南京森林警察学院	10	4	0.6	0	10	14.18	0	0	0	0	0	0	0	0	0	0	0	2	2	0	0	0	0	0	0	0	0
苏州大学	11	28	7.9	1.6	960	987.5	1	1	1	0	0	0	0	0	0	0	0	11	11	0	0	0	0	0	0	0	0
江苏科技大学	12	110	21.5	0.3	1 481	1 328.1	5	5	0	0	0	0	0	0	0	0	0	34	33	1	0	0	0	0	0	3	3
南京工业大学	13	34	5	1.1	442	492	0	0	0	0	0	0	0	0	0	0	0	17	17	0	0	0	0	0	0	0	0
常州大学	14	37	11.2	0	822	620.5	0	0	0	0	0	0	0	0	0	0	0	19	19	0	0	1	0	0	1	2	2
南京邮电大学	15	93	24.5	6.4	4 541.21	4 641.71	1	1	0	0	0	0	0	0	0	0	0	21	21	0	0	1	0	0	1	14	14
南京林业大学	16	27	2.7	0	213	177.83	0	0	0	0	0	0	0	0	1	0	0	11	11	0	0	0	0	0	0	0	0
江苏大学	17	4	0.9	0	0	0	0	0	0	0	0	0	0	0	0	0	0	0	0	0	0	0	0	0	0	0	0
南京信息工程大学	18	21	10.5	0.9	183.7	291.32	0	0	0	0	0	0	0	0	1	0	0	4	4	0	0	0	0	0	0	0	0
南通大学	19	36	5.7	0	582	506	0	0	0	0	0	0	0	0	0	0	0	7	6	1	0	1	0	0	1	0	0
盐城工学院	20	5	0.5	0	3	3	0	0	0	0	0	0	0	0	0	0	0	4	3	1	0	0	0	0	0	0	0

续表

南京医科大学	21	2	0.7	0	0	29.1	2	0	0	1	1	0	0	0	1	0	0	3	3	0	0	0	0	0	0	0	0
徐州医科大学	22	25	5.5	0	14	70.1	0	0	0	0	0	0	0	0	0	0	0	15	15	0	0	0	0	0	0	10	0
南京中医药大学	23	34	14.5	0.4	390	339.2	0	0	0	0	0	0	0	0	0	0	0	1	1	0	0	1	0	1	0	0	0
南京师范大学	24	59	15	1.7	1 615.86	2 106.78	0	0	0	0	0	0	0	0	0	0	0	5	5	0	0	1	0	0	1	0	0
江苏师范大学	25	22	12.4	1.3	470	454.79	0	0	0	0	0	0	0	0	1	0	0	10	9	1	0	0	0	0	0	6	6
淮阴师范学院	26	21	2.9	0	749.6	786.6	2	0	0	2	0	0	0	0	0	0	0	1	0	1	0	0	0	0	0	0	0
盐城师范学院	27	23	7	0	391.5	736.5	2	2	0	0	0	0	0	0	0	0	0	7	7	0	0	0	0	0	0	0	0
南京财经大学	28	4	0.1	0	24	11.6	0	0	0	0	0	0	0	0	1	0	0	4	3	1	0	0	0	0	0	0	0
江苏警官学院	29	27	5.7	0	96	197.9	2	2	0	0	0	0	0	0	0	0	0	6	6	0	0	0	0	0	0	0	0
南京体育学院	30	0	0	0	0	0	0	0	0	0	0	0	0	0	0	0	0	4	4	0	0	0	0	0	0	0	0
南京艺术学院	31	2	0.5	0	80	41.26	0	0	0	0	0	0	0	0	0	0	0	1	1	0	0	0	0	0	0	0	0
苏州科技大学	32	41	9.2	1.1	2 254.1	2 454.1	0	0	0	0	0	0	0	0	0	0	0	10	10	0	0	0	0	0	0	1	1
常熟理工学院	33	26	6.3	0	395.8	496.24	0	0	0	0	0	0	0	0	0	0	0	10	10	0	0	0	0	0	0	10	10
淮阴工学院	34	72	12.7	0	957.8	1 104.22	0	0	0	0	0	0	0	0	0	0	0	21	21	0	0	0	0	0	0	5	0
常州工学院	35	11	2.2	0	77	78	0	0	0	0	0	0	0	0	0	0	0	10	10	0	0	0	0	0	0	1	0
扬州大学	36	69	9.7	0.4	1 504.64	1 058.89	4	4	0	0	0	0	0	0	0	0	0	15	15	0	0	0	0	0	0	9	8
南京工程学院	37	70	7.5	0	3 356	3 455.88	0	0	0	0	0	0	0	0	0	0	0	5	5	0	0	0	0	0	0	0	0
南京审计大学	38	0	0	0	0	0	0	0	0	0	0	0	0	0	0	0	0	0	0	0	0	0	0	0	0	0	0
南京晓庄学院	39	10	1.9	0	120	61	0	0	0	0	0	0	0	0	0	0	0	8	8	0	0	0	0	0	0	0	0
江苏理工学院	40	34	7.7	0	1 210.92	1 193.58	0	0	0	0	0	0	0	0	0	0	0	18	18	0	0	0	0	0	0	8	4
淮海工学院	41	16	1.6	0	131	97	0	0	0	0	0	0	0	0	0	0	0	2	2	0	0	0	0	0	0	0	0
徐州工程学院	42	74	28.1	0	229	126.95	1	1	0	0	0	0	0	0	0	0	0	12	12	0	0	0	0	0	0	23	5
南京特殊教育师范学院	43	24	3.8	0	321	301.4	1	1	0	0	0	0	0	0	0	0	0	9	9	0	0	2	0	0	2	0	0
泰州学院	44	2	0.5	0	20	7.4	0	0	0	0	0	0	0	0	0	0	0	1	1	0	0	0	0	0	0	0	0
金陵科技学院	45	2	0.2	0	0	3	1	1	0	0	0	0	0	0	0	0	0	0	0	0	0	0	0	0	0	3	0
江苏第二师范学院	46	7	2.4	0	64	104.33	0	0	0	0	0	0	0	0	0	0	0	0	0	0	0	0	0	0	0	0	0

2.16 民族学与文化学人文、社会科学研究与课题成果情况表

高校名称		总数					出版著作(部)							古籍整理(部)	译著(部)	发表译文(篇)	电子出版物(件)	发表论文(篇)				获奖成果数(项)				研究与咨询报告(篇)	
		课题数(项)	当年投入人数(人年)	其中：研究生(人年)	当年拨入经费(千元)	当年支出经费(千元)	合计	专著	其中：被译成外文	编著教材	工具书参考书	皮书/发展报告	科普读物					合计	国内学术刊物	国外学术刊物	港、澳、台地区刊物	合计	国家级奖	部级奖	省级奖	合计	其中：被采纳数
	编号	L01	L02	L03	L04	L05	L06	L07	L08	L09	L10	L11	L12	L13	L14	L15	L16	L17	L18	L19	L20	L21	L22	L23	L24	L25	L26
合计	/	310	82.2	4.2	7 393.6	6 418.45	13	9	1	4	0	0	0	0	1	1	0	100	91	9	0	1	0	0	1	12	8
南京大学	1	6	0.9	0.3	380	272	0	0	0	0	0	0	0	0	0	0	0	1	1	0	0	0	0	0	0	0	0
东南大学	2	8	2.9	0.2	554	87.8	0	0	0	0	0	0	0	0	0	0	0	0	0	0	0	0	0	0	0	1	0
江南大学	3	0	0	0	0	0	2	1	0	1	0	0	0	0	0	0	0	0	0	0	0	0	0	0	0	0	0
南京农业大学	4	13	1.8	0.4	0	236	0	0	0	0	0	0	0	0	0	0	0	0	0	0	0	1	0	0	1	0	0
中国矿业大学	5	6	0.9	0	0	1	0	0	0	0	0	0	0	0	0	0	0	4	4	0	0	0	0	0	0	0	0
河海大学	6	14	5	2.9	2 184.1	1 127.95	1	1	0	0	0	0	0	0	0	0	0	26	19	7	0	0	0	0	0	2	2
南京理工大学	7	0	0	0	0	0	0	0	0	0	0	0	0	0	0	0	0	0	0	0	0	0	0	0	0	0	0
南京航空航天大学	8	0	0	0	0	0	0	0	0	0	0	0	0	0	0	0	0	0	0	0	0	0	0	0	0	0	0
中国药科大学	9	0	0	0	0	0	0	0	0	0	0	0	0	0	0	0	0	0	0	0	0	0	0	0	0	0	0
南京森林警察学院	10	0	0	0	0	0	0	0	0	0	0	0	0	0	0	0	0	0	0	0	0	0	0	0	0	0	0
苏州大学	11	0	0	0	0	0	0	0	0	0	0	0	0	0	0	0	0	0	0	0	0	0	0	0	0	0	0
江苏科技大学	12	18	3.3	0	84	71.38	0	0	0	0	0	0	0	0	0	0	0	0	0	0	0	0	0	0	0	0	0
南京工业大学	13	1	0.1	0	0	0	0	0	0	0	0	0	0	0	0	0	0	0	0	0	0	0	0	0	0	0	0
常州大学	14	4	1.2	0	0	12	1	1	0	0	0	0	0	0	0	0	0	3	3	0	0	0	0	0	0	0	0
南京邮电大学	15	1	0.2	0	0	0	0	0	0	0	0	0	0	0	0	0	0	0	0	0	0	0	0	0	0	0	0
南京林业大学	16	8	0.8	0	0	279.62	2	2	0	0	0	0	0	0	0	0	0	3	3	0	0	0	0	0	0	0	0
江苏大学	17	0	0	0	0	0	0	0	0	0	0	0	0	0	0	0	0	0	0	0	0	0	0	0	0	0	0
南京信息工程大学	18	0	0	0	0	0	0	0	0	0	0	0	0	0	0	0	0	2	2	0	0	0	0	0	0	0	0
南通大学	19	31	3.7	0	395	360	0	0	0	0	0	0	0	0	0	0	0	2	2	0	0	0	0	0	0	0	0
盐城工学院	20	6	0.6	0	460	412	0	0	0	0	0	0	0	0	0	0	0	1	1	0	0	0	0	0	0	2	2

续表

南京医科大学	21	0	0	0	0	0	0	0	0	0	0	0	0	0	0	0	0	0	0	0	0	0	0	0	0	0	0
徐州医科大学	22	0	0	0	1	1	0	0	0	0	0	0	0	0	0	0	0	0	0	0	0	0	0	0	0	0	0
南京中医药大学	23	6	3.6	0	10	119.3	0	0	0	0	0	0	0	0	0	0	0	26	26	0	0	0	0	0	0	0	0
南京师范大学	24	0	0	0	0	0	0	0	0	0	0	0	0	0	0	1	0	0	0	0	0	0	0	0	0	0	0
江苏师范大学	25	18	8.3	0	410	596.69	2	0	0	2	0	0	0	0	0	0	0	6	5	1	0	0	0	0	0	1	1
淮阴师范学院	26	3	0.4	0	50	52.3	0	0	0	0	0	0	0	0	0	0	0	0	0	0	0	0	0	0	0	0	0
盐城师范学院	27	6	1	0	143	76	1	1	0	0	0	0	0	0	1	0	0	2	2	0	0	0	0	0	0	0	0
南京财经大学	28	0	0	0	0	0	0	0	0	0	0	0	0	0	0	0	0	1	1	0	0	0	0	0	0	0	0
江苏警官学院	29	3	0.4	0	0	20	0	0	0	0	0	0	0	0	0	0	0	0	0	0	0	0	0	0	0	0	0
南京体育学院	30	0	0	0	0	0	0	0	0	0	0	0	0	0	0	0	0	0	0	0	0	0	0	0	0	0	0
南京艺术学院	31	1	0.4	0	0	0	0	0	0	0	0	0	0	0	0	0	0	0	0	0	0	0	0	0	0	0	0
苏州科技大学	32	4	1.1	0	20	20	0	0	0	0	0	0	0	0	0	0	0	0	0	0	0	0	0	0	0	0	0
常熟理工学院	33	0	0	0	0	0	0	0	0	0	0	0	0	0	0	0	0	0	0	0	0	0	0	0	0	0	0
淮阴工学院	34	15	2.4	0	90	160.79	0	0	0	0	0	0	0	0	0	0	0	2	1	1	0	0	0	0	0	0	0
常州工学院	35	14	2.7	0	89	47.2	0	0	0	0	0	0	0	0	0	0	0	13	13	0	0	0	0	0	0	3	0
扬州大学	36	18	3.7	0.4	2 169	2 018.5	2	2	0	0	0	0	0	0	0	0	0	3	3	0	0	0	0	0	0	3	3
南京工程学院	37	4	0.3	0	25	20.84	0	0	0	0	0	0	0	0	0	0	0	0	0	0	0	0	0	0	0	0	0
南京审计大学	38	0	0	0	0	0	0	0	0	0	0	0	0	0	0	0	0	0	0	0	0	0	0	0	0	0	0
南京晓庄学院	39	0	0	0	0	0	0	0	0	0	0	0	0	0	0	0	0	0	0	0	0	0	0	0	0	0	0
江苏理工学院	40	7	1.3	0	136	199.86	0	0	0	0	0	0	0	0	0	0	0	1	1	0	0	0	0	0	0	0	0
淮海工学院	41	4	0.4	0	70	44.25	0	0	0	0	0	0	0	0	0	0	0	0	0	0	0	0	0	0	0	0	0
徐州工程学院	42	87	34	0	77	180.55	2	1	1	1	0	0	0	0	0	0	0	4	4	0	0	0	0	0	0	0	0
南京特殊教育师范学院	43	1	0.1	0	0	0	0	0	0	0	0	0	0	0	0	0	0	0	0	0	0	0	0	0	0	0	0
泰州学院	44	0	0	0	0	0	0	0	0	0	0	0	0	0	0	0	0	0	0	0	0	0	0	0	0	0	0
金陵科技学院	45	0	0	0	0	0	0	0	0	0	0	0	0	0	0	0	0	0	0	0	0	0	0	0	0	0	0
江苏第二师范学院	46	3	0.7	0	46.5	1.42	0	0	0	0	0	0	0	0	0	0	0	0	0	0	0	0	0	0	0	0	0

2.17 新闻学与传播学人文、社会科学研究与课题成果情况表

高校名称		总数					出版著作(部)							古籍整理(部)	译著(部)	发表译文(篇)	电子出版物(件)	发表论文(篇)				获奖成果数(项)				研究与咨询报告(篇)	
		课题数(项)	当年投入人数(人年)	其中:研究生(人年)	当年拨入经费(千元)	当年支出经费(千元)	合计	专著	其中:被译成外文	编著教材	工具书参考书	皮书/发展报告	科普读物					合计	国内学术刊物	国外学术刊物	港、澳、台地区刊物	合计	国家级奖	部级奖	省级奖	合计	其中:被采纳数
	编号	L01	L02	L03	L04	L05	L06	L07	L08	L09	L10	L11	L12	L13	L14	L15	L16	L17	L18	L19	L20	L21	L22	L23	L24	L25	L26
合计	/	502	115.1	13.4	15 310.99	11 780.54	20	15	1	3	0	1	1	0	0	0	0	453	444	8	1	10	0	0	10	18	13
南京大学	1	60	6.7	0.9	1 327	867.95	4	2	0	1	0	1	0	0	0	0	0	102	102	0	0	3	0	0	3	4	4
东南大学	2	3	0.8	0	0	0	0	0	0	0	0	0	0	0	0	0	0	0	0	0	0	0	0	0	0	0	0
江南大学	3	21	11.9	2.5	2 210	1 649	0	0	0	0	0	0	0	0	0	0	0	3	3	0	0	0	0	0	0	0	0
南京农业大学	4	7	2.7	0	0	0	0	0	0	0	0	0	0	0	0	0	0	1	1	0	0	0	0	0	0	0	0
中国矿业大学	5	7	1.7	0	50	52.25	0	0	0	0	0	0	0	0	0	0	0	2	2	0	0	0	0	0	0	0	0
河海大学	6	25	9.3	5	740.25	765.1	2	1	0	0	0	0	1	0	0	0	0	54	47	7	0	1	0	0	1	5	3
南京理工大学	7	6	0.9	0	118	78.25	0	0	0	0	0	0	0	0	0	0	0	3	3	0	0	0	0	0	0	0	0
南京航空航天大学	8	6	1.7	0	450	450	0	0	0	0	0	0	0	0	0	0	0	0	0	0	0	0	0	0	0	0	0
中国药科大学	9	0	0	0	0	0	0	0	0	0	0	0	0	0	0	0	0	0	0	0	0	0	0	0	0	0	0
南京森林警察学院	10	2	0.2	0	16	16.56	0	0	0	0	0	0	0	0	0	0	0	5	5	0	0	0	0	0	0	0	0
苏州大学	11	72	12	1.2	3 742	2 832.7	3	3	1	0	0	0	0	0	0	0	0	24	23	0	1	1	0	0	1	0	0
江苏科技大学	12	0	0	0	0	0	0	0	0	0	0	0	0	0	0	0	0	0	0	0	0	0	0	0	0	0	0
南京工业大学	13	3	0.4	0	5	5	0	0	0	0	0	0	0	0	0	0	0	1	1	0	0	0	0	0	0	0	0
常州大学	14	3	0.9	0	65	61	0	0	0	0	0	0	0	0	0	0	0	2	2	0	0	0	0	0	0	0	0
南京邮电大学	15	30	9.4	2.2	639.5	448.1	0	0	0	0	0	0	0	0	0	0	0	9	9	0	0	0	0	0	0	4	4
南京林业大学	16	12	1.6	0	112	95.08	2	1	0	1	0	0	0	0	0	0	0	30	30	0	0	0	0	0	0	0	0
江苏大学	17	0	0	0	0	0	0	0	0	0	0	0	0	0	0	0	0	0	0	0	0	0	0	0	0	0	0
南京信息工程大学	18	5	4.2	0.6	305.7	85.28	0	0	0	0	0	0	0	0	0	0	0	7	7	0	0	0	0	0	0	0	0
南通大学	19	2	0.2	0	243	243	0	0	0	0	0	0	0	0	0	0	0	0	0	0	0	0	0	0	0	0	0
盐城工学院	20	2	0.2	0	0	0	1	1	0	0	0	0	0	0	0	0	0	5	5	0	0	0	0	0	0	0	0

续表

南京医科大学	21	1	0.1	0	0	10	0	0	0	0	0	0	0	0	0	0	0	0	0	0	0	0	0	0	0	0	0
徐州医科大学	22	1	0.3	0	0	4	0	0	0	0	0	0	0	0	0	0	0	0	0	0	0	0	0	0	0	0	0
南京中医药大学	23	0	0	0	0	0	0	0	0	0	0	0	0	0	0	0	0	0	0	0	0	0	0	0	0	0	0
南京师范大学	24	48	14.7	0.7	1 797	1 221.79	1	1	0	0	0	0	0	0	0	0	0	28	28	0	0	3	0	0	3	0	0
江苏师范大学	25	15	7.6	0	185	329.85	2	2	0	0	0	0	0	0	0	0	0	41	41	0	0	0	0	0	0	1	1
淮阴师范学院	26	17	2.1	0	93	175.6	0	0	0	0	0	0	0	0	0	0	0	6	6	0	0	0	0	0	0	0	0
盐城师范学院	27	5	1.3	0	45	30.75	0	0	0	0	0	0	0	0	0	0	0	4	4	0	0	0	0	0	0	0	0
南京财经大学	28	23	1.6	0.1	725.04	714.44	1	1	0	0	0	0	0	0	0	0	0	9	8	1	0	0	0	0	0	0	0
江苏警官学院	29	3	0.7	0	0	80	0	0	0	0	0	0	0	0	0	0	0	2	2	0	0	0	0	0	0	0	0
南京体育学院	30	1	0.1	0	20	37.5	0	0	0	0	0	0	0	0	0	0	0	0	0	0	0	0	0	0	0	0	0
南京艺术学院	31	0	0	0	10	10	0	0	0	0	0	0	0	0	0	0	0	1	1	0	0	0	0	0	0	0	0
苏州科技大学	32	5	1.3	0	0	0	0	0	0	0	0	0	0	0	0	0	0	5	5	0	0	0	0	0	0	0	0
常熟理工学院	33	2	0.4	0	50	50	0	0	0	0	0	0	0	0	0	0	0	1	1	0	0	0	0	0	0	0	0
淮阴工学院	34	2	0.3	0	10	9.5	0	0	0	0	0	0	0	0	0	0	0	0	0	0	0	0	0	0	0	0	0
常州工学院	35	9	1.8	0	82	51.2	0	0	0	0	0	0	0	0	0	0	0	8	8	0	0	0	0	0	0	1	0
扬州大学	36	33	5.4	0.2	577.8	512.66	4	3	0	1	0	0	0	0	0	0	0	53	53	0	0	2	0	0	2	1	1
南京工程学院	37	2	0.2	0	10	9.12	0	0	0	0	0	0	0	0	0	0	0	0	0	0	0	0	0	0	0	0	0
南京审计大学	38	0	0	0	0	0	0	0	0	0	0	0	0	0	0	0	0	0	0	0	0	0	0	0	0	0	0
南京晓庄学院	39	27	4.5	0	454	305	0	0	0	0	0	0	0	0	0	0	0	26	26	0	0	0	0	0	0	0	0
江苏理工学院	40	2	0.3	0	5	5	0	0	0	0	0	0	0	0	0	0	0	0	0	0	0	0	0	0	0	1	0
淮海工学院	41	17	1.7	0	441.7	198.35	0	0	0	0	0	0	0	0	0	0	0	13	13	0	0	0	0	0	0	0	0
徐州工程学院	42	5	2	0	0	0	0	0	0	0	0	0	0	0	0	0	0	5	5	0	0	0	0	0	0	0	0
南京特殊教育师范学院	43	2	0.3	0	72	37	0	0	0	0	0	0	0	0	0	0	0	0	0	0	0	0	0	0	0	0	0
泰州学院	44	2	0.6	0	0	26	0	0	0	0	0	0	0	0	0	0	0	0	0	0	0	0	0	0	0	0	0
金陵科技学院	45	4	0.6	0	500	267	0	0	0	0	0	0	0	0	0	0	0	2	2	0	0	0	0	0	0	1	0
江苏第二师范学院	46	10	2.4	0	210	46.51	0	0	0	0	0	0	0	0	0	0	0	1	1	0	0	0	0	0	0	0	0

2.18 图书馆、情报与文献学人文、社会科学研究与课题成果情况表

高校名称	编号	总数：课题数(项)	总数：当年投入人数(人年)	总数：其中：研究生(人年)	总数：当年拨入经费(千元)	总数：当年支出经费(千元)	出版著作(部)：合计	出版著作(部)：专著	出版著作(部)：其中：被译成外文	出版著作(部)：编著教材	出版著作(部)：工具书参考书	出版著作(部)：皮书/发展报告	出版著作(部)：科普读物	古籍整理(部)	译著(部)	发表译文(篇)	电子出版物(件)	发表论文(篇)：合计	发表论文(篇)：国内学术刊物	发表论文(篇)：国外学术刊物	发表论文(篇)：港、澳、台地区刊物	获奖成果数(项)：合计	获奖成果数(项)：国家级奖	获奖成果数(项)：部级奖	获奖成果数(项)：省级奖	研究与咨询报告(篇)：合计	研究与咨询报告(篇)：其中：被采纳数
		L01	L02	L03	L04	L05	L06	L07	L08	L09	L10	L11	L12	L13	L14	L15	L16	L17	L18	L19	L20	L21	L22	L23	L24	L25	L26
合计	/	541	129.3	21.3	7 598.46	8 355.13	23	15	3	5	0	2	1	24	4	2	0	728	674	54	0	3	0	0	3	57	46
南京大学	1	86	10.2	1.2	1 667	1 425	13	10	2	1	0	2	0	0	3	1	0	223	190	33	0	0	0	0	0	5	5
东南大学	2	24	9.7	0.2	375	230.35	0	0	0	0	0	0	0	0	0	0	0	0	0	0	0	1	0	0	1	0	0
江南大学	3	6	5.4	1.4	175	165	0	0	0	0	0	0	0	0	0	0	0	5	5	0	0	0	0	0	0	0	0
南京农业大学	4	76	12.3	3.2	1 498	1117.8	1	1	0	0	0	0	0	0	0	0	0	16	14	2	0	1	0	0	1	1	1
中国矿业大学	5	19	3.7	0	118	95.8	0	0	0	0	0	0	0	0	0	0	0	14	14	0	0	0	0	0	0	0	0
河海大学	6	53	17.9	9.9	693	693	1	0	0	0	0	0	1	0	0	0	0	78	64	14	0	0	0	0	0	22	17
南京理工大学	7	23	3.9	0.3	200.75	875.74	0	0	0	0	0	0	0	0	0	0	0	0	0	0	0	0	0	0	0	1	1
南京航空航天大学	8	8	2.7	0	80	88	0	0	0	0	0	0	0	0	0	0	0	3	3	0	0	0	0	0	0	9	9
中国药科大学	9	5	0.8	0	42	50	0	0	0	0	0	0	0	0	0	0	0	13	13	0	0	0	0	0	0	0	0
南京森林警察学院	10	7	0.8	0	44.71	115.46	0	0	0	0	0	0	0	0	0	0	0	7	7	0	0	0	0	0	0	0	0
苏州大学	11	11	6.1	2.2	46	216.5	2	0	0	2	0	0	0	0	0	0	0	26	26	0	0	0	0	0	0	0	0
江苏科技大学	12	2	0.6	0	10	11.5	0	0	0	0	0	0	0	0	0	0	0	5	5	0	0	0	0	0	0	0	0
南京工业大学	13	20	3.2	0.4	562	562	0	0	0	0	0	0	0	0	0	0	0	29	28	1	0	0	0	0	0	0	0
常州大学	14	3	1	0	0	59.5	0	0	0	0	0	0	0	0	0	0	0	6	6	0	0	0	0	0	0	0	0
南京邮电大学	15	23	7.1	1.8	122	453.2	2	2	0	0	0	0	0	0	0	0	0	8	8	0	0	0	0	0	0	0	0
南京林业大学	16	1	0.1	0	10	4.54	0	0	0	0	0	0	0	0	0	0	0	0	0	0	0	0	0	0	0	0	0
江苏大学	17	6	1.1	0	10	50	1	1	1	0	0	0	0	0	0	1	0	32	31	1	0	1	0	0	1	0	0
南京信息工程大学	18	10	6.9	0.3	9.4	9.4	0	0	0	0	0	0	0	0	0	0	0	20	17	3	0	0	0	0	0	5	3
南通大学	19	7	0.9	0	5	5	0	0	0	0	0	0	0	0	0	0	0	4	4	0	0	0	0	0	0	0	0
盐城工学院	20	12	1.2	0	19	19	0	0	0	0	0	0	0	0	0	0	0	12	12	0	0	0	0	0	0	0	0

续表

南京医科大学	21	10	1.9	0	58	46.4	0	0	0	0	0	0	0	0	0	0	0	18	18	0	0	0	0	0	0	0	0
徐州医科大学	22	4	0.6	0	0	2	0	0	0	0	0	0	0	0	0	0	0	0	0	0	0	0	0	0	0	0	0
南京中医药大学	23	8	2.9	0	20	23.1	1	0	0	1	0	0	0	24	0	0	0	29	29	0	0	0	0	0	0	0	0
南京师范大学	24	8	1.8	0	210	133.3	0	0	0	0	0	0	0	0	1	0	0	14	14	0	0	0	0	0	0	0	0
江苏师范大学	25	10	5.8	0	0	123.25	0	0	0	0	0	0	0	0	0	0	0	11	11	0	0	0	0	0	0	0	0
淮阴师范学院	26	3	0.3	0	60	39	1	1	0	0	0	0	0	0	0	0	0	8	8	0	0	0	0	0	0	0	0
盐城师范学院	27	7	2.6	0	46.5	72.8	0	0	0	0	0	0	0	0	0	0	0	18	18	0	0	0	0	0	0	11	10
南京财经大学	28	3	0.3	0.1	5	34.5	0	0	0	0	0	0	0	0	0	0	0	1	1	0	0	0	0	0	0	0	0
江苏警官学院	29	6	2.7	0	0	195	0	0	0	0	0	0	0	0	0	0	0	3	3	0	0	0	0	0	0	0	0
南京体育学院	30	1	0.1	0	0	0	0	0	0	0	0	0	0	0	0	0	0	1	1	0	0	0	0	0	0	0	0
南京艺术学院	31	6	1.1	0	10	14.17	0	0	0	0	0	0	0	0	0	0	0	4	4	0	0	0	0	0	0	0	0
苏州科技大学	32	2	0.4	0	0	0	0	0	0	0	0	0	0	0	0	0	0	6	6	0	0	0	0	0	0	0	0
常熟理工学院	33	3	1.2	0	70	29.9	0	0	0	0	0	0	0	0	0	0	0	0	0	0	0	0	0	0	0	0	0
淮阴工学院	34	3	0.6	0	10	13	0	0	0	0	0	0	0	0	0	0	0	4	4	0	0	0	0	0	0	0	0
常州工学院	35	1	0.2	0	0	0.1	0	0	0	0	0	0	0	0	0	0	0	0	0	0	0	0	0	0	0	0	0
扬州大学	36	13	2.3	0.3	230	169.1	0	0	0	0	0	0	0	0	0	0	0	30	30	0	0	0	0	0	0	0	0
南京工程学院	37	6	0.6	0	33	28.82	0	0	0	0	0	0	0	0	0	0	0	0	0	0	0	0	0	0	0	0	0
南京审计大学	38	3	1.3	0	10	5	0	0	0	0	0	0	0	0	0	0	0	3	3	0	0	0	0	0	0	0	0
南京晓庄学院	39	10	1.4	0	70	51	0	0	0	0	0	0	0	0	0	0	0	23	23	0	0	0	0	0	0	0	0
江苏理工学院	40	12	2.1	0	970.6	978.1	0	0	0	0	0	0	0	0	0	0	0	16	16	0	0	0	0	0	0	0	0
淮海工学院	41	8	0.8	0	101.5	132	0	0	0	0	0	0	0	0	0	0	0	13	13	0	0	0	0	0	0	1	0
徐州工程学院	42	0	0	0	0	0	1	0	0	1	0	0	0	0	0	0	0	14	14	0	0	0	0	0	0	0	0
南京特殊教育师范学院	43	2	0.3	0	0	1.8	0	0	0	0	0	0	0	0	0	0	0	0	0	0	0	0	0	0	0	0	0
泰州学院	44	3	1	0	0	0	0	0	0	0	0	0	0	0	0	0	0	1	1	0	0	0	0	0	0	0	0
金陵科技学院	45	5	1	0	0	16	0	0	0	0	0	0	0	0	0	0	0	2	2	0	0	0	0	0	0	2	0
江苏第二师范学院	46	2	0.4	0	7	0	0	0	0	0	0	0	0	0	0	0	0	8	8	0	0	0	0	0	0	0	0

2.19 教育学人文、社会科学研究与课题成果情况表

高校名称		总数					出版著作(部)							古籍整理(部)	译著(部)	发表译文(篇)	电子出版物(件)	发表论文(篇)				获奖成果数(项)				研究与咨询报告(篇)	
		课题数(项)	当年投入人数(人年)	其中:研究生(人年)	当年拨入经费(千元)	当年支出经费(千元)	合计	专著	其中:被译成外文	编著教材	工具书参考书	皮书/发展报告	科普读物					合计	国内学术刊物	国外学术刊物	港澳、台地区刊物	合计	国家级奖	部级奖	省级奖	合计	其中:被采纳数
	编号	L01	L02	L03	L04	L05	L06	L07	L08	L09	L10	L11	L12	L13	L14	L15	L16	L17	L18	L19	L20	L21	L22	L23	L24	L25	L26
合计	/	3 136	749.6	53.8	60 616.8	59 297.58	129	75	1	49	2	1	2	0	5	1	4	2 273	2 223	50	0	34	0	1	33	183	114
南京大学	1	39	3.6	0	650	434	5	0	0	4	1	0	0	0	0	0	0	38	38	0	0	4	0	0	4	0	0
东南大学	2	43	15.9	1.3	543.8	393.28	2	2	0	0	0	0	0	0	0	0	0	0	0	0	0	0	0	0	0	2	2
江南大学	3	52	45.8	10.4	2 535	2 151.06	2	1	0	1	0	0	0	0	0	0	0	64	62	2	0	0	0	0	0	2	0
南京农业大学	4	105	12.5	1.3	690	834.6	1	1	0	0	0	0	0	0	0	0	0	22	21	1	0	0	0	0	0	1	1
中国矿业大学	5	54	11.9	1.2	1 168	395.14	1	0	0	1	0	0	0	0	1	0	0	67	67	0	0	0	0	0	0	1	1
河海大学	6	39	12.9	7	144.5	207.25	4	1	0	0	0	1	2	0	0	0	4	54	51	3	0	0	0	0	0	14	10
南京理工大学	7	10	1.6	0.1	85	104.05	0	0	0	0	0	0	0	0	0	0	0	5	5	0	0	0	0	0	0	0	0
南京航空航天大学	8	28	4.6	0	72	93	5	0	0	5	0	0	0	0	0	0	0	7	7	0	0	0	0	0	0	0	0
中国药科大学	9	21	2.4	0	140	140	0	0	0	0	0	0	0	0	0	0	0	4	4	0	0	0	0	0	0	0	0
南京森林警察学院	10	12	1.3	0	8	45.8	0	0	0	0	0	0	0	0	0	0	0	20	20	0	0	0	0	0	0	0	0
苏州大学	11	40	9.2	0.7	1 217	900.2	7	7	0	0	0	0	0	0	0	0	0	51	50	1	0	0	0	0	0	0	0
江苏科技大学	12	64	15.7	0	295.76	267.6	0	0	0	0	0	0	0	0	0	0	0	97	97	0	0	0	0	0	0	1	1
南京工业大学	13	112	11.7	1.3	728.2	718.7	0	0	0	0	0	0	0	0	0	0	0	90	89	1	0	0	0	0	0	3	2
常州大学	14	63	18.1	0	658	647.5	0	0	0	0	0	0	0	0	0	0	0	18	18	0	0	1	0	0	1	1	0
南京邮电大学	15	127	28.8	4.6	916.87	1 222.77	0	0	0	0	0	0	0	0	0	0	0	96	96	0	0	1	0	0	1	4	4
南京林业大学	16	102	10.2	0	161	163.78	3	3	0	0	0	0	0	0	0	0	0	44	44	0	0	0	0	0	0	0	0
江苏大学	17	52	17.9	12.8	2 792	2 752	2	2	0	0	0	0	0	0	0	0	0	13	13	0	0	1	0	0	1	0	0
南京信息工程大学	18	134	61.8	1.5	1 098	670.73	3	3	0	0	0	0	0	0	0	0	0	24	24	0	0	1	0	1	0	6	4
南通大学	19	122	22.3	0.4	1 598	1 325	5	5	0	0	0	0	0	0	1	0	0	119	113	6	0	0	0	0	0	6	5
盐城工学院	20	47	5.6	0	233.5	192.5	3	3	0	0	0	0	0	0	0	0	0	24	24	0	0	0	0	0	0	1	1

续表

南京医科大学	21	16	2.9	0	0	78	1	1	0	0	0	0	0	0	0	0	0	22	22	0	0	0	0	0	0	0	0
徐州医科大学	22	47	9.8	0	1	90.5	0	0	0	0	0	0	0	0	0	0	0	22	22	0	0	0	0	0	0	1	0
南京中医药大学	23	20	6.6	0	142	131	0	0	0	0	0	0	0	0	0	0	0	15	15	0	0	0	0	0	0	0	0
南京师范大学	24	176	33.4	5.7	8 903.12	7 135.23	15	6	0	9	0	0	0	0	1	0	0	116	110	6	0	11	0	0	11	2	1
江苏师范大学	25	102	53.8	2.3	9 853.82	8 647.65	13	11	0	2	0	0	0	0	0	0	0	183	177	6	0	5	0	0	5	3	3
淮阴师范学院	26	98	16.5	0	2 265	2 278.9	3	2	0	1	0	0	0	0	0	0	0	53	52	1	0	1	0	0	1	1	0
盐城师范学院	27	120	32.8	0	3 669	7 677.5	8	3	0	5	0	0	0	0	0	0	0	89	75	14	0	0	0	0	0	40	33
南京财经大学	28	23	2	1.1	139.5	113.85	0	0	0	0	0	0	0	0	0	0	0	18	18	0	0	0	0	0	0	0	0
江苏警官学院	29	32	6.1	0	40	191	2	2	0	0	0	0	0	0	0	0	0	46	46	0	0	0	0	0	0	0	0
南京体育学院	30	14	1.6	0	20	64.4	0	0	0	0	0	0	0	0	0	0	0	15	15	0	0	1	0	0	1	0	0
南京艺术学院	31	8	2.5	0	16	9.24	0	0	0	0	0	0	0	0	0	0	0	10	10	0	0	0	0	0	0	0	0
苏州科技大学	32	67	19	1.2	237	287	3	2	0	0	1	0	0	0	1	1	0	47	46	1	0	2	0	0	2	1	1
常熟理工学院	33	90	27.8	0	6 541.93	6 895.31	2	0	0	2	0	0	0	0	0	0	0	50	49	1	0	0	0	0	0	12	12
淮阴工学院	34	73	13.5	0	445	601.55	3	1	0	2	0	0	0	0	0	0	0	83	83	0	0	0	0	0	0	2	0
常州工学院	35	72	14.2	0	849.5	366.53	1	1	0	0	0	0	0	0	0	0	0	32	32	0	0	0	0	0	0	2	0
扬州大学	36	118	17.5	0.9	1 065.5	824	9	6	0	3	0	0	0	0	0	0	0	86	85	1	0	1	0	0	1	0	0
南京工程学院	37	86	8.7	0	722	730.44	0	0	0	0	0	0	0	0	0	0	0	68	68	0	0	0	0	0	0	4	4
南京审计大学	38	39	12.4	0	260	73.9	0	0	0	0	0	0	0	0	0	0	0	28	28	0	0	1	0	0	1	0	0
南京晓庄学院	39	124	19.3	0	1 252	939.2	8	1	0	7	0	0	0	0	0	0	0	121	115	6	0	0	0	0	0	0	0
江苏理工学院	40	183	38.8	0	6 889.8	7 012.09	2	2	0	0	0	0	0	0	0	0	0	109	109	0	0	3	0	0	3	53	25
淮海工学院	41	44	4.4	0	81	59	0	0	0	0	0	0	0	0	0	0	0	24	24	0	0	0	0	0	0	1	0
徐州工程学院	42	100	39.1	0	131.5	142	7	5	1	2	0	0	0	0	1	0	0	72	72	0	0	0	0	0	0	15	3
南京特殊教育师范学院	43	75	11	0	179	311.3	1	1	0	0	0	0	0	0	0	0	0	41	41	0	0	0	0	0	0	0	0
泰州学院	44	37	11.5	0	171	192.1	0	0	0	0	0	0	0	0	0	0	0	21	21	0	0	0	0	0	0	0	0
金陵科技学院	45	7	0.8	0	155	109	0	0	0	0	0	0	0	0	0	0	0	5	5	0	0	0	0	0	0	3	0
江苏第二师范学院	46	99	29.8	0	852.5	677.93	8	3	0	5	0	0	0	0	0	0	0	40	40	0	0	1	0	0	1	1	1

2.20 统计学人文、社会科学研究与课题成果情况表

高校名称	编号	总数：课题数(项)	总数：当年投入人数(人年)	其中：研究生(人年)	当年拨入经费(千元)	当年支出经费(千元)	出版著作(部)：合计	专著	其中：被译成外文	编著教材	工具书参考书	皮书/发展报告	科普读物	古籍整理(部)	译著(部)	发表译文(篇)	电子出版物(件)	发表论文(篇)：合计	国内学术刊物	国外学术刊物	港、澳、台地区刊物	获奖成果数(项)：合计	国家级奖	部级奖	省级奖	研究与咨询报告(篇)：合计	其中：被采纳数
		L01	L02	L03	L04	L05	L06	L07	L08	L09	L10	L11	L12	L13	L14	L15	L16	L17	L18	L19	L20	L21	L22	L23	L24	L25	L26
合计	/	168	46.6	15.1	5 196.76	4 770.31	8	3	0	3	0	1	1	0	0	0	3	124	105	19	0	3	0	0	3	25	17
南京大学	1	3	0.1	0	0	0	0	0	0	0	0	0	0	0	0	0	0	0	0	0	0	2	0	0	2	0	0
东南大学	2	3	1.2	0.8	0	0	0	0	0	0	0	0	0	0	0	0	0	0	0	0	0	0	0	0	0	0	0
江南大学	3	0	0	0	0	0	0	0	0	0	0	0	0	0	0	0	0	7	6	1	0	0	0	0	0	0	0
南京农业大学	4	1	0.1	0	0	0	0	0	0	0	0	0	0	0	0	0	0	0	0	0	0	0	0	0	0	0	0
中国矿业大学	5	9	1.4	0.2	10	209	0	0	0	0	0	0	0	0	0	0	0	2	2	0	0	0	0	0	0	0	0
河海大学	6	55	21.8	12.7	2 544.3	2 732.3	4	1	0	1	0	1	1	0	0	0	3	84	71	13	0	0	0	0	0	18	14
南京理工大学	7	3	0.3	0	70	62	0	0	0	0	0	0	0	0	0	0	0	0	0	0	0	0	0	0	0	0	0
南京航空航天大学	8	1	0.3	0	0	4	0	0	0	0	0	0	0	0	0	0	0	0	0	0	0	0	0	0	0	0	0
中国药科大学	9	1	0.4	0	0	60	0	0	0	0	0	0	0	0	0	0	0	0	0	0	0	0	0	0	0	0	0
南京森林警察学院	10	4	0.4	0	0	5.81	0	0	0	0	0	0	0	0	0	0	0	0	0	0	0	0	0	0	0	0	0
苏州大学	11	0	0	0	0	0	0	0	0	0	0	0	0	0	0	0	0	0	0	0	0	0	0	0	0	0	0
江苏科技大学	12	3	0.3	0	0	0	0	0	0	0	0	0	0	0	0	0	0	2	2	0	0	0	0	0	0	0	0
南京工业大学	13	2	0.3	0.1	0	0	0	0	0	0	0	0	0	0	0	0	0	0	0	0	0	0	0	0	0	0	0
常州大学	14	2	1.2	0	0	75	0	0	0	0	0	0	0	0	0	0	0	1	1	0	0	0	0	0	0	0	0
南京邮电大学	15	7	2.2	1	114	64	0	0	0	0	0	0	0	0	0	0	0	0	0	0	0	0	0	0	0	0	0
南京林业大学	16	2	0.2	0	40	22.4	0	0	0	0	0	0	0	0	0	0	0	0	0	0	0	0	0	0	0	0	0
江苏大学	17	12	1.2	0.2	0	0	0	0	0	0	0	0	0	0	0	0	0	5	1	4	0	0	0	0	0	0	0
南京信息工程大学	18	4	1.2	0	90	47.7	0	0	0	0	0	0	0	0	0	0	0	1	1	0	0	0	0	0	0	1	1
南通大学	19	4	0.7	0	16	56	0	0	0	0	0	0	0	0	0	0	0	0	0	0	0	0	0	0	0	0	0
盐城工学院	20	1	0.1	0	0	0	0	0	0	0	0	0	0	0	0	0	0	0	0	0	0	0	0	0	0	0	0

续表

南京医科大学	21	0	0	0	0	0	0	0	0	0	0	0	0	0	0	0	0	1	1	0	0	0	0	0	0	0	0
徐州医科大学	22	2	0.2	0	10	0	0	0	0	0	0	0	0	0	0	0	0	0	0	0	0	0	0	0	0	0	0
南京中医药大学	23	1	0.4	0	0	5.1	0	0	0	0	0	0	0	0	0	0	0	2	2	0	0	0	0	0	0	0	0
南京师范大学	24	3	0.3	0	652	282.5	0	0	0	0	0	0	0	0	0	0	0	0	0	0	0	0	0	0	0	0	0
江苏师范大学	25	8	3	0.1	111	186.5	1	1	0	0	0	0	0	0	0	0	0	1	1	0	0	0	0	0	0	0	0
淮阴师范学院	26	2	0.4	0	10	0	0	0	0	0	0	0	0	0	0	0	0	1	1	0	0	0	0	0	0	0	0
盐城师范学院	27	6	1.8	0	740	410	2	0	0	2	0	0	0	0	0	0	0	3	3	0	0	0	0	0	0	0	0
南京财经大学	28	0	0	0	99.96	71.47	0	0	0	0	0	0	0	0	0	0	0	5	4	1	0	0	0	0	0	0	0
江苏警官学院	29	0	0	0	0	0	0	0	0	0	0	0	0	0	0	0	0	0	0	0	0	0	0	0	0	0	0
南京体育学院	30	0	0	0	0	0	0	0	0	0	0	0	0	0	0	0	0	0	0	0	0	0	0	0	0	0	0
南京艺术学院	31	0	0	0	0	0	0	0	0	0	0	0	0	0	0	0	0	0	0	0	0	0	0	0	0	0	0
苏州科技大学	32	0	0	0	0	0	0	0	0	0	0	0	0	0	0	0	0	1	1	0	0	0	0	0	0	0	0
常熟理工学院	33	5	2	0	60	30.4	0	0	0	0	0	0	0	0	0	0	0	2	2	0	0	0	0	0	0	0	0
淮阴工学院	34	2	0.3	0	10	5	0	0	0	0	0	0	0	0	0	0	0	1	1	0	0	0	0	0	0	0	0
常州工学院	35	0	0	0	0	0	0	0	0	0	0	0	0	0	0	0	0	0	0	0	0	0	0	0	0	0	0
扬州大学	36	0	0	0	0	0	0	0	0	0	0	0	0	0	0	0	0	0	0	0	0	0	0	0	0	0	0
南京工程学院	37	1	0.1	0	5	3.73	0	0	0	0	0	0	0	0	0	0	0	1	1	0	0	0	0	0	0	0	0
南京审计大学	38	8	2	0	165	102	0	0	0	0	0	0	0	0	0	0	0	0	0	0	0	0	0	0	0	0	0
南京晓庄学院	39	0	0	0	0	0	0	0	0	0	0	0	0	0	0	0	0	0	0	0	0	0	0	0	0	0	0
江苏理工学院	40	5	0.8	0	225	159.2	0	0	0	0	0	0	0	0	0	0	0	2	2	0	0	0	0	0	0	6	2
淮海工学院	41	0	0	0	0	0	0	0	0	0	0	0	0	0	0	0	0	0	0	0	0	0	0	0	0	0	0
徐州工程学院	42	4	1.4	0	4.5	4.2	0	0	0	0	0	0	0	0	0	0	0	0	0	0	0	0	0	0	0	0	0
南京特殊教育师范学院	43	4	0.5	0	220	172	1	1	0	0	0	0	0	0	0	0	0	2	2	0	0	1	0	0	1	0	0
泰州学院	44	0	0	0	0	0	0	0	0	0	0	0	0	0	0	0	0	0	0	0	0	0	0	0	0	0	0
金陵科技学院	45	0	0	0	0	0	0	0	0	0	0	0	0	0	0	0	0	0	0	0	0	0	0	0	0	0	0
江苏第二师范学院	46	0	0	0	0	0	0	0	0	0	0	0	0	0	0	0	0	0	0	0	0	0	0	0	0	0	0

2.21 心理学人文、社会科学研究与课题成果情况表

高校名称		总数					出版著作(部)							古籍整理(部)	译著(部)	发表译文(篇)	电子出版物(件)	发表论文(篇)				获奖成果数(项)				研究与咨询报告(篇)	
		课题数(项)	当年投入人数(人年)	其中:研究生(人年)	当年拨入经费(千元)	当年支出经费(千元)	合计	专著	其中:被译成外文	编著教材	工具书参考书	皮书/发展报告	科普读物					合计	国内学术刊物	国外学术刊物	港澳、台地区刊物	合计	国家级奖	部级奖	省级奖	合计	其中:被采纳数
	编号	L01	L02	L03	L04	L05	L06	L07	L08	L09	L10	L11	L12	L13	L14	L15	L16	L17	L18	L19	L20	L21	L22	L23	L24	L25	L26
合计	/	258	57.7	4.3	5 460.07	4 991.16	11	5	0	6	0	0	0	0	2	0	1	211	166	45	0	4	0	0	4	15	9
南京大学	1	14	1	0	308	267.2	0	0	0	0	0	0	0	0	0	0	0	7	7	0	0	0	0	0	0	0	0
东南大学	2	7	3	0	0	3	0	0	0	0	0	0	0	0	0	0	0	4	4	0	0	0	0	0	0	0	0
江南大学	3	0	0	0	0	0	0	0	0	0	0	0	0	0	0	0	0	1	1	0	0	0	0	0	0	0	0
南京农业大学	4	1	0.1	0	0	0	0	0	0	0	0	0	0	0	0	0	0	0	0	0	0	0	0	0	0	0	0
中国矿业大学	5	1	0.1	0	0	0	0	0	0	0	0	0	0	0	0	0	0	0	0	0	0	0	0	0	0	0	0
河海大学	6	17	5.7	3.1	933	877.85	0	0	0	0	0	0	0	0	0	0	1	25	23	2	0	0	0	0	0	1	1
南京理工大学	7	3	0.9	0	0	8	0	0	0	0	0	0	0	0	0	0	0	3	3	0	0	0	0	0	0	0	0
南京航空航天大学	8	1	0.2	0	32	32	0	0	0	0	0	0	0	0	0	0	0	0	0	0	0	0	0	0	0	0	0
中国药科大学	9	7	1.7	0	50	50	1	0	0	1	0	0	0	0	0	0	0	1	1	0	0	0	0	0	0	0	0
南京森林警察学院	10	0	0	0	0	0	0	0	0	0	0	0	0	0	0	0	0	0	0	0	0	0	0	0	0	0	0
苏州大学	11	38	7.4	0.6	1 354.3	1 272.5	2	2	0	0	0	0	0	0	1	0	0	53	42	11	0	1	0	0	1	0	0
江苏科技大学	12	1	0.2	0	2	1.3	0	0	0	0	0	0	0	0	0	0	0	0	0	0	0	0	0	0	0	0	0
南京工业大学	13	0	0	0	0	0	0	0	0	0	0	0	0	0	0	0	0	3	3	0	0	0	0	0	0	0	0
常州大学	14	0	0	0	0	0	0	0	0	0	0	0	0	0	0	0	0	0	0	0	0	0	0	0	0	0	0
南京邮电大学	15	4	0.7	0	0	0	0	0	0	0	0	0	0	0	0	0	0	4	4	0	0	1	0	0	1	0	0
南京林业大学	16	5	0.5	0	16	11.16	0	0	0	0	0	0	0	0	0	0	0	2	2	0	0	0	0	0	0	0	0
江苏大学	17	0	0	0	0	0	0	0	0	0	0	0	0	0	0	0	0	0	0	0	0	0	0	0	0	0	0
南京信息工程大学	18	10	4.4	0	33.1	30.66	0	0	0	0	0	0	0	0	0	0	0	0	0	0	0	0	0	0	0	0	0
南通大学	19	5	0.9	0	0	0	0	0	0	0	0	0	0	0	0	0	0	4	4	0	0	0	0	0	0	0	0
盐城工学院	20	1	0.1	0	0	0	0	0	0	0	0	0	0	0	0	0	0	0	0	0	0	0	0	0	0	0	0

续表

南京医科大学	21	4	0.7	0	0	9.3	0	0	0	0	0	0	0	0	0	0	0	0	0	0	0	0	0	0	0	0	0
徐州医科大学	22	7	1.7	0	0	9.1	0	0	0	0	0	0	0	0	0	0	0	0	0	0	0	0	0	0	0	0	0
南京中医药大学	23	21	5.9	0	120	132.3	1	0	0	1	0	0	0	0	0	0	0	0	0	0	0	0	0	0	0	0	0
南京师范大学	24	34	4.2	0.6	1 774.59	1 127.13	3	0	0	3	0	0	0	0	1	0	0	69	37	32	0	2	0	0	2	2	2
江苏师范大学	25	6	3.1	0	170	117.55	0	0	0	0	0	0	0	0	0	0	0	0	0	0	0	0	0	0	0	0	0
淮阴师范学院	26	6	0.9	0	40	42	0	0	0	0	0	0	0	0	0	0	0	2	2	0	0	0	0	0	0	0	0
盐城师范学院	27	2	0.9	0	0	10.1	0	0	0	0	0	0	0	0	0	0	0	2	2	0	0	0	0	0	0	0	0
南京财经大学	28	1	0.1	0	0	5	0	0	0	0	0	0	0	0	0	0	0	0	0	0	0	0	0	0	0	0	0
江苏警官学院	29	0	0	0	0	0	1	1	0	0	0	0	0	0	0	0	0	0	0	0	0	0	0	0	0	0	0
南京体育学院	30	1	0.1	0	0	0	0	0	0	0	0	0	0	0	0	0	0	0	0	0	0	0	0	0	0	0	0
南京艺术学院	31	2	0.6	0	10	4.44	0	0	0	0	0	0	0	0	0	0	0	0	0	0	0	0	0	0	0	0	0
苏州科技大学	32	0	0	0	0	0	0	0	0	0	0	0	0	0	0	0	0	0	0	0	0	0	0	0	0	0	0
常熟理工学院	33	3	0.6	0	0	10.1	0	0	0	0	0	0	0	0	0	0	0	0	0	0	0	0	0	0	0	0	0
淮阴工学院	34	0	0	0	0	0	0	0	0	0	0	0	0	0	0	0	0	0	0	0	0	0	0	0	0	0	0
常州工学院	35	1	0.1	0	0	0.6	0	0	0	0	0	0	0	0	0	0	0	1	1	0	0	0	0	0	0	0	0
扬州大学	36	2	0.3	0	140	140	2	2	0	0	0	0	0	0	0	0	0	5	5	0	0	0	0	0	0	0	0
南京工程学院	37	0	0	0	0	0	0	0	0	0	0	0	0	0	0	0	0	0	0	0	0	0	0	0	0	0	0
南京审计大学	38	1	0.2	0	0	0	0	0	0	0	0	0	0	0	0	0	0	0	0	0	0	0	0	0	0	0	0
南京晓庄学院	39	14	2.3	0	100	286	0	0	0	0	0	0	0	0	0	0	0	10	10	0	0	0	0	0	0	0	0
江苏理工学院	40	14	2.6	0	209	184.7	0	0	0	0	0	0	0	0	0	0	0	12	12	0	0	0	0	0	0	9	5
淮海工学院	41	1	0.1	0	0	0	0	0	0	0	0	0	0	0	0	0	0	0	0	0	0	0	0	0	0	0	0
徐州工程学院	42	5	1.8	0	13	11	0	0	0	0	0	0	0	0	0	0	0	1	1	0	0	0	0	0	0	3	1
南京特殊教育师范学院	43	3	0.5	0	0	9.9	0	0	0	0	0	0	0	0	0	0	0	0	0	0	0	0	0	0	0	0	0
泰州学院	44	1	0.3	0	0	8	0	0	0	0	0	0	0	0	0	0	0	0	0	0	0	0	0	0	0	0	0
金陵科技学院	45	1	0.1	0	0	2	0	0	0	0	0	0	0	0	0	0	0	0	0	0	0	0	0	0	0	0	0
江苏第二师范学院	46	13	3.7	0	155.08	328.27	1	0	0	1	0	0	0	0	0	0	0	2	2	0	0	0	0	0	0	0	0

2.22 体育科学人文、社会科学研究与课题成果情况表

高校名称		总数					出版著作(部)							古籍整理(部)	译著(部)	发表译文(篇)	电子出版物(件)	发表论文(篇)				获奖成果数(项)				研究与咨询报告(篇)	
		课题数(项)	当年投入人数(人年)	其中:研究生(人年)	当年拨入经费(千元)	当年支出经费(千元)	合计	专著	其中:被译成外文	编著教材	工具书参考书	皮书/发展报告	科普读物					合计	国内学术刊物	国外学术刊物	港澳、台地区刊物	合计	国家级奖	部级奖	省级奖	合计	其中:被采纳数
	编号	L01	L02	L03	L04	L05	L06	L07	L08	L09	L10	L11	L12	L13	L14	L15	L16	L17	L18	L19	L20	L21	L22	L23	L24	L25	L26
合计	/	637	153.9	5.5	18 086.85	15 093.11	50	43	1	7	0	0	0	0	0	3	0	662	640	22	0	8	0	1	7	41	24
南京大学	1	9	0.9	0	0	0	1	1	0	0	0	0	0	0	0	0	0	12	12	0	0	0	0	0	0	0	0
东南大学	2	5	1.8	0	0	30	0	0	0	0	0	0	0	0	0	0	0	4	4	0	0	0	0	0	0	0	0
江南大学	3	5	4.4	0.2	160	143	1	0	0	1	0	0	0	0	0	0	0	1	1	0	0	0	0	0	0	0	0
南京农业大学	4	20	3.3	0	0	0	0	0	0	0	0	0	0	0	0	0	0	5	5	0	0	0	0	0	0	0	0
中国矿业大学	5	35	12.2	1.2	464	162.45	2	2	0	0	0	0	0	0	0	0	0	16	16	0	0	1	0	0	1	3	3
河海大学	6	13	4.1	1.9	2 060	2 105	3	3	0	0	0	0	0	0	0	0	0	20	19	1	0	0	0	0	0	6	6
南京理工大学	7	5	1	0.1	0	21	0	0	0	0	0	0	0	0	0	0	0	0	0	0	0	0	0	0	0	0	0
南京航空航天大学	8	13	3.5	0	286	380.8	0	0	0	0	0	0	0	0	0	0	0	0	0	0	0	1	0	1	0	0	0
中国药科大学	9	7	1.1	0	20	20	0	0	0	0	0	0	0	0	0	0	0	12	12	0	0	0	0	0	0	0	0
南京森林警察学院	10	10	1.5	0	52.61	94.97	0	0	0	0	0	0	0	0	0	0	0	39	31	8	0	0	0	0	0	0	0
苏州大学	11	66	15.2	1.4	2 138	1 875.8	16	16	1	0	0	0	0	0	0	1	0	106	106	0	0	1	0	0	1	0	0
江苏科技大学	12	12	4.6	0	50	84.2	0	0	0	0	0	0	0	0	0	0	0	0	0	0	0	0	0	0	0	0	0
南京工业大学	13	11	1.7	0	32	32	0	0	0	0	0	0	0	0	0	0	0	11	11	0	0	0	0	0	0	0	0
常州大学	14	23	7	0	461	369	0	0	0	0	0	0	0	0	0	0	0	20	20	0	0	0	0	0	0	1	1
南京邮电大学	15	6	1.6	0	20	59.3	0	0	0	0	0	0	0	0	0	0	0	4	4	0	0	0	0	0	0	0	0
南京林业大学	16	0	0	0	0	0	0	0	0	0	0	0	0	0	0	0	0	0	0	0	0	0	0	0	0	0	0
江苏大学	17	21	3.5	0	20	20	0	0	0	0	0	0	0	0	0	0	0	15	11	4	0	0	0	0	0	0	0
南京信息工程大学	18	10	4.8	0	19.4	19.4	0	0	0	0	0	0	0	0	0	0	0	8	7	1	0	0	0	0	0	0	0
南通大学	19	27	5.3	0.1	501	272.6	0	0	0	0	0	0	0	0	0	0	0	0	0	0	0	1	0	0	1	0	0
盐城工学院	20	10	1	0	21	21	3	3	0	0	0	0	0	0	0	0	0	11	10	1	0	0	0	0	0	0	0

续表

南京医科大学	21	0	0	0	0	0	0	0	0	0	0	0	0	0	0	0	0	0	0	0	0	0	0	0	0	0	0
徐州医科大学	22	0	0	0	0	0	0	0	0	0	0	0	0	0	0	0	0	0	0	0	0	0	0	0	0	0	0
南京中医药大学	23	3	1.2	0	40	29.9	0	0	0	0	0	0	0	0	0	0	0	5	5	0	0	0	0	0	0	0	0
南京师范大学	24	41	7.4	0.5	1 245.7	527.15	4	4	0	0	0	0	0	0	0	2	0	60	58	2	0	1	0	0	1	0	0
江苏师范大学	25	19	8.9	0	684	299.8	1	1	0	0	0	0	0	0	0	0	0	14	14	0	0	0	0	0	0	2	2
淮阴师范学院	26	19	2.8	0	990	991	0	0	0	0	0	0	0	0	0	0	0	9	8	1	0	0	0	0	0	0	0
盐城师范学院	27	52	14.9	0	2 851.94	2 699.6	4	4	0	0	0	0	0	0	0	0	0	33	33	0	0	1	0	0	1	1	1
南京财经大学	28	1	0.1	0	190	151	1	1	0	0	0	0	0	0	0	0	0	5	5	0	0	0	0	0	0	0	0
江苏警官学院	29	5	0.5	0	0	28.1	1	1	0	0	0	0	0	0	0	0	0	14	14	0	0	0	0	0	0	0	0
南京体育学院	30	57	8.1	0	2 541	2 015.15	1	1	0	0	0	0	0	0	0	0	0	40	38	2	0	1	0	0	1	0	0
南京艺术学院	31	1	0.6	0	40	45.53	0	0	0	0	0	0	0	0	0	0	0	2	2	0	0	0	0	0	0	0	0
苏州科技大学	32	9	4.7	0.1	9	9	1	1	0	0	0	0	0	0	0	0	0	11	11	0	0	0	0	0	0	0	0
常熟理工学院	33	4	1.6	0	33	23.1	0	0	0	0	0	0	0	0	0	0	0	5	5	0	0	0	0	0	0	0	0
淮阴工学院	34	11	2.2	0	920	756.7	0	0	0	0	0	0	0	0	0	0	0	21	21	0	0	0	0	0	0	1	0
常州工学院	35	12	2.4	0	75	165.8	0	0	0	0	0	0	0	0	0	0	0	22	22	0	0	0	0	0	0	3	0
扬州大学	36	20	3.2	0	338.5	233	2	0	0	2	0	0	0	0	0	0	0	28	27	1	0	1	0	0	1	3	3
南京工程学院	37	5	0.6	0	0	7.8	0	0	0	0	0	0	0	0	0	0	0	32	31	1	0	0	0	0	0	2	2
南京审计大学	38	2	0.8	0	0	20.6	0	0	0	0	0	0	0	0	0	0	0	4	4	0	0	0	0	0	0	0	0
南京晓庄学院	39	12	1.9	0	352	364	0	0	0	0	0	0	0	0	0	0	0	16	16	0	0	0	0	0	0	0	0
江苏理工学院	40	15	3.1	0	451.5	516.7	2	2	0	0	0	0	0	0	0	0	0	21	21	0	0	0	0	0	0	8	4
淮海工学院	41	17	1.8	0	830.7	474.7	0	0	0	0	0	0	0	0	0	0	0	9	9	0	0	0	0	0	0	0	0
徐州工程学院	42	17	6.4	0	19.5	17.6	7	3	0	4	0	0	0	0	0	0	0	15	15	0	0	0	0	0	0	11	2
南京特殊教育师范学院	43	0	0	0	0	0	0	0	0	0	0	0	0	0	0	0	0	0	0	0	0	0	0	0	0	0	0
泰州学院	44	1	0.2	0	0	3	0	0	0	0	0	0	0	0	0	0	0	4	4	0	0	0	0	0	0	0	0
金陵科技学院	45	0	0	0	0	0	0	0	0	0	0	0	0	0	0	0	0	5	5	0	0	0	0	0	0	0	0
江苏第二师范学院	46	6	2	0	170	3.36	0	0	0	0	0	0	0	0	0	0	0	3	3	0	0	0	0	0	0	0	0

3. 公办专科高等学校人文、社会科学研究与课题成果情况表

学科门类		总数					出版著作(部)							古籍整理(部)	译著(部)	发表译文(篇)	电子出版物(件)	发表论文(篇)				获奖成果数(项)				研究与咨询报告(篇)	
		课题数(项)	当年投入人数(人年)	其中：研究生(人年)	当年拨入经费(千元)	当年支出经费(千元)	合计	专著	其中：被译成外文	编著教材	工具书参考书	皮书/发展报告	科普读物					合计	国内学术刊物	国外学术刊物	港、澳、台地区刊物	合计	国家级奖	部级奖	省级奖	合计	其中：被采纳数
	编号	L01	L02	L03	L04	L05	L06	L07	L08	L09	L10	L11	L12	L13	L14	L15	L16	L17	L18	L19	L20	L21	L22	L23	L24	L25	L26
合计	/	8 565	1 756.7	0	55 692.8	55 938.58	275	98	0	173	2	2	0	0	11	5	3	8 927	8 886	40	1	5	0	0	5	825	313
管理学	1	1 651	342.1	0	19 646.5	21 323.25	46	14	0	30	0	2	0	0	2	0	1	1 644	1 640	4	0	0	0	0	0	229	118
马克思主义	2	328	67.4	0	1 194.8	860.95	15	5	0	10	0	0	0	0	0	0	0	227	227	0	0	1	0	0	1	8	3
哲学	3	18	4.1	0	35.5	55.77	4	3	0	1	0	0	0	0	0	0	0	31	31	0	0	0	0	0	0	1	0
逻辑学	4	5	2.1	0	10	9.73	1	0	0	1	0	0	0	0	0	0	0	4	4	0	0	0	0	0	0	0	0
宗教学	5	1	0.1	0	280	274	0	0	0	0	0	0	0	0	0	0	0	0	0	0	0	1	0	0	1	0	0
语言学	6	252	58.8	0	2 253.77	2 239.43	15	7	0	7	1	0	0	0	0	3	0	356	353	3	0	0	0	0	0	28	10
中国文学	7	72	16.6	0	703	627.64	6	3	0	3	0	0	0	0	1	0	0	177	176	1	0	1	0	0	1	2	2
外国文学	8	36	7.5	0	57	78.95	1	0	0	1	0	0	0	0	0	0	0	77	77	0	0	0	0	0	0	0	0
艺术学	9	570	117.8	0	5 771.69	5 479.64	44	14	0	30	0	0	0	0	1	0	2	886	881	5	0	0	0	0	0	129	39
历史学	10	33	6.3	0	143.6	143.75	2	2	0	0	0	0	0	0	1	0	0	35	35	0	0	0	0	0	0	4	3
考古学	11	1	0.2	0	10	3	0	0	0	0	0	0	0	0	0	0	0	0	0	0	0	0	0	0	0	0	0
经济学	12	663	128.9	0	5 044.2	5 259.46	23	3	0	20	0	0	0	0	0	0	0	739	732	7	0	0	0	0	0	158	58
政治学	13	92	20.9	0	268.5	255.08	6	2	0	4	0	0	0	0	1	0	0	72	72	0	0	0	0	0	0	4	0
法学	14	44	9.4	0	329	335.86	3	2	0	0	1	0	0	0	0	0	0	58	58	0	0	0	0	0	0	2	0
社会学	15	413	78.8	0	1 233.1	1521.2	0	0	0	0	0	0	0	0	0	0	0	199	197	2	0	0	0	0	0	30	7
民族学与文化学	16	100	18.5	0	493.1	277.23	4	3	0	1	0	0	0	0	0	0	0	84	84	0	0	0	0	0	0	8	1
新闻学与传播学	17	33	9.2	0	86	297.95	1	1	0	0	0	0	0	0	0	0	0	29	29	0	0	0	0	0	0	0	0
图书馆、情报与文献学	18	88	17.6	0	305.8	218.1	5	2	0	3	0	0	0	0	0	0	0	173	173	0	0	0	0	0	0	3	0
教育学	19	3 805	778.3	0	15 654.04	14 617.24	83	30	0	53	0	0	0	0	4	2	0	3 739	3 724	14	1	1	0	0	1	167	51
统计学	20	19	3.8	0	138.5	120.9	2	0	0	2	0	0	0	0	0	0	0	20	20	0	0	0	0	0	0	3	2
心理学	21	135	23.9	0	509.85	467.17	3	0	0	3	0	0	0	0	0	0	0	71	71	0	0	0	0	0	0	4	2
体育科学	22	206	44.4	0	1 524.85	1 472.28	11	7	0	4	0	0	0	0	1	0	0	306	302	4	0	1	0	0	1	45	17

3.1 管理学人文、社会科学研究与课题成果情况表

高校名称		总数					出版著作(部)							古籍整理(部)	译著(部)	发表译文(篇)	电子出版物(件)	发表论文(篇)				获奖成果数(项)				研究与咨询报告(篇)	
		课题数(项)	当年投入人数(人年)	其中：研究生(人年)	当年拨入经费(千元)	当年支出经费(千元)	合计	专著	其中：被译成外文	编著教材	工具书参考书	皮书/发展报告	科普读物					合计	国内学术刊物	国外学术刊物	港、澳、台地区刊物	合计	国家级奖	部级奖	省级奖	合计	其中：被采纳数
	编号	L01	L02	L03	L04	L05	L06	L07	L08	L09	L10	L11	L12	L13	L14	L15	L16	L17	L18	L19	L20	L21	L22	L23	L24	L25	L26
合计	/	1 651	342.1	0	19 646.5	21 323.25	46	14	0	30	0	2	0	0	2	0	1	1 644	1 640	4	0	0	0	0	0	229	118
盐城幼儿师范高等专科学校	1	0	0	0	0	0	1	1	0	0	0	0	0	0	0	0	0	9	9	0	0	0	0	0	0	0	0
苏州幼儿师范高等专科学校	2	0	0	0	0	0	0	0	0	0	0	0	0	0	0	0	0	0	0	0	0	0	0	0	0	0	0
无锡职业技术学院	3	41	6.2	0	245	212.84	1	1	0	0	0	0	0	0	0	0	0	84	84	0	0	0	0	0	0	0	0
江苏建筑职业技术学院	4	69	16.2	0	268	307.9	3	1	0	2	0	0	0	0	0	0	0	83	82	1	0	0	0	0	0	3	2
南京工业职业技术学院	5	62	40.9	0	1 511.6	1 126.6	0	0	0	0	0	0	0	0	0	0	0	4	4	0	0	0	0	0	0	14	14
江苏工程职业技术学院	6	31	5.9	0	39	40.5	0	0	0	0	0	0	0	0	0	0	0	30	30	0	0	0	0	0	0	0	0
苏州工艺美术职业技术学院	7	0	0	0	0	0	0	0	0	0	0	0	0	0	0	0	0	3	3	0	0	0	0	0	0	0	0
连云港职业技术学院	8	20	7.7	0	31	33	0	0	0	0	0	0	0	0	0	0	0	9	9	0	0	0	0	0	0	2	1
镇江市高等专科学校	9	37	13.2	0	337.6	424.6	0	0	0	0	0	0	0	0	0	0	0	15	15	0	0	0	0	0	0	5	2
南通职业大学	10	4	0.9	0	0	55	0	0	0	0	0	0	0	0	0	0	0	0	0	0	0	0	0	0	0	0	0
苏州职业大学	11	36	14.1	0	217	171.07	1	0	0	1	0	0	0	0	0	0	0	47	47	0	0	0	0	0	0	17	14
沙洲职业工学院	12	15	1.8	0	78	51.2	0	0	0	0	0	0	0	0	0	0	0	21	21	0	0	0	0	0	0	2	0
扬州市职业大学	13	46	12.5	0	302.9	302.9	0	0	0	0	0	0	0	0	0	0	1	27	27	0	0	0	0	0	0	23	3
连云港师范高等专科学校	14	10	1	0	16	8	0	0	0	0	0	0	0	0	0	0	0	12	12	0	0	0	0	0	0	0	0
江苏经贸职业技术学院	15	72	10.6	0	4 058	7 232.63	0	0	0	0	0	0	0	0	0	0	0	52	52	0	0	0	0	0	0	10	0

续表

高校名称		总数					出版著作(部)							古籍整理(部)	译著(部)	发表译文(篇)	电子出版物(件)	发表论文(篇)				获奖成果数(项)				研究与咨询报告(篇)	
		课题数(项)	当年投入人数(人年)	其中：研究生(人年)	当年拨入经费(千元)	当年支出经费(千元)	合计	专著	其中：被译成外文	编著教材	工具书参考书	皮书/发展报告	科普读物					合计	国内学术刊物	国外学术刊物	港、澳、台地区刊物	合计	国家级奖	部级奖	省级奖	合计	其中：被采纳数
	编号	L01	L02	L03	L04	L05	L06	L07	L08	L09	L10	L11	L12	L13	L14	L15	L16	L17	L18	L19	L20	L21	L22	L23	L24	L25	L26
泰州职业技术学院	16	10	2.4	0	32	7.56	4	0	0	4	0	0	0	0	0	0	0	19	19	0	0	0	0	0	0	1	1
常州信息职业技术学院	17	6	3	0	70	68	2	1	0	1	0	0	0	0	0	0	0	0	0	0	0	0	0	0	0	2	0
江苏海事职业技术学院	18	19	5.7	0	514.24	508.07	0	0	0	0	0	0	0	0	0	0	0	11	11	0	0	0	0	0	0	3	3
无锡科技职业学院	19	23	12.1	0	125	120.8	0	0	0	0	0	0	0	0	0	0	0	12	12	0	0	0	0	0	0	0	0
江苏医药职业学院	20	54	9.6	0	80	126.4	1	1	0	0	0	0	0	0	0	0	0	21	21	0	0	0	0	0	0	0	0
南通科技职业学院	21	22	5.7	0	61	54.8	0	0	0	0	0	0	0	0	0	0	0	14	14	0	0	0	0	0	0	0	0
苏州经贸职业技术学院	22	68	9.8	0	586.2	730.51	10	2	0	8	0	0	0	0	0	0	0	114	114	0	0	0	0	0	0	37	13
苏州工业职业技术学院	23	50	6.8	0	1 398	1 567.22	0	0	0	0	0	0	0	0	0	0	0	10	10	0	0	0	0	0	0	24	22
苏州卫生职业技术学院	24	17	3	0	147	37.8	0	0	0	0	0	0	0	0	0	0	0	23	23	0	0	0	0	0	0	0	0
无锡商业职业技术学院	25	80	9.5	0	1 057.94	623.33	5	0	0	5	0	0	0	0	0	0	0	172	172	0	0	0	0	0	0	4	0
南通航运职业技术学院	26	44	7.6	0	85	170.25	0	0	0	0	0	0	0	0	0	0	0	30	30	0	0	0	0	0	0	0	0
南京交通职业技术学院	27	28	2.9	0	45	74.41	0	0	0	0	0	0	0	0	0	0	0	16	16	0	0	0	0	0	0	2	0
淮安信息职业技术学院	28	7	1.6	0	0	19	0	0	0	0	0	0	0	0	0	0	0	0	0	0	0	0	0	0	0	0	0
江苏农牧科技职业学院	29	3	0.3	0	20	6	0	0	0	0	0	0	0	0	0	0	0	0	0	0	0	0	0	0	0	0	0
常州纺织服装职业技术学院	30	18	3.1	0	19	14	1	0	0	1	0	0	0	0	0	0	0	31	31	0	0	0	0	0	0	0	0

续表

苏州农业职业技术学院	31	1	0.2	0	0	5	0	0	0	0	0	0	0	0	0	0	0	11	11	0	0	0	0	0	0	0	0
南京科技职业学院	32	11	1.7	0	10.5	11	0	0	0	0	0	0	0	0	0	0	0	24	24	0	0	0	0	0	0	0	0
常州轻工职业技术学院	33	25	9.3	0	934	487	0	0	0	0	0	0	0	0	0	0	0	4	4	0	0	0	0	0	0	2	2
常州工程职业技术学院	34	32	4	0	1 174	819	2	1	0	1	0	0	0	0	2	0	0	18	18	0	0	0	0	0	0	7	0
江苏农林职业技术学院	35	9	1.5	0	80	78	0	0	0	0	0	0	0	0	0	0	0	30	30	0	0	0	0	0	0	0	0
江苏食品药品职业技术学院	36	2	0.4	0	85.5	26.5	0	0	0	0	0	0	0	0	0	0	0	0	0	0	0	0	0	0	0	0	0
南京铁道职业技术学院	37	42	4.3	0	44	44	0	0	0	0	0	0	0	0	0	0	0	25	25	0	0	0	0	0	0	2	2
徐州工业职业技术学院	38	9	1	0	20	16	1	0	0	1	0	0	0	0	0	0	0	10	10	0	0	0	0	0	0	0	0
江苏信息职业技术学院	39	36	5.7	0	71.72	15.18	1	0	0	1	0	0	0	0	0	0	0	60	60	0	0	0	0	0	0	1	1
南京信息职业技术学院	40	48	5.6	0	40.5	74.8	2	1	0	1	0	0	0	0	0	0	0	30	30	0	0	0	0	0	0	1	0
常州机电职业技术学院	41	6	1.1	0	20	11	0	0	0	0	0	0	0	0	0	0	0	2	2	0	0	0	0	0	0	1	0
江阴职业技术学院	42	12	1.6	0	123	112	0	0	0	0	0	0	0	0	0	0	0	0	0	0	0	0	0	0	0	6	6
无锡城市职业技术学院	43	16	3.1	0	20.4	30.6	0	0	0	0	0	0	0	0	0	0	0	33	33	0	0	0	0	0	0	0	0
无锡工艺职业技术学院	44	36	5.7	0	783	742.5	0	0	0	0	0	0	0	0	0	0	0	47	47	0	0	0	0	0	0	7	0
苏州健雄职业技术学院	45	16	3.5	0	99	101	0	0	0	0	0	0	0	0	0	0	0	20	20	0	0	0	0	0	0	10	5
盐城工业职业技术学院	46	68	8.5	0	756.8	1 086.3	0	0	0	0	0	0	0	0	0	0	0	21	21	0	0	0	0	0	0	5	1
江苏财经职业技术学院	47	56	6	0	328	213.1	1	1	0	0	0	0	0	0	0	0	0	61	61	0	0	0	0	0	0	0	0

续表

高校名称		总数					出版著作(部)							古籍整理(部)	译著(部)	发表译文(篇)	电子出版物(件)	发表论文(篇)				获奖成果数(项)				研究与咨询报告(篇)	
		课题数(项)	当年投入人数(人年)	其中：研究生(人年)	当年拨入经费(千元)	当年支出经费(千元)	合计	专著	其中：被译成外文	编著教材	工具书参考书	皮书/发展报告	科普读物					合计	国内学术刊物	国外学术刊物	港、澳、台地区刊物	合计	国家级奖	部级奖	省级奖	合计	其中：被采纳数
	编号	L01	L02	L03	L04	L05	L06	L07	L08	L09	L10	L11	L12	L13	L14	L15	L16	L17	L18	L19	L20	L21	L22	L23	L24	L25	L26
扬州工业职业技术学院	48	26	3.2	0	445	445	0	0	0	0	0	0	0	0	0	0	0	14	14	0	0	0	0	0	0	7	4
江苏城市职业学院	49	31	11.9	0	333	151.4	0	0	0	0	0	0	0	0	0	0	0	27	27	0	0	0	0	0	0	0	0
南京城市职业学院	50	34	3.4	0	16.5	21.5	1	1	0	0	0	0	0	0	0	0	0	50	48	2	0	0	0	0	0	2	0
南京机电职业技术学院	51	39	6.9	0	193	51	0	0	0	0	0	0	0	0	0	0	0	26	26	0	0	0	0	0	0	0	0
南京旅游职业学院	52	62	6.7	0	262	105.27	1	1	0	0	0	0	0	0	0	0	0	64	64	0	0	0	0	0	0	0	0
江苏卫生健康职业学院	53	15	3.5	0	176	141	0	0	0	0	0	0	0	0	0	0	0	6	6	0	0	0	0	0	0	0	0
苏州信息职业技术学院	54	3	1.2	0	10	14.3	2	0	0	2	0	0	0	0	0	0	0	4	4	0	0	0	0	0	0	0	0
苏州工业园区服务外包职业学院	55	49	7.7	0	1 846	1 923.14	2	2	0	0	0	0	0	0	0	0	0	37	36	1	0	0	0	0	0	19	19
徐州幼儿师范高等专科学校	56	0	0	0	0	0	0	0	0	0	0	0	0	0	0	0	0	2	2	0	0	0	0	0	0	0	0
徐州生物工程职业技术学院	57	1	0.1	0	0	0	0	0	0	0	0	0	0	0	0	0	0	5	5	0	0	0	0	0	0	0	0
江苏商贸职业学院	58	28	9.3	0	113.4	107.77	2	0	0	2	0	0	0	0	0	0	0	36	36	0	0	0	0	0	0	6	0
南通师范高等专科学校	59	0	0	0	0	0	0	0	0	0	0	0	0	0	0	0	0	6	6	0	0	0	0	0	0	0	0
江苏护理职业学院	60	2	0.3	0	0	0	0	0	0	0	0	0	0	0	0	0	0	0	0	0	0	0	0	0	0	0	0
江苏财会职业学院	61	12	2.2	0	7	7	0	0	0	0	0	0	0	0	0	0	0	31	31	0	0	0	0	0	0	0	0
江苏城乡建设职业学院	62	13	4.6	0	146	219.8	2	0	0	0	0	2	0	0	0	0	0	28	28	0	0	0	0	0	0	4	3
江苏航空职业技术学院	63	3	1.2	0	11.7	11.7	0	0	0	0	0	0	0	0	0	0	0	2	2	0	0	0	0	0	0	0	0
江苏安全技术职业学院	64	0	0	0	0	0	0	0	0	0	0	0	0	0	0	0	0	0	0	0	0	0	0	0	0	0	0
江苏旅游职业学院	65	16	2.6	0	152	157	0	0	0	0	0	0	0	0	0	0	0	41	41	0	0	0	0	0	0	0	0

3.2 马克思主义人文、社会科学研究与课题成果情况表

高校名称		总数					出版著作(部)							古籍整理(部)	译著(部)	发表译文(篇)	电子出版物(件)	发表论文(篇)				获奖成果数(项)				研究与咨询报告(篇)	
		课题数(项)	当年投入人数(人年)	其中:研究生(人年)	当年拨入经费(千元)	当年支出经费(千元)	合计	专著	其中:被译成外文	编著教材	工具书参考书	皮书/发展报告	科普读物					合计	国内学术刊物	国外学术刊物	港、澳、台地区刊物	合计	国家级奖	部级奖	省级奖	合计	其中:被采纳数
	编号	L01	L02	L03	L04	L05	L06	L07	L08	L09	L10	L11	L12	L13	L14	L15	L16	L17	L18	L19	L20	L21	L22	L23	L24	L25	L26
合计	/	328	67.4	0	1 194.8	860.95	15	5	0	10	0	0	0	0	0	0	0	227	227	0	0	1	0	0	1	8	3
盐城幼儿师范高等专科学校	1	0	0	0	0	0	0	0	0	0	0	0	0	0	0	0	0	0	0	0	0	0	0	0	0	0	0
苏州幼儿师范高等专科学校	2	1	0.1	0	0	0	0	0	0	0	0	0	0	0	0	0	0	0	0	0	0	0	0	0	0	0	0
无锡职业技术学院	3	4	0.7	0	100	5	0	0	0	0	0	0	0	0	0	0	0	1	1	0	0	0	0	0	0	0	0
江苏建筑职业技术学院	4	5	1.4	0	0	0	0	0	0	0	0	0	0	0	0	0	0	3	3	0	0	0	0	0	0	0	0
南京工业职业技术学院	5	9	4.6	0	112	94.6	0	0	0	0	0	0	0	0	0	0	0	2	2	0	0	0	0	0	0	0	0
江苏工程职业技术学院	6	3	0.3	0	5	4.5	0	0	0	0	0	0	0	0	0	0	0	1	1	0	0	0	0	0	0	0	0
苏州工艺美术职业技术学院	7	0	0	0	0	0	0	0	0	0	0	0	0	0	0	0	0	2	2	0	0	0	0	0	0	0	0
连云港职业技术学院	8	10	3.1	0	5	5	0	0	0	0	0	0	0	0	0	0	0	5	5	0	0	0	0	0	0	0	0
镇江市高等专科学校	9	2	0.8	0	3	6	0	0	0	0	0	0	0	0	0	0	0	3	3	0	0	0	0	0	0	0	0
南通职业大学	10	4	0.8	0	20	20	0	0	0	0	0	0	0	0	0	0	0	1	1	0	0	0	0	0	0	0	0
苏州职业大学	11	11	5.6	0	57	9.7	0	0	0	0	0	0	0	0	0	0	0	6	6	0	0	0	0	0	0	0	0
沙洲职业工学院	12	0	0	0	0	0	0	0	0	0	0	0	0	0	0	0	0	0	0	0	0	0	0	0	0	0	0
扬州市职业大学	13	9	2.3	0	16	13	0	0	0	0	0	0	0	0	0	0	0	13	13	0	0	0	0	0	0	3	0
连云港师范高等专科学校	14	4	0.3	0	0	0	0	0	0	0	0	0	0	0	0	0	0	2	2	0	0	0	0	0	0	0	0

续表

高校名称		总数					出版著作(部)							古籍整理(部)	译著(部)	发表译文(篇)	电子出版物(件)	发表论文(篇)				获奖成果数(项)				研究与咨询报告(篇)	
		课题数(项)	当年投入人数(人年)	其中:研究生(人年)	当年拨入经费(千元)	当年支出经费(千元)	合计	专著	其中:被译成外文	编著教材	工具书参考书	皮书/发展报告	科普读物					合计	国内学术刊物	国外学术刊物	港、澳、台地区刊物	合计	国家级奖	部级奖	省级奖	合计	其中:被采纳数
	编号	L01	L02	L03	L04	L05	L06	L07	L08	L09	L10	L11	L12	L13	L14	L15	L16	L17	L18	L19	L20	L21	L22	L23	L24	L25	L26
江苏经贸职业技术学院	15	8	1.5	0	33	35	0	0	0	0	0	0	0	0	0	0	0	8	8	0	0	0	0	0	0	0	0
泰州职业技术学院	16	7	1.8	0	22	21.7	0	0	0	0	0	0	0	0	0	0	0	2	2	0	0	0	0	0	0	0	0
常州信息职业技术学院	17	3	1.1	0	10	10	0	0	0	0	0	0	0	0	0	0	0	3	3	0	0	0	0	0	0	0	0
江苏海事职业技术学院	18	8	1.5	0	18.2	14.76	1	1	0	0	0	0	0	0	0	0	0	4	4	0	0	0	0	0	0	0	0
无锡科技职业学院	19	1	0.6	0	0	0	0	0	0	0	0	0	0	0	0	0	0	0	0	0	0	0	0	0	0	0	0
江苏医药职业学院	20	8	1.8	0	13.5	4.5	0	0	0	0	0	0	0	0	0	0	0	2	2	0	0	0	0	0	0	0	0
南通科技职业学院	21	6	1.1	0	13	12.7	2	2	0	0	0	0	0	0	0	0	0	0	0	0	0	0	0	0	0	0	0
苏州经贸职业技术学院	22	6	0.8	0	15	13.42	0	0	0	0	0	0	0	0	0	0	0	16	16	0	0	0	0	0	0	3	2
苏州工业职业技术学院	23	1	0.1	0	0	2.76	0	0	0	0	0	0	0	0	0	0	0	3	3	0	0	0	0	0	0	0	0
苏州卫生职业技术学院	24	0	0	0	0	0	0	0	0	0	0	0	0	0	0	0	0	0	0	0	0	0	0	0	0	0	0
无锡商业职业技术学院	25	15	2.1	0	80	69	2	1	0	1	0	0	0	0	0	0	0	23	23	0	0	1	0	0	1	0	0
南通航运职业技术学院	26	0	0	0	0	0	0	0	0	0	0	0	0	0	0	0	0	8	8	0	0	0	0	0	0	0	0
南京交通职业技术学院	27	3	0.3	0	0	0	0	0	0	0	0	0	0	0	0	0	0	6	6	0	0	0	0	0	0	0	0
淮安信息职业技术学院	28	0	0	0	0	0	0	0	0	0	0	0	0	0	0	0	0	0	0	0	0	0	0	0	0	0	0
江苏农牧科技职业学院	29	9	0.9	0	75	27.15	0	0	0	0	0	0	0	0	0	0	0	14	14	0	0	0	0	0	0	0	0

续表

常州纺织服装职业技术学院	30	3	0.4	0	0	10.06	1	0	0	1	0	0	0	0	0	0	0	1	1	0	0	0	0	0	0	0	0
苏州农业职业技术学院	31	0	0	0	0	0	0	0	0	0	0	0	0	0	0	0	0	0	0	0	0	0	0	0	0	0	0
南京科技职业学院	32	9	1.4	0	50	33	0	0	0	0	0	0	0	0	0	0	0	6	6	0	0	0	0	0	0	0	0
常州轻工职业技术学院	33	10	3.2	0	50	2.5	2	0	0	2	0	0	0	0	0	0	0	7	7	0	0	0	0	0	0	0	0
常州工程职业技术学院	34	1	0.2	0	0	1	0	0	0	0	0	0	0	0	0	0	0	0	0	0	0	0	0	0	0	0	0
江苏农林职业技术学院	35	1	0.1	0	0	0	0	0	0	0	0	0	0	0	0	0	0	0	0	0	0	0	0	0	0	0	0
江苏食品药品职业技术学院	36	2	0.4	0	20	6	0	0	0	0	0	0	0	0	0	0	0	0	0	0	0	0	0	0	0	0	0
南京铁道职业技术学院	37	20	2	0	56	12	0	0	0	0	0	0	0	0	0	0	0	1	1	0	0	0	0	0	0	0	0
徐州工业职业技术学院	38	2	0.2	0	0	1.4	0	0	0	0	0	0	0	0	0	0	0	1	1	0	0	0	0	0	0	0	0
江苏信息职业技术学院	39	1	0.4	0	2.8	0.6	0	0	0	0	0	0	0	0	0	0	0	0	0	0	0	0	0	0	0	0	0
南京信息职业技术学院	40	37	3.7	0	17	22	0	0	0	0	0	0	0	0	0	0	0	9	9	0	0	0	0	0	0	0	0
常州机电职业技术学院	41	2	1.1	0	0	14.1	0	0	0	0	0	0	0	0	0	0	0	1	1	0	0	0	0	0	0	0	0
江阴职业技术学院	42	1	0.1	0	3	1	0	0	0	0	0	0	0	0	0	0	0	1	1	0	0	0	0	0	0	0	0
无锡城市职业技术学院	43	8	1.8	0	15	21.4	0	0	0	0	0	0	0	0	0	0	0	6	6	0	0	0	0	0	0	0	0
无锡工艺职业技术学院	44	0	0	0	0	0	2	0	0	2	0	0	0	0	0	0	0	8	8	0	0	0	0	0	0	0	0
苏州健雄职业技术学院	45	11	2.2	0	25	29	0	0	0	0	0	0	0	0	0	0	0	6	6	0	0	0	0	0	0	0	0
盐城工业职业技术学院	46	4	0.8	0	0	16	0	0	0	0	0	0	0	0	0	0	0	1	1	0	0	0	0	0	0	0	0
江苏财经职业技术学院	47	13	1.3	0	32	24.9	0	0	0	0	0	0	0	0	0	0	0	7	7	0	0	0	0	0	0	0	0
扬州工业职业技术学院	48	19	2.1	0	71	86.7	4	1	0	3	0	0	0	0	0	0	0	7	7	0	0	0	0	0	0	0	0
江苏城市职业学院	49	13	6.3	0	106	80.8	0	0	0	0	0	0	0	0	0	0	0	9	9	0	0	0	0	0	0	0	0

续表

高校名称	编号	总数：课题数（项）	总数：当年投入人数（人年）	总数：其中：研究生（人年）	总数：当年拨入经费（千元）	总数：当年支出经费（千元）	出版著作（部）：合计	出版著作（部）：专著	出版著作（部）：其中：被译成外文	出版著作（部）：编著教材	出版著作（部）：工具书参考书	出版著作（部）：皮书/发展报告	出版著作（部）：科普读物	古籍整理（部）	译著（部）	发表译文（篇）	电子出版物（件）	发表论文（篇）：合计	发表论文（篇）：国内学术刊物	发表论文（篇）：国外学术刊物	发表论文（篇）：港、澳、台地区刊物	获奖成果数（项）：合计	获奖成果数（项）：国家级奖	获奖成果数（项）：部级奖	获奖成果数（项）：省级奖	研究与咨询报告（篇）：合计	研究与咨询报告（篇）：其中：被采纳数
		L01	L02	L03	L04	L05	L06	L07	L08	L09	L10	L11	L12	L13	L14	L15	L16	L17	L18	L19	L20	L21	L22	L23	L24	L25	L26
南京城市职业学院	50	0	0	0	0	0	0	0	0	0	0	0	0	0	0	0	0	0	0	0	0	0	0	0	0	0	0
南京机电职业技术学院	51	2	0.5	0	3	1	0	0	0	0	0	0	0	0	0	0	0	1	1	0	0	0	0	0	0	0	0
南京旅游职业学院	52	0	0	0	0	0	0	0	0	0	0	0	0	0	0	0	0	0	0	0	0	0	0	0	0	0	0
江苏卫生健康职业学院	53	6	1.4	0	28	18.3	0	0	0	0	0	0	0	0	0	0	0	7	7	0	0	0	0	0	0	0	0
苏州信息职业技术学院	54	1	0.2	0	0	1	0	0	0	0	0	0	0	0	0	0	0	0	0	0	0	0	0	0	0	0	0
苏州工业园区服务外包职业学院	55	12	1.6	0	70	61	0	0	0	0	0	0	0	0	0	0	0	8	8	0	0	0	0	0	0	1	1
徐州幼儿师范高等专科学校	56	1	0.3	0	0	2	0	0	0	0	0	0	0	0	0	0	0	0	0	0	0	0	0	0	0	0	0
徐州生物工程职业技术学院	57	0	0	0	0	0	0	0	0	0	0	0	0	0	0	0	0	0	0	0	0	0	0	0	0	0	0
江苏商贸职业学院	58	2	0.5	0	2.4	0.5	0	0	0	0	0	0	0	0	0	0	0	7	7	0	0	0	0	0	0	1	0
南通师范高等专科学校	59	0	0	0	0	0	0	0	0	0	0	0	0	0	0	0	0	0	0	0	0	0	0	0	0	0	0
江苏护理职业学院	60	6	0.6	0	25.5	25.5	1	0	0	1	0	0	0	0	0	0	0	0	0	0	0	0	0	0	0	0	0
江苏财会职业学院	61	2	0.4	0	8	8	0	0	0	0	0	0	0	0	0	0	0	2	2	0	0	0	0	0	0	0	0
江苏城乡建设职业学院	62	0	0	0	0	0	0	0	0	0	0	0	0	0	0	0	0	0	0	0	0	0	0	0	0	0	0
江苏航空职业技术学院	63	1	0.2	0	2.4	2.4	0	0	0	0	0	0	0	0	0	0	0	0	0	0	0	0	0	0	0	0	0
江苏安全技术职业学院	64	0	0	0	0	0	0	0	0	0	0	0	0	0	0	0	0	0	0	0	0	0	0	0	0	0	0
江苏旅游职业学院	65	1	0.4	0	10	10	0	0	0	0	0	0	0	0	0	0	0	3	3	0	0	0	0	0	0	0	0

3.3 哲学人文、社会科学研究与课题成果情况表

高校名称	编号	总数					出版著作(部)							古籍整理(部)	译著(部)	发表译文(篇)	电子出版物(件)	发表论文(篇)				获奖成果数(项)				研究与咨询报告(篇)	
		课题数(项)	当年投入人数(人年)	其中：研究生(人年)	当年拨入经费(千元)	当年支出经费(千元)	合计	专著	其中：被译成外文	编著教材	工具书参考书	皮书/发展报告	科普读物					合计	国内学术刊物	国外学术刊物	港澳台地区刊物	合计	国家级奖	部级奖	省级奖	合计	其中：被采纳数
	编号	L01	L02	L03	L04	L05	L06	L07	L08	L09	L10	L11	L12	L13	L14	L15	L16	L17	L18	L19	L20	L21	L22	L23	L24	L25	L26
合计	/	18	4.1	0	35.5	55.77	4	3	0	1	0	0	0	0	0	0	0	31	31	0	0	0	0	0	0	1	0
盐城幼儿师范高等专科学校	1	0	0	0	0	0	0	0	0	0	0	0	0	0	0	0	0	0	0	0	0	0	0	0	0	0	0
苏州幼儿师范高等专科学校	2	0	0	0	0	0	0	0	0	0	0	0	0	0	0	0	0	0	0	0	0	0	0	0	0	0	0
无锡职业技术学院	3	0	0	0	0	0	0	0	0	0	0	0	0	0	0	0	0	0	0	0	0	0	0	0	0	0	0
江苏建筑职业技术学院	4	0	0	0	0	0	0	0	0	0	0	0	0	0	0	0	0	0	0	0	0	0	0	0	0	0	0
南京工业职业技术学院	5	1	0.3	0	0	0	0	0	0	0	0	0	0	0	0	0	0	1	1	0	0	0	0	0	0	0	0
江苏工程职业技术学院	6	0	0	0	0	0	0	0	0	0	0	0	0	0	0	0	0	0	0	0	0	0	0	0	0	0	0
苏州工艺美术职业技术学院	7	0	0	0	0	0	0	0	0	0	0	0	0	0	0	0	0	1	1	0	0	0	0	0	0	0	0
连云港职业技术学院	8	0	0	0	0	0	0	0	0	0	0	0	0	0	0	0	0	0	0	0	0	0	0	0	0	0	0
镇江市高等专科学校	9	0	0	0	0	0	0	0	0	0	0	0	0	0	0	0	0	0	0	0	0	0	0	0	0	0	0
南通职业大学	10	0	0	0	0	0	0	0	0	0	0	0	0	0	0	0	0	0	0	0	0	0	0	0	0	0	0
苏州职业大学	11	0	0	0	0	0	1	1	0	0	0	0	0	0	0	0	0	2	2	0	0	0	0	0	0	0	0
沙洲职业工学院	12	0	0	0	0	0	0	0	0	0	0	0	0	0	0	0	0	0	0	0	0	0	0	0	0	0	0
扬州市职业大学	13	0	0	0	0	0	0	0	0	0	0	0	0	0	0	0	0	0	0	0	0	0	0	0	0	0	0
连云港师范高等专科学校	14	0	0	0	0	0	0	0	0	0	0	0	0	0	0	0	0	0	0	0	0	0	0	0	0	0	0
江苏经贸职业技术学院	15	0	0	0	0	0	0	0	0	0	0	0	0	0	0	0	0	1	1	0	0	0	0	0	0	0	0

续表

高校名称		总数					出版著作(部)							古籍整理(部)	译著(部)	发表译文(篇)	电子出版物(件)	发表论文(篇)				获奖成果数(项)				研究与咨询报告(篇)	
		课题数(项)	当年投入人数(人年)	其中:研究生(人年)	当年拨入经费(千元)	当年支出经费(千元)	合计	专著	其中:被译成外文	编著教材	工具书参考书	皮书/发展报告	科普读物					合计	国内学术刊物	国外学术刊物	港、澳、台地区刊物	合计	国家级奖	部级奖	省级奖	合计	其中:被采纳数
	编号	L01	L02	L03	L04	L05	L06	L07	L08	L09	L10	L11	L12	L13	L14	L15	L16	L17	L18	L19	L20	L21	L22	L23	L24	L25	L26
泰州职业技术学院	16	0	0	0	0	0	0	0	0	0	0	0	0	0	0	0	0	0	0	0	0	0	0	0	0	0	0
常州信息职业技术学院	17	1	0.2	0	0	0	0	0	0	0	0	0	0	0	0	0	0	1	1	0	0	0	0	0	0	0	0
江苏海事职业技术学院	18	0	0	0	0	0	0	0	0	0	0	0	0	0	0	0	0	1	1	0	0	0	0	0	0	0	0
无锡科技职业学院	19	0	0	0	0	0	0	0	0	0	0	0	0	0	0	0	0	0	0	0	0	0	0	0	0	0	0
江苏医药职业学院	20	0	0	0	0	0	1	0	0	1	0	0	0	0	0	0	0	1	1	0	0	0	0	0	0	0	0
南通科技职业学院	21	0	0	0	0	0	0	0	0	0	0	0	0	0	0	0	0	0	0	0	0	0	0	0	0	0	0
苏州经贸职业技术学院	22	1	0.1	0	0	0	0	0	0	0	0	0	0	0	0	0	0	2	2	0	0	0	0	0	0	0	0
苏州工业职业技术学院	23	0	0	0	0	0	0	0	0	0	0	0	0	0	0	0	0	0	0	0	0	0	0	0	0	0	0
苏州卫生职业技术学院	24	0	0	0	0	0	0	0	0	0	0	0	0	0	0	0	0	1	1	0	0	0	0	0	0	0	0
无锡商业职业技术学院	25	0	0	0	0	0	0	0	0	0	0	0	0	0	0	0	0	2	2	0	0	0	0	0	0	0	0
南通航运职业技术学院	26	0	0	0	0	0	0	0	0	0	0	0	0	0	0	0	0	1	1	0	0	0	0	0	0	0	0
南京交通职业技术学院	27	0	0	0	0	0	0	0	0	0	0	0	0	0	0	0	0	0	0	0	0	0	0	0	0	0	0
淮安信息职业技术学院	28	0	0	0	0	0	0	0	0	0	0	0	0	0	0	0	0	0	0	0	0	0	0	0	0	0	0
江苏农牧科技职业学院	29	0	0	0	0	0	0	0	0	0	0	0	0	0	0	0	0	0	0	0	0	0	0	0	0	0	0
常州纺织服装职业技术学院	30	0	0	0	0	0	0	0	0	0	0	0	0	0	0	0	0	0	0	0	0	0	0	0	0	0	0

续表

苏州农业职业技术学院	31	0	0	0	0	0	0	0	0	0	0	0	0	0	0	0	0	0	0	0	0	0	0	0	0	0	0
南京科技职业学院	32	0	0	0	0	0	0	0	0	0	0	0	0	0	0	0	0	0	0	0	0	0	0	0	0	0	0
常州轻工职业技术学院	33	0	0	0	0	0	0	0	0	0	0	0	0	0	0	0	0	0	0	0	0	0	0	0	0	0	0
常州工程职业技术学院	34	0	0	0	0	0	0	0	0	0	0	0	0	0	0	0	0	1	1	0	0	0	0	0	0	0	0
江苏农林职业技术学院	35	0	0	0	0	0	0	0	0	0	0	0	0	0	0	0	0	0	0	0	0	0	0	0	0	0	0
江苏食品药品职业技术学院	36	0	0	0	0	0	0	0	0	0	0	0	0	0	0	0	0	0	0	0	0	0	0	0	0	0	0
南京铁道职业技术学院	37	0	0	0	0	0	1	1	0	0	0	0	0	0	0	0	0	0	0	0	0	0	0	0	0	0	0
徐州工业职业技术学院	38	2	0.2	0	0	2	0	0	0	0	0	0	0	0	0	0	0	0	0	0	0	0	0	0	0	0	0
江苏信息职业技术学院	39	0	0	0	0	0	0	0	0	0	0	0	0	0	0	0	0	0	0	0	0	0	0	0	0	0	0
南京信息职业技术学院	40	0	0	0	0	0	0	0	0	0	0	0	0	0	0	0	0	0	0	0	0	0	0	0	0	0	0
常州机电职业技术学院	41	1	0.2	0	0	0	0	0	0	0	0	0	0	0	0	0	0	0	0	0	0	0	0	0	0	0	0
江阴职业技术学院	42	0	0	0	0	0	0	0	0	0	0	0	0	0	0	0	0	0	0	0	0	0	0	0	0	0	0
无锡城市职业技术学院	43	0	0	0	0	0	0	0	0	0	0	0	0	0	0	0	0	0	0	0	0	0	0	0	0	0	0
无锡工艺职业技术学院	44	1	0.1	0	2.5	2.5	0	0	0	0	0	0	0	0	0	0	0	0	0	0	0	0	0	0	0	1	0
苏州健雄职业技术学院	45	0	0	0	0	0	0	0	0	0	0	0	0	0	0	0	0	2	2	0	0	0	0	0	0	0	0
盐城工业职业技术学院	46	0	0	0	0	0	0	0	0	0	0	0	0	0	0	0	0	0	0	0	0	0	0	0	0	0	0
江苏财经职业技术学院	47	0	0	0	0	0	0	0	0	0	0	0	0	0	0	0	0	2	2	0	0	0	0	0	0	0	0
扬州工业职业技术学院	48	1	0.1	0	0	7.3	0	0	0	0	0	0	0	0	0	0	0	0	0	0	0	0	0	0	0	0	0
江苏城市职业学院	49	4	2.2	0	25	32.97	0	0	0	0	0	0	0	0	0	0	0	0	0	0	0	0	0	0	0	0	0
南京城市职业学院	50	4	0.4	0	0	0	1	1	0	0	0	0	0	0	0	0	0	6	6	0	0	0	0	0	0	0	0

续表

高校名称		总数					出版著作(部)							古籍整理(部)	译著(部)	发表译文(篇)	电子出版物(件)	发表论文(篇)				获奖成果数(项)				研究与咨询报告(篇)	
		课题数(项)	当年投入人数(人年)	其中：研究生(人年)	当年拨入经费(千元)	当年支出经费(千元)	合计	专著	其中：被译成外文	编著教材	工具书参考书	皮书/发展报告	科普读物					合计	国内学术刊物	国外学术刊物	港、澳、台地区刊物	合计	国家级奖	部级奖	省级奖	合计	其中：被采纳数
	编号	L01	L02	L03	L04	L05	L06	L07	L08	L09	L10	L11	L12	L13	L14	L15	L16	L17	L18	L19	L20	L21	L22	L23	L24	L25	L26
南京机电职业技术学院	51	0	0	0	0	0	0	0	0	0	0	0	0	0	0	0	0	0	0	0	0	0	0	0	0	0	0
南京旅游职业学院	52	0	0	0	0	0	0	0	0	0	0	0	0	0	0	0	0	0	0	0	0	0	0	0	0	0	0
江苏卫生健康职业学院	53	1	0.2	0	8	10	0	0	0	0	0	0	0	0	0	0	0	0	0	0	0	0	0	0	0	0	0
苏州信息职业技术学院	54	0	0	0	0	0	0	0	0	0	0	0	0	0	0	0	0	0	0	0	0	0	0	0	0	0	0
苏州工业园区服务外包职业学院	55	1	0.1	0	0	1	0	0	0	0	0	0	0	0	0	0	0	0	0	0	0	0	0	0	0	0	0
徐州幼儿师范高等专科学校	56	0	0	0	0	0	0	0	0	0	0	0	0	0	0	0	0	0	0	0	0	0	0	0	0	0	0
徐州生物工程职业技术学院	57	0	0	0	0	0	0	0	0	0	0	0	0	0	0	0	0	0	0	0	0	0	0	0	0	0	0
江苏商贸职业学院	58	0	0	0	0	0	0	0	0	0	0	0	0	0	0	0	0	3	3	0	0	0	0	0	0	0	0
南通师范高等专科学校	59	0	0	0	0	0	0	0	0	0	0	0	0	0	0	0	0	2	2	0	0	0	0	0	0	0	0
江苏护理职业学院	60	0	0	0	0	0	0	0	0	0	0	0	0	0	0	0	0	0	0	0	0	0	0	0	0	0	0
江苏财会职业学院	61	0	0	0	0	0	0	0	0	0	0	0	0	0	0	0	0	1	1	0	0	0	0	0	0	0	0
江苏城乡建设职业学院	62	0	0	0	0	0	0	0	0	0	0	0	0	0	0	0	0	0	0	0	0	0	0	0	0	0	0
江苏航空职业技术学院	63	0	0	0	0	0	0	0	0	0	0	0	0	0	0	0	0	0	0	0	0	0	0	0	0	0	0
江苏安全技术职业学院	64	0	0	0	0	0	0	0	0	0	0	0	0	0	0	0	0	0	0	0	0	0	0	0	0	0	0
江苏旅游职业学院	65	0	0	0	0	0	0	0	0	0	0	0	0	0	0	0	0	0	0	0	0	0	0	0	0	0	0

3.4 逻辑学人文、社会科学研究与课题成果情况表

高校名称		总数					出版著作(部)							古籍整理(部)	译著(部)	发表译文(篇)	电子出版物(件)	发表论文(篇)				获奖成果数(项)				研究与咨询报告(篇)	
		课题数(项)	当年投入人数(人年)	其中:研究生(人年)	当年拨入经费(千元)	当年支出经费(千元)	合计	专著	其中:被译成外文	编著教材	工具书参考书	皮书/发展报告	科普读物					合计	国内学术刊物	国外学术刊物	港、澳、台地区刊物	合计	国家级奖	部级奖	省级奖	合计	其中:被采纳数
	编号	L01	L02	L03	L04	L05	L06	L07	L08	L09	L10	L11	L12	L13	L14	L15	L16	L17	L18	L19	L20	L21	L22	L23	L24	L25	L26
合计	/	5	2.1	0	10	9.73	1	0	0	1	0	0	0	0	0	0	0	4	4	0	0	0	0	0	0	0	0
盐城幼儿师范高等专科学校	1	0	0	0	0	0	0	0	0	0	0	0	0	0	0	0	0	0	0	0	0	0	0	0	0	0	0
苏州幼儿师范高等专科学校	2	1	0.1	0	0	0	0	0	0	0	0	0	0	0	0	0	0	2	2	0	0	0	0	0	0	0	0
无锡职业技术学院	3	0	0	0	0	0	0	0	0	0	0	0	0	0	0	0	0	0	0	0	0	0	0	0	0	0	0
江苏建筑职业技术学院	4	0	0	0	0	0	0	0	0	0	0	0	0	0	0	0	0	0	0	0	0	0	0	0	0	0	0
南京工业职业技术学院	5	1	1	0	10	6	0	0	0	0	0	0	0	0	0	0	0	0	0	0	0	0	0	0	0	0	0
江苏工程职业技术学院	6	0	0	0	0	0	0	0	0	0	0	0	0	0	0	0	0	0	0	0	0	0	0	0	0	0	0
苏州工艺美术职业技术学院	7	0	0	0	0	0	0	0	0	0	0	0	0	0	0	0	0	0	0	0	0	0	0	0	0	0	0
连云港职业技术学院	8	0	0	0	0	0	0	0	0	0	0	0	0	0	0	0	0	0	0	0	0	0	0	0	0	0	0
镇江市高等专科学校	9	0	0	0	0	0	0	0	0	0	0	0	0	0	0	0	0	0	0	0	0	0	0	0	0	0	0
南通职业大学	10	0	0	0	0	0	0	0	0	0	0	0	0	0	0	0	0	0	0	0	0	0	0	0	0	0	0
苏州职业大学	11	0	0	0	0	0	0	0	0	0	0	0	0	0	0	0	0	0	0	0	0	0	0	0	0	0	0
沙洲职业工学院	12	0	0	0	0	0	0	0	0	0	0	0	0	0	0	0	0	0	0	0	0	0	0	0	0	0	0
扬州市职业大学	13	0	0	0	0	0	0	0	0	0	0	0	0	0	0	0	0	0	0	0	0	0	0	0	0	0	0
连云港师范高等专科学校	14	0	0	0	0	0	0	0	0	0	0	0	0	0	0	0	0	0	0	0	0	0	0	0	0	0	0
江苏经贸职业技术学院	15	0	0	0	0	0	0	0	0	0	0	0	0	0	0	0	0	0	0	0	0	0	0	0	0	0	0

续表

高校名称		总数					出版著作(部)							古籍整理(部)	译著(部)	发表译文(篇)	电子出版物(件)	发表论文(篇)				获奖成果数(项)				研究与咨询报告(篇)	
		课题数(项)	当年投入人数(人年)	其中:研究生(人年)	当年拨入经费(千元)	当年支出经费(千元)	合计	专著	其中:被译成外文	编著教材	工具书参考书	皮书/发展报告	科普读物					合计	国内学术刊物	国外学术刊物	港、澳、台地区刊物	合计	国家级奖	部级奖	省级奖	合计	其中:被采纳数
	编号	L01	L02	L03	L04	L05	L06	L07	L08	L09	L10	L11	L12	L13	L14	L15	L16	L17	L18	L19	L20	L21	L22	L23	L24	L25	L26
泰州职业技术学院	16	0	0	0	0	0	0	0	0	0	0	0	0	0	0	0	0	0	0	0	0	0	0	0	0	0	0
常州信息职业技术学院	17	0	0	0	0	0	0	0	0	0	0	0	0	0	0	0	0	0	0	0	0	0	0	0	0	0	0
江苏海事职业技术学院	18	0	0	0	0	0	0	0	0	0	0	0	0	0	0	0	0	0	0	0	0	0	0	0	0	0	0
无锡科技职业学院	19	0	0	0	0	0	0	0	0	0	0	0	0	0	0	0	0	0	0	0	0	0	0	0	0	0	0
江苏医药职业学院	20	0	0	0	0	0	0	0	0	0	0	0	0	0	0	0	0	0	0	0	0	0	0	0	0	0	0
南通科技职业学院	21	0	0	0	0	0	0	0	0	0	0	0	0	0	0	0	0	0	0	0	0	0	0	0	0	0	0
苏州经贸职业技术学院	22	0	0	0	0	0	0	0	0	0	0	0	0	0	0	0	0	0	0	0	0	0	0	0	0	0	0
苏州工业职业技术学院	23	0	0	0	0	0	0	0	0	0	0	0	0	0	0	0	0	0	0	0	0	0	0	0	0	0	0
苏州卫生职业技术学院	24	0	0	0	0	0	0	0	0	0	0	0	0	0	0	0	0	0	0	0	0	0	0	0	0	0	0
无锡商业职业技术学院	25	0	0	0	0	0	0	0	0	0	0	0	0	0	0	0	0	0	0	0	0	0	0	0	0	0	0
南通航运职业技术学院	26	0	0	0	0	0	0	0	0	0	0	0	0	0	0	0	0	0	0	0	0	0	0	0	0	0	0
南京交通职业技术学院	27	0	0	0	0	0	0	0	0	0	0	0	0	0	0	0	0	0	0	0	0	0	0	0	0	0	0
淮安信息职业技术学院	28	0	0	0	0	0	0	0	0	0	0	0	0	0	0	0	0	0	0	0	0	0	0	0	0	0	0
江苏农牧科技职业学院	29	0	0	0	0	0	0	0	0	0	0	0	0	0	0	0	0	0	0	0	0	0	0	0	0	0	0
常州纺织服装职业技术学院	30	2	0.9	0	0	3.73	0	0	0	0	0	0	0	0	0	0	0	2	2	0	0	0	0	0	0	0	0

续表

苏州农业职业技术学院	31	0	0	0	0	0	0	0	0	0	0	0	0	0	0	0	0	0	0	0	0	0	0	0	0	0	0
南京科技职业学院	32	0	0	0	0	0	0	0	0	0	0	0	0	0	0	0	0	0	0	0	0	0	0	0	0	0	0
常州轻工职业技术学院	33	0	0	0	0	0	0	0	0	0	0	0	0	0	0	0	0	0	0	0	0	0	0	0	0	0	0
常州工程职业技术学院	34	1	0.1	0	0	0	0	0	0	0	0	0	0	0	0	0	0	0	0	0	0	0	0	0	0	0	0
江苏农林职业技术学院	35	0	0	0	0	0	0	0	0	0	0	0	0	0	0	0	0	0	0	0	0	0	0	0	0	0	0
江苏食品药品职业技术学院	36	0	0	0	0	0	0	0	0	0	0	0	0	0	0	0	0	0	0	0	0	0	0	0	0	0	0
南京铁道职业技术学院	37	0	0	0	0	0	0	0	0	0	0	0	0	0	0	0	0	0	0	0	0	0	0	0	0	0	0
徐州工业职业技术学院	38	0	0	0	0	0	1	0	0	1	0	0	0	0	0	0	0	0	0	0	0	0	0	0	0	0	0
江苏信息职业技术学院	39	0	0	0	0	0	0	0	0	0	0	0	0	0	0	0	0	0	0	0	0	0	0	0	0	0	0
南京信息职业技术学院	40	0	0	0	0	0	0	0	0	0	0	0	0	0	0	0	0	0	0	0	0	0	0	0	0	0	0
常州机电职业技术学院	41	0	0	0	0	0	0	0	0	0	0	0	0	0	0	0	0	0	0	0	0	0	0	0	0	0	0
江阴职业技术学院	42	0	0	0	0	0	0	0	0	0	0	0	0	0	0	0	0	0	0	0	0	0	0	0	0	0	0
无锡城市职业技术学院	43	0	0	0	0	0	0	0	0	0	0	0	0	0	0	0	0	0	0	0	0	0	0	0	0	0	0
无锡工艺职业技术学院	44	0	0	0	0	0	0	0	0	0	0	0	0	0	0	0	0	0	0	0	0	0	0	0	0	0	0
苏州健雄职业技术学院	45	0	0	0	0	0	0	0	0	0	0	0	0	0	0	0	0	0	0	0	0	0	0	0	0	0	0
盐城工业职业技术学院	46	0	0	0	0	0	0	0	0	0	0	0	0	0	0	0	0	0	0	0	0	0	0	0	0	0	0
江苏财经职业技术学院	47	0	0	0	0	0	0	0	0	0	0	0	0	0	0	0	0	0	0	0	0	0	0	0	0	0	0
扬州工业职业技术学院	48	0	0	0	0	0	0	0	0	0	0	0	0	0	0	0	0	0	0	0	0	0	0	0	0	0	0
江苏城市职业学院	49	0	0	0	0	0	0	0	0	0	0	0	0	0	0	0	0	0	0	0	0	0	0	0	0	0	0

续表

高校名称		总数					出版著作(部)							古籍整理(部)	译著(部)	发表译文(篇)	电子出版物(件)	发表论文(篇)				获奖成果数(项)				研究与咨询报告(篇)	
		课题数(项)	当年投入人数(人年)	其中:研究生(人年)	当年拨入经费(千元)	当年支出经费(千元)	合计	专著	其中:被译成外文	编著教材	工具书参考书	皮书/发展报告	科普读物					合计	国内学术刊物	国外学术刊物	港、澳、台地区刊物	合计	国家级奖	部级奖	省级奖	合计	其中:被采纳数
	编号	L01	L02	L03	L04	L05	L06	L07	L08	L09	L10	L11	L12	L13	L14	L15	L16	L17	L18	L19	L20	L21	L22	L23	L24	L25	L26
南京城市职业学院	50	0	0	0	0	0	0	0	0	0	0	0	0	0	0	0	0	0	0	0	0	0	0	0	0	0	0
南京机电职业技术学院	51	0	0	0	0	0	0	0	0	0	0	0	0	0	0	0	0	0	0	0	0	0	0	0	0	0	0
南京旅游职业学院	52	0	0	0	0	0	0	0	0	0	0	0	0	0	0	0	0	0	0	0	0	0	0	0	0	0	0
江苏卫生健康职业学院	53	0	0	0	0	0	0	0	0	0	0	0	0	0	0	0	0	0	0	0	0	0	0	0	0	0	0
苏州信息职业技术学院	54	0	0	0	0	0	0	0	0	0	0	0	0	0	0	0	0	0	0	0	0	0	0	0	0	0	0
苏州工业园区服务外包职业学院	55	0	0	0	0	0	0	0	0	0	0	0	0	0	0	0	0	0	0	0	0	0	0	0	0	0	0
徐州幼儿师范高等专科学校	56	0	0	0	0	0	0	0	0	0	0	0	0	0	0	0	0	0	0	0	0	0	0	0	0	0	0
徐州生物工程职业技术学院	57	0	0	0	0	0	0	0	0	0	0	0	0	0	0	0	0	0	0	0	0	0	0	0	0	0	0
江苏商贸职业学院	58	0	0	0	0	0	0	0	0	0	0	0	0	0	0	0	0	0	0	0	0	0	0	0	0	0	0
南通师范高等专科学校	59	0	0	0	0	0	0	0	0	0	0	0	0	0	0	0	0	0	0	0	0	0	0	0	0	0	0
江苏护理职业学院	60	0	0	0	0	0	0	0	0	0	0	0	0	0	0	0	0	0	0	0	0	0	0	0	0	0	0
江苏财会职业学院	61	0	0	0	0	0	0	0	0	0	0	0	0	0	0	0	0	0	0	0	0	0	0	0	0	0	0
江苏城乡建设职业学院	62	0	0	0	0	0	0	0	0	0	0	0	0	0	0	0	0	0	0	0	0	0	0	0	0	0	0
江苏航空职业技术学院	63	0	0	0	0	0	0	0	0	0	0	0	0	0	0	0	0	0	0	0	0	0	0	0	0	0	0
江苏安全技术职业学院	64	0	0	0	0	0	0	0	0	0	0	0	0	0	0	0	0	0	0	0	0	0	0	0	0	0	0
江苏旅游职业学院	65	0	0	0	0	0	0	0	0	0	0	0	0	0	0	0	0	0	0	0	0	0	0	0	0	0	0

3.5 宗教学人文、社会科学研究与课题成果情况表

高校名称		总数					出版著作(部)							古籍整理(部)	译著(部)	发表译文(篇)	电子出版物(件)	发表论文(篇)				获奖成果数(项)				研究与咨询报告(篇)	
		课题数(项)	当年投入人数(人年)	其中：研究生(人年)	当年拨入经费(千元)	当年支出经费(千元)	合计	专著	其中：被译成外文	编著教材	工具书参考书	皮书/发展报告	科普读物					合计	国内学术刊物	国外学术刊物	港澳、台地区刊物	合计	国家级奖	部级奖	省级奖	合计	其中：被采纳数
	编号	L01	L02	L03	L04	L05	L06	L07	L08	L09	L10	L11	L12	L13	L14	L15	L16	L17	L18	L19	L20	L21	L22	L23	L24	L25	L26
合计	/	1	0.1	0	280	274	0	0	0	0	0	0	0	0	0	0	0	0	0	0	0	1	0	0	1	0	0
盐城幼儿师范高等专科学校	1	0	0	0	0	0	0	0	0	0	0	0	0	0	0	0	0	0	0	0	0	0	0	0	0	0	0
苏州幼儿师范高等专科学校	2	0	0	0	0	0	0	0	0	0	0	0	0	0	0	0	0	0	0	0	0	0	0	0	0	0	0
无锡职业技术学院	3	0	0	0	0	0	0	0	0	0	0	0	0	0	0	0	0	0	0	0	0	0	0	0	0	0	0
江苏建筑职业技术学院	4	0	0	0	0	0	0	0	0	0	0	0	0	0	0	0	0	0	0	0	0	0	0	0	0	0	0
南京工业职业技术学院	5	0	0	0	0	0	0	0	0	0	0	0	0	0	0	0	0	0	0	0	0	0	0	0	0	0	0
江苏工程职业技术学院	6	0	0	0	0	0	0	0	0	0	0	0	0	0	0	0	0	0	0	0	0	0	0	0	0	0	0
苏州工艺美术职业技术学院	7	0	0	0	0	0	0	0	0	0	0	0	0	0	0	0	0	0	0	0	0	0	0	0	0	0	0
连云港职业技术学院	8	0	0	0	0	0	0	0	0	0	0	0	0	0	0	0	0	0	0	0	0	0	0	0	0	0	0
镇江市高等专科学校	9	0	0	0	0	0	0	0	0	0	0	0	0	0	0	0	0	0	0	0	0	0	0	0	0	0	0
南通职业大学	10	0	0	0	0	0	0	0	0	0	0	0	0	0	0	0	0	0	0	0	0	0	0	0	0	0	0
苏州职业大学	11	0	0	0	0	0	0	0	0	0	0	0	0	0	0	0	0	0	0	0	0	0	0	0	0	0	0
沙洲职业工学院	12	0	0	0	0	0	0	0	0	0	0	0	0	0	0	0	0	0	0	0	0	0	0	0	0	0	0
扬州市职业大学	13	0	0	0	0	0	0	0	0	0	0	0	0	0	0	0	0	0	0	0	0	0	0	0	0	0	0
连云港师范高等专科学校	14	0	0	0	0	0	0	0	0	0	0	0	0	0	0	0	0	0	0	0	0	0	0	0	0	0	0
江苏经贸职业技术学院	15	0	0	0	0	0	0	0	0	0	0	0	0	0	0	0	0	0	0	0	0	1	0	0	1	0	0

续表

高校名称	编号	总数：课题数（项）	总数：当年投入人数（人年）	总数：其中：研究生（人年）	总数：当年拨入经费（千元）	总数：当年支出经费（千元）	出版著作（部）：合计	出版著作（部）：专著	出版著作（部）：其中：被译成外文	出版著作（部）：编著教材	出版著作（部）：工具书参考书	出版著作（部）：皮书/发展报告	出版著作（部）：科普读物	古籍整理（部）	译著（部）	发表译文（篇）	电子出版物（件）	发表论文（篇）：合计	发表论文（篇）：国内学术刊物	发表论文（篇）：国外学术刊物	发表论文（篇）：港、澳、台地区刊物	获奖成果数（项）：合计	获奖成果数（项）：国家级奖	获奖成果数（项）：部级奖	获奖成果数（项）：省级奖	研究与咨询报告（篇）：合计	研究与咨询报告（篇）：其中：被采纳数
		L01	L02	L03	L04	L05	L06	L07	L08	L09	L10	L11	L12	L13	L14	L15	L16	L17	L18	L19	L20	L21	L22	L23	L24	L25	L26
泰州职业技术学院	16	0	0	0	0	0	0	0	0	0	0	0	0	0	0	0	0	0	0	0	0	0	0	0	0	0	0
常州信息职业技术学院	17	0	0	0	0	0	0	0	0	0	0	0	0	0	0	0	0	0	0	0	0	0	0	0	0	0	0
江苏海事职业技术学院	18	0	0	0	0	0	0	0	0	0	0	0	0	0	0	0	0	0	0	0	0	0	0	0	0	0	0
无锡科技职业学院	19	0	0	0	0	0	0	0	0	0	0	0	0	0	0	0	0	0	0	0	0	0	0	0	0	0	0
江苏医药职业学院	20	0	0	0	0	0	0	0	0	0	0	0	0	0	0	0	0	0	0	0	0	0	0	0	0	0	0
南通科技职业学院	21	0	0	0	0	0	0	0	0	0	0	0	0	0	0	0	0	0	0	0	0	0	0	0	0	0	0
苏州经贸职业技术学院	22	1	0.1	0	280	274	0	0	0	0	0	0	0	0	0	0	0	0	0	0	0	0	0	0	0	0	0
苏州工业职业技术学院	23	0	0	0	0	0	0	0	0	0	0	0	0	0	0	0	0	0	0	0	0	0	0	0	0	0	0
苏州卫生职业技术学院	24	0	0	0	0	0	0	0	0	0	0	0	0	0	0	0	0	0	0	0	0	0	0	0	0	0	0
无锡商业职业技术学院	25	0	0	0	0	0	0	0	0	0	0	0	0	0	0	0	0	0	0	0	0	0	0	0	0	0	0
南通航运职业技术学院	26	0	0	0	0	0	0	0	0	0	0	0	0	0	0	0	0	0	0	0	0	0	0	0	0	0	0
南京交通职业技术学院	27	0	0	0	0	0	0	0	0	0	0	0	0	0	0	0	0	0	0	0	0	0	0	0	0	0	0
淮安信息职业技术学院	28	0	0	0	0	0	0	0	0	0	0	0	0	0	0	0	0	0	0	0	0	0	0	0	0	0	0
江苏农牧科技职业学院	29	0	0	0	0	0	0	0	0	0	0	0	0	0	0	0	0	0	0	0	0	0	0	0	0	0	0
常州纺织服装职业技术学院	30	0	0	0	0	0	0	0	0	0	0	0	0	0	0	0	0	0	0	0	0	0	0	0	0	0	0
苏州农业职业技术学院	31	0	0	0	0	0	0	0	0	0	0	0	0	0	0	0	0	0	0	0	0	0	0	0	0	0	0

续表

南京科技职业学院	32	0	0	0	0	0	0	0	0	0	0	0	0	0	0	0	0	0	0	0	0	0	0	0	0	0	0
常州轻工职业技术学院	33	0	0	0	0	0	0	0	0	0	0	0	0	0	0	0	0	0	0	0	0	0	0	0	0	0	0
常州工程职业技术学院	34	0	0	0	0	0	0	0	0	0	0	0	0	0	0	0	0	0	0	0	0	0	0	0	0	0	0
江苏农林职业技术学院	35	0	0	0	0	0	0	0	0	0	0	0	0	0	0	0	0	0	0	0	0	0	0	0	0	0	0
江苏食品药品职业技术学院	36	0	0	0	0	0	0	0	0	0	0	0	0	0	0	0	0	0	0	0	0	0	0	0	0	0	0
南京铁道职业技术学院	37	0	0	0	0	0	0	0	0	0	0	0	0	0	0	0	0	0	0	0	0	0	0	0	0	0	0
徐州工业职业技术学院	38	0	0	0	0	0	0	0	0	0	0	0	0	0	0	0	0	0	0	0	0	0	0	0	0	0	0
江苏信息职业技术学院	39	0	0	0	0	0	0	0	0	0	0	0	0	0	0	0	0	0	0	0	0	0	0	0	0	0	0
南京信息职业技术学院	40	0	0	0	0	0	0	0	0	0	0	0	0	0	0	0	0	0	0	0	0	0	0	0	0	0	0
常州机电职业技术学院	41	0	0	0	0	0	0	0	0	0	0	0	0	0	0	0	0	0	0	0	0	0	0	0	0	0	0
江阴职业技术学院	42	0	0	0	0	0	0	0	0	0	0	0	0	0	0	0	0	0	0	0	0	0	0	0	0	0	0
无锡城市职业技术学院	43	0	0	0	0	0	0	0	0	0	0	0	0	0	0	0	0	0	0	0	0	0	0	0	0	0	0
无锡工艺职业技术学院	44	0	0	0	0	0	0	0	0	0	0	0	0	0	0	0	0	0	0	0	0	0	0	0	0	0	0
苏州健雄职业技术学院	45	0	0	0	0	0	0	0	0	0	0	0	0	0	0	0	0	0	0	0	0	0	0	0	0	0	0
盐城工业职业技术学院	46	0	0	0	0	0	0	0	0	0	0	0	0	0	0	0	0	0	0	0	0	0	0	0	0	0	0
江苏财经职业技术学院	47	0	0	0	0	0	0	0	0	0	0	0	0	0	0	0	0	0	0	0	0	0	0	0	0	0	0
扬州工业职业技术学院	48	0	0	0	0	0	0	0	0	0	0	0	0	0	0	0	0	0	0	0	0	0	0	0	0	0	0
江苏城市职业学院	49	0	0	0	0	0	0	0	0	0	0	0	0	0	0	0	0	0	0	0	0	0	0	0	0	0	0
南京城市职业学院	50	0	0	0	0	0	0	0	0	0	0	0	0	0	0	0	0	0	0	0	0	0	0	0	0	0	0

续表

高校名称	编号	总数					出版著作(部)							古籍整理(部)	译著(部)	发表译文(篇)	电子出版物(件)	发表论文(篇)				获奖成果数(项)				研究与咨询报告(篇)	
		课题数(项)	当年投入人数(人年)	其中:研究生(人年)	当年拨入经费(千元)	当年支出经费(千元)	合计	专著	其中:被译成外文	编著教材	工具书参考书	皮书/发展报告	科普读物					合计	国内学术刊物	国外学术刊物	港、澳、台地区刊物	合计	国家级奖	部级奖	省级奖	合计	其中:被采纳数
		L01	L02	L03	L04	L05	L06	L07	L08	L09	L10	L11	L12	L13	L14	L15	L16	L17	L18	L19	L20	L21	L22	L23	L24	L25	L26
南京机电职业技术学院	51	0	0	0	0	0	0	0	0	0	0	0	0	0	0	0	0	0	0	0	0	0	0	0	0	0	0
南京旅游职业学院	52	0	0	0	0	0	0	0	0	0	0	0	0	0	0	0	0	0	0	0	0	0	0	0	0	0	0
江苏卫生健康职业学院	53	0	0	0	0	0	0	0	0	0	0	0	0	0	0	0	0	0	0	0	0	0	0	0	0	0	0
苏州信息职业技术学院	54	0	0	0	0	0	0	0	0	0	0	0	0	0	0	0	0	0	0	0	0	0	0	0	0	0	0
苏州工业园区服务外包职业学院	55	0	0	0	0	0	0	0	0	0	0	0	0	0	0	0	0	0	0	0	0	0	0	0	0	0	0
徐州幼儿师范高等专科学校	56	0	0	0	0	0	0	0	0	0	0	0	0	0	0	0	0	0	0	0	0	0	0	0	0	0	0
徐州生物工程职业技术学院	57	0	0	0	0	0	0	0	0	0	0	0	0	0	0	0	0	0	0	0	0	0	0	0	0	0	0
江苏商贸职业学院	58	0	0	0	0	0	0	0	0	0	0	0	0	0	0	0	0	0	0	0	0	0	0	0	0	0	0
南通师范高等专科学校	59	0	0	0	0	0	0	0	0	0	0	0	0	0	0	0	0	0	0	0	0	0	0	0	0	0	0
江苏护理职业学院	60	0	0	0	0	0	0	0	0	0	0	0	0	0	0	0	0	0	0	0	0	0	0	0	0	0	0
江苏财会职业学院	61	0	0	0	0	0	0	0	0	0	0	0	0	0	0	0	0	0	0	0	0	0	0	0	0	0	0
江苏城乡建设职业学院	62	0	0	0	0	0	0	0	0	0	0	0	0	0	0	0	0	0	0	0	0	0	0	0	0	0	0
江苏航空职业技术学院	63	0	0	0	0	0	0	0	0	0	0	0	0	0	0	0	0	0	0	0	0	0	0	0	0	0	0
江苏安全技术职业学院	64	0	0	0	0	0	0	0	0	0	0	0	0	0	0	0	0	0	0	0	0	0	0	0	0	0	0
江苏旅游职业学院	65	0	0	0	0	0	0	0	0	0	0	0	0	0	0	0	0	0	0	0	0	0	0	0	0	0	0

3.6 语言学人文、社会科学研究与课题成果情况表

高校名称	编号	总数：课题数(项)	总数：当年投入人数(人年)	总数：其中：研究生(人年)	总数：当年拨入经费(千元)	总数：当年支出经费(千元)	出版著作(部)：合计	出版著作(部)：专著	出版著作(部)：其中：被译成外文	出版著作(部)：编著教材	出版著作(部)：工具书参考书	出版著作(部)：皮书/发展报告	出版著作(部)：科普读物	古籍整理(部)	译著(部)	发表译文(篇)	电子出版物(件)	发表论文(篇)：合计	发表论文(篇)：国内学术刊物	发表论文(篇)：国外学术刊物	发表论文(篇)：港、澳、台地区刊物	获奖成果数(项)：合计	获奖成果数(项)：国家级奖	获奖成果数(项)：部级奖	获奖成果数(项)：省级奖	研究与咨询报告(篇)：合计	研究与咨询报告(篇)：其中：被采纳数
		L01	L02	L03	L04	L05	L06	L07	L08	L09	L10	L11	L12	L13	L14	L15	L16	L17	L18	L19	L20	L21	L22	L23	L24	L25	L26
合计	/	252	58.8	0	2 253.77	2 239.43	15	7	0	7	1	0	0	0	0	3	0	356	353	3	0	0	0	0	0	28	10
盐城幼儿师范高等专科学校	1	2	0.2	0	2.5	2.5	1	1	0	0	0	0	0	0	0	0	0	10	10	0	0	0	0	0	0	0	0
苏州幼儿师范高等专科学校	2	5	0.5	0	0	0	0	0	0	0	0	0	0	0	0	0	0	5	5	0	0	0	0	0	0	0	0
无锡职业技术学院	3	6	0.6	0	12	3.5	0	0	0	0	0	0	0	0	0	0	0	4	4	0	0	0	0	0	0	0	0
江苏建筑职业技术学院	4	4	1.1	0	0	0.1	1	1	0	0	0	0	0	0	0	0	0	4	4	0	0	0	0	0	0	0	0
南京工业职业技术学院	5	16	6.8	0	20	36.1	0	0	0	0	0	0	0	0	0	0	0	1	0	1	0	0	0	0	0	0	0
江苏工程职业技术学院	6	1	0.1	0	1	0.5	0	0	0	0	0	0	0	0	0	0	0	0	0	0	0	0	0	0	0	0	0
苏州工艺美术职业技术学院	7	1	0.1	0	0	5	0	0	0	0	0	0	0	0	0	0	0	6	6	0	0	0	0	0	0	0	0
连云港职业技术学院	8	6	1.4	0	8	8	2	1	0	1	0	0	0	0	0	0	0	2	2	0	0	0	0	0	0	0	0
镇江市高等专科学校	9	5	1.9	0	38	10.5	0	0	0	0	0	0	0	0	0	0	0	4	4	0	0	0	0	0	0	0	0
南通职业大学	10	8	1.4	0	28	28	0	0	0	0	0	0	0	0	0	0	0	2	2	0	0	0	0	0	0	0	0
苏州职业大学	11	6	1.7	0	24	17.1	2	1	0	1	0	0	0	0	0	0	0	13	13	0	0	0	0	0	0	0	0
沙洲职业工学院	12	5	0.6	0	35	25.1	0	0	0	0	0	0	0	0	0	0	0	3	3	0	0	0	0	0	0	0	0
扬州市职业大学	13	12	1.8	0	104.87	104.87	1	0	0	0	1	0	0	0	0	0	0	7	7	0	0	0	0	0	0	10	1
连云港师范高等专科学校	14	19	2	0	24	8	0	0	0	0	0	0	0	0	0	0	0	7	7	0	0	0	0	0	0	0	0
江苏经贸职业技术学院	15	0	0	0	0	0	0	0	0	0	0	0	0	0	0	0	0	8	8	0	0	0	0	0	0	0	0

续表

高校名称		总数					出版著作(部)							古籍整理(部)	译著(部)	发表译文(篇)	电子出版物(件)	发表论文(篇)				获奖成果数(项)				研究与咨询报告(篇)	
		课题数(项)	当年投入人数(人年)	其中:研究生(人年)	当年拨入经费(千元)	当年支出经费(千元)	合计	专著	其中:被译成外文	编著教材	工具书参考书	皮书/发展报告	科普读物					合计	国内学术刊物	国外学术刊物	港、澳、台地区刊物	合计	国家级奖	部级奖	省级奖	合计	其中:被采纳数
	编号	L01	L02	L03	L04	L05	L06	L07	L08	L09	L10	L11	L12	L13	L14	L15	L16	L17	L18	L19	L20	L21	L22	L23	L24	L25	L26
泰州职业技术学院	16	1	0.3	0	6	0	0	0	0	0	0	0	0	0	0	0	0	5	5	0	0	0	0	0	0	0	0
常州信息职业技术学院	17	5	3	0	58	50	1	1	0	0	0	0	0	0	0	0	0	29	29	0	0	0	0	0	0	0	0
江苏海事职业技术学院	18	19	6.2	0	841.2	842.22	0	0	0	0	0	0	0	0	0	3	0	14	13	1	0	0	0	0	0	0	0
无锡科技职业学院	19	4	2	0	0	7.2	0	0	0	0	0	0	0	0	0	0	0	5	5	0	0	0	0	0	0	0	0
江苏医药职业学院	20	0	0	0	0	0	0	0	0	0	0	0	0	0	0	0	0	0	0	0	0	0	0	0	0	0	0
南通科技职业学院	21	5	0.8	0	23	10.2	0	0	0	0	0	0	0	0	0	0	0	5	5	0	0	0	0	0	0	0	0
苏州经贸职业技术学院	22	7	1.4	0	13	55.39	1	0	0	1	0	0	0	0	0	0	0	13	13	0	0	0	0	0	0	0	0
苏州工业职业技术学院	23	1	0.1	0	0	5.2	0	0	0	0	0	0	0	0	0	0	0	21	21	0	0	0	0	0	0	0	0
苏州卫生职业技术学院	24	2	0.2	0	25	3	0	0	0	0	0	0	0	0	0	0	0	23	22	1	0	0	0	0	0	0	0
无锡商业职业技术学院	25	3	0.3	0	16	10	0	0	0	0	0	0	0	0	0	0	0	17	17	0	0	0	0	0	0	0	0
南通航运职业技术学院	26	1	0.2	0	0	4	0	0	0	0	0	0	0	0	0	0	0	9	9	0	0	0	0	0	0	0	0
南京交通职业技术学院	27	2	0.2	0	0	6.3	0	0	0	0	0	0	0	0	0	0	0	3	3	0	0	0	0	0	0	0	0
淮安信息职业技术学院	28	1	0.3	0	0	5	0	0	0	0	0	0	0	0	0	0	0	0	0	0	0	0	0	0	0	0	0
江苏农牧科技职业学院	29	0	0	0	0	0	0	0	0	0	0	0	0	0	0	0	0	0	0	0	0	0	0	0	0	0	0
常州纺织服装职业技术学院	30	2	0.3	0	8	0	0	0	0	0	0	0	0	0	0	0	0	3	3	0	0	0	0	0	0	0	0
苏州农业职业技术学院	31	1	0.3	0	0	4.5	0	0	0	0	0	0	0	0	0	0	0	2	2	0	0	0	0	0	0	0	0

续表

南京科技职业学院	32	0	0	0	0	0	0	0	0	0	0	0	0	0	0	0	0	0	0	0	0	0	0	0	0	0	0
常州轻工职业技术学院	33	0	0	0	0	0	2	0	0	2	0	0	0	0	0	0	0	0	0	0	0	0	0	0	0	0	0
常州工程职业技术学院	34	0	0	0	0	0	0	0	0	0	0	0	0	0	0	0	0	0	0	0	0	0	0	0	0	0	0
江苏农林职业技术学院	35	3	0.6	0	20	21	0	0	0	0	0	0	0	0	0	0	0	11	11	0	0	0	0	0	0	0	0
江苏食品药品职业技术学院	36	0	0	0	0	0	0	0	0	0	0	0	0	0	0	0	0	0	0	0	0	0	0	0	0	0	0
南京铁道职业技术学院	37	3	0.3	0	4	7	0	0	0	0	0	0	0	0	0	0	0	2	2	0	0	0	0	0	0	0	0
徐州工业职业技术学院	38	1	0.1	0	0	1	0	0	0	0	0	0	0	0	0	0	0	0	0	0	0	0	0	0	0	0	0
江苏信息职业技术学院	39	0	0	0	0	0	1	0	0	1	0	0	0	0	0	0	0	1	1	0	0	0	0	0	0	0	0
南京信息职业技术学院	40	6	0.6	0	5	4.5	0	0	0	0	0	0	0	0	0	0	0	8	8	0	0	0	0	0	0	0	0
常州机电职业技术学院	41	0	0	0	0	0	0	0	0	0	0	0	0	0	0	0	0	0	0	0	0	0	0	0	0	0	0
江阴职业技术学院	42	4	0.4	0	3	4	0	0	0	0	0	0	0	0	0	0	0	0	0	0	0	0	0	0	0	0	0
无锡城市职业技术学院	43	0	0	0	0	0	0	0	0	0	0	0	0	0	0	0	0	3	3	0	0	0	0	0	0	0	0
无锡工艺职业技术学院	44	8	1.1	0	122	118	0	0	0	0	0	0	0	0	0	0	0	10	10	0	0	0	0	0	0	8	0
苏州健雄职业技术学院	45	4	0.8	0	24	24.5	0	0	0	0	0	0	0	0	0	0	0	6	6	0	0	0	0	0	0	1	1
盐城工业职业技术学院	46	6	1	0	30	45	0	0	0	0	0	0	0	0	0	0	0	2	2	0	0	0	0	0	0	0	0
江苏财经职业技术学院	47	6	0.6	0	4	11.3	0	0	0	0	0	0	0	0	0	0	0	7	7	0	0	0	0	0	0	0	0
扬州工业职业技术学院	48	2	0.2	0	0	4	0	0	0	0	0	0	0	0	0	0	0	6	6	0	0	0	0	0	0	0	0
江苏城市职业学院	49	17	7	0	90	54.65	0	0	0	0	0	0	0	0	0	0	0	6	6	0	0	0	0	0	0	0	0

续表

高校名称		总数					出版著作(部)							古籍整理(部)	译著(部)	发表译文(篇)	电子出版物(件)	发表论文(篇)				获奖成果数(项)				研究与咨询报告(篇)	
		课题数(项)	当年投入人数(人年)	其中：研究生(人年)	当年拨入经费(千元)	当年支出经费(千元)	合计	专著	其中：被译成外文	编著教材	工具书参考书	皮书/发展报告	科普读物					合计	国内学术刊物	国外学术刊物	港、澳、台地区刊物	合计	国家级奖	部级奖	省级奖	合计	其中：被采纳数
	编号	L01	L02	L03	L04	L05	L06	L07	L08	L09	L10	L11	L12	L13	L14	L15	L16	L17	L18	L19	L20	L21	L22	L23	L24	L25	L26
南京城市职业学院	50	0	0	0	0	0	0	0	0	0	0	0	0	0	0	0	0	0	0	0	0	0	0	0	0	0	0
南京机电职业技术学院	51	2	0.4	0	10	4.5	0	0	0	0	0	0	0	0	0	0	0	2	2	0	0	0	0	0	0	0	0
南京旅游职业学院	52	1	0.2	0	0	0	0	0	0	0	0	0	0	0	0	0	0	3	3	0	0	0	0	0	0	0	0
江苏卫生健康职业学院	53	1	0.2	0	5	3.6	0	0	0	0	0	0	0	0	0	0	0	1	1	0	0	0	0	0	0	0	0
苏州信息职业技术学院	54	1	0.1	0	0	0.3	0	0	0	0	0	0	0	0	0	0	0	0	0	0	0	0	0	0	0	0	0
苏州工业园区服务外包职业学院	55	15	1.9	0	600	600.9	2	2	0	0	0	0	0	0	0	0	0	19	19	0	0	0	0	0	0	8	8
徐州幼儿师范高等专科学校	56	5	1.4	0	0	17	1	0	0	1	0	0	0	0	0	0	0	3	3	0	0	0	0	0	0	0	0
徐州生物工程职业技术学院	57	0	0	0	0	0	0	0	0	0	0	0	0	0	0	0	0	0	0	0	0	0	0	0	0	0	0
江苏商贸职业学院	58	10	3.7	0	7.2	10.5	0	0	0	0	0	0	0	0	0	0	0	19	19	0	0	0	0	0	0	1	0
南通师范高等专科学校	59	3	1	0	3	13.9	0	0	0	0	0	0	0	0	0	0	0	5	5	0	0	0	0	0	0	0	0
江苏护理职业学院	60	0	0	0	0	0	0	0	0	0	0	0	0	0	0	0	0	0	0	0	0	0	0	0	0	0	0
江苏财会职业学院	61	1	0.2	0	15	15	0	0	0	0	0	0	0	0	0	0	0	5	5	0	0	0	0	0	0	0	0
江苏城乡建设职业学院	62	1	0.4	0	0	2.5	0	0	0	0	0	0	0	0	0	0	0	1	1	0	0	0	0	0	0	0	0
江苏航空职业技术学院	63	1	0.4	0	4	4	0	0	0	0	0	0	0	0	0	0	0	0	0	0	0	0	0	0	0	0	0
江苏安全技术职业学院	64	0	0	0	0	0	0	0	0	0	0	0	0	0	0	0	0	2	2	0	0	0	0	0	0	0	0
江苏旅游职业学院	65	1	0.4	0	20	20	0	0	0	0	0	0	0	0	0	0	0	9	9	0	0	0	0	0	0	0	0

3.7 中国文学人文、社会科学研究与课题成果情况表

高校名称		总数					出版著作(部)							古籍整理(部)	译著(部)	发表译文(篇)	电子出版物(件)	发表论文(篇)				获奖成果数(项)				研究与咨询报告(篇)	
		课题数(项)	当年投入人数(人年)	其中:研究生(人年)	当年拨入经费(千元)	当年支出经费(千元)	合计	专著	其中:被译成外文	编著教材	工具书参考书	皮书/发展报告	科普读物					合计	国内学术刊物	国外学术刊物	港、澳、台地区刊物	合计	国家级奖	部级奖	省级奖	合计	其中:被采纳数
	编号	L01	L02	L03	L04	L05	L06	L07	L08	L09	L10	L11	L12	L13	L14	L15	L16	L17	L18	L19	L20	L21	L22	L23	L24	L25	L26
合计	/	72	16.6	0	703	627.64	6	3	0	3	0	0	0	0	1	0	0	177	176	1	0	1	0	0	1	2	2
盐城幼儿师范高等专科学校	1	3	0.4	0	6.5	6.5	0	0	0	0	0	0	0	0	0	0	0	5	5	0	0	0	0	0	0	0	0
苏州幼儿师范高等专科学校	2	1	0.1	0	0	0	1	0	0	1	0	0	0	0	0	0	0	4	4	0	0	0	0	0	0	0	0
无锡职业技术学院	3	0	0	0	0	0	0	0	0	0	0	0	0	0	0	0	0	7	7	0	0	0	0	0	0	0	0
江苏建筑职业技术学院	4	1	0.1	0	0	0.5	0	0	0	0	0	0	0	0	0	0	0	1	1	0	0	0	0	0	0	0	0
南京工业职业技术学院	5	1	0.6	0	0	0	0	0	0	0	0	0	0	0	0	0	0	6	6	0	0	0	0	0	0	0	0
江苏工程职业技术学院	6	0	0	0	0	0	0	0	0	0	0	0	0	0	0	0	0	0	0	0	0	0	0	0	0	0	0
苏州工艺美术职业技术学院	7	0	0	0	0	0	0	0	0	0	0	0	0	0	1	0	0	5	5	0	0	0	0	0	0	0	0
连云港职业技术学院	8	0	0	0	0	0	0	0	0	0	0	0	0	0	0	0	0	2	2	0	0	0	0	0	0	0	0
镇江市高等专科学校	9	2	1.1	0	40	10.2	0	0	0	0	0	0	0	0	0	0	0	2	2	0	0	0	0	0	0	0	0
南通职业大学	10	0	0	0	0	0	0	0	0	0	0	0	0	0	0	0	0	0	0	0	0	0	0	0	0	0	0
苏州职业大学	11	15	4.5	0	473	432.7	3	2	0	1	0	0	0	0	0	0	0	28	28	0	0	1	0	0	1	0	0
沙洲职业工学院	12	0	0	0	0	0	0	0	0	0	0	0	0	0	0	0	0	0	0	0	0	0	0	0	0	0	0
扬州市职业大学	13	1	0.3	0	0	0	0	0	0	0	0	0	0	0	0	0	0	7	7	0	0	0	0	0	0	0	0
连云港师范高等专科学校	14	8	0.7	0	16	12	1	0	0	1	0	0	0	0	0	0	0	7	7	0	0	0	0	0	0	0	0
江苏经贸职业技术学院	15	2	0.4	0	0	0	0	0	0	0	0	0	0	0	0	0	0	2	2	0	0	0	0	0	0	0	0

续表

高校名称	编号	总数					出版著作(部)							古籍整理(部)	译著(部)	发表译文(篇)	电子出版物(件)	发表论文(篇)				获奖成果数(项)				研究与咨询报告(篇)	
		课题数(项)	当年投入人数(人年)	其中：研究生(人年)	当年拨入经费(千元)	当年支出经费(千元)	合计	专著	其中：被译成外文	编著教材	工具书参考书	皮书/发展报告	科普读物					合计	国内学术刊物	国外学术刊物	港、澳、台地区刊物	合计	国家级奖	部级奖	省级奖	合计	其中：被采纳数
		L01	L02	L03	L04	L05	L06	L07	L08	L09	L10	L11	L12	L13	L14	L15	L16	L17	L18	L19	L20	L21	L22	L23	L24	L25	L26
泰州职业技术学院	16	0	0	0	0	0	0	0	0	0	0	0	0	0	0	0	0	2	2	0	0	0	0	0	0	0	0
常州信息职业技术学院	17	1	0.9	0	52	52	0	0	0	0	0	0	0	0	0	0	0	5	5	0	0	0	0	0	0	0	0
江苏海事职业技术学院	18	0	0	0	0	0	0	0	0	0	0	0	0	0	0	0	0	0	0	0	0	0	0	0	0	0	0
无锡科技职业学院	19	1	0.6	0	0	4.8	0	0	0	0	0	0	0	0	0	0	0	1	1	0	0	0	0	0	0	0	0
江苏医药职业学院	20	0	0	0	0	0	0	0	0	0	0	0	0	0	0	0	0	0	0	0	0	0	0	0	0	0	0
南通科技职业学院	21	0	0	0	0	0	0	0	0	0	0	0	0	0	0	0	0	2	2	0	0	0	0	0	0	0	0
苏州经贸职业技术学院	22	1	0.2	0	0	0	0	0	0	0	0	0	0	0	0	0	0	0	0	0	0	0	0	0	0	0	0
苏州工业职业技术学院	23	0	0	0	0	0	0	0	0	0	0	0	0	0	0	0	0	0	0	0	0	0	0	0	0	0	0
苏州卫生职业技术学院	24	0	0	0	0	0	0	0	0	0	0	0	0	0	0	0	0	5	5	0	0	0	0	0	0	0	0
无锡商业职业技术学院	25	0	0	0	0	0	0	0	0	0	0	0	0	0	0	0	0	2	2	0	0	0	0	0	0	0	0
南通航运职业技术学院	26	0	0	0	0	0	0	0	0	0	0	0	0	0	0	0	0	0	0	0	0	0	0	0	0	0	0
南京交通职业技术学院	27	2	0.2	0	0	3.8	0	0	0	0	0	0	0	0	0	0	0	1	1	0	0	0	0	0	0	0	0
淮安信息职业技术学院	28	1	0.3	0	0	0	0	0	0	0	0	0	0	0	0	0	0	0	0	0	0	0	0	0	0	0	0
江苏农牧科技职业学院	29	0	0	0	0	0	0	0	0	0	0	0	0	0	0	0	0	0	0	0	0	0	0	0	0	0	0
常州纺织服装职业技术学院	30	1	0.2	0	0	2.44	0	0	0	0	0	0	0	0	0	0	0	1	1	0	0	0	0	0	0	0	0
苏州农业职业技术学院	31	0	0	0	0	0	0	0	0	0	0	0	0	0	0	0	0	1	1	0	0	0	0	0	0	0	0

续表

南京科技职业学院	32	1	0.1	0	0	0	0	0	0	0	0	0	0	0	0	0	0	0	0	0	0	0	0	0	0	0	0
常州轻工职业技术学院	33	0	0	0	0	0	0	0	0	0	0	0	0	0	0	0	0	1	1	0	0	0	0	0	0	0	0
常州工程职业技术学院	34	1	0.1	0	0	0	0	0	0	0	0	0	0	0	0	0	0	1	1	0	0	0	0	0	0	0	0
江苏农林职业技术学院	35	0	0	0	0	0	0	0	0	0	0	0	0	0	0	0	0	0	0	0	0	0	0	0	0	0	0
江苏食品药品职业技术学院	36	0	0	0	0	0	0	0	0	0	0	0	0	0	0	0	0	0	0	0	0	0	0	0	0	0	0
南京铁道职业技术学院	37	3	0.3	0	4	5	0	0	0	0	0	0	0	0	0	0	0	1	1	0	0	0	0	0	0	0	0
徐州工业职业技术学院	38	0	0	0	0	0	0	0	0	0	0	0	0	0	0	0	0	0	0	0	0	0	0	0	0	0	0
江苏信息职业技术学院	39	0	0	0	0	0	0	0	0	0	0	0	0	0	0	0	0	0	0	0	0	0	0	0	0	0	0
南京信息职业技术学院	40	0	0	0	0	0	0	0	0	0	0	0	0	0	0	0	0	2	2	0	0	0	0	0	0	0	0
常州机电职业技术学院	41	0	0	0	0	0	0	0	0	0	0	0	0	0	0	0	0	0	0	0	0	0	0	0	0	0	0
江阴职业技术学院	42	0	0	0	0	0	0	0	0	0	0	0	0	0	0	0	0	0	0	0	0	0	0	0	0	0	0
无锡城市职业技术学院	43	0	0	0	0	0	0	0	0	0	0	0	0	0	0	0	0	6	6	0	0	0	0	0	0	0	0
无锡工艺职业技术学院	44	1	0.2	0	0	0	0	0	0	0	0	0	0	0	0	0	0	0	0	0	0	0	0	0	0	0	0
苏州健雄职业技术学院	45	0	0	0	0	0	0	0	0	0	0	0	0	0	0	0	0	1	1	0	0	0	0	0	0	0	0
盐城工业职业技术学院	46	0	0	0	0	0	0	0	0	0	0	0	0	0	0	0	0	0	0	0	0	0	0	0	0	0	0
江苏财经职业技术学院	47	2	0.2	0	0	2.5	0	0	0	0	0	0	0	0	0	0	0	2	2	0	0	0	0	0	0	0	0
扬州工业职业技术学院	48	1	0.1	0	0	1	0	0	0	0	0	0	0	0	0	0	0	0	0	0	0	0	0	0	0	0	0
江苏城市职业学院	49	3	0.9	0	0	1.5	0	0	0	0	0	0	0	0	0	0	0	4	4	0	0	0	0	0	0	0	0

续表

高校名称		总数					出版著作(部)							古籍整理(部)	译著(部)	发表译文(篇)	电子出版物(件)	发表论文(篇)				获奖成果数(项)				研究与咨询报告(篇)	
		课题数(项)	当年投入人数(人年)	其中：研究生(人年)	当年拨入经费(千元)	当年支出经费(千元)	合计	专著	其中：被译成外文	编著教材	工具书参考书	皮书/发展报告	科普读物					合计	国内学术刊物	国外学术刊物	港、澳、台地区刊物	合计	国家级奖	部级奖	省级奖	合计	其中：被采纳数
	编号	L01	L02	L03	L04	L05	L06	L07	L08	L09	L10	L11	L12	L13	L14	L15	L16	L17	L18	L19	L20	L21	L22	L23	L24	L25	L26
南京城市职业学院	50	0	0	0	0	0	0	0	0	0	0	0	0	0	0	0	0	0	0	0	0	0	0	0	0	0	0
南京机电职业技术学院	51	1	0.1	0	3	0	0	0	0	0	0	0	0	0	0	0	0	0	0	0	0	0	0	0	0	0	0
南京旅游职业学院	52	1	0	0	0	0	0	0	0	0	0	0	0	0	0	0	0	0	0	0	0	0	0	0	0	0	0
江苏卫生健康职业学院	53	0	0	0	0	0	0	0	0	0	0	0	0	0	0	0	0	0	0	0	0	0	0	0	0	0	0
苏州信息职业技术学院	54	0	0	0	0	0	0	0	0	0	0	0	0	0	0	0	0	0	0	0	0	0	0	0	0	0	0
苏州工业园区服务外包职业学院	55	3	0.6	0	60	62.2	1	1	0	0	0	0	0	0	0	0	0	13	12	1	0	0	0	0	0	2	2
徐州幼儿师范高等专科学校	56	2	0.5	0	8	5	0	0	0	0	0	0	0	0	0	0	0	6	6	0	0	0	0	0	0	0	0
徐州生物工程职业技术学院	57	0	0	0	0	0	0	0	0	0	0	0	0	0	0	0	0	0	0	0	0	0	0	0	0	0	0
江苏商贸职业学院	58	3	1.6	0	0	0	0	0	0	0	0	0	0	0	0	0	0	10	10	0	0	0	0	0	0	0	0
南通师范高等专科学校	59	5	0.6	0	15	0	0	0	0	0	0	0	0	0	0	0	0	15	15	0	0	0	0	0	0	0	0
江苏护理职业学院	60	3	0.4	0	15.5	15.5	0	0	0	0	0	0	0	0	0	0	0	6	6	0	0	0	0	0	0	0	0
江苏财会职业学院	61	0	0	0	0	0	0	0	0	0	0	0	0	0	0	0	0	4	4	0	0	0	0	0	0	0	0
江苏城乡建设职业学院	62	0	0	0	0	0	0	0	0	0	0	0	0	0	0	0	0	2	2	0	0	0	0	0	0	0	0
江苏航空职业技术学院	63	0	0	0	0	0	0	0	0	0	0	0	0	0	0	0	0	0	0	0	0	0	0	0	0	0	0
江苏安全技术职业学院	64	0	0	0	0	0	0	0	0	0	0	0	0	0	0	0	0	3	3	0	0	0	0	0	0	0	0
江苏旅游职业学院	65	1	0.3	0	10	10	0	0	0	0	0	0	0	0	0	0	0	4	4	0	0	0	0	0	0	0	0

3.8 外国文学人文、社会科学研究与课题成果情况表

高校名称	编号	总数					出版著作(部)							古籍整理(部)	译著(部)	发表译文(篇)	电子出版物(件)	发表论文(篇)				获奖成果数(项)				研究与咨询报告(篇)	
		课题数(项)	当年投入人数(人年)	其中：研究生(人年)	当年拨入经费(千元)	当年支出经费(千元)	合计	专著	其中：被译成外文	编著教材	工具书参考书	皮书/发展报告	科普读物					合计	国内学术刊物	国外学术刊物	港澳、台地区刊物	合计	国家级奖	部级奖	省级奖	合计	其中：被采纳数
		L01	L02	L03	L04	L05	L06	L07	L08	L09	L10	L11	L12	L13	L14	L15	L16	L17	L18	L19	L20	L21	L22	L23	L24	L25	L26
合计	/	36	7.5	0	57	78.95	1	0	0	1	0	0	0	0	0	0	0	77	77	0	0	0	0	0	0	0	0
盐城幼儿师范高等专科学校	1	2	0.4	0	5	5	0	0	0	0	0	0	0	0	0	0	0	1	1	0	0	0	0	0	0	0	0
苏州幼儿师范高等专科学校	2	0	0	0	0	0	0	0	0	0	0	0	0	0	0	0	0	0	0	0	0	0	0	0	0	0	0
无锡职业技术学院	3	2	0.2	0	0	19.6	0	0	0	0	0	0	0	0	0	0	0	6	6	0	0	0	0	0	0	0	0
江苏建筑职业技术学院	4	0	0	0	0	0	0	0	0	0	0	0	0	0	0	0	0	0	0	0	0	0	0	0	0	0	0
南京工业职业技术学院	5	1	0.4	0	0	0	0	0	0	0	0	0	0	0	0	0	0	1	1	0	0	0	0	0	0	0	0
江苏工程职业技术学院	6	0	0	0	0	0	0	0	0	0	0	0	0	0	0	0	0	1	1	0	0	0	0	0	0	0	0
苏州工艺美术职业技术学院	7	0	0	0	0	0	0	0	0	0	0	0	0	0	0	0	0	2	2	0	0	0	0	0	0	0	0
连云港职业技术学院	8	0	0	0	0	0	0	0	0	0	0	0	0	0	0	0	0	0	0	0	0	0	0	0	0	0	0
镇江市高等专科学校	9	0	0	0	0	0	0	0	0	0	0	0	0	0	0	0	0	0	0	0	0	0	0	0	0	0	0
南通职业大学	10	0	0	0	0	0	0	0	0	0	0	0	0	0	0	0	0	0	0	0	0	0	0	0	0	0	0
苏州职业大学	11	3	1.7	0	10	5.3	0	0	0	0	0	0	0	0	0	0	0	1	1	0	0	0	0	0	0	0	0
沙洲职业工学院	12	0	0	0	0	0	0	0	0	0	0	0	0	0	0	0	0	0	0	0	0	0	0	0	0	0	0
扬州市职业大学	13	0	0	0	0	0	0	0	0	0	0	0	0	0	0	0	0	3	3	0	0	0	0	0	0	0	0
连云港师范高等专科学校	14	9	0.9	0	0	0	0	0	0	0	0	0	0	0	0	0	0	3	3	0	0	0	0	0	0	0	0
江苏经贸职业技术学院	15	1	0.1	0	0	0	0	0	0	0	0	0	0	0	0	0	0	0	0	0	0	0	0	0	0	0	0

续表

高校名称		总数					出版著作(部)							古籍整理(部)	译著(部)	发表译文(篇)	电子出版物(件)	发表论文(篇)				获奖成果数(项)				研究与咨询报告(篇)	
		课题数(项)	当年投入人数(人年)	其中：研究生(人年)	当年拨入经费(千元)	当年支出经费(千元)	合计	专著	其中：被译成外文	编著教材	工具书参考书	皮书/发展报告	科普读物					合计	国内学术刊物	国外学术刊物	港、澳、台地区刊物	合计	国家级奖	部级奖	省级奖	合计	其中：被采纳数
	编号	L01	L02	L03	L04	L05	L06	L07	L08	L09	L10	L11	L12	L13	L14	L15	L16	L17	L18	L19	L20	L21	L22	L23	L24	L25	L26
泰州职业技术学院	16	1	0.2	0	0	3.2	0	0	0	0	0	0	0	0	0	0	0	1	1	0	0	0	0	0	0	0	0
常州信息职业技术学院	17	2	0.9	0	16	16	0	0	0	0	0	0	0	0	0	0	0	0	0	0	0	0	0	0	0	0	0
江苏海事职业技术学院	18	0	0	0	0	0	0	0	0	0	0	0	0	0	0	0	0	0	0	0	0	0	0	0	0	0	0
无锡科技职业学院	19	0	0	0	0	0	0	0	0	0	0	0	0	0	0	0	0	0	0	0	0	0	0	0	0	0	0
江苏医药职业学院	20	0	0	0	0	0	0	0	0	0	0	0	0	0	0	0	0	0	0	0	0	0	0	0	0	0	0
南通科技职业学院	21	4	1.2	0	0	7.85	1	0	0	1	0	0	0	0	0	0	0	0	0	0	0	0	0	0	0	0	0
苏州经贸职业技术学院	22	0	0	0	0	0	0	0	0	0	0	0	0	0	0	0	0	0	0	0	0	0	0	0	0	0	0
苏州工业职业技术学院	23	0	0	0	0	0	0	0	0	0	0	0	0	0	0	0	0	0	0	0	0	0	0	0	0	0	0
苏州卫生职业技术学院	24	0	0	0	0	0	0	0	0	0	0	0	0	0	0	0	0	0	0	0	0	0	0	0	0	0	0
无锡商业职业技术学院	25	0	0	0	0	0	0	0	0	0	0	0	0	0	0	0	0	22	22	0	0	0	0	0	0	0	0
南通航运职业技术学院	26	0	0	0	0	0	0	0	0	0	0	0	0	0	0	0	0	0	0	0	0	0	0	0	0	0	0
南京交通职业技术学院	27	0	0	0	0	0	0	0	0	0	0	0	0	0	0	0	0	0	0	0	0	0	0	0	0	0	0
淮安信息职业技术学院	28	0	0	0	0	0	0	0	0	0	0	0	0	0	0	0	0	0	0	0	0	0	0	0	0	0	0
江苏农牧科技职业学院	29	0	0	0	0	0	0	0	0	0	0	0	0	0	0	0	0	0	0	0	0	0	0	0	0	0	0
常州纺织服装职业技术学院	30	2	0.3	0	0	0.8	0	0	0	0	0	0	0	0	0	0	0	1	1	0	0	0	0	0	0	0	0
苏州农业职业技术学院	31	0	0	0	0	0	0	0	0	0	0	0	0	0	0	0	0	0	0	0	0	0	0	0	0	0	0

续表

南京科技职业学院	32	0	0	0	0	0	0	0	0	0	0	0	0	0	0	0	0	0	0	0	0	0	0	0	0	0	0
常州轻工职业技术学院	33	0	0	0	0	0	0	0	0	0	0	0	0	0	0	0	0	0	0	0	0	0	0	0	0	0	0
常州工程职业技术学院	34	0	0	0	0	0	0	0	0	0	0	0	0	0	0	0	0	0	0	0	0	0	0	0	0	0	0
江苏农林职业技术学院	35	0	0	0	0	0	0	0	0	0	0	0	0	0	0	0	0	0	0	0	0	0	0	0	0	0	0
江苏食品药品职业技术学院	36	1	0.2	0	0	2	0	0	0	0	0	0	0	0	0	0	0	0	0	0	0	0	0	0	0	0	0
南京铁道职业技术学院	37	2	0.2	0	2	2	0	0	0	0	0	0	0	0	0	0	0	0	0	0	0	0	0	0	0	0	0
徐州工业职业技术学院	38	0	0	0	0	0	0	0	0	0	0	0	0	0	0	0	0	0	0	0	0	0	0	0	0	0	0
江苏信息职业技术学院	39	0	0	0	0	0	0	0	0	0	0	0	0	0	0	0	0	0	0	0	0	0	0	0	0	0	0
南京信息职业技术学院	40	0	0	0	0	0	0	0	0	0	0	0	0	0	0	0	0	4	4	0	0	0	0	0	0	0	0
常州机电职业技术学院	41	0	0	0	0	0	0	0	0	0	0	0	0	0	0	0	0	0	0	0	0	0	0	0	0	0	0
江阴职业技术学院	42	0	0	0	0	0	0	0	0	0	0	0	0	0	0	0	0	0	0	0	0	0	0	0	0	0	0
无锡城市职业技术学院	43	0	0	0	0	0	0	0	0	0	0	0	0	0	0	0	0	2	2	0	0	0	0	0	0	0	0
无锡工艺职业技术学院	44	0	0	0	0	0	0	0	0	0	0	0	0	0	0	0	0	0	0	0	0	0	0	0	0	0	0
苏州健雄职业技术学院	45	0	0	0	0	0	0	0	0	0	0	0	0	0	0	0	0	0	0	0	0	0	0	0	0	0	0
盐城工业职业技术学院	46	0	0	0	0	0	0	0	0	0	0	0	0	0	0	0	0	0	0	0	0	0	0	0	0	0	0
江苏财经职业技术学院	47	1	0.1	0	10	5.2	0	0	0	0	0	0	0	0	0	0	0	0	0	0	0	0	0	0	0	0	0
扬州工业职业技术学院	48	0	0	0	0	0	0	0	0	0	0	0	0	0	0	0	0	1	1	0	0	0	0	0	0	0	0
江苏城市职业学院	49	1	0.2	0	0	0	0	0	0	0	0	0	0	0	0	0	0	1	1	0	0	0	0	0	0	0	0

续表

高校名称		总数					出版著作(部)							古籍整理(部)	译著(部)	发表译文(篇)	电子出版物(件)	发表论文(篇)				获奖成果数(项)				研究与咨询报告(篇)	
		课题数(项)	当年投入人数(人年)	其中:研究生(人年)	当年拨入经费(千元)	当年支出经费(千元)	合计	专著	其中:被译成外文	编著教材	工具书参考书	皮书/发展报告	科普读物					合计	国内学术刊物	国外学术刊物	港、澳、台地区刊物	合计	国家级奖	部级奖	省级奖	合计	其中:被采纳数
	编号	L01	L02	L03	L04	L05	L06	L07	L08	L09	L10	L11	L12	L13	L14	L15	L16	L17	L18	L19	L20	L21	L22	L23	L24	L25	L26
南京城市职业学院	50	0	0	0	0	0	0	0	0	0	0	0	0	0	0	0	0	0	0	0	0	0	0	0	0	0	0
南京机电职业技术学院	51	0	0	0	0	0	0	0	0	0	0	0	0	0	0	0	0	0	0	0	0	0	0	0	0	0	0
南京旅游职业学院	52	2	0.3	0	4	2	0	0	0	0	0	0	0	0	0	0	0	0	0	0	0	0	0	0	0	0	0
江苏卫生健康职业学院	53	0	0	0	0	0	0	0	0	0	0	0	0	0	0	0	0	0	0	0	0	0	0	0	0	0	0
苏州信息职业技术学院	54	0	0	0	0	0	0	0	0	0	0	0	0	0	0	0	0	0	0	0	0	0	0	0	0	0	0
苏州工业园区服务外包职业学院	55	0	0	0	0	0	0	0	0	0	0	0	0	0	0	0	0	0	0	0	0	0	0	0	0	0	0
徐州幼儿师范高等专科学校	56	0	0	0	0	0	0	0	0	0	0	0	0	0	0	0	0	11	11	0	0	0	0	0	0	0	0
徐州生物工程职业技术学院	57	0	0	0	0	0	0	0	0	0	0	0	0	0	0	0	0	0	0	0	0	0	0	0	0	0	0
江苏商贸职业学院	58	0	0	0	0	0	0	0	0	0	0	0	0	0	0	0	0	2	2	0	0	0	0	0	0	0	0
南通师范高等专科学校	59	1	0.1	0	0	0	0	0	0	0	0	0	0	0	0	0	0	5	5	0	0	0	0	0	0	0	0
江苏护理职业学院	60	0	0	0	0	0	0	0	0	0	0	0	0	0	0	0	0	0	0	0	0	0	0	0	0	0	0
江苏财会职业学院	61	0	0	0	0	0	0	0	0	0	0	0	0	0	0	0	0	6	6	0	0	0	0	0	0	0	0
江苏城乡建设职业学院	62	0	0	0	0	0	0	0	0	0	0	0	0	0	0	0	0	0	0	0	0	0	0	0	0	0	0
江苏航空职业技术学院	63	0	0	0	0	0	0	0	0	0	0	0	0	0	0	0	0	0	0	0	0	0	0	0	0	0	0
江苏安全技术职业学院	64	0	0	0	0	0	0	0	0	0	0	0	0	0	0	0	0	0	0	0	0	0	0	0	0	0	0
江苏旅游职业学院	65	1	0.1	0	10	10	0	0	0	0	0	0	0	0	0	0	0	3	3	0	0	0	0	0	0	0	0

3.9 艺术学人文、社会科学研究与课题成果情况表

高校名称		总数					出版著作(部)							古籍整理(部)	译著(部)	发表译文(篇)	电子出版物(件)	发表论文(篇)				获奖成果数(项)				研究与咨询报告(篇)	
		课题数(项)	当年投入人数(人年)	其中:研究生(人年)	当年拨入经费(千元)	当年支出经费(千元)	合计	专著	其中:被译成外文	编著教材	工具书参考书	皮书/发展报告	科普读物					合计	国内学术刊物	国外学术刊物	港、澳、台地区刊物	合计	国家级奖	部级奖	省级奖	合计	其中:被采纳数
	编号	L01	L02	L03	L04	L05	L06	L07	L08	L09	L10	L11	L12	L13	L14	L15	L16	L17	L18	L19	L20	L21	L22	L23	L24	L25	L26
合计	/	570	117.8	0	5 771.69	5 479.64	44	14	0	30	0	0	0	0	1	0	2	886	881	5	0	0	0	0	0	129	39
盐城幼儿师范高等专科学校	1	3	0.4	0	27.5	27.5	0	0	0	0	0	0	0	0	0	0	0	13	13	0	0	0	0	0	0	0	0
苏州幼儿师范高等专科学校	2	1	0.1	0	0	0	2	0	0	2	0	0	0	0	0	0	0	10	10	0	0	0	0	0	0	0	0
无锡职业技术学院	3	14	1.9	0	32	24.3	0	0	0	0	0	0	0	0	0	0	0	10	10	0	0	0	0	0	0	0	0
江苏建筑职业技术学院	4	20	3.7	0	32	12	2	0	0	2	0	0	0	0	0	0	0	22	22	0	0	0	0	0	0	0	0
南京工业职业技术学院	5	10	4	0	65.1	63.4	0	0	0	0	0	0	0	0	0	0	0	50	50	0	0	0	0	0	0	19	19
江苏工程职业技术学院	6	6	0.9	0	2	1.5	3	3	0	0	0	0	0	0	0	0	0	29	29	0	0	0	0	0	0	0	0
苏州工艺美术职业技术学院	7	48	8.2	0	481	542.22	5	1	0	4	0	0	0	0	1	0	0	189	186	3	0	0	0	0	0	9	9
连云港职业技术学院	8	4	1.4	0	2.5	2.5	0	0	0	0	0	0	0	0	0	0	0	12	12	0	0	0	0	0	0	0	0
镇江市高等专科学校	9	9	2.6	0	17	18.8	1	1	0	0	0	0	0	0	0	0	0	12	12	0	0	0	0	0	0	0	0
南通职业大学	10	7	1.4	0	85	70	0	0	0	0	0	0	0	0	0	0	0	0	0	0	0	0	0	0	0	0	0
苏州职业大学	11	28	10.2	0	281	216.2	4	0	0	4	0	0	0	0	0	0	0	25	25	0	0	0	0	0	0	7	1
沙洲职业工学院	12	0	0	0	0	0	0	0	0	0	0	0	0	0	0	0	0	3	3	0	0	0	0	0	0	0	0
扬州市职业大学	13	33	7.2	0	110.5	110.5	1	1	0	0	0	0	0	0	0	0	2	14	14	0	0	0	0	0	0	19	0
连云港师范高等专科学校	14	20	2	0	4	0	1	0	0	1	0	0	0	0	0	0	0	6	6	0	0	0	0	0	0	0	0
江苏经贸职业技术学院	15	7	1.3	0	10	15	0	0	0	0	0	0	0	0	0	0	0	5	5	0	0	0	0	0	0	0	0

续表

高校名称	编号	总数：课题数（项）	总数：当年投入人数（人年）	总数：其中：研究生（人年）	总数：当年拨入经费（千元）	总数：当年支出经费（千元）	出版著作（部）：合计	出版著作（部）：专著	出版著作（部）：其中：被译成外文	出版著作（部）：编著教材	出版著作（部）：工具书参考书	出版著作（部）：皮书/发展报告	出版著作（部）：科普读物	古籍整理（部）	译著（部）	发表译文（篇）	电子出版物（件）	发表论文（篇）：合计	发表论文（篇）：国内学术刊物	发表论文（篇）：国外学术刊物	发表论文（篇）：港、澳、台地区刊物	获奖成果数（项）：合计	获奖成果数（项）：国家级奖	获奖成果数（项）：部级奖	获奖成果数（项）：省级奖	研究与咨询报告（篇）：合计	研究与咨询报告（篇）：其中：被采纳数
		L01	L02	L03	L04	L05	L06	L07	L08	L09	L10	L11	L12	L13	L14	L15	L16	L17	L18	L19	L20	L21	L22	L23	L24	L25	L26
泰州职业技术学院	16	4	0.8	0	6	11	0	0	0	0	0	0	0	0	0	0	0	7	7	0	0	0	0	0	0	1	1
常州信息职业技术学院	17	9	3.8	0	38	38	0	0	0	0	0	0	0	0	0	0	0	31	31	0	0	0	0	0	0	0	0
江苏海事职业技术学院	18	8	1.8	0	135	135.16	0	0	0	0	0	0	0	0	0	0	0	5	5	0	0	0	0	0	0	1	1
无锡科技职业学院	19	4	1.5	0	0	11.6	0	0	0	0	0	0	0	0	0	0	0	0	0	0	0	0	0	0	0	0	0
江苏医药职业学院	20	0	0	0	0	0	0	0	0	0	0	0	0	0	0	0	0	0	0	0	0	0	0	0	0	0	0
南通科技职业学院	21	1	0.1	0	10	3.8	0	0	0	0	0	0	0	0	0	0	0	0	0	0	0	0	0	0	0	0	0
苏州经贸职业技术学院	22	7	1.9	0	89	108.05	5	3	0	2	0	0	0	0	0	0	0	28	28	0	0	0	0	0	0	1	0
苏州工业职业技术学院	23	4	0.5	0	65	68.6	0	0	0	0	0	0	0	0	0	0	0	7	7	0	0	0	0	0	0	2	2
苏州卫生职业技术学院	24	0	0	0	0	0	0	0	0	0	0	0	0	0	0	0	0	0	0	0	0	0	0	0	0	0	0
无锡商业职业技术学院	25	12	2	0	36	107.72	3	1	0	2	0	0	0	0	0	0	0	32	32	0	0	0	0	0	0	3	0
南通航运职业技术学院	26	1	0.2	0	0	2	0	0	0	0	0	0	0	0	0	0	0	17	17	0	0	0	0	0	0	0	0
南京交通职业技术学院	27	12	1.2	0	15	15.13	0	0	0	0	0	0	0	0	0	0	0	7	7	0	0	0	0	0	0	0	0
淮安信息职业技术学院	28	0	0	0	0	0	0	0	0	0	0	0	0	0	0	0	0	2	2	0	0	0	0	0	0	0	0
江苏农牧科技职业学院	29	1	0.1	0	10	3	0	0	0	0	0	0	0	0	0	0	0	0	0	0	0	0	0	0	0	0	0
常州纺织服装职业技术学院	30	14	2.5	0	286	105.1	1	0	0	1	0	0	0	0	0	0	0	26	26	0	0	0	0	0	0	1	1
苏州农业职业技术学院	31	0	0	0	0	0	0	0	0	0	0	0	0	0	0	0	0	0	0	0	0	0	0	0	0	0	0

续表

南京科技职业学院	32	1	0.1	0	0	6	0	0	0	0	0	0	0	0	0	0	0	0	0	0	0	0	0	0	0	0	0
常州轻工职业技术学院	33	5	1.9	0	147	73	2	1	0	1	0	0	0	0	0	0	0	4	4	0	0	0	0	0	0	1	1
常州工程职业技术学院	34	3	0.4	0	0	13	0	0	0	0	0	0	0	0	0	0	0	3	3	0	0	0	0	0	0	0	0
江苏农林职业技术学院	35	0	0	0	0	0	0	0	0	0	0	0	0	0	0	0	0	5	5	0	0	0	0	0	0	0	0
江苏食品药品职业技术学院	36	1	0.3	0	10	10	0	0	0	0	0	0	0	0	0	0	0	0	0	0	0	0	0	0	0	1	0
南京铁道职业技术学院	37	12	1.5	0	7	12	0	0	0	0	0	0	0	0	0	0	0	14	13	1	0	0	0	0	0	0	0
徐州工业职业技术学院	38	0	0	0	0	0	1	0	0	1	0	0	0	0	0	0	0	2	2	0	0	0	0	0	0	0	0
江苏信息职业技术学院	39	6	1.4	0	58.89	44.65	0	0	0	0	0	0	0	0	0	0	0	5	5	0	0	0	0	0	0	0	0
南京信息职业技术学院	40	8	0.8	0	0.5	2.9	2	0	0	2	0	0	0	0	0	0	0	21	21	0	0	0	0	0	0	0	0
常州机电职业技术学院	41	6	1	0	32	17.16	0	0	0	0	0	0	0	0	0	0	0	3	3	0	0	0	0	0	0	1	0
江阴职业技术学院	42	1	0.1	0	3	1	0	0	0	0	0	0	0	0	0	0	0	0	0	0	0	0	0	0	0	0	0
无锡城市职业技术学院	43	6	1.5	0	10	15.7	0	0	0	0	0	0	0	0	0	0	0	25	25	0	0	0	0	0	0	0	0
无锡工艺职业技术学院	44	70	12.1	0	2 107	2 078.5	7	3	0	4	0	0	0	0	0	0	0	86	86	0	0	0	0	0	0	45	0
苏州健雄职业技术学院	45	15	3.2	0	56	80	0	0	0	0	0	0	0	0	0	0	0	14	14	0	0	0	0	0	0	1	0
盐城工业职业技术学院	46	58	6.9	0	510	582	2	0	0	2	0	0	0	0	0	0	0	17	17	0	0	0	0	0	0	5	0
江苏财经职业技术学院	47	0	0	0	0	0	0	0	0	0	0	0	0	0	0	0	0	3	3	0	0	0	0	0	0	0	0
扬州工业职业技术学院	48	11	1.5	0	188	188	0	0	0	0	0	0	0	0	0	0	0	4	4	0	0	0	0	0	0	4	2
江苏城市职业学院	49	34	14.2	0	488	309.2	0	0	0	0	0	0	0	0	0	0	0	38	37	1	0	0	0	0	0	0	0

续表

高校名称		总数					出版著作(部)							古籍整理(部)	译著(部)	发表译文(篇)	电子出版物(件)	发表论文(篇)				获奖成果数(项)				研究与咨询报告(篇)	
		课题数(项)	当年投入人数(人年)	其中:研究生(人年)	当年拨入经费(千元)	当年支出经费(千元)	合计	专著	其中:被译成外文	编著教材	工具书参考书	皮书/发展报告	科普读物					合计	国内学术刊物	国外学术刊物	港、澳、台地区刊物	合计	国家级奖	部级奖	省级奖	合计	其中:被采纳数
	编号	L01	L02	L03	L04	L05	L06	L07	L08	L09	L10	L11	L12	L13	L14	L15	L16	L17	L18	L19	L20	L21	L22	L23	L24	L25	L26
南京城市职业学院	50	4	0.5	0	3.2	3.6	0	0	0	0	0	0	0	0	0	0	0	0	0	0	0	0	0	0	0	0	0
南京机电职业技术学院	51	5	1.1	0	29	22.8	0	0	0	0	0	0	0	0	0	0	0	4	4	0	0	0	0	0	0	0	0
南京旅游职业学院	52	2	0.7	0	0	36.5	0	0	0	0	0	0	0	0	0	0	0	0	0	0	0	0	0	0	0	0	0
江苏卫生健康职业学院	53	0	0	0	0	0	0	0	0	0	0	0	0	0	0	0	0	1	1	0	0	0	0	0	0	0	0
苏州信息职业技术学院	54	0	0	0	0	0	0	0	0	0	0	0	0	0	0	0	0	0	0	0	0	0	0	0	0	0	0
苏州工业园区服务外包职业学院	55	16	2.6	0	191	186.8	0	0	0	0	0	0	0	0	0	0	0	8	8	0	0	0	0	0	0	2	2
徐州幼儿师范高等专科学校	56	5	1.4	0	8	14.5	0	0	0	0	0	0	0	0	0	0	0	19	19	0	0	0	0	0	0	4	0
徐州生物工程职业技术学院	57	0	0	0	0	0	0	0	0	0	0	0	0	0	0	0	0	0	0	0	0	0	0	0	0	0	0
江苏商贸职业学院	58	5	1.2	0	25.8	11.55	2	0	0	2	0	0	0	0	0	0	0	15	15	0	0	0	0	0	0	2	0
南通师范高等专科学校	59	2	0.2	0	0	0	0	0	0	0	0	0	0	0	0	0	0	7	7	0	0	0	0	0	0	0	0
江苏护理职业学院	60	0	0	0	0	0	0	0	0	0	0	0	0	0	0	0	0	0	0	0	0	0	0	0	0	0	0
江苏财会职业学院	61	0	0	0	0	0	0	0	0	0	0	0	0	0	0	0	0	0	0	0	0	0	0	0	0	0	0
江苏城乡建设职业学院	62	0	0	0	0	0	0	0	0	0	0	0	0	0	0	0	0	2	2	0	0	0	0	0	0	0	0
江苏航空职业技术学院	63	2	0.8	0	7.7	7.7	0	0	0	0	0	0	0	0	0	0	0	3	3	0	0	0	0	0	0	0	0
江苏安全技术职业学院	64	0	0	0	0	0	0	0	0	0	0	0	0	0	0	0	0	0	0	0	0	0	0	0	0	0	0
江苏旅游职业学院	65	5	0.7	0	50	50	0	0	0	0	0	0	0	0	0	0	0	21	21	0	0	0	0	0	0	0	0

3.10 历史学人文、社会科学研究与课题成果情况表

高校名称		总数					出版著作(部)							古籍整理(部)	译著(部)	发表译文(篇)	电子出版物(件)	发表论文(篇)				获奖成果数(项)				研究与咨询报告(篇)	
		课题数(项)	当年投入人数(人年)	其中:研究生(人年)	当年拨入经费(千元)	当年支出经费(千元)	合计	专著	其中:被译成外文	编著教材	工具书参考书	皮书/发展报告	科普读物					合计	国内学术刊物	国外学术刊物	港、澳、台地区刊物	合计	国家级奖	部级奖	省级奖	合计	其中:被采纳数
	编号	L01	L02	L03	L04	L05	L06	L07	L08	L09	L10	L11	L12	L13	L14	L15	L16	L17	L18	L19	L20	L21	L22	L23	L24	L25	L26
合计	/	33	6.3	0	143.6	143.75	2	2	0	0	0	0	0	0	1	0	0	35	35	0	0	0	0	0	0	4	3
盐城幼儿师范高等专科学校	1	0	0	0	0	0	0	0	0	0	0	0	0	0	0	0	0	2	2	0	0	0	0	0	0	0	0
苏州幼儿师范高等专科学校	2	1	0.1	0	10	0	0	0	0	0	0	0	0	0	0	0	0	4	4	0	0	0	0	0	0	0	0
无锡职业技术学院	3	5	0.9	0	14	42.35	0	0	0	0	0	0	0	0	0	0	0	1	1	0	0	0	0	0	0	0	0
江苏建筑职业技术学院	4	0	0	0	0	0	0	0	0	0	0	0	0	0	0	0	0	0	0	0	0	0	0	0	0	0	0
南京工业职业技术学院	5	0	0	0	0	0	0	0	0	0	0	0	0	0	0	0	0	7	7	0	0	0	0	0	0	1	1
江苏工程职业技术学院	6	0	0	0	0	0	0	0	0	0	0	0	0	0	0	0	0	0	0	0	0	0	0	0	0	0	0
苏州工艺美术职业技术学院	7	0	0	0	0	0	0	0	0	0	0	0	0	0	1	0	0	0	0	0	0	0	0	0	0	0	0
连云港职业技术学院	8	4	1	0	18	18	0	0	0	0	0	0	0	0	0	0	0	1	1	0	0	0	0	0	0	0	0
镇江市高等专科学校	9	0	0	0	0	0	0	0	0	0	0	0	0	0	0	0	0	0	0	0	0	0	0	0	0	0	0
南通职业大学	10	0	0	0	0	0	0	0	0	0	0	0	0	0	0	0	0	0	0	0	0	0	0	0	0	0	0
苏州职业大学	11	2	0.4	0	30	12.5	0	0	0	0	0	0	0	0	0	0	0	4	4	0	0	0	0	0	0	0	0
沙洲职业工学院	12	0	0	0	0	0	0	0	0	0	0	0	0	0	0	0	0	0	0	0	0	0	0	0	0	0	0
扬州市职业大学	13	3	0.5	0	0	0	0	0	0	0	0	0	0	0	0	0	0	1	1	0	0	0	0	0	0	0	0
连云港师范高等专科学校	14	1	0.2	0	5	5	0	0	0	0	0	0	0	0	0	0	0	1	1	0	0	0	0	0	0	0	0
江苏经贸职业技术学院	15	0	0	0	0	0	0	0	0	0	0	0	0	0	0	0	0	1	1	0	0	0	0	0	0	0	0

续表

高校名称	编号	总数：课题数（项）	总数：当年投入人数（人年）	总数：其中：研究生（人年）	总数：当年拨入经费（千元）	总数：当年支出经费（千元）	出版著作（部）：合计	出版著作（部）：专著	出版著作（部）：其中：被译成外文	出版著作（部）：编著教材	出版著作（部）：工具书参考书	出版著作（部）：皮书/发展报告	出版著作（部）：科普读物	古籍整理（部）	译著（部）	发表译文（篇）	电子出版物（件）	发表论文（篇）：合计	发表论文（篇）：国内学术刊物	发表论文（篇）：国外学术刊物	发表论文（篇）：港、澳、台地区刊物	获奖成果数（项）：合计	获奖成果数（项）：国家级奖	获奖成果数（项）：部级奖	获奖成果数（项）：省级奖	研究与咨询报告（篇）：合计	研究与咨询报告（篇）：其中：被采纳数
		L01	L02	L03	L04	L05	L06	L07	L08	L09	L10	L11	L12	L13	L14	L15	L16	L17	L18	L19	L20	L21	L22	L23	L24	L25	L26
泰州职业技术学院	16	0	0	0	0	0	0	0	0	0	0	0	0	0	0	0	0	0	0	0	0	0	0	0	0	0	0
常州信息职业技术学院	17	0	0	0	0	0	0	0	0	0	0	0	0	0	0	0	0	0	0	0	0	0	0	0	0	0	0
江苏海事职业技术学院	18	0	0	0	0	0	0	0	0	0	0	0	0	0	0	0	0	0	0	0	0	0	0	0	0	0	0
无锡科技职业学院	19	0	0	0	0	0	0	0	0	0	0	0	0	0	0	0	0	0	0	0	0	0	0	0	0	0	0
江苏医药职业学院	20	0	0	0	0	0	0	0	0	0	0	0	0	0	0	0	0	0	0	0	0	0	0	0	0	0	0
南通科技职业学院	21	0	0	0	0	0	0	0	0	0	0	0	0	0	0	0	0	0	0	0	0	0	0	0	0	0	0
苏州经贸职业技术学院	22	1	0.3	0	5	5.8	0	0	0	0	0	0	0	0	0	0	0	1	1	0	0	0	0	0	0	0	0
苏州工业职业技术学院	23	1	0.1	0	20	20	0	0	0	0	0	0	0	0	0	0	0	0	0	0	0	0	0	0	0	1	1
苏州卫生职业技术学院	24	0	0	0	0	0	0	0	0	0	0	0	0	0	0	0	0	0	0	0	0	0	0	0	0	0	0
无锡商业职业技术学院	25	0	0	0	0	0	0	0	0	0	0	0	0	0	0	0	0	0	0	0	0	0	0	0	0	0	0
南通航运职业技术学院	26	0	0	0	0	0	0	0	0	0	0	0	0	0	0	0	0	0	0	0	0	0	0	0	0	0	0
南京交通职业技术学院	27	0	0	0	0	0	0	0	0	0	0	0	0	0	0	0	0	0	0	0	0	0	0	0	0	0	0
淮安信息职业技术学院	28	0	0	0	0	0	0	0	0	0	0	0	0	0	0	0	0	0	0	0	0	0	0	0	0	0	0
江苏农牧科技职业学院	29	0	0	0	0	0	0	0	0	0	0	0	0	0	0	0	0	0	0	0	0	0	0	0	0	0	0
常州纺织服装职业技术学院	30	1	0.2	0	0	0	0	0	0	0	0	0	0	0	0	0	0	1	1	0	0	0	0	0	0	0	0
苏州农业职业技术学院	31	0	0	0	0	0	0	0	0	0	0	0	0	0	0	0	0	0	0	0	0	0	0	0	0	0	0

续表

南京科技职业学院	32	0	0	0	0	0	0	0	0	0	0	0	0	0	0	0	0	0	0	0	0	0	0	0	0	0	0
常州轻工职业技术学院	33	0	0	0	0	0	0	0	0	0	0	0	0	0	0	0	0	0	0	0	0	0	0	0	0	0	0
常州工程职业技术学院	34	0	0	0	0	0	0	0	0	0	0	0	0	0	0	0	0	0	0	0	0	0	0	0	0	0	0
江苏农林职业技术学院	35	0	0	0	0	0	0	0	0	0	0	0	0	0	0	0	0	0	0	0	0	0	0	0	0	0	0
江苏食品药品职业技术学院	36	0	0	0	0	0	0	0	0	0	0	0	0	0	0	0	0	0	0	0	0	0	0	0	0	0	0
南京铁道职业技术学院	37	2	0.2	0	0	2	0	0	0	0	0	0	0	0	0	0	0	0	0	0	0	0	0	0	0	0	0
徐州工业职业技术学院	38	0	0	0	0	0	0	0	0	0	0	0	0	0	0	0	0	0	0	0	0	0	0	0	0	0	0
江苏信息职业技术学院	39	0	0	0	0	0	0	0	0	0	0	0	0	0	0	0	0	0	0	0	0	0	0	0	0	0	0
南京信息职业技术学院	40	0	0	0	0	0	0	0	0	0	0	0	0	0	0	0	0	0	0	0	0	0	0	0	0	0	0
常州机电职业技术学院	41	0	0	0	0	0	0	0	0	0	0	0	0	0	0	0	0	0	0	0	0	0	0	0	0	0	0
江阴职业技术学院	42	0	0	0	0	0	0	0	0	0	0	0	0	0	0	0	0	0	0	0	0	0	0	0	0	0	0
无锡城市职业技术学院	43	0	0	0	0	0	2	2	0	0	0	0	0	0	0	0	0	0	0	0	0	0	0	0	0	0	0
无锡工艺职业技术学院	44	0	0	0	0	0	0	0	0	0	0	0	0	0	0	0	0	0	0	0	0	0	0	0	0	0	0
苏州健雄职业技术学院	45	0	0	0	0	0	0	0	0	0	0	0	0	0	0	0	0	0	0	0	0	0	0	0	0	0	0
盐城工业职业技术学院	46	1	0.3	0	0	0.5	0	0	0	0	0	0	0	0	0	0	0	1	1	0	0	0	0	0	0	0	0
江苏财经职业技术学院	47	0	0	0	0	0	0	0	0	0	0	0	0	0	0	0	0	1	1	0	0	0	0	0	0	0	0
扬州工业职业技术学院	48	1	0.1	0	0	0	0	0	0	0	0	0	0	0	0	0	0	0	0	0	0	0	0	0	0	0	0
江苏城市职业学院	49	2	0.7	0	10	6	0	0	0	0	0	0	0	0	0	0	0	0	0	0	0	0	0	0	0	0	0
南京城市职业学院	50	0	0	0	0	0	0	0	0	0	0	0	0	0	0	0	0	0	0	0	0	0	0	0	0	0	0

续表

高校名称		总数					出版著作(部)							古籍整理(部)	译著(部)	发表译文(篇)	电子出版物(件)	发表论文(篇)				获奖成果数(项)				研究与咨询报告(篇)	
		课题数(项)	当年投入人数(人年)	其中:研究生(人年)	当年拨入经费(千元)	当年支出经费(千元)	合计	专著	其中:被译成外文	编著教材	工具书参考书	皮书/发展报告	科普读物					合计	国内学术刊物	国外学术刊物	港、澳、台地区刊物	合计	国家级奖	部级奖	省级奖	合计	其中:被采纳数
	编号	L01	L02	L03	L04	L05	L06	L07	L08	L09	L10	L11	L12	L13	L14	L15	L16	L17	L18	L19	L20	L21	L22	L23	L24	L25	L26
南京机电职业技术学院	51	0	0	0	0	0	0	0	0	0	0	0	0	0	0	0	0	0	0	0	0	0	0	0	0	0	0
南京旅游职业学院	52	1	0	0	0	0	0	0	0	0	0	0	0	0	0	0	0	0	0	0	0	0	0	0	0	0	0
江苏卫生健康职业学院	53	0	0	0	0	0	0	0	0	0	0	0	0	0	0	0	0	0	0	0	0	0	0	0	0	0	0
苏州信息职业技术学院	54	0	0	0	0	0	0	0	0	0	0	0	0	0	0	0	0	0	0	0	0	0	0	0	0	0	0
苏州工业园区服务外包职业学院	55	1	0.1	0	20	20	0	0	0	0	0	0	0	0	0	0	0	0	0	0	0	0	0	0	0	1	1
徐州幼儿师范高等专科学校	56	0	0	0	0	0	0	0	0	0	0	0	0	0	0	0	0	0	0	0	0	0	0	0	0	0	0
徐州生物工程职业技术学院	57	0	0	0	0	0	0	0	0	0	0	0	0	0	0	0	0	0	0	0	0	0	0	0	0	0	0
江苏商贸职业学院	58	0	0	0	0	0	0	0	0	0	0	0	0	0	0	0	0	0	0	0	0	0	0	0	0	0	0
南通师范高等专科学校	59	0	0	0	0	0	0	0	0	0	0	0	0	0	0	0	0	3	3	0	0	0	0	0	0	0	0
江苏护理职业学院	60	3	0.3	0	9.6	9.6	0	0	0	0	0	0	0	0	0	0	0	0	0	0	0	0	0	0	0	0	0
江苏财会职业学院	61	0	0	0	0	0	0	0	0	0	0	0	0	0	0	0	0	0	0	0	0	0	0	0	0	0	0
江苏城乡建设职业学院	62	3	0.9	0	2	2	0	0	0	0	0	0	0	0	0	0	0	6	6	0	0	0	0	0	0	1	0
江苏航空职业技术学院	63	0	0	0	0	0	0	0	0	0	0	0	0	0	0	0	0	0	0	0	0	0	0	0	0	0	0
江苏安全技术职业学院	64	0	0	0	0	0	0	0	0	0	0	0	0	0	0	0	0	0	0	0	0	0	0	0	0	0	0
江苏旅游职业学院	65	0	0	0	0	0	0	0	0	0	0	0	0	0	0	0	0	0	0	0	0	0	0	0	0	0	0

3.11 考古学人文、社会科学研究与课题成果情况表

高校名称		总数					出版著作(部)							古籍整理(部)	译著(部)	发表译文(篇)	电子出版物(件)	发表论文(篇)				获奖成果数(项)				研究与咨询报告(篇)	
		课题数(项)	当年投入人数(人年)	其中:研究生(人年)	当年拨入经费(千元)	当年支出经费(千元)	合计	专著	其中:被译成外文	编著教材	工具书参考书	皮书/发展报告	科普读物					合计	国内学术刊物	国外学术刊物	港、澳、台地区刊物	合计	国家级奖	部级奖	省级奖	合计	其中:被采纳数
	编号	L01	L02	L03	L04	L05	L06	L07	L08	L09	L10	L11	L12	L13	L14	L15	L16	L17	L18	L19	L20	L21	L22	L23	L24	L25	L26
合计	/	1	0.2	0	10	3	0	0	0	0	0	0	0	0	0	0	0	0	0	0	0	0	0	0	0	0	0
盐城幼儿师范高等专科学校	1	0	0	0	0	0	0	0	0	0	0	0	0	0	0	0	0	0	0	0	0	0	0	0	0	0	0
苏州幼儿师范高等专科学校	2	0	0	0	0	0	0	0	0	0	0	0	0	0	0	0	0	0	0	0	0	0	0	0	0	0	0
无锡职业技术学院	3	0	0	0	0	0	0	0	0	0	0	0	0	0	0	0	0	0	0	0	0	0	0	0	0	0	0
江苏建筑职业技术学院	4	0	0	0	0	0	0	0	0	0	0	0	0	0	0	0	0	0	0	0	0	0	0	0	0	0	0
南京工业职业技术学院	5	0	0	0	0	0	0	0	0	0	0	0	0	0	0	0	0	0	0	0	0	0	0	0	0	0	0
江苏工程职业技术学院	6	0	0	0	0	0	0	0	0	0	0	0	0	0	0	0	0	0	0	0	0	0	0	0	0	0	0
苏州工艺美术职业技术学院	7	0	0	0	0	0	0	0	0	0	0	0	0	0	0	0	0	0	0	0	0	0	0	0	0	0	0
连云港职业技术学院	8	0	0	0	0	0	0	0	0	0	0	0	0	0	0	0	0	0	0	0	0	0	0	0	0	0	0
镇江市高等专科学校	9	0	0	0	0	0	0	0	0	0	0	0	0	0	0	0	0	0	0	0	0	0	0	0	0	0	0
南通职业大学	10	0	0	0	0	0	0	0	0	0	0	0	0	0	0	0	0	0	0	0	0	0	0	0	0	0	0
苏州职业大学	11	0	0	0	0	0	0	0	0	0	0	0	0	0	0	0	0	0	0	0	0	0	0	0	0	0	0
沙洲职业工学院	12	0	0	0	0	0	0	0	0	0	0	0	0	0	0	0	0	0	0	0	0	0	0	0	0	0	0
扬州市职业大学	13	0	0	0	0	0	0	0	0	0	0	0	0	0	0	0	0	0	0	0	0	0	0	0	0	0	0
连云港师范高等专科学校	14	0	0	0	0	0	0	0	0	0	0	0	0	0	0	0	0	0	0	0	0	0	0	0	0	0	0
江苏经贸职业技术学院	15	0	0	0	0	0	0	0	0	0	0	0	0	0	0	0	0	0	0	0	0	0	0	0	0	0	0

续表

高校名称		总数					出版著作(部)							古籍整理(部)	译著(部)	发表译文(篇)	电子出版物(件)	发表论文(篇)				获奖成果数(项)				研究与咨询报告(篇)	
		课题数(项)	当年投入人数(人年)	其中:研究生(人年)	当年拨入经费(千元)	当年支出经费(千元)	合计	专著	其中:被译成外文	编著教材	工具书参考书	皮书/发展报告	科普读物					合计	国内学术刊物	国外学术刊物	港、澳、台地区刊物	合计	国家级奖	部级奖	省级奖	合计	其中:被采纳数
	编号	L01	L02	L03	L04	L05	L06	L07	L08	L09	L10	L11	L12	L13	L14	L15	L16	L17	L18	L19	L20	L21	L22	L23	L24	L25	L26
泰州职业技术学院	16	0	0	0	0	0	0	0	0	0	0	0	0	0	0	0	0	0	0	0	0	0	0	0	0	0	0
常州信息职业技术学院	17	0	0	0	0	0	0	0	0	0	0	0	0	0	0	0	0	0	0	0	0	0	0	0	0	0	0
江苏海事职业技术学院	18	0	0	0	0	0	0	0	0	0	0	0	0	0	0	0	0	0	0	0	0	0	0	0	0	0	0
无锡科技职业学院	19	0	0	0	0	0	0	0	0	0	0	0	0	0	0	0	0	0	0	0	0	0	0	0	0	0	0
江苏医药职业学院	20	0	0	0	0	0	0	0	0	0	0	0	0	0	0	0	0	0	0	0	0	0	0	0	0	0	0
南通科技职业学院	21	0	0	0	0	0	0	0	0	0	0	0	0	0	0	0	0	0	0	0	0	0	0	0	0	0	0
苏州经贸职业技术学院	22	0	0	0	0	0	0	0	0	0	0	0	0	0	0	0	0	0	0	0	0	0	0	0	0	0	0
苏州工业职业技术学院	23	0	0	0	0	0	0	0	0	0	0	0	0	0	0	0	0	0	0	0	0	0	0	0	0	0	0
苏州卫生职业技术学院	24	0	0	0	0	0	0	0	0	0	0	0	0	0	0	0	0	0	0	0	0	0	0	0	0	0	0
无锡商业职业技术学院	25	0	0	0	0	0	0	0	0	0	0	0	0	0	0	0	0	0	0	0	0	0	0	0	0	0	0
南通航运职业技术学院	26	1	0.2	0	10	3	0	0	0	0	0	0	0	0	0	0	0	0	0	0	0	0	0	0	0	0	0
南京交通职业技术学院	27	0	0	0	0	0	0	0	0	0	0	0	0	0	0	0	0	0	0	0	0	0	0	0	0	0	0
淮安信息职业技术学院	28	0	0	0	0	0	0	0	0	0	0	0	0	0	0	0	0	0	0	0	0	0	0	0	0	0	0
江苏农牧科技职业学院	29	0	0	0	0	0	0	0	0	0	0	0	0	0	0	0	0	0	0	0	0	0	0	0	0	0	0
常州纺织服装职业技术学院	30	0	0	0	0	0	0	0	0	0	0	0	0	0	0	0	0	0	0	0	0	0	0	0	0	0	0
苏州农业职业技术学院	31	0	0	0	0	0	0	0	0	0	0	0	0	0	0	0	0	0	0	0	0	0	0	0	0	0	0

续表

南京科技职业学院	32	0	0	0	0	0	0	0	0	0	0	0	0	0	0	0	0	0	0	0	0	0	0	0	0	0	0
常州轻工职业技术学院	33	0	0	0	0	0	0	0	0	0	0	0	0	0	0	0	0	0	0	0	0	0	0	0	0	0	0
常州工程职业技术学院	34	0	0	0	0	0	0	0	0	0	0	0	0	0	0	0	0	0	0	0	0	0	0	0	0	0	0
江苏农林职业技术学院	35	0	0	0	0	0	0	0	0	0	0	0	0	0	0	0	0	0	0	0	0	0	0	0	0	0	0
江苏食品药品职业技术学院	36	0	0	0	0	0	0	0	0	0	0	0	0	0	0	0	0	0	0	0	0	0	0	0	0	0	0
南京铁道职业技术学院	37	0	0	0	0	0	0	0	0	0	0	0	0	0	0	0	0	0	0	0	0	0	0	0	0	0	0
徐州工业职业技术学院	38	0	0	0	0	0	0	0	0	0	0	0	0	0	0	0	0	0	0	0	0	0	0	0	0	0	0
江苏信息职业技术学院	39	0	0	0	0	0	0	0	0	0	0	0	0	0	0	0	0	0	0	0	0	0	0	0	0	0	0
南京信息职业技术学院	40	0	0	0	0	0	0	0	0	0	0	0	0	0	0	0	0	0	0	0	0	0	0	0	0	0	0
常州机电职业技术学院	41	0	0	0	0	0	0	0	0	0	0	0	0	0	0	0	0	0	0	0	0	0	0	0	0	0	0
江阴职业技术学院	42	0	0	0	0	0	0	0	0	0	0	0	0	0	0	0	0	0	0	0	0	0	0	0	0	0	0
无锡城市职业技术学院	43	0	0	0	0	0	0	0	0	0	0	0	0	0	0	0	0	0	0	0	0	0	0	0	0	0	0
无锡工艺职业技术学院	44	0	0	0	0	0	0	0	0	0	0	0	0	0	0	0	0	0	0	0	0	0	0	0	0	0	0
苏州健雄职业技术学院	45	0	0	0	0	0	0	0	0	0	0	0	0	0	0	0	0	0	0	0	0	0	0	0	0	0	0
盐城工业职业技术学院	46	0	0	0	0	0	0	0	0	0	0	0	0	0	0	0	0	0	0	0	0	0	0	0	0	0	0
江苏财经职业技术学院	47	0	0	0	0	0	0	0	0	0	0	0	0	0	0	0	0	0	0	0	0	0	0	0	0	0	0
扬州工业职业技术学院	48	0	0	0	0	0	0	0	0	0	0	0	0	0	0	0	0	0	0	0	0	0	0	0	0	0	0
江苏城市职业学院	49	0	0	0	0	0	0	0	0	0	0	0	0	0	0	0	0	0	0	0	0	0	0	0	0	0	0

续表

高校名称		总数					出版著作(部)							古籍整理(部)	译著(部)	发表译文(篇)	电子出版物(件)	发表论文(篇)				获奖成果数(项)				研究与咨询报告(篇)	
		课题数(项)	当年投入人数(人年)	其中：研究生(人年)	当年拨入经费(千元)	当年支出经费(千元)	合计	专著	其中：被译成外文	编著教材	工具书参考书	皮书/发展报告	科普读物					合计	国内学术刊物	国外学术刊物	港、澳、台地区刊物	合计	国家级奖	部级奖	省级奖	合计	其中：被采纳数
	编号	L01	L02	L03	L04	L05	L06	L07	L08	L09	L10	L11	L12	L13	L14	L15	L16	L17	L18	L19	L20	L21	L22	L23	L24	L25	L26
南京城市职业学院	50	0	0	0	0	0	0	0	0	0	0	0	0	0	0	0	0	0	0	0	0	0	0	0	0	0	0
南京机电职业技术学院	51	0	0	0	0	0	0	0	0	0	0	0	0	0	0	0	0	0	0	0	0	0	0	0	0	0	0
南京旅游职业学院	52	0	0	0	0	0	0	0	0	0	0	0	0	0	0	0	0	0	0	0	0	0	0	0	0	0	0
江苏卫生健康职业学院	53	0	0	0	0	0	0	0	0	0	0	0	0	0	0	0	0	0	0	0	0	0	0	0	0	0	0
苏州信息职业技术学院	54	0	0	0	0	0	0	0	0	0	0	0	0	0	0	0	0	0	0	0	0	0	0	0	0	0	0
苏州工业园区服务外包职业学院	55	0	0	0	0	0	0	0	0	0	0	0	0	0	0	0	0	0	0	0	0	0	0	0	0	0	0
徐州幼儿师范高等专科学校	56	0	0	0	0	0	0	0	0	0	0	0	0	0	0	0	0	0	0	0	0	0	0	0	0	0	0
徐州生物工程职业技术学院	57	0	0	0	0	0	0	0	0	0	0	0	0	0	0	0	0	0	0	0	0	0	0	0	0	0	0
江苏商贸职业学院	58	0	0	0	0	0	0	0	0	0	0	0	0	0	0	0	0	0	0	0	0	0	0	0	0	0	0
南通师范高等专科学校	59	0	0	0	0	0	0	0	0	0	0	0	0	0	0	0	0	0	0	0	0	0	0	0	0	0	0
江苏护理职业学院	60	0	0	0	0	0	0	0	0	0	0	0	0	0	0	0	0	0	0	0	0	0	0	0	0	0	0
江苏财会职业学院	61	0	0	0	0	0	0	0	0	0	0	0	0	0	0	0	0	0	0	0	0	0	0	0	0	0	0
江苏城乡建设职业学院	62	0	0	0	0	0	0	0	0	0	0	0	0	0	0	0	0	0	0	0	0	0	0	0	0	0	0
江苏航空职业技术学院	63	0	0	0	0	0	0	0	0	0	0	0	0	0	0	0	0	0	0	0	0	0	0	0	0	0	0
江苏安全技术职业学院	64	0	0	0	0	0	0	0	0	0	0	0	0	0	0	0	0	0	0	0	0	0	0	0	0	0	0
江苏旅游职业学院	65	0	0	0	0	0	0	0	0	0	0	0	0	0	0	0	0	0	0	0	0	0	0	0	0	0	0

3.12 经济学人文、社会科学研究与课题成果情况表

高校名称		总数					出版著作(部)							古籍整理(部)	译著(部)	发表译文(篇)	电子出版物(件)	发表论文(篇)				获奖成果数(项)				研究与咨询报告(篇)	
		课题数(项)	当年投入人数(人年)	其中:研究生(人年)	当年拨入经费(千元)	当年支出经费(千元)	合计	专著	其中:被译成外文	编著教材	工具书参考书	皮书/发展报告	科普读物					合计	国内学术刊物	国外学术刊物	港、澳、台地区刊物	合计	国家级奖	部级奖	省级奖	合计	其中:被采纳数
	编号	L01	L02	L03	L04	L05	L06	L07	L08	L09	L10	L11	L12	L13	L14	L15	L16	L17	L18	L19	L20	L21	L22	L23	L24	L25	L26
合计	/	663	128.9	0	5 044.2	5 259.46	23	3	0	20	0	0	0	0	0	0	0	739	732	7	0	0	0	0	0	158	58
盐城幼儿师范高等专科学校	1	2	0.3	0	7.5	7.5	0	0	0	0	0	0	0	0	0	0	0	3	3	0	0	0	0	0	0	0	0
苏州幼儿师范高等专科学校	2	0	0	0	0	0	0	0	0	0	0	0	0	0	0	0	0	0	0	0	0	0	0	0	0	0	0
无锡职业技术学院	3	17	2.1	0	35	43.5	1	1	0	0	0	0	0	0	0	0	0	21	21	0	0	0	0	0	0	0	0
江苏建筑职业技术学院	4	11	2.1	0	1	0.4	0	0	0	0	0	0	0	0	0	0	0	4	4	0	0	0	0	0	0	0	0
南京工业职业技术学院	5	10	4.5	0	10	8	0	0	0	0	0	0	0	0	0	0	0	43	43	0	0	0	0	0	0	18	18
江苏工程职业技术学院	6	11	1.4	0	3	4.5	0	0	0	0	0	0	0	0	0	0	0	24	24	0	0	0	0	0	0	0	0
苏州工艺美术职业技术学院	7	0	0	0	0	0	0	0	0	0	0	0	0	0	0	0	0	0	0	0	0	0	0	0	0	0	0
连云港职业技术学院	8	9	2.2	0	7	7	0	0	0	0	0	0	0	0	0	0	0	2	1	1	0	0	0	0	0	0	0
镇江市高等专科学校	9	4	0.8	0	13	20	0	0	0	0	0	0	0	0	0	0	0	3	2	1	0	0	0	0	0	0	0
南通职业大学	10	16	3.2	0	45	80	2	0	0	2	0	0	0	0	0	0	0	1	1	0	0	0	0	0	0	0	0
苏州职业大学	11	24	8.6	0	374	317.57	0	0	0	0	0	0	0	0	0	0	0	16	15	1	0	0	0	0	0	6	5
沙洲职业工学院	12	1	0.2	0	0	2	0	0	0	0	0	0	0	0	0	0	0	4	4	0	0	0	0	0	0	0	0
扬州市职业大学	13	53	15	0	330.66	305.06	1	0	0	1	0	0	0	0	0	0	0	31	31	0	0	0	0	0	0	43	6
连云港师范高等专科学校	14	4	0.4	0	0	0	0	0	0	0	0	0	0	0	0	0	0	4	4	0	0	0	0	0	0	0	0
江苏经贸职业技术学院	15	15	3.5	0	17	23.5	0	0	0	0	0	0	0	0	0	0	0	21	21	0	0	0	0	0	0	0	0

续表

高校名称	编号	总数：课题数(项)	总数：当年投入人数(人年)	总数：其中：研究生(人年)	总数：当年拨入经费(千元)	总数：当年支出经费(千元)	出版著作(部)：合计	出版著作(部)：专著	出版著作(部)：其中：被译成外文	出版著作(部)：编著教材	出版著作(部)：工具书参考书	出版著作(部)：皮书/发展报告	出版著作(部)：科普读物	古籍整理(部)	译著(部)	发表译文(篇)	电子出版物(件)	发表论文(篇)：合计	发表论文(篇)：国内学术刊物	发表论文(篇)：国外学术刊物	发表论文(篇)：港、澳、台地区刊物	获奖成果数(项)：合计	获奖成果数(项)：国家级奖	获奖成果数(项)：部级奖	获奖成果数(项)：省级奖	研究与咨询报告(篇)：合计	研究与咨询报告(篇)：其中：被采纳数
		L01	L02	L03	L04	L05	L06	L07	L08	L09	L10	L11	L12	L13	L14	L15	L16	L17	L18	L19	L20	L21	L22	L23	L24	L25	L26
泰州职业技术学院	16	18	4.4	0	332	138.32	0	0	0	0	0	0	0	0	0	0	0	11	11	0	0	0	0	0	0	3	3
常州信息职业技术学院	17	3	1.4	0	17	17	0	0	0	0	0	0	0	0	0	0	0	22	22	0	0	0	0	0	0	0	0
江苏海事职业技术学院	18	6	1.7	0	135	134.81	0	0	0	0	0	0	0	0	0	0	0	8	8	0	0	0	0	0	0	1	1
无锡科技职业学院	19	5	2.6	0	20	21.8	0	0	0	0	0	0	0	0	0	0	0	13	12	1	0	0	0	0	0	2	0
江苏医药职业学院	20	0	0	0	0	0	0	0	0	0	0	0	0	0	0	0	0	3	3	0	0	0	0	0	0	0	0
南通科技职业学院	21	14	3.5	0	14	22.95	0	0	0	0	0	0	0	0	0	0	0	3	3	0	0	0	0	0	0	3	1
苏州经贸职业技术学院	22	27	3.7	0	254.3	257.71	0	0	0	0	0	0	0	0	0	0	0	47	47	0	0	0	0	0	0	16	5
苏州工业职业技术学院	23	10	1	0	114	120.02	0	0	0	0	0	0	0	0	0	0	0	2	2	0	0	0	0	0	0	4	3
苏州卫生职业技术学院	24	1	0.3	0	0	10	0	0	0	0	0	0	0	0	0	0	0	0	0	0	0	0	0	0	0	0	0
无锡商业职业技术学院	25	34	4	0	212	693.74	0	0	0	0	0	0	0	0	0	0	0	36	36	0	0	0	0	0	0	0	0
南通航运职业技术学院	26	2	0.2	0	0	1	0	0	0	0	0	0	0	0	0	0	0	2	2	0	0	0	0	0	0	0	0
南京交通职业技术学院	27	6	0.6	0	25	16	0	0	0	0	0	0	0	0	0	0	0	6	6	0	0	0	0	0	0	0	0
淮安信息职业技术学院	28	2	0.3	0	18	10	1	1	0	0	0	0	0	0	0	0	0	11	11	0	0	0	0	0	0	0	0
江苏农牧科技职业学院	29	7	0.7	0	10	6.5	0	0	0	0	0	0	0	0	0	0	0	6	6	0	0	0	0	0	0	0	0
常州纺织服装职业技术学院	30	20	4.6	0	22.5	23.11	2	0	0	2	0	0	0	0	0	0	0	22	22	0	0	0	0	0	0	1	1
苏州农业职业技术学院	31	0	0	0	0	0	0	0	0	0	0	0	0	0	0	0	0	5	5	0	0	0	0	0	0	0	0

续表

南京科技职业学院	32	18	2.6	0	43	58	0	0	0	0	0	0	0	0	0	0	0	0	0	0	0	0	0	0	0	0	0
常州轻工职业技术学院	33	5	1.5	0	302	102	1	0	0	1	0	0	0	0	0	0	0	5	5	0	0	0	0	0	0	2	1
常州工程职业技术学院	34	47	5.8	0	448	529	0	0	0	0	0	0	0	0	0	0	0	4	4	0	0	0	0	0	0	0	0
江苏农林职业技术学院	35	6	0.9	0	30	33	0	0	0	0	0	0	0	0	0	0	0	8	8	0	0	0	0	0	0	0	0
江苏食品药品职业技术学院	36	10	2.1	0	40	41.5	0	0	0	0	0	0	0	0	0	0	0	7	7	0	0	0	0	0	0	5	0
南京铁道职业技术学院	37	22	2.3	0	141	82.3	0	0	0	0	0	0	0	0	0	0	0	8	8	0	0	0	0	0	0	0	0
徐州工业职业技术学院	38	2	0.2	0	0	4.7	1	0	0	1	0	0	0	0	0	0	0	0	0	0	0	0	0	0	0	1	0
江苏信息职业技术学院	39	19	5.6	0	78.74	202.68	4	0	0	4	0	0	0	0	0	0	0	26	26	0	0	0	0	0	0	0	0
南京信息职业技术学院	40	8	0.8	0	22	23.8	2	0	0	2	0	0	0	0	0	0	0	9	9	0	0	0	0	0	0	0	0
常州机电职业技术学院	41	2	0.2	0	6	2.44	0	0	0	0	0	0	0	0	0	0	0	3	3	0	0	0	0	0	0	0	0
江阴职业技术学院	42	3	0.3	0	0	6	0	0	0	0	0	0	0	0	0	0	0	4	4	0	0	0	0	0	0	0	0
无锡城市职业技术学院	43	11	1.9	0	15	26.85	0	0	0	0	0	0	0	0	0	0	0	47	45	2	0	0	0	0	0	0	0
无锡工艺职业技术学院	44	1	0.2	0	40	40	2	0	0	2	0	0	0	0	0	0	0	25	25	0	0	0	0	0	0	14	0
苏州健雄职业技术学院	45	2	0.4	0	2	5	0	0	0	0	0	0	0	0	0	0	0	10	10	0	0	0	0	0	0	4	2
盐城工业职业技术学院	46	25	4	0	72	122.05	0	0	0	0	0	0	0	0	0	0	0	15	15	0	0	0	0	0	0	3	1
江苏财经职业技术学院	47	37	3.8	0	474.8	270.3	0	0	0	0	0	0	0	0	0	0	0	34	34	0	0	0	0	0	0	0	0
扬州工业职业技术学院	48	18	1.8	0	173	180.6	0	0	0	0	0	0	0	0	0	0	0	14	14	0	0	0	0	0	0	3	3
江苏城市职业学院	49	20	7.5	0	82	89.3	0	0	0	0	0	0	0	0	0	0	0	9	9	0	0	0	0	0	0	0	0

续表

高校名称	编号	总数					出版著作(部)							古籍整理(部)	译著(部)	发表译文(篇)	电子出版物(件)	发表论文(篇)				获奖成果数(项)				研究与咨询报告(篇)	
		课题数(项)	当年投入人数(人年)	其中：研究生(人年)	当年拨入经费(千元)	当年支出经费(千元)	合计	专著	其中：被译成外文	编著教材	工具书参考书	皮书/发展报告	科普读物					合计	国内学术刊物	国外学术刊物	港澳、台地区刊物	合计	国家级奖	部级奖	省级奖	合计	其中：被采纳数
		L01	L02	L03	L04	L05	L06	L07	L08	L09	L10	L11	L12	L13	L14	L15	L16	L17	L18	L19	L20	L21	L22	L23	L24	L25	L26
南京城市职业学院	50	6	0.6	0	5	5	0	0	0	0	0	0	0	0	0	0	0	8	8	0	0	0	0	0	0	0	0
南京机电职业技术学院	51	0	0	0	0	0	0	0	0	0	0	0	0	0	0	0	0	0	0	0	0	0	0	0	0	0	0
南京旅游职业学院	52	7	0.2	0	0	0	0	0	0	0	0	0	0	0	0	0	0	0	0	0	0	0	0	0	0	0	0
江苏卫生健康职业学院	53	0	0	0	0	0	0	0	0	0	0	0	0	0	0	0	0	0	0	0	0	0	0	0	0	0	0
苏州信息职业技术学院	54	2	0.4	0	0	3.2	0	0	0	0	0	0	0	0	0	0	0	5	5	0	0	0	0	0	0	0	0
苏州工业园区服务外包职业学院	55	19	2.9	0	950	953.5	1	1	0	0	0	0	0	0	0	0	0	17	17	0	0	0	0	0	0	7	7
徐州幼儿师范高等专科学校	56	0	0	0	0	0	0	0	0	0	0	0	0	0	0	0	0	0	0	0	0	0	0	0	0	2	0
徐州生物工程职业技术学院	57	7	0.7	0	1	1	0	0	0	0	0	0	0	0	0	0	0	6	6	0	0	0	0	0	0	4	0
江苏商贸职业学院	58	9	3.2	0	39.7	52.05	5	0	0	5	0	0	0	0	0	0	0	32	32	0	0	0	0	0	0	3	0
南通师范高等专科学校	59	1	0.2	0	2	2	0	0	0	0	0	0	0	0	0	0	0	0	0	0	0	0	0	0	0	0	0
江苏护理职业学院	60	0	0	0	0	0	0	0	0	0	0	0	0	0	0	0	0	0	0	0	0	0	0	0	0	0	0
江苏财会职业学院	61	15	2.9	0	27	27	0	0	0	0	0	0	0	0	0	0	0	40	40	0	0	0	0	0	0	11	1
江苏城乡建设职业学院	62	5	1.7	0	2	73.2	0	0	0	0	0	0	0	0	0	0	0	2	2	0	0	0	0	0	0	2	0
江苏航空职业技术学院	63	0	0	0	0	0	0	0	0	0	0	0	0	0	0	0	0	0	0	0	0	0	0	0	0	0	0
江苏安全技术职业学院	64	0	0	0	0	0	0	0	0	0	0	0	0	0	0	0	0	0	0	0	0	0	0	0	0	0	0
江苏旅游职业学院	65	4	0.9	0	31	31	0	0	0	0	0	0	0	0	0	0	0	27	26	1	0	0	0	0	0	0	0

3.13 政治学人文、社会科学研究与课题成果情况表

高校名称	编号	总数：课题数(项)	总数：当年投入人数(人年)	总数：其中：研究生(人年)	总数：当年拨入经费(千元)	总数：当年支出经费(千元)	出版著作(部)：合计	出版著作(部)：专著	出版著作(部)：其中：被译成外文	出版著作(部)：编著教材	出版著作(部)：工具书参考书	出版著作(部)：皮书/发展报告	出版著作(部)：科普读物	古籍整理(部)	译著(部)	发表译文(篇)	电子出版物(件)	发表论文(篇)：合计	发表论文(篇)：国内学术刊物	发表论文(篇)：国外学术刊物	发表论文(篇)：港、澳、台地区刊物	获奖成果数(项)：合计	获奖成果数(项)：国家级奖	获奖成果数(项)：部级奖	获奖成果数(项)：省级奖	研究与咨询报告(篇)：合计	研究与咨询报告(篇)：其中：被采纳数
		L01	L02	L03	L04	L05	L06	L07	L08	L09	L10	L11	L12	L13	L14	L15	L16	L17	L18	L19	L20	L21	L22	L23	L24	L25	L26
合计	/	92	20.9	0	268.5	255.08	6	2	0	4	0	0	0	0	1	0	0	72	72	0	0	0	0	0	0	4	0
盐城幼儿师范高等专科学校	1	4	0.4	0	37.5	37.5	0	0	0	0	0	0	0	0	0	0	0	1	1	0	0	0	0	0	0	0	0
苏州幼儿师范高等专科学校	2	3	0.3	0	10	0	0	0	0	0	0	0	0	0	0	0	0	1	1	0	0	0	0	0	0	0	0
无锡职业技术学院	3	4	1	0	40	24	0	0	0	0	0	0	0	0	0	0	0	0	0	0	0	0	0	0	0	0	0
江苏建筑职业技术学院	4	4	0.6	0	0	1	0	0	0	0	0	0	0	0	0	0	0	5	5	0	0	0	0	0	0	0	0
南京工业职业技术学院	5	2	0.8	0	0	0	0	0	0	0	0	0	0	0	0	0	0	0	0	0	0	0	0	0	0	0	0
江苏工程职业技术学院	6	3	0.3	0	2	2.5	0	0	0	0	0	0	0	0	0	0	0	0	0	0	0	0	0	0	0	0	0
苏州工艺美术职业技术学院	7	0	0	0	0	0	0	0	0	0	0	0	0	0	0	0	0	0	0	0	0	0	0	0	0	0	0
连云港职业技术学院	8	0	0	0	0	0	0	0	0	0	0	0	0	0	0	0	0	0	0	0	0	0	0	0	0	0	0
镇江市高等专科学校	9	0	0	0	0	0	0	0	0	0	0	0	0	0	0	0	0	0	0	0	0	0	0	0	0	0	0
南通职业大学	10	0	0	0	0	0	0	0	0	0	0	0	0	0	0	0	0	0	0	0	0	0	0	0	0	0	0
苏州职业大学	11	1	0.5	0	0	2	0	0	0	0	0	0	0	0	0	0	0	2	2	0	0	0	0	0	0	0	0
沙洲职业工学院	12	0	0	0	0	0	0	0	0	0	0	0	0	0	0	0	0	0	0	0	0	0	0	0	0	0	0
扬州市职业大学	13	5	1.5	0	10	10	0	0	0	0	0	0	0	0	0	0	0	1	1	0	0	0	0	0	0	0	0
连云港师范高等专科学校	14	4	0.4	0	5	5	0	0	0	0	0	0	0	0	0	0	0	1	1	0	0	0	0	0	0	0	0
江苏经贸职业技术学院	15	0	0	0	0	0	0	0	0	0	0	0	0	0	0	0	0	1	1	0	0	0	0	0	0	0	0

续表

高校名称		总数					出版著作(部)							古籍整理(部)	译著(部)	发表译文(篇)	电子出版物(件)	发表论文(篇)				获奖成果数(项)				研究与咨询报告(篇)	
		课题数(项)	当年投入人数(人年)	其中：研究生(人年)	当年拨入经费(千元)	当年支出经费(千元)	合计	专著	其中：被译成外文	编著教材	工具书参考书	皮书/发展报告	科普读物					合计	国内学术刊物	国外学术刊物	港、澳、台地区刊物	合计	国家级奖	部级奖	省级奖	合计	其中：被采纳数
	编号	L01	L02	L03	L04	L05	L06	L07	L08	L09	L10	L11	L12	L13	L14	L15	L16	L17	L18	L19	L20	L21	L22	L23	L24	L25	L26
泰州职业技术学院	16	2	0.4	0	0	3.3	0	0	0	0	0	0	0	0	0	0	0	2	2	0	0	0	0	0	0	0	0
常州信息职业技术学院	17	3	1.3	0	0	0	0	0	0	0	0	0	0	0	0	0	0	0	0	0	0	0	0	0	0	0	0
江苏海事职业技术学院	18	1	0.2	0	6	5.93	0	0	0	0	0	0	0	0	0	0	0	1	1	0	0	0	0	0	0	0	0
无锡科技职业学院	19	1	0.6	0	10	6	0	0	0	0	0	0	0	0	0	0	0	0	0	0	0	0	0	0	0	0	0
江苏医药职业学院	20	0	0	0	0	0	0	0	0	0	0	0	0	0	0	0	0	0	0	0	0	0	0	0	0	0	0
南通科技职业学院	21	2	0.6	0	0	3.2	0	0	0	0	0	0	0	0	0	0	0	0	0	0	0	0	0	0	0	0	0
苏州经贸职业技术学院	22	0	0	0	0	0	0	0	0	0	0	0	0	0	0	0	0	1	1	0	0	0	0	0	0	0	0
苏州工业职业技术学院	23	0	0	0	0	0	2	0	0	2	0	0	0	0	0	0	0	0	0	0	0	0	0	0	0	1	0
苏州卫生职业技术学院	24	1	0.3	0	0	9	0	0	0	0	0	0	0	0	0	0	0	1	1	0	0	0	0	0	0	0	0
无锡商业职业技术学院	25	1	0.2	0	0	1	0	0	0	0	0	0	0	0	0	0	0	2	2	0	0	0	0	0	0	0	0
南通航运职业技术学院	26	0	0	0	0	0	0	0	0	0	0	0	0	0	0	0	0	0	0	0	0	0	0	0	0	0	0
南京交通职业技术学院	27	0	0	0	0	0	0	0	0	0	0	0	0	0	0	0	0	0	0	0	0	0	0	0	0	0	0
淮安信息职业技术学院	28	3	0.3	0	0	2	0	0	0	0	0	0	0	0	0	0	0	1	1	0	0	0	0	0	0	0	0
江苏农牧科技职业学院	29	0	0	0	0	0	0	0	0	0	0	0	0	0	0	0	0	0	0	0	0	0	0	0	0	0	0
常州纺织服装职业技术学院	30	4	0.7	0	1	3.53	0	0	0	0	0	0	0	0	0	0	0	2	2	0	0	0	0	0	0	0	0
苏州农业职业技术学院	31	0	0	0	0	0	0	0	0	0	0	0	0	0	0	0	0	0	0	0	0	0	0	0	0	0	0

续表

南京科技职业学院	32	1	0.1	0	0	0	0	0	0	0	0	0	0	0	0	0	0	0	0	0	0	0	0	0	0	0	0
常州轻工职业技术学院	33	0	0	0	0	0	0	0	0	0	0	0	0	0	0	0	0	1	1	0	0	0	0	0	0	0	0
常州工程职业技术学院	34	0	0	0	0	0	0	0	0	0	0	0	0	0	0	0	0	0	0	0	0	0	0	0	0	0	0
江苏农林职业技术学院	35	12	1.9	0	70	71	0	0	0	0	0	0	0	0	1	0	0	17	17	0	0	0	0	0	0	0	0
江苏食品药品职业技术学院	36	3	0.9	0	0	7.5	0	0	0	0	0	0	0	0	0	0	0	3	3	0	0	0	0	0	0	0	0
南京铁道职业技术学院	37	0	0	0	0	0	0	0	0	0	0	0	0	0	0	0	0	0	0	0	0	0	0	0	0	0	0
徐州工业职业技术学院	38	1	0.1	0	0	3	0	0	0	0	0	0	0	0	0	0	0	2	2	0	0	0	0	0	0	0	0
江苏信息职业技术学院	39	11	2	0	20.5	1.82	2	0	0	2	0	0	0	0	0	0	0	4	4	0	0	0	0	0	0	0	0
南京信息职业技术学院	40	0	0	0	0	0	0	0	0	0	0	0	0	0	0	0	0	1	1	0	0	0	0	0	0	0	0
常州机电职业技术学院	41	0	0	0	0	0	0	0	0	0	0	0	0	0	0	0	0	0	0	0	0	0	0	0	0	0	0
江阴职业技术学院	42	0	0	0	0	0	0	0	0	0	0	0	0	0	0	0	0	0	0	0	0	0	0	0	0	0	0
无锡城市职业技术学院	43	0	0	0	0	0	0	0	0	0	0	0	0	0	0	0	0	0	0	0	0	0	0	0	0	0	0
无锡工艺职业技术学院	44	0	0	0	0	0	0	0	0	0	0	0	0	0	0	0	0	0	0	0	0	0	0	0	0	0	0
苏州健雄职业技术学院	45	0	0	0	0	0	0	0	0	0	0	0	0	0	0	0	0	0	0	0	0	0	0	0	0	0	0
盐城工业职业技术学院	46	0	0	0	0	0	0	0	0	0	0	0	0	0	0	0	0	0	0	0	0	0	0	0	0	0	0
江苏财经职业技术学院	47	2	0.2	0	0	6	1	1	0	0	0	0	0	0	0	0	0	7	7	0	0	0	0	0	0	0	0
扬州工业职业技术学院	48	2	0.2	0	20	22	1	1	0	0	0	0	0	0	0	0	0	0	0	0	0	0	0	0	0	0	0
江苏城市职业学院	49	1	0.5	0	0	0.25	0	0	0	0	0	0	0	0	0	0	0	1	1	0	0	0	0	0	0	0	0
南京城市职业学院	50	0	0	0	0	0	0	0	0	0	0	0	0	0	0	0	0	0	0	0	0	0	0	0	0	0	0

续表

高校名称	编号	总数 课题数(项)	当年投入人数(人年)	其中：研究生(人年)	当年拨入经费(千元)	当年支出经费(千元)	出版著作(部) 合计	专著	其中：被译成外文	编著教材	工具书参考书	皮书/发展报告	科普读物	古籍整理(部)	译著(部)	发表译文(篇)	电子出版物(件)	发表论文(篇) 合计	国内学术刊物	国外学术刊物	港、澳、台地区刊物	获奖成果数(项) 合计	国家级奖	部级奖	省级奖	研究与咨询报告(篇) 合计	其中：被采纳数
		L01	L02	L03	L04	L05	L06	L07	L08	L09	L10	L11	L12	L13	L14	L15	L16	L17	L18	L19	L20	L21	L22	L23	L24	L25	L26
南京机电职业技术学院	51	1	0.2	0	3	1	0	0	0	0	0	0	0	0	0	0	0	0	0	0	0	0	0	0	0	0	0
南京旅游职业学院	52	0	0	0	0	0	0	0	0	0	0	0	0	0	0	0	0	1	1	0	0	0	0	0	0	0	0
江苏卫生健康职业学院	53	0	0	0	0	0	0	0	0	0	0	0	0	0	0	0	0	0	0	0	0	0	0	0	0	0	0
苏州信息职业技术学院	54	0	0	0	0	0	0	0	0	0	0	0	0	0	0	0	0	1	1	0	0	0	0	0	0	0	0
苏州工业园区服务外包职业学院	55	2	0.2	0	8	2.3	0	0	0	0	0	0	0	0	0	0	0	0	0	0	0	0	0	0	0	0	0
徐州幼儿师范高等专科学校	56	0	0	0	0	0	0	0	0	0	0	0	0	0	0	0	0	0	0	0	0	0	0	0	0	0	0
徐州生物工程职业技术学院	57	0	0	0	0	0	0	0	0	0	0	0	0	0	0	0	0	0	0	0	0	0	0	0	0	0	0
江苏商贸职业学院	58	6	2.8	0	1.5	0.25	0	0	0	0	0	0	0	0	0	0	0	3	3	0	0	0	0	0	0	2	0
南通师范高等专科学校	59	0	0	0	0	0	0	0	0	0	0	0	0	0	0	0	0	3	3	0	0	0	0	0	0	0	0
江苏护理职业学院	60	0	0	0	0	0	0	0	0	0	0	0	0	0	0	0	0	1	1	0	0	0	0	0	0	0	0
江苏财会职业学院	61	0	0	0	0	0	0	0	0	0	0	0	0	0	0	0	0	1	1	0	0	0	0	0	0	1	0
江苏城乡建设职业学院	62	0	0	0	0	0	0	0	0	0	0	0	0	0	0	0	0	0	0	0	0	0	0	0	0	0	0
江苏航空职业技术学院	63	0	0	0	0	0	0	0	0	0	0	0	0	0	0	0	0	0	0	0	0	0	0	0	0	0	0
江苏安全技术职业学院	64	2	1.4	0	24	24	0	0	0	0	0	0	0	0	0	0	0	4	4	0	0	0	0	0	0	0	0
江苏旅游职业学院	65	0	0	0	0	0	0	0	0	0	0	0	0	0	0	0	0	0	0	0	0	0	0	0	0	0	0

3.14 法学人文、社会科学研究与课题成果情况表

高校名称		总数					出版著作(部)							古籍整理(部)	译著(部)	发表译文(篇)	电子出版物(件)	发表论文(篇)				获奖成果数(项)				研究与咨询报告(篇)	
		课题数(项)	当年投入人数(人年)	其中:研究生(人年)	当年拨入经费(千元)	当年支出经费(千元)	合计	专著	其中:被译成外文	编著教材	工具书参考书	皮书/发展报告	科普读物					合计	国内学术刊物	国外学术刊物	港、澳、台地区刊物	合计	国家级奖	部级奖	省级奖	合计	其中:被采纳数
	编号	L01	L02	L03	L04	L05	L06	L07	L08	L09	L10	L11	L12	L13	L14	L15	L16	L17	L18	L19	L20	L21	L22	L23	L24	L25	L26
合计	/	44	9.4	0	329	335.86	3	2	0	0	1	0	0	0	0	0	0	58	58	0	0	0	0	0	0	2	0
盐城幼儿师范高等专科学校	1	0	0	0	0	0	0	0	0	0	0	0	0	0	0	0	0	0	0	0	0	0	0	0	0	0	0
苏州幼儿师范高等专科学校	2	1	0.1	0	0	0	0	0	0	0	0	0	0	0	0	0	0	1	1	0	0	0	0	0	0	0	0
无锡职业技术学院	3	4	0.6	0	0	4.6	0	0	0	0	0	0	0	0	0	0	0	0	0	0	0	0	0	0	0	0	0
江苏建筑职业技术学院	4	1	0.3	0	0	0	0	0	0	0	0	0	0	0	0	0	0	2	2	0	0	0	0	0	0	0	0
南京工业职业技术学院	5	0	0	0	0	0	0	0	0	0	0	0	0	0	0	0	0	0	0	0	0	0	0	0	0	0	0
江苏工程职业技术学院	6	0	0	0	0	0	0	0	0	0	0	0	0	0	0	0	0	0	0	0	0	0	0	0	0	0	0
苏州工艺美术职业技术学院	7	0	0	0	0	0	0	0	0	0	0	0	0	0	0	0	0	0	0	0	0	0	0	0	0	0	0
连云港职业技术学院	8	0	0	0	0	0	0	0	0	0	0	0	0	0	0	0	0	0	0	0	0	0	0	0	0	0	0
镇江市高等专科学校	9	2	0.6	0	192	185.8	0	0	0	0	0	0	0	0	0	0	0	1	1	0	0	0	0	0	0	0	0
南通职业大学	10	1	0.2	0	0	0	0	0	0	0	0	0	0	0	0	0	0	0	0	0	0	0	0	0	0	0	0
苏州职业大学	11	1	0.7	0	0	0	0	0	0	0	0	0	0	0	0	0	0	3	3	0	0	0	0	0	0	0	0
沙洲职业工学院	12	1	0.1	0	10	3.5	0	0	0	0	0	0	0	0	0	0	0	0	0	0	0	0	0	0	0	0	0
扬州市职业大学	13	0	0	0	0	0	0	0	0	0	0	0	0	0	0	0	0	0	0	0	0	0	0	0	0	0	0
连云港师范高等专科学校	14	0	0	0	0	0	0	0	0	0	0	0	0	0	0	0	0	0	0	0	0	0	0	0	0	0	0
江苏经贸职业技术学院	15	7	1.3	0	20	15	0	0	0	0	0	0	0	0	0	0	0	6	6	0	0	0	0	0	0	0	0

续表

高校名称		总数					出版著作(部)							古籍整理(部)	译著(部)	发表译文(篇)	电子出版物(件)	发表论文(篇)				获奖成果数(项)				研究与咨询报告(篇)	
		课题数(项)	当年投入人数(人年)	其中：研究生(人年)	当年拨入经费(千元)	当年支出经费(千元)	合计	专著	其中：被译成外文	编著教材	工具书参考书	皮书/发展报告	科普读物					合计	国内学术刊物	国外学术刊物	港、澳、台地区刊物	合计	国家级奖	部级奖	省级奖	合计	其中：被采纳数
	编号	L01	L02	L03	L04	L05	L06	L07	L08	L09	L10	L11	L12	L13	L14	L15	L16	L17	L18	L19	L20	L21	L22	L23	L24	L25	L26
泰州职业技术学院	16	0	0	0	0	0	0	0	0	0	0	0	0	0	0	0	0	0	0	0	0	0	0	0	0	0	0
常州信息职业技术学院	17	0	0	0	0	0	0	0	0	0	0	0	0	0	0	0	0	0	0	0	0	0	0	0	0	0	0
江苏海事职业技术学院	18	0	0	0	0	0	0	0	0	0	0	0	0	0	0	0	0	0	0	0	0	0	0	0	0	0	0
无锡科技职业学院	19	0	0	0	0	0	0	0	0	0	0	0	0	0	0	0	0	0	0	0	0	0	0	0	0	0	0
江苏医药职业学院	20	0	0	0	0	0	0	0	0	0	0	0	0	0	0	0	0	0	0	0	0	0	0	0	0	0	0
南通科技职业学院	21	2	0.8	0	0	6	0	0	0	0	0	0	0	0	0	0	0	1	1	0	0	0	0	0	0	1	0
苏州经贸职业技术学院	22	1	0.1	0	0	0	0	0	0	0	0	0	0	0	0	0	0	2	2	0	0	0	0	0	0	0	0
苏州工业职业技术学院	23	1	0.1	0	0	5	0	0	0	0	0	0	0	0	0	0	0	1	1	0	0	0	0	0	0	0	0
苏州卫生职业技术学院	24	0	0	0	0	0	0	0	0	0	0	0	0	0	0	0	0	0	0	0	0	0	0	0	0	0	0
无锡商业职业技术学院	25	0	0	0	0	0	0	0	0	0	0	0	0	0	0	0	0	4	4	0	0	0	0	0	0	0	0
南通航运职业技术学院	26	3	0.4	0	0	6.75	0	0	0	0	0	0	0	0	0	0	0	4	4	0	0	0	0	0	0	0	0
南京交通职业技术学院	27	4	0.4	0	15	10.46	0	0	0	0	0	0	0	0	0	0	0	0	0	0	0	0	0	0	0	0	0
淮安信息职业技术学院	28	0	0	0	0	0	0	0	0	0	0	0	0	0	0	0	0	0	0	0	0	0	0	0	0	0	0
江苏农牧科技职业学院	29	0	0	0	0	0	0	0	0	0	0	0	0	0	0	0	0	0	0	0	0	0	0	0	0	0	0
常州纺织服装职业技术学院	30	0	0	0	0	0	0	0	0	0	0	0	0	0	0	0	0	0	0	0	0	0	0	0	0	0	0
苏州农业职业技术学院	31	0	0	0	0	0	0	0	0	0	0	0	0	0	0	0	0	0	0	0	0	0	0	0	0	0	0

续表

南京科技职业学院	32	0	0	0	0	0	0	0	0	0	0	0	0	0	0	0	0	0	0	0	0	0	0	0	0	0	0
常州轻工职业技术学院	33	1	0.3	0	0	0	0	0	0	0	0	0	0	0	0	0	0	0	0	0	0	0	0	0	0	0	0
常州工程职业技术学院	34	0	0	0	0	0	0	0	0	0	0	0	0	0	0	0	0	0	0	0	0	0	0	0	0	0	0
江苏农林职业技术学院	35	0	0	0	0	0	0	0	0	0	0	0	0	0	0	0	0	0	0	0	0	0	0	0	0	0	0
江苏食品药品职业技术学院	36	0	0	0	0	0	0	0	0	0	0	0	0	0	0	0	0	0	0	0	0	0	0	0	0	0	0
南京铁道职业技术学院	37	0	0	0	0	0	0	0	0	0	0	0	0	0	0	0	0	0	0	0	0	0	0	0	0	0	0
徐州工业职业技术学院	38	0	0	0	0	0	0	0	0	0	0	0	0	0	0	0	0	1	1	0	0	0	0	0	0	0	0
江苏信息职业技术学院	39	0	0	0	0	0	0	0	0	0	0	0	0	0	0	0	0	1	1	0	0	0	0	0	0	0	0
南京信息职业技术学院	40	0	0	0	0	0	0	0	0	0	0	0	0	0	0	0	0	0	0	0	0	0	0	0	0	0	0
常州机电职业技术学院	41	0	0	0	0	0	0	0	0	0	0	0	0	0	0	0	0	0	0	0	0	0	0	0	0	0	0
江阴职业技术学院	42	0	0	0	0	0	0	0	0	0	0	0	0	0	0	0	0	0	0	0	0	0	0	0	0	0	0
无锡城市职业技术学院	43	1	0.2	0	5	2.25	0	0	0	0	0	0	0	0	0	0	0	3	3	0	0	0	0	0	0	0	0
无锡工艺职业技术学院	44	0	0	0	0	0	0	0	0	0	0	0	0	0	0	0	0	0	0	0	0	0	0	0	0	0	0
苏州健雄职业技术学院	45	0	0	0	0	0	0	0	0	0	0	0	0	0	0	0	0	0	0	0	0	0	0	0	0	0	0
盐城工业职业技术学院	46	0	0	0	0	0	0	0	0	0	0	0	0	0	0	0	0	0	0	0	0	0	0	0	0	0	0
江苏财经职业技术学院	47	3	0.4	0	40	32	1	1	0	0	0	0	0	0	0	0	0	13	13	0	0	0	0	0	0	0	0
扬州工业职业技术学院	48	0	0	0	0	0	0	0	0	0	0	0	0	0	0	0	0	0	0	0	0	0	0	0	0	0	0
江苏城市职业学院	49	4	1.7	0	30	37	0	0	0	0	0	0	0	0	0	0	0	6	6	0	0	0	0	0	0	0	0
南京城市职业学院	50	0	0	0	0	0	1	1	0	0	0	0	0	0	0	0	0	0	0	0	0	0	0	0	0	0	0

续表

高校名称	编号	总数：课题数（项）	总数：当年投入人数（人年）	总数：其中：研究生（人年）	总数：当年拨入经费（千元）	总数：当年支出经费（千元）	出版著作（部）：合计	出版著作（部）：专著	出版著作（部）：其中：被译成外文	出版著作（部）：编著教材	出版著作（部）：工具书参考书	出版著作（部）：皮书/发展报告	出版著作（部）：科普读物	古籍整理（部）	译著（部）	发表译文（篇）	电子出版物（件）	发表论文（篇）：合计	发表论文（篇）：国内学术刊物	发表论文（篇）：国外学术刊物	发表论文（篇）：港澳、台地区刊物	获奖成果数（项）：合计	获奖成果数（项）：国家级奖	获奖成果数（项）：部级奖	获奖成果数（项）：省级奖	研究与咨询报告（篇）：合计	研究与咨询报告（篇）：其中：被采纳数
		L01	L02	L03	L04	L05	L06	L07	L08	L09	L10	L11	L12	L13	L14	L15	L16	L17	L18	L19	L20	L21	L22	L23	L24	L25	L26
南京机电职业技术学院	51	0	0	0	0	0	1	0	0	0	1	0	0	0	0	0	0	1	1	0	0	0	0	0	0	0	0
南京旅游职业学院	52	1	0	0	0	0	0	0	0	0	0	0	0	0	0	0	0	0	0	0	0	0	0	0	0	0	0
江苏卫生健康职业学院	53	1	0.3	0	5	3.9	0	0	0	0	0	0	0	0	0	0	0	0	0	0	0	0	0	0	0	0	0
苏州信息职业技术学院	54	0	0	0	0	0	0	0	0	0	0	0	0	0	0	0	0	0	0	0	0	0	0	0	0	0	0
苏州工业园区服务外包职业学院	55	2	0.3	0	12	4.6	0	0	0	0	0	0	0	0	0	0	0	1	1	0	0	0	0	0	0	0	0
徐州幼儿师范高等专科学校	56	0	0	0	0	0	0	0	0	0	0	0	0	0	0	0	0	0	0	0	0	0	0	0	0	0	0
徐州生物工程职业技术学院	57	0	0	0	0	0	0	0	0	0	0	0	0	0	0	0	0	0	0	0	0	0	0	0	0	0	0
江苏商贸职业学院	58	1	0.3	0	0	19	0	0	0	0	0	0	0	0	0	0	0	5	5	0	0	0	0	0	0	1	0
南通师范高等专科学校	59	0	0	0	0	0	0	0	0	0	0	0	0	0	0	0	0	0	0	0	0	0	0	0	0	0	0
江苏护理职业学院	60	0	0	0	0	0	0	0	0	0	0	0	0	0	0	0	0	0	0	0	0	0	0	0	0	0	0
江苏财会职业学院	61	1	0.2	0	0	0	0	0	0	0	0	0	0	0	0	0	0	2	2	0	0	0	0	0	0	0	0
江苏城乡建设职业学院	62	0	0	0	0	0	0	0	0	0	0	0	0	0	0	0	0	0	0	0	0	0	0	0	0	0	0
江苏航空职业技术学院	63	0	0	0	0	0	0	0	0	0	0	0	0	0	0	0	0	0	0	0	0	0	0	0	0	0	0
江苏安全技术职业学院	64	0	0	0	0	0	0	0	0	0	0	0	0	0	0	0	0	0	0	0	0	0	0	0	0	0	0
江苏旅游职业学院	65	0	0	0	0	0	0	0	0	0	0	0	0	0	0	0	0	0	0	0	0	0	0	0	0	0	0

3.15 社会学人文、社会科学研究与课题成果情况表

高校名称	编号	总数					出版著作(部)							古籍整理(部)	译著(部)	发表译文(篇)	电子出版物(件)	发表论文(篇)				获奖成果数(项)				研究与咨询报告(篇)	
		课题数(项)	当年投入人数(人年)	其中:研究生(人年)	当年拨入经费(千元)	当年支出经费(千元)	合计	专著	其中:被译成外文	编著教材	工具书参考书	皮书/发展报告	科普读物					合计	国内学术刊物	国外学术刊物	港、澳、台地区刊物	合计	国家级奖	部级奖	省级奖	合计	其中:被采纳数
		L01	L02	L03	L04	L05	L06	L07	L08	L09	L10	L11	L12	L13	L14	L15	L16	L17	L18	L19	L20	L21	L22	L23	L24	L25	L26
合计	/	413	78.8	0	1 233.1	1 521.2	0	0	0	0	0	0	0	0	0	0	0	199	197	2	0	0	0	0	0	30	7
盐城幼儿师范高等专科学校	1	0	0	0	0	0	0	0	0	0	0	0	0	0	0	0	0	0	0	0	0	0	0	0	0	0	0
苏州幼儿师范高等专科学校	2	2	0.2	0	10	0	0	0	0	0	0	0	0	0	0	0	0	0	0	0	0	0	0	0	0	0	0
无锡职业技术学院	3	25	3.2	0	87	116.5	0	0	0	0	0	0	0	0	0	0	0	4	4	0	0	0	0	0	0	0	0
江苏建筑职业技术学院	4	51	11	0	8	5.2	0	0	0	0	0	0	0	0	0	0	0	23	23	0	0	0	0	0	0	0	0
南京工业职业技术学院	5	13	4.3	0	60	50.6	0	0	0	0	0	0	0	0	0	0	0	19	19	0	0	0	0	0	0	0	0
江苏工程职业技术学院	6	29	4.4	0	43	43.5	0	0	0	0	0	0	0	0	0	0	0	16	16	0	0	0	0	0	0	0	0
苏州工艺美术职业技术学院	7	5	1	0	5	16	0	0	0	0	0	0	0	0	0	0	0	7	7	0	0	0	0	0	0	0	0
连云港职业技术学院	8	3	0.8	0	1	4.55	0	0	0	0	0	0	0	0	0	0	0	0	0	0	0	0	0	0	0	0	0
镇江市高等专科学校	9	1	0.9	0	7	8.5	0	0	0	0	0	0	0	0	0	0	0	1	1	0	0	0	0	0	0	0	0
南通职业大学	10	15	3	0	10	25	0	0	0	0	0	0	0	0	0	0	0	2	2	0	0	0	0	0	0	1	1
苏州职业大学	11	2	1	0	10	2	0	0	0	0	0	0	0	0	0	0	0	1	1	0	0	0	0	0	0	0	0
沙洲职业工学院	12	6	0.8	0	32	29.9	0	0	0	0	0	0	0	0	0	0	0	7	7	0	0	0	0	0	0	0	0
扬州市职业大学	13	8	2.7	0	80	80	0	0	0	0	0	0	0	0	0	0	0	0	0	0	0	0	0	0	0	5	1
连云港师范高等专科学校	14	14	1.4	0	11	0	0	0	0	0	0	0	0	0	0	0	0	4	4	0	0	0	0	0	0	0	0
江苏经贸职业技术学院	15	5	0.9	0	0	6.5	0	0	0	0	0	0	0	0	0	0	0	3	3	0	0	0	0	0	0	0	0

续表

高校名称		总数					出版著作(部)							古籍整理(部)	译著(部)	发表译文(篇)	电子出版物(件)	发表论文(篇)				获奖成果数(项)				研究与咨询报告(篇)	
		课题数(项)	当年投入人数(人年)	其中：研究生(人年)	当年拨入经费(千元)	当年支出经费(千元)	合计	专著	其中：被译成外文	编著教材	工具书参考书	皮书/发展报告	科普读物					合计	国内学术刊物	国外学术刊物	港、澳、台地区刊物	合计	国家级奖	部级奖	省级奖	合计	其中：被采纳数
	编号	L01	L02	L03	L04	L05	L06	L07	L08	L09	L10	L11	L12	L13	L14	L15	L16	L17	L18	L19	L20	L21	L22	L23	L24	L25	L26
泰州职业技术学院	16	0	0	0	0	0	0	0	0	0	0	0	0	0	0	0	0	0	0	0	0	0	0	0	0	0	0
常州信息职业技术学院	17	0	0	0	0	0	0	0	0	0	0	0	0	0	0	0	0	0	0	0	0	0	0	0	0	0	0
江苏海事职业技术学院	18	1	0.5	0	75.2	75.2	0	0	0	0	0	0	0	0	0	0	0	0	0	0	0	0	0	0	0	0	0
无锡科技职业学院	19	1	0.7	0	20	6	0	0	0	0	0	0	0	0	0	0	0	0	0	0	0	0	0	0	0	0	0
江苏医药职业学院	20	14	3.2	0	5	15.75	0	0	0	0	0	0	0	0	0	0	0	1	1	0	0	0	0	0	0	0	0
南通科技职业学院	21	10	2.3	0	11	11.1	0	0	0	0	0	0	0	0	0	0	0	2	2	0	0	0	0	0	0	0	0
苏州经贸职业技术学院	22	13	2.5	0	36	67.22	0	0	0	0	0	0	0	0	0	0	0	5	5	0	0	0	0	0	0	2	1
苏州工业职业技术学院	23	3	1	0	0	113.9	0	0	0	0	0	0	0	0	0	0	0	4	4	0	0	0	0	0	0	0	0
苏州卫生职业技术学院	24	12	1.7	0	90	60.5	0	0	0	0	0	0	0	0	0	0	0	15	13	2	0	0	0	0	0	0	0
无锡商业职业技术学院	25	6	1.8	0	0	25.5	0	0	0	0	0	0	0	0	0	0	0	5	5	0	0	0	0	0	0	0	0
南通航运职业技术学院	26	3	0.4	0	0	9.5	0	0	0	0	0	0	0	0	0	0	0	2	2	0	0	0	0	0	0	0	0
南京交通职业技术学院	27	14	1.5	0	0	134.18	0	0	0	0	0	0	0	0	0	0	0	6	6	0	0	0	0	0	0	0	0
淮安信息职业技术学院	28	6	1	0	24	15	0	0	0	0	0	0	0	0	0	0	0	2	2	0	0	0	0	0	0	0	0
江苏农牧科技职业学院	29	0	0	0	0	0	0	0	0	0	0	0	0	0	0	0	0	0	0	0	0	0	0	0	0	0	0
常州纺织服装职业技术学院	30	0	0	0	0	0	0	0	0	0	0	0	0	0	0	0	0	0	0	0	0	0	0	0	0	0	0
苏州农业职业技术学院	31	2	0.4	0	0	4.5	0	0	0	0	0	0	0	0	0	0	0	0	0	0	0	0	0	0	0	0	0

续表

南京科技职业学院	32	5	0.7	0	0	6	0	0	0	0	0	0	0	0	0	0	0	0	0	0	0	0	0	0	0	0	0
常州轻工职业技术学院	33	2	0.6	0	0	0	0	0	0	0	0	0	0	0	0	0	0	0	0	0	0	0	0	0	0	0	0
常州工程职业技术学院	34	0	0	0	0	0	0	0	0	0	0	0	0	0	0	0	0	1	1	0	0	0	0	0	0	0	0
江苏农林职业技术学院	35	0	0	0	0	0	0	0	0	0	0	0	0	0	0	0	0	0	0	0	0	0	0	0	0	0	0
江苏食品药品职业技术学院	36	10	1.7	0	20	29.5	0	0	0	0	0	0	0	0	0	0	0	1	1	0	0	0	0	0	0	0	0
南京铁道职业技术学院	37	1	0.1	0	5	2	0	0	0	0	0	0	0	0	0	0	0	0	0	0	0	0	0	0	0	0	0
徐州工业职业技术学院	38	12	1.2	0	18	22.6	0	0	0	0	0	0	0	0	0	0	0	6	6	0	0	0	0	0	0	5	0
江苏信息职业技术学院	39	1	0.3	0	4	0.6	0	0	0	0	0	0	0	0	0	0	0	4	4	0	0	0	0	0	0	0	0
南京信息职业技术学院	40	1	0.1	0	0	5	0	0	0	0	0	0	0	0	0	0	0	1	1	0	0	0	0	0	0	0	0
常州机电职业技术学院	41	0	0	0	0	0	0	0	0	0	0	0	0	0	0	0	0	0	0	0	0	0	0	0	0	0	0
江阴职业技术学院	42	4	1	0	70	52	0	0	0	0	0	0	0	0	0	0	0	0	0	0	0	0	0	0	0	0	0
无锡城市职业技术学院	43	0	0	0	0	0	0	0	0	0	0	0	0	0	0	0	0	2	2	0	0	0	0	0	0	0	0
无锡工艺职业技术学院	44	2	0.2	0	0	0	0	0	0	0	0	0	0	0	0	0	0	0	0	0	0	0	0	0	0	0	0
苏州健雄职业技术学院	45	3	0.6	0	2	6	0	0	0	0	0	0	0	0	0	0	0	3	3	0	0	0	0	0	0	0	0
盐城工业职业技术学院	46	1	0.1	0	0	2	0	0	0	0	0	0	0	0	0	0	0	1	1	0	0	0	0	0	0	0	0
江苏财经职业技术学院	47	12	1.3	0	82	52	0	0	0	0	0	0	0	0	0	0	0	3	3	0	0	0	0	0	0	0	0
扬州工业职业技术学院	48	12	1.2	0	10	12.9	0	0	0	0	0	0	0	0	0	0	0	2	2	0	0	0	0	0	0	0	0
江苏城市职业学院	49	1	0.6	0	0	0	0	0	0	0	0	0	0	0	0	0	0	8	8	0	0	0	0	0	0	0	0
南京城市职业学院	50	2	0.2	0	0	0	0	0	0	0	0	0	0	0	0	0	0	1	1	0	0	0	0	0	0	0	0

续表

高校名称		总数					出版著作(部)							古籍整理(部)	译著(部)	发表译文(篇)	电子出版物(件)	发表论文(篇)				获奖成果数(项)				研究与咨询报告(篇)	
		课题数(项)	当年投入人数(人年)	其中:研究生(人年)	当年拨入经费(千元)	当年支出经费(千元)	合计	专著	其中:被译成外文	编著教材	工具书参考书	皮书/发展报告	科普读物					合计	国内学术刊物	国外学术刊物	港、澳、台地区刊物	合计	国家级奖	部级奖	省级奖	合计	其中:被采纳数
	编号	L01	L02	L03	L04	L05	L06	L07	L08	L09	L10	L11	L12	L13	L14	L15	L16	L17	L18	L19	L20	L21	L22	L23	L24	L25	L26
南京机电职业技术学院	51	0	0	0	0	0	0	0	0	0	0	0	0	0	0	0	0	0	0	0	0	0	0	0	0	0	0
南京旅游职业学院	52	0	0	0	0	0	0	0	0	0	0	0	0	0	0	0	0	0	0	0	0	0	0	0	0	0	0
江苏卫生健康职业学院	53	7	1.5	0	5	32.5	0	0	0	0	0	0	0	0	0	0	0	0	0	0	0	0	0	0	0	0	0
苏州信息职业技术学院	54	0	0	0	0	0	0	0	0	0	0	0	0	0	0	0	0	0	0	0	0	0	0	0	0	0	0
苏州工业园区服务外包职业学院	55	1	0.2	0	5	5	0	0	0	0	0	0	0	0	0	0	0	3	3	0	0	0	0	0	0	0	0
徐州幼儿师范高等专科学校	56	31	4.8	0	127	91	0	0	0	0	0	0	0	0	0	0	0	5	5	0	0	0	0	0	0	11	4
徐州生物工程职业技术学院	57	0	0	0	1	1	0	0	0	0	0	0	0	0	0	0	0	0	0	0	0	0	0	0	0	0	0
江苏商贸职业学院	58	3	1.3	0	2.4	15.8	0	0	0	0	0	0	0	0	0	0	0	5	5	0	0	0	0	0	0	0	0
南通师范高等专科学校	59	1	0.1	0	0	0	0	0	0	0	0	0	0	0	0	0	0	1	1	0	0	0	0	0	0	0	0
江苏护理职业学院	60	4	0.4	0	5.5	5.5	0	0	0	0	0	0	0	0	0	0	0	0	0	0	0	0	0	0	0	0	0
江苏财会职业学院	61	15	2.9	0	15	15	0	0	0	0	0	0	0	0	0	0	0	18	18	0	0	0	0	0	0	3	0
江苏城乡建设职业学院	62	12	4	0	166	168.2	0	0	0	0	0	0	0	0	0	0	0	1	1	0	0	0	0	0	0	3	0
江苏航空职业技术学院	63	0	0	0	0	0	0	0	0	0	0	0	0	0	0	0	0	0	0	0	0	0	0	0	0	0	0
江苏安全技术职业学院	64	0	0	0	0	0	0	0	0	0	0	0	0	0	0	0	0	0	0	0	0	0	0	0	0	0	0
江苏旅游职业学院	65	6	1.1	0	70	70	0	0	0	0	0	0	0	0	0	0	0	4	4	0	0	0	0	0	0	0	0

3.16 民族学与文化学人文、社会科学研究与课题成果情况表

高校名称		总数					出版著作(部)							古籍整理(部)	译著(部)	发表译文(篇)	电子出版物(件)	发表论文(篇)				获奖成果数(项)				研究与咨询报告(篇)	
		课题数(项)	当年投入人数(人年)	其中：研究生(人年)	当年拨入经费(千元)	当年支出经费(千元)	合计	专著	其中：被译成外文	编著教材	工具书参考书	皮书/发展报告	科普读物					合计	国内学术刊物	国外学术刊物	港、澳、台地区刊物	合计	国家级奖	部级奖	省级奖	合计	其中：被采纳数
	编号	L01	L02	L03	L04	L05	L06	L07	L08	L09	L10	L11	L12	L13	L14	L15	L16	L17	L18	L19	L20	L21	L22	L23	L24	L25	L26
合计	/	100	18.5	0	493.1	277.23	4	3	0	1	0	0	0	0	0	0	0	84	84	0	0	0	0	0	0	8	1
盐城幼儿师范高等专科学校	1	0	0	0	0	0	0	0	0	0	0	0	0	0	0	0	0	0	0	0	0	0	0	0	0	0	0
苏州幼儿师范高等专科学校	2	2	0.5	0	210	37	0	0	0	0	0	0	0	0	0	0	0	0	0	0	0	0	0	0	0	0	0
无锡职业技术学院	3	2	0.2	0	0	0	0	0	0	0	0	0	0	0	0	0	0	0	0	0	0	0	0	0	0	0	0
江苏建筑职业技术学院	4	10	1.8	0	8	2	1	1	0	0	0	0	0	0	0	0	0	15	15	0	0	0	0	0	0	0	0
南京工业职业技术学院	5	2	0.4	0	0	0	0	0	0	0	0	0	0	0	0	0	0	1	1	0	0	0	0	0	0	0	0
江苏工程职业技术学院	6	1	0.1	0	0	0	0	0	0	0	0	0	0	0	0	0	0	2	2	0	0	0	0	0	0	0	0
苏州工艺美术职业技术学院	7	1	0.3	0	0	2	0	0	0	0	0	0	0	0	0	0	0	0	0	0	0	0	0	0	0	0	0
连云港职业技术学院	8	0	0	0	0	0	0	0	0	0	0	0	0	0	0	0	0	0	0	0	0	0	0	0	0	0	0
镇江市高等专科学校	9	2	0.7	0	30	31	0	0	0	0	0	0	0	0	0	0	0	0	0	0	0	0	0	0	0	2	1
南通职业大学	10	0	0	0	0	0	0	0	0	0	0	0	0	0	0	0	0	0	0	0	0	0	0	0	0	0	0
苏州职业大学	11	0	0	0	0	0	0	0	0	0	0	0	0	0	0	0	0	0	0	0	0	0	0	0	0	0	0
沙洲职业工学院	12	0	0	0	0	0	0	0	0	0	0	0	0	0	0	0	0	0	0	0	0	0	0	0	0	0	0
扬州市职业大学	13	8	2.2	0	6	6	2	2	0	0	0	0	0	0	0	0	0	8	8	0	0	0	0	0	0	2	0
连云港师范高等专科学校	14	15	1.6	0	20	12	1	0	0	1	0	0	0	0	0	0	0	8	8	0	0	0	0	0	0	0	0
江苏经贸职业技术学院	15	2	0.4	0	4	4	0	0	0	0	0	0	0	0	0	0	0	0	0	0	0	0	0	0	0	0	0

续表

高校名称		总数					出版著作(部)							古籍整理(部)	译著(部)	发表译文(篇)	电子出版物(件)	发表论文(篇)				获奖成果数(项)				研究与咨询报告(篇)	
		课题数(项)	当年投入人数(人年)	其中:研究生(人年)	当年拨入经费(千元)	当年支出经费(千元)	合计	专著	其中:被译成外文	编著教材	工具书参考书	皮书/发展报告	科普读物					合计	国内学术刊物	国外学术刊物	港、澳、台地区刊物	合计	国家级奖	部级奖	省级奖	合计	其中:被采纳数
	编号	L01	L02	L03	L04	L05	L06	L07	L08	L09	L10	L11	L12	L13	L14	L15	L16	L17	L18	L19	L20	L21	L22	L23	L24	L25	L26
泰州职业技术学院	16	0	0	0	0	0	0	0	0	0	0	0	0	0	0	0	0	0	0	0	0	0	0	0	0	0	0
常州信息职业技术学院	17	2	0.8	0	5	5	0	0	0	0	0	0	0	0	0	0	0	0	0	0	0	0	0	0	0	0	0
江苏海事职业技术学院	18	1	0.3	0	4	4	0	0	0	0	0	0	0	0	0	0	0	0	0	0	0	0	0	0	0	0	0
无锡科技职业学院	19	1	0.3	0	0	0	0	0	0	0	0	0	0	0	0	0	0	0	0	0	0	0	0	0	0	0	0
江苏医药职业学院	20	0	0	0	0	0	0	0	0	0	0	0	0	0	0	0	0	0	0	0	0	0	0	0	0	0	0
南通科技职业学院	21	6	0.9	0	20	14.4	0	0	0	0	0	0	0	0	0	0	0	0	0	0	0	0	0	0	0	0	0
苏州经贸职业技术学院	22	3	0.5	0	0	3.8	0	0	0	0	0	0	0	0	0	0	0	0	0	0	0	0	0	0	0	1	0
苏州工业职业技术学院	23	0	0	0	0	0	0	0	0	0	0	0	0	0	0	0	0	17	17	0	0	0	0	0	0	0	0
苏州卫生职业技术学院	24	2	0.5	0	0	11.4	0	0	0	0	0	0	0	0	0	0	0	0	0	0	0	0	0	0	0	0	0
无锡商业职业技术学院	25	0	0	0	0	0	0	0	0	0	0	0	0	0	0	0	0	1	1	0	0	0	0	0	0	0	0
南通航运职业技术学院	26	0	0	0	0	0	0	0	0	0	0	0	0	0	0	0	0	1	1	0	0	0	0	0	0	0	0
南京交通职业技术学院	27	0	0	0	0	0	0	0	0	0	0	0	0	0	0	0	0	0	0	0	0	0	0	0	0	0	0
淮安信息职业技术学院	28	6	1.1	0	46	24	0	0	0	0	0	0	0	0	0	0	0	2	2	0	0	0	0	0	0	0	0
江苏农牧科技职业学院	29	0	0	0	0	0	0	0	0	0	0	0	0	0	0	0	0	0	0	0	0	0	0	0	0	0	0
常州纺织服装职业技术学院	30	0	0	0	0	0	0	0	0	0	0	0	0	0	0	0	0	0	0	0	0	0	0	0	0	0	0
苏州农业职业技术学院	31	0	0	0	0	0	0	0	0	0	0	0	0	0	0	0	0	0	0	0	0	0	0	0	0	0	0

续表

南京科技职业学院	32	2	0.2	0	0	5	0	0	0	0	0	0	0	0	0	0	0	0	0	0	0	0	0	0	0	0	0
常州轻工职业技术学院	33	0	0	0	0	0	0	0	0	0	0	0	0	0	0	0	0	1	1	0	0	0	0	0	0	0	0
常州工程职业技术学院	34	1	0.1	0	0	0	0	0	0	0	0	0	0	0	0	0	0	4	4	0	0	0	0	0	0	0	0
江苏农林职业技术学院	35	0	0	0	0	0	0	0	0	0	0	0	0	0	0	0	0	0	0	0	0	0	0	0	0	0	0
江苏食品药品职业技术学院	36	1	0.2	0	10	10	0	0	0	0	0	0	0	0	0	0	0	0	0	0	0	0	0	0	0	2	0
南京铁道职业技术学院	37	3	0.3	0	0	7	0	0	0	0	0	0	0	0	0	0	0	0	0	0	0	0	0	0	0	0	0
徐州工业职业技术学院	38	4	0.4	0	0	5.4	0	0	0	0	0	0	0	0	0	0	0	2	2	0	0	0	0	0	0	0	0
江苏信息职业技术学院	39	8	1.8	0	25.5	16.13	0	0	0	0	0	0	0	0	0	0	0	9	9	0	0	0	0	0	0	0	0
南京信息职业技术学院	40	0	0	0	0	0	0	0	0	0	0	0	0	0	0	0	0	0	0	0	0	0	0	0	0	0	0
常州机电职业技术学院	41	0	0	0	0	0	0	0	0	0	0	0	0	0	0	0	0	0	0	0	0	0	0	0	0	0	0
江阴职业技术学院	42	0	0	0	0	0	0	0	0	0	0	0	0	0	0	0	0	0	0	0	0	0	0	0	0	0	0
无锡城市职业技术学院	43	1	0.1	0	0	0	0	0	0	0	0	0	0	0	0	0	0	0	0	0	0	0	0	0	0	0	0
无锡工艺职业技术学院	44	0	0	0	0	0	0	0	0	0	0	0	0	0	0	0	0	0	0	0	0	0	0	0	0	0	0
苏州健雄职业技术学院	45	0	0	0	0	0	0	0	0	0	0	0	0	0	0	0	0	0	0	0	0	0	0	0	0	0	0
盐城工业职业技术学院	46	0	0	0	0	0	0	0	0	0	0	0	0	0	0	0	0	0	0	0	0	0	0	0	0	0	0
江苏财经职业技术学院	47	4	0.5	0	84	52.6	0	0	0	0	0	0	0	0	0	0	0	2	2	0	0	0	0	0	0	0	0
扬州工业职业技术学院	48	2	0.2	0	0	0	0	0	0	0	0	0	0	0	0	0	0	7	7	0	0	0	0	0	0	0	0
江苏城市职业学院	49	1	0.5	0	10	3.9	0	0	0	0	0	0	0	0	0	0	0	0	0	0	0	0	0	0	0	0	0
南京城市职业学院	50	0	0	0	0	0	0	0	0	0	0	0	0	0	0	0	0	0	0	0	0	0	0	0	0	0	0

续表

高校名称		总数					出版著作(部)							古籍整理(部)	译著(部)	发表译文(篇)	电子出版物(件)	发表论文(篇)				获奖成果数(项)				研究与咨询报告(篇)	
		课题数(项)	当年投入人数(人年)	其中:研究生(人年)	当年拨入经费(千元)	当年支出经费(千元)	合计	专著	其中:被译成外文	编著教材	工具书参考书	皮书/发展报告	科普读物					合计	国内学术刊物	国外学术刊物	港、澳、台地区刊物	合计	国家级奖	部级奖	省级奖	合计	其中:被采纳数
	编号	L01	L02	L03	L04	L05	L06	L07	L08	L09	L10	L11	L12	L13	L14	L15	L16	L17	L18	L19	L20	L21	L22	L23	L24	L25	L26
南京机电职业技术学院	51	0	0	0	0	0	0	0	0	0	0	0	0	0	0	0	0	0	0	0	0	0	0	0	0	0	0
南京旅游职业学院	52	2	0	0	0	0	0	0	0	0	0	0	0	0	0	0	0	1	1	0	0	0	0	0	0	0	0
江苏卫生健康职业学院	53	1	0.3	0	0	6.8	0	0	0	0	0	0	0	0	0	0	0	2	2	0	0	0	0	0	0	0	0
苏州信息职业技术学院	54	0	0	0	0	0	0	0	0	0	0	0	0	0	0	0	0	0	0	0	0	0	0	0	0	0	0
苏州工业园区服务外包职业学院	55	0	0	0	0	0	0	0	0	0	0	0	0	0	0	0	0	1	1	0	0	0	0	0	0	0	0
徐州幼儿师范高等专科学校	56	1	0.3	0	0	2	0	0	0	0	0	0	0	0	0	0	0	0	0	0	0	0	0	0	0	0	0
徐州生物工程职业技术学院	57	0	0	0	0	0	0	0	0	0	0	0	0	0	0	0	0	0	0	0	0	0	0	0	0	0	0
江苏商贸职业学院	58	2	0.8	0	0.6	1.8	0	0	0	0	0	0	0	0	0	0	0	0	0	0	0	0	0	0	0	1	0
南通师范高等专科学校	59	0	0	0	0	0	0	0	0	0	0	0	0	0	0	0	0	0	0	0	0	0	0	0	0	0	0
江苏护理职业学院	60	0	0	0	0	0	0	0	0	0	0	0	0	0	0	0	0	0	0	0	0	0	0	0	0	0	0
江苏财会职业学院	61	0	0	0	0	0	0	0	0	0	0	0	0	0	0	0	0	0	0	0	0	0	0	0	0	0	0
江苏城乡建设职业学院	62	0	0	0	0	0	0	0	0	0	0	0	0	0	0	0	0	0	0	0	0	0	0	0	0	0	0
江苏航空职业技术学院	63	0	0	0	0	0	0	0	0	0	0	0	0	0	0	0	0	0	0	0	0	0	0	0	0	0	0
江苏安全技术职业学院	64	0	0	0	0	0	0	0	0	0	0	0	0	0	0	0	0	0	0	0	0	0	0	0	0	0	0
江苏旅游职业学院	65	1	0.2	0	10	10	0	0	0	0	0	0	0	0	0	0	0	0	0	0	0	0	0	0	0	0	0

3.17 新闻学与传播学人文、社会科学研究与课题成果情况表

高校名称	编号	总数：课题数(项)	总数：当年投入人数(人年)	总数：其中：研究生(人年)	总数：当年拨入经费(千元)	总数：当年支出经费(千元)	出版著作(部)：合计	出版著作(部)：专著	出版著作(部)：其中：被译成外文	出版著作(部)：编著教材	出版著作(部)：工具书参考书	出版著作(部)：皮书/发展报告	出版著作(部)：科普读物	古籍整理(部)	译著(部)	发表译文(篇)	电子出版物(件)	发表论文(篇)：合计	发表论文(篇)：国内学术刊物	发表论文(篇)：国外学术刊物	发表论文(篇)：港澳、台地区刊物	获奖成果数(项)：合计	获奖成果数(项)：国家级奖	获奖成果数(项)：部级奖	获奖成果数(项)：省级奖	研究与咨询报告(篇)：合计	研究与咨询报告(篇)：其中：被采纳数
		L01	L02	L03	L04	L05	L06	L07	L08	L09	L10	L11	L12	L13	L14	L15	L16	L17	L18	L19	L20	L21	L22	L23	L24	L25	L26
合计	/	33	9.2	0	86	297.95	1	1	0	0	0	0	0	0	0	0	0	29	29	0	0	0	0	0	0	0	0
盐城幼儿师范高等专科学校	1	0	0	0	0	0	0	0	0	0	0	0	0	0	0	0	0	0	0	0	0	0	0	0	0	0	0
苏州幼儿师范高等专科学校	2	0	0	0	0	0	0	0	0	0	0	0	0	0	0	0	0	0	0	0	0	0	0	0	0	0	0
无锡职业技术学院	3	0	0	0	0	0	0	0	0	0	0	0	0	0	0	0	0	0	0	0	0	0	0	0	0	0	0
江苏建筑职业技术学院	4	6	0.9	0	15	5.6	0	0	0	0	0	0	0	0	0	0	0	8	8	0	0	0	0	0	0	0	0
南京工业职业技术学院	5	0	0	0	0	0	0	0	0	0	0	0	0	0	0	0	0	0	0	0	0	0	0	0	0	0	0
江苏工程职业技术学院	6	1	0.1	0	0	1	0	0	0	0	0	0	0	0	0	0	0	2	2	0	0	0	0	0	0	0	0
苏州工艺美术职业技术学院	7	0	0	0	0	0	0	0	0	0	0	0	0	0	0	0	0	0	0	0	0	0	0	0	0	0	0
连云港职业技术学院	8	0	0	0	0	0	0	0	0	0	0	0	0	0	0	0	0	1	1	0	0	0	0	0	0	0	0
镇江市高等专科学校	9	0	0	0	0	0	0	0	0	0	0	0	0	0	0	0	0	0	0	0	0	0	0	0	0	0	0
南通职业大学	10	1	0.1	0	0	0	0	0	0	0	0	0	0	0	0	0	0	0	0	0	0	0	0	0	0	0	0
苏州职业大学	11	7	3.5	0	10	243.8	1	1	0	0	0	0	0	0	0	0	0	3	3	0	0	0	0	0	0	0	0
沙洲职业工学院	12	1	0.1	0	3	3	0	0	0	0	0	0	0	0	0	0	0	1	1	0	0	0	0	0	0	0	0
扬州市职业大学	13	0	0	0	0	0	0	0	0	0	0	0	0	0	0	0	0	1	1	0	0	0	0	0	0	0	0
连云港师范高等专科学校	14	0	0	0	0	0	0	0	0	0	0	0	0	0	0	0	0	0	0	0	0	0	0	0	0	0	0
江苏经贸职业技术学院	15	2	0.2	0	0	0	0	0	0	0	0	0	0	0	0	0	0	1	1	0	0	0	0	0	0	0	0

续表

高校名称	编号	总数					出版著作(部)							古籍整理(部)	译著(部)	发表译文(篇)	电子出版物(件)	发表论文(篇)				获奖成果数(项)				研究与咨询报告(篇)	
		课题数(项)	当年投入人数(人年)	其中：研究生(人年)	当年拨入经费(千元)	当年支出经费(千元)	合计	专著	其中：被译成外文	编著教材	工具书参考书	皮书/发展报告	科普读物					合计	国内学术刊物	国外学术刊物	港、澳、台地区刊物	合计	国家级奖	部级奖	省级奖	合计	其中：被采纳数
		L01	L02	L03	L04	L05	L06	L07	L08	L09	L10	L11	L12	L13	L14	L15	L16	L17	L18	L19	L20	L21	L22	L23	L24	L25	L26
泰州职业技术学院	16	0	0	0	0	0	0	0	0	0	0	0	0	0	0	0	0	0	0	0	0	0	0	0	0	0	0
常州信息职业技术学院	17	0	0	0	0	0	0	0	0	0	0	0	0	0	0	0	0	0	0	0	0	0	0	0	0	0	0
江苏海事职业技术学院	18	0	0	0	0	0	0	0	0	0	0	0	0	0	0	0	0	0	0	0	0	0	0	0	0	0	0
无锡科技职业学院	19	0	0	0	0	0	0	0	0	0	0	0	0	0	0	0	0	0	0	0	0	0	0	0	0	0	0
江苏医药职业学院	20	0	0	0	0	0	0	0	0	0	0	0	0	0	0	0	0	0	0	0	0	0	0	0	0	0	0
南通科技职业学院	21	0	0	0	0	0	0	0	0	0	0	0	0	0	0	0	0	0	0	0	0	0	0	0	0	0	0
苏州经贸职业技术学院	22	2	0.5	0	20	15	0	0	0	0	0	0	0	0	0	0	0	1	1	0	0	0	0	0	0	0	0
苏州工业职业技术学院	23	0	0	0	0	0	0	0	0	0	0	0	0	0	0	0	0	0	0	0	0	0	0	0	0	0	0
苏州卫生职业技术学院	24	0	0	0	0	0	0	0	0	0	0	0	0	0	0	0	0	0	0	0	0	0	0	0	0	0	0
无锡商业职业技术学院	25	0	0	0	0	0	0	0	0	0	0	0	0	0	0	0	0	0	0	0	0	0	0	0	0	0	0
南通航运职业技术学院	26	0	0	0	0	0	0	0	0	0	0	0	0	0	0	0	0	1	1	0	0	0	0	0	0	0	0
南京交通职业技术学院	27	0	0	0	0	0	0	0	0	0	0	0	0	0	0	0	0	0	0	0	0	0	0	0	0	0	0
淮安信息职业技术学院	28	2	0.2	0	8	3	0	0	0	0	0	0	0	0	0	0	0	0	0	0	0	0	0	0	0	0	0
江苏农牧科技职业学院	29	0	0	0	0	0	0	0	0	0	0	0	0	0	0	0	0	0	0	0	0	0	0	0	0	0	0
常州纺织服装职业技术学院	30	0	0	0	0	0	0	0	0	0	0	0	0	0	0	0	0	0	0	0	0	0	0	0	0	0	0
苏州农业职业技术学院	31	0	0	0	0	0	0	0	0	0	0	0	0	0	0	0	0	0	0	0	0	0	0	0	0	0	0

续表

南京科技职业学院	32	1	0.2	0	0	3	0	0	0	0	0	0	0	0	0	0	0	0	0	0	0	0	0	0	0	0	0
常州轻工职业技术学院	33	0	0	0	0	0	0	0	0	0	0	0	0	0	0	0	0	0	0	0	0	0	0	0	0	0	0
常州工程职业技术学院	34	0	0	0	0	0	0	0	0	0	0	0	0	0	0	0	0	0	0	0	0	0	0	0	0	0	0
江苏农林职业技术学院	35	0	0	0	0	0	0	0	0	0	0	0	0	0	0	0	0	0	0	0	0	0	0	0	0	0	0
江苏食品药品职业技术学院	36	0	0	0	0	0	0	0	0	0	0	0	0	0	0	0	0	1	1	0	0	0	0	0	0	0	0
南京铁道职业技术学院	37	0	0	0	0	0	0	0	0	0	0	0	0	0	0	0	0	0	0	0	0	0	0	0	0	0	0
徐州工业职业技术学院	38	0	0	0	0	0	0	0	0	0	0	0	0	0	0	0	0	0	0	0	0	0	0	0	0	0	0
江苏信息职业技术学院	39	0	0	0	0	0	0	0	0	0	0	0	0	0	0	0	0	3	3	0	0	0	0	0	0	0	0
南京信息职业技术学院	40	0	0	0	0	0	0	0	0	0	0	0	0	0	0	0	0	0	0	0	0	0	0	0	0	0	0
常州机电职业技术学院	41	1	0.2	0	10	5.05	0	0	0	0	0	0	0	0	0	0	0	0	0	0	0	0	0	0	0	0	0
江阴职业技术学院	42	0	0	0	0	0	0	0	0	0	0	0	0	0	0	0	0	0	0	0	0	0	0	0	0	0	0
无锡城市职业技术学院	43	0	0	0	0	0	0	0	0	0	0	0	0	0	0	0	0	0	0	0	0	0	0	0	0	0	0
无锡工艺职业技术学院	44	0	0	0	0	0	0	0	0	0	0	0	0	0	0	0	0	0	0	0	0	0	0	0	0	0	0
苏州健雄职业技术学院	45	0	0	0	0	0	0	0	0	0	0	0	0	0	0	0	0	0	0	0	0	0	0	0	0	0	0
盐城工业职业技术学院	46	0	0	0	0	0	0	0	0	0	0	0	0	0	0	0	0	0	0	0	0	0	0	0	0	0	0
江苏财经职业技术学院	47	0	0	0	0	0	0	0	0	0	0	0	0	0	0	0	0	1	1	0	0	0	0	0	0	0	0
扬州工业职业技术学院	48	0	0	0	0	0	0	0	0	0	0	0	0	0	0	0	0	0	0	0	0	0	0	0	0	0	0
江苏城市职业学院	49	5	2.1	0	10	10	0	0	0	0	0	0	0	0	0	0	0	2	2	0	0	0	0	0	0	0	0
南京城市职业学院	50	0	0	0	0	0	0	0	0	0	0	0	0	0	0	0	0	0	0	0	0	0	0	0	0	0	0

续表

高校名称		总数					出版著作(部)							古籍整理(部)	译著(部)	发表译文(篇)	电子出版物(件)	发表论文(篇)				获奖成果数(项)				研究与咨询报告(篇)	
		课题数(项)	当年投入人数(人年)	其中：研究生(人年)	当年拨入经费(千元)	当年支出经费(千元)	合计	专著	其中：被译成外文	编著教材	工具书参考书	皮书/发展报告	科普读物					合计	国内学术刊物	国外学术刊物	港、澳、台地区刊物	合计	国家级奖	部级奖	省级奖	合计	其中：被采纳数
	编号	L01	L02	L03	L04	L05	L06	L07	L08	L09	L10	L11	L12	L13	L14	L15	L16	L17	L18	L19	L20	L21	L22	L23	L24	L25	L26
南京机电职业技术学院	51	1	0.3	0	10	3.5	0	0	0	0	0	0	0	0	0	0	0	1	1	0	0	0	0	0	0	0	0
南京旅游职业学院	52	0	0	0	0	0	0	0	0	0	0	0	0	0	0	0	0	0	0	0	0	0	0	0	0	0	0
江苏卫生健康职业学院	53	2	0.6	0	0	4	0	0	0	0	0	0	0	0	0	0	0	0	0	0	0	0	0	0	0	0	0
苏州信息职业技术学院	54	0	0	0	0	0	0	0	0	0	0	0	0	0	0	0	0	0	0	0	0	0	0	0	0	0	0
苏州工业园区服务外包职业学院	55	1	0.2	0	0	1	0	0	0	0	0	0	0	0	0	0	0	0	0	0	0	0	0	0	0	0	0
徐州幼儿师范高等专科学校	56	0	0	0	0	0	0	0	0	0	0	0	0	0	0	0	0	0	0	0	0	0	0	0	0	0	0
徐州生物工程职业技术学院	57	0	0	0	0	0	0	0	0	0	0	0	0	0	0	0	0	0	0	0	0	0	0	0	0	0	0
江苏商贸职业学院	58	0	0	0	0	0	0	0	0	0	0	0	0	0	0	0	0	0	0	0	0	0	0	0	0	0	0
南通师范高等专科学校	59	0	0	0	0	0	0	0	0	0	0	0	0	0	0	0	0	1	1	0	0	0	0	0	0	0	0
江苏护理职业学院	60	0	0	0	0	0	0	0	0	0	0	0	0	0	0	0	0	0	0	0	0	0	0	0	0	0	0
江苏财会职业学院	61	0	0	0	0	0	0	0	0	0	0	0	0	0	0	0	0	1	1	0	0	0	0	0	0	0	0
江苏城乡建设职业学院	62	0	0	0	0	0	0	0	0	0	0	0	0	0	0	0	0	0	0	0	0	0	0	0	0	0	0
江苏航空职业技术学院	63	0	0	0	0	0	0	0	0	0	0	0	0	0	0	0	0	0	0	0	0	0	0	0	0	0	0
江苏安全技术职业学院	64	0	0	0	0	0	0	0	0	0	0	0	0	0	0	0	0	0	0	0	0	0	0	0	0	0	0
江苏旅游职业学院	65	0	0	0	0	0	0	0	0	0	0	0	0	0	0	0	0	0	0	0	0	0	0	0	0	0	0

3.18 图书馆、情报与文献学人文、社会科学研究与课题成果情况表

高校名称		总数					出版著作(部)							古籍整理(部)	译著(部)	发表译文(篇)	电子出版物(件)	发表论文(篇)				获奖成果数(项)				研究与咨询报告(篇)	
		课题数(项)	当年投入人数(人年)	其中:研究生(人年)	当年拨入经费(千元)	当年支出经费(千元)	合计	专著	其中:被译成外文	编著教材	工具书参考书	皮书/发展报告	科普读物					合计	国内学术刊物	国外学术刊物	港、澳、台地区刊物	合计	国家级奖	部级奖	省级奖	合计	其中:被采纳数
	编号	L01	L02	L03	L04	L05	L06	L07	L08	L09	L10	L11	L12	L13	L14	L15	L16	L17	L18	L19	L20	L21	L22	L23	L24	L25	L26
合计	/	88	17.6	0	305.8	218.1	5	2	0	3	0	0	0	0	0	0	0	173	173	0	0	0	0	0	0	3	0
盐城幼儿师范高等专科学校	1	2	0.3	0	7.5	7.5	0	0	0	0	0	0	0	0	0	0	0	0	0	0	0	0	0	0	0	0	0
苏州幼儿师范高等专科学校	2	1	0.1	0	0	0	0	0	0	0	0	0	0	0	0	0	0	1	1	0	0	0	0	0	0	0	0
无锡职业技术学院	3	5	0.6	0	0	0	0	0	0	0	0	0	0	0	0	0	0	8	8	0	0	0	0	0	0	0	0
江苏建筑职业技术学院	4	0	0	0	0	0	1	1	0	0	0	0	0	0	0	0	0	5	5	0	0	0	0	0	0	0	0
南京工业职业技术学院	5	0	0	0	0	0	0	0	0	0	0	0	0	0	0	0	0	2	2	0	0	0	0	0	0	0	0
江苏工程职业技术学院	6	4	0.4	0	4	2	0	0	0	0	0	0	0	0	0	0	0	12	12	0	0	0	0	0	0	0	0
苏州工艺美术职业技术学院	7	2	0.4	0	5	3.5	0	0	0	0	0	0	0	0	0	0	0	0	0	0	0	0	0	0	0	0	0
连云港职业技术学院	8	2	0.4	0	10	10	0	0	0	0	0	0	0	0	0	0	0	1	1	0	0	0	0	0	0	0	0
镇江市高等专科学校	9	2	1	0	3	3.5	0	0	0	0	0	0	0	0	0	0	0	3	3	0	0	0	0	0	0	0	0
南通职业大学	10	1	0.2	0	0	0	0	0	0	0	0	0	0	0	0	0	0	0	0	0	0	0	0	0	0	0	0
苏州职业大学	11	7	2.8	0	10	4.3	0	0	0	0	0	0	0	0	0	0	0	6	6	0	0	0	0	0	0	0	0
沙洲职业工学院	12	0	0	0	0	0	0	0	0	0	0	0	0	0	0	0	0	0	0	0	0	0	0	0	0	0	0
扬州市职业大学	13	0	0	0	0	0	0	0	0	0	0	0	0	0	0	0	0	8	8	0	0	0	0	0	0	0	0
连云港师范高等专科学校	14	4	0.5	0	0	0	0	0	0	0	0	0	0	0	0	0	0	7	7	0	0	0	0	0	0	0	0
江苏经贸职业技术学院	15	4	0.6	0	10	10	0	0	0	0	0	0	0	0	0	0	0	7	7	0	0	0	0	0	0	1	0

续表

高校名称		总数					出版著作(部)							古籍整理(部)	译著(部)	发表译文(篇)	电子出版物(件)	发表论文(篇)				获奖成果数(项)				研究与咨询报告(篇)	
		课题数(项)	当年投入人数(人年)	其中:研究生(人年)	当年拨入经费(千元)	当年支出经费(千元)	合计	专著	其中:被译成外文	编著教材	工具书参考书	皮书/发展报告	科普读物					合计	国内学术刊物	国外学术刊物	港、澳、台地区刊物	合计	国家级奖	部级奖	省级奖	合计	其中:被采纳数
	编号	L01	L02	L03	L04	L05	L06	L07	L08	L09	L10	L11	L12	L13	L14	L15	L16	L17	L18	L19	L20	L21	L22	L23	L24	L25	L26
泰州职业技术学院	16	4	1	0	16	7.78	0	0	0	0	0	0	0	0	0	0	0	4	4	0	0	0	0	0	0	0	0
常州信息职业技术学院	17	0	0	0	0	0	0	0	0	0	0	0	0	0	0	0	0	10	10	0	0	0	0	0	0	0	0
江苏海事职业技术学院	18	0	0	0	0	0	0	0	0	0	0	0	0	0	0	0	0	7	7	0	0	0	0	0	0	0	0
无锡科技职业学院	19	0	0	0	0	0	0	0	0	0	0	0	0	0	0	0	0	0	0	0	0	0	0	0	0	0	0
江苏医药职业学院	20	1	0.2	0	0	0	1	0	0	1	0	0	0	0	0	0	0	1	1	0	0	0	0	0	0	0	0
南通科技职业学院	21	1	0.1	0	0	1.6	0	0	0	0	0	0	0	0	0	0	0	0	0	0	0	0	0	0	0	0	0
苏州经贸职业技术学院	22	1	0.1	0	20	20	0	0	0	0	0	0	0	0	0	0	0	7	7	0	0	0	0	0	0	0	0
苏州工业职业技术学院	23	0	0	0	0	0	0	0	0	0	0	0	0	0	0	0	0	1	1	0	0	0	0	0	0	0	0
苏州卫生职业技术学院	24	2	0.3	0	0	4	0	0	0	0	0	0	0	0	0	0	0	1	1	0	0	0	0	0	0	0	0
无锡商业职业技术学院	25	0	0	0	0	0	0	0	0	0	0	0	0	0	0	0	0	0	0	0	0	0	0	0	0	0	0
南通航运职业技术学院	26	0	0	0	0	0	0	0	0	0	0	0	0	0	0	0	0	10	10	0	0	0	0	0	0	0	0
南京交通职业技术学院	27	6	0.6	0	5	1.36	0	0	0	0	0	0	0	0	0	0	0	12	12	0	0	0	0	0	0	1	0
淮安信息职业技术学院	28	3	0.6	0	30	25	0	0	0	0	0	0	0	0	0	0	0	2	2	0	0	0	0	0	0	0	0
江苏农牧科技职业学院	29	0	0	0	0	0	0	0	0	0	0	0	0	0	0	0	0	0	0	0	0	0	0	0	0	0	0
常州纺织服装职业技术学院	30	1	0.2	0	5	0	0	0	0	0	0	0	0	0	0	0	0	1	1	0	0	0	0	0	0	0	0
苏州农业职业技术学院	31	0	0	0	0	0	0	0	0	0	0	0	0	0	0	0	0	0	0	0	0	0	0	0	0	0	0

续表

南京科技职业学院	32	0	0	0	0	0	0	0	0	0	0	0	0	0	0	0	0	0	0	0	0	0	0	0	0	0	0
常州轻工职业技术学院	33	0	0	0	0	0	0	0	0	0	0	0	0	0	0	0	0	0	0	0	0	0	0	0	0	0	0
常州工程职业技术学院	34	2	0.3	0	0	0	0	0	0	0	0	0	0	0	0	0	0	3	3	0	0	0	0	0	0	0	0
江苏农林职业技术学院	35	0	0	0	0	0	0	0	0	0	0	0	0	0	0	0	0	0	0	0	0	0	0	0	0	0	0
江苏食品药品职业技术学院	36	0	0	0	0	0	1	1	0	0	0	0	0	0	0	0	0	2	2	0	0	0	0	0	0	0	0
南京铁道职业技术学院	37	2	0.2	0	0	1	0	0	0	0	0	0	0	0	0	0	0	1	1	0	0	0	0	0	0	0	0
徐州工业职业技术学院	38	2	0.2	0	9	6	0	0	0	0	0	0	0	0	0	0	0	2	2	0	0	0	0	0	0	0	0
江苏信息职业技术学院	39	1	0.3	0	1.7	0.24	0	0	0	0	0	0	0	0	0	0	0	2	2	0	0	0	0	0	0	0	0
南京信息职业技术学院	40	2	0.2	0	0.5	2	0	0	0	0	0	0	0	0	0	0	0	2	2	0	0	0	0	0	0	0	0
常州机电职业技术学院	41	5	0.8	0	24	13.57	0	0	0	0	0	0	0	0	0	0	0	1	1	0	0	0	0	0	0	0	0
江阴职业技术学院	42	0	0	0	0	0	0	0	0	0	0	0	0	0	0	0	0	0	0	0	0	0	0	0	0	0	0
无锡城市职业技术学院	43	3	0.5	0	54	17.8	0	0	0	0	0	0	0	0	0	0	0	4	4	0	0	0	0	0	0	0	0
无锡工艺职业技术学院	44	1	0.1	0	1.5	1.5	0	0	0	0	0	0	0	0	0	0	0	7	7	0	0	0	0	0	0	1	0
苏州健雄职业技术学院	45	3	0.6	0	20	9	0	0	0	0	0	0	0	0	0	0	0	1	1	0	0	0	0	0	0	0	0
盐城工业职业技术学院	46	3	0.8	0	4	6.5	1	0	0	1	0	0	0	0	0	0	0	3	3	0	0	0	0	0	0	0	0
江苏财经职业技术学院	47	0	0	0	0	0	0	0	0	0	0	0	0	0	0	0	0	2	2	0	0	0	0	0	0	0	0
扬州工业职业技术学院	48	1	0.1	0	10	10	0	0	0	0	0	0	0	0	0	0	0	2	2	0	0	0	0	0	0	0	0
江苏城市职业学院	49	2	0.7	0	10	7.1	0	0	0	0	0	0	0	0	0	0	0	7	7	0	0	0	0	0	0	0	0
南京城市职业学院	50	0	0	0	0	0	0	0	0	0	0	0	0	0	0	0	0	0	0	0	0	0	0	0	0	0	0

续表

高校名称	编号	总数 课题数(项) L01	总数 当年投入人数(人年) L02	其中：研究生(人年) L03	当年拨入经费(千元) L04	当年支出经费(千元) L05	出版著作(部) 合计 L06	专著 L07	其中：被译成外文 L08	编著教材 L09	工具书参考书 L10	皮书/发展报告 L11	科普读物 L12	古籍整理(部) L13	译著(部) L14	发表译文(篇) L15	电子出版物(件) L16	发表论文(篇) 合计 L17	国内学术刊物 L18	国外学术刊物 L19	港、澳、台地区刊物 L20	获奖成果数(项) 合计 L21	国家级奖 L22	部级奖 L23	省级奖 L24	研究与咨询报告(篇) 合计 L25	其中：被采纳数 L26
南京机电职业技术学院	51	1	0.3	0	10	2.5	0	0	0	0	0	0	0	0	0	0	0	3	3	0	0	0	0	0	0	0	0
南京旅游职业学院	52	0	0	0	0	0	0	0	0	0	0	0	0	0	0	0	0	0	0	0	0	0	0	0	0	0	0
江苏卫生健康职业学院	53	2	0.6	0	0	2.4	0	0	0	0	0	0	0	0	0	0	0	2	2	0	0	0	0	0	0	0	0
苏州信息职业技术学院	54	0	0	0	0	0	0	0	0	0	0	0	0	0	0	0	0	0	0	0	0	0	0	0	0	0	0
苏州工业园区服务外包职业学院	55	2	0.3	0	35	34.25	1	0	0	1	0	0	0	0	0	0	0	1	1	0	0	0	0	0	0	0	0
徐州幼儿师范高等专科学校	56	0	0	0	0	0	0	0	0	0	0	0	0	0	0	0	0	0	0	0	0	0	0	0	0	0	0
徐州生物工程职业技术学院	57	0	0	0	0	0	0	0	0	0	0	0	0	0	0	0	0	0	0	0	0	0	0	0	0	0	0
江苏商贸职业学院	58	1	0.6	0	0.6	1.5	0	0	0	0	0	0	0	0	0	0	0	9	9	0	0	0	0	0	0	0	0
南通师范高等专科学校	59	0	0	0	0	0	0	0	0	0	0	0	0	0	0	0	0	0	0	0	0	0	0	0	0	0	0
江苏护理职业学院	60	0	0	0	0	0	0	0	0	0	0	0	0	0	0	0	0	0	0	0	0	0	0	0	0	0	0
江苏财会职业学院	61	1	0.2	0	0	0	0	0	0	0	0	0	0	0	0	0	0	0	0	0	0	0	0	0	0	0	0
江苏城乡建设职业学院	62	1	0.4	0	0	2.2	0	0	0	0	0	0	0	0	0	0	0	3	3	0	0	0	0	0	0	0	0
江苏航空职业技术学院	63	0	0	0	0	0	0	0	0	0	0	0	0	0	0	0	0	0	0	0	0	0	0	0	0	0	0
江苏安全技术职业学院	64	0	0	0	0	0	0	0	0	0	0	0	0	0	0	0	0	0	0	0	0	0	0	0	0	0	0
江苏旅游职业学院	65	0	0	0	0	0	0	0	0	0	0	0	0	0	0	0	0	0	0	0	0	0	0	0	0	0	0

3.19 教育学人文、社会科学研究与课题成果情况表

高校名称		总数					出版著作(部)							古籍整理(部)	译著(部)	发表译文(篇)	电子出版物(件)	发表论文(篇)				获奖成果数(项)				研究与咨询报告(篇)	
		课题数(项)	当年投入人数(人年)	其中:研究生(人年)	当年拨入经费(千元)	当年支出经费(千元)	合计	专著	其中:被译成外文	编著教材	工具书参考书	皮书/发展报告	科普读物					合计	国内学术刊物	国外学术刊物	港、澳、台地区刊物	合计	国家级奖	部级奖	省级奖	合计	其中:被采纳数
	编号	L01	L02	L03	L04	L05	L06	L07	L08	L09	L10	L11	L12	L13	L14	L15	L16	L17	L18	L19	L20	L21	L22	L23	L24	L25	L26
合计	/	3 805	778.3	0	15 654.04	14 617.24	83	30	0	53	0	0	0	0	4	2	0	3 739	3724	14	1	1	0	0	1	167	51
盐城幼儿师范高等专科学校	1	44	7	0	194	194	1	1	0	0	0	0	0	0	0	0	0	117	117	0	0	0	0	0	0	0	0
苏州幼儿师范高等专科学校	2	60	6.2	0	150	197.8	2	0	0	2	0	0	0	0	0	0	0	32	32	0	0	0	0	0	0	1	0
无锡职业技术学院	3	88	12.3	0	393	497.15	0	0	0	0	0	0	0	0	0	0	0	71	71	0	0	0	0	0	0	1	1
江苏建筑职业技术学院	4	57	12.7	0	115	119.4	5	5	0	0	0	0	0	0	0	0	0	84	83	1	0	0	0	0	0	5	4
南京工业职业技术学院	5	147	76.2	0	2 418.75	2 335.01	0	0	0	0	0	0	0	0	0	0	0	133	133	0	0	0	0	0	0	12	12
江苏工程职业技术学院	6	42	6.4	0	29	28.5	0	0	0	0	0	0	0	0	0	0	0	112	112	0	0	0	0	0	0	0	0
苏州工艺美术职业技术学院	7	65	12.7	0	64	199.28	5	0	0	5	0	0	0	0	3	1	0	39	39	0	0	0	0	0	0	0	0
连云港职业技术学院	8	45	17.2	0	12.5	7.5	0	0	0	0	0	0	0	0	0	0	0	24	24	0	0	0	0	0	0	0	0
镇江市高等专科学校	9	35	12.4	0	54	116.7	2	1	0	1	0	0	0	0	0	0	0	11	11	0	0	0	0	0	0	6	4
南通职业大学	10	60	11.9	0	430	340	3	0	0	3	0	0	0	0	0	0	0	156	156	0	0	0	0	0	0	8	8
苏州职业大学	11	32	12.9	0	143.4	173.66	3	1	0	2	0	0	0	0	0	0	0	21	21	0	0	0	0	0	0	1	1
沙洲职业工学院	12	21	2.5	0	96	54.7	0	0	0	0	0	0	0	0	1	0	0	23	23	0	0	0	0	0	0	0	0
扬州市职业大学	13	71	17.8	0	101.52	101.52	3	1	0	2	0	0	0	0	0	0	0	46	46	0	0	0	0	0	0	13	0
连云港师范高等专科学校	14	52	5.2	0	59	23	0	0	0	0	0	0	0	0	0	0	0	44	44	0	0	1	0	0	1	0	0
江苏经贸职业技术学院	15	62	12	0	217	243	0	0	0	0	0	0	0	0	0	0	0	16	16	0	0	0	0	0	0	0	0

续表

高校名称		总数					出版著作(部)							古籍整理(部)	译著(部)	发表译文(篇)	电子出版物(件)	发表论文(篇)				获奖成果数(项)				研究与咨询报告(篇)	
		课题数(项)	当年投入人数(人年)	其中:研究生(人年)	当年拨入经费(千元)	当年支出经费(千元)	合计	专著	其中:被译成外文	编著教材	工具书参考书	皮书/发展报告	科普读物					合计	国内学术刊物	国外学术刊物	港、澳、台地区刊物	合计	国家级奖	部级奖	省级奖	合计	其中:被采纳数
	编号	L01	L02	L03	L04	L05	L06	L07	L08	L09	L10	L11	L12	L13	L14	L15	L16	L17	L18	L19	L20	L21	L22	L23	L24	L25	L26
泰州职业技术学院	16	15	3.3	0	62	19.62	0	0	0	0	0	0	0	0	0	0	0	29	28	1	0	0	0	0	0	0	0
常州信息职业技术学院	17	28	10.4	0	92.5	92.5	2	1	0	1	0	0	0	0	0	0	0	10	10	0	0	0	0	0	0	1	0
江苏海事职业技术学院	18	42	12.2	0	1 380.6	1 350.22	1	1	0	0	0	0	0	0	0	0	0	38	34	4	0	0	0	0	0	2	2
无锡科技职业学院	19	17	7.4	0	110	76.8	0	0	0	0	0	0	0	0	0	0	0	12	11	1	0	0	0	0	0	0	0
江苏医药职业学院	20	115	28.4	0	138.5	154.85	0	0	0	0	0	0	0	0	0	0	0	60	60	0	0	0	0	0	0	0	0
南通科技职业学院	21	49	11.3	0	38	83.6	0	0	0	0	0	0	0	0	0	0	0	19	19	0	0	0	0	0	0	3	0
苏州经贸职业技术学院	22	54	10	0	218	246.35	5	3	0	2	0	0	0	0	0	0	0	61	61	0	0	0	0	0	0	11	8
苏州工业职业技术学院	23	17	2.1	0	213	228.32	1	1	0	0	0	0	0	0	0	0	0	38	37	1	0	0	0	0	0	5	4
苏州卫生职业技术学院	24	48	6.2	0	364	181.5	0	0	0	0	0	0	0	0	0	0	0	34	34	0	0	0	0	0	0	0	0
无锡商业职业技术学院	25	67	10.8	0	202	268.5	4	0	0	4	0	0	0	0	0	0	0	106	105	1	0	0	0	0	0	9	0
南通航运职业技术学院	26	202	31.2	0	637.5	632.88	2	2	0	0	0	0	0	0	0	0	0	116	116	0	0	0	0	0	0	0	0
南京交通职业技术学院	27	86	9	0	90	71.48	0	0	0	0	0	0	0	0	0	0	0	66	66	0	0	0	0	0	0	0	0
淮安信息职业技术学院	28	167	26.6	0	435	491.5	0	0	0	0	0	0	0	0	0	0	0	74	74	0	0	0	0	0	0	0	0
江苏农牧科技职业学院	29	24	2.4	0	103	45.2	0	0	0	0	0	0	0	0	0	0	0	21	21	0	0	0	0	0	0	0	0
常州纺织服装职业技术学院	30	108	17.1	0	71.8	144.69	1	0	0	1	0	0	0	0	0	0	0	186	186	0	0	0	0	0	0	0	0
苏州农业职业技术学院	31	29	7.1	0	188	149.4	0	0	0	0	0	0	0	0	0	0	0	12	12	0	0	0	0	0	0	0	0

续表

南京科技职业学院	32	71	10.6	0	342.5	229	0	0	0	0	0	0	0	0	0	0	0	76	75	1	0	0	0	0	0	0	0
常州轻工职业技术学院	33	161	59	0	1 144.1	553.1	6	1	0	5	0	0	0	0	0	0	0	95	95	0	0	0	0	0	0	5	0
常州工程职业技术学院	34	59	8	0	721.5	757.5	2	2	0	0	0	0	0	0	0	0	0	151	151	0	0	0	0	0	0	15	0
江苏农林职业技术学院	35	3	0.3	0	0	6	0	0	0	0	0	0	0	0	0	0	0	0	0	0	0	0	0	0	0	0	0
江苏食品药品职业技术学院	36	74	14.9	0	215	245.6	4	4	0	0	0	0	0	0	0	0	0	52	52	0	0	0	0	0	0	2	0
南京铁道职业技术学院	37	116	11.8	0	208	160.4	0	0	0	0	0	0	0	0	0	0	0	74	72	2	0	0	0	0	0	0	0
徐州工业职业技术学院	38	100	10.2	0	348	275.8	1	0	0	1	0	0	0	0	0	0	0	47	46	0	1	0	0	0	0	0	0
江苏信息职业技术学院	39	26	8.9	0	394.32	263.03	1	0	0	1	0	0	0	0	0	0	0	19	19	0	0	0	0	0	0	1	1
南京信息职业技术学院	40	73	7.5	0	26	119.5	5	0	0	5	0	0	0	0	0	0	0	84	84	0	0	0	0	0	0	0	0
常州机电职业技术学院	41	180	29.1	0	385	334.9	0	0	0	0	0	0	0	0	0	0	0	122	122	0	0	0	0	0	0	20	1
江阴职业技术学院	42	24	3	0	66	54	1	1	0	0	0	0	0	0	0	0	0	75	75	0	0	0	0	0	0	0	0
无锡城市职业技术学院	43	24	4.9	0	50	55.6	0	0	0	0	0	0	0	0	0	0	0	37	37	0	0	0	0	0	0	0	0
无锡工艺职业技术学院	44	95	9.9	0	488.45	346.2	3	0	0	3	0	0	0	0	0	0	0	83	83	0	0	0	0	0	0	19	0
苏州健雄职业技术学院	45	43	9.1	0	74	149	0	0	0	0	0	0	0	0	0	0	0	54	54	0	0	0	0	0	0	7	2
盐城工业职业技术学院	46	19	2.7	0	180	87.5	3	0	0	3	0	0	0	0	0	0	0	10	10	0	0	0	0	0	0	0	0
江苏财经职业技术学院	47	46	5	0	622	471.03	0	0	0	0	0	0	0	0	0	0	0	65	65	0	0	0	0	0	0	0	0
扬州工业职业技术学院	48	73	7.8	0	48	77.3	1	1	0	0	0	0	0	0	0	0	0	128	128	0	0	0	0	0	0	0	0
江苏城市职业学院	49	115	40.5	0	363.6	341.7	0	0	0	0	0	0	0	0	0	0	0	118	118	0	0	0	0	0	0	2	0
南京城市职业学院	50	40	4.8	0	17.6	63.3	0	0	0	0	0	0	0	0	0	0	0	14	14	0	0	0	0	0	0	1	0

续表

高校名称		总数					出版著作(部)							古籍整理(部)	译著(部)	发表译文(篇)	电子出版物(件)	发表论文(篇)				获奖成果数(项)				研究与咨询报告(篇)	
		课题数(项)	当年投入人数(人年)	其中:研究生(人年)	当年拨入经费(千元)	当年支出经费(千元)	合计	专著	其中:被译成外文	编著教材	工具书参考书	皮书/发展报告	科普读物					合计	国内学术刊物	国外学术刊物	港、澳、台地区刊物	合计	国家级奖	部级奖	省级奖	合计	其中:被采纳数
	编号	L01	L02	L03	L04	L05	L06	L07	L08	L09	L10	L11	L12	L13	L14	L15	L16	L17	L18	L19	L20	L21	L22	L23	L24	L25	L26
南京机电职业技术学院	51	63	14.3	0	144	117.5	1	0	0	1	0	0	0	0	0	0	0	44	44	0	0	0	0	0	0	0	0
南京旅游职业学院	52	32	4.7	0	81	84.83	0	0	0	0	0	0	0	0	0	0	0	31	31	0	0	0	0	0	0	0	0
江苏卫生健康职业学院	53	61	13.9	0	91	164.95	0	0	0	0	0	0	0	0	0	0	0	35	35	0	0	0	0	0	0	1	0
苏州信息职业技术学院	54	12	3.6	0	78	31	0	0	0	0	0	0	0	0	0	0	0	13	13	0	0	0	0	0	0	0	0
苏州工业园区服务外包职业学院	55	36	5.4	0	186	180.7	0	0	0	0	0	0	0	0	0	0	0	41	41	0	0	0	0	0	0	2	2
徐州幼儿师范高等专科学校	56	79	16	0	228	213.35	6	0	0	6	0	0	0	0	0	0	0	73	73	0	0	0	0	0	0	5	1
徐州生物工程职业技术学院	57	37	3.7	0	16	32.6	1	1	0	0	0	0	0	0	0	0	0	34	34	0	0	0	0	0	0	5	0
江苏商贸职业学院	58	19	6.9	0	29.6	15	0	0	0	0	0	0	0	0	0	0	0	41	41	0	0	0	0	0	0	0	0
南通师范高等专科学校	59	10	2.8	0	10	22.65	6	2	0	4	0	0	0	0	0	0	0	18	18	0	0	0	0	0	0	0	0
江苏护理职业学院	60	12	1.5	0	28.1	28.1	1	0	0	1	0	0	0	0	0	0	0	78	78	0	0	0	0	0	0	0	0
江苏财会职业学院	61	36	5.5	0	30	30	0	0	0	0	0	0	0	0	0	0	0	26	26	0	0	0	0	0	0	2	0
江苏城乡建设职业学院	62	90	23.9	0	71	100.27	1	1	0	0	0	0	0	0	0	0	0	93	93	0	0	0	0	0	0	2	0
江苏航空职业技术学院	63	3	1	0	7.2	7.2	0	0	0	0	0	0	0	0	0	0	0	10	10	0	0	0	0	0	0	0	0
江苏安全技术职业学院	64	2	1.3	0	7	7	0	0	0	0	0	0	0	0	0	1	0	13	13	0	0	0	0	0	0	0	0
江苏旅游职业学院	65	22	4.9	0	132	123	0	0	0	0	0	0	0	0	0	0	0	74	72	2	0	0	0	0	0	0	0

3.20 统计学人文、社会科学研究与课题成果情况表

高校名称		总数					出版著作(部)							古籍整理(部)	译著(部)	发表译文(篇)	电子出版物(件)	发表论文(篇)				获奖成果数(项)				研究与咨询报告(篇)	
		课题数(项)	当年投入人数(人年)	其中:研究生(人年)	当年拨入经费(千元)	当年支出经费(千元)	合计	专著	其中:被译成外文	编著教材	工具书参考书	皮书/发展报告	科普读物					合计	国内学术刊物	国外学术刊物	港、澳、台地区刊物	合计	国家级奖	部级奖	省级奖	合计	其中:被采纳数
	编号	L01	L02	L03	L04	L05	L06	L07	L08	L09	L10	L11	L12	L13	L14	L15	L16	L17	L18	L19	L20	L21	L22	L23	L24	L25	L26
合计	/	19	3.8	0	138.5	120.9	2	0	0	2	0	0	0	0	0	0	0	20	20	0	0	0	0	0	0	3	2
盐城幼儿师范高等专科学校	1	0	0	0	0	0	0	0	0	0	0	0	0	0	0	0	0	0	0	0	0	0	0	0	0	0	0
苏州幼儿师范高等专科学校	2	0	0	0	0	0	0	0	0	0	0	0	0	0	0	0	0	0	0	0	0	0	0	0	0	0	0
无锡职业技术学院	3	0	0	0	0	0	0	0	0	0	0	0	0	0	0	0	0	0	0	0	0	0	0	0	0	0	0
江苏建筑职业技术学院	4	0	0	0	0	0	0	0	0	0	0	0	0	0	0	0	0	0	0	0	0	0	0	0	0	0	0
南京工业职业技术学院	5	0	0	0	0	0	0	0	0	0	0	0	0	0	0	0	0	0	0	0	0	0	0	0	0	0	0
江苏工程职业技术学院	6	0	0	0	0	0	0	0	0	0	0	0	0	0	0	0	0	0	0	0	0	0	0	0	0	0	0
苏州工艺美术职业技术学院	7	0	0	0	0	0	0	0	0	0	0	0	0	0	0	0	0	0	0	0	0	0	0	0	0	0	0
连云港职业技术学院	8	0	0	0	0	0	0	0	0	0	0	0	0	0	0	0	0	0	0	0	0	0	0	0	0	0	0
镇江市高等专科学校	9	0	0	0	0	0	0	0	0	0	0	0	0	0	0	0	0	0	0	0	0	0	0	0	0	0	0
南通职业大学	10	0	0	0	0	0	0	0	0	0	0	0	0	0	0	0	0	0	0	0	0	0	0	0	0	0	0
苏州职业大学	11	0	0	0	0	0	0	0	0	0	0	0	0	0	0	0	0	0	0	0	0	0	0	0	0	0	0
沙洲职业工学院	12	0	0	0	0	0	0	0	0	0	0	0	0	0	0	0	0	0	0	0	0	0	0	0	0	0	0
扬州市职业大学	13	1	0.2	0	12.5	12.5	0	0	0	0	0	0	0	0	0	0	0	0	0	0	0	0	0	0	0	2	1
连云港师范高等专科学校	14	1	0.1	0	0	0	0	0	0	0	0	0	0	0	0	0	0	0	0	0	0	0	0	0	0	0	0
江苏经贸职业技术学院	15	0	0	0	0	0	0	0	0	0	0	0	0	0	0	0	0	0	0	0	0	0	0	0	0	0	0

续表

高校名称		总数					出版著作(部)							古籍整理(部)	译著(部)	发表译文(篇)	电子出版物(件)	发表论文(篇)				获奖成果数(项)				研究与咨询报告(篇)	
		课题数(项)	当年投入人数(人年)	其中:研究生(人年)	当年拨入经费(千元)	当年支出经费(千元)	合计	专著	其中:被译成外文	编著教材	工具书参考书	皮书/发展报告	科普读物					合计	国内学术刊物	国外学术刊物	港、澳、台地区刊物	合计	国家级奖	部级奖	省级奖	合计	其中:被采纳数
	编号	L01	L02	L03	L04	L05	L06	L07	L08	L09	L10	L11	L12	L13	L14	L15	L16	L17	L18	L19	L20	L21	L22	L23	L24	L25	L26
泰州职业技术学院	16	0	0	0	0	0	0	0	0	0	0	0	0	0	0	0	0	0	0	0	0	0	0	0	0	0	0
常州信息职业技术学院	17	0	0	0	0	0	0	0	0	0	0	0	0	0	0	0	0	0	0	0	0	0	0	0	0	0	0
江苏海事职业技术学院	18	0	0	0	0	0	0	0	0	0	0	0	0	0	0	0	0	0	0	0	0	0	0	0	0	0	0
无锡科技职业学院	19	0	0	0	0	0	0	0	0	0	0	0	0	0	0	0	0	0	0	0	0	0	0	0	0	0	0
江苏医药职业学院	20	0	0	0	0	0	0	0	0	0	0	0	0	0	0	0	0	1	1	0	0	0	0	0	0	0	0
南通科技职业学院	21	1	0.2	0	0	2.5	0	0	0	0	0	0	0	0	0	0	0	0	0	0	0	0	0	0	0	0	0
苏州经贸职业技术学院	22	3	0.4	0	20	20.5	0	0	0	0	0	0	0	0	0	0	0	0	0	0	0	0	0	0	0	0	0
苏州工业职业技术学院	23	0	0	0	0	0	0	0	0	0	0	0	0	0	0	0	0	0	0	0	0	0	0	0	0	0	0
苏州卫生职业技术学院	24	0	0	0	0	0	0	0	0	0	0	0	0	0	0	0	0	0	0	0	0	0	0	0	0	0	0
无锡商业职业技术学院	25	0	0	0	0	0	0	0	0	0	0	0	0	0	0	0	0	0	0	0	0	0	0	0	0	0	0
南通航运职业技术学院	26	0	0	0	0	0	0	0	0	0	0	0	0	0	0	0	0	0	0	0	0	0	0	0	0	0	0
南京交通职业技术学院	27	1	0.1	0	0	0	0	0	0	0	0	0	0	0	0	0	0	0	0	0	0	0	0	0	0	0	0
淮安信息职业技术学院	28	0	0	0	0	0	0	0	0	0	0	0	0	0	0	0	0	1	1	0	0	0	0	0	0	0	0
江苏农牧科技职业学院	29	0	0	0	0	0	0	0	0	0	0	0	0	0	0	0	0	0	0	0	0	0	0	0	0	0	0
常州纺织服装职业技术学院	30	0	0	0	0	0	0	0	0	0	0	0	0	0	0	0	0	0	0	0	0	0	0	0	0	0	0
苏州农业职业技术学院	31	0	0	0	0	0	0	0	0	0	0	0	0	0	0	0	0	0	0	0	0	0	0	0	0	0	0

续表

南京科技职业学院	32	0	0	0	0	0	0	0	0	0	0	0	0	0	0	0	0	0	0	0	0	0	0	0	0	0	0
常州轻工职业技术学院	33	2	0.7	0	36	7	1	0	0	1	0	0	0	0	0	0	0	0	0	0	0	0	0	0	0	0	0
常州工程职业技术学院	34	0	0	0	0	0	0	0	0	0	0	0	0	0	0	0	0	1	1	0	0	0	0	0	0	0	0
江苏农林职业技术学院	35	0	0	0	0	0	0	0	0	0	0	0	0	0	0	0	0	0	0	0	0	0	0	0	0	0	0
江苏食品药品职业技术学院	36	1	0.3	0	10	4	0	0	0	0	0	0	0	0	0	0	0	0	0	0	0	0	0	0	0	0	0
南京铁道职业技术学院	37	1	0.1	0	0	1	0	0	0	0	0	0	0	0	0	0	0	1	1	0	0	0	0	0	0	0	0
徐州工业职业技术学院	38	0	0	0	0	0	0	0	0	0	0	0	0	0	0	0	0	2	2	0	0	0	0	0	0	0	0
江苏信息职业技术学院	39	0	0	0	0	0	0	0	0	0	0	0	0	0	0	0	0	1	1	0	0	0	0	0	0	0	0
南京信息职业技术学院	40	0	0	0	0	0	1	0	0	1	0	0	0	0	0	0	0	1	1	0	0	0	0	0	0	0	0
常州机电职业技术学院	41	0	0	0	0	0	0	0	0	0	0	0	0	0	0	0	0	0	0	0	0	0	0	0	0	0	0
江阴职业技术学院	42	0	0	0	0	0	0	0	0	0	0	0	0	0	0	0	0	0	0	0	0	0	0	0	0	0	0
无锡城市职业技术学院	43	0	0	0	0	0	0	0	0	0	0	0	0	0	0	0	0	1	1	0	0	0	0	0	0	0	0
无锡工艺职业技术学院	44	0	0	0	0	0	0	0	0	0	0	0	0	0	0	0	0	0	0	0	0	0	0	0	0	0	0
苏州健雄职业技术学院	45	0	0	0	0	0	0	0	0	0	0	0	0	0	0	0	0	0	0	0	0	0	0	0	0	0	0
盐城工业职业技术学院	46	0	0	0	0	0	0	0	0	0	0	0	0	0	0	0	0	0	0	0	0	0	0	0	0	0	0
江苏财经职业技术学院	47	1	0.1	0	20	20	0	0	0	0	0	0	0	0	0	0	0	4	4	0	0	0	0	0	0	0	0
扬州工业职业技术学院	48	1	0.1	0	0	5	0	0	0	0	0	0	0	0	0	0	0	0	0	0	0	0	0	0	0	0	0
江苏城市职业学院	49	3	1	0	0	2	0	0	0	0	0	0	0	0	0	0	0	0	0	0	0	0	0	0	0	0	0
南京城市职业学院	50	0	0	0	0	0	0	0	0	0	0	0	0	0	0	0	0	0	0	0	0	0	0	0	0	0	0

续表

高校名称	编号	总数					出版著作(部)							古籍整理(部)	译著(部)	发表译文(篇)	电子出版物(件)	发表论文(篇)				获奖成果数(项)				研究与咨询报告(篇)	
		课题数(项)	当年投入人数(人年)	其中:研究生(人年)	当年拨入经费(千元)	当年支出经费(千元)	合计	专著	其中:被译成外文	编著教材	工具书参考书	皮书/发展报告	科普读物					合计	国内学术刊物	国外学术刊物	港、澳、台地区刊物	合计	国家级奖	部级奖	省级奖	合计	其中:被采纳数
	编号	L01	L02	L03	L04	L05	L06	L07	L08	L09	L10	L11	L12	L13	L14	L15	L16	L17	L18	L19	L20	L21	L22	L23	L24	L25	L26
南京机电职业技术学院	51	0	0	0	0	0	0	0	0	0	0	0	0	0	0	0	0	0	0	0	0	0	0	0	0	0	0
南京旅游职业学院	52	0	0	0	0	0	0	0	0	0	0	0	0	0	0	0	0	0	0	0	0	0	0	0	0	0	0
江苏卫生健康职业学院	53	2	0.4	0	0	6.4	0	0	0	0	0	0	0	0	0	0	0	0	0	0	0	0	0	0	0	0	0
苏州信息职业技术学院	54	0	0	0	0	0	0	0	0	0	0	0	0	0	0	0	0	0	0	0	0	0	0	0	0	0	0
苏州工业园区服务外包职业学院	55	1	0.1	0	40	40	0	0	0	0	0	0	0	0	0	0	0	0	0	0	0	0	0	0	0	1	1
徐州幼儿师范高等专科学校	56	0	0	0	0	0	0	0	0	0	0	0	0	0	0	0	0	0	0	0	0	0	0	0	0	0	0
徐州生物工程职业技术学院	57	0	0	0	0	0	0	0	0	0	0	0	0	0	0	0	0	0	0	0	0	0	0	0	0	0	0
江苏商贸职业学院	58	0	0	0	0	0	0	0	0	0	0	0	0	0	0	0	0	0	0	0	0	0	0	0	0	0	0
南通师范高等专科学校	59	0	0	0	0	0	0	0	0	0	0	0	0	0	0	0	0	0	0	0	0	0	0	0	0	0	0
江苏护理职业学院	60	0	0	0	0	0	0	0	0	0	0	0	0	0	0	0	0	0	0	0	0	0	0	0	0	0	0
江苏财会职业学院	61	0	0	0	0	0	0	0	0	0	0	0	0	0	0	0	0	6	6	0	0	0	0	0	0	0	0
江苏城乡建设职业学院	62	0	0	0	0	0	0	0	0	0	0	0	0	0	0	0	0	0	0	0	0	0	0	0	0	0	0
江苏航空职业技术学院	63	0	0	0	0	0	0	0	0	0	0	0	0	0	0	0	0	0	0	0	0	0	0	0	0	0	0
江苏安全技术职业学院	64	0	0	0	0	0	0	0	0	0	0	0	0	0	0	0	0	0	0	0	0	0	0	0	0	0	0
江苏旅游职业学院	65	0	0	0	0	0	0	0	0	0	0	0	0	0	0	0	0	1	1	0	0	0	0	0	0	0	0

3.21 心理学人文、社会科学研究与课题成果情况表

高校名称		总数					出版著作(部)							古籍整理(部)	译著(部)	发表译文(篇)	电子出版物(件)	发表论文(篇)				获奖成果数(项)				研究与咨询报告(篇)	
		课题数(项)	当年投入人数(人年)	其中:研究生(人年)	当年拨入经费(千元)	当年支出经费(千元)	合计	专著	其中:被译成外文	编著教材	工具书参考书	皮书/发展报告	科普读物					合计	国内学术刊物	国外学术刊物	港、澳、台地区刊物	合计	国家级奖	部级奖	省级奖	合计	其中:被采纳数
	编号	L01	L02	L03	L04	L05	L06	L07	L08	L09	L10	L11	L12	L13	L14	L15	L16	L17	L18	L19	L20	L21	L22	L23	L24	L25	L26
合计	/	135	23.9	0	509.85	467.17	3	0	0	3	0	0	0	0	0	0	0	71	71	0	0	0	0	0	0	4	2
盐城幼儿师范高等专科学校	1	1	0.2	0	5	5	0	0	0	0	0	0	0	0	0	0	0	1	1	0	0	0	0	0	0	0	0
苏州幼儿师范高等专科学校	2	0	0	0	0	0	0	0	0	0	0	0	0	0	0	0	0	0	0	0	0	0	0	0	0	0	0
无锡职业技术学院	3	2	0.3	0	0	0	0	0	0	0	0	0	0	0	0	0	0	0	0	0	0	0	0	0	0	0	0
江苏建筑职业技术学院	4	2	0.3	0	0	0.5	1	0	0	1	0	0	0	0	0	0	0	5	5	0	0	0	0	0	0	0	0
南京工业职业技术学院	5	2	0.9	0	35	21	0	0	0	0	0	0	0	0	0	0	0	0	0	0	0	0	0	0	0	0	0
江苏工程职业技术学院	6	5	0.7	0	7	4.5	0	0	0	0	0	0	0	0	0	0	0	4	4	0	0	0	0	0	0	0	0
苏州工艺美术职业技术学院	7	2	0.3	0	0	3	0	0	0	0	0	0	0	0	0	0	0	2	2	0	0	0	0	0	0	0	0
连云港职业技术学院	8	1	0.1	0	10	10	0	0	0	0	0	0	0	0	0	0	0	0	0	0	0	0	0	0	0	0	0
镇江市高等专科学校	9	1	0.2	0	3	1	0	0	0	0	0	0	0	0	0	0	0	1	1	0	0	0	0	0	0	0	0
南通职业大学	10	1	0.2	0	0	0	0	0	0	0	0	0	0	0	0	0	0	0	0	0	0	0	0	0	0	0	0
苏州职业大学	11	0	0	0	0	0	0	0	0	0	0	0	0	0	0	0	0	1	1	0	0	0	0	0	0	0	0
沙洲职业工学院	12	2	0.3	0	1	4.8	0	0	0	0	0	0	0	0	0	0	0	2	2	0	0	0	0	0	0	0	0
扬州市职业大学	13	0	0	0	0	0	0	0	0	0	0	0	0	0	0	0	0	2	2	0	0	0	0	0	0	0	0
连云港师范高等专科学校	14	7	0.7	0	0	0	0	0	0	0	0	0	0	0	0	0	0	4	4	0	0	0	0	0	0	0	0
江苏经贸职业技术学院	15	7	0.8	0	0	17.5	0	0	0	0	0	0	0	0	0	0	0	0	0	0	0	0	0	0	0	0	0

续表

高校名称		总数					出版著作(部)							古籍整理(部)	译著(部)	发表译文(篇)	电子出版物(件)	发表论文(篇)				获奖成果数(项)				研究与咨询报告(篇)	
		课题数(项)	当年投入人数(人年)	其中:研究生(人年)	当年拨入经费(千元)	当年支出经费(千元)	合计	专著	其中:被译成外文	编著教材	工具书参考书	皮书/发展报告	科普读物					合计	国内学术刊物	国外学术刊物	港、澳、台地区刊物	合计	国家级奖	部级奖	省级奖	合计	其中:被采纳数
	编号	L01	L02	L03	L04	L05	L06	L07	L08	L09	L10	L11	L12	L13	L14	L15	L16	L17	L18	L19	L20	L21	L22	L23	L24	L25	L26
泰州职业技术学院	16	0	0	0	0	0	0	0	0	0	0	0	0	0	0	0	0	4	4	0	0	0	0	0	0	0	0
常州信息职业技术学院	17	1	0.4	0	6	6	0	0	0	0	0	0	0	0	0	0	0	0	0	0	0	0	0	0	0	0	0
江苏海事职业技术学院	18	2	0.4	0	12	12	0	0	0	0	0	0	0	0	0	0	0	0	0	0	0	0	0	0	0	0	0
无锡科技职业学院	19	0	0	0	0	0	0	0	0	0	0	0	0	0	0	0	0	0	0	0	0	0	0	0	0	0	0
江苏医药职业学院	20	9	2.4	0	18	3	0	0	0	0	0	0	0	0	0	0	0	7	7	0	0	0	0	0	0	0	0
南通科技职业学院	21	7	1.4	0	30	16.4	0	0	0	0	0	0	0	0	0	0	0	0	0	0	0	0	0	0	0	0	0
苏州经贸职业技术学院	22	0	0	0	0	0	0	0	0	0	0	0	0	0	0	0	0	0	0	0	0	0	0	0	0	0	0
苏州工业职业技术学院	23	2	0.4	0	20	35	0	0	0	0	0	0	0	0	0	0	0	0	0	0	0	0	0	0	0	1	1
苏州卫生职业技术学院	24	5	0.7	0	0	42.8	0	0	0	0	0	0	0	0	0	0	0	4	4	0	0	0	0	0	0	0	0
无锡商业职业技术学院	25	1	0.3	0	0	7	0	0	0	0	0	0	0	0	0	0	0	0	0	0	0	0	0	0	0	0	0
南通航运职业技术学院	26	3	0.4	0	0	6.4	0	0	0	0	0	0	0	0	0	0	0	0	0	0	0	0	0	0	0	0	0
南京交通职业技术学院	27	1	0.1	0	0	5	0	0	0	0	0	0	0	0	0	0	0	0	0	0	0	0	0	0	0	0	0
淮安信息职业技术学院	28	1	0.3	0	0	9	0	0	0	0	0	0	0	0	0	0	0	2	2	0	0	0	0	0	0	0	0
江苏农牧科技职业学院	29	1	0.1	0	0	0	0	0	0	0	0	0	0	0	0	0	0	0	0	0	0	0	0	0	0	0	0
常州纺织服装职业技术学院	30	2	0.2	0	0	1	1	0	0	1	0	0	0	0	0	0	0	1	1	0	0	0	0	0	0	0	0
苏州农业职业技术学院	31	0	0	0	0	0	0	0	0	0	0	0	0	0	0	0	0	0	0	0	0	0	0	0	0	0	0

续表

南京科技职业学院	32	3	0.4	0	0	6	0	0	0	0	0	0	0	0	0	0	0	0	0	0	0	0	0	0	0	0	0
常州轻工职业技术学院	33	3	0.7	0	100	100	0	0	0	0	0	0	0	0	0	0	0	6	6	0	0	0	0	0	0	1	1
常州工程职业技术学院	34	0	0	0	0	0	0	0	0	0	0	0	0	0	0	0	0	0	0	0	0	0	0	0	0	0	0
江苏农林职业技术学院	35	0	0	0	0	0	0	0	0	0	0	0	0	0	0	0	0	0	0	0	0	0	0	0	0	0	0
江苏食品药品职业技术学院	36	3	0.5	0	10	7	0	0	0	0	0	0	0	0	0	0	0	2	2	0	0	0	0	0	0	0	0
南京铁道职业技术学院	37	5	0.5	0	3	3	0	0	0	0	0	0	0	0	0	0	0	3	3	0	0	0	0	0	0	0	0
徐州工业职业技术学院	38	1	0.1	0	10	5.5	0	0	0	0	0	0	0	0	0	0	0	0	0	0	0	0	0	0	0	0	0
江苏信息职业技术学院	39	2	0.8	0	4.7	0.72	0	0	0	0	0	0	0	0	0	0	0	1	1	0	0	0	0	0	0	0	0
南京信息职业技术学院	40	12	1.2	0	81.5	19.3	0	0	0	0	0	0	0	0	0	0	0	2	2	0	0	0	0	0	0	0	0
常州机电职业技术学院	41	0	0	0	0	0	0	0	0	0	0	0	0	0	0	0	0	0	0	0	0	0	0	0	0	0	0
江阴职业技术学院	42	0	0	0	0	0	0	0	0	0	0	0	0	0	0	0	0	0	0	0	0	0	0	0	0	0	0
无锡城市职业技术学院	43	4	0.7	0	10	9	0	0	0	0	0	0	0	0	0	0	0	3	3	0	0	0	0	0	0	0	0
无锡工艺职业技术学院	44	1	0.1	0	1.5	1.5	0	0	0	0	0	0	0	0	0	0	0	0	0	0	0	0	0	0	0	0	0
苏州健雄职业技术学院	45	0	0	0	0	0	0	0	0	0	0	0	0	0	0	0	0	0	0	0	0	0	0	0	0	0	0
盐城工业职业技术学院	46	1	0.2	0	0	5	0	0	0	0	0	0	0	0	0	0	0	1	1	0	0	0	0	0	0	0	0
江苏财经职业技术学院	47	2	0.2	0	14	9	0	0	0	0	0	0	0	0	0	0	0	0	0	0	0	0	0	0	0	0	0
扬州工业职业技术学院	48	2	0.3	0	0	0	0	0	0	0	0	0	0	0	0	0	0	1	1	0	0	0	0	0	0	0	0
江苏城市职业学院	49	1	0.3	0	80	52	0	0	0	0	0	0	0	0	0	0	0	0	0	0	0	0	0	0	0	0	0

续表

高校名称		总数					出版著作(部)							古籍整理(部)	译著(部)	发表译文(篇)	电子出版物(件)	发表论文(篇)				获奖成果数(项)				研究与咨询报告(篇)	
		课题数(项)	当年投入人数(人年)	其中：研究生(人年)	当年拨入经费(千元)	当年支出经费(千元)	合计	专著	其中：被译成外文	编著教材	工具书参考书	皮书/发展报告	科普读物					合计	国内学术刊物	国外学术刊物	港、澳、台地区刊物	合计	国家级奖	部级奖	省级奖	合计	其中：被采纳数
	编号	L01	L02	L03	L04	L05	L06	L07	L08	L09	L10	L11	L12	L13	L14	L15	L16	L17	L18	L19	L20	L21	L22	L23	L24	L25	L26
南京城市职业学院	50	5	0.7	0	0.15	0.15	0	0	0	0	0	0	0	0	0	0	0	5	5	0	0	0	0	0	0	0	0
南京机电职业技术学院	51	3	0.6	0	16	5.3	0	0	0	0	0	0	0	0	0	0	0	1	1	0	0	0	0	0	0	0	0
南京旅游职业学院	52	1	0	0	0	0	0	0	0	0	0	0	0	0	0	0	0	0	0	0	0	0	0	0	0	0	0
江苏卫生健康职业学院	53	9	2.2	0	16	21.3	0	0	0	0	0	0	0	0	0	0	0	1	1	0	0	0	0	0	0	0	0
苏州信息职业技术学院	54	0	0	0	0	0	0	0	0	0	0	0	0	0	0	0	0	0	0	0	0	0	0	0	0	0	0
苏州工业园区服务外包职业学院	55	0	0	0	0	0	0	0	0	0	0	0	0	0	0	0	0	0	0	0	0	0	0	0	0	0	0
徐州幼儿师范高等专科学校	56	2	0.6	0	8	5	0	0	0	0	0	0	0	0	0	0	0	0	0	0	0	0	0	0	0	0	0
徐州生物工程职业技术学院	57	2	0.2	0	0	0	0	0	0	0	0	0	0	0	0	0	0	0	0	0	0	0	0	0	0	1	0
江苏商贸职业学院	58	1	0.6	0	0	0.4	0	0	0	0	0	0	0	0	0	0	0	1	1	0	0	0	0	0	0	0	0
南通师范高等专科学校	59	0	0	0	0	0	0	0	0	0	0	0	0	0	0	0	0	1	1	0	0	0	0	0	0	0	0
江苏护理职业学院	60	1	0.3	0	5	5	1	0	0	1	0	0	0	0	0	0	0	0	0	0	0	0	0	0	0	1	0
江苏财会职业学院	61	1	0.2	0	0	0	0	0	0	0	0	0	0	0	0	0	0	0	0	0	0	0	0	0	0	0	0
江苏城乡建设职业学院	62	2	0.4	0	3	1.1	0	0	0	0	0	0	0	0	0	0	0	1	1	0	0	0	0	0	0	0	0
江苏航空职业技术学院	63	0	0	0	0	0	0	0	0	0	0	0	0	0	0	0	0	0	0	0	0	0	0	0	0	0	0
江苏安全技术职业学院	64	0	0	0	0	0	0	0	0	0	0	0	0	0	0	0	0	0	0	0	0	0	0	0	0	0	0
江苏旅游职业学院	65	0	0	0	0	0	0	0	0	0	0	0	0	0	0	0	0	2	2	0	0	0	0	0	0	0	0

3.22 体育科学人文、社会科学研究与课题成果情况表

高校名称	编号	总数：课题数(项)	总数：当年投入人数(人年)	总数：其中：研究生(人年)	总数：当年拨入经费(千元)	总数：当年支出经费(千元)	出版著作(部)：合计	出版著作(部)：专著	出版著作(部)：其中：被译成外文	出版著作(部)：编著教材	出版著作(部)：工具书参考书	出版著作(部)：皮书/发展报告	出版著作(部)：科普读物	古籍整理(部)	译著(部)	发表译文(篇)	电子出版物(件)	发表论文(篇)：合计	发表论文(篇)：国内学术刊物	发表论文(篇)：国外学术刊物	发表论文(篇)：港澳、台地区刊物	获奖成果数(项)：合计	获奖成果数(项)：国家级奖	获奖成果数(项)：部级奖	获奖成果数(项)：省级奖	研究与咨询报告(篇)：合计	研究与咨询报告(篇)：其中：被采纳数
		L01	L02	L03	L04	L05	L06	L07	L08	L09	L10	L11	L12	L13	L14	L15	L16	L17	L18	L19	L20	L21	L22	L23	L24	L25	L26
合计	/	206	44.4	0	1 524.85	1 472.28	11	7	0	4	0	0	0	0	1	0	0	306	302	4	0	1	0	0	1	45	17
盐城幼儿师范高等专科学校	1	1	0.1	0	2.5	2.5	0	0	0	0	0	0	0	0	0	0	0	1	1	0	0	0	0	0	0	0	0
苏州幼儿师范高等专科学校	2	6	0.6	0	2	1.5	0	0	0	0	0	0	0	0	0	0	0	2	2	0	0	0	0	0	0	0	0
无锡职业技术学院	3	15	2	0	10	12.4	1	1	0	0	0	0	0	0	0	0	0	13	13	0	0	0	0	0	0	0	0
江苏建筑职业技术学院	4	6	1.1	0	5	2	0	0	0	0	0	0	0	0	1	0	0	4	4	0	0	0	0	0	0	0	0
南京工业职业技术学院	5	6	3.6	0	0	0	0	0	0	0	0	0	0	0	0	0	0	12	12	0	0	0	0	0	0	0	0
江苏工程职业技术学院	6	1	0.1	0	0	0	0	0	0	0	0	0	0	0	0	0	0	5	5	0	0	0	0	0	0	0	0
苏州工艺美术职业技术学院	7	0	0	0	0	0	0	0	0	0	0	0	0	0	0	0	0	11	11	0	0	0	0	0	0	0	0
连云港职业技术学院	8	2	0.2	0	0	0	0	0	0	0	0	0	0	0	0	0	0	0	0	0	0	0	0	0	0	0	0
镇江市高等专科学校	9	3	1	0	7.4	6	1	1	0	0	0	0	0	0	0	0	0	2	2	0	0	0	0	0	0	0	0
南通职业大学	10	3	0.6	0	10	10	0	0	0	0	0	0	0	0	0	0	0	0	0	0	0	0	0	0	0	0	0
苏州职业大学	11	11	5.7	0	176.2	86.6	0	0	0	0	0	0	0	0	0	0	0	10	8	2	0	0	0	0	0	2	0
沙洲职业工学院	12	0	0	0	0	0	0	0	0	0	0	0	0	0	0	0	0	0	0	0	0	0	0	0	0	0	0
扬州市职业大学	13	14	4.2	0	3	3	1	1	0	0	0	0	0	0	0	0	0	17	17	0	0	0	0	0	0	10	0
连云港师范高等专科学校	14	4	0.4	0	0	0	0	0	0	0	0	0	0	0	0	0	0	12	12	0	0	1	0	0	1	0	0
江苏经贸职业技术学院	15	4	0.7	0	7	7	0	0	0	0	0	0	0	0	0	0	0	2	2	0	0	0	0	0	0	0	0

续表

高校名称		总数					出版著作(部)							古籍整理(部)	译著(部)	发表译文(篇)	电子出版物(件)	发表论文(篇)				获奖成果数(项)				研究与咨询报告(篇)	
		课题数(项)	当年投入人数(人年)	其中:研究生(人年)	当年拨入经费(千元)	当年支出经费(千元)	合计	专著	其中:被译成外文	编著教材	工具书参考书	皮书/发展报告	科普读物					合计	国内学术刊物	国外学术刊物	港澳、台地区刊物	合计	国家级奖	部级奖	省级奖	合计	其中:被采纳数
	编号	L01	L02	L03	L04	L05	L06	L07	L08	L09	L10	L11	L12	L13	L14	L15	L16	L17	L18	L19	L20	L21	L22	L23	L24	L25	L26
泰州职业技术学院	16	1	0.3	0	0	2.1	0	0	0	0	0	0	0	0	0	0	0	2	2	0	0	0	0	0	0	0	0
常州信息职业技术学院	17	3	1.4	0	10	10	1	0	0	1	0	0	0	0	0	0	0	7	7	0	0	0	0	0	0	0	0
江苏海事职业技术学院	18	4	0.9	0	90	78	2	2	0	0	0	0	0	0	0	0	0	5	4	1	0	0	0	0	0	1	1
无锡科技职业学院	19	3	1.7	0	0	21.6	0	0	0	0	0	0	0	0	0	0	0	2	2	0	0	0	0	0	0	0	0
江苏医药职业学院	20	2	0.5	0	7	0.35	0	0	0	0	0	0	0	0	0	0	0	2	2	0	0	0	0	0	0	0	0
南通科技职业学院	21	1	0.3	0	0	0	0	0	0	0	0	0	0	0	0	0	0	1	1	0	0	0	0	0	0	0	0
苏州经贸职业技术学院	22	9	1.5	0	38	32.93	1	0	0	1	0	0	0	0	0	0	0	10	10	0	0	0	0	0	0	4	2
苏州工业职业技术学院	23	0	0	0	0	0	1	1	0	0	0	0	0	0	0	0	0	24	24	0	0	0	0	0	0	0	0
苏州卫生职业技术学院	24	0	0	0	0	0	0	0	0	0	0	0	0	0	0	0	0	4	4	0	0	0	0	0	0	0	0
无锡商业职业技术学院	25	0	0	0	0	0	0	0	0	0	0	0	0	0	0	0	0	7	7	0	0	0	0	0	0	0	0
南通航运职业技术学院	26	3	0.3	0	0	2.5	0	0	0	0	0	0	0	0	0	0	0	1	1	0	0	0	0	0	0	0	0
南京交通职业技术学院	27	2	0.2	0	0	12.28	0	0	0	0	0	0	0	0	0	0	0	4	4	0	0	0	0	0	0	0	0
淮安信息职业技术学院	28	0	0	0	0	0	0	0	0	0	0	0	0	0	0	0	0	0	0	0	0	0	0	0	0	0	0
江苏农牧科技职业学院	29	1	0.1	0	0	1	0	0	0	0	0	0	0	0	0	0	0	2	2	0	0	0	0	0	0	0	0
常州纺织服装职业技术学院	30	1	0.1	0	0	0.5	0	0	0	0	0	0	0	0	0	0	0	1	1	0	0	0	0	0	0	0	0
苏州农业职业技术学院	31	0	0	0	0	0	0	0	0	0	0	0	0	0	0	0	0	7	7	0	0	0	0	0	0	0	0

续表

南京科技职业学院	32	4	0.7	0	17	11	0	0	0	0	0	0	0	0	0	0	0	0	0	0	0	0	0	0	0	0	0
常州轻工职业技术学院	33	2	0.8	0	210	210	0	0	0	0	0	0	0	0	0	0	0	0	0	0	0	0	0	0	0	2	2
常州工程职业技术学院	34	1	0.2	0	0	8	0	0	0	0	0	0	0	0	0	0	0	0	0	0	0	0	0	0	0	0	0
江苏农林职业技术学院	35	1	0.1	0	0	2	0	0	0	0	0	0	0	0	0	0	0	7	7	0	0	0	0	0	0	0	0
江苏食品药品职业技术学院	36	0	0	0	0	0	0	0	0	0	0	0	0	0	0	0	0	0	0	0	0	0	0	0	0	0	0
南京铁道职业技术学院	37	9	0.9	0	19	14	0	0	0	0	0	0	0	0	0	0	0	5	4	1	0	0	0	0	0	1	1
徐州工业职业技术学院	38	1	0.1	0	6	2	2	1	0	1	0	0	0	0	0	0	0	2	2	0	0	0	0	0	0	0	0
江苏信息职业技术学院	39	2	0.8	0	53.7	50.6	1	0	0	1	0	0	0	0	0	0	0	8	8	0	0	0	0	0	0	0	0
南京信息职业技术学院	40	3	0.3	0	0	9.2	0	0	0	0	0	0	0	0	0	0	0	14	14	0	0	0	0	0	0	0	0
常州机电职业技术学院	41	2	0.3	0	10	6	0	0	0	0	0	0	0	0	0	0	0	0	0	0	0	0	0	0	0	0	0
江阴职业技术学院	42	3	0.3	0	0	4	0	0	0	0	0	0	0	0	0	0	0	7	7	0	0	0	0	0	0	0	0
无锡城市职业技术学院	43	1	0.2	0	0	0.8	0	0	0	0	0	0	0	0	0	0	0	9	9	0	0	0	0	0	0	0	0
无锡工艺职业技术学院	44	11	1.9	0	258.85	258.85	0	0	0	0	0	0	0	0	0	0	0	9	9	0	0	0	0	0	0	7	0
苏州健雄职业技术学院	45	0	0	0	0	0	0	0	0	0	0	0	0	0	0	0	0	0	0	0	0	0	0	0	0	2	1
盐城工业职业技术学院	46	7	0.7	0	205	216.6	0	0	0	0	0	0	0	0	0	0	0	0	0	0	0	0	0	0	0	0	0
江苏财经职业技术学院	47	2	0.2	0	0	1.1	0	0	0	0	0	0	0	0	0	0	0	6	6	0	0	0	0	0	0	0	0
扬州工业职业技术学院	48	2	0.2	0	10	10.4	0	0	0	0	0	0	0	0	0	0	0	1	1	0	0	0	0	0	0	1	0
江苏城市职业学院	49	2	0.8	0	10	5.92	0	0	0	0	0	0	0	0	0	0	0	1	1	0	0	0	0	0	0	0	0
南京城市职业学院	50	2	0.2	0	2	9	0	0	0	0	0	0	0	0	0	0	0	0	0	0	0	0	0	0	0	0	0

续表

高校名称		总数					出版著作(部)							古籍整理(部)	译著(部)	发表译文(篇)	电子出版物(件)	发表论文(篇)				获奖成果数(项)				研究与咨询报告(篇)	
		课题数(项)	当年投入人数(人年)	其中：研究生(人年)	当年拨入经费(千元)	当年支出经费(千元)	合计	专著	其中：被译成外文	编著教材	工具书参考书	皮书/发展报告	科普读物					合计	国内学术刊物	国外学术刊物	港、澳、台地区刊物	合计	国家级奖	部级奖	省级奖	合计	其中：被采纳数
	编号	L01	L02	L03	L04	L05	L06	L07	L08	L09	L10	L11	L12	L13	L14	L15	L16	L17	L18	L19	L20	L21	L22	L23	L24	L25	L26
南京机电职业技术学院	51	0	0	0	0	0	0	0	0	0	0	0	0	0	0	0	0	1	1	0	0	0	0	0	0	0	0
南京旅游职业学院	52	3	0.1	0	0	3	0	0	0	0	0	0	0	0	0	0	0	0	0	0	0	0	0	0	0	0	0
江苏卫生健康职业学院	53	4	0.6	0	23	16.3	0	0	0	0	0	0	0	0	0	0	0	9	9	0	0	0	0	0	0	0	0
苏州信息职业技术学院	54	1	0.2	0	10	1.3	0	0	0	0	0	0	0	0	0	0	0	0	0	0	0	0	0	0	0	0	0
苏州工业园区服务外包职业学院	55	15	1.8	0	297	302.25	0	0	0	0	0	0	0	0	0	0	0	2	2	0	0	0	0	0	0	10	10
徐州幼儿师范高等专科学校	56	5	1.4	0	0	10	0	0	0	0	0	0	0	0	0	0	0	2	2	0	0	0	0	0	0	0	0
徐州生物工程职业技术学院	57	6	0.6	0	0	1	0	0	0	0	0	0	0	0	0	0	0	1	1	0	0	0	0	0	0	3	0
江苏商贸职业学院	58	3	1.7	0	1.2	3.5	0	0	0	0	0	0	0	0	0	0	0	9	9	0	0	0	0	0	0	0	0
南通师范高等专科学校	59	0	0	0	0	0	0	0	0	0	0	0	0	0	0	0	0	3	3	0	0	0	0	0	0	0	0
江苏护理职业学院	60	0	0	0	0	0	0	0	0	0	0	0	0	0	0	0	0	0	0	0	0	0	0	0	0	0	0
江苏财会职业学院	61	2	0.3	0	4	4	0	0	0	0	0	0	0	0	0	0	0	4	4	0	0	0	0	0	0	2	0
江苏城乡建设职业学院	62	4	1	0	5	4.2	0	0	0	0	0	0	0	0	0	0	0	15	15	0	0	0	0	0	0	0	0
江苏航空职业技术学院	63	0	0	0	0	0	0	0	0	0	0	0	0	0	0	0	0	0	0	0	0	0	0	0	0	0	0
江苏安全技术职业学院	64	0	0	0	0	0	0	0	0	0	0	0	0	0	0	0	0	4	4	0	0	0	0	0	0	0	0
江苏旅游职业学院	65	2	0.4	0	15	15	0	0	0	0	0	0	0	0	0	0	0	17	17	0	0	0	0	0	0	0	0

4. 民办及中外合作办学高等学校人文、社会科学研究与课题成果情况表

学科门类		总数					出版著作(部)							古籍整理(部)	译著(部)	发表译文(篇)	电子出版物(件)	发表论文(篇)				获奖成果数(项)				研究与咨询报告(篇)	
		课题数(项)	当年投入人数(人年)	其中:研究生(人年)	当年拨入经费(千元)	当年支出经费(千元)	合计	专著	其中:被译成外文	编著教材	工具书参考书	皮书/发展报告	科普读物					合计	国内学术刊物	国外学术刊物	港、澳、台地区刊物	合计	国家级奖	部级奖	省级奖	合计	其中:被采纳数
	编号	L01	L02	L03	L04	L05	L06	L07	L08	L09	L10	L11	L12	L13	L14	L15	L16	L17	L18	L19	L20	L21	L22	L23	L24	L25	L26
合计	/	2 394	530.4	0	11 298.79	10 205.05																					
管理学	1	506	107.1	0	2 650.35	2 354.01	25	5	0	17	3	0	0	0	0	0	0	550	539	11	0	0	0	0	0	9	1
马克思主义	2	107	25.1	0	301.39	280.36	7	3	0	4	0	0	0	0	0	0	0	68	68	0	0	0	0	0	0	1	0
哲学	3	17	4.2	0	16.5	150.94	0	0	0	0	0	0	0	0	0	0	0	7	5	2	0	0	0	0	0	0	0
逻辑学	4	1	0.3	0	0	0	0	0	0	0	0	0	0	0	0	0	0	4	4	0	0	0	0	0	0	0	0
宗教学	5	0	0	0	0	0	0	0	0	0	0	0	0	0	0	0	0	1	1	0	0	0	0	0	0	0	0
语言学	6	159	33.3	0	618.8	473.83	11	3	0	8	0	0	0	0	7	2	0	252	242	10	0	0	0	0	0	4	2
中国文学	7	40	9.1	0	339	120.13	4	1	0	2	0	0	1	0	1	0	0	52	52	0	0	0	0	0	0	0	0
外国文学	8	29	6.1	0	78	68.21	0	0	0	0	0	0	0	0	1	0	0	59	56	3	0	0	0	0	0	0	0
艺术学	9	303	79.2	0	1 074.75	1 153.08	26	4	0	21	0	1	0	0	0	0	1	417	412	5	0	0	0	0	0	7	3
历史学	10	23	3.6	0	1 369.66	1 267.74	0	0	0	0	0	0	0	0	0	0	0	10	10	0	0	0	0	0	0	6	1
考古学	11	0	0	0	0	0	1	1	0	0	0	0	0	0	0	0	0	2	2	0	0	0	0	0	0	0	0
经济学	12	245	56.1	0	1 175.75	1 450.38	10	1	0	9	0	0	0	0	1	0	0	252	229	23	0	0	0	0	0	9	1
政治学	13	28	5.5	0	48.66	43.19	1	1	0	0	0	0	0	0	0	0	0	22	21	1	0	0	0	0	0	0	0
法学	14	42	7.9	0	307.84	314.83	3	2	0	1	0	0	0	0	0	0	0	38	38	0	0	1	0	0	1	3	0
社会学	15	86	16.4	0	219.5	219.06	3	0	0	3	0	0	0	0	0	0	0	50	41	9	0	0	0	0	0	5	0
民族学与文化学	16	6	1.6	0	2	2.4	1	0	0	0	1	0	0	0	0	0	0	1	1	0	0	0	0	0	0	1	1
新闻学与传播学	17	41	9.4	0	290.3	152.86	3	1	0	1	0	0	1	0	0	0	0	62	57	5	0	0	0	0	0	3	0
图书馆、情报与文献学	18	18	5.2	0	247	177.01	1	1	0	0	0	0	0	0	0	0	0	29	27	2	0	0	0	0	0	0	0
教育学	19	655	143.1	0	2 279.39	1 726.22	11	0	0	10	0	1	0	0	0	0	0	560	557	3	0	0	0	0	0	6	1
统计学	20	10	1.9	0	20	16.93	0	0	0	0	0	0	0	0	0	0	0	6	6	0	0	0	0	0	0	0	0
心理学	21	34	7	0	57	61.97	4	1	0	3	0	0	0	0	0	0	0	17	16	1	0	0	0	0	0	1	0
体育科学	22	44	8.3	0	202.9	171.9	3	2	0	0	0	0	1	0	0	0	0	130	127	3	0	0	0	0	0	1	0

注:由于篇幅限制,本节不对民办及中外合作办学高等学校人文、社会科学研究与课题成果情况进行细分说明。

八、社科研究、课题与成果(来源情况)

1. 全省高等学校人文、社会科学研究与课题成果来源情况表

		课题来源															
		合计	国家社科基金项目	国家社科基金单列学科项目	教育部人文社科研究项目	高校古籍整理研究项目	国家自然科学基金项目	中央其他部门社科专门项目	省、市、自治区社科基金项目	省教育厅社科项目	地、市、厅、局等政府部门项目	国际合作研究项目	与港、澳、台地区合作研究项目	企事业单位委托项目	学校社科项目	外资项目	其他
	编号	L01	L02	L03	L04	L05	L06	L07	L08	L09	L10	L11	L12	L13	L14	L15	L16
课题数(项)	1	35 750	2 183	176	1 665	32	589	867	2 784	8 738	6 054	43	2	5 670	6 603	17	327
当年投入人数(人年)	2	8 220.5	766.3	68.8	504	6.7	139.3	222.6	716.9	2 004.7	1 376.3	11.1	0.2	1 184.1	1 167.6	5.1	46.8
其中:研究生(人年)	3	722.2	115.9	4.8	75.5	0	35.1	25.7	92.1	62.1	97.8	3.8	0	128.9	75.3	2.7	2.5
当年拨入经费(千元)	4	801 110.54	113 997.89	9 529	28 174.9	180	44 489.07	2 6611.5	32 970.18	34 058.51	79 877.49	3 077.17	536.12	36 9878.66	53 115.8	2 798	1 807.25
其中:当年立项项目拨入经费(千元)	5	674 945.68	105 760.04	8 208	14 840.9	180	31 632.87	19 155.2	23 056.09	29 549.3	68 675.68	2 410.3	0	316 744.05	50 986.85	2 540	1 206.4
当年支出经费(千元)	6	718 819.27	92 004.15	7 458.2	26 566.49	138.59	40 890.85	24 149.11	30 120.53	31 127.94	8 2401.53	2 154.44	327.4	336 070.17	40 620.67	2 976	1 813.2
当年新开课题数(项)	7	13 104	428	39	379	3	137	198	708	3 034	2 814	9	0	3 085	2 047	12	211
当年新开课题批准经费(千元)	8	901 361.52	116 200	10 100	36 398.6	180	56 618.39	23 307.7	33 810.4	42 476.7	85 068.01	3 607.56	0	403 422.1	85 838.94	2 958	1 375.12
当年完成课题数(项)	9	10 194	309	20	276	10	50	186	470	1 650	2 392	13	1	2 588	2 091	4	129

续表

出版著作(部)	合计		10	1 024	201	11	134	4	44	29	132	138	136	4	0	46	109	0	36
	专著	合计	11	695	166	8	111	3	30	16	105	96	72	1	0	22	54	0	11
		其中:被译成外文	12	13	3	1	0	1	2	0	2	1	1	0	0	1	1	0	0
	编著教材		13	263	29	3	17	1	7	8	19	39	53	3	0	14	47	0	23
	工具书/参考书		14	16	3	0	1	0	1	0	0	1	2	0	0	3	3	0	2
	皮书/发展报告		15	19	0	0	1	0	2	2	2	1	6	0	0	5	0	0	0
	科普读物		16	31	3	0	4	0	4	3	6	1	3	0	0	2	5	0	0
古籍整理(部)			17	12	2	0	0	4	0	2	0	1	1	0	0	0	2	0	0
译著(部)			18	56	11	0	1	0	2	1	8	12	9	0	0	3	5	1	3
发表译文(篇)			19	19	5	0	1	0	1	0	2	1	0	0	0	3	2	1	3
电子出版物(件)			20	57	11	0	2	0	5	13	2	0	4	0	0	18	2	0	0
发表论文(篇)	合计		21	19 109	2 575	172	1 227	11	1 060	393	1 877	4 651	2 814	48	2	589	3 353	12	325
	国内学术刊物		22	18 249	2 447	168	1 152	11	775	369	1 783	4 599	2 737	32	2	562	3 291	12	309
	国外学术刊物		23	848	122	4	73	0	285	24	92	51	76	16	0	27	62	0	16
	港、澳、台地区刊物		24	12	6	0	2	0	0	0	2	1	1	0	0	0	0	0	0
研究与咨询报告(篇)	合计		25	2 692	48	1	19	0	20	28	46	40	730	13	0	1 585	139	3	20
	其中:被采纳数		26	1 434	29	1	13	0	12	22	37	21	233	10	0	971	74	3	8

2. 公办本科高等学校人文、社会科学研究与课题成果来源情况表

		课题来源															
		合计	国家社科基金项目	国家社科基金单列学科项目	教育部人文社科研究项目	高校古籍整理研究项目	国家自然科学基金项目	中央其他部门社科专门项目	省、市、自治区社科基金项目	省教育厅社科项目	地、市、厅、局等政府部门项目	国际合作研究项目	与港、澳、台地区合作研究项目	企事业单位委托项目	学校社科项目	外资项目	其他
	编号	L01	L02	L03	L04	L05	L06	L07	L08	L09	L10	L11	L12	L13	L14	L15	L16
课题数(项)	1	24 791	2 168	172	1 590	31	580	846	2 400	4 871	3 819	36	1	4 404	3 808	15	50
当年投入人数(人年)	2	5 933.4	761.9	67.3	476.4	6.5	136.6	218.1	627	1 145.4	911.6	10.2	0.1	877	679.6	4.9	10.8
其中:研究生(人年)	3	722.2	115.9	4.8	75.5	0	35.1	25.7	92.1	62.1	97.8	3.8	0	128.9	75.3	2.7	2.5
当年拨入经费(千元)	4	734 118.95	113 387.89	9 367	26 605.8	180	44 140.47	26 426.3	31 395.28	22 266.49	69 793.07	2 955.32	406.46	335 294.87	48 262	2 601	1 037
其中:当年立项项目拨入经费(千元)	5	615 042.11	105 380.04	8 046	14 052.9	180	31 524.27	18 970	21 824.79	19 177.6	60 051.9	2 339.32	0	283 696.09	46 915.2	2 343	541
当年支出经费(千元)	6	652 675.64	91 262.43	7 360.8	25 269.31	122.8	40 344.56	24 019.46	28 651.66	21 151.03	72 510.54	2 034.41	132.15	299 554.83	36 212.96	2 856	1 192.7
当年新开课题数(项)	7	8 399	426	38	355	3	136	187	559	1 567	1 675	8	0	2 330	1 077	10	28
当年新开课题批准经费(千元)	8	819 519.14	115 800	9 920	34 380.6	180	56 437.39	23 113.5	31 774.9	29 453	75 505.26	3 536.58	0	356 261.35	80 118.44	2 476	562.12
当年完成课题数(项)	9	6 462	304	20	265	10	48	182	372	903	1 284	11	1	1 907	1 142	4	9

续表

出版著作(部)	合计		10	883	200	11	128	4	44	29	119	100	95	1	0	39	84	0	29
	专著	合计	11	631	165	8	105	3	30	16	96	76	55	1	0	18	50	0	8
		其中:被译成外文	12	13	3	1	0	1	2	0	2	1	1	0	0	1	1	0	0
	编著教材		13	191	29	3	17	1	7	8	15	21	30	0	0	14	27	0	19
	工具书/参考书		14	14	3	0	1	0	1	0	0	1	2	0	0	2	2	0	2
	皮书/发展报告		15	16	0	0	1	0	2	2	2	1	5	0	0	3	0	0	0
	科普读物		16	31	3	0	4	0	4	3	6	1	3	0	0	2	5	0	0
古籍整理(部)			17	12	2	0	0	4	0	2	0	1	1	0	0	0	2	0	0
译著(部)			18	52	11	0	1	0	2	1	8	9	8	0	0	3	5	1	3
发表译文(篇)			19	16	5	0	1	0	1	0	2	1	0	0	0	0	2	1	3
电子出版物(件)			20	53	11	0	2	0	5	13	2	0	4	0	0	14	2	0	0
发表论文(篇)	合计		21	13 014	2 559	168	1 167	11	1 047	374	1 595	2 353	1 481	36	2	404	1 679	12	126
	国内学术刊物		22	12 199	2 431	164	1 092	11	767	350	1 506	2 312	1 411	31	2	378	1 621	12	111
	国外学术刊物		23	803	122	4	73	0	280	24	87	40	69	5	0	26	58	0	15
	港、澳、台地区刊物		24	12	6	0	2	0	0	0	2	1	1	0	0	0	0	0	0
研究与咨询报告(篇)	合计		25	1 842	48	1	19	0	20	27	40	28	467	10	0	1 061	109	3	9
	其中:被采纳数		26	1 111	29	1	13	0	12	22	32	18	170	10	0	722	72	3	7

2.1 南京大学人文、社会科学研究与课题成果来源情况表

	编号	课题来源：合计	国家社科基金项目	国家社科基金单列学科项目	教育部人文社科研究项目	高校古籍整理研究项目	国家自然科学基金项目	中央其他部门社科专门项目	省、市、自治区社科基金项目	省教育厅社科项目	地、市、厅、局等政府部门项目	国际合作研究项目	与港、澳、台地区合作研究项目	企事业单位委托项目	学校社科项目	外资项目	其他
		L01	L02	L03	L04	L05	L06	L07	L08	L09	L10	L11	L12	L13	L14	L15	L16
课题数(项)	1	1 412	378	24	166	8	73	15	207	35	24	2	0	294	186	0	0
当年投入人数(人年)	2	167.7	61.5	2.7	25.5	0.8	12	0.9	21.1	2.9	2.3	0.2	0	16	21.8	0	0
其中:研究生(人年)	3	34.5	20.1	0	7.8	0	6.6	0	0	0	0	0	0	0	0	0	0
当年拨入经费(千元)	4	87 659.65	20 994	2 094	3 016	0	8 501	14	1 692	538	420	0	0	38 090.65	12 300	0	0
其中:当年立项项目拨入经费(千元)	5	66 094	19 510	2 094	2 780	0	8 501	0	1 592	468	420	0	0	18 929	11 800	0	0
当年支出经费(千元)	6	66 879.15	16 937	1 575.6	3 042	0	7 651.4	28	1 427.8	603.2	189	0	0	29 705.15	5 720	0	0
当年新开课题数(项)	7	326	67	7	26	0	22	0	34	10	12	0	0	100	48	0	0
当年新开课题批准经费(千元)	8	80 814	20 550	2 460	4 860	0	14 168.6	0	1 970	920	420	0	0	23 665.4	11 800	0	0
当年完成课题数(项)	9	239	57	0	18	0	0	3	23	6	10	0	0	92	30	0	0

续表

出版著作(部)	合计		10	74	42	0	12	1	6	1	2	0	1	0	0	0	9	0	0
	专著	合计	11	52	32	0	9	1	4	1	2	0	0	0	0	0	3	0	0
		其中:被译成外文	12	1	1	0	0	0	0	0	0	0	0	0	0	0	0	0	0
	编著教材		13	16	8	0	1	0	1	0	0	0	1	0	0	0	5	0	0
	工具书/参考书		14	1	1	0	0	0	0	0	0	0	0	0	0	0	0	0	0
	皮书/发展报告		15	2	0	0	1	0	1	0	0	0	0	0	0	0	0	0	0
	科普读物		16	3	1	0	1	0	0	0	0	0	0	0	0	0	1	0	0
古籍整理(部)			17	5	2	0	0	1	0	0	0	0	0	0	0	0	2	0	0
译著(部)			18	4	4	0	0	0	0	0	0	0	0	0	0	0	0	0	0
发表译文(篇)			19	1	1	0	0	0	0	0	0	0	0	0	0	0	0	0	0
电子出版物(件)			20	0	0	0	0	0	0	0	0	0	0	0	0	0	0	0	0
发表论文(篇)	合计		21	939	582	8	77	1	161	17	59	12	9	2	0	1	9	1	0
	国内学术刊物		22	908	573	8	76	1	147	17	58	7	9	2	0	1	8	1	0
	国外学术刊物		23	31	9	0	1	0	14	0	1	5	0	0	0	0	1	0	0
	港、澳、台地区刊物		24	0	0	0	0	0	0	0	0	0	0	0	0	0	0	0	0
研究与咨询报告(篇)	合计		25	20	7	0	4	0	0	0	0	1	4	0	0	4	0	0	0
	其中:被采纳数		26	20	7	0	4	0	0	0	0	1	4	0	0	4	0	0	0

2.2 东南大学人文、社会科学研究与课题成果来源情况表

		课题来源															
		合计	国家社科基金项目	国家社科基金单列学科项目	教育部人文社科研究项目	高校古籍整理研究项目	国家自然科学基金项目	中央其他部门社科专门项目	省、市、自治区社科基金项目	省教育厅社科项目	地、市、厅、局等政府部门项目	国际合作研究项目	与港、澳、台地区合作研究项目	企事业单位委托项目	学校社科项目	外资项目	其他
	编号	L01	L02	L03	L04	L05	L06	L07	L08	L09	L10	L11	L12	L13	L14	L15	L16
课题数(项)	1	1 062	143	16	95	0	0	63	161	84	157	7	0	84	249	0	3
当年投入人数(人年)	2	300.4	44.7	4.9	38.6	0	0	19.4	54.5	27.9	40.2	2.3	0	20.5	47.1	0	0.3
其中:研究生(人年)	3	24.8	2.6	0.3	4.9	0	0	0.9	8	1.4	5.3	0.2	0	0.5	0.7	0	0
当年拨入经费(千元)	4	22 755.6	5 135	1 300	466	0	0	1 697.5	5 834.8	452	2 590.5	0	0	4 364.8	570	0	345
其中:当年立项项目拨入经费(千元)	5	13 883.3	3 750	760	110	0	0	985	2 350	63	1 668	0	0	3 627.3	570	0	0
当年支出经费(千元)	6	22 162.53	5 009.18	689	729.4	0	0	1 110.7	4 821.6	560.9	2 866.8	0	0	5 318.85	873.1	0	183
当年新开课题数(项)	7	291	21	7	12	0	0	6	23	9	42	0	0	39	132	0	0
当年新开课题批准经费(千元)	8	28 943.5	5 150	1 720	890	0	0	1 040	5 235	703	3 149.2	0	0	5 326.3	5 730	0	0
当年完成课题数(项)	9	109	4	1	11	0	0	0	19	9	12	0	0	6	47	0	0

续表

出版著作(部)	合计		10	22	6	1	2	0	0	1	4	2	2	0	0	2	2	0	0
	专著	合计	11	21	6	1	2	0	0	1	4	2	2	0	0	1	2	0	0
		其中:被译成外文	12	0	0	0	0	0	0	0	0	0	0	0	0	0	0	0	0
	编著教材		13	1	0	0	0	0	0	0	0	0	0	0	0	1	0	0	0
	工具书/参考书		14	0	0	0	0	0	0	0	0	0	0	0	0	0	0	0	0
	皮书/发展报告		15	0	0	0	0	0	0	0	0	0	0	0	0	0	0	0	0
	科普读物		16	0	0	0	0	0	0	0	0	0	0	0	0	0	0	0	0
古籍整理(部)			17	0	0	0	0	0	0	0	0	0	0	0	0	0	0	0	0
译著(部)			18	3	2	0	0	0	0	0	1	0	0	0	0	0	0	0	0
发表译文(篇)			19	0	0	0	0	0	0	0	0	0	0	0	0	0	0	0	0
电子出版物(件)			20	0	0	0	0	0	0	0	0	0	0	0	0	0	0	0	0
发表论文(篇)	合计		21	266	102	11	28	0	15	12	32	16	12	1	0	2	35	0	0
	国内学术刊物		22	266	102	11	28	0	15	12	32	16	12	1	0	2	35	0	0
	国外学术刊物		23	0	0	0	0	0	0	0	0	0	0	0	0	0	0	0	0
	港、澳、台地区刊物		24	0	0	0	0	0	0	0	0	0	0	0	0	0	0	0	0
研究与咨询报告(篇)	合计		25	18	2	0	1	0	0	0	1	1	7	0	0	1	1	0	4
	其中:被采纳数		26	8	2	0	1	0	0	0	1	1	0	0	0	0	0	0	3

2.3 江南大学人文、社会科学研究与课题成果来源情况表

		课题来源															
		合计	国家社科基金项目	国家社科基金单列学科项目	教育部人文社科研究项目	高校古籍整理研究项目	国家自然科学基金项目	中央其他部门社科专门项目	省、市、自治区社科基金项目	省教育厅社科项目	地、市、厅、局等政府部门项目	国际合作研究项目	与港、澳、台地区合作研究项目	企事业单位委托项目	学校社科项目	外资项目	其他
	编号	L01	L02	L03	L04	L05	L06	L07	L08	L09	L10	L11	L12	L13	L14	L15	L16
课题数(项)	1	455	12	5	50	0	9	12	51	78	113	0	0	93	32	0	0
当年投入人数(人年)	2	342.8	9.4	4.9	38.8	0	10.5	10.3	40.7	65.4	101.2	0	0	49	12.6	0	0
其中:研究生(人年)	3	91.9	3.7	1.1	19.9	0	2.1	1.7	16.9	18.8	16.4	0	0	6.2	5.1	0	0
当年拨入经费(千元)	4	24 164	970	620	710	0	2 830	210	1 555	1 030	5 939	0	0	10 020	280	0	0
其中:当年立项项目拨入经费(千元)	5	23 937	950	570	680	0	2 740	210	1 530	1 030	5 930	0	0	10 017	280	0	0
当年支出经费(千元)	6	20 147.48	1 137	504	953.7	0	2 320	164	1 395.14	955.23	4 674.8	0	0	7 439.6	604.01	0	0
当年新开课题数(项)	7	296	5	3	17	0	8	10	25	48	84	0	0	89	7	0	0
当年新开课题批准经费(千元)	8	26 787	1 000	600	1 360	0	3 320	210	1 750	1 180	6 280	0	0	10 807	280	0	0
当年完成课题数(项)	9	138	2	0	12	0	0	2	19	26	23	0	0	29	25	0	0

续表

出版著作(部)	合计		10	34	3	1	15	0	0	4	5	1	2	0	0	0	3	0	0
	专著	合计	11	25	3	0	10	0	0	2	5	1	1	0	0	0	3	0	0
		其中:被译成外文	12	0	0	0	0	0	0	0	0	0	0	0	0	0	0	0	0
	编著教材		13	9	0	1	5	0	0	2	0	0	1	0	0	0	0	0	0
	工具书/参考书		14	0	0	0	0	0	0	0	0	0	0	0	0	0	0	0	0
	皮书/发展报告		15	0	0	0	0	0	0	0	0	0	0	0	0	0	0	0	0
	科普读物		16	0	0	0	0	0	0	0	0	0	0	0	0	0	0	0	0
古籍整理(部)			17	0	0	0	0	0	0	0	0	0	0	0	0	0	0	0	0
译著(部)			18	0	0	0	0	0	0	0	0	0	0	0	0	0	0	0	0
发表译文(篇)			19	0	0	0	0	0	0	0	0	0	0	0	0	0	0	0	0
电子出版物(件)			20	0	0	0	0	0	0	0	0	0	0	0	0	0	0	0	0
发表论文(篇)	合计		21	306	47	12	63	0	33	18	38	42	5	0	0	17	31	0	0
	国内学术刊物		22	272	42	11	58	0	15	15	38	42	4	0	0	17	30	0	0
	国外学术刊物		23	34	5	1	5	0	18	3	0	0	1	0	0	0	1	0	0
	港、澳、台地区刊物		24	0	0	0	0	0	0	0	0	0	0	0	0	0	0	0	0
研究与咨询报告(篇)	合计		25	52	15	0	0	0	0	3	1	2	4	0	0	27	0	0	0
	其中:被采纳数		26	20	6	0	0	0	0	0	0	0	1	0	0	13	0	0	0

2.4 南京农业大学人文、社会科学研究与课题成果来源情况表

		课题来源															
		合计	国家社科基金项目	国家社科基金单列学科项目	教育部人文社科研究项目	高校古籍整理研究项目	国家自然科学基金项目	中央其他部门社科专门项目	省、市、自治区社科基金项目	省教育厅社科项目	地、市、厅、局等政府部门项目	国际合作研究项目	与港、澳、台地区合作研究项目	企事业单位委托项目	学校社科项目	外资项目	其他
	编号	L01	L02	L03	L04	L05	L06	L07	L08	L09	L10	L11	L12	L13	L14	L15	L16
课题数(项)	1	1 804	57	0	60	0	91	165	72	108	276	7	0	318	650	0	0
当年投入人数(人年)	2	258.7	17.4	0	9	0	16.5	20.2	13.3	14.1	36.8	1.5	0	53.3	76.6	0	0
其中:研究生(人年)	3	56.9	7.7	0	2.7	0	3.4	2	4.7	2.1	9.9	0	0	19.5	4.9	0	0
当年拨入经费(千元)	4	34 395.59	3 585	0	631.6	0	6 200.4	5 912	1 438	1 032	7 533.66	30.73	0	8 032.2	0	0	0
其中:当年立项项目拨入经费(千元)	5	21 369.39	3 510	0	365	0	2 057.4	3 602	764	256	3 940.66	30.73	0	6 843.6	0	0	0
当年支出经费(千元)	6	35 275.59	3 140.56	0	520.55	0	7 567.34	5 014.59	1 291.3	951.4	7 964.16	26.12	0	8 617.57	182	0	0
当年新开课题数(项)	7	402	15	0	14	0	14	31	18	20	67	1	0	131	91	0	0
当年新开课题批准经费(千元)	8	39 187.7	4 300	0	1 214	0	4 014	4 421.9	880	520	7 592.2	60	0	11 505.6	4 680	0	0
当年完成课题数(项)	9	321	7	0	12	0	0	14	15	17	3	0	0	67	186	0	0

续表

出版著作(部)	合计		10	8	1	0	0	0	2	1	0	1	0	0	0	0	3	0	0
	专著	合计	11	5	1	0	0	0	1	0	0	1	0	0	0	0	2	0	0
		其中:被译成外文	12	0	0	0	0	0	0	0	0	0	0	0	0	0	0	0	0
	编著教材		13	3	0	0	0	0	1	1	0	0	0	0	0	0	1	0	0
	工具书/参考书		14	0	0	0	0	0	0	0	0	0	0	0	0	0	0	0	0
	皮书/发展报告		15	0	0	0	0	0	0	0	0	0	0	0	0	0	0	0	0
	科普读物		16	0	0	0	0	0	0	0	0	0	0	0	0	0	0	0	0
古籍整理(部)			17	0	0	0	0	0	0	0	0	0	0	0	0	0	0	0	0
译著(部)			18	0	0	0	0	0	0	0	0	0	0	0	0	0	0	0	0
发表译文(篇)			19	0	0	0	0	0	0	0	0	0	0	0	0	0	0	0	0
电子出版物(件)			20	1	0	0	0	0	0	0	0	0	0	0	0	1	0	0	0
发表论文(篇)	合计		21	388	75	0	27	0	164	22	26	19	11	0	0	1	43	0	0
	国内学术刊物		22	362	75	0	22	0	151	21	23	19	10	0	0	1	40	0	0
	国外学术刊物		23	26	0	0	5	0	13	1	3	0	1	0	0	0	3	0	0
	港、澳、台地区刊物		24	0	0	0	0	0	0	0	0	0	0	0	0	0	0	0	0
研究与咨询报告(篇)	合计		25	45	0	0	0	0	0	0	0	0	0	0	0	45	0	0	0
	其中:被采纳数		26	39	0	0	0	0	0	0	0	0	0	0	0	39	0	0	0

2.5 中国矿业大学人文、社会科学研究与课题成果来源情况表

		课题来源															
		合计	国家社科基金项目	国家社科基金单列学科项目	教育部人文社科研究项目	高校古籍整理研究项目	国家自然科学基金项目	中央其他部门社科专门项目	省、市、自治区社科基金项目	省教育厅社科项目	地、市、厅、局等政府部门项目	国际合作研究项目	与港、澳、台地区合作研究项目	企事业单位委托项目	学校社科项目	外资项目	其他
	编号	L01	L02	L03	L04	L05	L06	L07	L08	L09	L10	L11	L12	L13	L14	L15	L16
课题数(项)	1	977	40	2	74	0	41	26	64	110	190	1	0	247	182	0	0
当年投入人数(人年)	2	230.6	13.8	0.4	29.1	0	6.3	4.3	25.7	23.8	45.2	0.1	0	51	30.9	0	0
其中:研究生(人年)	3	34.8	1.5	0	3.7	0	0.8	0.3	3.7	1.9	8.1	0	0	11.6	3.2	0	0
当年拨入经费(千元)	4	19 087.56	2 340	0	2 167	0	3 753.9	490	910	316	722.5	0	0	8 388.16	0	0	0
其中:当年立项项目拨入经费(千元)	5	10 786.26	2 230	0	320	0	2 150.6	50	464	208	543	0	0	4 820.66	0	0	0
当年支出经费(千元)	6	9 602	749.63	0	1 243.33	0	2 851.47	93.84	418.11	86.91	724.01	0	0	3 434.7	0	0	0
当年新开课题数(项)	7	216	11	0	11	0	10	1	13	7	51	0	0	88	24	0	0
当年新开课题批准经费(千元)	8	45 018.8	2 350	0	910	0	5 064.8	50	680	520	642	0	0	19 112	15 690	0	0
当年完成课题数(项)	9	238	5	0	5	0	7	0	1	33	16	1	0	135	35	0	0

续表

出版著作（部）	合计		10	40	11	0	2	0	5	1	2	4	0	0	0	13	2	0	0
	专著	合计	11	28	10	0	2	0	4	1	2	3	0	0	0	4	2	0	0
		其中：被译成外文	12	0	0	0	0	0	0	0	0	0	0	0	0	0	0	0	0
	编著教材		13	12	1	0	0	0	1	0	0	1	0	0	0	9	0	0	0
	工具书/参考书		14	0	0	0	0	0	0	0	0	0	0	0	0	0	0	0	0
	皮书/发展报告		15	0	0	0	0	0	0	0	0	0	0	0	0	0	0	0	0
	科普读物		16	0	0	0	0	0	0	0	0	0	0	0	0	0	0	0	0
古籍整理（部）			17	0	0	0	0	0	0	0	0	0	0	0	0	0	0	0	0
译著（部）			18	3	0	0	0	0	0	0	1	0	1	0	0	0	1	0	0
发表译文（篇）			19	0	0	0	0	0	0	0	0	0	0	0	0	0	0	0	0
电子出版物（件）			20	0	0	0	0	0	0	0	0	0	0	0	0	0	0	0	0
发表论文（篇）	合计		21	565	49	0	58	0	108	6	34	76	97	0	0	29	108	0	0
	国内学术刊物		22	472	44	0	48	0	57	5	33	75	87	0	0	24	99	0	0
	国外学术刊物		23	93	5	0	10	0	51	1	1	1	10	0	0	5	9	0	0
	港、澳、台地区刊物		24	0	0	0	0	0	0	0	0	0	0	0	0	0	0	0	0
研究与咨询报告（篇）	合计		25	47	6	0	5	0	0	0	0	1	2	0	0	33	0	0	0
	其中：被采纳数		26	34	0	0	0	0	0	0	0	0	1	0	0	33	0	0	0

2.6 河海大学人文、社会科学研究与课题成果来源情况表

		课题来源															
		合计	国家社科基金项目	国家社科基金单列学科项目	教育部人文社科研究项目	高校古籍整理研究项目	国家自然科学基金项目	中央其他部门社科专门项目	省、市、自治区社科基金项目	省教育厅社科项目	地、市、厅、局等政府部门项目	国际合作研究项目	与港、澳、台地区合作研究项目	企事业单位委托项目	学校社科项目	外资项目	其他
	编号	L01	L02	L03	L04	L05	L06	L07	L08	L09	L10	L11	L12	L13	L14	L15	L16
课题数(项)	1	854	71	3	53	0	54	34	83	54	99	17	0	140	224	13	9
当年投入人数(人年)	2	326.2	29	0.7	18.6	0	19	13.1	31.2	18.5	39.7	5.8	0	51.8	91	4.3	3.5
其中:研究生(人年)	3	193	15.3	0.2	10.3	0	10	7.7	16.5	10.1	26.2	3.6	0	31.2	56.7	2.7	2.5
当年拨入经费(千元)	4	56 249.75	1 711.8	0	670.1	0	5 950	5 118	992	376	8 244	2 824.59	0	27 143.26	30	2 601	589
其中:当年立项项目拨入经费(千元)	5	47 912.01	1 620	0	287.4	0	3 749.5	4 133	700	128	6 647	2 308.59	0	25 527.52	30	2 343	438
当年支出经费(千元)	6	53 938.1	2 323.55	29	721.63	0	6 058	4 254	1 024.4	423	8 812.5	1 963.09	0	24 623.93	30	2 853	822
当年新开课题数(项)	7	395	9	0	20	0	14	14	16	22	59	7	0	102	118	10	4
当年新开课题批准经费(千元)	8	66 380.6	1 700	0	1 760	0	7 065	4 333	1 030	370	7 934.5	3 476.58	0	29 997.52	5 800	2 476	438
当年完成课题数(项)	9	266	10	0	6	0	6	18	13	11	40	10	0	38	106	3	5

续表

出版著作(部)	合计		10	82	9	0	8	0	12	7	13	3	14	0	0	9	7	0	0
	专著	合计	11	28	7	0	2	0	4	1	4	1	4	0	0	3	2	0	0
		其中:被译成外文	12	0	0	0	0	0	0	0	0	0	0	0	0	0	0	0	0
	编著教材		13	11	0	0	3	0	2	1	2	0	2	0	0	0	1	0	0
	工具书/参考书		14	3	0	0	0	0	1	0	0	1	0	0	0	1	0	0	0
	皮书/发展报告		15	12	0	0	0	0	1	2	1	0	5	0	0	3	0	0	0
	科普读物		16	28	2	0	3	0	4	3	6	1	3	0	0	2	4	0	0
古籍整理(部)			17	0	0	0	0	0	0	0	0	0	0	0	0	0	0	0	0
译著(部)			18	3	0	0	0	0	0	0	0	0	1	0	0	0	2	0	0
发表译文(篇)			19	1	0	0	0	0	0	0	0	0	0	0	0	0	0	1	0
电子出版物(件)			20	51	11	0	2	0	5	13	2	0	3	0	0	13	2	0	0
发表论文(篇)	合计		21	1 108	143	0	83	0	107	68	170	68	129	31	0	108	176	10	15
	国内学术刊物		22	943	106	0	67	0	71	54	144	64	121	27	0	96	170	10	13
	国外学术刊物		23	165	37	0	16	0	36	14	26	4	8	4	0	12	6	0	2
	港、澳、台地区刊物		24	0	0	0	0	0	0	0	0	0	0	0	0	0	0	0	0
研究与咨询报告(篇)	合计		25	265	9	1	6	0	6	18	12	11	41	10	0	38	105	3	5
	其中:被采纳数		26	222	8	1	6	0	6	17	11	9	39	10	0	36	72	3	4

2.7 南京理工大学人文、社会科学研究与课题成果来源情况表

		课题来源															
		合计	国家社科基金项目	国家社科基金单列学科项目	教育部人文社科研究项目	高校古籍整理研究项目	国家自然科学基金项目	中央其他部门社科专门项目	省、市、自治区社科基金项目	省教育厅社科项目	地、市、厅、局等政府部门项目	国际合作研究项目	与港、澳、台地区合作研究项目	企事业单位委托项目	学校社科项目	外资项目	其他
	编号	L01	L02	L03	L04	L05	L06	L07	L08	L09	L10	L11	L12	L13	L14	L15	L16
课题数(项)	1	535	36	2	45	0	57	20	72	32	75	0	0	117	79	0	0
当年投入人数(人年)	2	79.2	6.7	0.4	7.1	0	9.4	3.6	10.4	5.2	9.9	0	0	16	10.5	0	0
其中:研究生(人年)	3	4.7	0.6	0	0.5	0	0.1	0	0.5	0.5	1.1	0	0	1.3	0.1	0	0
当年拨入经费(千元)	4	13 611.65	950	450	550	0	2 409.27	260	539.52	208	3 318.3	0	0	4 606.56	320	0	0
其中:当年立项项目拨入经费(千元)	5	11 257.2	950	450	480	0	1 862	160	240	176	3 180.58	0	0	3 548.62	210	0	0
当年支出经费(千元)	6	12 417.89	1 209.66	210	640.08	0	1 632.05	491.94	576.74	158	3 216.72	0	0	3 815.13	467.57	0	0
当年新开课题数(项)	7	146	5	1	14	0	10	2	9	10	34	0	0	45	16	0	0
当年新开课题批准经费(千元)	8	20 082.2	1 000	500	1 240	0	3 245	230	300	240	7 182.1	0	0	5 675.1	470	0	0
当年完成课题数(项)	9	132	6	0	7	0	8	1	19	4	21	0	0	40	26	0	0

续表

			行号																
出版著作(部)	合计		10	12	4	0	2	0	0	2	2	0	0	0	0	0	2	0	0
	专著	合计	11	9	4	0	1	0	0	2	0	0	0	0	0	0	2	0	0
		其中:被译成外文	12	0	0	0	0	0	0	0	0	0	0	0	0	0	0	0	0
	编著教材		13	3	0	0	1	0	0	0	2	0	0	0	0	0	0	0	0
	工具书/参考书		14	0	0	0	0	0	0	0	0	0	0	0	0	0	0	0	0
	皮书/发展报告		15	0	0	0	0	0	0	0	0	0	0	0	0	0	0	0	0
	科普读物		16	0	0	0	0	0	0	0	0	0	0	0	0	0	0	0	0
古籍整理(部)			17	0	0	0	0	0	0	0	0	0	0	0	0	0	0	0	0
译著(部)			18	0	0	0	0	0	0	0	0	0	0	0	0	0	0	0	0
发表译文(篇)			19	0	0	0	0	0	0	0	0	0	0	0	0	0	0	0	0
电子出版物(件)			20	0	0	0	0	0	0	0	0	0	0	0	0	0	0	0	0
发表论文(篇)	合计		21	195	26	0	32	0	17	7	28	8	26	0	0	26	25	0	0
	国内学术刊物		22	182	24	0	31	0	10	7	28	8	25	0	0	26	23	0	0
	国外学术刊物		23	11	1	0	0	0	7	0	0	0	1	0	0	0	2	0	0
	港、澳、台地区刊物		24	2	1	0	1	0	0	0	0	0	0	0	0	0	0	0	0
研究与咨询报告(篇)	合计		25	10	0	0	0	0	0	2	0	0	0	0	0	8	0	0	0
	其中:被采纳数		26	9	0	0	0	0	0	2	0	0	0	0	0	7	0	0	0

2.8 南京航空航天大学人文、社会科学研究与课题成果来源情况表

		课题来源															
		合计	国家社科基金项目	国家社科基金单列学科项目	教育部人文社科研究项目	高校古籍整理研究项目	国家自然科学基金项目	中央其他部门社科专门项目	省、市、自治区社科基金项目	省教育厅社科项目	地、市、厅、局等政府部门项目	国际合作研究项目	与港、澳、台地区合作研究项目	企事业单位委托项目	学校社科项目	外资项目	其他
	编号	L01	L02	L03	L04	L05	L06	L07	L08	L09	L10	L11	L12	L13	L14	L15	L16
课题数(项)	1	297	49	2	31	0	34	8	53	38	35	0	0	22	25	0	0
当年投入人数(人年)	2	70.4	14	0.6	7.3	0	8.9	1.8	11.3	6.4	6.2	0	0	7.3	6.6	0	0
其中:研究生(人年)	3	0.7	0	0	0	0	0	0	0	0	0.4	0	0	0.3	0	0	0
当年拨入经费(千元)	4	10 764.8	1 760	0	532	0	2 745.8	105	373	280	399	0	0	2 550	2 020	0	0
其中:当年立项项目拨入经费(千元)	5	10 233.8	1 660	0	327	0	2 741.8	105	279	192	359	0	0	2 550	2 020	0	0
当年支出经费(千元)	6	11 267.25	1 831.9	13.5	574.2	0	2 581.65	115	492.5	332.8	445	0	0	2851.7	2 029	0	0
当年新开课题数(项)	7	82	8	0	10	0	11	2	9	6	15	0	0	9	12	0	0
当年新开课题批准经费(千元)	8	14 837.6	1 750	0	960	0	5 183.6	150	355	480	689	0	0	3 110	2 160	0	0
当年完成课题数(项)	9	16	3	0	3	0	1	0	6	1	1	0	0	1	0	0	0

续表

出版著作(部)	合计		10	29	1	0	1	0	8	0	0	3	2	0	0	1	13	0	0
	专著	合计	11	19	1	0	1	0	7	0	0	1	2	0	0	1	6	0	0
		其中:被译成外文	12	2	0	0	0	0	2	0	0	0	0	0	0	0	0	0	0
	编著教材		13	10	0	0	0	0	1	0	0	2	0	0	0	0	7	0	0
	工具书/参考书		14	0	0	0	0	0	0	0	0	0	0	0	0	0	0	0	0
	皮书/发展报告		15	0	0	0	0	0	0	0	0	0	0	0	0	0	0	0	0
	科普读物		16	0	0	0	0	0	0	0	0	0	0	0	0	0	0	0	0
古籍整理(部)			17	0	0	0	0	0	0	0	0	0	0	0	0	0	0	0	0
译著(部)			18	2	1	0	0	0	0	0	0	0	0	0	0	0	1	0	0
发表译文(篇)			19	0	0	0	0	0	0	0	0	0	0	0	0	0	0	0	0
电子出版物(件)			20	0	0	0	0	0	0	0	0	0	0	0	0	0	0	0	0
发表论文(篇)	合计		21	201	41	0	22	0	47	8	25	23	15	0	0	3	17	0	0
	国内学术刊物		22	143	34	0	17	0	19	8	23	15	12	0	0	2	13	0	0
	国外学术刊物		23	58	7	0	5	0	28	0	2	8	3	0	0	1	4	0	0
	港、澳、台地区刊物		24	0	0	0	0	0	0	0	0	0	0	0	0	0	0	0	0
研究与咨询报告(篇)	合计		25	14	1	0	0	0	0	0	0	1	3	0	0	9	0	0	0
	其中:被采纳数		26	14	1	0	0	0	0	0	0	1	3	0	0	9	0	0	0

2.9 中国药科大学人文、社会科学研究与课题成果来源情况表

		课题来源															
		合计	国家社科基金项目	国家社科基金单列学科项目	教育部人文社科研究项目	高校古籍整理研究项目	国家自然科学基金项目	中央其他部门社科专门项目	省、市、自治区社科基金项目	省教育厅社科项目	地、市、厅、局等政府部门项目	国际合作研究项目	与港、澳、台地区合作研究项目	企事业单位委托项目	学校社科项目	外资项目	其他
	编号	L01	L02	L03	L04	L05	L06	L07	L08	L09	L10	L11	L12	L13	L14	L15	L16
课题数(项)	1	308	3	0	8	0	5	44	13	75	32	0	0	111	17	0	0
当年投入人数(人年)	2	61.1	2	0	1.2	0	1.6	10.8	2.8	8.8	6.8	0	0	24.3	2.8	0	0
其中:研究生(人年)	3	6.1	0	0	0	0	0	0.9	0.3	0	1.3	0	0	3.6	0	0	0
当年拨入经费(千元)	4	14 250	0	0	155	0	523	1 605	183	332	1 166.5	0	0	10 135.5	150	0	0
其中:当年立项项目拨入经费(千元)	5	13 897	0	0	125	0	210	1 605	183	332	1 166.5	0	0	10 135.5	140	0	0
当年支出经费(千元)	6	12 667	160	0	55	0	423	1 905	223	300	1 174.5	0	0	8 286.5	140	0	0
当年新开课题数(项)	7	134	0	0	4	0	1	13	4	31	15	0	0	56	10	0	0
当年新开课题批准经费(千元)	8	21 138.5	0	0	340	0	420	2 828.6	535	380	1 716.5	0	0	14 782.4	136	0	0
当年完成课题数(项)	9	109	0	0	1	0	0	21	6	14	15	0	0	42	10	0	0

续表

			10	2	0	0	0	0	0	0	0	1	0	0	0	0	1	0	0
出版著作(部)	合计		10	2	0	0	0	0	0	0	0	1	0	0	0	0	1	0	0
	专著	合计	11	0	0	0	0	0	0	0	0	0	0	0	0	0	0	0	0
		其中:被译成外文	12	0	0	0	0	0	0	0	0	0	0	0	0	0	0	0	0
	编著教材		13	2	0	0	0	0	0	0	0	1	0	0	0	0	1	0	0
	工具书/参考书		14	0	0	0	0	0	0	0	0	0	0	0	0	0	0	0	0
	皮书/发展报告		15	0	0	0	0	0	0	0	0	0	0	0	0	0	0	0	0
	科普读物		16	0	0	0	0	0	0	0	0	0	0	0	0	0	0	0	0
古籍整理(部)			17	0	0	0	0	0	0	0	0	0	0	0	0	0	0	0	0
译著(部)			18	0	0	0	0	0	0	0	0	0	0	0	0	0	0	0	0
发表译文(篇)			19	0	0	0	0	0	0	0	0	0	0	0	0	0	0	0	0
电子出版物(件)			20	0	0	0	0	0	0	0	0	0	0	0	0	0	0	0	0
发表论文(篇)	合计		21	158	2	0	5	0	2	4	5	7	3	0	0	119	11	0	0
	国内学术刊物		22	153	2	0	5	0	1	4	5	7	3	0	0	115	11	0	0
	国外学术刊物		23	5	0	0	0	0	1	0	0	0	0	0	0	4	0	0	0
	港、澳、台地区刊物		24	0	0	0	0	0	0	0	0	0	0	0	0	0	0	0	0
研究与咨询报告(篇)	合计		25	16	0	0	0	0	0	2	0	0	2	0	0	12	0	0	0
	其中:被采纳数		26	16	0	0	0	0	0	2	0	0	2	0	0	12	0	0	0

2.10 南京森林警察学院人文、社会科学研究与课题成果来源情况表

		课题来源															
		合计	国家社科基金项目	国家社科基金单列学科项目	教育部人文社科研究项目	高校古籍整理研究项目	国家自然科学基金项目	中央其他部门社科专门项目	省、市、自治区社科基金项目	省教育厅社科项目	地、市、厅、局等政府部门项目	国际合作研究项目	与港、澳、台地区合作研究项目	企事业单位委托项目	学校社科项目	外资项目	其他
	编号	L01	L02	L03	L04	L05	L06	L07	L08	L09	L10	L11	L12	L13	L14	L15	L16
课题数(项)	1	128	3	0	5	0	0	19	12	35	9	0	0	23	22	0	0
当年投入人数(人年)	2	15.8	0.6	0	0.7	0	0	2.8	1.5	4.3	1.1	0	0	2.4	2.4	0	0
其中:研究生(人年)	3	0	0	0	0	0	0	0	0	0	0	0	0	0	0	0	0
当年拨入经费(千元)	4	810.35	0	0	36	0	0	10	137.06	6.89	0	0	0	183.4	437	0	0
其中:当年立项项目拨入经费(千元)	5	597.29	0	0	0	0	0	10	42.89	4	0	0	0	183.4	357	0	0
当年支出经费(千元)	6	1 383.7	257.71	0	66.36	0	0	138.21	146.39	113.14	20.65	0	0	284.24	357	0	0
当年新开课题数(项)	7	44	0	0	0	0	0	1	2	18	1	0	0	2	20	0	0
当年新开课题批准经费(千元)	8	792	0	0	0	0	0	10	60	180	0	0	0	185	357	0	0
当年完成课题数(项)	9	30	0	0	1	0	0	1	1	4	0	0	0	3	20	0	0

续表

			编号																
出版著作(部)	合计		10	0	0	0	0	0	0	0	0	0	0	0	0	0	0	0	0
	专著	合计	11	0	0	0	0	0	0	0	0	0	0	0	0	0	0	0	0
		其中:被译成外文	12	0	0	0	0	0	0	0	0	0	0	0	0	0	0	0	0
	编著教材		13	0	0	0	0	0	0	0	0	0	0	0	0	0	0	0	0
	工具书/参考书		14	0	0	0	0	0	0	0	0	0	0	0	0	0	0	0	0
	皮书/发展报告		15	0	0	0	0	0	0	0	0	0	0	0	0	0	0	0	0
	科普读物		16	0	0	0	0	0	0	0	0	0	0	0	0	0	0	0	0
古籍整理(部)			17	0	0	0	0	0	0	0	0	0	0	0	0	0	0	0	0
译著(部)			18	0	0	0	0	0	0	0	0	0	0	0	0	0	0	0	0
发表译文(篇)			19	0	0	0	0	0	0	0	0	0	0	0	0	0	0	0	0
电子出版物(件)			20	0	0	0	0	0	0	0	0	0	0	0	0	0	0	0	0
发表论文(篇)	合计		21	96	4	0	6	0	0	14	22	21	3	0	0	0	26	0	0
	国内学术刊物		22	88	4	0	6	0	0	14	15	21	3	0	0	0	25	0	0
	国外学术刊物		23	8	0	0	0	0	0	0	7	0	0	0	0	0	1	0	0
	港、澳、台地区刊物		24	0	0	0	0	0	0	0	0	0	0	0	0	0	0	0	0
研究与咨询报告(篇)	合计		25	3	1	0	0	0	0	0	0	0	0	0	0	2	0	0	0
	其中:被采纳数		26	2	1	0	0	0	0	0	0	0	0	0	0	1	0	0	0

2.11 苏州大学人文、社会科学研究与课题成果来源情况表

		课题来源															
		合计	国家社科基金项目	国家社科基金单列学科项目	教育部人文社科研究项目	高校古籍整理研究项目	国家自然科学基金项目	中央其他部门社科专门项目	省、市、自治区社科基金项目	省教育厅社科项目	地、市、厅、局等政府部门项目	国际合作研究项目	与港、澳、台地区合作研究项目	企事业单位委托项目	学校社科项目	外资项目	其他
	编号	L01	L02	L03	L04	L05	L06	L07	L08	L09	L10	L11	L12	L13	L14	L15	L16
课题数(项)	1	836	165	18	75	5	23	31	81	95	141	0	0	173	29	0	0
当年投入人数(人年)	2	192.7	85	8.1	17.4	0.7	5	5.6	14.4	13.1	20	0	0	20.5	2.9	0	0
其中:研究生(人年)	3	23.9	17.3	1	1.3	0	0	0	1.6	1	1.1	0	0	0.6	0	0	0
当年拨入经费(千元)	4	33 595.3	9 000	376.5	1 431	0	1 770	841	1 428	586	2 220	0	0	14 812.8	1 130	0	0
其中:当年立项项目拨入经费(千元)	5	31 148.8	8 780	324	835	0	1 360	841	1 188	468	2 110	0	0	14 112.8	1 130	0	0
当年支出经费(千元)	6	27 394.8	7 457.4	363.7	1 367.5	46	1 437	569	1 263	544	2 940	0	0	10 464.2	943	0	0
当年新开课题数(项)	7	288	35	2	14	0	6	12	25	30	56	0	0	93	15	0	0
当年新开课题批准经费(千元)	8	34 408.24	9 250	360	2 360	0	1 947	844	1 400	660	2 241	0	0	14 196.5	1 149.74	0	0
当年完成课题数(项)	9	216	35	4	15	1	4	11	14	9	47	0	0	66	10	0	0

续表

出版著作（部）	合计		10	72	10	2	14	0	0	2	16	7	15	0	0	2	4	0	0
	专著	合计	11	51	9	1	13	0	0	2	13	3	7	0	0	1	2	0	0
		其中：被译成外文	12	1	1	0	0	0	0	0	0	0	0	0	0	0	0	0	0
	编著教材		13	13	0	1	0	0	0	0	2	3	6	0	0	1	0	0	0
	工具书/参考书		14	6	1	0	1	0	0	0	0	0	2	0	0	0	2	0	0
	皮书/发展报告		15	2	0	0	0	0	0	0	1	1	0	0	0	0	0	0	0
	科普读物		16	0	0	0	0	0	0	0	0	0	0	0	0	0	0	0	0
古籍整理（部）			17	0	0	0	0	0	0	0	0	0	0	0	0	0	0	0	0
译著（部）			18	2	1	0	0	0	0	0	0	0	1	0	0	0	0	0	0
发表译文（篇）			19	1	0	0	0	0	0	0	0	0	0	0	0	0	1	0	0
电子出版物（件）			20	0	0	0	0	0	0	0	0	0	0	0	0	0	0	0	0
发表论文（篇）	合计		21	552	132	4	79	5	12	15	131	72	94	0	0	8	0	0	0
	国内学术刊物		22	520	125	4	77	5	5	14	125	72	85	0	0	8	0	0	0
	国外学术刊物		23	32	7	0	2	0	7	1	6	0	9	0	0	0	0	0	0
	港、澳、台地区刊物		24	0	0	0	0	0	0	0	0	0	0	0	0	0	0	0	0
研究与咨询报告（篇）	合计		25	34	0	0	1	0	0	0	1	0	4	0	0	28	0	0	0
	其中：被采纳数		26	28	0	0	1	0	0	0	1	0	3	0	0	23	0	0	0

2.12 江苏科技大学人文、社会科学研究与课题成果来源情况表

		课题来源															
		合计	国家社科基金项目	国家社科基金单列学科项目	教育部人文社科研究项目	高校古籍整理研究项目	国家自然科学基金项目	中央其他部门社科专门项目	省、市、自治区社科基金项目	省教育厅社科项目	地、市、厅、局等政府部门项目	国际合作研究项目	与港、澳、台地区合作研究项目	企事业单位委托项目	学校社科项目	外资项目	其他
	编号	L01	L02	L03	L04	L05	L06	L07	L08	L09	L10	L11	L12	L13	L14	L15	L16
课题数(项)	1	406	16	0	27	0	17	4	23	138	122	0	0	48	11	0	0
当年投入人数(人年)	2	106.4	9.7	0	8	0	11.7	0.7	5	37.6	25.2	0	0	5.8	2.7	0	0
其中:研究生(人年)	3	10.6	2.5	0	0.9	0	6.5	0	0	0.6	0	0	0	0.1	0	0	0
当年拨入经费(千元)	4	3 888.26	415	0	408	0	510	15	257.5	588	1 226.76	0	0	423	45	0	0
其中:当年立项项目拨入经费(千元)	5	2 870.76	380	0	35	0	510	0	250	410	977.76	0	0	263	45	0	0
当年支出经费(千元)	6	4 625.48	551.3	0	527.8	0	898.5	14.1	302.4	635.9	1 098.28	0	0	552.2	45	0	0
当年新开课题数(项)	7	207	2	0	1	0	3	0	9	70	103	0	0	16	3	0	0
当年新开课题批准经费(千元)	8	5 422.86	400	0	80	0	1 010	0	543	730	1 168.26	0	0	1 401.6	90	0	0
当年完成课题数(项)	9	47	1	0	6	0	1	0	0	14	17	0	0	1	7	0	0

续表

出版著作(部)	合计		10	9	1	0	4	0	0	0	1	2	1	0	0	0	0	0	0
	专著	合计	11	9	1	0	4	0	0	0	1	2	1	0	0	0	0	0	0
		其中:被译成外文	12	0	0	0	0	0	0	0	0	0	0	0	0	0	0	0	0
	编著教材		13	0	0	0	0	0	0	0	0	0	0	0	0	0	0	0	0
	工具书/参考书		14	0	0	0	0	0	0	0	0	0	0	0	0	0	0	0	0
	皮书/发展报告		15	0	0	0	0	0	0	0	0	0	0	0	0	0	0	0	0
	科普读物		16	0	0	0	0	0	0	0	0	0	0	0	0	0	0	0	0
古籍整理(部)			17	0	0	0	0	0	0	0	0	0	0	0	0	0	0	0	0
译著(部)			18	0	0	0	0	0	0	0	0	0	0	0	0	0	0	0	0
发表译文(篇)			19	0	0	0	0	0	0	0	0	0	0	0	0	0	0	0	0
电子出版物(件)			20	0	0	0	0	0	0	0	0	0	0	0	0	0	0	0	0
发表论文(篇)	合计		21	172	11	0	30	0	20	1	12	56	41	0	0	0	1	0	0
	国内学术刊物		22	167	10	0	29	0	20	1	10	55	41	0	0	0	1	0	0
	国外学术刊物		23	5	1	0	1	0	0	0	2	1	0	0	0	0	0	0	0
	港、澳、台地区刊物		24	0	0	0	0	0	0	0	0	0	0	0	0	0	0	0	0
研究与咨询报告(篇)	合计		25	6	0	0	0	0	0	0	0	0	0	0	0	6	0	0	0
	其中:被采纳数		26	6	0	0	0	0	0	0	0	0	0	0	0	6	0	0	0

2.13 南京工业大学人文、社会科学研究与课题成果来源情况表

		课题来源															
		合计	国家社科基金项目	国家社科基金单列学科项目	教育部人文社科研究项目	高校古籍整理研究项目	国家自然科学基金项目	中央其他部门社科专门项目	省、市、自治区社科基金项目	省教育厅社科项目	地、市、厅、局等政府部门项目	国际合作研究项目	与港、澳、台地区合作研究项目	企事业单位委托项目	学校社科项目	外资项目	其他
	编号	L01	L02	L03	L04	L05	L06	L07	L08	L09	L10	L11	L12	L13	L14	L15	L16
课题数(项)	1	536	27	1	17	0	10	11	52	143	126	0	0	16	133	0	0
当年投入人数(人年)	2	80.4	10.3	0.2	5	0	2	2	12.1	16.3	16.5	0	0	2.7	13.3	0	0
其中:研究生(人年)	3	12.2	3.3	0	0.9	0	0.6	0.5	3.1	0.4	1.5	0	0	0.5	1.4	0	0
当年拨入经费(千元)	4	6 166.2	1 500	162	213	0	0	278	554	192	2 131.2	0	0	745	391	0	0
其中:当年立项项目拨入经费(千元)	5	5 254.2	1 440	162	46	0	0	200	504	192	1 669.2	0	0	650	391	0	0
当年支出经费(千元)	6	5 808.7	1 391.2	123.3	192.55	0	0	233.6	521.4	246.95	1 963.7	0	0	745	391	0	0
当年新开课题数(项)	7	207	8	1	3	0	2	4	16	48	68	0	0	9	48	0	0
当年新开课题批准经费(千元)	8	7 990	1 600	180	240	0	670	280	630	530	1 994	0	0	1 480	386	0	0
当年完成课题数(项)	9	143	3	0	3	0	0	6	4	25	49	0	0	5	48	0	0

续表

出版著作(部)	合计		10	19	4	0	4	0	0	0	2	2	4	0	0	0	3	0	0
	专著	合计	11	19	4	0	4	0	0	0	2	2	4	0	0	0	3	0	0
		其中:被译成外文	12	0	0	0	0	0	0	0	0	0	0	0	0	0	0	0	0
	编著教材		13	0	0	0	0	0	0	0	0	0	0	0	0	0	0	0	0
	工具书/参考书		14	0	0	0	0	0	0	0	0	0	0	0	0	0	0	0	0
	皮书/发展报告		15	0	0	0	0	0	0	0	0	0	0	0	0	0	0	0	0
	科普读物		16	0	0	0	0	0	0	0	0	0	0	0	0	0	0	0	0
古籍整理(部)			17	0	0	0	0	0	0	0	0	0	0	0	0	0	0	0	0
译著(部)			18	0	0	0	0	0	0	0	0	0	0	0	0	0	0	0	0
发表译文(篇)			19	1	0	0	0	0	0	0	0	0	0	0	0	0	1	0	0
电子出版物(件)			20	0	0	0	0	0	0	0	0	0	0	0	0	0	0	0	0
发表论文(篇)	合计		21	332	58	1	14	0	12	6	37	72	57	0	0	2	73	0	0
	国内学术刊物		22	328	57	1	14	0	12	6	37	70	56	0	0	2	73	0	0
	国外学术刊物		23	4	1	0	0	0	0	0	0	2	1	0	0	0	0	0	0
	港、澳、台地区刊物		24	0	0	0	0	0	0	0	0	0	0	0	0	0	0	0	0
研究与咨询报告(篇)	合计		25	5	0	0	0	0	0	0	0	2	2	0	0	0	1	0	0
	其中:被采纳数		26	4	0	0	0	0	0	0	0	2	2	0	0	0	0	0	0

2.14 常州大学人文、社会科学研究与课题成果来源情况表

		课题来源															
		合计	国家社科基金项目	国家社科基金单列学科项目	教育部人文社科研究项目	高校古籍整理研究项目	国家自然科学基金项目	中央其他部门社科专门项目	省、市、自治区社科基金项目	省教育厅社科项目	地、市、厅、局等政府部门项目	国际合作研究项目	与港、澳、台地区合作研究项目	企事业单位委托项目	学校社科项目	外资项目	其他
	编号	L01	L02	L03	L04	L05	L06	L07	L08	L09	L10	L11	L12	L13	L14	L15	L16
课题数(项)	1	421	65	1	23	0	0	10	56	139	98	0	0	27	1	0	1
当年投入人数(人年)	2	129.4	31.9	0.4	9.6	0	0	2.5	15.9	36.4	25.4	0	0	7	0.2	0	0.1
其中:研究生(人年)	3	0.6	0.3	0	0	0	0	0	0	0.3	0	0	0	0	0	0	0
当年拨入经费(千元)	4	9 653.4	3 765	90	668	0	0	250	408	184	2 941.2	0	0	1 327.2	0	0	20
其中:当年立项项目拨入经费(千元)	5	8 493.2	3 650	0	290	0	0	220	246	144	2 646	0	0	1 277.2	0	0	20
当年支出经费(千元)	6	8 094.1	2 729.5	95	560.3	0	0	132	694.2	252.2	1 857.7	0	0	1 754.2	0	0	19
当年新开课题数(项)	7	145	17	0	8	0	0	3	9	36	55	0	0	16	0	0	1
当年新开课题批准经费(千元)	8	9 680.7	3 850	0	580	0	0	240	259	370	2 869.5	0	0	1 492.2	0	0	20
当年完成课题数(项)	9	155	8	1	7	0	0	5	15	42	54	0	0	21	1	0	1

续表

出版著作(部)	合计		10	22	3	0	3	0	0	0	6	5	5	0	0	0	0	0	0
	专著	合计	11	18	2	0	3	0	0	0	6	4	3	0	0	0	0	0	0
		其中:被译成外文	12	1	1	0	0	0	0	0	0	0	0	0	0	0	0	0	0
	编著教材		13	4	1	0	0	0	0	0	0	1	2	0	0	0	0	0	0
	工具书/参考书		14	0	0	0	0	0	0	0	0	0	0	0	0	0	0	0	0
	皮书/发展报告		15	0	0	0	0	0	0	0	0	0	0	0	0	0	0	0	0
	科普读物		16	0	0	0	0	0	0	0	0	0	0	0	0	0	0	0	0
古籍整理(部)			17	0	0	0	0	0	0	0	0	0	0	0	0	0	0	0	0
译著(部)			18	2	0	0	0	0	0	0	0	0	2	0	0	0	0	0	0
发表译文(篇)			19	0	0	0	0	0	0	0	0	0	0	0	0	0	0	0	0
电子出版物(件)			20	0	0	0	0	0	0	0	0	0	0	0	0	0	0	0	0
发表论文(篇)	合计		21	231	55	1	8	0	0	3	23	75	65	0	0	0	1	0	0
	国内学术刊物		22	227	52	1	8	0	0	3	23	75	64	0	0	0	1	0	0
	国外学术刊物		23	4	3	0	0	0	0	0	0	0	1	0	0	0	0	0	0
	港、澳、台地区刊物		24	0	0	0	0	0	0	0	0	0	0	0	0	0	0	0	0
研究与咨询报告(篇)	合计		25	13	0	0	0	0	0	0	0	0	1	0	0	12	0	0	0
	其中:被采纳数		26	10	0	0	0	0	0	0	0	0	1	0	0	9	0	0	0

2.15 南京邮电大学人文、社会科学研究与课题成果来源情况表

		课题来源															
		合计	国家社科基金项目	国家社科基金单列学科项目	教育部人文社科研究项目	高校古籍整理研究项目	国家自然科学基金项目	中央其他部门社科专门项目	省、市、自治区社科基金项目	省教育厅社科项目	地、市、厅、局等政府部门项目	国际合作研究项目	与港、澳、台地区合作研究项目	企事业单位委托项目	学校社科项目	外资项目	其他
	编号	L01	L02	L03	L04	L05	L06	L07	L08	L09	L10	L11	L12	L13	L14	L15	L16
课题数(项)	1	682	41	0	51	0	16	15	61	166	85	0	0	81	166	0	0
当年投入人数(人年)	2	184.7	16.2	0	17.8	0	10.4	3	21.7	35.7	28.8	0	0	25.7	25.4	0	0
其中:研究生(人年)	3	53	4.7	0	6.6	0	4.6	1	9	4.4	12	0	0	9.5	1.2	0	0
当年拨入经费(千元)	4	13 157.73	1 550.75	0	757	0	1 433.9	113	830	743	836	0	0	6 346.08	548	0	0
其中:当年立项项目拨入经费(千元)	5	8 847.88	1 330	0	345	0	1 039.5	100	662	546	672	0	0	3 605.38	548	0	0
当年支出经费(千元)	6	13 524.53	1 954.75	0	865	0	1 253.9	113	755	1 178.8	902	0	0	6 214.08	288	0	0
当年新开课题数(项)	7	203	7	0	12	0	6	3	17	42	39	0	0	53	24	0	0
当年新开课题批准经费(千元)	8	13 803.13	1 400	0	1 000	0	1 865	100	840	835	906	0	0	6 257.13	600	0	0
当年完成课题数(项)	9	142	7	0	14	0	4	8	12	17	31	0	0	31	18	0	0

续表

出版著作(部)	合计		10	11	5	0	1	0	0	0	4	0	0	0	0	0	1	0	0
	专著	合计	11	11	5	0	1	0	0	0	4	0	0	0	0	0	1	0	0
		其中:被译成外文	12	0	0	0	0	0	0	0	0	0	0	0	0	0	0	0	0
	编著教材		13	0	0	0	0	0	0	0	0	0	0	0	0	0	0	0	0
	工具书/参考书		14	0	0	0	0	0	0	0	0	0	0	0	0	0	0	0	0
	皮书/发展报告		15	0	0	0	0	0	0	0	0	0	0	0	0	0	0	0	0
	科普读物		16	0	0	0	0	0	0	0	0	0	0	0	0	0	0	0	0
古籍整理(部)			17	0	0	0	0	0	0	0	0	0	0	0	0	0	0	0	0
译著(部)			18	1	0	0	0	0	0	0	1	0	0	0	0	0	0	0	0
发表译文(篇)			19	0	0	0	0	0	0	0	0	0	0	0	0	0	0	0	0
电子出版物(件)			20	0	0	0	0	0	0	0	0	0	0	0	0	0	0	0	0
发表论文(篇)	合计		21	188	20	0	23	0	5	12	34	53	18	0	0	4	19	0	0
	国内学术刊物		22	188	20	0	23	0	5	12	34	53	18	0	0	4	19	0	0
	国外学术刊物		23	0	0	0	0	0	0	0	0	0	0	0	0	0	0	0	0
	港、澳、台地区刊物		24	0	0	0	0	0	0	0	0	0	0	0	0	0	0	0	0
研究与咨询报告(篇)	合计		25	37	0	0	0	0	4	1	1	0	0	0	0	31	0	0	0
	其中:被采纳数		26	33	0	0	0	0	0	1	1	0	0	0	0	31	0	0	0

2.16 南京林业大学人文、社会科学研究与课题成果来源情况表

		课题来源															
		合计	国家社科基金项目	国家社科基金单列学科项目	教育部人文社科研究项目	高校古籍整理研究项目	国家自然科学基金项目	中央其他部门社科专门项目	省、市、自治区社科基金项目	省教育厅社科项目	地、市、厅、局等政府部门项目	国际合作研究项目	与港、澳、台地区合作研究项目	企事业单位委托项目	学校社科项目	外资项目	其他
	编号	L01	L02	L03	L04	L05	L06	L07	L08	L09	L10	L11	L12	L13	L14	L15	L16
课题数(项)	1	393	13	3	35	0	4	6	34	140	28	0	0	7	123	0	0
当年投入人数(人年)	2	42.7	3	0.6	3.8	0	0.4	0.6	4.2	14.2	2.9	0	0	0.7	12.3	0	0
其中:研究生(人年)	3	0	0	0	0	0	0	0	0	0	0	0	0	0	0	0	0
当年拨入经费(千元)	4	3 232.8	1 050	0	649.8	0	0	200	400	638	73	0	0	140	82	0	0
其中:当年立项项目拨入经费(千元)	5	2 863	1 040	0	310	0	0	200	380	638	73	0	0	140	82	0	0
当年支出经费(千元)	6	2 966.81	510.6	97.4	549	0	66	70	350.07	643.15	88.9	0	0	524.51	67.18	0	0
当年新开课题数(项)	7	102	4	0	10	0	0	2	10	41	6	0	0	3	26	0	0
当年新开课题批准经费(千元)	8	3 983	1 100	0	790	0	0	200	470	1 080	81	0	0	180	82	0	0
当年完成课题数(项)	9	140	1	1	2	0	4	1	4	21	16	0	0	4	86	0	0

续表

出版著作(部)	合计		10	16	5	0	4	0	0	0	0	6	1	0	0	0	0	0	0
	专著	合计	11	15	5	0	4	0	0	0	0	6	0	0	0	0	0	0	0
		其中:被译成外文	12	0	0	0	0	0	0	0	0	0	0	0	0	0	0	0	0
	编著教材		13	1	0	0	0	0	0	0	0	0	1	0	0	0	0	0	0
	工具书/参考书		14	0	0	0	0	0	0	0	0	0	0	0	0	0	0	0	0
	皮书/发展报告		15	0	0	0	0	0	0	0	0	0	0	0	0	0	0	0	0
	科普读物		16	0	0	0	0	0	0	0	0	0	0	0	0	0	0	0	0
古籍整理(部)			17	0	0	0	0	0	0	0	0	0	0	0	0	0	0	0	0
译著(部)			18	4	1	0	0	0	0	0	0	3	0	0	0	0	0	0	0
发表译文(篇)			19	0	0	0	0	0	0	0	0	0	0	0	0	0	0	0	0
电子出版物(件)			20	0	0	0	0	0	0	0	0	0	0	0	0	0	0	0	0
发表论文(篇)	合计		21	164	20	3	20	0	0	6	13	55	1	0	0	2	44	0	0
	国内学术刊物		22	164	20	3	20	0	0	6	13	55	1	0	0	2	44	0	0
	国外学术刊物		23	0	0	0	0	0	0	0	0	0	0	0	0	0	0	0	0
	港、澳、台地区刊物		24	0	0	0	0	0	0	0	0	0	0	0	0	0	0	0	0
研究与咨询报告(篇)	合计		25	0	0	0	0	0	0	0	0	0	0	0	0	0	0	0	0
	其中:被采纳数		26	0	0	0	0	0	0	0	0	0	0	0	0	0	0	0	0

2.17 江苏大学人文、社会科学研究与课题成果来源情况表

		课题来源															
		合计	国家社科基金项目	国家社科基金单列学科项目	教育部人文社科研究项目	高校古籍整理研究项目	国家自然科学基金项目	中央其他部门社科专门项目	省、市、自治区社科基金项目	省教育厅社科项目	地、市、厅、局等政府部门项目	国际合作研究项目	与港、澳、台地区合作研究项目	企事业单位委托项目	学校社科项目	外资项目	其他
	编号	L01	L02	L03	L04	L05	L06	L07	L08	L09	L10	L11	L12	L13	L14	L15	L16
课题数(项)	1	593	51	3	53	0	23	24	96	84	77	0	0	143	39	0	0
当年投入人数(人年)	2	145.2	16.8	1.9	14.9	0	2.3	6.2	27	16.9	14	0	0	40.1	5.1	0	0
其中:研究生(人年)	3	70.5	9.3	0.3	8.4	0	0.3	3.2	14.6	5.4	4.5	0	0	24.1	0.4	0	0
当年拨入经费(千元)	4	9 564.7	2 800	200	600	0	0	276	693	1 170	577	0	0	2 823.7	425	0	0
其中:当年立项项目拨入经费(千元)	5	9 564.7	2 800	200	600	0	0	276	693	1 170	577	0	0	2 823.7	425	0	0
当年支出经费(千元)	6	9 654.7	2 830	220	600	0	0	296	693	1 160	577	0	0	2 853.7	425	0	0
当年新开课题数(项)	7	137	12	1	12	0	0	5	24	8	21	0	0	34	20	0	0
当年新开课题批准经费(千元)	8	10 334.7	2 950	200	1 100	0	0	276	813	1 170	577	0	0	2 823.7	425	0	0
当年完成课题数(项)	9	106	1	0	4	0	0	2	8	8	1	0	0	78	4	0	0

续表

出版著作(部)	合计		10	4	1	0	0	0	0	0	0	0	2	0	0	1	0	0	0
	专著	合计	11	4	1	0	0	0	0	0	0	0	2	0	0	1	0	0	0
		其中:被译成外文	12	1	0	0	0	0	0	0	0	0	1	0	0	0	0	0	0
	编著教材		13	0	0	0	0	0	0	0	0	0	0	0	0	0	0	0	0
	工具书/参考书		14	0	0	0	0	0	0	0	0	0	0	0	0	0	0	0	0
	皮书/发展报告		15	0	0	0	0	0	0	0	0	0	0	0	0	0	0	0	0
	科普读物		16	0	0	0	0	0	0	0	0	0	0	0	0	0	0	0	0
古籍整理(部)			17	0	0	0	0	0	0	0	0	0	0	0	0	0	0	0	0
译著(部)			18	1	0	0	0	0	0	0	0	0	1	0	0	0	0	0	0
发表译文(篇)			19	0	0	0	0	0	0	0	0	0	0	0	0	0	0	0	0
电子出版物(件)			20	0	0	0	0	0	0	0	0	0	0	0	0	0	0	0	0
发表论文(篇)	合计		21	92	26	1	5	0	21	1	18	5	10	0	0	2	3	0	0
	国内学术刊物		22	70	15	0	5	0	12	1	18	5	9	0	0	2	3	0	0
	国外学术刊物		23	22	11	1	0	0	9	0	0	0	1	0	0	0	0	0	0
	港、澳、台地区刊物		24	0	0	0	0	0	0	0	0	0	0	0	0	0	0	0	0
研究与咨询报告(篇)	合计		25	51	0	0	0	0	0	0	0	0	5	0	0	46	0	0	0
	其中:被采纳数		26	17	0	0	0	0	0	0	0	0	3	0	0	14	0	0	0

2.18 南京信息工程大学人文、社会科学研究与课题成果来源情况表

		课题来源															
		合计	国家社科基金项目	国家社科基金单列学科项目	教育部人文社科研究项目	高校古籍整理研究项目	国家自然科学基金项目	中央其他部门社科专门项目	省、市、自治区社科基金项目	省教育厅社科项目	地、市、厅、局等政府部门项目	国际合作研究项目	与港、澳、台地区合作研究项目	企事业单位委托项目	学校社科项目	外资项目	其他
	编号	L01	L02	L03	L04	L05	L06	L07	L08	L09	L10	L11	L12	L13	L14	L15	L16
课题数(项)	1	675	69	1	60	1	39	75	72	172	88	0	0	97	1	0	0
当年投入人数(人年)	2	308	26.4	0.8	25.2	0.1	12.4	38.6	31.8	72	41.1	0	0	59.6	0	0	0
其中:研究生(人年)	3	19.2	3	0	0.6	0	0	5.4	4.8	0	1.2	0	0	4.2	0	0	0
当年拨入经费(千元)	4	10 575.6	1 220	190	1 700	0	1 774	420	394	659	418.6	0	0	3 800	0	0	0
其中:当年立项项目拨入经费(千元)	5	7 032	1 140	190	474	0	881	180	190	379	352	0	0	3 246	0	0	0
当年支出经费(千元)	6	6 665.11	1 309.05	84.42	1 201.98	0	1 086	313.94	418.95	299.64	345.56	0	0	1 605.57	0	0	0
当年新开课题数(项)	7	195	6	1	14	0	7	20	16	51	29	0	0	51	0	0	0
当年新开课题批准经费(千元)	8	11 154	1 200	200	1 160	0	1 815	380	1 160	1 080	570	0	0	3 589	0	0	0
当年完成课题数(项)	9	121	7	0	15	0	5	12	11	19	13	0	0	39	0	0	0

续表

出版著作(部)	合计		10	14	4	0	1	0	4	0	4	1	0	0	0	0	0	0	0
	专著	合计	11	11	4	0	1	0	3	0	3	0	0	0	0	0	0	0	0
		其中:被译成外文	12	0	0	0	0	0	0	0	0	0	0	0	0	0	0	0	0
	编著教材		13	3	0	0	0	0	1	0	1	1	0	0	0	0	0	0	0
	工具书/参考书		14	0	0	0	0	0	0	0	0	0	0	0	0	0	0	0	0
	皮书/发展报告		15	0	0	0	0	0	0	0	0	0	0	0	0	0	0	0	0
	科普读物		16	0	0	0	0	0	0	0	0	0	0	0	0	0	0	0	0
古籍整理(部)			17	0	0	0	0	0	0	0	0	0	0	0	0	0	0	0	0
译著(部)			18	9	0	0	0	0	2	0	1	6	0	0	0	0	0	0	0
发表译文(篇)			19	0	0	0	0	0	0	0	0	0	0	0	0	0	0	0	0
电子出版物(件)			20	0	0	0	0	0	0	0	0	0	0	0	0	0	0	0	0
发表论文(篇)	合计		21	324	78	4	75	0	47	3	41	18	58	0	0	0	0	0	0
	国内学术刊物		22	269	69	4	63	0	23	3	36	18	53	0	0	0	0	0	0
	国外学术刊物		23	55	9	0	12	0	24	0	5	0	5	0	0	0	0	0	0
	港、澳、台地区刊物		24	0	0	0	0	0	0	0	0	0	0	0	0	0	0	0	0
研究与咨询报告(篇)	合计		25	54	7	0	0	0	10	0	1	0	1	0	0	35	0	0	0
	其中:被采纳数		26	39	4	0	0	0	6	0	1	0	1	0	0	27	0	0	0

2.19 南通大学人文、社会科学研究与课题成果来源情况表

		课题来源															
		合计	国家社科基金项目	国家社科基金单列学科项目	教育部人文社科研究项目	高校古籍整理研究项目	国家自然科学基金项目	中央其他部门社科专门项目	省、市、自治区社科基金项目	省教育厅社科项目	地、市、厅、局等政府部门项目	国际合作研究项目	与港、澳、台地区合作研究项目	企事业单位委托项目	学校社科项目	外资项目	其他
	编号	L01	L02	L03	L04	L05	L06	L07	L08	L09	L10	L11	L12	L13	L14	L15	L16
课题数(项)	1	657	62	1	53	3	0	15	64	186	164	0	0	39	70	0	0
当年投入人数(人年)	2	118.8	17.9	0.2	12.9	0.5	0	3.6	14.3	36.8	20.1	0	0	4.3	8.2	0	0
其中:研究生(人年)	3	2.1	0.7	0	0.4	0	0	0.2	0.4	0.2	0.2	0	0	0	0	0	0
当年拨入经费(千元)	4	13 794.5	2 550	12	852	0	0	746	704	800	768	0	0	7 362.5	0	0	0
其中:当年立项项目拨入经费(千元)	5	13 160.5	2 470	0	600	0	0	480	680	800	768	0	0	7 362.5	0	0	0
当年支出经费(千元)	6	12 686.1	1 465	12	714	0	0	859.5	596.8	650	979	0	0	7 362.5	47.3	0	0
当年新开课题数(项)	7	215	13	0	11	0	0	3	13	45	91	0	0	39	0	0	0
当年新开课题批准经费(千元)	8	13 913.5	2 600	0	980	0	0	500	800	800	771	0	0	7 462.5	0	0	0
当年完成课题数(项)	9	266	10	1	17	3	0	9	26	57	73	0	0	39	31	0	0

续表

出版著作(部)	合计		10	12	1	0	1	2	0	1	2	1	4	0	0	0	0	0	0
	专著	合计	11	12	1	0	1	2	0	1	2	1	4	0	0	0	0	0	0
		其中:被译成外文	12	2	0	0	0	1	0	0	1	0	0	0	0	0	0	0	0
	编著教材		13	0	0	0	0	0	0	0	0	0	0	0	0	0	0	0	0
	工具书/参考书		14	0	0	0	0	0	0	0	0	0	0	0	0	0	0	0	0
	皮书/发展报告		15	0	0	0	0	0	0	0	0	0	0	0	0	0	0	0	0
	科普读物		16	0	0	0	0	0	0	0	0	0	0	0	0	0	0	0	0
古籍整理(部)			17	3	0	0	0	2	0	0	0	0	1	0	0	0	0	0	0
译著(部)			18	0	0	0	0	0	0	0	0	0	0	0	0	0	0	0	0
发表译文(篇)			19	0	0	0	0	0	0	0	0	0	0	0	0	0	0	0	0
电子出版物(件)			20	0	0	0	0	0	0	0	0	0	0	0	0	0	0	0	0
发表论文(篇)	合计		21	256	41	2	18	0	0	10	45	63	43	0	0	0	34	0	0
	国内学术刊物		22	255	41	2	17	0	0	10	45	63	43	0	0	0	34	0	0
	国外学术刊物		23	1	0	0	1	0	0	0	0	0	0	0	0	0	0	0	0
	港、澳、台地区刊物		24	0	0	0	0	0	0	0	0	0	0	0	0	0	0	0	0
研究与咨询报告(篇)	合计		25	72	0	0	0	0	0	0	0	0	33	0	0	39	0	0	0
	其中:被采纳数		26	43	0	0	0	0	0	0	0	0	12	0	0	31	0	0	0

2.20 盐城工学院人文、社会科学研究与课题成果来源情况表

		课题来源															
		合计	国家社科基金项目	国家社科基金单列学科项目	教育部人文社科研究项目	高校古籍整理研究项目	国家自然科学基金项目	中央其他部门社科专门项目	省、市、自治区社科基金项目	省教育厅社科项目	地、市、厅、局等政府部门项目	国际合作研究项目	与港、澳、台地区合作研究项目	企事业单位委托项目	学校社科项目	外资项目	其他
	编号	L01	L02	L03	L04	L05	L06	L07	L08	L09	L10	L11	L12	L13	L14	L15	L16
课题数(项)	1	292	6	2	12	0	0	9	33	101	43	0	0	49	19	0	18
当年投入人数(人年)	2	30.3	0.6	0.2	1.2	0	0	0.9	4	10.5	4.3	0	0	4.9	1.9	0	1.8
其中:研究生(人年)	3	0	0	0	0	0	0	0	0	0	0	0	0	0	0	0	0
当年拨入经费(千元)	4	4 306	380	0	90	0	0	120	183	259	514	0	0	2 697.3	19.7	0	43
其中:当年立项项目拨入经费(千元)	5	4 246	380	0	30	0	0	120	183	259	514	0	0	2 697.3	19.7	0	43
当年支出经费(千元)	6	4 704.4	355	0	85	0	0	99	176	219	449.4	0	0	3 260.3	19.7	0	41
当年新开课题数(项)	7	149	2	0	1	0	0	6	11	35	29	0	0	35	12	0	18
当年新开课题批准经费(千元)	8	4 577	400	0	100	0	0	130	183	490	514	0	0	2 697.3	19.7	0	43
当年完成课题数(项)	9	65	1	0	1	0	0	1	3	6	4	0	0	40	6	0	3

续表

出版著作(部)	合计		10	6	0	0	5	0	0	0	0	1	0	0	0	0	0	0	0
	专著	合计	11	6	0	0	5	0	0	0	0	1	0	0	0	0	0	0	0
		其中:被译成外文	12	0	0	0	0	0	0	0	0	0	0	0	0	0	0	0	0
	编著教材		13	0	0	0	0	0	0	0	0	0	0	0	0	0	0	0	0
	工具书/参考书		14	0	0	0	0	0	0	0	0	0	0	0	0	0	0	0	0
	皮书/发展报告		15	0	0	0	0	0	0	0	0	0	0	0	0	0	0	0	0
	科普读物		16	0	0	0	0	0	0	0	0	0	0	0	0	0	0	0	0
古籍整理(部)			17	0	0	0	0	0	0	0	0	0	0	0	0	0	0	0	0
译著(部)			18	0	0	0	0	0	0	0	0	0	0	0	0	0	0	0	0
发表译文(篇)			19	0	0	0	0	0	0	0	0	0	0	0	0	0	0	0	0
电子出版物(件)			20	0	0	0	0	0	0	0	0	0	0	0	0	0	0	0	0
发表论文(篇)	合计		21	167	19	8	4	0	0	1	27	64	19	0	0	0	9	0	16
	国内学术刊物		22	162	19	8	4	0	0	1	23	63	19	0	0	0	9	0	16
	国外学术刊物		23	5	0	0	0	0	0	0	4	1	0	0	0	0	0	0	0
	港、澳、台地区刊物		24	0	0	0	0	0	0	0	0	0	0	0	0	0	0	0	0
研究与咨询报告(篇)	合计		25	19	0	0	0	0	0	0	0	0	0	0	0	19	0	0	0
	其中:被采纳数		26	19	0	0	0	0	0	0	0	0	0	0	0	19	0	0	0

2.21 南京医科大学人文、社会科学研究与课题成果来源情况表

		课题来源															
		合计	国家社科基金项目	国家社科基金单列学科项目	教育部人文社科研究项目	高校古籍整理研究项目	国家自然科学基金项目	中央其他部门社科专门项目	省、市、自治区社科基金项目	省教育厅社科项目	地、市、厅、局等政府部门项目	国际合作研究项目	与港、澳、台地区合作研究项目	企事业单位委托项目	学校社科项目	外资项目	其他
	编号	L01	L02	L03	L04	L05	L06	L07	L08	L09	L10	L11	L12	L13	L14	L15	L16
课题数(项)	1	155	7	0	5	0	3	6	6	52	4	0	0	12	58	0	2
当年投入人数(人年)	2	26.6	2.1	0	1.3	0	0.9	0.6	1.4	8.9	0.5	0	0	1.6	9	0	0.3
其中:研究生(人年)	3	0	0	0	0	0	0	0	0	0	0	0	0	0	0	0	0
当年拨入经费(千元)	4	1 931.08	380	0	20	0	0	17	200	140	19	0	0	1 086.08	69	0	0
其中:当年立项项目拨入经费(千元)	5	1 914.08	380	0	20	0	0	0	200	140	19	0	0	1 086.08	69	0	0
当年支出经费(千元)	6	1 552.69	311.4	0	46.1	0	37	36	110	253.1	3	0	0	581.94	166.45	0	7.7
当年新开课题数(项)	7	54	2	0	1	0	0	0	5	14	2	0	0	12	18	0	0
当年新开课题批准经费(千元)	8	2 353.08	400	0	80	0	0	0	250	140	23	0	0	1 385.08	75	0	0
当年完成课题数(项)	9	17	0	0	0	0	0	1	0	5	0	0	0	4	7	0	0

续表

出版著作(部)	合计		10	5	3	0	0	0	0	0	1	1	0	0	0	0	0	0	0
	专著	合计	11	3	1	0	0	0	0	0	1	1	0	0	0	0	0	0	0
		其中:被译成外文	12	0	0	0	0	0	0	0	0	0	0	0	0	0	0	0	0
	编著教材		13	1	1	0	0	0	0	0	0	0	0	0	0	0	0	0	0
	工具书/参考书		14	1	1	0	0	0	0	0	0	0	0	0	0	0	0	0	0
	皮书/发展报告		15	0	0	0	0	0	0	0	0	0	0	0	0	0	0	0	0
	科普读物		16	0	0	0	0	0	0	0	0	0	0	0	0	0	0	0	0
古籍整理(部)			17	1	0	0	0	0	0	0	0	1	0	0	0	0	0	0	0
译著(部)			18	1	1	0	0	0	0	0	0	0	0	0	0	0	0	0	0
发表译文(篇)			19	0	0	0	0	0	0	0	0	0	0	0	0	0	0	0	0
电子出版物(件)			20	0	0	0	0	0	0	0	0	0	0	0	0	0	0	0	0
发表论文(篇)	合计		21	131	27	0	17	0	16	0	5	30	22	0	0	0	14	0	0
	国内学术刊物		22	131	27	0	17	0	16	0	5	30	22	0	0	0	14	0	0
	国外学术刊物		23	0	0	0	0	0	0	0	0	0	0	0	0	0	0	0	0
	港、澳、台地区刊物		24	0	0	0	0	0	0	0	0	0	0	0	0	0	0	0	0
研究与咨询报告(篇)	合计		25	4	0	0	0	0	0	0	0	0	0	0	0	4	0	0	0
	其中:被采纳数		26	4	0	0	0	0	0	0	0	0	0	0	0	4	0	0	0

2.22 徐州医科大学人文、社会科学研究与课题成果来源情况表

		课题来源															
		合计	国家社科基金项目	国家社科基金单列学科项目	教育部人文社科研究项目	高校古籍整理研究项目	国家自然科学基金项目	中央其他部门社科专门项目	省、市、自治区社科基金项目	省教育厅社科项目	地、市、厅、局等政府部门项目	国际合作研究项目	与港、澳、台地区合作研究项目	企事业单位委托项目	学校社科项目	外资项目	其他
	编号	L01	L02	L03	L04	L05	L06	L07	L08	L09	L10	L11	L12	L13	L14	L15	L16
课题数(项)	1	114	0	0	3	0	0	0	3	102	6	0	0	0	0	0	0
当年投入人数(人年)	2	24.3	0	0	0.6	0	0	0	0.5	21.9	1.3	0	0	0	0	0	0
其中:研究生(人年)	3	0	0	0	0	0	0	0	0	0	0	0	0	0	0	0	0
当年拨入经费(千元)	4	66	0	0	10	0	0	0	40	0	13	0	0	3	0	0	0
其中:当年立项项目拨入经费(千元)	5	66	0	0	10	0	0	0	40	0	13	0	0	3	0	0	0
当年支出经费(千元)	6	206.6	0	0	32	0	0	0	14	137	20.6	0	0	3	0	0	0
当年新开课题数(项)	7	40	0	0	1	0	0	0	2	37	0	0	0	0	0	0	0
当年新开课题批准经费(千元)	8	146	0	0	80	0	0	0	50	0	13	0	0	3	0	0	0
当年完成课题数(项)	9	21	0	0	0	0	0	0	0	15	6	0	0	0	0	0	0

续表

出版著作(部)	合计		10	0	0	0	0	0	0	0	0	0	0	0	0	0	0	0	0
	专著	合计	11	0	0	0	0	0	0	0	0	0	0	0	0	0	0	0	0
		其中:被译成外文	12	0	0	0	0	0	0	0	0	0	0	0	0	0	0	0	0
	编著教材		13	0	0	0	0	0	0	0	0	0	0	0	0	0	0	0	0
	工具书/参考书		14	0	0	0	0	0	0	0	0	0	0	0	0	0	0	0	0
	皮书/发展报告		15	0	0	0	0	0	0	0	0	0	0	0	0	0	0	0	0
	科普读物		16	0	0	0	0	0	0	0	0	0	0	0	0	0	0	0	0
古籍整理(部)			17	0	0	0	0	0	0	0	0	0	0	0	0	0	0	0	0
译著(部)			18	0	0	0	0	0	0	0	0	0	0	0	0	0	0	0	0
发表译文(篇)			19	0	0	0	0	0	0	0	0	0	0	0	0	0	0	0	0
电子出版物(件)			20	0	0	0	0	0	0	0	0	0	0	0	0	0	0	0	0
发表论文(篇)	合计		21	39	0	0	0	0	0	0	0	39	0	0	0	0	0	0	0
	国内学术刊物		22	39	0	0	0	0	0	0	0	39	0	0	0	0	0	0	0
	国外学术刊物		23	0	0	0	0	0	0	0	0	0	0	0	0	0	0	0	0
	港、澳、台地区刊物		24	0	0	0	0	0	0	0	0	0	0	0	0	0	0	0	0
研究与咨询报告(篇)	合计		25	11	0	0	0	0	0	0	0	1	9	0	0	1	0	0	0
	其中:被采纳数		26	0	0	0	0	0	0	0	0	0	0	0	0	0	0	0	0

2.23 南京中医药大学人文、社会科学研究与课题成果来源情况表

		课题来源															
		合计	国家社科基金项目	国家社科基金单列学科项目	教育部人文社科研究项目	高校古籍整理研究项目	国家自然科学基金项目	中央其他部门社科专门项目	省、市、自治区社科基金项目	省教育厅社科项目	地、市、厅、局等政府部门项目	国际合作研究项目	与港、澳、台地区合作研究项目	企事业单位委托项目	学校社科项目	外资项目	其他
	编号	L01	L02	L03	L04	L05	L06	L07	L08	L09	L10	L11	L12	L13	L14	L15	L16
课题数(项)	1	269	11	1	13	0	3	28	30	132	13	0	0	26	12	0	0
当年投入人数(人年)	2	93.1	5.6	0.6	5.9	0	1	10.8	11.1	47	3.1	0	0	6.4	1.6	0	0
其中:研究生(人年)	3	1.3	0	0	0.3	0	0	0.4	0	0	0.6	0	0	0	0	0	0
当年拨入经费(千元)	4	4 990.6	950	0	164	0	116.2	240	338	496	21	0	0	2 665.4	0	0	0
其中:当年立项项目拨入经费(千元)	5	4 651.4	950	0	110	0	105	240	338	496	21	0	0	2 391.4	0	0	0
当年支出经费(千元)	6	4 716.65	821.4	17	209.6	0	100	549.5	284.3	481.85	42	0	0	2 211	0	0	0
当年新开课题数(项)	7	82	2	0	4	0	1	2	8	43	5	0	0	17	0	0	0
当年新开课题批准经费(千元)	8	5 844	1 000	0	320	0	175	240	420	640	21	0	0	3 028	0	0	0
当年完成课题数(项)	9	70	0	0	2	0	0	22	8	22	3	0	0	5	8	0	0

续表

出版著作(部)	合计		10	1	0	0	0	0	0	0	0	0	1	0	0	0	0	0	0
	专著	合计	11	0	0	0	0	0	0	0	0	0	0	0	0	0	0	0	0
		其中:被译成外文	12	0	0	0	0	0	0	0	0	0	0	0	0	0	0	0	0
	编著教材		13	1	0	0	0	0	0	0	0	0	1	0	0	0	0	0	0
	工具书/参考书		14	0	0	0	0	0	0	0	0	0	0	0	0	0	0	0	0
	皮书/发展报告		15	0	0	0	0	0	0	0	0	0	0	0	0	0	0	0	0
	科普读物		16	0	0	0	0	0	0	0	0	0	0	0	0	0	0	0	0
古籍整理(部)			17	0	0	0	0	0	0	0	0	0	0	0	0	0	0	0	0
译著(部)			18	0	0	0	0	0	0	0	0	0	0	0	0	0	0	0	0
发表译文(篇)			19	0	0	0	0	0	0	0	0	0	0	0	0	0	0	0	0
电子出版物(件)			20	0	0	0	0	0	0	0	0	0	0	0	0	0	0	0	0
发表论文(篇)	合计		21	221	37	0	8	0	24	21	38	70	19	0	0	2	2	0	0
	国内学术刊物		22	221	37	0	8	0	24	21	38	70	19	0	0	2	2	0	0
	国外学术刊物		23	0	0	0	0	0	0	0	0	0	0	0	0	0	0	0	0
	港、澳、台地区刊物		24	0	0	0	0	0	0	0	0	0	0	0	0	0	0	0	0
研究与咨询报告(篇)	合计		25	5	0	0	0	0	0	0	0	0	0	0	0	5	0	0	0
	其中:被采纳数		26	5	0	0	0	0	0	0	0	0	0	0	0	5	0	0	0

2.24 南京师范大学人文、社会科学研究与课题成果来源情况表

		课题来源															
		合计	国家社科基金项目	国家社科基金单列学科项目	教育部人文社科研究项目	高校古籍整理研究项目	国家自然科学基金项目	中央其他部门社科专门项目	省、市、自治区社科基金项目	省教育厅社科项目	地、市、厅、局等政府部门项目	国际合作研究项目	与港、澳、台地区合作研究项目	企事业单位委托项目	学校社科项目	外资项目	其他
	编号	L01	L02	L03	L04	L05	L06	L07	L08	L09	L10	L11	L12	L13	L14	L15	L16
课题数(项)	1	903	224	10	79	2	0	22	115	169	33	1	1	231	16	0	0
当年投入人数(人年)	2	204.8	98.7	1.3	25.5	0.2	0	5.1	17.9	27.6	3.3	0.1	0.1	23.4	1.6	0	0
其中:研究生(人年)	3	23.4	12.1	0.4	4.6	0	0	0.8	2.8	2.6	0	0	0	0.1	0	0	0
当年拨入经费(千元)	4	36 620.62	10 865.3	147.5	700	0	0	330	748	556	1 415.95	100	406.46	21 351.41	0	0	0
其中:当年立项项目拨入经费(千元)	5	27 563.6	9 965	0	165	0	0	0	48	556	1 068.2	0	0	15 761.4	0	0	0
当年支出经费(千元)	6	29 518.84	8 984.1	91.5	849.9	0	0	115.2	662.8	1 028.15	977.11	35.2	132.15	16 630.63	12.1	0	0
当年新开课题数(项)	7	260	40	0	7	0	0	0	15	32	18	0	0	148	0	0	0
当年新开课题批准经费(千元)	8	50 857.4	10 500	0	570	0	0	0	1 150	1 240	1 462.5	0	0	35 934.9	0	0	0
当年完成课题数(项)	9	171	26	0	15	0	0	0	3	0	16	0	1	109	1	0	0

续表

出版著作（部）	合计		10	73	20	2	4	0	1	1	2	6	2	1	0	2	3	0	29
	专著	合计	11	38	16	2	3	0	1	1	2	1	0	1	0	2	1	0	8
		其中：被译成外文	12	0	0	0	0	0	0	0	0	0	0	0	0	0	0	0	0
	编著教材		13	33	4	0	1	0	0	0	0	5	2	0	0	0	2	0	19
	工具书/参考书		14	2	0	0	0	0	0	0	0	0	0	0	0	0	0	0	2
	皮书/发展报告		15	0	0	0	0	0	0	0	0	0	0	0	0	0	0	0	0
	科普读物		16	0	0	0	0	0	0	0	0	0	0	0	0	0	0	0	0
古籍整理(部)			17	2	0	0	0	0	0	2	0	0	0	0	0	0	0	0	0
译著(部)			18	7	0	0	0	0	0	1	2	0	0	0	0	0	0	1	3
发表译文(篇)			19	11	4	0	1	0	1	0	2	0	0	0	0	0	0	0	3
电子出版物(件)			20	0	0	0	0	0	0	0	0	0	0	0	0	0	0	0	0
发表论文（篇）	合计		21	676	274	17	59	0	60	21	62	31	32	0	0	0	29	0	91
	国内学术刊物		22	589	259	17	52	0	36	21	49	27	28	0	0	0	22	0	78
	国外学术刊物		23	82	13	0	6	0	24	0	12	4	3	0	0	0	7	0	13
	港、澳、台地区刊物		24	5	2	0	1	0	0	0	1	0	1	0	0	0	0	0	0
研究与咨询报告（篇）	合计		25	9	0	0	0	0	0	0	0	0	0	0	0	9	0	0	0
	其中：被采纳数		26	4	0	0	0	0	0	0	0	0	0	0	0	4	0	0	0

2.25 江苏师范大学人文、社会科学研究与课题成果来源情况表

		课题来源															
		合计	国家社科基金项目	国家社科基金单列学科项目	教育部人文社科研究项目	高校古籍整理研究项目	国家自然科学基金项目	中央其他部门社科专门项目	省、市、自治区社科基金项目	省教育厅社科项目	地、市、厅、局等政府部门项目	国际合作研究项目	与港、澳、台地区合作研究项目	企事业单位委托项目	学校社科项目	外资项目	其他
	编号	L01	L02	L03	L04	L05	L06	L07	L08	L09	L10	L11	L12	L13	L14	L15	L16
课题数(项)	1	814	165	16	57	6	0	28	102	192	80	0	0	79	89	0	0
当年投入人数(人年)	2	432.5	94.8	9.8	29.3	2.3	0	10.8	55	93.9	26.9	0	0	53.5	56.2	0	0
其中:研究生(人年)	3	17.4	7.1	0.7	0.1	0	0	0.2	3.4	5.5	0.4	0	0	0	0	0	0
当年拨入经费(千元)	4	68 301.78	17 016	1 137	1 230	140	0	173	1 038	1 680	14 525	0	0	9 892.78	21 470	0	0
其中:当年立项项目拨入经费(千元)	5	65 844.96	16 370	1 122	825	140	0	140	1 028	1 680	14 525	0	0	8 544.96	21 470	0	0
当年支出经费(千元)	6	56 129.28	7 485.35	589.3	1 112.15	39.8	0	543.75	1 181.9	1 344.7	18 142.8	0	0	10 181.98	15 507.55	0	0
当年新开课题数(项)	7	259	36	3	16	2	0	1	18	58	35	0	0	60	30	0	0
当年新开课题批准经费(千元)	8	71 115.6	19 200	1 160	1 940	140	0	140	1 190	1 680	14 525	0	0	9 670.6	21 470	0	0
当年完成课题数(项)	9	278	35	6	17	3	0	18	14	58	62	0	0	59	6	0	0

续表

出版著作（部）	合计		10	25	13	2	2	0	0	2	0	2	0	0	0	1	3	0	0
	专著	合计	11	20	10	2	1	0	0	1	0	2	0	0	0	1	3	0	0
		其中：被译成外文	12	0	0	0	0	0	0	0	0	0	0	0	0	0	0	0	0
	编著教材		13	5	3	0	1	0	0	1	0	0	0	0	0	0	0	0	0
	工具书/参考书		14	0	0	0	0	0	0	0	0	0	0	0	0	0	0	0	0
	皮书/发展报告		15	0	0	0	0	0	0	0	0	0	0	0	0	0	0	0	0
	科普读物		16	0	0	0	0	0	0	0	0	0	0	0	0	0	0	0	0
古籍整理（部）			17	0	0	0	0	0	0	0	0	0	0	0	0	0	0	0	0
译著（部）			18	0	0	0	0	0	0	0	0	0	0	0	0	0	0	0	0
发表译文（篇）			19	0	0	0	0	0	0	0	0	0	0	0	0	0	0	0	0
电子出版物（件）			20	0	0	0	0	0	0	0	0	0	0	0	0	0	0	0	0
发表论文（篇）	合计		21	499	158	21	34	1	34	12	56	91	21	0	2	0	69	0	0
	国内学术刊物		22	473	152	20	33	1	24	12	56	87	20	0	2	0	66	0	0
	国外学术刊物		23	25	5	1	1	0	10	0	0	4	1	0	0	0	3	0	0
	港、澳、台地区刊物		24	1	1	0	0	0	0	0	0	0	0	0	0	0	0	0	0
研究与咨询报告（篇）	合计		25	89	0	0	0	0	0	0	16	0	23	0	0	50	0	0	0
	其中：被采纳数		26	89	0	0	0	0	0	0	16	0	23	0	0	50	0	0	0

2.26 淮阴师范学院人文、社会科学研究与课题成果来源情况表

		课题来源															
		合计	国家社科基金项目	国家社科基金单列学科项目	教育部人文社科研究项目	高校古籍整理研究项目	国家自然科学基金项目	中央其他部门社科专门项目	省、市、自治区社科基金项目	省教育厅社科项目	地、市、厅、局等政府部门项目	国际合作研究项目	与港、澳、台地区合作研究项目	企事业单位委托项目	学校社科项目	外资项目	其他
	编号	L01	L02	L03	L04	L05	L06	L07	L08	L09	L10	L11	L12	L13	L14	L15	L16
课题数(项)	1	567	25	0	32	1	0	3	72	105	82	0	0	218	29	0	0
当年投入人数(人年)	2	87.4	7.5	0	9.2	0.4	0	0.7	10.9	13.6	11.6	0	0	30	3.5	0	0
其中:研究生(人年)	3	0	0	0	0	0	0	0	0	0	0	0	0	0	0	0	0
当年拨入经费(千元)	4	18 176.06	1 388	0	1 200	0	0	200	900	684	542	0	0	13 234.06	28	0	0
其中:当年立项项目拨入经费(千元)	5	11 070.06	1 288	0	1 060	0	0	200	900	586	522	0	0	6 514.06	0	0	0
当年支出经费(千元)	6	18 730.03	1 345	0	919	0	0	98	985.64	621.98	856	0	0	13 642.11	262.3	0	0
当年新开课题数(项)	7	194	7	0	13	0	0	1	30	29	26	0	0	88	0	0	0
当年新开课题批准经费(千元)	8	11 413.06	1 430	0	1 230	0	0	200	900	590	549	0	0	6 514.06	0	0	0
当年完成课题数(项)	9	304	7	0	5	1	0	1	11	31	51	0	0	189	8	0	0

续表

出版著作(部)	合计		10	33	6	0	4	1	0	0	4	12	3	0	0	1	2	0	0
	专著	合计	11	22	4	0	3	0	0	0	4	9	1	0	0	0	1	0	0
		其中:被译成外文	12	0	0	0	0	0	0	0	0	0	0	0	0	0	0	0	0
	编著教材		13	11	2	0	1	1	0	0	0	3	2	0	0	1	1	0	0
	工具书/参考书		14	0	0	0	0	0	0	0	0	0	0	0	0	0	0	0	0
	皮书/发展报告		15	0	0	0	0	0	0	0	0	0	0	0	0	0	0	0	0
	科普读物		16	0	0	0	0	0	0	0	0	0	0	0	0	0	0	0	0
古籍整理(部)			17	0	0	0	0	0	0	0	0	0	0	0	0	0	0	0	0
译著(部)			18	1	0	0	1	0	0	0	0	0	0	0	0	0	0	0	0
发表译文(篇)			19	0	0	0	0	0	0	0	0	0	0	0	0	0	0	0	0
电子出版物(件)			20	0	0	0	0	0	0	0	0	0	0	0	0	0	0	0	0
发表论文(篇)	合计		21	310	42	0	32	4	0	0	54	96	28	0	0	11	43	0	0
	国内学术刊物		22	301	39	0	31	4	0	0	51	94	28	0	0	11	43	0	0
	国外学术刊物		23	8	3	0	1	0	0	0	2	2	0	0	0	0	0	0	0
	港、澳、台地区刊物		24	1	0	0	0	0	0	0	1	0	0	0	0	0	0	0	0
研究与咨询报告(篇)	合计		25	3	0	0	0	0	0	0	0	0	0	0	0	2	1	0	0
	其中:被采纳数		26	0	0	0	0	0	0	0	0	0	0	0	0	0	0	0	0

2.27 盐城师范学院人文、社会科学研究与课题成果来源情况表

		课题来源															
		合计	国家社科基金项目	国家社科基金单列学科项目	教育部人文社科研究项目	高校古籍整理研究项目	国家自然科学基金项目	中央其他部门社科专门项目	省、市、自治区社科基金项目	省教育厅社科项目	地、市、厅、局等政府部门项目	国际合作研究项目	与港、澳、台地区合作研究项目	企事业单位委托项目	学校社科项目	外资项目	其他
	编号	L01	L02	L03	L04	L05	L06	L07	L08	L09	L10	L11	L12	L13	L14	L15	L16
课题数(项)	1	629	32	5	19	0	0	4	53	131	37	0	0	270	78	0	0
当年投入人数(人年)	2	180.4	15.7	3.1	7.4	0	0	0.9	21.6	42.2	9.7	0	0	60.5	19.3	0	0
其中:研究生(人年)	3	0	0	0	0	0	0	0	0	0	0	0	0	0	0	0	0
当年拨入经费(千元)	4	35 900.46	1 320	18	276	0	0	570	548	925	60	0	0	31 938.46	245	0	0
其中:当年立项项目拨入经费(千元)	5	35 542.46	1 140	0	160	0	0	570	528	901	60	0	0	31 938.46	245	0	0
当年支出经费(千元)	6	33 792.05	1 614	185	296	0	0	355	626	680.5	210.75	0	0	29 606.5	218.3	0	0
当年新开课题数(项)	7	297	6	0	7	0	0	3	16	58	16	0	0	149	42	0	0
当年新开课题批准经费(千元)	8	37 314.46	1 200	0	600	0	0	600	660	1 532	75	0	0	32 402.46	245	0	0
当年完成课题数(项)	9	230	9	1	3	0	0	0	11	28	21	0	0	121	36	0	0

续表

出版著作(部)	合计		10	41	12	0	5	0	0	0	10	10	4	0	0	0	0	0	0
	专著	合计	11	30	8	0	5	0	0	0	6	9	2	0	0	0	0	0	0
		其中:被译成外文	12	0	0	0	0	0	0	0	0	0	0	0	0	0	0	0	0
	编著教材		13	11	4	0	0	0	0	0	4	1	2	0	0	0	0	0	0
	工具书/参考书		14	0	0	0	0	0	0	0	0	0	0	0	0	0	0	0	0
	皮书/发展报告		15	0	0	0	0	0	0	0	0	0	0	0	0	0	0	0	0
	科普读物		16	0	0	0	0	0	0	0	0	0	0	0	0	0	0	0	0
古籍整理(部)			17	0	0	0	0	0	0	0	0	0	0	0	0	0	0	0	0
译著(部)			18	0	0	0	0	0	0	0	0	0	0	0	0	0	0	0	0
发表译文(篇)			19	0	0	0	0	0	0	0	0	0	0	0	0	0	0	0	0
电子出版物(件)			20	0	0	0	0	0	0	0	0	0	0	0	0	0	0	0	0
发表论文(篇)	合计		21	415	22	3	12	0	0	8	59	108	84	0	0	0	119	0	0
	国内学术刊物		22	406	22	3	12	0	0	8	56	107	79	0	0	0	119	0	0
	国外学术刊物		23	9	0	0	0	0	0	0	3	1	5	0	0	0	0	0	0
	港、澳、台地区刊物		24	0	0	0	0	0	0	0	0	0	0	0	0	0	0	0	0
研究与咨询报告(篇)	合计		25	125	0	0	1	0	0	0	1	0	1	0	0	122	0	0	0
	其中:被采纳数		26	102	0	0	1	0	0	0	1	0	1	0	0	99	0	0	0

2.28 南京财经大学人文、社会科学研究与课题成果来源情况表

		课题来源															
		合计	国家社科基金项目	国家社科基金单列学科项目	教育部人文社科研究项目	高校古籍整理研究项目	国家自然科学基金项目	中央其他部门社科专门项目	省、市、自治区社科基金项目	省教育厅社科项目	地、市、厅、局等政府部门项目	国际合作研究项目	与港、澳、台地区合作研究项目	企事业单位委托项目	学校社科项目	外资项目	其他
	编号	L01	L02	L03	L04	L05	L06	L07	L08	L09	L10	L11	L12	L13	L14	L15	L16
课题数(项)	1	707	65	0	46	0	76	3	87	148	43	0	0	218	21	0	0
当年投入人数(人年)	2	62.7	6.7	0	4.3	0	6	0.2	8.2	13.1	2.8	0	0	20.3	1.1	0	0
其中:研究生(人年)	3	17.8	0.3	0	0.3	0	0.1	0	0	4.7	0.4	0	0	10.9	1.1	0	0
当年拨入经费(千元)	4	31 543.98	4 735.04	0	1 900.8	0	5 623	0	1 340.2	767	31	0	0	17 146.94	0	0	0
其中:当年立项项目拨入经费(千元)	5	26 117.49	3 847.04	0	400	0	3 616.47	0	664	666	7	0	0	16 916.98	0	0	0
当年支出经费(千元)	6	28 659.11	4 374.84	0	1 432	0	4 361.25	260	1 431.28	649.9	164.1	0	0	15 985.74	0	0	0
当年新开课题数(项)	7	262	17	0	18	0	21	0	17	63	6	0	0	109	11	0	0
当年新开课题批准经费(千元)	8	33 466.82	4 730	0	1 500	0	6 474.39	0	1 160	2 196	345	0	0	17 026.93	34.5	0	0
当年完成课题数(项)	9	196	24	0	8	0	7	0	23	29	4	0	0	91	10	0	0

续表

出版著作(部)	合计		10	32	5	1	4	0	5	1	5	4	2	0	0	2	3	0	0
	专著	合计	11	21	4	1	2	0	5	0	4	2	1	0	0	1	1	0	0
		其中:被译成外文	12	0	0	0	0	0	0	0	0	0	0	0	0	0	0	0	0
	编著教材		13	11	1	0	2	0	0	1	1	2	1	0	0	1	2	0	0
	工具书/参考书		14	0	0	0	0	0	0	0	0	0	0	0	0	0	0	0	0
	皮书/发展报告		15	0	0	0	0	0	0	0	0	0	0	0	0	0	0	0	0
	科普读物		16	0	0	0	0	0	0	0	0	0	0	0	0	0	0	0	0
古籍整理(部)			17	0	0	0	0	0	0	0	0	0	0	0	0	0	0	0	0
译著(部)			18	1	0	0	0	0	0	0	0	0	0	0	0	1	0	0	0
发表译文(篇)			19	0	0	0	0	0	0	0	0	0	0	0	0	0	0	0	0
电子出版物(件)			20	0	0	0	0	0	0	0	0	0	0	0	0	0	0	0	0
发表论文(篇)	合计		21	401	80	18	33	0	133	5	31	36	8	2	0	33	22	0	0
	国内学术刊物		22	348	80	18	30	0	95	4	28	33	8	1	0	29	22	0	0
	国外学术刊物		23	52	0	0	3	0	38	1	3	2	0	1	0	4	0	0	0
	港、澳、台地区刊物		24	1	0	0	0	0	0	0	0	1	0	0	0	0	0	0	0
研究与咨询报告(篇)	合计		25	2	0	0	1	0	0	0	0	0	1	0	0	0	0	0	0
	其中:被采纳数		26	0	0	0	0	0	0	0	0	0	0	0	0	0	0	0	0

2.29 江苏警官学院人文、社会科学研究与课题成果来源情况表

		课题来源															
		合计	国家社科基金项目	国家社科基金单列学科项目	教育部人文社科研究项目	高校古籍整理研究项目	国家自然科学基金项目	中央其他部门社科专门项目	省、市、自治区社科基金项目	省教育厅社科项目	地、市、厅、局等政府部门项目	国际合作研究项目	与港、澳、台地区合作研究项目	企事业单位委托项目	学校社科项目	外资项目	其他
	编号	L01	L02	L03	L04	L05	L06	L07	L08	L09	L10	L11	L12	L13	L14	L15	L16
课题数(项)	1	364	6	0	6	0	0	23	15	83	96	0	0	11	120	0	4
当年投入人数(人年)	2	70	3.7	0	1.8	0	0	6.2	3.5	15.6	20.2	0	0	1.7	16	0	1.3
其中:研究生(人年)	3	0	0	0	0	0	0	0	0	0	0	0	0	0	0	0	0
当年拨入经费(千元)	4	2610	350	0	128	0	0	950	160	96	926	0	0	0	0	0	0
其中:当年立项项目拨入经费(千元)	5	1 106	0	0	120	0	0	0	0	96	890	0	0	0	0	0	0
当年支出经费(千元)	6	4 334.04	524.35	0	148	0	0	980.9	192.5	343.09	1122.8	0	0	0	1 022.4	0	0
当年新开课题数(项)	7	78	0	0	3	0	0	11	2	33	29	0	0	0	0	0	0
当年新开课题批准经费(千元)	8	2 100	0	0	260	0	0	500	0	260	1080	0	0	0	0	0	0
当年完成课题数(项)	9	25	0	0	1	0	0	1	1	7	11	0	0	0	4	0	0

续表

出版著作(部)	合计		10	5	1	0	0	0	0	0	1	1	0	0	0	0	2	0	0
	专著	合计	11	5	1	0	0	0	0	0	1	1	0	0	0	0	2	0	0
		其中:被译成外文	12	0	0	0	0	0	0	0	0	0	0	0	0	0	0	0	0
	编著教材		13	0	0	0	0	0	0	0	0	0	0	0	0	0	0	0	0
	工具书/参考书		14	0	0	0	0	0	0	0	0	0	0	0	0	0	0	0	0
	皮书/发展报告		15	0	0	0	0	0	0	0	0	0	0	0	0	0	0	0	0
	科普读物		16	0	0	0	0	0	0	0	0	0	0	0	0	0	0	0	0
古籍整理(部)			17	0	0	0	0	0	0	0	0	0	0	0	0	0	0	0	0
译著(部)			18	1	0	0	0	0	0	0	0	0	0	0	0	1	0	0	0
发表译文(篇)			19	0	0	0	0	0	0	0	0	0	0	0	0	0	0	0	0
电子出版物(件)			20	0	0	0	0	0	0	0	0	0	0	0	0	0	0	0	0
发表论文(篇)	合计		21	101	6	1	3	0	0	3	3	29	9	0	0	0	47	0	0
	国内学术刊物		22	101	6	1	3	0	0	3	3	29	9	0	0	0	47	0	0
	国外学术刊物		23	0	0	0	0	0	0	0	0	0	0	0	0	0	0	0	0
	港、澳、台地区刊物		24	0	0	0	0	0	0	0	0	0	0	0	0	0	0	0	0
研究与咨询报告(篇)	合计		25	0	0	0	0	0	0	0	0	0	0	0	0	0	0	0	0
	其中:被采纳数		26	0	0	0	0	0	0	0	0	0	0	0	0	0	0	0	0

2.30 南京体育学院人文、社会科学研究与课题成果来源情况表

		课题来源															
		合计	国家社科基金项目	国家社科基金单列学科项目	教育部人文社科研究项目	高校古籍整理研究项目	国家自然科学基金项目	中央其他部门社科专门项目	省、市、自治区社科基金项目	省教育厅社科项目	地、市、厅、局等政府部门项目	国际合作研究项目	与港、澳、台地区合作研究项目	企事业单位委托项目	学校社科项目	外资项目	其他
	编号	L01	L02	L03	L04	L05	L06	L07	L08	L09	L10	L11	L12	L13	L14	L15	L16
课题数(项)	1	78	9	0	4	0	0	5	8	32	12	0	0	2	6	0	0
当年投入人数(人年)	2	10.7	2	0	0.6	0	0	0.5	1.2	3.9	1.6	0	0	0.3	0.6	0	0
其中:研究生(人年)	3	0	0	0	0	0	0	0	0	0	0	0	0	0	0	0	0
当年拨入经费(千元)	4	2 599	890	0	50	0	0	300	150	42	402	0	0	620	145	0	0
其中:当年立项项目拨入经费(千元)	5	2 378	890	0	10	0	0	300	150	32	256	0	0	620	120	0	0
当年支出经费(千元)	6	2 150.05	547.8	0	79.9	0	0	240.9	179.8	119.5	352.23	0	0	381.8	248.12	0	0
当年新开课题数(项)	7	39	4	0	1	0	0	5	3	11	7	0	0	2	6	0	0
当年新开课题批准经费(千元)	8	2 935	950	0	80	0	0	330	150	80	425	0	0	620	300	0	0
当年完成课题数(项)	9	17	2	0	1	0	0	0	1	8	5	0	0	0	0	0	0

续表

出版著作(部)	合计		10	2	0	0	1	0	0	0	0	0	1	0	0	0	0	0	0
	专著	合计	11	2	0	0	1	0	0	0	0	0	1	0	0	0	0	0	0
		其中:被译成外文	12	0	0	0	0	0	0	0	0	0	0	0	0	0	0	0	0
	编著教材		13	0	0	0	0	0	0	0	0	0	0	0	0	0	0	0	0
	工具书/参考书		14	0	0	0	0	0	0	0	0	0	0	0	0	0	0	0	0
	皮书/发展报告		15	0	0	0	0	0	0	0	0	0	0	0	0	0	0	0	0
	科普读物		16	0	0	0	0	0	0	0	0	0	0	0	0	0	0	0	0
古籍整理(部)			17	0	0	0	0	0	0	0	0	0	0	0	0	0	0	0	0
译著(部)			18	0	0	0	0	0	0	0	0	0	0	0	0	0	0	0	0
发表译文(篇)			19	0	0	0	0	0	0	0	0	0	0	0	0	0	0	0	0
电子出版物(件)			20	0	0	0	0	0	0	0	0	0	0	0	0	0	0	0	0
发表论文(篇)	合计		21	34	6	0	7	0	0	4	3	4	10	0	0	0	0	0	0
	国内学术刊物		22	33	6	0	7	0	0	4	3	4	9	0	0	0	0	0	0
	国外学术刊物		23	1	0	0	0	0	0	0	0	0	1	0	0	0	0	0	0
	港、澳、台地区刊物		24	0	0	0	0	0	0	0	0	0	0	0	0	0	0	0	0
研究与咨询报告(篇)	合计		25	0	0	0	0	0	0	0	0	0	0	0	0	0	0	0	0
	其中:被采纳数		26	0	0	0	0	0	0	0	0	0	0	0	0	0	0	0	0

2.31 南京艺术学院人文、社会科学研究与课题成果来源情况表

		课题来源															
		合计	国家社科基金项目	国家社科基金单列学科项目	教育部人文社科研究项目	高校古籍整理研究项目	国家自然科学基金项目	中央其他部门社科专门项目	省、市、自治区社科基金项目	省教育厅社科项目	地、市、厅、局等政府部门项目	国际合作研究项目	与港、澳、台地区合作研究项目	企事业单位委托项目	学校社科项目	外资项目	其他
	编号	L01	L02	L03	L04	L05	L06	L07	L08	L09	L10	L11	L12	L13	L14	L15	L16
课题数(项)	1	357	2	24	10	0	0	34	24	95	49	0	0	35	84	0	0
当年投入人数(人年)	2	101.3	1.2	14.1	4.9	0	0	12	8.4	30.2	10.4	0	0	6	14.1	0	0
其中:研究生(人年)	3	1.4	0	0	0	0	0	0	0.1	0.8	0	0	0	0.5	0	0	0
当年拨入经费(千元)	4	4 020.3	0	1 071	254	0	0	500	314	426	797.3	0	0	658	0	0	0
其中:当年立项项目拨入经费(千元)	5	3 197.5	0	738	0	0	0	480	184	426	759.5	0	0	610	0	0	0
当年支出经费(千元)	6	4 036.44	50.98	730.32	370.52	0	0	851.42	344.73	340.28	287.07	0	0	952.44	108.68	0	0
当年新开课题数(项)	7	75	0	4	0	0	0	6	5	37	15	0	0	8	0	0	0
当年新开课题批准经费(千元)	8	4 979	0	1 000	0	0	0	930	230	580	1 421.5	0	0	817.5	0	0	0
当年完成课题数(项)	9	75	0	5	2	0	0	9	0	19	8	0	0	7	25	0	0

续表

出版著作(部)	合计		10	4	0	1	1	0	0	1	0	0	0	0	0	1	0	0	0
	专著	合计	11	2	0	0	1	0	0	1	0	0	0	0	0	0	0	0	0
		其中:被译成外文	12	0	0	0	0	0	0	0	0	0	0	0	0	0	0	0	0
	编著教材		13	2	0	1	0	0	0	0	0	0	0	0	0	1	0	0	0
	工具书/参考书		14	0	0	0	0	0	0	0	0	0	0	0	0	0	0	0	0
	皮书/发展报告		15	0	0	0	0	0	0	0	0	0	0	0	0	0	0	0	0
	科普读物		16	0	0	0	0	0	0	0	0	0	0	0	0	0	0	0	0
古籍整理(部)			17	0	0	0	0	0	0	0	0	0	0	0	0	0	0	0	0
译著(部)			18	0	0	0	0	0	0	0	0	0	0	0	0	0	0	0	0
发表译文(篇)			19	0	0	0	0	0	0	0	0	0	0	0	0	0	0	0	0
电子出版物(件)			20	0	0	0	0	0	0	0	0	0	0	0	0	0	0	0	0
发表论文(篇)	合计		21	200	2	22	12	0	0	13	23	64	5	0	0	0	59	0	0
	国内学术刊物		22	200	2	22	12	0	0	13	23	64	5	0	0	0	59	0	0
	国外学术刊物		23	0	0	0	0	0	0	0	0	0	0	0	0	0	0	0	0
	港、澳、台地区刊物		24	0	0	0	0	0	0	0	0	0	0	0	0	0	0	0	0
研究与咨询报告(篇)	合计		25	5	0	0	0	0	0	0	0	0	0	0	0	5	0	0	0
	其中:被采纳数		26	4	0	0	0	0	0	0	0	0	0	0	0	4	0	0	0

2.32 苏州科技大学人文、社会科学研究与课题成果来源情况表

		课题来源															
		合计	国家社科基金项目	国家社科基金单列学科项目	教育部人文社科研究项目	高校古籍整理研究项目	国家自然科学基金项目	中央其他部门社科专门项目	省、市、自治区社科基金项目	省教育厅社科项目	地、市、厅、局等政府部门项目	国际合作研究项目	与港、澳、台地区合作研究项目	企事业单位委托项目	学校社科项目	外资项目	其他
	编号	L01	L02	L03	L04	L05	L06	L07	L08	L09	L10	L11	L12	L13	L14	L15	L16
课题数(项)	1	489	38	5	18	0	0	3	45	94	179	0	0	63	44	0	0
当年投入人数(人年)	2	127.8	10	2.5	6.9	0	0	0.7	14.5	28.2	49.4	0	0	8.4	7.2	0	0
其中:研究生(人年)	3	11	0.4	0.1	0.3	0	0	0	0.2	0.7	7.2	0	0	1.6	0.5	0	0
当年拨入经费(千元)	4	12 347.4	1 530	162	318	0	0	240	630	176	2 753.5	0	0	6 537.9	0	0	0
其中:当年立项项目拨入经费(千元)	5	9 266.5	1 520	162	100	0	0	0	504	96	2 473.5	0	0	4 411	0	0	0
当年支出经费(千元)	6	12 414.4	1 673	172	338	0	0	470	712	176	2 583.5	0	0	6 289.9	0	0	0
当年新开课题数(项)	7	163	8	1	3	0	0	0	13	43	69	0	0	15	11	0	0
当年新开课题批准经费(千元)	8	9 888	1 600	180	260	0	0	0	630	240	2 567	0	0	4 411	0	0	0
当年完成课题数(项)	9	148	3	0	2	0	0	1	9	27	72	0	0	21	13	0	0

续表

出版著作(部)	合计		10	20	7	0	3	0	0	0	5	3	2	0	0	0	0	0	0
	专著	合计	11	17	6	0	3	0	0	0	5	3	0	0	0	0	0	0	0
		其中:被译成外文	12	1	0	0	0	0	0	0	1	0	0	0	0	0	0	0	0
	编著教材		13	3	1	0	0	0	0	0	0	0	2	0	0	0	0	0	0
	工具书/参考书		14	0	0	0	0	0	0	0	0	0	0	0	0	0	0	0	0
	皮书/发展报告		15	0	0	0	0	0	0	0	0	0	0	0	0	0	0	0	0
	科普读物		16	0	0	0	0	0	0	0	0	0	0	0	0	0	0	0	0
古籍整理(部)			17	0	0	0	0	0	0	0	0	0	0	0	0	0	0	0	0
译著(部)			18	2	0	0	0	0	0	0	2	0	0	0	0	0	0	0	0
发表译文(篇)			19	1	0	0	0	0	0	0	0	1	0	0	0	0	0	0	0
电子出版物(件)			20	1	0	0	0	0	0	0	0	0	1	0	0	0	0	0	0
发表论文(篇)	合计		21	291	37	5	10	0	0	1	47	88	69	0	0	7	27	0	0
	国内学术刊物		22	286	35	5	10	0	0	1	47	86	68	0	0	7	27	0	0
	国外学术刊物		23	3	0	0	0	0	0	0	0	2	1	0	0	0	0	0	0
	港、澳、台地区刊物		24	2	2	0	0	0	0	0	0	0	0	0	0	0	0	0	0
研究与咨询报告(篇)	合计		25	15	0	0	0	0	0	0	0	0	0	0	0	15	0	0	0
	其中:被采纳数		26	13	0	0	0	0	0	0	0	0	0	0	0	13	0	0	0

2.33 常熟理工学院人文、社会科学研究与课题成果来源情况表

		课题来源															
		合计	国家社科基金项目	国家社科基金单列学科项目	教育部人文社科研究项目	高校古籍整理研究项目	国家自然科学基金项目	中央其他部门社科专门项目	省、市、自治区社科基金项目	省教育厅社科项目	地、市、厅、局等政府部门项目	国际合作研究项目	与港、澳、台地区合作研究项目	企事业单位委托项目	学校社科项目	外资项目	其他
	编号	L01	L02	L03	L04	L05	L06	L07	L08	L09	L10	L11	L12	L13	L14	L15	L16
课题数(项)	1	356	14	0	23	0	0	7	20	114	82	0	0	96	0	0	0
当年投入人数(人年)	2	102.7	6.8	0	10	0	0	1.8	6.7	32.2	18	0	0	27.2	0	0	0
其中:研究生(人年)	3	0	0	0	0	0	0	0	0	0	0	0	0	0	0	0	0
当年拨入经费(千元)	4	18 710.19	605	0	410	0	0	0	150	478	385.6	0	0	16 681.59	0	0	0
其中:当年立项项目拨入经费(千元)	5	18 369.59	570	0	195	0	0	0	150	444	364	0	0	16 646.59	0	0	0
当年支出经费(千元)	6	18 408.15	452.27	0	337.5	0	0	0	149.4	423.11	386.8	0	0	16 659.07	0	0	0
当年新开课题数(项)	7	197	3	0	8	0	0	1	5	40	59	0	0	81	0	0	0
当年新开课题批准经费(千元)	8	19 210.59	600	0	680	0	0	0	160	540	413	0	0	16 817.59	0	0	0
当年完成课题数(项)	9	149	0	0	3	0	0	0	2	13	53	0	0	78	0	0	0

续表

出版著作(部)	合计		10	4	0	0	3	0	0	0	0	1	0	0	0	0	0	0	0
	专著	合计	11	4	0	0	3	0	0	0	0	1	0	0	0	0	0	0	0
		其中:被译成外文	12	0	0	0	0	0	0	0	0	0	0	0	0	0	0	0	0
	编著教材		13	0	0	0	0	0	0	0	0	0	0	0	0	0	0	0	0
	工具书/参考书		14	0	0	0	0	0	0	0	0	0	0	0	0	0	0	0	0
	皮书/发展报告		15	0	0	0	0	0	0	0	0	0	0	0	0	0	0	0	0
	科普读物		16	0	0	0	0	0	0	0	0	0	0	0	0	0	0	0	0
古籍整理(部)			17	0	0	0	0	0	0	0	0	0	0	0	0	0	0	0	0
译著(部)			18	0	0	0	0	0	0	0	0	0	0	0	0	0	0	0	0
发表译文(篇)			19	0	0	0	0	0	0	0	0	0	0	0	0	0	0	0	0
电子出版物(件)			20	0	0	0	0	0	0	0	0	0	0	0	0	0	0	0	0
发表论文(篇)	合计		21	95	15	0	14	0	0	0	8	46	12	0	0	0	0	0	0
	国内学术刊物		22	93	14	0	14	0	0	0	8	45	12	0	0	0	0	0	0
	国外学术刊物		23	2	1	0	0	0	0	0	0	1	0	0	0	0	0	0	0
	港、澳、台地区刊物		24	0	0	0	0	0	0	0	0	0	0	0	0	0	0	0	0
研究与咨询报告(篇)	合计		25	86	0	0	0	0	0	0	0	0	47	0	0	39	0	0	0
	其中:被采纳数		26	86	0	0	0	0	0	0	0	0	47	0	0	39	0	0	0

2.34 淮阴工学院人文、社会科学研究与课题成果来源情况表

		课题来源															
		合计	国家社科基金项目	国家社科基金单列学科项目	教育部人文社科研究项目	高校古籍整理研究项目	国家自然科学基金项目	中央其他部门社科专门项目	省、市、自治区社科基金项目	省教育厅社科项目	地、市、厅、局等政府部门项目	国际合作研究项目	与港、澳、台地区合作研究项目	企事业单位委托项目	学校社科项目	外资项目	其他
	编号	L01	L02	L03	L04	L05	L06	L07	L08	L09	L10	L11	L12	L13	L14	L15	L16
课题数(项)	1	458	7	1	11	0	0	8	33	109	139	0	0	119	31	0	0
当年投入人数(人年)	2	83.4	2.3	0.7	2.4	0	0	1.6	6.9	22.9	20.3	0	0	23.1	3.2	0	0
其中:研究生(人年)	3	0	0	0	0	0	0	0	0	0	0	0	0	0	0	0	0
当年拨入经费(千元)	4	12 975.1	190	162	327	0	0	40	449	880	1 100	0	0	9 027.1	800	0	0
其中:当年立项项目拨入经费(千元)	5	12 815.1	190	162	327	0	0	40	449	880	990	0	0	8 977.1	800	0	0
当年支出经费(千元)	6	13 636.85	357	92	288.32	0	0	35.34	360.6	822.79	1 273.2	0	0	9 431.6	976	0	0
当年新开课题数(项)	7	269	1	1	7	0	0	4	12	46	71	0	0	100	27	0	0
当年新开课题批准经费(千元)	8	13 128.3	200	180	450	0	0	40	509	880	993	0	0	9 076.3	800	0	0
当年完成课题数(项)	9	276	2	0	1	0	0	4	3	42	114	0	0	96	14	0	0

续表

出版著作(部)	合计		10	12	0	0	2	0	0	2	5	2	0	0	0	0	1	0	0
	专著	合计	11	7	0	0	2	0	0	1	2	2	0	0	0	0	0	0	0
		其中:被译成外文	12	0	0	0	0	0	0	0	0	0	0	0	0	0	0	0	0
	编著教材		13	5	0	0	0	0	0	1	3	0	0	0	0	0	1	0	0
	工具书/参考书		14	0	0	0	0	0	0	0	0	0	0	0	0	0	0	0	0
	皮书/发展报告		15	0	0	0	0	0	0	0	0	0	0	0	0	0	0	0	0
	科普读物		16	0	0	0	0	0	0	0	0	0	0	0	0	0	0	0	0
古籍整理(部)			17	0	0	0	0	0	0	0	0	0	0	0	0	0	0	0	0
译著(部)			18	0	0	0	0	0	0	0	0	0	0	0	0	0	0	0	0
发表译文(篇)			19	0	0	0	0	0	0	0	0	0	0	0	0	0	0	0	0
电子出版物(件)			20	0	0	0	0	0	0	0	0	0	0	0	0	0	0	0	0
发表论文(篇)	合计		21	305	5	3	25	0	0	20	51	90	94	0	0	0	17	0	0
	国内学术刊物		22	281	5	3	23	0	0	17	47	90	85	0	0	0	11	0	0
	国外学术刊物		23	24	0	0	2	0	0	3	4	0	9	0	0	0	6	0	0
	港、澳、台地区刊物		24	0	0	0	0	0	0	0	0	0	0	0	0	0	0	0	0
研究与咨询报告(篇)	合计		25	22	0	0	0	0	0	0	2	3	3	0	0	14	0	0	0
	其中:被采纳数		26	2	0	0	0	0	0	0	0	0	1	0	0	1	0	0	0

2.35 常州工学院人文、社会科学研究与课题成果来源情况表

		课题来源															
		合计	国家社科基金项目	国家社科基金单列学科项目	教育部人文社科研究项目	高校古籍整理研究项目	国家自然科学基金项目	中央其他部门社科专门项目	省、市、自治区社科基金项目	省教育厅社科项目	地、市、厅、局等政府部门项目	国际合作研究项目	与港、澳、台地区合作研究项目	企事业单位委托项目	学校社科项目	外资项目	其他
	编号	L01	L02	L03	L04	L05	L06	L07	L08	L09	L10	L11	L12	L13	L14	L15	L16
课题数(项)	1	498	0	1	22	0	0	3	17	120	136	1	0	88	110	0	0
当年投入人数(人年)	2	95.4	0	0.2	4.3	0	0	0.6	3.3	23.8	24.9	0.2	0	17.1	21	0	0
其中:研究生(人年)	3	0	0	0	0	0	0	0	0	0	0	0	0	0	0	0	0
当年拨入经费(千元)	4	6 314.2	0	0	471	0	0	0	127	68	280	0	0	4 222.2	1 146	0	0
其中:当年立项项目拨入经费(千元)	5	5 908.2	0	0	195	0	0	0	90	32	267	0	0	4 178.2	1 146	0	0
当年支出经费(千元)	6	3 771.4	0	75	260.9	0	0	2	163.2	79.7	396.6	10	0	2 291.1	492.9	0	0
当年新开课题数(项)	7	222	0	0	7	0	0	2	4	37	74	0	0	39	59	0	0
当年新开课题批准经费(千元)	8	7 461.4	0	0	580	0	0	0	140	80	284	0	0	4 595.4	1 782	0	0
当年完成课题数(项)	9	111	0	0	4	0	0	0	2	23	63	0	0	16	3	0	0

续表

出版著作(部)	合计		10	11	0	0	0	0	0	0	0	0	3	0	0	1	7	0	0
	专著	合计	11	10	0	0	0	0	0	0	0	0	3	0	0	0	7	0	0
		其中:被译成外文	12	0	0	0	0	0	0	0	0	0	0	0	0	0	0	0	0
	编著教材		13	0	0	0	0	0	0	0	0	0	0	0	0	0	0	0	0
	工具书/参考书		14	1	0	0	0	0	0	0	0	0	0	0	0	1	0	0	0
	皮书/发展报告		15	0	0	0	0	0	0	0	0	0	0	0	0	0	0	0	0
	科普读物		16	0	0	0	0	0	0	0	0	0	0	0	0	0	0	0	0
古籍整理(部)			17	0	0	0	0	0	0	0	0	0	0	0	0	0	0	0	0
译著(部)			18	0	0	0	0	0	0	0	0	0	0	0	0	0	0	0	0
发表译文(篇)			19	0	0	0	0	0	0	0	0	0	0	0	0	0	0	0	0
电子出版物(件)			20	0	0	0	0	0	0	0	0	0	0	0	0	0	0	0	0
发表论文(篇)	合计		21	321	0	3	26	0	0	2	20	84	62	0	0	15	109	0	0
	国内学术刊物		22	320	0	3	26	0	0	2	20	84	61	0	0	15	109	0	0
	国外学术刊物		23	1	0	0	0	0	0	0	0	0	1	0	0	0	0	0	0
	港、澳、台地区刊物		24	0	0	0	0	0	0	0	0	0	0	0	0	0	0	0	0
研究与咨询报告(篇)	合计		25	79	0	0	0	0	0	0	0	0	57	0	0	21	1	0	0
	其中:被采纳数		26	2	0	0	0	0	0	0	0	0	2	0	0	0	0	0	0

2.36 扬州大学人文、社会科学研究与课题成果来源情况表

		课题来源															
		合计	国家社科基金项目	国家社科基金单列学科项目	教育部人文社科研究项目	高校古籍整理研究项目	国家自然科学基金项目	中央其他部门社科专门项目	省、市、自治区社科基金项目	省教育厅社科项目	地、市、厅、局等政府部门项目	国际合作研究项目	与港、澳、台地区合作研究项目	企事业单位委托项目	学校社科项目	外资项目	其他
	编号	L01	L02	L03	L04	L05	L06	L07	L08	L09	L10	L11	L12	L13	L14	L15	L16
课题数(项)	1	926	116	16	73	1	0	17	72	194	114	0	0	129	194	0	0
当年投入人数(人年)	2	148.8	33.5	5.2	14.8	0.2	0	2.8	15.4	26	12.7	0	0	18.8	19.4	0	0
其中:研究生(人年)	3	8.6	3.4	0.7	0	0	0	0.2	1.1	0.6	0	0	0	2.6	0	0	0
当年拨入经费(千元)	4	19 963.86	5 640	950	635	0	0	122	720	1260	50	0	0	10 546.86	40	0	0
其中:当年立项项目拨入经费(千元)	5	19 322.86	5 410	950	264	0	0	122	720	1 260	50	0	0	10 546.86	0	0	0
当年支出经费(千元)	6	18 125.65	4 393.72	658	722.9	7	0	68.9	811.1	604.66	262.46	0	0	10 546.86	50.05	0	0
当年新开课题数(项)	7	299	25	5	9	0	0	4	21	55	51	0	0	129	0	0	0
当年新开课题批准经费(千元)	8	21 247.26	5 700	1 000	880	0	0	190	950	1 280	90	0	0	11 157.26	0	0	0
当年完成课题数(项)	9	272	10	0	15	0	0	3	3	19	72	0	0	129	21	0	0

续表

出版著作（部）	合计		10	27	11	0	7	0	0	1	4	3	0	0	0	0	1	0	0
	专著	合计	11	22	8	0	5	0	0	1	4	3	0	0	0	0	1	0	0
		其中：被译成外文	12	0	0	0	0	0	0	0	0	0	0	0	0	0	0	0	0
	编著教材		13	5	3	0	2	0	0	0	0	0	0	0	0	0	0	0	0
	工具书/参考书		14	0	0	0	0	0	0	0	0	0	0	0	0	0	0	0	0
	皮书/发展报告		15	0	0	0	0	0	0	0	0	0	0	0	0	0	0	0	0
	科普读物		16	0	0	0	0	0	0	0	0	0	0	0	0	0	0	0	0
古籍整理（部）			17	1	0	0	0	1	0	0	0	0	0	0	0	0	0	0	0
译著（部）			18	1	1	0	0	0	0	0	0	0	0	0	0	0	0	0	0
发表译文（篇）			19	0	0	0	0	0	0	0	0	0	0	0	0	0	0	0	0
电子出版物（件）			20	0	0	0	0	0	0	0	0	0	0	0	0	0	0	0	0
发表论文（篇）	合计		21	449	143	9	48	0	0	3	55	113	32	0	0	0	46	0	0
	国内学术刊物		22	442	140	8	48	0	0	3	53	113	31	0	0	0	46	0	0
	国外学术刊物		23	7	3	1	0	0	0	0	2	0	1	0	0	0	0	0	0
	港、澳、台地区刊物		24	0	0	0	0	0	0	0	0	0	0	0	0	0	0	0	0
研究与咨询报告（篇）	合计		25	92	0	0	0	0	0	0	0	0	2	0	0	90	0	0	0
	其中：被采纳数		26	82	0	0	0	0	0	0	0	0	2	0	0	80	0	0	0

2.37 南京工程学院人文、社会科学研究与课题成果来源情况表

		课题来源															
		合计	国家社科基金项目	国家社科基金单列学科项目	教育部人文社科研究项目	高校古籍整理研究项目	国家自然科学基金项目	中央其他部门社科专门项目	省、市、自治区社科基金项目	省教育厅社科项目	地、市、厅、局等政府部门项目	国际合作研究项目	与港、澳、台地区合作研究项目	企事业单位委托项目	学校社科项目	外资项目	其他
	编号	L01	L02	L03	L04	L05	L06	L07	L08	L09	L10	L11	L12	L13	L14	L15	L16
课题数(项)	1	309	3	0	13	0	0	3	11	109	7	0	0	45	118	0	0
当年投入人数(人年)	2	33.2	0.3	0	1.7	0	0	0.3	1.2	11.5	0.9	0	0	5.7	11.6	0	0
其中:研究生(人年)	3	0	0	0	0	0	0	0	0	0	0	0	0	0	0	0	0
当年拨入经费(千元)	4	7 459.8	0	0	223.5	0	0	3 095	43	591	164	0	0	2 480.8	862.5	0	0
其中:当年立项项目拨入经费(千元)	5	6 230.3	0	0	85.5	0	0	3 095	13	490	161	0	0	1 780.8	605	0	0
当年支出经费(千元)	6	7 466.37	86.11	0	252.87	0	0	3 084.5	66.4	536.02	161.58	0	0	2 454.81	824.08	0	0
当年新开课题数(项)	7	155	0	0	3	0	0	3	3	43	2	0	0	23	78	0	0
当年新开课题批准经费(千元)	8	7 313.8	0	0	260	0	0	3 190	13	610	230	0	0	2 025.8	985	0	0
当年完成课题数(项)	9	108	2	0	2	0	0	0	4	23	5	0	0	15	57	0	0

续表

出版著作(部)	合计		10	7	0	0	0	0	0	0	4	1	1	0	0	0	1	0	0
	专著	合计	11	7	0	0	0	0	0	0	4	1	1	0	0	0	1	0	0
		其中:被译成外文	12	0	0	0	0	0	0	0	0	0	0	0	0	0	0	0	0
	编著教材		13	0	0	0	0	0	0	0	0	0	0	0	0	0	0	0	0
	工具书/参考书		14	0	0	0	0	0	0	0	0	0	0	0	0	0	0	0	0
	皮书/发展报告		15	0	0	0	0	0	0	0	0	0	0	0	0	0	0	0	0
	科普读物		16	0	0	0	0	0	0	0	0	0	0	0	0	0	0	0	0
古籍整理(部)			17	0	0	0	0	0	0	0	0	0	0	0	0	0	0	0	0
译著(部)			18	1	0	0	0	0	0	0	0	0	0	0	0	0	1	0	0
发表译文(篇)			19	0	0	0	0	0	0	0	0	0	0	0	0	0	0	0	0
电子出版物(件)			20	0	0	0	0	0	0	0	0	0	0	0	0	0	0	0	0
发表论文(篇)	合计		21	115	5	0	4	0	2	2	20	28	7	0	0	5	42	0	0
	国内学术刊物		22	110	5	0	3	0	2	2	17	28	6	0	0	5	42	0	0
	国外学术刊物		23	5	0	0	1	0	0	0	3	0	1	0	0	0	0	0	0
	港、澳、台地区刊物		24	0	0	0	0	0	0	0	0	0	0	0	0	0	0	0	0
研究与咨询报告(篇)	合计		25	10	0	0	0	0	0	0	0	0	0	0	0	10	0	0	0
	其中:被采纳数		26	10	0	0	0	0	0	0	0	0	0	0	0	10	0	0	0

2.38 南京审计大学人文、社会科学研究与课题成果来源情况表

		课题来源															
		合计	国家社科基金项目	国家社科基金单列学科项目	教育部人文社科研究项目	高校古籍整理研究项目	国家自然科学基金项目	中央其他部门社科专门项目	省、市、自治区社科基金项目	省教育厅社科项目	地、市、厅、局等政府部门项目	国际合作研究项目	与港、澳、台地区合作研究项目	企事业单位委托项目	学校社科项目	外资项目	其他
	编号	L01	L02	L03	L04	L05	L06	L07	L08	L09	L10	L11	L12	L13	L14	L15	L16
课题数(项)	1	499	70	1	50	1	0	24	77	162	40	0	0	50	24	0	0
当年投入人数(人年)	2	172.2	32.1	0.2	25.5	0.3	0	8.2	25.6	53	8.5	0	0	11.4	7.4	0	0
其中:研究生(人年)	3	1.8	0	0	1	0	0	0.3	0.4	0.1	0	0	0	0	0	0	0
当年拨入经费(千元)	4	9 627.3	2 677	63	867	0	0	671.8	1 450	648	74	0	0	2 617.5	559	0	0
其中:当年立项项目拨入经费(千元)	5	5 907	2 230	0	165	0	0	97	792	614	0	0	0	1 465	544	0	0
当年支出经费(千元)	6	4 577.15	1 097.69	40	626.62	0	0	123.7	415.48	163.3	116	0	0	1 899.36	95	0	0
当年新开课题数(项)	7	144	12	0	9	0	0	3	19	48	3	0	0	28	22	0	0
当年新开课题批准经费(千元)	8	10 401.1	2 500	0	656.6	0	0	130	990	970	80	0	0	4 434.5	640	0	0
当年完成课题数(项)	9	96	11	0	11	1	0	2	3	36	1	0	0	26	5	0	0

续表

出版著作(部)	合计		10	12	6	1	3	0	1	0	1	0	0	0	0	0	0	0	0
	专著	合计	11	12	6	1	3	0	1	0	1	0	0	0	0	0	0	0	0
		其中:被译成外文	12	1	0	1	0	0	0	0	0	0	0	0	0	0	0	0	0
	编著教材		13	0	0	0	0	0	0	0	0	0	0	0	0	0	0	0	0
	工具书/参考书		14	0	0	0	0	0	0	0	0	0	0	0	0	0	0	0	0
	皮书/发展报告		15	0	0	0	0	0	0	0	0	0	0	0	0	0	0	0	0
	科普读物		16	0	0	0	0	0	0	0	0	0	0	0	0	0	0	0	0
古籍整理(部)			17	0	0	0	0	0	0	0	0	0	0	0	0	0	0	0	0
译著(部)			18	1	0	0	0	0	0	0	0	0	0	0	0	1	0	0	0
发表译文(篇)			19	0	0	0	0	0	0	0	0	0	0	0	0	0	0	0	0
电子出版物(件)			20	0	0	0	0	0	0	0	0	0	0	0	0	0	0	0	0
发表论文(篇)	合计		21	333	90	0	63	0	0	13	65	100	2	0	0	0	0	0	0
	国内学术刊物		22	331	90	0	63	0	0	13	65	98	2	0	0	0	0	0	0
	国外学术刊物		23	2	0	0	0	0	0	0	0	2	0	0	0	0	0	0	0
	港、澳、台地区刊物		24	0	0	0	0	0	0	0	0	0	0	0	0	0	0	0	0
研究与咨询报告(篇)	合计		25	44	0	0	0	0	0	0	0	0	2	0	0	42	0	0	0
	其中:被采纳数		26	6	0	0	0	0	0	0	0	0	2	0	0	4	0	0	0

2.39 南京晓庄学院人文、社会科学研究与课题成果来源情况表

		课题来源															
		合计	国家社科基金项目	国家社科基金单列学科项目	教育部人文社科研究项目	高校古籍整理研究项目	国家自然科学基金项目	中央其他部门社科专门项目	省、市、自治区社科基金项目	省教育厅社科项目	地、市、厅、局等政府部门项目	国际合作研究项目	与港、澳、台地区合作研究项目	企事业单位委托项目	学校社科项目	外资项目	其他
	编号	L01	L02	L03	L04	L05	L06	L07	L08	L09	L10	L11	L12	L13	L14	L15	L16
课题数(项)	1	345	11	1	13	0	0	1	50	121	50	0	0	3	94	0	1
当年投入人数(人年)	2	60.2	3.5	0.5	4	0	0	0.1	9.2	19.3	8.2	0	0	0.4	14.8	0	0.2
其中:研究生(人年)	3	0	0	0	0	0	0	0	0	0	0	0	0	0	0	0	0
当年拨入经费(千元)	4	4 076	420	0	128	0	0	19	520	580	331	0	0	60	2 006	0	12
其中:当年立项项目拨入经费(千元)	5	3 900	360	0	40	0	0	19	520	580	319	0	0	60	1 990	0	12
当年支出经费(千元)	6	4 656.46	1 485	100	179.76	0	0	0	714	396.6	213.6	0	0	69	1 493.5	0	5
当年新开课题数(项)	7	137	2	0	1	0	0	1	14	44	25	0	0	2	47	0	1
当年新开课题批准经费(千元)	8	4 429	410	0	80	0	0	200	650	650	357	0	0	70	2 000	0	12
当年完成课题数(项)	9	36	0	0	1	0	0	0	0	25	2	0	0	0	8	0	0

续表

出版著作(部)	合计		10	9	1	0	1	0	0	0	0	0	3	0	0	0	4	0	0
	专著	合计	11	3	1	0	1	0	0	0	0	0	1	0	0	0	0	0	0
		其中:被译成外文	12	0	0	0	0	0	0	0	0	0	0	0	0	0	0	0	0
	编著教材		13	6	0	0	0	0	0	0	0	0	2	0	0	0	4	0	0
	工具书/参考书		14	0	0	0	0	0	0	0	0	0	0	0	0	0	0	0	0
	皮书/发展报告		15	0	0	0	0	0	0	0	0	0	0	0	0	0	0	0	0
	科普读物		16	0	0	0	0	0	0	0	0	0	0	0	0	0	0	0	0
古籍整理(部)			17	0	0	0	0	0	0	0	0	0	0	0	0	0	0	0	0
译著(部)			18	0	0	0	0	0	0	0	0	0	0	0	0	0	0	0	0
发表译文(篇)			19	0	0	0	0	0	0	0	0	0	0	0	0	0	0	0	0
电子出版物(件)			20	0	0	0	0	0	0	0	0	0	0	0	0	0	0	0	0
发表论文(篇)	合计		21	317	15	0	8	0	0	1	21	56	27	0	0	0	189	0	0
	国内学术刊物		22	303	15	0	8	0	0	1	21	56	27	0	0	0	175	0	0
	国外学术刊物		23	14	0	0	0	0	0	0	0	0	0	0	0	0	14	0	0
	港、澳、台地区刊物		24	0	0	0	0	0	0	0	0	0	0	0	0	0	0	0	0
研究与咨询报告(篇)	合计		25	1	0	0	0	0	0	1	0	0	0	0	0	0	0	0	0
	其中:被采纳数		26	0	0	0	0	0	0	0	0	0	0	0	0	0	0	0	0

2.40 江苏理工学院人文、社会科学研究与课题成果来源情况表

		课题来源															
		合计	国家社科基金项目	国家社科基金单列学科项目	教育部人文社科研究项目	高校古籍整理研究项目	国家自然科学基金项目	中央其他部门社科专门项目	省、市、自治区社科基金项目	省教育厅社科项目	地、市、厅、局等政府部门项目	国际合作研究项目	与港、澳、台地区合作研究项目	企事业单位委托项目	学校社科项目	外资项目	其他
	编号	L01	L02	L03	L04	L05	L06	L07	L08	L09	L10	L11	L12	L13	L14	L15	L16
课题数(项)	1	587	17	4	45	0	0	3	53	95	70	0	0	257	42	1	0
当年投入人数(人年)	2	122.3	6.4	1	10.5	0	0	0.4	8.4	20.8	15.4	0	0	53.2	6	0.2	0
其中:研究生(人年)	3	0	0	0	0	0	0	0	0	0	0	0	0	0	0	0	0
当年拨入经费(千元)	4	19 534.25	950	162	202	0	0	62	372.4	247	364	0	0	17 174.85	0	0	0
其中:当年立项项目拨入经费(千元)	5	19 204.37	950	162	202	0	0	0	332.4	247	364	0	0	16 946.97	0	0	0
当年支出经费(千元)	6	20 122.86	785	262	599.43	0	0	76	584.05	194.14	551.27	0	0	16 765.67	302.3	3	0
当年新开课题数(项)	7	221	5	1	7	0	0	0	12	24	38	0	0	134	0	0	0
当年新开课题批准经费(千元)	8	20 104.65	1 000	180	590	0	0	0	402.4	247	364	0	0	17 321.25	0	0	0
当年完成课题数(项)	9	111	1	0	4	0	0	0	9	8	38	0	0	42	9	0	0

续表

出版著作(部)	合计		10	22	4	0	4	0	0	0	7	1	6	0	0	0	0	0	0
	专著	合计	11	22	4	0	4	0	0	0	7	1	6	0	0	0	0	0	0
		其中:被译成外文	12	0	0	0	0	0	0	0	0	0	0	0	0	0	0	0	0
	编著教材		13	0	0	0	0	0	0	0	0	0	0	0	0	0	0	0	0
	工具书/参考书		14	0	0	0	0	0	0	0	0	0	0	0	0	0	0	0	0
	皮书/发展报告		15	0	0	0	0	0	0	0	0	0	0	0	0	0	0	0	0
	科普读物		16	0	0	0	0	0	0	0	0	0	0	0	0	0	0	0	0
古籍整理(部)			17	0	0	0	0	0	0	0	0	0	0	0	0	0	0	0	0
译著(部)			18	0	0	0	0	0	0	0	0	0	0	0	0	0	0	0	0
发表译文(篇)			19	0	0	0	0	0	0	0	0	0	0	0	0	0	0	0	0
电子出版物(件)			20	0	0	0	0	0	0	0	0	0	0	0	0	0	0	0	0
发表论文(篇)	合计		21	414	21	5	53	0	0	4	60	126	88	0	0	0	56	1	0
	国内学术刊物		22	414	21	5	53	0	0	4	60	126	88	0	0	0	56	1	0
	国外学术刊物		23	0	0	0	0	0	0	0	0	0	0	0	0	0	0	0	0
	港、澳、台地区刊物		24	0	0	0	0	0	0	0	0	0	0	0	0	0	0	0	0
研究与咨询报告(篇)	合计		25	168	0	0	0	0	0	0	0	0	0	0	0	168	0	0	0
	其中:被采纳数		26	82	0	0	0	0	0	0	0	0	0	0	0	82	0	0	0

2.41 淮海工学院人文、社会科学研究与课题成果来源情况表

		课题来源															
		合计	国家社科基金项目	国家社科基金单列学科项目	教育部人文社科研究项目	高校古籍整理研究项目	国家自然科学基金项目	中央其他部门社科专门项目	省、市、自治区社科基金项目	省教育厅社科项目	地、市、厅、局等政府部门项目	国际合作研究项目	与港、澳、台地区合作研究项目	企事业单位委托项目	学校社科项目	外资项目	其他
	编号	L01	L02	L03	L04	L05	L06	L07	L08	L09	L10	L11	L12	L13	L14	L15	L16
课题数(项)	1	573	9	0	5	0	0	0	68	73	87	0	0	213	118	0	0
当年投入人数(人年)	2	57.8	1	0	0.5	0	0	0	6.8	7.3	8.7	0	0	21.3	12.2	0	0
其中:研究生(人年)	3	0	0	0	0	0	0	0	0	0	0	0	0	0	0	0	0
当年拨入经费(千元)	4	12 439.6	650	0	80	0	0	0	615.8	243	1 878.5	0	0	8 283.8	688.5	0	0
其中:当年立项项目拨入经费(千元)	5	10 472.3	610	0	80	0	0	0	351.5	211	1 102	0	0	7 495.3	622.5	0	0
当年支出经费(千元)	6	9 960.4	367	0	106	0	0	0	444.15	177	1 435.55	0	0	6 642.2	788.5	0	0
当年新开课题数(项)	7	254	3	0	2	0	0	0	11	26	45	0	0	137	30	0	0
当年新开课题批准经费(千元)	8	12 070.8	630	0	160	0	0	0	421.5	355	1 122	0	0	8 739.8	642.5	0	0
当年完成课题数(项)	9	191	2	0	1	0	0	0	25	21	23	0	0	49	70	0	0

续表

出版著作(部)	合计		10	14	0	0	1	0	0	0	4	4	4	0	0	0	1	0	0
	专著	合计	11	14	0	0	1	0	0	0	4	4	4	0	0	0	1	0	0
		其中:被译成外文	12	0	0	0	0	0	0	0	0	0	0	0	0	0	0	0	0
	编著教材		13	0	0	0	0	0	0	0	0	0	0	0	0	0	0	0	0
	工具书/参考书		14	0	0	0	0	0	0	0	0	0	0	0	0	0	0	0	0
	皮书/发展报告		15	0	0	0	0	0	0	0	0	0	0	0	0	0	0	0	0
	科普读物		16	0	0	0	0	0	0	0	0	0	0	0	0	0	0	0	0
古籍整理(部)			17	0	0	0	0	0	0	0	0	0	0	0	0	0	0	0	0
译著(部)			18	0	0	0	0	0	0	0	0	0	0	0	0	0	0	0	0
发表译文(篇)			19	0	0	0	0	0	0	0	0	0	0	0	0	0	0	0	0
电子出版物(件)			20	0	0	0	0	0	0	0	0	0	0	0	0	0	0	0	0
发表论文(篇)	合计		21	234	10	0	8	0	0	0	42	66	32	0	0	0	76	0	0
	国内学术刊物		22	230	9	0	8	0	0	0	41	66	30	0	0	0	76	0	0
	国外学术刊物		23	4	1	0	0	0	0	0	1	0	2	0	0	0	0	0	0
	港、澳、台地区刊物		24	0	0	0	0	0	0	0	0	0	0	0	0	0	0	0	0
研究与咨询报告(篇)	合计		25	49	0	0	0	0	0	0	0	0	0	0	0	49	0	0	0
	其中:被采纳数		26	12	0	0	0	0	0	0	0	0	0	0	0	12	0	0	0

2.42 徐州工程学院人文、社会科学研究与课题成果来源情况表

		课题来源															
		合计	国家社科基金项目	国家社科基金单列学科项目	教育部人文社科研究项目	高校古籍整理研究项目	国家自然科学基金项目	中央其他部门社科专门项目	省、市、自治区社科基金项目	省教育厅社科项目	地、市、厅、局等政府部门项目	国际合作研究项目	与港、澳、台地区合作研究项目	企事业单位委托项目	学校社科项目	外资项目	其他
	编号	L01	L02	L03	L04	L05	L06	L07	L08	L09	L10	L11	L12	L13	L14	L15	L16
课题数(项)	1	697	7	0	11	2	0	1	25	105	363	0	0	31	151	1	0
当年投入人数(人年)	2	263.5	2.8	0	3.8	0.8	0	0.5	10.4	39.6	136.2	0	0	12.1	56.9	0.4	0
其中:研究生(人年)	3	0	0	0	0	0	0	0	0	0	0	0	0	0	0	0	0
当年拨入经费(千元)	4	3 029.6	160	0	180	40	0	0	160	453.6	753	0	0	569.5	713.5	0	0
其中:当年立项项目拨入经费(千元)	5	2 867.1	160	0	180	40	0	0	160	453.6	746	0	0	567.5	560	0	0
当年支出经费(千元)	6	2 832.7	330	0	179	10	0	0	98.1	407	692.2	0	0	505.4	611	0	0
当年新开课题数(项)	7	281	1	0	4	1	0	0	7	42	176	0	0	10	40	0	0
当年新开课题批准经费(千元)	8	3 143.5	200	0	360	40	0	0	170	500	746	0	0	567.5	560	0	0
当年完成课题数(项)	9	371	2	0	2	1	0	1	15	57	168	0	0	21	103	1	0

续表

			编号																
出版著作(部)	合计		10	29	0	0	1	0	0	0	3	6	10	0	0	3	6	0	0
	专著	合计	11	21	0	0	1	0	0	0	3	5	5	0	0	3	4	0	0
		其中:被译成外文	12	3	0	0	0	0	0	0	0	1	0	0	0	1	1	0	0
	编著教材		13	8	0	0	0	0	0	0	0	1	5	0	0	0	2	0	0
	工具书/参考书		14	0	0	0	0	0	0	0	0	0	0	0	0	0	0	0	0
	皮书/发展报告		15	0	0	0	0	0	0	0	0	0	0	0	0	0	0	0	0
	科普读物		16	0	0	0	0	0	0	0	0	0	0	0	0	0	0	0	0
古籍整理(部)			17	0	0	0	0	0	0	0	0	0	0	0	0	0	0	0	0
译著(部)			18	2	0	0	0	0	0	0	0	0	2	0	0	0	0	0	0
发表译文(篇)			19	0	0	0	0	0	0	0	0	0	0	0	0	0	0	0	0
电子出版物(件)			20	0	0	0	0	0	0	0	0	0	0	0	0	0	0	0	0
发表论文(篇)	合计		21	126	0	0	3	0	0	0	7	23	74	0	0	5	12	0	2
	国内学术刊物		22	123	0	0	3	0	0	0	7	23	71	0	0	5	12	0	2
	国外学术刊物		23	3	0	0	0	0	0	0	0	0	3	0	0	0	0	0	0
	港、澳、台地区刊物		24	0	0	0	0	0	0	0	0	0	0	0	0	0	0	0	0
研究与咨询报告(篇)	合计		25	220	0	0	0	0	0	0	4	3	213	0	0	0	0	0	0
	其中:被采纳数		26	22	0	0	0	0	0	0	0	2	20	0	0	0	0	0	0

2.43 南京特殊教育师范学院人文、社会科学研究与课题成果来源情况表

		课题来源															
		合计	国家社科基金项目	国家社科基金单列学科项目	教育部人文社科研究项目	高校古籍整理研究项目	国家自然科学基金项目	中央其他部门社科专门项目	省、市、自治区社科基金项目	省教育厅社科项目	地、市、厅、局等政府部门项目	国际合作研究项目	与港、澳、台地区合作研究项目	企事业单位委托项目	学校社科项目	外资项目	其他
	编号	L01	L02	L03	L04	L05	L06	L07	L08	L09	L10	L11	L12	L13	L14	L15	L16
课题数(项)	1	135	5	1	11	0	0	11	6	85	15	0	0	1	0	0	0
当年投入人数(人年)	2	20.1	0.9	0.2	1.3	0	0	1.5	0.8	13	2.3	0	0	0.1	0	0	0
其中:研究生(人年)	3	0	0	0	0	0	0	0	0	0	0	0	0	0	0	0	0
当年拨入经费(千元)	4	872	380	0	305	0	0	26	40	64	57	0	0	0	0	0	0
其中:当年立项项目拨入经费(千元)	5	689	380	0	155	0	0	0	40	64	50	0	0	0	0	0	0
当年支出经费(千元)	6	921.82	342.3	60	211.4	0	0	51.5	48.2	143.42	58.6	0	0	6.4	0	0	0
当年新开课题数(项)	7	50	2	0	5	0	0	1	1	36	5	0	0	0	0	0	0
当年新开课题批准经费(千元)	8	1 130	400	0	440	0	0	0	50	160	80	0	0	0	0	0	0
当年完成课题数(项)	9	18	0	0	1	0	0	3	0	9	5	0	0	0	0	0	0

续表

出版著作(部)	合计		10	4	0	0	2	0	0	0	0	2	0	0	0	0	0	0	0
	专著	合计	11	4	0	0	2	0	0	0	0	2	0	0	0	0	0	0	0
		其中:被译成外文	12	0	0	0	0	0	0	0	0	0	0	0	0	0	0	0	0
	编著教材		13	0	0	0	0	0	0	0	0	0	0	0	0	0	0	0	0
	工具书/参考书		14	0	0	0	0	0	0	0	0	0	0	0	0	0	0	0	0
	皮书/发展报告		15	0	0	0	0	0	0	0	0	0	0	0	0	0	0	0	0
	科普读物		16	0	0	0	0	0	0	0	0	0	0	0	0	0	0	0	0
古籍整理(部)			17	0	0	0	0	0	0	0	0	0	0	0	0	0	0	0	0
译著(部)			18	0	0	0	0	0	0	0	0	0	0	0	0	0	0	0	0
发表译文(篇)			19	0	0	0	0	0	0	0	0	0	0	0	0	0	0	0	0
电子出版物(件)			20	0	0	0	0	0	0	0	0	0	0	0	0	0	0	0	0
发表论文(篇)	合计		21	56	8	0	3	0	1	5	1	34	4	0	0	0	0	0	0
	国内学术刊物		22	56	8	0	3	0	1	5	1	34	4	0	0	0	0	0	0
	国外学术刊物		23	0	0	0	0	0	0	0	0	0	0	0	0	0	0	0	0
	港、澳、台地区刊物		24	0	0	0	0	0	0	0	0	0	0	0	0	0	0	0	0
研究与咨询报告(篇)	合计		25	0	0	0	0	0	0	0	0	0	0	0	0	0	0	0	0
	其中:被采纳数		26	0	0	0	0	0	0	0	0	0	0	0	0	0	0	0	0

2.44 泰州学院人文、社会科学研究与课题成果来源情况表

	编号	合计	国家社科基金项目	国家社科基金单列学科项目	教育部人文社科研究项目	高校古籍整理研究项目	国家自然科学基金项目	中央其他部门社科专门项目	省、市、自治区社科基金项目	省教育厅社科项目	地、市、厅、局等政府部门项目	国际合作研究项目	与港、澳、台地区合作研究项目	企事业单位委托项目	学校社科项目	外资项目	其他
		课题来源															
		L01	L02	L03	L04	L05	L06	L07	L08	L09	L10	L11	L12	L13	L14	L15	L16
课题数(项)	1	175	0	1	4	1	1	0	6	65	31	0	0	4	53	0	9
当年投入人数(人年)	2	52.1	0	0.4	1.3	0.2	0.1	0	2.2	22.3	9.8	0	0	1.2	11.7	0	2.9
其中:研究生(人年)	3	0	0	0	0	0	0	0	0	0	0	0	0	0	0	0	0
当年拨入经费(千元)	4	870	0	0	40	0	0	0	0	172	20	0	0	20	610	0	8
其中:当年立项项目拨入经费(千元)	5	850	0	0	40	0	0	0	0	172	20	0	0	0	610	0	8
当年支出经费(千元)	6	1 243.87	0	202.49	60	20	0	0	75	362.7	95.88	0	0	20	306.8	0	101
当年新开课题数(项)	7	33	0	0	2	0	0	0	0	15	2	0	0	0	13	0	1
当年新开课题批准经费(千元)	8	1 025	0	0	160	0	0	0	0	220	20	0	0	0	610	0	15
当年完成课题数(项)	9	63	0	0	0	0	1	0	2	3	22	0	0	4	31	0	0

续表

出版著作(部)	合计		10	0	0	0	0	0	0	0	0	0	0	0	0	0	0	0	0
	专著	合计	11	0	0	0	0	0	0	0	0	0	0	0	0	0	0	0	0
		其中:被译成外文	12	0	0	0	0	0	0	0	0	0	0	0	0	0	0	0	0
	编著教材		13	0	0	0	0	0	0	0	0	0	0	0	0	0	0	0	0
	工具书/参考书		14	0	0	0	0	0	0	0	0	0	0	0	0	0	0	0	0
	皮书/发展报告		15	0	0	0	0	0	0	0	0	0	0	0	0	0	0	0	0
	科普读物		16	0	0	0	0	0	0	0	0	0	0	0	0	0	0	0	0
古籍整理(部)			17	0	0	0	0	0	0	0	0	0	0	0	0	0	0	0	0
译著(部)			18	0	0	0	0	0	0	0	0	0	0	0	0	0	0	0	0
发表译文(篇)			19	0	0	0	0	0	0	0	0	0	0	0	0	0	0	0	0
电子出版物(件)			20	0	0	0	0	0	0	0	0	0	0	0	0	0	0	0	0
发表论文(篇)	合计		21	53	1	6	2	0	1	0	7	19	1	0	0	0	16	0	0
	国内学术刊物		22	53	1	6	2	0	1	0	7	19	1	0	0	0	16	0	0
	国外学术刊物		23	0	0	0	0	0	0	0	0	0	0	0	0	0	0	0	0
	港、澳、台地区刊物		24	0	0	0	0	0	0	0	0	0	0	0	0	0	0	0	0
研究与咨询报告(篇)	合计		25	0	0	0	0	0	0	0	0	0	0	0	0	0	0	0	0
	其中:被采纳数		26	0	0	0	0	0	0	0	0	0	0	0	0	0	0	0	0

2.45 金陵科技学院人文、社会科学研究与课题成果来源情况表

		课题来源															
		合计	国家社科基金项目	国家社科基金单列学科项目	教育部人文社科研究项目	高校古籍整理研究项目	国家自然科学基金项目	中央其他部门社科专门项目	省、市、自治区社科基金项目	省教育厅社科项目	地、市、厅、局等政府部门项目	国际合作研究项目	与港、澳、台地区合作研究项目	企事业单位委托项目	学校社科项目	外资项目	其他
	编号	L01	L02	L03	L04	L05	L06	L07	L08	L09	L10	L11	L12	L13	L14	L15	L16
课题数(项)	1	207	8	0	17	0	1	1	11	55	32	0	0	66	13	0	3
当年投入人数(人年)	2	31.7	2.4	0	4	0	0.2	0.1	1.7	5.9	6.3	0	0	9.2	1.5	0	0.4
其中:研究生(人年)	3	0	0	0	0	0	0	0	0	0	0	0	0	0	0	0	0
当年拨入经费(千元)	4	5 148.45	200	0	110	0	0	0	128	54	680	0	0	3 936.45	20	0	20
其中:当年立项项目拨入经费(千元)	5	4 934.95	200	0	80	0	0	0	78	42	680	0	0	3 825.95	9	0	20
当年支出经费(千元)	6	6 857.51	159.83	0	252	0	20	25	115	111.5	755	0	0	5 367.68	37.5	0	14
当年新开课题数(项)	7	62	1	0	2	0	0	0	3	11	14	0	0	26	2	0	3
当年新开课题批准经费(千元)	8	5 246.29	200	0	160	0	0	0	126	140	749	0	0	3 828.17	9	0	34.12
当年完成课题数(项)	9	82	0	0	1	0	0	1	1	16	10	0	0	48	5	0	0

续表

出版著作(部)	合计		10	3	0	0	1	0	0	1	0	1	0	0	0	0	0	0	0
	专著	合计	11	2	0	0	1	0	0	0	0	1	0	0	0	0	0	0	0
		其中:被译成外文	12	0	0	0	0	0	0	0	0	0	0	0	0	0	0	0	0
	编著教材		13	1	0	0	0	0	0	1	0	0	0	0	0	0	0	0	0
	工具书/参考书		14	0	0	0	0	0	0	0	0	0	0	0	0	0	0	0	0
	皮书/发展报告		15	0	0	0	0	0	0	0	0	0	0	0	0	0	0	0	0
	科普读物		16	0	0	0	0	0	0	0	0	0	0	0	0	0	0	0	0
古籍整理(部)			17	0	0	0	0	0	0	0	0	0	0	0	0	0	0	0	0
译著(部)			18	0	0	0	0	0	0	0	0	0	0	0	0	0	0	0	0
发表译文(篇)			19	0	0	0	0	0	0	0	0	0	0	0	0	0	0	0	0
电子出版物(件)			20	0	0	0	0	0	0	0	0	0	0	0	0	0	0	0	0
发表论文(篇)	合计		21	88	9	0	5	0	5	1	16	30	14	0	0	1	5	0	2
	国内学术刊物		22	86	9	0	4	0	5	1	16	30	14	0	0	1	4	0	2
	国外学术刊物		23	2	0	0	1	0	0	0	0	0	0	0	0	0	1	0	0
	港、澳、台地区刊物		24	0	0	0	0	0	0	0	0	0	0	0	0	0	0	0	0
研究与咨询报告(篇)	合计		25	21	0	0	0	0	0	0	0	1	0	0	0	20	0	0	0
	其中:被采纳数		26	2	0	0	0	0	0	0	0	1	0	0	0	1	0	0	0

2.46 江苏第二师范学院人文、社会科学研究与课题成果来源情况表

		课题来源															
		合计	国家社科基金项目	国家社科基金单列学科项目	教育部人文社科研究项目	高校古籍整理研究项目	国家自然科学基金项目	中央其他部门社科专门项目	省、市、自治区社科基金项目	省教育厅社科项目	地、市、厅、局等政府部门项目	国际合作研究项目	与港、澳、台地区合作研究项目	企事业单位委托项目	学校社科项目	外资项目	其他
	编号	L01	L02	L03	L04	L05	L06	L07	L08	L09	L10	L11	L12	L13	L14	L15	L16
课题数(项)	1	257	10	1	7	0	0	2	31	116	37	0	0	8	45	0	0
当年投入人数(人年)	2	76.9	5	0.5	2.9	0	0	0.8	11.3	34.9	10.9	0	0	1.2	9.4	0	0
其中:研究生(人年)	3	0	0	0	0	0	0	0	0	0	0	0	0	0	0	0	0
当年拨入经费(千元)	4	2 307.88	415	0	74	0	0	190	708	150	111	0	0	548.08	111.8	0	0
其中:当年立项项目拨入经费(千元)	5	1 405	380	0	25	0	0	190	424	150	111	0	0	48	77	0	0
当年支出经费(千元)	6	1 988.85	364.3	69.27	150.06	0	0	36.43	294.23	238.82	60.16	0	0	715.01	60.57	0	0
当年新开课题数(项)	7	92	2	0	1	0	0	1	10	55	5	0	0	3	15	0	0
当年新开课题批准经费(千元)	8	1 946	400	0	80	0	0	200	510	405	173	0	0	68	110	0	0
当年完成课题数(项)	9	27	0	0	3	0	0	0	3	16	3	0	0	0	2	0	0

续表

出版著作(部)	合计		10	0	0	0	0	0	0	0	0	0	0	0	0	0	0	0	0
	专著	合计	11	0	0	0	0	0	0	0	0	0	0	0	0	0	0	0	0
		其中:被译成外文	12	0	0	0	0	0	0	0	0	0	0	0	0	0	0	0	0
	编著教材		13	0	0	0	0	0	0	0	0	0	0	0	0	0	0	0	0
	工具书/参考书		14	0	0	0	0	0	0	0	0	0	0	0	0	0	0	0	0
	皮书/发展报告		15	0	0	0	0	0	0	0	0	0	0	0	0	0	0	0	0
	科普读物		16	0	0	0	0	0	0	0	0	0	0	0	0	0	0	0	0
古籍整理(部)			17	0	0	0	0	0	0	0	0	0	0	0	0	0	0	0	0
译著(部)			18	0	0	0	0	0	0	0	0	0	0	0	0	0	0	0	0
发表译文(篇)			19	0	0	0	0	0	0	0	0	0	0	0	0	0	0	0	0
电子出版物(件)			20	0	0	0	0	0	0	0	0	0	0	0	0	0	0	0	0
发表论文(篇)	合计		21	90	15	0	1	0	0	1	21	27	9	0	0	1	15	0	0
	国内学术刊物		22	90	15	0	1	0	0	1	21	27	9	0	0	1	15	0	0
	国外学术刊物		23	0	0	0	0	0	0	0	0	0	0	0	0	0	0	0	0
	港、澳、台地区刊物		24	0	0	0	0	0	0	0	0	0	0	0	0	0	0	0	0
研究与咨询报告(篇)	合计		25	1	0	0	0	0	0	0	0	1	0	0	0	0	0	0	0
	其中:被采纳数		26	1	0	0	0	0	0	0	0	1	0	0	0	0	0	0	0

3. 公办专科高等学校人文、社会科学研究与课题成果来源情况表

		课题来源															
		合计	国家社科基金项目	国家社科基金单列学科项目	教育部人文社科研究项目	高校古籍整理研究项目	国家自然科学基金项目	中央其他部门社科专门项目	省、市、自治区社科基金项目	省教育厅社科项目	地、市、厅、局等政府部门项目	国际合作研究项目	与港、澳、台地区合作研究项目	企事业单位委托项目	学校社科项目	外资项目	其他
	编号	L01	L02	L03	L04	L05	L06	L07	L08	L09	L10	L11	L12	L13	L14	L15	L16
课题数(项)	1	8 565	6	3	59	0	0	17	261	2 586	1 864	2	0	1 164	2 384	0	219
当年投入人数(人年)	2	1 756.7	1.7	1.1	21.6	0	0	2.9	57.5	555.8	381.8	0.2	0	282.5	424.6	0	27
其中:研究生(人年)	3	0	0	0	0	0	0	0	0	0	0	0	0	0	0	0	0
当年拨入经费(千元)	4	55 692.8	190	162	1 279	0	0	185.2	1 124.5	7 815.62	7 763.59	0	0	32 511.44	4 040.7	0	611.75
其中:当年立项项目拨入经费(千元)	5	51 113.61	190	162	683	0	0	185.2	897.7	6 889.2	7 261.35	0	0	30 990.61	3 341.65	0	512.9
当年支出经费(千元)	6	55 938.58	225.3	83	1 147.46	0	0	103.05	961.94	7 102.83	7 749.87	4	0	34 072.38	3 934.35	0	554.4
当年新开课题数(项)	7	3 703	1	1	20	0	0	9	98	951	952	0	0	693	833	0	145
当年新开课题批准经费(千元)	8	70 086.25	200	180	1 738	0	0	194.2	1 481.5	8 572.2	8 160.75	0	0	44 065.1	4 854.5	0	640
当年完成课题数(项)	9	3 106	2	0	8	0	0	4	64	538	919	0	0	615	842	0	109

续表

出版著作(部)	合计		10	107	0	0	6	0	0	0	7	24	35	0	0	7	25	0	3
	专著	合计	11	53	0	0	6	0	0	0	6	15	16	0	0	4	4	0	2
		其中:被译成外文	12	0	0	0	0	0	0	0	0	0	0	0	0	0	0	0	0
	编著教材		13	50	0	0	0	0	0	0	1	9	19	0	0	0	20	0	1
	工具书/参考书		14	2	0	0	0	0	0	0	0	0	0	0	0	1	1	0	0
	皮书/发展报告		15	2	0	0	0	0	0	0	0	0	0	0	0	2	0	0	0
	科普读物		16	0	0	0	0	0	0	0	0	0	0	0	0	0	0	0	0
古籍整理(部)			17	0	0	0	0	0	0	0	0	0	0	0	0	0	0	0	0
译著(部)			18	4	0	0	0	0	0	0	0	3	1	0	0	0	0	0	0
发表译文(篇)			19	3	0	0	0	0	0	0	0	0	0	0	0	3	0	0	0
电子出版物(件)			20	3	0	0	0	0	0	0	0	0	0	0	0	3	0	0	0
发表论文(篇)	合计		21	4 833	5	3	47	0	1	15	186	1 606	1 180	1	0	148	1 498	0	143
	国内学术刊物		22	4 812	5	3	47	0	1	15	184	1 599	1 173	1	0	148	1 494	0	142
	国外学术刊物		23	21	0	0	0	0	0	0	2	7	7	0	0	0	4	0	1
	港、澳、台地区刊物		24	0	0	0	0	0	0	0	0	0	0	0	0	0	0	0	0
研究与咨询报告(篇)	合计		25	797	0	0	0	0	0	1	3	10	246	0	0	503	30	0	4
	其中:被采纳数		26	313	0	0	0	0	0	0	2	1	63	0	0	245	2	0	0

3.1 盐城幼儿师范高等专科学校人文、社会科学研究与课题成果来源情况表

		课题来源															
		合计	国家社科基金项目	国家社科基金单列学科项目	教育部人文社科研究项目	高校古籍整理研究项目	国家自然科学基金项目	中央其他部门社科专门项目	省、市、自治区社科基金项目	省教育厅社科项目	地、市、厅、局等政府部门项目	国际合作研究项目	与港、澳、台地区合作研究项目	企事业单位委托项目	学校社科项目	外资项目	其他
	编号	L01	L02	L03	L04	L05	L06	L07	L08	L09	L10	L11	L12	L13	L14	L15	L16
课题数(项)	1	64	0	0	1	0	0	0	1	33	12	0	0	1	0	0	16
当年投入人数(人年)	2	9.7	0	0	0.1	0	0	0	0.2	5.3	2.2	0	0	0.2	0	0	1.7
其中:研究生(人年)	3	0	0	0	0	0	0	0	0	0	0	0	0	0	0	0	0
当年拨入经费(千元)	4	295.5	0	0	20	0	0	0	0	170	45	0	0	0	0	0	60.5
其中:当年立项项目拨入经费(千元)	5	135.5	0	0	20	0	0	0	0	70	5	0	0	0	0	0	40.5
当年支出经费(千元)	6	295.5	0	0	20	0	0	0	0	170	45	0	0	0	0	0	60.5
当年新开课题数(项)	7	31	0	0	1	0	0	0	0	13	2	0	0	0	0	0	15
当年新开课题批准经费(千元)	8	361	0	0	100	0	0	0	0	140	40	0	0	0	0	0	81
当年完成课题数(项)	9	3	0	0	0	0	0	0	0	0	3	0	0	0	0	0	0

续表

出版著作(部)	合计		10	0	0	0	0	0	0	0	0	0	0	0	0	0	0	0	0
	专著	合计	11	0	0	0	0	0	0	0	0	0	0	0	0	0	0	0	0
		被译成外文	12	0	0	0	0	0	0	0	0	0	0	0	0	0	0	0	0
	编著教材		13	0	0	0	0	0	0	0	0	0	0	0	0	0	0	0	0
	工具书/参考书		14	0	0	0	0	0	0	0	0	0	0	0	0	0	0	0	0
	皮书/发展报告		15	0	0	0	0	0	0	0	0	0	0	0	0	0	0	0	0
	科普读物		16	0	0	0	0	0	0	0	0	0	0	0	0	0	0	0	0
古籍整理(部)			17	0	0	0	0	0	0	0	0	0	0	0	0	0	0	0	0
译著(部)			18	0	0	0	0	0	0	0	0	0	0	0	0	0	0	0	0
发表译文(篇)			19	0	0	0	0	0	0	0	0	0	0	0	0	0	0	0	0
电子出版物(件)			20	0	0	0	0	0	0	0	0	0	0	0	0	0	0	0	0
发表论文(篇)	合计		21	21	0	0	0	0	0	0	0	8	10	0	0	0	0	0	3
	国内学术刊物		22	21	0	0	0	0	0	0	0	8	10	0	0	0	0	0	3
	国外学术刊物		23	0	0	0	0	0	0	0	0	0	0	0	0	0	0	0	0
	港、澳、台地区刊物		24	0	0	0	0	0	0	0	0	0	0	0	0	0	0	0	0
研究与咨询报告(篇)	合计		25	0	0	0	0	0	0	0	0	0	0	0	0	0	0	0	0
	其中:被采纳数		26	0	0	0	0	0	0	0	0	0	0	0	0	0	0	0	0

3.2 苏州幼儿师范高等专科学校人文、社会科学研究与课题成果来源情况表

		课题来源															
		合计	国家社科基金项目	国家社科基金单列学科项目	教育部人文社科研究项目	高校古籍整理研究项目	国家自然科学基金项目	中央其他部门社科专门项目	省、市、自治区社科基金项目	省教育厅社科项目	地、市、厅、局等政府部门项目	国际合作研究项目	与港、澳、台地区合作研究项目	企事业单位委托项目	学校社科项目	外资项目	其他
	编号	L01	L02	L03	L04	L05	L06	L07	L08	L09	L10	L11	L12	L13	L14	L15	L16
课题数(项)	1	85	0	0	0	0	0	0	0	37	26	0	0	3	0	0	19
当年投入人数(人年)	2	9	0	0	0	0	0	0	0	3.7	3.1	0	0	0.3	0	0	1.9
其中:研究生(人年)	3	0	0	0	0	0	0	0	0	0	0	0	0	0	0	0	0
当年拨入经费(千元)	4	392	0	0	0	0	0	0	0	160	202	0	0	30	0	0	0
其中:当年立项项目拨入经费(千元)	5	342	0	0	0	0	0	0	0	140	202	0	0	0	0	0	0
当年支出经费(千元)	6	236.3	0	0	0	0	0	0	0	25.6	172.5	0	0	38.2	0	0	0
当年新开课题数(项)	7	25	0	0	0	0	0	0	0	14	2	0	0	0	0	0	9
当年新开课题批准经费(千元)	8	342	0	0	0	0	0	0	0	140	202	0	0	0	0	0	0
当年完成课题数(项)	9	5	0	0	0	0	0	0	0	0	4	0	0	1	0	0	0

续表

出版著作(部)	合计		10	0	0	0	0	0	0	0	0	0	0	0	0	0	0	0	0
	专著	合计	11	0	0	0	0	0	0	0	0	0	0	0	0	0	0	0	0
		其中:被译成外文	12	0	0	0	0	0	0	0	0	0	0	0	0	0	0	0	0
	编著教材		13	0	0	0	0	0	0	0	0	0	0	0	0	0	0	0	0
	工具书/参考书		14	0	0	0	0	0	0	0	0	0	0	0	0	0	0	0	0
	皮书/发展报告		15	0	0	0	0	0	0	0	0	0	0	0	0	0	0	0	0
	科普读物		16	0	0	0	0	0	0	0	0	0	0	0	0	0	0	0	0
古籍整理(部)			17	0	0	0	0	0	0	0	0	0	0	0	0	0	0	0	0
译著(部)			18	0	0	0	0	0	0	0	0	0	0	0	0	0	0	0	0
发表译文(篇)			19	0	0	0	0	0	0	0	0	0	0	0	0	0	0	0	0
电子出版物(件)			20	0	0	0	0	0	0	0	0	0	0	0	0	0	0	0	0
发表论文(篇)	合计		21	15	0	0	0	0	0	0	0	8	2	0	0	1	0	0	4
	国内学术刊物		22	15	0	0	0	0	0	0	0	8	2	0	0	1	0	0	4
	国外学术刊物		23	0	0	0	0	0	0	0	0	0	0	0	0	0	0	0	0
	港、澳、台地区刊物		24	0	0	0	0	0	0	0	0	0	0	0	0	0	0	0	0
研究与咨询报告(篇)	合计		25	0	0	0	0	0	0	0	0	0	0	0	0	0	0	0	0
	其中:被采纳数		26	0	0	0	0	0	0	0	0	0	0	0	0	0	0	0	0

3.3 无锡职业技术学院人文、社会科学研究与课题成果来源情况表

		课题来源															
		合计	国家社科基金项目	国家社科基金单列学科项目	教育部人文社科研究项目	高校古籍整理研究项目	国家自然科学基金项目	中央其他部门社科专门项目	省、市、自治区社科基金项目	省教育厅社科项目	地、市、厅、局等政府部门项目	国际合作研究项目	与港、澳、台地区合作研究项目	企事业单位委托项目	学校社科项目	外资项目	其他
	编号	L01	L02	L03	L04	L05	L06	L07	L08	L09	L10	L11	L12	L13	L14	L15	L16
课题数(项)	1	234	2	0	9	0	0	4	5	74	73	0	0	2	65	0	0
当年投入人数(人年)	2	32.8	0.5	0	2.7	0	0	1	1.2	11.2	7.9	0	0	0.4	7.9	0	0
其中:研究生(人年)	3	0	0	0	0	0	0	0	0	0	0	0	0	0	0	0	0
当年拨入经费(千元)	4	968	0	0	150	0	0	5	0	181	424	0	0	200	8	0	0
其中:当年立项项目拨入经费(千元)	5	803	0	0	30	0	0	5	0	167	401	0	0	200	0	0	0
当年支出经费(千元)	6	1 005.74	20.8	0	194.02	0	0	5.25	8.72	74.2	365.9	0	0	70	266.85	0	0
当年新开课题数(项)	7	85	0	0	1	0	0	1	0	27	32	0	0	2	22	0	0
当年新开课题批准经费(千元)	8	1 199	0	0	80	0	0	5	0	220	401	0	0	200	293	0	0
当年完成课题数(项)	9	87	0	0	1	0	0	0	2	12	38	0	0	0	34	0	0

续表

出版著作(部)	合计		10	3	0	0	1	0	0	0	0	0	2	0	0	0	0	0	0
	专著	合计	11	3	0	0	1	0	0	0	0	0	2	0	0	0	0	0	0
		其中:被译成外文	12	0	0	0	0	0	0	0	0	0	0	0	0	0	0	0	0
	编著教材		13	0	0	0	0	0	0	0	0	0	0	0	0	0	0	0	0
	工具书/参考书		14	0	0	0	0	0	0	0	0	0	0	0	0	0	0	0	0
	皮书/发展报告		15	0	0	0	0	0	0	0	0	0	0	0	0	0	0	0	0
	科普读物		16	0	0	0	0	0	0	0	0	0	0	0	0	0	0	0	0
古籍整理(部)			17	0	0	0	0	0	0	0	0	0	0	0	0	0	0	0	0
译著(部)			18	0	0	0	0	0	0	0	0	0	0	0	0	0	0	0	0
发表译文(篇)			19	0	0	0	0	0	0	0	0	0	0	0	0	0	0	0	0
电子出版物(件)			20	0	0	0	0	0	0	0	0	0	0	0	0	0	0	0	0
发表论文(篇)	合计		21	132	2	0	9	0	0	4	4	38	33	0	0	0	42	0	0
	国内学术刊物		22	132	2	0	9	0	0	4	4	38	33	0	0	0	42	0	0
	国外学术刊物		23	0	0	0	0	0	0	0	0	0	0	0	0	0	0	0	0
	港、澳、台地区刊物		24	0	0	0	0	0	0	0	0	0	0	0	0	0	0	0	0
研究与咨询报告(篇)	合计		25	1	0	0	0	0	0	0	0	0	1	0	0	0	0	0	0
	其中:被采纳数		26	1	0	0	0	0	0	0	0	0	1	0	0	0	0	0	0

3.4 江苏建筑职业技术学院人文、社会科学研究与课题成果来源情况表

		课题来源															
		合计	国家社科基金项目	国家社科基金单列学科项目	教育部人文社科研究项目	高校古籍整理研究项目	国家自然科学基金项目	中央其他部门社科专门项目	省、市、自治区社科基金项目	省教育厅社科项目	地、市、厅、局等政府部门项目	国际合作研究项目	与港、澳、台地区合作研究项目	企事业单位委托项目	学校社科项目	外资项目	其他
	编号	L01	L02	L03	L04	L05	L06	L07	L08	L09	L10	L11	L12	L13	L14	L15	L16
课题数(项)	1	247	0	0	2	0	0	0	13	46	134	0	0	6	46	0	0
当年投入人数(人年)	2	53.3	0	0	0.3	0	0	0	1.9	12.4	29.8	0	0	1.7	7.2	0	0
其中:研究生(人年)	3	0	0	0	0	0	0	0	0	0	0	0	0	0	0	0	0
当年拨入经费(千元)	4	452	0	0	50	0	0	0	3	16	15	0	0	132	236	0	0
其中:当年立项项目拨入经费(千元)	5	402	0	0	0	0	0	0	3	16	15	0	0	132	236	0	0
当年支出经费(千元)	6	456.6	0	0	49.5	0	0	0	1	20.1	5.1	0	0	202	178.9	0	0
当年新开课题数(项)	7	111	0	0	0	0	0	0	8	10	57	0	0	5	31	0	0
当年新开课题批准经费(千元)	8	407	0	0	0	0	0	0	3	16	20	0	0	132	236	0	0
当年完成课题数(项)	9	144	0	0	1	0	0	0	5	13	90	0	0	6	29	0	0

续表

出版著作(部)	合计		10	12	0	0	1	0	0	0	3	7	1	0	0	0	0	0	0
	专著	合计	11	7	0	0	1	0	0	0	2	3	1	0	0	0	0	0	0
		其中:被译成外文	12	0	0	0	0	0	0	0	0	0	0	0	0	0	0	0	0
	编著教材		13	5	0	0	0	0	0	0	1	4	0	0	0	0	0	0	0
	工具书/参考书		14	0	0	0	0	0	0	0	0	0	0	0	0	0	0	0	0
	皮书/发展报告		15	0	0	0	0	0	0	0	0	0	0	0	0	0	0	0	0
	科普读物		16	0	0	0	0	0	0	0	0	0	0	0	0	0	0	0	0
古籍整理(部)			17	0	0	0	0	0	0	0	0	0	0	0	0	0	0	0	0
译著(部)			18	1	0	0	0	0	0	0	0	0	1	0	0	0	0	0	0
发表译文(篇)			19	0	0	0	0	0	0	0	0	0	0	0	0	0	0	0	0
电子出版物(件)			20	0	0	0	0	0	0	0	0	0	0	0	0	0	0	0	0
发表论文(篇)	合计		21	240	0	0	1	0	0	0	22	16	144	0	0	0	57	0	0
	国内学术刊物		22	238	0	0	1	0	0	0	21	16	144	0	0	0	56	0	0
	国外学术刊物		23	2	0	0	0	0	0	0	1	0	0	0	0	0	1	0	0
	港、澳、台地区刊物		24	0	0	0	0	0	0	0	0	0	0	0	0	0	0	0	0
研究与咨询报告(篇)	合计		25	7	0	0	0	0	0	0	0	0	0	0	0	7	0	0	0
	其中:被采纳数		26	6	0	0	0	0	0	0	0	0	0	0	0	6	0	0	0

3.5 南京工业职业技术学院人文、社会科学研究与课题成果来源情况表

	编号	课题来源															
		合计	国家社科基金项目	国家社科基金单列学科项目	教育部人文社科研究项目	高校古籍整理研究项目	国家自然科学基金项目	中央其他部门社科专门项目	省、市、自治区社科基金项目	省教育厅社科项目	地、市、厅、局等政府部门项目	国际合作研究项目	与港、澳、台地区合作研究项目	企事业单位委托项目	学校社科项目	外资项目	其他
		L01	L02	L03	L04	L05	L06	L07	L08	L09	L10	L11	L12	L13	L14	L15	L16
课题数(项)	1	283	1	0	2	0	0	0	5	27	44	0	0	124	80	0	0
当年投入人数(人年)	2	149.3	0.7	0	1.6	0	0	0	2.9	10.1	23.3	0	0	79.6	31.1	0	0
其中:研究生(人年)	3	0	0	0	0	0	0	0	0	0	0	0	0	0	0	0	0
当年拨入经费(千元)	4	4 242.45	190	0	10	0	0	0	40	96	545	0	0	3 247.7	113.75	0	0
其中:当年立项项目拨入经费(千元)	5	3 878.1	190	0	10	0	0	0	40	96	545	0	0	2 884.6	112.5	0	0
当年支出经费(千元)	6	3 741.31	168	0	7.4	0	0	0	37.6	86.8	393.76	0	0	2 960.2	87.55	0	0
当年新开课题数(项)	7	98	1	0	1	0	0	0	2	3	17	0	0	65	9	0	0
当年新开课题批准经费(千元)	8	4 312.1	200	0	10	0	0	0	50	240	553	0	0	3 146.6	112.5	0	0
当年完成课题数(项)	9	49	0	0	0	0	0	0	0	6	1	0	0	6	36	0	0

续表

出版著作(部)	合计		10	0	0	0	0	0	0	0	0	0	0	0	0	0	0	0	0
	专著	合计	11	0	0	0	0	0	0	0	0	0	0	0	0	0	0	0	0
		其中:被译成外文	12	0	0	0	0	0	0	0	0	0	0	0	0	0	0	0	0
	编著教材		13	0	0	0	0	0	0	0	0	0	0	0	0	0	0	0	0
	工具书/参考书		14	0	0	0	0	0	0	0	0	0	0	0	0	0	0	0	0
	皮书/发展报告		15	0	0	0	0	0	0	0	0	0	0	0	0	0	0	0	0
	科普读物		16	0	0	0	0	0	0	0	0	0	0	0	0	0	0	0	0
古籍整理(部)			17	0	0	0	0	0	0	0	0	0	0	0	0	0	0	0	0
译著(部)			18	0	0	0	0	0	0	0	0	0	0	0	0	0	0	0	0
发表译文(篇)			19	0	0	0	0	0	0	0	0	0	0	0	0	0	0	0	0
电子出版物(件)			20	0	0	0	0	0	0	0	0	0	0	0	0	0	0	0	0
发表论文(篇)	合计		21	119	0	0	1	0	0	0	7	28	15	0	0	0	68	0	0
	国内学术刊物		22	119	0	0	1	0	0	0	7	28	15	0	0	0	68	0	0
	国外学术刊物		23	0	0	0	0	0	0	0	0	0	0	0	0	0	0	0	0
	港、澳、台地区刊物		24	0	0	0	0	0	0	0	0	0	0	0	0	0	0	0	0
研究与咨询报告(篇)	合计		25	64	0	0	0	0	0	0	0	0	0	0	0	64	0	0	0
	其中:被采纳数		26	64	0	0	0	0	0	0	0	0	0	0	0	64	0	0	0

3.6 江苏工程职业技术学院人文、社会科学研究与课题成果来源情况表

		课题来源															
		合计	国家社科基金项目	国家社科基金单列学科项目	教育部人文社科研究项目	高校古籍整理研究项目	国家自然科学基金项目	中央其他部门社科专门项目	省、市、自治区社科基金项目	省教育厅社科项目	地、市、厅、局等政府部门项目	国际合作研究项目	与港、澳、台地区合作研究项目	企事业单位委托项目	学校社科项目	外资项目	其他
	编号	L01	L02	L03	L04	L05	L06	L07	L08	L09	L10	L11	L12	L13	L14	L15	L16
课题数(项)	1	138	0	0	0	0	0	0	2	48	56	0	0	0	32	0	0
当年投入人数(人年)	2	21.1	0	0	0	0	0	0	0.2	7.3	9.5	0	0	0	4.1	0	0
其中:研究生(人年)	3	0	0	0	0	0	0	0	0	0	0	0	0	0	0	0	0
当年拨入经费(千元)	4	135	0	0	0	0	0	0	10	26	85	0	0	0	14	0	0
其中:当年立项项目拨入经费(千元)	5	135	0	0	0	0	0	0	10	26	85	0	0	0	14	0	0
当年支出经费(千元)	6	133.5	0	0	0	0	0	0	5	36	80.5	0	0	0	12	0	0
当年新开课题数(项)	7	57	0	0	0	0	0	0	1	12	30	0	0	0	14	0	0
当年新开课题批准经费(千元)	8	292	0	0	0	0	0	0	50	95	118	0	0	0	29	0	0
当年完成课题数(项)	9	50	0	0	0	0	0	0	0	12	21	0	0	0	17	0	0

续表

出版著作(部)	合计		10	3	0	0	0	0	0	0	0	0	1	0	0	0	2	0	0
	专著	合计	11	3	0	0	0	0	0	0	0	0	1	0	0	0	2	0	0
		其中:被译成外文	12	0	0	0	0	0	0	0	0	0	0	0	0	0	0	0	0
	编著教材		13	0	0	0	0	0	0	0	0	0	0	0	0	0	0	0	0
	工具书/参考书		14	0	0	0	0	0	0	0	0	0	0	0	0	0	0	0	0
	皮书/发展报告		15	0	0	0	0	0	0	0	0	0	0	0	0	0	0	0	0
	科普读物		16	0	0	0	0	0	0	0	0	0	0	0	0	0	0	0	0
古籍整理(部)			17	0	0	0	0	0	0	0	0	0	0	0	0	0	0	0	0
译著(部)			18	0	0	0	0	0	0	0	0	0	0	0	0	0	0	0	0
发表译文(篇)			19	0	0	0	0	0	0	0	0	0	0	0	0	0	0	0	0
电子出版物(件)			20	0	0	0	0	0	0	0	0	0	0	0	0	0	0	0	0
发表论文(篇)	合计		21	158	0	0	0	0	0	0	1	42	58	0	0	0	57	0	0
	国内学术刊物		22	158	0	0	0	0	0	0	1	42	58	0	0	0	57	0	0
	国外学术刊物		23	0	0	0	0	0	0	0	0	0	0	0	0	0	0	0	0
	港、澳、台地区刊物		24	0	0	0	0	0	0	0	0	0	0	0	0	0	0	0	0
研究与咨询报告(篇)	合计		25	0	0	0	0	0	0	0	0	0	0	0	0	0	0	0	0
	其中:被采纳数		26	0	0	0	0	0	0	0	0	0	0	0	0	0	0	0	0

3.7 苏州工艺美术职业技术学院人文、社会科学研究与课题成果来源情况表

		课题来源															
		合计	国家社科基金项目	国家社科基金单列学科项目	教育部人文社科研究项目	高校古籍整理研究项目	国家自然科学基金项目	中央其他部门社科专门项目	省、市、自治区社科基金项目	省教育厅社科项目	地、市、厅、局等政府部门项目	国际合作研究项目	与港、澳、台地区合作研究项目	企事业单位委托项目	学校社科项目	外资项目	其他
	编号	L01	L02	L03	L04	L05	L06	L07	L08	L09	L10	L11	L12	L13	L14	L15	L16
课题数(项)	1	124	0	0	1	0	0	0	0	44	57	0	0	4	13	0	5
当年投入人数(人年)	2	23	0	0	0.2	0	0	0	0	10	7.8	0	0	1.4	2.6	0	1
其中:研究生(人年)	3	0	0	0	0	0	0	0	0	0	0	0	0	0	0	0	0
当年拨入经费(千元)	4	555	0	0	0	0	0	0	0	3	144	0	0	405	0	0	3
其中:当年立项项目拨入经费(千元)	5	549	0	0	0	0	0	0	0	0	144	0	0	405	0	0	0
当年支出经费(千元)	6	771	0	0	20.7	0	0	0	0	127	184.9	0	0	405	21.4	0	12
当年新开课题数(项)	7	32	0	0	0	0	0	0	0	0	28	0	0	4	0	0	0
当年新开课题批准经费(千元)	8	1 171	0	0	0	0	0	0	0	0	266	0	0	905	0	0	0
当年完成课题数(项)	9	58	0	0	0	0	0	0	0	15	27	0	0	3	11	0	2

续表

出版著作(部)	合计		10	0	0	0	0	0	0	0	0	0	0	0	0	0	0	0	0
	专著	合计	11	0	0	0	0	0	0	0	0	0	0	0	0	0	0	0	0
		其中:被译成外文	12	0	0	0	0	0	0	0	0	0	0	0	0	0	0	0	0
	编著教材		13	0	0	0	0	0	0	0	0	0	0	0	0	0	0	0	0
	工具书/参考书		14	0	0	0	0	0	0	0	0	0	0	0	0	0	0	0	0
	皮书/发展报告		15	0	0	0	0	0	0	0	0	0	0	0	0	0	0	0	0
	科普读物		16	0	0	0	0	0	0	0	0	0	0	0	0	0	0	0	0
古籍整理(部)			17	0	0	0	0	0	0	0	0	0	0	0	0	0	0	0	0
译著(部)			18	0	0	0	0	0	0	0	0	0	0	0	0	0	0	0	0
发表译文(篇)			19	0	0	0	0	0	0	0	0	0	0	0	0	0	0	0	0
电子出版物(件)			20	0	0	0	0	0	0	0	0	0	0	0	0	0	0	0	0
发表论文(篇)	合计		21	47	0	0	1	0	0	0	0	37	5	0	0	0	3	0	1
	国内学术刊物		22	46	0	0	1	0	0	0	0	36	5	0	0	0	3	0	1
	国外学术刊物		23	1	0	0	0	0	0	0	0	1	0	0	0	0	0	0	0
	港、澳、台地区刊物		24	0	0	0	0	0	0	0	0	0	0	0	0	0	0	0	0
研究与咨询报告(篇)	合计		25	9	0	0	0	0	0	0	0	0	4	0	0	5	0	0	0
	其中:被采纳数		26	9	0	0	0	0	0	0	0	0	4	0	0	5	0	0	0

3.8 连云港职业技术学院人文、社会科学研究与课题成果来源情况表

		课题来源															
		合计	国家社科基金项目	国家社科基金单列学科项目	教育部人文社科研究项目	高校古籍整理研究项目	国家自然科学基金项目	中央其他部门社科专门项目	省、市、自治区社科基金项目	省教育厅社科项目	地、市、厅、局等政府部门项目	国际合作研究项目	与港、澳、台地区合作研究项目	企事业单位委托项目	学校社科项目	外资项目	其他
	编号	L01	L02	L03	L04	L05	L06	L07	L08	L09	L10	L11	L12	L13	L14	L15	L16
课题数(项)	1	106	0	0	1	0	0	0	15	28	24	0	0	6	32	0	0
当年投入人数(人年)	2	35.5	0	0	0.6	0	0	0	3	13.1	6.9	0	0	3.1	8.8	0	0
其中:研究生(人年)	3	0	0	0	0	0	0	0	0	0	0	0	0	0	0	0	0
当年拨入经费(千元)	4	105	0	0	0	0	0	0	10	13	24.5	0	0	44.5	13	0	0
其中:当年立项项目拨入经费(千元)	5	87	0	0	0	0	0	0	5	8	22	0	0	40	12	0	0
当年支出经费(千元)	6	105.55	0	0	0	0	0	0	5	16.55	24.5	0	0	46.5	13	0	0
当年新开课题数(项)	7	58	0	0	0	0	0	0	9	8	14	0	0	4	23	0	0
当年新开课题批准经费(千元)	8	234.5	0	0	0	0	0	0	37	80	34	0	0	42	41.5	0	0
当年完成课题数(项)	9	39	0	0	1	0	0	0	3	10	15	0	0	5	5	0	0

续表

出版著作(部)	合计		10	1	0	0	0	0	0	0	0	0	0	0	0	0	0	0	1
	专著	合计	11	0	0	0	0	0	0	0	0	0	0	0	0	0	0	0	0
		其中:被译成外文	12	0	0	0	0	0	0	0	0	0	0	0	0	0	0	0	0
	编著教材		13	1	0	0	0	0	0	0	0	0	0	0	0	0	0	0	1
	工具书/参考书		14	0	0	0	0	0	0	0	0	0	0	0	0	0	0	0	0
	皮书/发展报告		15	0	0	0	0	0	0	0	0	0	0	0	0	0	0	0	0
	科普读物		16	0	0	0	0	0	0	0	0	0	0	0	0	0	0	0	0
古籍整理(部)			17	0	0	0	0	0	0	0	0	0	0	0	0	0	0	0	0
译著(部)			18	0	0	0	0	0	0	0	0	0	0	0	0	0	0	0	0
发表译文(篇)			19	0	0	0	0	0	0	0	0	0	0	0	0	0	0	0	0
电子出版物(件)			20	0	0	0	0	0	0	0	0	0	0	0	0	0	0	0	0
发表论文(篇)	合计		21	35	0	0	0	0	0	0	9	10	4	0	0	2	4	0	6
	国内学术刊物		22	34	0	0	0	0	0	0	8	10	4	0	0	2	4	0	6
	国外学术刊物		23	1	0	0	0	0	0	0	1	0	0	0	0	0	0	0	0
	港、澳、台地区刊物		24	0	0	0	0	0	0	0	0	0	0	0	0	0	0	0	0
研究与咨询报告(篇)	合计		25	2	0	0	0	0	0	0	0	0	0	0	0	1	1	0	0
	其中:被采纳数		26	1	0	0	0	0	0	0	0	0	0	0	0	1	0	0	0

3.9 镇江市高等专科学校人文、社会科学研究与课题成果来源情况表

		课题来源															
		合计	国家社科基金项目	国家社科基金单列学科项目	教育部人文社科研究项目	高校古籍整理研究项目	国家自然科学基金项目	中央其他部门社科专门项目	省、市、自治区社科基金项目	省教育厅社科项目	地、市、厅、局等政府部门项目	国际合作研究项目	与港、澳、台地区合作研究项目	企事业单位委托项目	学校社科项目	外资项目	其他
	编号	L01	L02	L03	L04	L05	L06	L07	L08	L09	L10	L11	L12	L13	L14	L15	L16
课题数(项)	1	105	0	0	2	0	0	0	8	13	30	0	0	4	42	0	6
当年投入人数(人年)	2	37.2	0	0	1.7	0	0	0	3.5	5.4	9	0	0	2.9	13	0	1.7
其中:研究生(人年)	3	0	0	0	0	0	0	0	0	0	0	0	0	0	0	0	0
当年拨入经费(千元)	4	745	0	0	60	0	0	0	86	20	294	0	0	200	73.6	0	11.4
其中:当年立项项目拨入经费(千元)	5	513.4	0	0	60	0	0	0	79	20	285	0	0	0	58	0	11.4
当年支出经费(千元)	6	842.6	0	0	7	0	0	0	65.5	33.4	342.3	0	0	277.4	109	0	8
当年新开课题数(项)	7	48	0	0	2	0	0	0	3	2	24	0	0	0	13	0	4
当年新开课题批准经费(千元)	8	655	0	0	180	0	0	0	95	20	285	0	0	0	58	0	17
当年完成课题数(项)	9	66	0	0	0	0	0	0	3	3	24	0	0	4	30	0	2

续表

出版著作(部)	合计		10	4	0	0	0	0	0	0	2	1	0	0	0	0	1	0	0
	专著	合计	11	3	0	0	0	0	0	0	2	1	0	0	0	0	0	0	0
		其中:被译成外文	12	0	0	0	0	0	0	0	0	0	0	0	0	0	0	0	0
	编著教材		13	1	0	0	0	0	0	0	0	0	0	0	0	0	1	0	0
	工具书/参考书		14	0	0	0	0	0	0	0	0	0	0	0	0	0	0	0	0
	皮书/发展报告		15	0	0	0	0	0	0	0	0	0	0	0	0	0	0	0	0
	科普读物		16	0	0	0	0	0	0	0	0	0	0	0	0	0	0	0	0
古籍整理(部)			17	0	0	0	0	0	0	0	0	0	0	0	0	0	0	0	0
译著(部)			18	0	0	0	0	0	0	0	0	0	0	0	0	0	0	0	0
发表译文(篇)			19	0	0	0	0	0	0	0	0	0	0	0	0	0	0	0	0
电子出版物(件)			20	0	0	0	0	0	0	0	0	0	0	0	0	0	0	0	0
发表论文(篇)	合计		21	58	0	0	1	0	0	0	4	3	22	0	0	0	26	0	2
	国内学术刊物		22	57	0	0	1	0	0	0	4	3	22	0	0	0	25	0	2
	国外学术刊物		23	1	0	0	0	0	0	0	0	0	0	0	0	0	1	0	0
	港、澳、台地区刊物		24	0	0	0	0	0	0	0	0	0	0	0	0	0	0	0	0
研究与咨询报告(篇)	合计		25	13	0	0	0	0	0	0	0	1	2	0	0	4	5	0	1
	其中:被采纳数		26	7	0	0	0	0	0	0	0	0	1	0	0	4	2	0	0

3.10 南通职业大学人文、社会科学研究与课题成果来源情况表

		课题来源															
		合计	国家社科基金项目	国家社科基金单列学科项目	教育部人文社科研究项目	高校古籍整理研究项目	国家自然科学基金项目	中央其他部门社科专门项目	省、市、自治区社科基金项目	省教育厅社科项目	地、市、厅、局等政府部门项目	国际合作研究项目	与港、澳、台地区合作研究项目	企事业单位委托项目	学校社科项目	外资项目	其他
	编号	L01	L02	L03	L04	L05	L06	L07	L08	L09	L10	L11	L12	L13	L14	L15	L16
课题数(项)	1	121	0	0	0	0	0	0	0	43	44	0	0	11	23	0	0
当年投入人数(人年)	2	23.9	0	0	0	0	0	0	0	8.5	8.7	0	0	2.5	4.2	0	0
其中:研究生(人年)	3	0	0	0	0	0	0	0	0	0	0	0	0	0	0	0	0
当年拨入经费(千元)	4	628	0	0	0	0	0	0	0	250	149	0	0	165	64	0	0
其中:当年立项项目拨入经费(千元)	5	628	0	0	0	0	0	0	0	250	149	0	0	165	64	0	0
当年支出经费(千元)	6	628	0	0	0	0	0	0	0	250	124	0	0	205	49	0	0
当年新开课题数(项)	7	59	0	0	0	0	0	0	0	25	20	0	0	5	9	0	0
当年新开课题批准经费(千元)	8	634	0	0	0	0	0	0	0	250	149	0	0	165	70	0	0
当年完成课题数(项)	9	61	0	0	0	0	0	0	0	18	24	0	0	5	14	0	0

续表

出版著作(部)	合计		10	0	0	0	0	0	0	0	0	0	0	0	0	0	0	0	0
	专著	合计	11	0	0	0	0	0	0	0	0	0	0	0	0	0	0	0	0
		其中:被译成外文	12	0	0	0	0	0	0	0	0	0	0	0	0	0	0	0	0
	编著教材		13	0	0	0	0	0	0	0	0	0	0	0	0	0	0	0	0
	工具书/参考书		14	0	0	0	0	0	0	0	0	0	0	0	0	0	0	0	0
	皮书/发展报告		15	0	0	0	0	0	0	0	0	0	0	0	0	0	0	0	0
	科普读物		16	0	0	0	0	0	0	0	0	0	0	0	0	0	0	0	0
古籍整理(部)			17	0	0	0	0	0	0	0	0	0	0	0	0	0	0	0	0
译著(部)			18	0	0	0	0	0	0	0	0	0	0	0	0	0	0	0	0
发表译文(篇)			19	0	0	0	0	0	0	0	0	0	0	0	0	0	0	0	0
电子出版物(件)			20	0	0	0	0	0	0	0	0	0	0	0	0	0	0	0	0
发表论文(篇)	合计		21	50	0	0	0	0	0	0	0	25	16	0	0	0	9	0	0
	国内学术刊物		22	50	0	0	0	0	0	0	0	25	16	0	0	0	9	0	0
	国外学术刊物		23	0	0	0	0	0	0	0	0	0	0	0	0	0	0	0	0
	港、澳、台地区刊物		24	0	0	0	0	0	0	0	0	0	0	0	0	0	0	0	0
研究与咨询报告(篇)	合计		25	9	0	0	0	0	0	0	0	0	4	0	0	5	0	0	0
	其中:被采纳数		26	9	0	0	0	0	0	0	0	0	4	0	0	5	0	0	0

3.11 苏州职业大学人文、社会科学研究与课题成果来源情况表

	编号	课题来源															
		合计	国家社科基金项目	国家社科基金单列学科项目	教育部人文社科研究项目	高校古籍整理研究项目	国家自然科学基金项目	中央其他部门社科专门项目	省、市、自治区社科基金项目	省教育厅社科项目	地、市、厅、局等政府部门项目	国际合作研究项目	与港、澳、台地区合作研究项目	企事业单位委托项目	学校社科项目	外资项目	其他
		L01	L02	L03	L04	L05	L06	L07	L08	L09	L10	L11	L12	L13	L14	L15	L16
课题数(项)	1	186	0	0	1	0	0	0	5	43	57	0	0	36	40	0	4
当年投入人数(人年)	2	73.9	0	0	0.3	0	0	0	2.1	20.1	22.4	0	0	8.7	19.6	0	0.7
其中:研究生(人年)	3	0	0	0	0	0	0	0	0	0	0	0	0	0	0	0	0
当年拨入经费(千元)	4	1 815.6	0	0	40	0	0	0	60	192	484	0	0	841.6	198	0	0
其中:当年立项项目拨入经费(千元)	5	1 732.2	0	0	0	0	0	0	60	192	484	0	0	798.2	198	0	0
当年支出经费(千元)	6	1 694.5	0	0	68.4	0	0	0	36.1	76.6	609.03	0	0	806.5	97.87	0	0
当年新开课题数(项)	7	113	0	0	0	0	0	0	2	19	39	0	0	26	23	0	4
当年新开课题批准经费(千元)	8	1 830.2	0	0	0	0	0	0	70	230	508	0	0	798.2	224	0	0
当年完成课题数(项)	9	66	0	0	0	0	0	0	2	8	26	0	0	17	12	0	1

续表

出版著作(部)	合计		10	8	0	0	0	0	0	0	1	3	3	0	0	0	1	0	0
	专著	合计	11	4	0	0	0	0	0	0	1	2	0	0	0	0	1	0	0
		其中:被译成外文	12	0	0	0	0	0	0	0	0	0	0	0	0	0	0	0	0
	编著教材		13	4	0	0	0	0	0	0	0	1	3	0	0	0	0	0	0
	工具书/参考书		14	0	0	0	0	0	0	0	0	0	0	0	0	0	0	0	0
	皮书/发展报告		15	0	0	0	0	0	0	0	0	0	0	0	0	0	0	0	0
	科普读物		16	0	0	0	0	0	0	0	0	0	0	0	0	0	0	0	0
古籍整理(部)			17	0	0	0	0	0	0	0	0	0	0	0	0	0	0	0	0
译著(部)			18	0	0	0	0	0	0	0	0	0	0	0	0	0	0	0	0
发表译文(篇)			19	0	0	0	0	0	0	0	0	0	0	0	0	0	0	0	0
电子出版物(件)			20	0	0	0	0	0	0	0	0	0	0	0	0	0	0	0	0
发表论文(篇)	合计		21	137	2	0	4	0	0	0	3	25	71	0	0	3	26	0	3
	国内学术刊物		22	134	2	0	4	0	0	0	3	25	68	0	0	3	26	0	3
	国外学术刊物		23	3	0	0	0	0	0	0	0	0	3	0	0	0	0	0	0
	港、澳、台地区刊物		24	0	0	0	0	0	0	0	0	0	0	0	0	0	0	0	0
研究与咨询报告(篇)	合计		25	33	0	0	0	0	0	0	0	0	18	0	0	15	0	0	0
	其中:被采纳数		26	21	0	0	0	0	0	0	0	0	11	0	0	10	0	0	0

3.12 沙洲职业工学院人文、社会科学研究与课题成果来源情况表

		课题来源															
		合计	国家社科基金项目	国家社科基金单列学科项目	教育部人文社科研究项目	高校古籍整理研究项目	国家自然科学基金项目	中央其他部门社科专门项目	省、市、自治区社科基金项目	省教育厅社科项目	地、市、厅、局等政府部门项目	国际合作研究项目	与港、澳、台地区合作研究项目	企事业单位委托项目	学校社科项目	外资项目	其他
	编号	L01	L02	L03	L04	L05	L06	L07	L08	L09	L10	L11	L12	L13	L14	L15	L16
课题数(项)	1	52	0	0	0	0	0	0	5	23	19	0	0	5	0	0	0
当年投入人数(人年)	2	6.4	0	0	0	0	0	0	0.7	2.6	2.3	0	0	0.8	0	0	0
其中:研究生(人年)	3	0	0	0	0	0	0	0	0	0	0	0	0	0	0	0	0
当年拨入经费(千元)	4	255	0	0	0	0	0	0	30	111	24	0	0	90	0	0	0
其中:当年立项项目拨入经费(千元)	5	245	0	0	0	0	0	0	20	111	24	0	0	90	0	0	0
当年支出经费(千元)	6	174.2	0	0	0	0	0	0	16.6	68.5	37.5	0	0	51.6	0	0	0
当年新开课题数(项)	7	34	0	0	0	0	0	0	2	12	15	0	0	5	0	0	0
当年新开课题批准经费(千元)	8	245	0	0	0	0	0	0	20	111	24	0	0	90	0	0	0
当年完成课题数(项)	9	30	0	0	0	0	0	0	1	7	19	0	0	3	0	0	0

续表

			编号																
出版著作(部)	合计		10	0	0	0	0	0	0	0	0	0	0	0	0	0	0	0	0
	专著	合计	11	0	0	0	0	0	0	0	0	0	0	0	0	0	0	0	0
		其中:被译成外文	12	0	0	0	0	0	0	0	0	0	0	0	0	0	0	0	0
	编著教材		13	0	0	0	0	0	0	0	0	0	0	0	0	0	0	0	0
	工具书/参考书		14	0	0	0	0	0	0	0	0	0	0	0	0	0	0	0	0
	皮书/发展报告		15	0	0	0	0	0	0	0	0	0	0	0	0	0	0	0	0
	科普读物		16	0	0	0	0	0	0	0	0	0	0	0	0	0	0	0	0
古籍整理(部)			17	0	0	0	0	0	0	0	0	0	0	0	0	0	0	0	0
译著(部)			18	0	0	0	0	0	0	0	0	0	0	0	0	0	0	0	0
发表译文(篇)			19	0	0	0	0	0	0	0	0	0	0	0	0	0	0	0	0
电子出版物(件)			20	0	0	0	0	0	0	0	0	0	0	0	0	0	0	0	0
发表论文(篇)	合计		21	22	0	0	0	0	0	0	2	16	3	0	0	1	0	0	0
	国内学术刊物		22	22	0	0	0	0	0	0	2	16	3	0	0	1	0	0	0
	国外学术刊物		23	0	0	0	0	0	0	0	0	0	0	0	0	0	0	0	0
	港、澳、台地区刊物		24	0	0	0	0	0	0	0	0	0	0	0	0	0	0	0	0
研究与咨询报告(篇)	合计		25	2	0	0	0	0	0	0	0	0	0	0	0	2	0	0	0
	其中:被采纳数		26	0	0	0	0	0	0	0	0	0	0	0	0	0	0	0	0

3.13 扬州市职业大学人文、社会科学研究与课题成果来源情况表

		课题来源															
		合计	国家社科基金项目	国家社科基金单列学科项目	教育部人文社科研究项目	高校古籍整理研究项目	国家自然科学基金项目	中央其他部门社科专门项目	省、市、自治区社科基金项目	省教育厅社科项目	地、市、厅、局等政府部门项目	国际合作研究项目	与港、澳、台地区合作研究项目	企事业单位委托项目	学校社科项目	外资项目	其他
	编号	L01	L02	L03	L04	L05	L06	L07	L08	L09	L10	L11	L12	L13	L14	L15	L16
课题数(项)	1	264	0	0	3	0	0	0	24	33	130	0	0	48	26	0	0
当年投入人数(人年)	2	68.2	0	0	1	0	0	0	7	9.8	38.2	0	0	8.9	3.3	0	0
其中:研究生(人年)	3	0	0	0	0	0	0	0	0	0	0	0	0	0	0	0	0
当年拨入经费(千元)	4	1 077.95	0	0	120	0	0	0	0	0	210	0	0	678.95	69	0	0
其中:当年立项项目拨入经费(千元)	5	1 047.95	0	0	90	0	0	0	0	0	210	0	0	678.95	69	0	0
当年支出经费(千元)	6	1 049.35	0	0	94.4	0	0	0	0	0	207	0	0	678.95	69	0	0
当年新开课题数(项)	7	196	0	0	2	0	0	0	11	12	104	0	0	47	20	0	0
当年新开课题批准经费(千元)	8	1 217.95	0	0	180	0	0	0	0	0	290	0	0	678.95	69	0	0
当年完成课题数(项)	9	182	0	0	0	0	0	0	2	12	114	0	0	48	6	0	0

续表

出版著作(部)	合计		10	1	0	0	0	0	0	0	0	0	0	0	0	1	0	0	0
	专著	合计	11	0	0	0	0	0	0	0	0	0	0	0	0	0	0	0	0
		其中:被译成外文	12	0	0	0	0	0	0	0	0	0	0	0	0	0	0	0	0
	编著教材		13	0	0	0	0	0	0	0	0	0	0	0	0	0	0	0	0
	工具书/参考书		14	1	0	0	0	0	0	0	0	0	0	0	0	1	0	0	0
	皮书/发展报告		15	0	0	0	0	0	0	0	0	0	0	0	0	0	0	0	0
	科普读物		16	0	0	0	0	0	0	0	0	0	0	0	0	0	0	0	0
古籍整理(部)			17	0	0	0	0	0	0	0	0	0	0	0	0	0	0	0	0
译著(部)			18	0	0	0	0	0	0	0	0	0	0	0	0	0	0	0	0
发表译文(篇)			19	0	0	0	0	0	0	0	0	0	0	0	0	0	0	0	0
电子出版物(件)			20	3	0	0	0	0	0	0	0	0	0	0	0	3	0	0	0
发表论文(篇)	合计		21	139	0	0	1	0	0	0	24	35	60	0	0	0	19	0	0
	国内学术刊物		22	139	0	0	1	0	0	0	24	35	60	0	0	0	19	0	0
	国外学术刊物		23	0	0	0	0	0	0	0	0	0	0	0	0	0	0	0	0
	港、澳、台地区刊物		24	0	0	0	0	0	0	0	0	0	0	0	0	0	0	0	0
研究与咨询报告(篇)	合计		25	130	0	0	0	0	0	0	0	0	87	0	0	43	0	0	0
	其中:被采纳数		26	12	0	0	0	0	0	0	0	0	5	0	0	7	0	0	0

3.14 连云港师范高等专科学校人文、社会科学研究与课题成果来源情况表

		课题来源															
		合计	国家社科基金项目	国家社科基金单列学科项目	教育部人文社科研究项目	高校古籍整理研究项目	国家自然科学基金项目	中央其他部门社科专门项目	省、市、自治区社科基金项目	省教育厅社科项目	地、市、厅、局等政府部门项目	国际合作研究项目	与港、澳、台地区合作研究项目	企事业单位委托项目	学校社科项目	外资项目	其他
	编号	L01	L02	L03	L04	L05	L06	L07	L08	L09	L10	L11	L12	L13	L14	L15	L16
课题数(项)	1	176	0	0	1	0	0	0	21	38	19	0	0	0	97	0	0
当年投入人数(人年)	2	17.8	0	0	0.2	0	0	0	2.1	3.6	2.2	0	0	0	9.7	0	0
其中:研究生(人年)	3	0	0	0	0	0	0	0	0	0	0	0	0	0	0	0	0
当年拨入经费(千元)	4	160	0	0	0	0	0	0	57	64	39	0	0	0	0	0	0
其中:当年立项项目拨入经费(千元)	5	15	0	0	0	0	0	0	0	0	15	0	0	0	0	0	0
当年支出经费(千元)	6	73	0	0	0	0	0	0	26	8	39	0	0	0	0	0	0
当年新开课题数(项)	7	25	0	0	0	0	0	0	0	14	4	0	0	0	7	0	0
当年新开课题批准经费(千元)	8	189	0	0	0	0	0	0	0	56	23	0	0	0	110	0	0
当年完成课题数(项)	9	28	0	0	0	0	0	0	0	6	3	0	0	0	19	0	0

续表

出版著作(部)	合计		10	3	0	0	0	0	0	0	0	0	0	0	0	0	3	0	0
	专著	合计	11	0	0	0	0	0	0	0	0	0	0	0	0	0	0	0	0
		其中:被译成外文	12	0	0	0	0	0	0	0	0	0	0	0	0	0	0	0	0
	编著教材		13	3	0	0	0	0	0	0	0	0	0	0	0	0	3	0	0
	工具书/参考书		14	0	0	0	0	0	0	0	0	0	0	0	0	0	0	0	0
	皮书/发展报告		15	0	0	0	0	0	0	0	0	0	0	0	0	0	0	0	0
	科普读物		16	0	0	0	0	0	0	0	0	0	0	0	0	0	0	0	0
古籍整理(部)			17	0	0	0	0	0	0	0	0	0	0	0	0	0	0	0	0
译著(部)			18	0	0	0	0	0	0	0	0	0	0	0	0	0	0	0	0
发表译文(篇)			19	0	0	0	0	0	0	0	0	0	0	0	0	0	0	0	0
电子出版物(件)			20	0	0	0	0	0	0	0	0	0	0	0	0	0	0	0	0
发表论文(篇)	合计		21	58	0	0	0	0	0	0	3	11	3	0	0	0	41	0	0
	国内学术刊物		22	58	0	0	0	0	0	0	3	11	3	0	0	0	41	0	0
	国外学术刊物		23	0	0	0	0	0	0	0	0	0	0	0	0	0	0	0	0
	港、澳、台地区刊物		24	0	0	0	0	0	0	0	0	0	0	0	0	0	0	0	0
研究与咨询报告(篇)	合计		25	0	0	0	0	0	0	0	0	0	0	0	0	0	0	0	0
	其中:被采纳数		26	0	0	0	0	0	0	0	0	0	0	0	0	0	0	0	0

3.15 江苏经贸职业技术学院人文、社会科学研究与课题成果来源情况表

		课题来源															
		合计	国家社科基金项目	国家社科基金单列学科项目	教育部人文社科研究项目	高校古籍整理研究项目	国家自然科学基金项目	中央其他部门社科专门项目	省、市、自治区社科基金项目	省教育厅社科项目	地、市、厅、局等政府部门项目	国际合作研究项目	与港、澳、台地区合作研究项目	企事业单位委托项目	学校社科项目	外资项目	其他
	编号	L01	L02	L03	L04	L05	L06	L07	L08	L09	L10	L11	L12	L13	L14	L15	L16
课题数(项)	1	198	1	0	1	0	0	0	16	50	13	0	0	26	90	0	1
当年投入人数(人年)	2	34.3	0.1	0	0.1	0	0	0	2.8	8.5	2	0	0	2.9	17.8	0	0.1
其中:研究生(人年)	3	0	0	0	0	0	0	0	0	0	0	0	0	0	0	0	0
当年拨入经费(千元)	4	4 376	0	0	20	0	0	0	80	170	14	0	0	3 914	178	0	0
其中:当年立项项目拨入经费(千元)	5	4 376	0	0	20	0	0	0	80	170	14	0	0	3 914	178	0	0
当年支出经费(千元)	6	7 609.13	0	0	12	0	0	0	61	202	14	0	0	7 106.13	190	0	24
当年新开课题数(项)	7	81	0	0	1	0	0	0	8	17	8	0	0	19	28	0	0
当年新开课题批准经费(千元)	8	4 536	0	0	80	0	0	0	100	170	94	0	0	3 914	178	0	0
当年完成课题数(项)	9	37	1	0	0	0	0	0	2	7	5	0	0	14	8	0	0

续表

出版著作(部)	合计		10	0	0	0	0	0	0	0	0	0	0	0	0	0	0	0	0
	专著	合计	11	0	0	0	0	0	0	0	0	0	0	0	0	0	0	0	0
		其中:被译成外文	12	0	0	0	0	0	0	0	0	0	0	0	0	0	0	0	0
	编著教材		13	0	0	0	0	0	0	0	0	0	0	0	0	0	0	0	0
	工具书/参考书		14	0	0	0	0	0	0	0	0	0	0	0	0	0	0	0	0
	皮书/发展报告		15	0	0	0	0	0	0	0	0	0	0	0	0	0	0	0	0
	科普读物		16	0	0	0	0	0	0	0	0	0	0	0	0	0	0	0	0
古籍整理(部)			17	0	0	0	0	0	0	0	0	0	0	0	0	0	0	0	0
译著(部)			18	0	0	0	0	0	0	0	0	0	0	0	0	0	0	0	0
发表译文(篇)			19	0	0	0	0	0	0	0	0	0	0	0	0	0	0	0	0
电子出版物(件)			20	0	0	0	0	0	0	0	0	0	0	0	0	0	0	0	0
发表论文(篇)	合计		21	47	0	0	1	0	0	0	4	24	13	0	0	0	4	0	1
	国内学术刊物		22	47	0	0	1	0	0	0	4	24	13	0	0	0	4	0	1
	国外学术刊物		23	0	0	0	0	0	0	0	0	0	0	0	0	0	0	0	0
	港、澳、台地区刊物		24	0	0	0	0	0	0	0	0	0	0	0	0	0	0	0	0
研究与咨询报告(篇)	合计		25	11	0	0	0	0	0	0	0	0	0	0	0	11	0	0	0
	其中:被采纳数		26	0	0	0	0	0	0	0	0	0	0	0	0	0	0	0	0

3.16 泰州职业技术学院人文、社会科学研究与课题成果来源情况表

		课题来源															
		合计	国家社科基金项目	国家社科基金单列学科项目	教育部人文社科研究项目	高校古籍整理研究项目	国家自然科学基金项目	中央其他部门社科专门项目	省、市、自治区社科基金项目	省教育厅社科项目	地、市、厅、局等政府部门项目	国际合作研究项目	与港、澳、台地区合作研究项目	企事业单位委托项目	学校社科项目	外资项目	其他
	编号	L01	L02	L03	L04	L05	L06	L07	L08	L09	L10	L11	L12	L13	L14	L15	L16
课题数(项)	1	63	0	0	0	0	0	0	0	22	5	0	0	3	33	0	0
当年投入人数(人年)	2	14.9	0	0	0	0	0	0	0	4.9	1.2	0	0	0.8	8	0	0
其中:研究生(人年)	3	0	0	0	0	0	0	0	0	0	0	0	0	0	0	0	0
当年拨入经费(千元)	4	476	0	0	0	0	0	0	0	90	40	0	0	280	66	0	0
其中:当年立项项目拨入经费(千元)	5	276	0	0	0	0	0	0	0	90	40	0	0	80	66	0	0
当年支出经费(千元)	6	214.58	0	0	0	0	0	0	0	54.93	45	0	0	69.02	45.63	0	0
当年新开课题数(项)	7	23	0	0	0	0	0	0	0	8	2	0	0	1	12	0	0
当年新开课题批准经费(千元)	8	282	0	0	0	0	0	0	0	90	40	0	0	80	72	0	0
当年完成课题数(项)	9	14	0	0	0	0	0	0	0	5	3	0	0	1	5	0	0

续表

出版著作(部)	合计		10	0	0	0	0	0	0	0	0	0	0	0	0	0	0	0	0
	专著	合计	11	0	0	0	0	0	0	0	0	0	0	0	0	0	0	0	0
		其中:被译成外文	12	0	0	0	0	0	0	0	0	0	0	0	0	0	0	0	0
	编著教材		13	0	0	0	0	0	0	0	0	0	0	0	0	0	0	0	0
	工具书/参考书		14	0	0	0	0	0	0	0	0	0	0	0	0	0	0	0	0
	皮书/发展报告		15	0	0	0	0	0	0	0	0	0	0	0	0	0	0	0	0
	科普读物		16	0	0	0	0	0	0	0	0	0	0	0	0	0	0	0	0
古籍整理(部)			17	0	0	0	0	0	0	0	0	0	0	0	0	0	0	0	0
译著(部)			18	0	0	0	0	0	0	0	0	0	0	0	0	0	0	0	0
发表译文(篇)			19	0	0	0	0	0	0	0	0	0	0	0	0	0	0	0	0
电子出版物(件)			20	0	0	0	0	0	0	0	0	0	0	0	0	0	0	0	0
发表论文(篇)	合计		21	52	0	0	0	0	0	0	0	20	1	0	0	0	30	0	1
	国内学术刊物		22	52	0	0	0	0	0	0	0	20	1	0	0	0	30	0	1
	国外学术刊物		23	0	0	0	0	0	0	0	0	0	0	0	0	0	0	0	0
	港、澳、台地区刊物		24	0	0	0	0	0	0	0	0	0	0	0	0	0	0	0	0
研究与咨询报告(篇)	合计		25	5	0	0	0	0	0	0	0	0	4	0	0	1	0	0	0
	其中:被采纳数		26	5	0	0	0	0	0	0	0	0	4	0	0	1	0	0	0

3.17 常州信息职业技术学院人文、社会科学研究与课题成果来源情况表

	编号	合计	国家社科基金项目	国家社科基金单列学科项目	教育部人文社科研究项目	高校古籍整理研究项目	国家自然科学基金项目	中央其他部门社科专门项目	省、市、自治区社科基金项目	省教育厅社科项目	地、市、厅、局等政府部门项目	国际合作研究项目	与港、澳、台地区合作研究项目	企事业单位委托项目	学校社科项目	外资项目	其他
		课题来源															
		L01	L02	L03	L04	L05	L06	L07	L08	L09	L10	L11	L12	L13	L14	L15	L16
课题数(项)	1	67	0	0	1	0	0	0	0	51	5	0	0	0	10	0	0
当年投入人数(人年)	2	28.6	0	0	1	0	0	0	0	21.3	1.4	0	0	0	4.9	0	0
其中:研究生(人年)	3	0	0	0	0	0	0	0	0	0	0	0	0	0	0	0	0
当年拨入经费(千元)	4	374.5	0	0	40	0	0	0	0	190	20.5	0	0	0	124	0	0
其中:当年立项项目拨入经费(千元)	5	228.5	0	0	0	0	0	0	0	138	20.5	0	0	0	70	0	0
当年支出经费(千元)	6	364.5	0	0	40	0	0	0	0	180	20.5	0	0	0	124	0	0
当年新开课题数(项)	7	29	0	0	0	0	0	0	0	20	5	0	0	0	4	0	0
当年新开课题批准经费(千元)	8	228.5	0	0	0	0	0	0	0	138	20.5	0	0	0	70	0	0
当年完成课题数(项)	9	45	0	0	0	0	0	0	0	30	5	0	0	0	10	0	0

续表

出版著作(部)	合计		10	1	0	0	0	0	0	0	0	1	0	0	0	0	0	0	0
	专著	合计	11	1	0	0	0	0	0	0	0	1	0	0	0	0	0	0	0
		其中:被译成外文	12	0	0	0	0	0	0	0	0	0	0	0	0	0	0	0	0
	编著教材		13	0	0	0	0	0	0	0	0	0	0	0	0	0	0	0	0
	工具书/参考书		14	0	0	0	0	0	0	0	0	0	0	0	0	0	0	0	0
	皮书/发展报告		15	0	0	0	0	0	0	0	0	0	0	0	0	0	0	0	0
	科普读物		16	0	0	0	0	0	0	0	0	0	0	0	0	0	0	0	0
古籍整理(部)			17	0	0	0	0	0	0	0	0	0	0	0	0	0	0	0	0
译著(部)			18	0	0	0	0	0	0	0	0	0	0	0	0	0	0	0	0
发表译文(篇)			19	0	0	0	0	0	0	0	0	0	0	0	0	0	0	0	0
电子出版物(件)			20	0	0	0	0	0	0	0	0	0	0	0	0	0	0	0	0
发表论文(篇)	合计		21	52	0	0	1	0	0	0	0	30	9	0	0	0	12	0	0
	国内学术刊物		22	52	0	0	1	0	0	0	0	30	9	0	0	0	12	0	0
	国外学术刊物		23	0	0	0	0	0	0	0	0	0	0	0	0	0	0	0	0
	港、澳、台地区刊物		24	0	0	0	0	0	0	0	0	0	0	0	0	0	0	0	0
研究与咨询报告(篇)	合计		25	3	0	0	0	0	0	0	0	0	3	0	0	0	0	0	0
	其中:被采纳数		26	0	0	0	0	0	0	0	0	0	0	0	0	0	0	0	0

3.18 江苏海事职业技术学院人文、社会科学研究与课题成果来源情况表

		课题来源															
		合计	国家社科基金项目	国家社科基金单列学科项目	教育部人文社科研究项目	高校古籍整理研究项目	国家自然科学基金项目	中央其他部门社科专门项目	省、市、自治区社科基金项目	省教育厅社科项目	地、市、厅、局等政府部门项目	国际合作研究项目	与港、澳、台地区合作研究项目	企事业单位委托项目	学校社科项目	外资项目	其他
	编号	L01	L02	L03	L04	L05	L06	L07	L08	L09	L10	L11	L12	L13	L14	L15	L16
课题数(项)	1	111	0	0	0	0	0	0	19	44	19	0	0	29	0	0	0
当年投入人数(人年)	2	31.4	0	0	0	0	0	0	3.7	9.7	6	0	0	12	0	0	0
其中:研究生(人年)	3	0	0	0	0	0	0	0	0	0	0	0	0	0	0	0	0
当年拨入经费(千元)	4	3 211.44	0	0	0	0	0	0	139	224	578.64	0	0	2 269.8	0	0	0
其中:当年立项项目拨入经费(千元)	5	2 414.6	0	0	0	0	0	0	99.2	120	341.6	0	0	1 853.8	0	0	0
当年支出经费(千元)	6	3 160.37	0	0	0	0	0	0	125.85	212.12	565.4	0	0	2 257	0	0	0
当年新开课题数(项)	7	50	0	0	0	0	0	0	7	18	6	0	0	19	0	0	0
当年新开课题批准经费(千元)	8	3 365	0	0	0	0	0	0	182	200	490	0	0	2 493	0	0	0
当年完成课题数(项)	9	46	0	0	0	0	0	0	5	9	9	0	0	23	0	0	0

续表

出版著作(部)	合计		10	0	0	0	0	0	0	0	0	0	0	0	0	0	0	0	0
	专著	合计	11	0	0	0	0	0	0	0	0	0	0	0	0	0	0	0	0
		其中:被译成外文	12	0	0	0	0	0	0	0	0	0	0	0	0	0	0	0	0
	编著教材		13	0	0	0	0	0	0	0	0	0	0	0	0	0	0	0	0
	工具书/参考书		14	0	0	0	0	0	0	0	0	0	0	0	0	0	0	0	0
	皮书/发展报告		15	0	0	0	0	0	0	0	0	0	0	0	0	0	0	0	0
	科普读物		16	0	0	0	0	0	0	0	0	0	0	0	0	0	0	0	0
古籍整理(部)			17	0	0	0	0	0	0	0	0	0	0	0	0	0	0	0	0
译著(部)			18	0	0	0	0	0	0	0	0	0	0	0	0	0	0	0	0
发表译文(篇)			19	3	0	0	0	0	0	0	0	0	0	0	0	3	0	0	0
电子出版物(件)			20	0	0	0	0	0	0	0	0	0	0	0	0	0	0	0	0
发表论文(篇)	合计		21	49	0	0	0	0	0	0	10	27	11	0	0	0	1	0	0
	国内学术刊物		22	48	0	0	0	0	0	0	10	27	10	0	0	0	1	0	0
	国外学术刊物		23	1	0	0	0	0	0	0	0	0	1	0	0	0	0	0	0
	港、澳、台地区刊物		24	0	0	0	0	0	0	0	0	0	0	0	0	0	0	0	0
研究与咨询报告(篇)	合计		25	8	0	0	0	0	0	0	2	0	2	0	0	4	0	0	0
	其中:被采纳数		26	8	0	0	0	0	0	0	2	0	2	0	0	4	0	0	0

3.19 无锡科技职业学院人文、社会科学研究与课题成果来源情况表

		课题来源															
		合计	国家社科基金项目	国家社科基金单列学科项目	教育部人文社科研究项目	高校古籍整理研究项目	国家自然科学基金项目	中央其他部门社科专门项目	省、市、自治区社科基金项目	省教育厅社科项目	地、市、厅、局等政府部门项目	国际合作研究项目	与港、澳、台地区合作研究项目	企事业单位委托项目	学校社科项目	外资项目	其他
	编号	L01	L02	L03	L04	L05	L06	L07	L08	L09	L10	L11	L12	L13	L14	L15	L16
课题数(项)	1	61	0	0	2	0	0	0	0	47	2	0	0	10	0	0	0
当年投入人数(人年)	2	30.1	0	0	1.3	0	0	0	0	24.4	0.9	0	0	3.5	0	0	0
其中:研究生(人年)	3	0	0	0	0	0	0	0	0	0	0	0	0	0	0	0	0
当年拨入经费(千元)	4	285	0	0	20	0	0	0	0	160	0	0	0	105	0	0	0
其中:当年立项项目拨入经费(千元)	5	285	0	0	20	0	0	0	0	160	0	0	0	105	0	0	0
当年支出经费(千元)	6	276.6	0	0	6	0	0	0	0	155.6	9	0	0	106	0	0	0
当年新开课题数(项)	7	23	0	0	1	0	0	0	0	17	0	0	0	5	0	0	0
当年新开课题批准经费(千元)	8	375	0	0	80	0	0	0	0	170	0	0	0	125	0	0	0
当年完成课题数(项)	9	20	0	0	0	0	0	0	0	15	1	0	0	4	0	0	0

续表

出版著作(部)	合计		10	0	0	0	0	0	0	0	0	0	0	0	0	0	0	0	0
	专著	合计	11	0	0	0	0	0	0	0	0	0	0	0	0	0	0	0	0
		其中:被译成外文	12	0	0	0	0	0	0	0	0	0	0	0	0	0	0	0	0
	编著教材		13	0	0	0	0	0	0	0	0	0	0	0	0	0	0	0	0
	工具书/参考书		14	0	0	0	0	0	0	0	0	0	0	0	0	0	0	0	0
	皮书/发展报告		15	0	0	0	0	0	0	0	0	0	0	0	0	0	0	0	0
	科普读物		16	0	0	0	0	0	0	0	0	0	0	0	0	0	0	0	0
古籍整理(部)			17	0	0	0	0	0	0	0	0	0	0	0	0	0	0	0	0
译著(部)			18	0	0	0	0	0	0	0	0	0	0	0	0	0	0	0	0
发表译文(篇)			19	0	0	0	0	0	0	0	0	0	0	0	0	0	0	0	0
电子出版物(件)			20	0	0	0	0	0	0	0	0	0	0	0	0	0	0	0	0
发表论文(篇)	合计		21	27	0	0	1	0	0	0	0	16	0	0	0	10	0	0	0
	国内学术刊物		22	26	0	0	1	0	0	0	0	15	0	0	0	10	0	0	0
	国外学术刊物		23	1	0	0	0	0	0	0	0	1	0	0	0	0	0	0	0
	港、澳、台地区刊物		24	0	0	0	0	0	0	0	0	0	0	0	0	0	0	0	0
研究与咨询报告(篇)	合计		25	2	0	0	0	0	0	0	0	0	0	0	0	2	0	0	0
	其中:被采纳数		26	0	0	0	0	0	0	0	0	0	0	0	0	0	0	0	0

3.20 江苏医药职业学院人文、社会科学研究与课题成果来源情况表

		课题来源															
		合计	国家社科基金项目	国家社科基金单列学科项目	教育部人文社科研究项目	高校古籍整理研究项目	国家自然科学基金项目	中央其他部门社科专门项目	省、市、自治区社科基金项目	省教育厅社科项目	地、市、厅、局等政府部门项目	国际合作研究项目	与港、澳、台地区合作研究项目	企事业单位委托项目	学校社科项目	外资项目	其他
	编号	L01	L02	L03	L04	L05	L06	L07	L08	L09	L10	L11	L12	L13	L14	L15	L16
课题数(项)	1	203	0	0	0	0	0	0	3	39	50	0	0	2	109	0	0
当年投入人数(人年)	2	46.1	0	0	0	0	0	0	0.9	9.8	9.8	0	0	0.5	25.1	0	0
其中:研究生(人年)	3	0	0	0	0	0	0	0	0	0	0	0	0	0	0	0	0
当年拨入经费(千元)	4	262	0	0	0	0	0	0	0	0	35	0	0	60	167	0	0
其中:当年立项项目拨入经费(千元)	5	262	0	0	0	0	0	0	0	0	35	0	0	60	167	0	0
当年支出经费(千元)	6	304.85	0	0	0	0	0	0	0	86	60.6	0	0	60	98.25	0	0
当年新开课题数(项)	7	80	0	0	0	0	0	0	0	15	20	0	0	1	44	0	0
当年新开课题批准经费(千元)	8	262	0	0	0	0	0	0	0	0	35	0	0	60	167	0	0
当年完成课题数(项)	9	31	0	0	0	0	0	0	0	9	17	0	0	0	5	0	0

续表

出版著作(部)	合计		10	0	0	0	0	0	0	0	0	0	0	0	0	0	0	0	0
	专著	合计	11	0	0	0	0	0	0	0	0	0	0	0	0	0	0	0	0
		其中:被译成外文	12	0	0	0	0	0	0	0	0	0	0	0	0	0	0	0	0
	编著教材		13	0	0	0	0	0	0	0	0	0	0	0	0	0	0	0	0
	工具书/参考书		14	0	0	0	0	0	0	0	0	0	0	0	0	0	0	0	0
	皮书/发展报告		15	0	0	0	0	0	0	0	0	0	0	0	0	0	0	0	0
	科普读物		16	0	0	0	0	0	0	0	0	0	0	0	0	0	0	0	0
古籍整理(部)			17	0	0	0	0	0	0	0	0	0	0	0	0	0	0	0	0
译著(部)			18	0	0	0	0	0	0	0	0	0	0	0	0	0	0	0	0
发表译文(篇)			19	0	0	0	0	0	0	0	0	0	0	0	0	0	0	0	0
电子出版物(件)			20	0	0	0	0	0	0	0	0	0	0	0	0	0	0	0	0
发表论文(篇)	合计		21	58	0	0	0	0	0	0	1	20	22	0	0	0	15	0	0
	国内学术刊物		22	58	0	0	0	0	0	0	1	20	22	0	0	0	15	0	0
	国外学术刊物		23	0	0	0	0	0	0	0	0	0	0	0	0	0	0	0	0
	港、澳、台地区刊物		24	0	0	0	0	0	0	0	0	0	0	0	0	0	0	0	0
研究与咨询报告(篇)	合计		25	0	0	0	0	0	0	0	0	0	0	0	0	0	0	0	0
	其中:被采纳数		26	0	0	0	0	0	0	0	0	0	0	0	0	0	0	0	0

3.21 南通科技职业学院人文、社会科学研究与课题成果来源情况表

	编号	合计	国家社科基金项目	国家社科基金单列学科项目	教育部人文社科研究项目	高校古籍整理研究项目	国家自然科学基金项目	中央其他部门社科专门项目	省、市、自治区社科基金项目	省教育厅社科项目	地、市、厅、局等政府部门项目	国际合作研究项目	与港、澳、台地区合作研究项目	企事业单位委托项目	学校社科项目	外资项目	其他
		课题来源															
		L01	L02	L03	L04	L05	L06	L07	L08	L09	L10	L11	L12	L13	L14	L15	L16
课题数(项)	1	131	0	0	0	0	0	0	6	52	16	0	0	33	24	0	0
当年投入人数(人年)	2	30.3	0	0	0	0	0	0	1.3	15.1	3.2	0	0	5.4	5.3	0	0
其中:研究生(人年)	3	0	0	0	0	0	0	0	0	0	0	0	0	0	0	0	0
当年拨入经费(千元)	4	220	0	0	0	0	0	0	7	113	30	0	0	42	28	0	0
其中:当年立项项目拨入经费(千元)	5	203	0	0	0	0	0	0	0	110	29	0	0	36	28	0	0
当年支出经费(千元)	6	251.1	0	0	0	0	0	0	11	127.5	24.2	0	0	65.9	22.5	0	0
当年新开课题数(项)	7	28	0	0	0	0	0	0	0	11	7	0	0	3	7	0	0
当年新开课题批准经费(千元)	8	217	0	0	0	0	0	0	0	110	29	0	0	43	35	0	0
当年完成课题数(项)	9	73	0	0	0	0	0	0	6	13	9	0	0	29	16	0	0

续表

出版著作(部)	合计		10	0	0	0	0	0	0	0	0	0	0	0	0	0	0	0	0
	专著	合计	11	0	0	0	0	0	0	0	0	0	0	0	0	0	0	0	0
		其中:被译成外文	12	0	0	0	0	0	0	0	0	0	0	0	0	0	0	0	0
	编著教材		13	0	0	0	0	0	0	0	0	0	0	0	0	0	0	0	0
	工具书/参考书		14	0	0	0	0	0	0	0	0	0	0	0	0	0	0	0	0
	皮书/发展报告		15	0	0	0	0	0	0	0	0	0	0	0	0	0	0	0	0
	科普读物		16	0	0	0	0	0	0	0	0	0	0	0	0	0	0	0	0
古籍整理(部)			17	0	0	0	0	0	0	0	0	0	0	0	0	0	0	0	0
译著(部)			18	0	0	0	0	0	0	0	0	0	0	0	0	0	0	0	0
发表译文(篇)			19	0	0	0	0	0	0	0	0	0	0	0	0	0	0	0	0
电子出版物(件)			20	0	0	0	0	0	0	0	0	0	0	0	0	0	0	0	0
发表论文(篇)	合计		21	32	0	0	0	0	0	0	2	17	2	0	0	6	5	0	0
	国内学术刊物		22	32	0	0	0	0	0	0	2	17	2	0	0	6	5	0	0
	国外学术刊物		23	0	0	0	0	0	0	0	0	0	0	0	0	0	0	0	0
	港、澳、台地区刊物		24	0	0	0	0	0	0	0	0	0	0	0	0	0	0	0	0
研究与咨询报告(篇)	合计		25	7	0	0	0	0	0	0	0	1	0	0	0	6	0	0	0
	其中:被采纳数		26	1	0	0	0	0	0	0	0	1	0	0	0	0	0	0	0

3.22 苏州经贸职业技术学院人文、社会科学研究与课题成果来源情况表

	编号	合计	课题来源														
			国家社科基金项目	国家社科基金单列学科项目	教育部人文社科研究项目	高校古籍整理研究项目	国家自然科学基金项目	中央其他部门社科专门项目	省、市、自治区社科基金项目	省教育厅社科项目	地、市、厅、局等政府部门项目	国际合作研究项目	与港、澳、台地区合作研究项目	企事业单位委托项目	学校社科项目	外资项目	其他
		L01	L02	L03	L04	L05	L06	L07	L08	L09	L10	L11	L12	L13	L14	L15	L16
课题数(项)	1	205	0	0	9	0	0	0	1	53	55	0	0	43	44	0	0
当年投入人数(人年)	2	33.9	0	0	3.6	0	0	0	0.1	9.5	7.1	0	0	7.1	6.5	0	0
其中:研究生(人年)	3	0	0	0	0	0	0	0	0	0	0	0	0	0	0	0	0
当年拨入经费(千元)	4	1 594.5	0	0	152	0	0	0	0	0	512	0	0	704.5	226	0	0
其中:当年立项项目拨入经费(千元)	5	1 342.5	0	0	0	0	0	0	0	0	512	0	0	704.5	126	0	0
当年支出经费(千元)	6	1 850.68	0	0	180	0	0	0	13	3	655.12	0	0	777.38	222.18	0	0
当年新开课题数(项)	7	114	0	0	0	0	0	0	0	19	40	0	0	32	23	0	0
当年新开课题批准经费(千元)	8	1 342.5	0	0	0	0	0	0	0	0	512	0	0	694.5	136	0	0
当年完成课题数(项)	9	100	0	0	3	0	0	0	0	12	35	0	0	21	29	0	0

续表

出版著作(部)	合计		10	4	0	0	3	0	0	0	0	1	0	0	0	0	0	0	0
	专著	合计	11	4	0	0	3	0	0	0	0	1	0	0	0	0	0	0	0
		其中:被译成外文	12	0	0	0	0	0	0	0	0	0	0	0	0	0	0	0	0
	编著教材		13	0	0	0	0	0	0	0	0	0	0	0	0	0	0	0	0
	工具书/参考书		14	0	0	0	0	0	0	0	0	0	0	0	0	0	0	0	0
	皮书/发展报告		15	0	0	0	0	0	0	0	0	0	0	0	0	0	0	0	0
	科普读物		16	0	0	0	0	0	0	0	0	0	0	0	0	0	0	0	0
古籍整理(部)			17	0	0	0	0	0	0	0	0	0	0	0	0	0	0	0	0
译著(部)			18	0	0	0	0	0	0	0	0	0	0	0	0	0	0	0	0
发表译文(篇)			19	0	0	0	0	0	0	0	0	0	0	0	0	0	0	0	0
电子出版物(件)			20	0	0	0	0	0	0	0	0	0	0	0	0	0	0	0	0
发表论文(篇)	合计		21	119	0	0	6	0	0	0	6	50	19	0	0	7	31	0	0
	国内学术刊物		22	119	0	0	6	0	0	0	6	50	19	0	0	7	31	0	0
	国外学术刊物		23	0	0	0	0	0	0	0	0	0	0	0	0	0	0	0	0
	港、澳、台地区刊物		24	0	0	0	0	0	0	0	0	0	0	0	0	0	0	0	0
研究与咨询报告(篇)	合计		25	70	0	0	0	0	0	0	0	0	35	0	0	35	0	0	0
	其中:被采纳数		26	31	0	0	0	0	0	0	0	0	17	0	0	14	0	0	0

3.23 苏州工业职业技术学院人文、社会科学研究与课题成果来源情况表

		课题来源															
		合计	国家社科基金项目	国家社科基金单列学科项目	教育部人文社科研究项目	高校古籍整理研究项目	国家自然科学基金项目	中央其他部门社科专门项目	省、市、自治区社科基金项目	省教育厅社科项目	地、市、厅、局等政府部门项目	国际合作研究项目	与港、澳、台地区合作研究项目	企事业单位委托项目	学校社科项目	外资项目	其他
	编号	L01	L02	L03	L04	L05	L06	L07	L08	L09	L10	L11	L12	L13	L14	L15	L16
课题数(项)	1	90	0	0	1	0	0	0	2	21	26	0	0	35	5	0	0
当年投入人数(人年)	2	12.2	0	0	0.2	0	0	0	0.3	2.2	3.6	0	0	5.4	0.5	0	0
其中:研究生(人年)	3	0	0	0	0	0	0	0	0	0	0	0	0	0	0	0	0
当年拨入经费(千元)	4	1 830	0	0	30	0	0	0	0	90	798	0	0	912	0	0	0
其中:当年立项项目拨入经费(千元)	5	1 830	0	0	30	0	0	0	0	90	798	0	0	912	0	0	0
当年支出经费(千元)	6	2 166.02	0	0	19.6	0	0	0	48	51.84	959.94	0	0	1077.24	9.4	0	0
当年新开课题数(项)	7	56	0	0	1	0	0	0	0	9	21	0	0	25	0	0	0
当年新开课题批准经费(千元)	8	1 860	0	0	60	0	0	0	0	90	798	0	0	912	0	0	0
当年完成课题数(项)	9	56	0	0	0	0	0	0	0	3	18	0	0	34	1	0	0

续表

出版著作(部)	合计		10	1	0	0	0	0	0	0	1	0	0	0	0	0	0	0	0
	专著	合计	11	1	0	0	0	0	0	0	1	0	0	0	0	0	0	0	0
		其中:被译成外文	12	0	0	0	0	0	0	0	0	0	0	0	0	0	0	0	0
	编著教材		13	0	0	0	0	0	0	0	0	0	0	0	0	0	0	0	0
	工具书/参考书		14	0	0	0	0	0	0	0	0	0	0	0	0	0	0	0	0
	皮书/发展报告		15	0	0	0	0	0	0	0	0	0	0	0	0	0	0	0	0
	科普读物		16	0	0	0	0	0	0	0	0	0	0	0	0	0	0	0	0
古籍整理(部)			17	0	0	0	0	0	0	0	0	0	0	0	0	0	0	0	0
译著(部)			18	0	0	0	0	0	0	0	0	0	0	0	0	0	0	0	0
发表译文(篇)			19	0	0	0	0	0	0	0	0	0	0	0	0	0	0	0	0
电子出版物(件)			20	0	0	0	0	0	0	0	0	0	0	0	0	0	0	0	0
发表论文(篇)	合计		21	33	0	0	1	0	0	0	5	12	8	0	0	0	7	0	0
	国内学术刊物		22	32	0	0	1	0	0	0	5	12	7	0	0	0	7	0	0
	国外学术刊物		23	1	0	0	0	0	0	0	0	0	1	0	0	0	0	0	0
	港、澳、台地区刊物		24	0	0	0	0	0	0	0	0	0	0	0	0	0	0	0	0
研究与咨询报告(篇)	合计		25	38	0	0	0	0	0	0	0	0	13	0	0	25	0	0	0
	其中:被采纳数		26	33	0	0	0	0	0	0	0	0	8	0	0	25	0	0	0

3.24 苏州卫生职业技术学院人文、社会科学研究与课题成果来源情况表

		课题来源															
		合计	国家社科基金项目	国家社科基金单列学科项目	教育部人文社科研究项目	高校古籍整理研究项目	国家自然科学基金项目	中央其他部门社科专门项目	省、市、自治区社科基金项目	省教育厅社科项目	地、市、厅、局等政府部门项目	国际合作研究项目	与港、澳、台地区合作研究项目	企事业单位委托项目	学校社科项目	外资项目	其他
	编号	L01	L02	L03	L04	L05	L06	L07	L08	L09	L10	L11	L12	L13	L14	L15	L16
课题数(项)	1	90	0	0	0	0	0	1	1	47	32	0	0	0	9	0	0
当年投入人数(人年)	2	13.2	0	0	0	0	0	0.1	0.2	6.8	4.7	0	0	0	1.4	0	0
其中:研究生(人年)	3	0	0	0	0	0	0	0	0	0	0	0	0	0	0	0	0
当年拨入经费(千元)	4	626	0	0	0	0	0	0	7	380	234	0	0	0	5	0	0
其中:当年立项项目拨入经费(千元)	5	619	0	0	0	0	0	0	0	380	234	0	0	0	5	0	0
当年支出经费(千元)	6	360	0	0	0	0	0	0	5	257.2	75.8	0	0	0	22	0	0
当年新开课题数(项)	7	43	0	0	0	0	0	0	0	19	20	0	0	0	4	0	0
当年新开课题批准经费(千元)	8	692	0	0	0	0	0	0	0	380	237	0	0	0	75	0	0
当年完成课题数(项)	9	16	0	0	0	0	0	0	0	6	9	0	0	0	1	0	0

续表

出版著作(部)	合计		10	0	0	0	0	0	0	0	0	0	0	0	0	0	0	0	0
	专著	合计	11	0	0	0	0	0	0	0	0	0	0	0	0	0	0	0	0
		其中:被译成外文	12	0	0	0	0	0	0	0	0	0	0	0	0	0	0	0	0
	编著教材		13	0	0	0	0	0	0	0	0	0	0	0	0	0	0	0	0
	工具书/参考书		14	0	0	0	0	0	0	0	0	0	0	0	0	0	0	0	0
	皮书/发展报告		15	0	0	0	0	0	0	0	0	0	0	0	0	0	0	0	0
	科普读物		16	0	0	0	0	0	0	0	0	0	0	0	0	0	0	0	0
古籍整理(部)			17	0	0	0	0	0	0	0	0	0	0	0	0	0	0	0	0
译著(部)			18	0	0	0	0	0	0	0	0	0	0	0	0	0	0	0	0
发表译文(篇)			19	0	0	0	0	0	0	0	0	0	0	0	0	0	0	0	0
电子出版物(件)			20	0	0	0	0	0	0	0	0	0	0	0	0	0	0	0	0
发表论文(篇)	合计		21	30	0	0	0	0	0	0	3	18	3	0	0	0	6	0	0
	国内学术刊物		22	30	0	0	0	0	0	0	3	18	3	0	0	0	6	0	0
	国外学术刊物		23	0	0	0	0	0	0	0	0	0	0	0	0	0	0	0	0
	港、澳、台地区刊物		24	0	0	0	0	0	0	0	0	0	0	0	0	0	0	0	0
研究与咨询报告(篇)	合计		25	0	0	0	0	0	0	0	0	0	0	0	0	0	0	0	0
	其中:被采纳数		26	0	0	0	0	0	0	0	0	0	0	0	0	0	0	0	0

3.25 无锡商业职业技术学院人文、社会科学研究与课题成果来源情况表

		课题来源															
		合计	国家社科基金项目	国家社科基金单列学科项目	教育部人文社科研究项目	高校古籍整理研究项目	国家自然科学基金项目	中央其他部门社科专门项目	省、市、自治区社科基金项目	省教育厅社科项目	地、市、厅、局等政府部门项目	国际合作研究项目	与港、澳、台地区合作研究项目	企事业单位委托项目	学校社科项目	外资项目	其他
	编号	L01	L02	L03	L04	L05	L06	L07	L08	L09	L10	L11	L12	L13	L14	L15	L16
课题数(项)	1	219	0	1	3	0	0	0	4	63	28	0	0	48	52	0	20
当年投入人数(人年)	2	31	0	0.5	0.7	0	0	0	1.2	11.4	4.6	0	0	4.9	5.7	0	2
其中:研究生(人年)	3	0	0	0	0	0	0	0	0	0	0	0	0	0	0	0	0
当年拨入经费(千元)	4	1 603.94	0	0	60	0	0	0	0	359	278	0	0	469.94	388	0	49
其中:当年立项项目拨入经费(千元)	5	1 392.94	0	0	20	0	0	0	0	303	250	0	0	469.94	306	0	44
当年支出经费(千元)	6	1 805.79	0	48	80	0	0	0	8	369	163	0	0	866.29	243	0	28.5
当年新开课题数(项)	7	74	0	0	1	0	0	0	0	21	13	0	0	18	5	0	16
当年新开课题批准经费(千元)	8	1 958.55	0	0	20	0	0	0	0	420	371	0	0	799.55	306	0	42
当年完成课题数(项)	9	63	0	0	0	0	0	0	0	10	7	0	0	1	41	0	4

续表

出版著作(部)	合计		10	2	0	0	1	0	0	0	0	0	0	0	0	0	0	0	1
	专著	合计	11	2	0	0	1	0	0	0	0	0	0	0	0	0	0	0	1
		其中:被译成外文	12	0	0	0	0	0	0	0	0	0	0	0	0	0	0	0	0
	编著教材		13	0	0	0	0	0	0	0	0	0	0	0	0	0	0	0	0
	工具书/参考书		14	0	0	0	0	0	0	0	0	0	0	0	0	0	0	0	0
	皮书/发展报告		15	0	0	0	0	0	0	0	0	0	0	0	0	0	0	0	0
	科普读物		16	0	0	0	0	0	0	0	0	0	0	0	0	0	0	0	0
古籍整理(部)			17	0	0	0	0	0	0	0	0	0	0	0	0	0	0	0	0
译著(部)			18	0	0	0	0	0	0	0	0	0	0	0	0	0	0	0	0
发表译文(篇)			19	0	0	0	0	0	0	0	0	0	0	0	0	0	0	0	0
电子出版物(件)			20	0	0	0	0	0	0	0	0	0	0	0	0	0	0	0	0
发表论文(篇)	合计		21	89	0	0	5	0	0	0	0	13	18	0	0	8	39	0	6
	国内学术刊物		22	88	0	0	5	0	0	0	0	13	18	0	0	8	39	0	5
	国外学术刊物		23	1	0	0	0	0	0	0	0	0	0	0	0	0	0	0	1
	港、澳、台地区刊物		24	0	0	0	0	0	0	0	0	0	0	0	0	0	0	0	0
研究与咨询报告(篇)	合计		25	0	0	0	0	0	0	0	0	0	0	0	0	0	0	0	0
	其中:被采纳数		26	0	0	0	0	0	0	0	0	0	0	0	0	0	0	0	0

3.26 南通航运职业技术学院人文、社会科学研究与课题成果来源情况表

		课题来源															
		合计	国家社科基金项目	国家社科基金单列学科项目	教育部人文社科研究项目	高校古籍整理研究项目	国家自然科学基金项目	中央其他部门社科专门项目	省、市、自治区社科基金项目	省教育厅社科项目	地、市、厅、局等政府部门项目	国际合作研究项目	与港、澳、台地区合作研究项目	企事业单位委托项目	学校社科项目	外资项目	其他
	编号	L01	L02	L03	L04	L05	L06	L07	L08	L09	L10	L11	L12	L13	L14	L15	L16
课题数(项)	1	263	0	0	0	0	0	1	4	62	92	0	0	10	94	0	0
当年投入人数(人年)	2	41.1	0	0	0	0	0	0.2	0.4	10.5	14.5	0	0	1.3	14.2	0	0
其中:研究生(人年)	3	0	0	0	0	0	0	0	0	0	0	0	0	0	0	0	0
当年拨入经费(千元)	4	732.5	0	0	0	0	0	50	0	246	186.5	0	0	0	250	0	0
其中:当年立项项目拨入经费(千元)	5	732.5	0	0	0	0	0	50	0	246	186.5	0	0	0	250	0	0
当年支出经费(千元)	6	838.28	0	0	0	0	0	20	6.5	299.98	264.9	0	0	7.2	239.7	0	0
当年新开课题数(项)	7	95	0	0	0	0	0	1	0	23	34	0	0	0	37	0	0
当年新开课题批准经费(千元)	8	732.5	0	0	0	0	0	50	0	246	186.5	0	0	0	250	0	0
当年完成课题数(项)	9	103	0	0	0	0	0	0	4	23	35	0	0	10	31	0	0

续表

出版著作(部)	合计		10	2	0	0	0	0	0	0	0	0	2	0	0	0	0	0	0
	专著	合计	11	2	0	0	0	0	0	0	0	0	2	0	0	0	0	0	0
		其中:被译成外文	12	0	0	0	0	0	0	0	0	0	0	0	0	0	0	0	0
	编著教材		13	0	0	0	0	0	0	0	0	0	0	0	0	0	0	0	0
	工具书/参考书		14	0	0	0	0	0	0	0	0	0	0	0	0	0	0	0	0
	皮书/发展报告		15	0	0	0	0	0	0	0	0	0	0	0	0	0	0	0	0
	科普读物		16	0	0	0	0	0	0	0	0	0	0	0	0	0	0	0	0
古籍整理(部)			17	0	0	0	0	0	0	0	0	0	0	0	0	0	0	0	0
译著(部)			18	0	0	0	0	0	0	0	0	0	0	0	0	0	0	0	0
发表译文(篇)			19	0	0	0	0	0	0	0	0	0	0	0	0	0	0	0	0
电子出版物(件)			20	0	0	0	0	0	0	0	0	0	0	0	0	0	0	0	0
发表论文(篇)	合计		21	120	0	0	0	0	0	4	13	48	13	0	0	3	39	0	0
	国内学术刊物		22	120	0	0	0	0	0	4	13	48	13	0	0	3	39	0	0
	国外学术刊物		23	0	0	0	0	0	0	0	0	0	0	0	0	0	0	0	0
	港、澳、台地区刊物		24	0	0	0	0	0	0	0	0	0	0	0	0	0	0	0	0
研究与咨询报告(篇)	合计		25	0	0	0	0	0	0	0	0	0	0	0	0	0	0	0	0
	其中:被采纳数		26	0	0	0	0	0	0	0	0	0	0	0	0	0	0	0	0

3.27 南京交通职业技术学院人文、社会科学研究与课题成果来源情况表

		课题来源															
		合计	国家社科基金项目	国家社科基金单列学科项目	教育部人文社科研究项目	高校古籍整理研究项目	国家自然科学基金项目	中央其他部门社科专门项目	省、市、自治区社科基金项目	省教育厅社科项目	地、市、厅、局等政府部门项目	国际合作研究项目	与港、澳、台地区合作研究项目	企事业单位委托项目	学校社科项目	外资项目	其他
	编号	L01	L02	L03	L04	L05	L06	L07	L08	L09	L10	L11	L12	L13	L14	L15	L16
课题数(项)	1	167	0	0	1	0	0	0	2	61	30	0	0	9	64	0	0
当年投入人数(人年)	2	17.3	0	0	0.1	0	0	0	0.2	6.1	3.5	0	0	1	6.4	0	0
其中:研究生(人年)	3	0	0	0	0	0	0	0	0	0	0	0	0	0	0	0	0
当年拨入经费(千元)	4	195	0	0	40	0	0	0	0	0	35	0	0	0	120	0	0
其中:当年立项项目拨入经费(千元)	5	25	0	0	0	0	0	0	0	0	25	0	0	0	0	0	0
当年支出经费(千元)	6	350.4	0	0	12.74	0	0	0	0	92.38	55.36	0	0	102	87.92	0	0
当年新开课题数(项)	7	44	0	0	0	0	0	0	2	19	7	0	0	0	16	0	0
当年新开课题批准经费(千元)	8	280	0	0	0	0	0	0	130	0	45	0	0	0	105	0	0
当年完成课题数(项)	9	36	0	0	0	0	0	0	0	10	11	0	0	5	10	0	0

续表

出版著作(部)	合计		10	0	0	0	0	0	0	0	0	0	0	0	0	0	0	0	0
	专著	合计	11	0	0	0	0	0	0	0	0	0	0	0	0	0	0	0	0
		其中:被译成外文	12	0	0	0	0	0	0	0	0	0	0	0	0	0	0	0	0
	编著教材		13	0	0	0	0	0	0	0	0	0	0	0	0	0	0	0	0
	工具书/参考书		14	0	0	0	0	0	0	0	0	0	0	0	0	0	0	0	0
	皮书/发展报告		15	0	0	0	0	0	0	0	0	0	0	0	0	0	0	0	0
	科普读物		16	0	0	0	0	0	0	0	0	0	0	0	0	0	0	0	0
古籍整理(部)			17	0	0	0	0	0	0	0	0	0	0	0	0	0	0	0	0
译著(部)			18	0	0	0	0	0	0	0	0	0	0	0	0	0	0	0	0
发表译文(篇)			19	0	0	0	0	0	0	0	0	0	0	0	0	0	0	0	0
电子出版物(件)			20	0	0	0	0	0	0	0	0	0	0	0	0	0	0	0	0
发表论文(篇)	合计		21	113	0	0	1	0	0	0	0	36	23	0	0	1	52	0	0
	国内学术刊物		22	113	0	0	1	0	0	0	0	36	23	0	0	1	52	0	0
	国外学术刊物		23	0	0	0	0	0	0	0	0	0	0	0	0	0	0	0	0
	港、澳、台地区刊物		24	0	0	0	0	0	0	0	0	0	0	0	0	0	0	0	0
研究与咨询报告(篇)	合计		25	3	0	0	0	0	0	0	0	0	0	0	0	3	0	0	0
	其中:被采纳数		26	0	0	0	0	0	0	0	0	0	0	0	0	0	0	0	0

3.28 淮安信息职业技术学院人文、社会科学研究与课题成果来源情况表

		课题来源															
		合计	国家社科基金项目	国家社科基金单列学科项目	教育部人文社科研究项目	高校古籍整理研究项目	国家自然科学基金项目	中央其他部门社科专门项目	省、市、自治区社科基金项目	省教育厅社科项目	地、市、厅、局等政府部门项目	国际合作研究项目	与港、澳、台地区合作研究项目	企事业单位委托项目	学校社科项目	外资项目	其他
	编号	L01	L02	L03	L04	L05	L06	L07	L08	L09	L10	L11	L12	L13	L14	L15	L16
课题数(项)	1	199	0	0	1	0	0	0	0	46	55	0	0	9	88	0	0
当年投入人数(人年)	2	32.6	0	0	0.3	0	0	0	0	12	10.5	0	0	0.9	8.9	0	0
其中:研究生(人年)	3	0	0	0	0	0	0	0	0	0	0	0	0	0	0	0	0
当年拨入经费(千元)	4	561	0	0	30	0	0	0	0	180	271	0	0	24	56	0	0
其中:当年立项项目拨入经费(千元)	5	561	0	0	30	0	0	0	0	180	271	0	0	24	56	0	0
当年支出经费(千元)	6	603.5	0	0	23	0	0	0	0	180	233.5	0	0	46.5	120.5	0	0
当年新开课题数(项)	7	62	0	0	1	0	0	0	0	18	23	0	0	3	17	0	0
当年新开课题批准经费(千元)	8	631	0	0	80	0	0	0	0	180	279	0	0	36	56	0	0
当年完成课题数(项)	9	75	0	0	0	0	0	0	0	7	15	0	0	6	47	0	0

续表

出版著作(部)	合计		10	1	0	0	0	0	0	0	0	1	0	0	0	0	0	0	0
	专著	合计	11	1	0	0	0	0	0	0	0	1	0	0	0	0	0	0	0
		其中:被译成外文	12	0	0	0	0	0	0	0	0	0	0	0	0	0	0	0	0
	编著教材		13	0	0	0	0	0	0	0	0	0	0	0	0	0	0	0	0
	工具书/参考书		14	0	0	0	0	0	0	0	0	0	0	0	0	0	0	0	0
	皮书/发展报告		15	0	0	0	0	0	0	0	0	0	0	0	0	0	0	0	0
	科普读物		16	0	0	0	0	0	0	0	0	0	0	0	0	0	0	0	0
古籍整理(部)			17	0	0	0	0	0	0	0	0	0	0	0	0	0	0	0	0
译著(部)			18	0	0	0	0	0	0	0	0	0	0	0	0	0	0	0	0
发表译文(篇)			19	0	0	0	0	0	0	0	0	0	0	0	0	0	0	0	0
电子出版物(件)			20	0	0	0	0	0	0	0	0	0	0	0	0	0	0	0	0
发表论文(篇)	合计		21	74	0	0	0	0	0	0	0	34	20	0	0	2	18	0	0
	国内学术刊物		22	74	0	0	0	0	0	0	0	34	20	0	0	2	18	0	0
	国外学术刊物		23	0	0	0	0	0	0	0	0	0	0	0	0	0	0	0	0
	港、澳、台地区刊物		24	0	0	0	0	0	0	0	0	0	0	0	0	0	0	0	0
研究与咨询报告(篇)	合计		25	0	0	0	0	0	0	0	0	0	0	0	0	0	0	0	0
	其中:被采纳数		26	0	0	0	0	0	0	0	0	0	0	0	0	0	0	0	0

3.29 江苏农牧科技职业学院人文、社会科学研究与课题成果来源情况表

		课题来源															
		合计	国家社科基金项目	国家社科基金单列学科项目	教育部人文社科研究项目	高校古籍整理研究项目	国家自然科学基金项目	中央其他部门社科专门项目	省、市、自治区社科基金项目	省教育厅社科项目	地、市、厅、局等政府部门项目	国际合作研究项目	与港、澳、台地区合作研究项目	企事业单位委托项目	学校社科项目	外资项目	其他
	编号	L01	L02	L03	L04	L05	L06	L07	L08	L09	L10	L11	L12	L13	L14	L15	L16
课题数(项)	1	46	0	0	0	0	0	0	0	40	3	0	0	0	0	0	3
当年投入人数(人年)	2	4.6	0	0	0	0	0	0	0	4	0.3	0	0	0	0	0	0.3
其中:研究生(人年)	3	0	0	0	0	0	0	0	0	0	0	0	0	0	0	0	0
当年拨入经费(千元)	4	218	0	0	0	0	0	0	0	180	18	0	0	0	0	0	20
其中:当年立项项目拨入经费(千元)	5	218	0	0	0	0	0	0	0	180	18	0	0	0	0	0	20
当年支出经费(千元)	6	88.85	0	0	0	0	0	0	0	70.95	7.9	0	0	0	0	0	10
当年新开课题数(项)	7	22	0	0	0	0	0	0	0	18	3	0	0	0	0	0	1
当年新开课题批准经费(千元)	8	218	0	0	0	0	0	0	0	180	18	0	0	0	0	0	20
当年完成课题数(项)	9	16	0	0	0	0	0	0	0	14	0	0	0	0	0	0	2

续表

出版著作(部)	合计		10	0	0	0	0	0	0	0	0	0	0	0	0	0	0	0	0
	专著	合计	11	0	0	0	0	0	0	0	0	0	0	0	0	0	0	0	0
		其中:被译成外文	12	0	0	0	0	0	0	0	0	0	0	0	0	0	0	0	0
	编著教材		13	0	0	0	0	0	0	0	0	0	0	0	0	0	0	0	0
	工具书/参考书		14	0	0	0	0	0	0	0	0	0	0	0	0	0	0	0	0
	皮书/发展报告		15	0	0	0	0	0	0	0	0	0	0	0	0	0	0	0	0
	科普读物		16	0	0	0	0	0	0	0	0	0	0	0	0	0	0	0	0
古籍整理(部)			17	0	0	0	0	0	0	0	0	0	0	0	0	0	0	0	0
译著(部)			18	0	0	0	0	0	0	0	0	0	0	0	0	0	0	0	0
发表译文(篇)			19	0	0	0	0	0	0	0	0	0	0	0	0	0	0	0	0
电子出版物(件)			20	0	0	0	0	0	0	0	0	0	0	0	0	0	0	0	0
发表论文(篇)	合计		21	40	0	0	0	0	0	0	0	38	0	0	0	0	0	0	2
	国内学术刊物		22	40	0	0	0	0	0	0	0	38	0	0	0	0	0	0	2
	国外学术刊物		23	0	0	0	0	0	0	0	0	0	0	0	0	0	0	0	0
	港、澳、台地区刊物		24	0	0	0	0	0	0	0	0	0	0	0	0	0	0	0	0
研究与咨询报告(篇)	合计		25	0	0	0	0	0	0	0	0	0	0	0	0	0	0	0	0
	其中:被采纳数		26	0	0	0	0	0	0	0	0	0	0	0	0	0	0	0	0

3.30 常州纺织服装职业技术学院人文、社会科学研究与课题成果来源情况表

		课题来源															
		合计	国家社科基金项目	国家社科基金单列学科项目	教育部人文社科研究项目	高校古籍整理研究项目	国家自然科学基金项目	中央其他部门社科专门项目	省、市、自治区社科基金项目	省教育厅社科项目	地、市、厅、局等政府部门项目	国际合作研究项目	与港、澳、台地区合作研究项目	企事业单位委托项目	学校社科项目	外资项目	其他
	编号	L01	L02	L03	L04	L05	L06	L07	L08	L09	L10	L11	L12	L13	L14	L15	L16
课题数(项)	1	179	0	1	0	0	0	0	0	37	52	2	0	7	80	0	0
当年投入人数(人年)	2	30.8	0	0.3	0	0	0	0	0	7.4	9.7	0.2	0	1.9	11.3	0	0
其中:研究生(人年)	3	0	0	0	0	0	0	0	0	0	0	0	0	0	0	0	0
当年拨入经费(千元)	4	413.3	0	162	0	0	0	0	0	0	178.8	0	0	10	62.5	0	0
其中:当年立项项目拨入经费(千元)	5	410.3	0	162	0	0	0	0	0	0	175.8	0	0	10	62.5	0	0
当年支出经费(千元)	6	308.96	0	0	0	0	0	0	0	15.15	139.95	4	0	35.77	114.09	0	0
当年新开课题数(项)	7	54	0	1	0	0	0	0	0	16	21	0	0	2	14	0	0
当年新开课题批准经费(千元)	8	490	0	180	0	0	0	0	0	0	195	0	0	10	105	0	0
当年完成课题数(项)	9	42	0	0	0	0	0	0	0	11	20	0	0	2	9	0	0

续表

出版著作(部)	合计		10	7	0	0	0	0	0	0	0	0	5	0	0	0	2	0	0
	专著	合计	11	0	0	0	0	0	0	0	0	0	0	0	0	0	0	0	0
		其中:被译成外文	12	0	0	0	0	0	0	0	0	0	0	0	0	0	0	0	0
	编著教材		13	7	0	0	0	0	0	0	0	0	5	0	0	0	2	0	0
	工具书/参考书		14	0	0	0	0	0	0	0	0	0	0	0	0	0	0	0	0
	皮书/发展报告		15	0	0	0	0	0	0	0	0	0	0	0	0	0	0	0	0
	科普读物		16	0	0	0	0	0	0	0	0	0	0	0	0	0	0	0	0
古籍整理(部)			17	0	0	0	0	0	0	0	0	0	0	0	0	0	0	0	0
译著(部)			18	0	0	0	0	0	0	0	0	0	0	0	0	0	0	0	0
发表译文(篇)			19	0	0	0	0	0	0	0	0	0	0	0	0	0	0	0	0
电子出版物(件)			20	0	0	0	0	0	0	0	0	0	0	0	0	0	0	0	0
发表论文(篇)	合计		21	277	0	0	0	0	0	0	0	38	59	1	0	0	179	0	0
	国内学术刊物		22	277	0	0	0	0	0	0	0	38	59	1	0	0	179	0	0
	国外学术刊物		23	0	0	0	0	0	0	0	0	0	0	0	0	0	0	0	0
	港、澳、台地区刊物		24	0	0	0	0	0	0	0	0	0	0	0	0	0	0	0	0
研究与咨询报告(篇)	合计		25	2	0	0	0	0	0	0	0	0	0	0	0	2	0	0	0
	其中:被采纳数		26	2	0	0	0	0	0	0	0	0	0	0	0	2	0	0	0

3.31 苏州农业职业技术学院人文、社会科学研究与课题成果来源情况表

		课题来源															
		合计	国家社科基金项目	国家社科基金单列学科项目	教育部人文社科研究项目	高校古籍整理研究项目	国家自然科学基金项目	中央其他部门社科专门项目	省、市、自治区社科基金项目	省教育厅社科项目	地、市、厅、局等政府部门项目	国际合作研究项目	与港、澳、台地区合作研究项目	企事业单位委托项目	学校社科项目	外资项目	其他
	编号	L01	L02	L03	L04	L05	L06	L07	L08	L09	L10	L11	L12	L13	L14	L15	L16
课题数(项)	1	33	0	0	1	0	0	0	2	25	5	0	0	0	0	0	0
当年投入人数(人年)	2	8	0	0	0.4	0	0	0	0.5	6.2	0.9	0	0	0	0	0	0
其中:研究生(人年)	3	0	0	0	0	0	0	0	0	0	0	0	0	0	0	0	0
当年拨入经费(千元)	4	188	0	0	30	0	0	0	18	140	0	0	0	0	0	0	0
其中:当年立项项目拨入经费(千元)	5	188	0	0	30	0	0	0	18	140	0	0	0	0	0	0	0
当年支出经费(千元)	6	163.4	0	0	16.8	0	0	0	11.5	124.6	10.5	0	0	0	0	0	0
当年新开课题数(项)	7	17	0	0	1	0	0	0	2	14	0	0	0	0	0	0	0
当年新开课题批准经费(千元)	8	238	0	0	80	0	0	0	18	140	0	0	0	0	0	0	0
当年完成课题数(项)	9	16	0	0	0	0	0	0	0	11	5	0	0	0	0	0	0

续表

出版著作(部)	合计		10	0	0	0	0	0	0	0	0	0	0	0	0	0	0	0	0
	专著	合计	11	0	0	0	0	0	0	0	0	0	0	0	0	0	0	0	0
		其中:被译成外文	12	0	0	0	0	0	0	0	0	0	0	0	0	0	0	0	0
	编著教材		13	0	0	0	0	0	0	0	0	0	0	0	0	0	0	0	0
	工具书/参考书		14	0	0	0	0	0	0	0	0	0	0	0	0	0	0	0	0
	皮书/发展报告		15	0	0	0	0	0	0	0	0	0	0	0	0	0	0	0	0
	科普读物		16	0	0	0	0	0	0	0	0	0	0	0	0	0	0	0	0
古籍整理(部)			17	0	0	0	0	0	0	0	0	0	0	0	0	0	0	0	0
译著(部)			18	0	0	0	0	0	0	0	0	0	0	0	0	0	0	0	0
发表译文(篇)			19	0	0	0	0	0	0	0	0	0	0	0	0	0	0	0	0
电子出版物(件)			20	0	0	0	0	0	0	0	0	0	0	0	0	0	0	0	0
发表论文(篇)	合计		21	32	0	0	0	0	0	0	2	25	5	0	0	0	0	0	0
	国内学术刊物		22	32	0	0	0	0	0	0	2	25	5	0	0	0	0	0	0
	国外学术刊物		23	0	0	0	0	0	0	0	0	0	0	0	0	0	0	0	0
	港、澳、台地区刊物		24	0	0	0	0	0	0	0	0	0	0	0	0	0	0	0	0
研究与咨询报告(篇)	合计		25	0	0	0	0	0	0	0	0	0	0	0	0	0	0	0	0
	其中:被采纳数		26	0	0	0	0	0	0	0	0	0	0	0	0	0	0	0	0

3.32 南京科技职业学院人文、社会科学研究与课题成果来源情况表

		课题来源															
		合计	国家社科基金项目	国家社科基金单列学科项目	教育部人文社科研究项目	高校古籍整理研究项目	国家自然科学基金项目	中央其他部门社科专门项目	省、市、自治区社科基金项目	省教育厅社科项目	地、市、厅、局等政府部门项目	国际合作研究项目	与港、澳、台地区合作研究项目	企事业单位委托项目	学校社科项目	外资项目	其他
	编号	L01	L02	L03	L04	L05	L06	L07	L08	L09	L10	L11	L12	L13	L14	L15	L16
课题数(项)	1	127	0	0	1	0	0	0	1	58	26	0	0	11	29	0	1
当年投入人数(人年)	2	18.8	0	0	0.2	0	0	0	0.2	9.4	3.6	0	0	1.5	3.8	0	0.1
其中:研究生(人年)	3	0	0	0	0	0	0	0	0	0	0	0	0	0	0	0	0
当年拨入经费(千元)	4	463	0	0	120	0	0	0	90	180	28	0	0	0	45	0	0
其中:当年立项项目拨入经费(千元)	5	463	0	0	120	0	0	0	90	180	28	0	0	0	45	0	0
当年支出经费(千元)	6	368	0	0	80	0	0	0	45	138	41	0	0	38	25	0	1
当年新开课题数(项)	7	56	0	0	1	0	0	0	1	21	8	0	0	0	25	0	0
当年新开课题批准经费(千元)	8	553	0	0	200	0	0	0	100	180	28	0	0	0	45	0	0
当年完成课题数(项)	9	11	0	0	0	0	0	0	0	7	4	0	0	0	0	0	0

续表

出版著作(部)	合计		10	0	0	0	0	0	0	0	0	0	0	0	0	0	0	0	0
	专著	合计	11	0	0	0	0	0	0	0	0	0	0	0	0	0	0	0	0
		其中:被译成外文	12	0	0	0	0	0	0	0	0	0	0	0	0	0	0	0	0
	编著教材		13	0	0	0	0	0	0	0	0	0	0	0	0	0	0	0	0
	工具书/参考书		14	0	0	0	0	0	0	0	0	0	0	0	0	0	0	0	0
	皮书/发展报告		15	0	0	0	0	0	0	0	0	0	0	0	0	0	0	0	0
	科普读物		16	0	0	0	0	0	0	0	0	0	0	0	0	0	0	0	0
古籍整理(部)			17	0	0	0	0	0	0	0	0	0	0	0	0	0	0	0	0
译著(部)			18	0	0	0	0	0	0	0	0	0	0	0	0	0	0	0	0
发表译文(篇)			19	0	0	0	0	0	0	0	0	0	0	0	0	0	0	0	0
电子出版物(件)			20	0	0	0	0	0	0	0	0	0	0	0	0	0	0	0	0
发表论文(篇)	合计		21	59	0	0	0	0	0	0	0	28	9	0	0	0	22	0	0
	国内学术刊物		22	59	0	0	0	0	0	0	0	28	9	0	0	0	22	0	0
	国外学术刊物		23	0	0	0	0	0	0	0	0	0	0	0	0	0	0	0	0
	港、澳、台地区刊物		24	0	0	0	0	0	0	0	0	0	0	0	0	0	0	0	0
研究与咨询报告(篇)	合计		25	0	0	0	0	0	0	0	0	0	0	0	0	0	0	0	0
	其中:被采纳数		26	0	0	0	0	0	0	0	0	0	0	0	0	0	0	0	0

3.33 常州轻工职业技术学院人文、社会科学研究与课题成果来源情况表

		课题来源															
		合计	国家社科基金项目	国家社科基金单列学科项目	教育部人文社科研究项目	高校古籍整理研究项目	国家自然科学基金项目	中央其他部门社科专门项目	省、市、自治区社科基金项目	省教育厅社科项目	地、市、厅、局等政府部门项目	国际合作研究项目	与港、澳、台地区合作研究项目	企事业单位委托项目	学校社科项目	外资项目	其他
	编号	L01	L02	L03	L04	L05	L06	L07	L08	L09	L10	L11	L12	L13	L14	L15	L16
课题数(项)	1	216	0	0	1	0	0	0	0	58	48	0	0	79	27	0	3
当年投入人数(人年)	2	78	0	0	0.3	0	0	0	0	22	18	0	0	28	8.9	0	0.8
其中:研究生(人年)	3	0	0	0	0	0	0	0	0	0	0	0	0	0	0	0	0
当年拨入经费(千元)	4	2 923.1	0	0	30	0	0	0	0	50	72	0	0	2 724.1	47	0	0
其中:当年立项项目拨入经费(千元)	5	2 923.1	0	0	30	0	0	0	0	50	72	0	0	2 724.1	47	0	0
当年支出经费(千元)	6	1 534.6	0	0	20	0	0	0	0	63	61	0	0	1 387.1	1.5	0	2
当年新开课题数(项)	7	102	0	0	1	0	0	0	0	24	24	0	0	44	9	0	0
当年新开课题批准经费(千元)	8	3 305.6	0	0	100	0	0	0	0	50	102	0	0	2 964.1	89.5	0	0
当年完成课题数(项)	9	86	0	0	0	0	0	0	0	14	22	0	0	45	2	0	3

续表

			编号																
出版著作(部)	合计		10	8	0	0	0	0	0	0	0	3	5	0	0	0	0	0	0
	专著	合计	11	1	0	0	0	0	0	0	0	0	1	0	0	0	0	0	0
		其中:被译成外文	12	0	0	0	0	0	0	0	0	0	0	0	0	0	0	0	0
	编著教材		13	7	0	0	0	0	0	0	0	3	4	0	0	0	0	0	0
	工具书/参考书		14	0	0	0	0	0	0	0	0	0	0	0	0	0	0	0	0
	皮书/发展报告		15	0	0	0	0	0	0	0	0	0	0	0	0	0	0	0	0
	科普读物		16	0	0	0	0	0	0	0	0	0	0	0	0	0	0	0	0
古籍整理(部)			17	0	0	0	0	0	0	0	0	0	0	0	0	0	0	0	0
译著(部)			18	0	0	0	0	0	0	0	0	0	0	0	0	0	0	0	0
发表译文(篇)			19	0	0	0	0	0	0	0	0	0	0	0	0	0	0	0	0
电子出版物(件)			20	0	0	0	0	0	0	0	0	0	0	0	0	0	0	0	0
发表论文(篇)	合计		21	85	0	0	0	0	0	0	0	17	44	0	0	0	24	0	0
	国内学术刊物		22	85	0	0	0	0	0	0	0	17	44	0	0	0	24	0	0
	国外学术刊物		23	0	0	0	0	0	0	0	0	0	0	0	0	0	0	0	0
	港、澳、台地区刊物		24	0	0	0	0	0	0	0	0	0	0	0	0	0	0	0	0
研究与咨询报告(篇)	合计		25	13	0	0	0	0	0	0	0	2	2	0	0	7	2	0	0
	其中:被采纳数		26	7	0	0	0	0	0	0	0	0	0	0	0	7	0	0	0

3.34 常州工程职业技术学院人文、社会科学研究与课题成果来源情况表

		课题来源															
		合计	国家社科基金项目	国家社科基金单列学科项目	教育部人文社科研究项目	高校古籍整理研究项目	国家自然科学基金项目	中央其他部门社科专门项目	省、市、自治区社科基金项目	省教育厅社科项目	地、市、厅、局等政府部门项目	国际合作研究项目	与港、澳、台地区合作研究项目	企事业单位委托项目	学校社科项目	外资项目	其他
	编号	L01	L02	L03	L04	L05	L06	L07	L08	L09	L10	L11	L12	L13	L14	L15	L16
课题数(项)	1	148	0	0	0	0	0	0	14	49	30	0	0	45	10	0	0
当年投入人数(人年)	2	19.2	0	0	0	0	0	0	2.1	6.3	3.7	0	0	5.4	1.7	0	0
其中:研究生(人年)	3	0	0	0	0	0	0	0	0	0	0	0	0	0	0	0	0
当年拨入经费(千元)	4	2 343.5	0	0	0	0	0	0	23	0	58	0	0	2 262.5	0	0	0
其中:当年立项项目拨入经费(千元)	5	2 343.5	0	0	0	0	0	0	23	0	58	0	0	2 262.5	0	0	0
当年支出经费(千元)	6	2 127.5	0	0	0	0	0	0	21	223	178	0	0	1 701.5	4	0	0
当年新开课题数(项)	7	67	0	0	0	0	0	0	5	18	20	0	0	22	2	0	0
当年新开课题批准经费(千元)	8	2 343.5	0	0	0	0	0	0	23	0	58	0	0	2 262.5	0	0	0
当年完成课题数(项)	9	79	0	0	0	0	0	0	7	13	21	0	0	30	8	0	0

续表

出版著作(部)	合计		10	3	0	0	0	0	0	0	0	0	2	0	0	1	0	0	0
	专著	合计	11	3	0	0	0	0	0	0	0	0	2	0	0	1	0	0	0
		其中:被译成外文	12	0	0	0	0	0	0	0	0	0	0	0	0	0	0	0	0
	编著教材		13	0	0	0	0	0	0	0	0	0	0	0	0	0	0	0	0
	工具书/参考书		14	0	0	0	0	0	0	0	0	0	0	0	0	0	0	0	0
	皮书/发展报告		15	0	0	0	0	0	0	0	0	0	0	0	0	0	0	0	0
	科普读物		16	0	0	0	0	0	0	0	0	0	0	0	0	0	0	0	0
古籍整理(部)			17	0	0	0	0	0	0	0	0	0	0	0	0	0	0	0	0
译著(部)			18	2	0	0	0	0	0	0	0	2	0	0	0	0	0	0	0
发表译文(篇)			19	0	0	0	0	0	0	0	0	0	0	0	0	0	0	0	0
电子出版物(件)			20	0	0	0	0	0	0	0	0	0	0	0	0	0	0	0	0
发表论文(篇)	合计		21	172	0	0	0	0	0	0	28	76	62	0	0	0	6	0	0
	国内学术刊物		22	172	0	0	0	0	0	0	28	76	62	0	0	0	6	0	0
	国外学术刊物		23	0	0	0	0	0	0	0	0	0	0	0	0	0	0	0	0
	港、澳、台地区刊物		24	0	0	0	0	0	0	0	0	0	0	0	0	0	0	0	0
研究与咨询报告(篇)	合计		25	20	0	0	0	0	0	0	0	0	0	0	0	20	0	0	0
	其中:被采纳数		26	0	0	0	0	0	0	0	0	0	0	0	0	0	0	0	0

3.35 江苏农林职业技术学院人文、社会科学研究与课题成果来源情况表

		课题来源															
		合计	国家社科基金项目	国家社科基金单列学科项目	教育部人文社科研究项目	高校古籍整理研究项目	国家自然科学基金项目	中央其他部门社科专门项目	省、市、自治区社科基金项目	省教育厅社科项目	地、市、厅、局等政府部门项目	国际合作研究项目	与港、澳、台地区合作研究项目	企事业单位委托项目	学校社科项目	外资项目	其他
	编号	L01	L02	L03	L04	L05	L06	L07	L08	L09	L10	L11	L12	L13	L14	L15	L16
课题数(项)	1	35	0	0	1	0	0	0	0	34	0	0	0	0	0	0	0
当年投入人数(人年)	2	5.4	0	0	0.2	0	0	0	0	5.2	0	0	0	0	0	0	0
其中:研究生(人年)	3	0	0	0	0	0	0	0	0	0	0	0	0	0	0	0	0
当年拨入经费(千元)	4	200	0	0	30	0	0	0	0	170	0	0	0	0	0	0	0
其中:当年立项项目拨入经费(千元)	5	200	0	0	30	0	0	0	0	170	0	0	0	0	0	0	0
当年支出经费(千元)	6	211	0	0	27	0	0	0	0	184	0	0	0	0	0	0	0
当年新开课题数(项)	7	18	0	0	1	0	0	0	0	17	0	0	0	0	0	0	0
当年新开课题批准经费(千元)	8	200	0	0	30	0	0	0	0	170	0	0	0	0	0	0	0
当年完成课题数(项)	9	6	0	0	0	0	0	0	0	6	0	0	0	0	0	0	0

续表

出版著作(部)	合计		10	0	0	0	0	0	0	0	0	0	0	0	0	0	0	0	0
	专著	合计	11	0	0	0	0	0	0	0	0	0	0	0	0	0	0	0	0
		其中:被译成外文	12	0	0	0	0	0	0	0	0	0	0	0	0	0	0	0	0
	编著教材		13	0	0	0	0	0	0	0	0	0	0	0	0	0	0	0	0
	工具书/参考书		14	0	0	0	0	0	0	0	0	0	0	0	0	0	0	0	0
	皮书/发展报告		15	0	0	0	0	0	0	0	0	0	0	0	0	0	0	0	0
	科普读物		16	0	0	0	0	0	0	0	0	0	0	0	0	0	0	0	0
古籍整理(部)			17	0	0	0	0	0	0	0	0	0	0	0	0	0	0	0	0
译著(部)			18	1	0	0	0	0	0	0	0	1	0	0	0	0	0	0	0
发表译文(篇)			19	0	0	0	0	0	0	0	0	0	0	0	0	0	0	0	0
电子出版物(件)			20	0	0	0	0	0	0	0	0	0	0	0	0	0	0	0	0
发表论文(篇)	合计		21	37	0	0	0	0	0	0	0	37	0	0	0	0	0	0	0
	国内学术刊物		22	37	0	0	0	0	0	0	0	37	0	0	0	0	0	0	0
	国外学术刊物		23	0	0	0	0	0	0	0	0	0	0	0	0	0	0	0	0
	港、澳、台地区刊物		24	0	0	0	0	0	0	0	0	0	0	0	0	0	0	0	0
研究与咨询报告(篇)	合计		25	0	0	0	0	0	0	0	0	0	0	0	0	0	0	0	0
	其中:被采纳数		26	0	0	0	0	0	0	0	0	0	0	0	0	0	0	0	0

3.36 江苏食品药品职业技术学院人文、社会科学研究与课题成果来源情况表

		课题来源															
		合计	国家社科基金项目	国家社科基金单列学科项目	教育部人文社科研究项目	高校古籍整理研究项目	国家自然科学基金项目	中央其他部门社科专门项目	省、市、自治区社科基金项目	省教育厅社科项目	地、市、厅、局等政府部门项目	国际合作研究项目	与港、澳、台地区合作研究项目	企事业单位委托项目	学校社科项目	外资项目	其他
	编号	L01	L02	L03	L04	L05	L06	L07	L08	L09	L10	L11	L12	L13	L14	L15	L16
课题数(项)	1	108	0	0	0	0	0	0	0	59	27	0	0	1	21	0	0
当年投入人数(人年)	2	21.9	0	0	0	0	0	0	0	12	5.6	0	0	0.2	4.1	0	0
其中:研究生(人年)	3	0	0	0	0	0	0	0	0	0	0	0	0	0	0	0	0
当年拨入经费(千元)	4	420.5	0	0	0	0	0	0	0	210	135	0	0	75.5	0	0	0
其中:当年立项项目拨入经费(千元)	5	420.5	0	0	0	0	0	0	0	210	135	0	0	75.5	0	0	0
当年支出经费(千元)	6	389.6	0	0	0	0	0	0	0	167.9	170.1	0	0	24.5	27.1	0	0
当年新开课题数(项)	7	36	0	0	0	0	0	0	0	21	14	0	0	1	0	0	0
当年新开课题批准经费(千元)	8	420.5	0	0	0	0	0	0	0	210	135	0	0	75.5	0	0	0
当年完成课题数(项)	9	45	0	0	0	0	0	0	0	14	15	0	0	0	16	0	0

续表

出版著作(部)	合计		10	4	0	0	0	0	0	0	0	1	3	0	0	0	0	0	0
	专著	合计	11	4	0	0	0	0	0	0	0	1	3	0	0	0	0	0	0
		其中:被译成外文	12	0	0	0	0	0	0	0	0	0	0	0	0	0	0	0	0
	编著教材		13	0	0	0	0	0	0	0	0	0	0	0	0	0	0	0	0
	工具书/参考书		14	0	0	0	0	0	0	0	0	0	0	0	0	0	0	0	0
	皮书/发展报告		15	0	0	0	0	0	0	0	0	0	0	0	0	0	0	0	0
	科普读物		16	0	0	0	0	0	0	0	0	0	0	0	0	0	0	0	0
古籍整理(部)			17	0	0	0	0	0	0	0	0	0	0	0	0	0	0	0	0
译著(部)			18	0	0	0	0	0	0	0	0	0	0	0	0	0	0	0	0
发表译文(篇)			19	0	0	0	0	0	0	0	0	0	0	0	0	0	0	0	0
电子出版物(件)			20	0	0	0	0	0	0	0	0	0	0	0	0	0	0	0	0
发表论文(篇)	合计		21	55	0	0	0	0	0	0	1	31	15	0	0	0	8	0	0
	国内学术刊物		22	55	0	0	0	0	0	0	1	31	15	0	0	0	8	0	0
	国外学术刊物		23	0	0	0	0	0	0	0	0	0	0	0	0	0	0	0	0
	港、澳、台地区刊物		24	0	0	0	0	0	0	0	0	0	0	0	0	0	0	0	0
研究与咨询报告(篇)	合计		25	9	0	0	0	0	0	0	0	0	7	0	0	2	0	0	0
	其中:被采纳数		26	0	0	0	0	0	0	0	0	0	0	0	0	0	0	0	0

3.37 南京铁道职业技术学院人文、社会科学研究与课题成果来源情况表

		课题来源															
		合计	国家社科基金项目	国家社科基金单列学科项目	教育部人文社科研究项目	高校古籍整理研究项目	国家自然科学基金项目	中央其他部门社科专门项目	省、市、自治区社科基金项目	省教育厅社科项目	地、市、厅、局等政府部门项目	国际合作研究项目	与港、澳、台地区合作研究项目	企事业单位委托项目	学校社科项目	外资项目	其他
	编号	L01	L02	L03	L04	L05	L06	L07	L08	L09	L10	L11	L12	L13	L14	L15	L16
课题数(项)	1	243	0	0	0	0	0	0	1	62	4	0	0	11	163	0	2
当年投入人数(人年)	2	25	0	0	0	0	0	0	0.1	6.8	0.4	0	0	1.2	16.3	0	0.2
其中:研究生(人年)	3	0	0	0	0	0	0	0	0	0	0	0	0	0	0	0	0
当年拨入经费(千元)	4	493	0	0	0	0	0	0	0	200	0	0	0	125	168	0	0
其中:当年立项项目拨入经费(千元)	5	493	0	0	0	0	0	0	0	200	0	0	0	125	168	0	0
当年支出经费(千元)	6	354.7	0	0	0	0	0	0	10	72	3.4	0	0	95.8	171.5	0	2
当年新开课题数(项)	7	106	0	0	0	0	0	0	0	20	0	0	0	6	80	0	0
当年新开课题批准经费(千元)	8	493	0	0	0	0	0	0	0	200	0	0	0	125	168	0	0
当年完成课题数(项)	9	106	0	0	0	0	0	0	0	16	4	0	0	3	81	0	2

续表

出版著作(部)	合计		10	0	0	0	0	0	0	0	0	0	0	0	0	0	0	0	0
	专著	合计	11	0	0	0	0	0	0	0	0	0	0	0	0	0	0	0	0
		其中:被译成外文	12	0	0	0	0	0	0	0	0	0	0	0	0	0	0	0	0
	编著教材		13	0	0	0	0	0	0	0	0	0	0	0	0	0	0	0	0
	工具书/参考书		14	0	0	0	0	0	0	0	0	0	0	0	0	0	0	0	0
	皮书/发展报告		15	0	0	0	0	0	0	0	0	0	0	0	0	0	0	0	0
	科普读物		16	0	0	0	0	0	0	0	0	0	0	0	0	0	0	0	0
古籍整理(部)			17	0	0	0	0	0	0	0	0	0	0	0	0	0	0	0	0
译著(部)			18	0	0	0	0	0	0	0	0	0	0	0	0	0	0	0	0
发表译文(篇)			19	0	0	0	0	0	0	0	0	0	0	0	0	0	0	0	0
电子出版物(件)			20	0	0	0	0	0	0	0	0	0	0	0	0	0	0	0	0
发表论文(篇)	合计		21	119	0	0	0	0	0	0	0	47	0	0	0	0	72	0	0
	国内学术刊物		22	115	0	0	0	0	0	0	0	45	0	0	0	0	70	0	0
	国外学术刊物		23	4	0	0	0	0	0	0	0	2	0	0	0	0	2	0	0
	港、澳、台地区刊物		24	0	0	0	0	0	0	0	0	0	0	0	0	0	0	0	0
研究与咨询报告(篇)	合计		25	3	0	0	0	0	0	0	0	0	0	0	0	3	0	0	0
	其中:被采纳数		26	3	0	0	0	0	0	0	0	0	0	0	0	3	0	0	0

3.38 徐州工业职业技术学院人文、社会科学研究与课题成果来源情况表

		课题来源															
		合计	国家社科基金项目	国家社科基金单列学科项目	教育部人文社科研究项目	高校古籍整理研究项目	国家自然科学基金项目	中央其他部门社科专门项目	省、市、自治区社科基金项目	省教育厅社科项目	地、市、厅、局等政府部门项目	国际合作研究项目	与港、澳、台地区合作研究项目	企事业单位委托项目	学校社科项目	外资项目	其他
	编号	L01	L02	L03	L04	L05	L06	L07	L08	L09	L10	L11	L12	L13	L14	L15	L16
课题数(项)	1	137	0	0	0	0	0	0	1	50	10	0	0	27	35	0	14
当年投入人数(人年)	2	14	0	0	0	0	0	0	0.1	5.1	1.1	0	0	2.8	3.5	0	1.4
其中:研究生(人年)	3	0	0	0	0	0	0	0	0	0	0	0	0	0	0	0	0
当年拨入经费(千元)	4	411	0	0	0	0	0	0	0	150	124	0	0	41	72	0	24
其中:当年立项项目拨入经费(千元)	5	401	0	0	0	0	0	0	0	150	124	0	0	31	72	0	24
当年支出经费(千元)	6	345.4	0	0	0	0	0	0	0.5	142.2	56.9	0	0	54.15	71.3	0	20.35
当年新开课题数(项)	7	47	0	0	0	0	0	0	0	15	5	0	0	7	12	0	8
当年新开课题批准经费(千元)	8	10 391	0	0	0	0	0	0	0	150	124	0	0	10 021	72	0	24
当年完成课题数(项)	9	27	0	0	0	0	0	0	0	8	0	0	0	7	9	0	3

续表

出版著作(部)	合计		10	0	0	0	0	0	0	0	0	0	0	0	0	0	0	0	0
	专著	合计	11	0	0	0	0	0	0	0	0	0	0	0	0	0	0	0	0
		其中:被译成外文	12	0	0	0	0	0	0	0	0	0	0	0	0	0	0	0	0
	编著教材		13	0	0	0	0	0	0	0	0	0	0	0	0	0	0	0	0
	工具书/参考书		14	0	0	0	0	0	0	0	0	0	0	0	0	0	0	0	0
	皮书/发展报告		15	0	0	0	0	0	0	0	0	0	0	0	0	0	0	0	0
	科普读物		16	0	0	0	0	0	0	0	0	0	0	0	0	0	0	0	0
古籍整理(部)			17	0	0	0	0	0	0	0	0	0	0	0	0	0	0	0	0
译著(部)			18	0	0	0	0	0	0	0	0	0	0	0	0	0	0	0	0
发表译文(篇)			19	0	0	0	0	0	0	0	0	0	0	0	0	0	0	0	0
电子出版物(件)			20	0	0	0	0	0	0	0	0	0	0	0	0	0	0	0	0
发表论文(篇)	合计		21	44	0	0	0	0	0	0	0	18	5	0	0	8	13	0	0
	国内学术刊物		22	44	0	0	0	0	0	0	0	18	5	0	0	8	13	0	0
	国外学术刊物		23	0	0	0	0	0	0	0	0	0	0	0	0	0	0	0	0
	港、澳、台地区刊物		24	0	0	0	0	0	0	0	0	0	0	0	0	0	0	0	0
研究与咨询报告(篇)	合计		25	6	0	0	0	0	0	0	0	0	0	0	0	6	0	0	0
	其中:被采纳数		26	0	0	0	0	0	0	0	0	0	0	0	0	0	0	0	0

3.39 江苏信息职业技术学院人文、社会科学研究与课题成果来源情况表

		课题来源															
		合计	国家社科基金项目	国家社科基金单列学科项目	教育部人文社科研究项目	高校古籍整理研究项目	国家自然科学基金项目	中央其他部门社科专门项目	省、市、自治区社科基金项目	省教育厅社科项目	地、市、厅、局等政府部门项目	国际合作研究项目	与港、澳、台地区合作研究项目	企事业单位委托项目	学校社科项目	外资项目	其他
	编号	L01	L02	L03	L04	L05	L06	L07	L08	L09	L10	L11	L12	L13	L14	L15	L16
课题数(项)	1	113	0	0	0	0	0	0	0	53	4	0	0	10	46	0	0
当年投入人数(人年)	2	28	0	0	0	0	0	0	0	15.5	1.2	0	0	3.1	8.2	0	0
其中:研究生(人年)	3	0	0	0	0	0	0	0	0	0	0	0	0	0	0	0	0
当年拨入经费(千元)	4	716.57	0	0	0	0	0	0	0	181.62	3.7	0	0	336.25	195	0	0
其中:当年立项项目拨入经费(千元)	5	431.79	0	0	0	0	0	0	0	0	2	0	0	312.79	117	0	0
当年支出经费(千元)	6	596.25	0	0	0	0	0	0	0	63.73	1.42	0	0	443.53	87.57	0	0
当年新开课题数(项)	7	65	0	0	0	0	0	0	0	18	1	0	0	5	41	0	0
当年新开课题批准经费(千元)	8	691.79	0	0	0	0	0	0	0	0	2	0	0	572.79	117	0	0
当年完成课题数(项)	9	20	0	0	0	0	0	0	0	9	1	0	0	5	5	0	0

续表

出版著作(部)	合计		10	2	0	0	0	0	0	0	0	1	1	0	0	0	0	0	0
	专著	合计	11	0	0	0	0	0	0	0	0	0	0	0	0	0	0	0	0
		其中:被译成外文	12	0	0	0	0	0	0	0	0	0	0	0	0	0	0	0	0
	编著教材		13	2	0	0	0	0	0	0	0	1	1	0	0	0	0	0	0
	工具书/参考书		14	0	0	0	0	0	0	0	0	0	0	0	0	0	0	0	0
	皮书/发展报告		15	0	0	0	0	0	0	0	0	0	0	0	0	0	0	0	0
	科普读物		16	0	0	0	0	0	0	0	0	0	0	0	0	0	0	0	0
古籍整理(部)			17	0	0	0	0	0	0	0	0	0	0	0	0	0	0	0	0
译著(部)			18	0	0	0	0	0	0	0	0	0	0	0	0	0	0	0	0
发表译文(篇)			19	0	0	0	0	0	0	0	0	0	0	0	0	0	0	0	0
电子出版物(件)			20	0	0	0	0	0	0	0	0	0	0	0	0	0	0	0	0
发表论文(篇)	合计		21	44	0	0	0	0	0	0	0	30	1	0	0	8	5	0	0
	国内学术刊物		22	44	0	0	0	0	0	0	0	30	1	0	0	8	5	0	0
	国外学术刊物		23	0	0	0	0	0	0	0	0	0	0	0	0	0	0	0	0
	港、澳、台地区刊物		24	0	0	0	0	0	0	0	0	0	0	0	0	0	0	0	0
研究与咨询报告(篇)	合计		25	2	0	0	0	0	0	0	0	0	0	0	0	2	0	0	0
	其中:被采纳数		26	2	0	0	0	0	0	0	0	0	0	0	0	2	0	0	0

3.40 南京信息职业技术学院人文、社会科学研究与课题成果来源情况表

		课题来源															
		合计	国家社科基金项目	国家社科基金单列学科项目	教育部人文社科研究项目	高校古籍整理研究项目	国家自然科学基金项目	中央其他部门社科专门项目	省、市、自治区社科基金项目	省教育厅社科项目	地、市、厅、局等政府部门项目	国际合作研究项目	与港、澳、台地区合作研究项目	企事业单位委托项目	学校社科项目	外资项目	其他
	编号	L01	L02	L03	L04	L05	L06	L07	L08	L09	L10	L11	L12	L13	L14	L15	L16
课题数(项)	1	198	0	1	0	0	0	0	15	54	29	0	0	1	95	0	3
当年投入人数(人年)	2	20.8	0	0.3	0	0	0	0	2.1	5.5	2.9	0	0	0.2	9.5	0	0.3
其中:研究生(人年)	3	0	0	0	0	0	0	0	0	0	0	0	0	0	0	0	0
当年拨入经费(千元)	4	193	0	0	0	0	0	0	30	80	25	0	0	20	38	0	0
其中:当年立项项目拨入经费(千元)	5	153	0	0	0	0	0	0	10	80	5	0	0	20	38	0	0
当年支出经费(千元)	6	283	0	35	0	0	0	0	33	111.8	34.5	0	0	20	48.7	0	0
当年新开课题数(项)	7	70	0	0	0	0	0	0	5	16	11	0	0	1	34	0	3
当年新开课题批准经费(千元)	8	258	0	0	0	0	0	0	25	80	5	0	0	20	128	0	0
当年完成课题数(项)	9	60	0	0	0	0	0	0	3	15	3	0	0	1	37	0	1

续表

出版著作（部）	合计		10	12	0	0	0	0	0	0	0	1	0	0	0	0	11	0	0
	专著	合计	11	1	0	0	0	0	0	0	0	1	0	0	0	0	0	0	0
		其中：被译成外文	12	0	0	0	0	0	0	0	0	0	0	0	0	0	0	0	0
	编著教材		13	11	0	0	0	0	0	0	0	0	0	0	0	0	11	0	0
	工具书/参考书		14	0	0	0	0	0	0	0	0	0	0	0	0	0	0	0	0
	皮书/发展报告		15	0	0	0	0	0	0	0	0	0	0	0	0	0	0	0	0
	科普读物		16	0	0	0	0	0	0	0	0	0	0	0	0	0	0	0	0
古籍整理（部）			17	0	0	0	0	0	0	0	0	0	0	0	0	0	0	0	0
译著（部）			18	0	0	0	0	0	0	0	0	0	0	0	0	0	0	0	0
发表译文（篇）			19	0	0	0	0	0	0	0	0	0	0	0	0	0	0	0	0
电子出版物（件）			20	0	0	0	0	0	0	0	0	0	0	0	0	0	0	0	0
发表论文（篇）	合计		21	93	0	2	0	0	0	0	11	35	15	0	0	0	29	0	1
	国内学术刊物		22	93	0	2	0	0	0	0	11	35	15	0	0	0	29	0	1
	国外学术刊物		23	0	0	0	0	0	0	0	0	0	0	0	0	0	0	0	0
	港、澳、台地区刊物		24	0	0	0	0	0	0	0	0	0	0	0	0	0	0	0	0
研究与咨询报告（篇）	合计		25	1	0	0	0	0	0	0	0	0	0	0	0	1	0	0	0
	其中：被采纳数		26	0	0	0	0	0	0	0	0	0	0	0	0	0	0	0	0

3.41 常州机电职业技术学院人文、社会科学研究与课题成果来源情况表

		课题来源															
		合计	国家社科基金项目	国家社科基金单列学科项目	教育部人文社科研究项目	高校古籍整理研究项目	国家自然科学基金项目	中央其他部门社科专门项目	省、市、自治区社科基金项目	省教育厅社科项目	地、市、厅、局等政府部门项目	国际合作研究项目	与港、澳、台地区合作研究项目	企事业单位委托项目	学校社科项目	外资项目	其他
	编号	L01	L02	L03	L04	L05	L06	L07	L08	L09	L10	L11	L12	L13	L14	L15	L16
课题数(项)	1	205	0	0	0	0	0	0	0	62	44	0	0	36	53	0	10
当年投入人数(人年)	2	34	0	0	0	0	0	0	0	14.3	6.6	0	0	6.1	5.8	0	1.2
其中:研究生(人年)	3	0	0	0	0	0	0	0	0	0	0	0	0	0	0	0	0
当年拨入经费(千元)	4	487	0	0	0	0	0	0	0	287	39	0	0	60	101	0	0
其中:当年立项项目拨入经费(千元)	5	487	0	0	0	0	0	0	0	287	39	0	0	60	101	0	0
当年支出经费(千元)	6	404.22	0	0	0	0	0	0	0	198.73	51.66	0	0	64.39	86.54	0	2.9
当年新开课题数(项)	7	71	0	0	0	0	0	0	0	28	13	0	0	6	24	0	0
当年新开课题批准经费(千元)	8	487	0	0	0	0	0	0	0	287	39	0	0	60	101	0	0
当年完成课题数(项)	9	85	0	0	0	0	0	0	0	11	20	0	0	23	21	0	10

续表

出版著作(部)	合计		10	0	0	0	0	0	0	0	0	0	0	0	0	0	0	0	0
	专著	合计	11	0	0	0	0	0	0	0	0	0	0	0	0	0	0	0	0
		其中:被译成外文	12	0	0	0	0	0	0	0	0	0	0	0	0	0	0	0	0
	编著教材		13	0	0	0	0	0	0	0	0	0	0	0	0	0	0	0	0
	工具书/参考书		14	0	0	0	0	0	0	0	0	0	0	0	0	0	0	0	0
	皮书/发展报告		15	0	0	0	0	0	0	0	0	0	0	0	0	0	0	0	0
	科普读物		16	0	0	0	0	0	0	0	0	0	0	0	0	0	0	0	0
古籍整理(部)			17	0	0	0	0	0	0	0	0	0	0	0	0	0	0	0	0
译著(部)			18	0	0	0	0	0	0	0	0	0	0	0	0	0	0	0	0
发表译文(篇)			19	0	0	0	0	0	0	0	0	0	0	0	0	0	0	0	0
电子出版物(件)			20	0	0	0	0	0	0	0	0	0	0	0	0	0	0	0	0
发表论文(篇)	合计		21	124	0	0	0	0	0	0	0	47	27	0	0	0	39	0	11
	国内学术刊物		22	124	0	0	0	0	0	0	0	47	27	0	0	0	39	0	11
	国外学术刊物		23	0	0	0	0	0	0	0	0	0	0	0	0	0	0	0	0
	港、澳、台地区刊物		24	0	0	0	0	0	0	0	0	0	0	0	0	0	0	0	0
研究与咨询报告(篇)	合计		25	21	0	0	0	0	0	0	0	0	0	0	0	21	0	0	0
	其中:被采纳数		26	1	0	0	0	0	0	0	0	0	0	0	0	1	0	0	0

3.42 江阴职业技术学院人文、社会科学研究与课题成果来源情况表

		课题来源															
		合计	国家社科基金项目	国家社科基金单列学科项目	教育部人文社科研究项目	高校古籍整理研究项目	国家自然科学基金项目	中央其他部门社科专门项目	省、市、自治区社科基金项目	省教育厅社科项目	地、市、厅、局等政府部门项目	国际合作研究项目	与港、澳、台地区合作研究项目	企事业单位委托项目	学校社科项目	外资项目	其他
	编号	L01	L02	L03	L04	L05	L06	L07	L08	L09	L10	L11	L12	L13	L14	L15	L16
课题数(项)	1	52	0	0	0	0	0	1	0	18	2	0	0	7	24	0	0
当年投入人数(人年)	2	6.8	0	0	0	0	0	0.1	0	2.7	0.2	0	0	1.4	2.4	0	0
其中:研究生(人年)	3	0	0	0	0	0	0	0	0	0	0	0	0	0	0	0	0
当年拨入经费(千元)	4	268	0	0	0	0	0	0	0	80	10	0	0	142	36	0	0
其中:当年立项项目拨入经费(千元)	5	268	0	0	0	0	0	0	0	80	10	0	0	142	36	0	0
当年支出经费(千元)	6	234	0	0	0	0	0	2	0	58	7	0	0	142	25	0	0
当年新开课题数(项)	7	26	0	0	0	0	0	0	0	8	1	0	0	6	11	0	0
当年新开课题批准经费(千元)	8	268	0	0	0	0	0	0	0	80	10	0	0	142	36	0	0
当年完成课题数(项)	9	15	0	0	0	0	0	1	0	0	0	0	0	7	7	0	0

续表

出版著作(部)	合计		10	0	0	0	0	0	0	0	0	0	0	0	0	0	0	0	0
	专著	合计	11	0	0	0	0	0	0	0	0	0	0	0	0	0	0	0	0
		其中:被译成外文	12	0	0	0	0	0	0	0	0	0	0	0	0	0	0	0	0
	编著教材		13	0	0	0	0	0	0	0	0	0	0	0	0	0	0	0	0
	工具书/参考书		14	0	0	0	0	0	0	0	0	0	0	0	0	0	0	0	0
	皮书/发展报告		15	0	0	0	0	0	0	0	0	0	0	0	0	0	0	0	0
	科普读物		16	0	0	0	0	0	0	0	0	0	0	0	0	0	0	0	0
古籍整理(部)			17	0	0	0	0	0	0	0	0	0	0	0	0	0	0	0	0
译著(部)			18	0	0	0	0	0	0	0	0	0	0	0	0	0	0	0	0
发表译文(篇)			19	0	0	0	0	0	0	0	0	0	0	0	0	0	0	0	0
电子出版物(件)			20	0	0	0	0	0	0	0	0	0	0	0	0	0	0	0	0
发表论文(篇)	合计		21	25	0	0	0	0	0	0	0	6	0	0	0	2	17	0	0
	国内学术刊物		22	25	0	0	0	0	0	0	0	6	0	0	0	2	17	0	0
	国外学术刊物		23	0	0	0	0	0	0	0	0	0	0	0	0	0	0	0	0
	港、澳、台地区刊物		24	0	0	0	0	0	0	0	0	0	0	0	0	0	0	0	0
研究与咨询报告(篇)	合计		25	6	0	0	0	0	0	0	0	0	0	0	0	6	0	0	0
	其中:被采纳数		26	6	0	0	0	0	0	0	0	0	0	0	0	6	0	0	0

3.43 无锡城市职业技术学院人文、社会科学研究与课题成果来源情况表

		课题来源															
		合计	国家社科基金项目	国家社科基金单列学科项目	教育部人文社科研究项目	高校古籍整理研究项目	国家自然科学基金项目	中央其他部门社科专门项目	省、市、自治区社科基金项目	省教育厅社科项目	地、市、厅、局等政府部门项目	国际合作研究项目	与港、澳、台地区合作研究项目	企事业单位委托项目	学校社科项目	外资项目	其他
	编号	L01	L02	L03	L04	L05	L06	L07	L08	L09	L10	L11	L12	L13	L14	L15	L16
课题数(项)	1	75	0	0	1	0	0	0	1	49	11	0	0	0	13	0	0
当年投入人数(人年)	2	14.9	0	0	0.2	0	0	0	0.2	10.2	1.8	0	0	0	2.5	0	0
其中:研究生(人年)	3	0	0	0	0	0	0	0	0	0	0	0	0	0	0	0	0
当年拨入经费(千元)	4	179.4	0	0	0	0	0	0	40	90	49.4	0	0	0	0	0	0
其中:当年立项项目拨入经费(千元)	5	179.4	0	0	0	0	0	0	40	90	49.4	0	0	0	0	0	0
当年支出经费(千元)	6	180	0	0	1	0	0	0	7.8	116.5	39.6	0	0	0	15.1	0	0
当年新开课题数(项)	7	27	0	0	0	0	0	0	1	18	8	0	0	0	0	0	0
当年新开课题批准经费(千元)	8	189.4	0	0	0	0	0	0	50	90	49.4	0	0	0	0	0	0
当年完成课题数(项)	9	21	0	0	0	0	0	0	0	12	3	0	0	0	6	0	0

续表

出版著作(部)	合计		10	0	0	0	0	0	0	0	0	0	0	0	0	0	0	0	0
	专著	合计	11	0	0	0	0	0	0	0	0	0	0	0	0	0	0	0	0
		其中:被译成外文	12	0	0	0	0	0	0	0	0	0	0	0	0	0	0	0	0
	编著教材		13	0	0	0	0	0	0	0	0	0	0	0	0	0	0	0	0
	工具书/参考书		14	0	0	0	0	0	0	0	0	0	0	0	0	0	0	0	0
	皮书/发展报告		15	0	0	0	0	0	0	0	0	0	0	0	0	0	0	0	0
	科普读物		16	0	0	0	0	0	0	0	0	0	0	0	0	0	0	0	0
古籍整理(部)			17	0	0	0	0	0	0	0	0	0	0	0	0	0	0	0	0
译著(部)			18	0	0	0	0	0	0	0	0	0	0	0	0	0	0	0	0
发表译文(篇)			19	0	0	0	0	0	0	0	0	0	0	0	0	0	0	0	0
电子出版物(件)			20	0	0	0	0	0	0	0	0	0	0	0	0	0	0	0	0
发表论文(篇)	合计		21	99	0	0	1	0	0	0	0	63	11	0	0	0	24	0	0
	国内学术刊物		22	97	0	0	1	0	0	0	0	62	10	0	0	0	24	0	0
	国外学术刊物		23	2	0	0	0	0	0	0	0	1	1	0	0	0	0	0	0
	港、澳、台地区刊物		24	0	0	0	0	0	0	0	0	0	0	0	0	0	0	0	0
研究与咨询报告(篇)	合计		25	0	0	0	0	0	0	0	0	0	0	0	0	0	0	0	0
	其中:被采纳数		26	0	0	0	0	0	0	0	0	0	0	0	0	0	0	0	0

3.44 无锡工艺职业技术学院人文、社会科学研究与课题成果来源情况表

		课题来源															
		合计	国家社科基金项目	国家社科基金单列学科项目	教育部人文社科研究项目	高校古籍整理研究项目	国家自然科学基金项目	中央其他部门社科专门项目	省、市、自治区社科基金项目	省教育厅社科项目	地、市、厅、局等政府部门项目	国际合作研究项目	与港、澳、台地区合作研究项目	企事业单位委托项目	学校社科项目	外资项目	其他
	编号	L01	L02	L03	L04	L05	L06	L07	L08	L09	L10	L11	L12	L13	L14	L15	L16
课题数(项)	1	227	0	0	1	0	0	3	3	39	6	0	0	89	68	0	18
当年投入人数(人年)	2	31.6	0	0	0.2	0	0	0.4	0.3	4.1	0.6	0	0	17.2	7	0	1.8
其中:研究生(人年)	3	0	0	0	0	0	0	0	0	0	0	0	0	0	0	0	0
当年拨入经费(千元)	4	3 804.8	0	0	48	0	0	71.2	25.5	410	22.25	0	0	3 019	130	0	78.85
其中:当年立项项目拨入经费(千元)	5	3 368.95	0	0	48	0	0	71.2	25.5	176	22.25	0	0	2 929	56	0	41
当年支出经费(千元)	6	3 589.55	0	0	22	0	0	36.8	15	307.5	12.5	0	0	3 019	116.9	0	59.85
当年新开课题数(项)	7	152	0	0	1	0	0	3	3	18	6	0	0	85	29	0	7
当年新开课题批准经费(千元)	8	3 441.95	0	0	118	0	0	74.2	25.5	176	22.25	0	0	2 929	56	0	41
当年完成课题数(项)	9	125	0	0	0	0	0	0	1	3	0	0	0	89	25	0	7

续表

出版著作(部)	合计		10	1	0	0	0	0	0	0	0	1	0	0	0	0	0	0	0
	专著	合计	11	1	0	0	0	0	0	0	0	1	0	0	0	0	0	0	0
		其中:被译成外文	12	0	0	0	0	0	0	0	0	0	0	0	0	0	0	0	0
	编著教材		13	0	0	0	0	0	0	0	0	0	0	0	0	0	0	0	0
	工具书/参考书		14	0	0	0	0	0	0	0	0	0	0	0	0	0	0	0	0
	皮书/发展报告		15	0	0	0	0	0	0	0	0	0	0	0	0	0	0	0	0
	科普读物		16	0	0	0	0	0	0	0	0	0	0	0	0	0	0	0	0
古籍整理(部)			17	0	0	0	0	0	0	0	0	0	0	0	0	0	0	0	0
译著(部)			18	0	0	0	0	0	0	0	0	0	0	0	0	0	0	0	0
发表译文(篇)			19	0	0	0	0	0	0	0	0	0	0	0	0	0	0	0	0
电子出版物(件)			20	0	0	0	0	0	0	0	0	0	0	0	0	0	0	0	0
发表论文(篇)	合计		21	148	0	0	0	0	0	1	0	44	3	0	0	0	81	0	19
	国内学术刊物		22	148	0	0	0	0	0	1	0	44	3	0	0	0	81	0	19
	国外学术刊物		23	0	0	0	0	0	0	0	0	0	0	0	0	0	0	0	0
	港、澳、台地区刊物		24	0	0	0	0	0	0	0	0	0	0	0	0	0	0	0	0
研究与咨询报告(篇)	合计		25	102	0	0	0	0	0	0	1	0	0	0	0	77	21	0	3
	其中:被采纳数		26	0	0	0	0	0	0	0	0	0	0	0	0	0	0	0	0

3.45 苏州健雄职业技术学院人文、社会科学研究与课题成果来源情况表

		课题来源															
		合计	国家社科基金项目	国家社科基金单列学科项目	教育部人文社科研究项目	高校古籍整理研究项目	国家自然科学基金项目	中央其他部门社科专门项目	省、市、自治区社科基金项目	省教育厅社科项目	地、市、厅、局等政府部门项目	国际合作研究项目	与港、澳、台地区合作研究项目	企事业单位委托项目	学校社科项目	外资项目	其他
	编号	L01	L02	L03	L04	L05	L06	L07	L08	L09	L10	L11	L12	L13	L14	L15	L16
课题数(项)	1	97	0	0	1	0	0	0	1	40	29	0	0	11	15	0	0
当年投入人数(人年)	2	20.4	0	0	0.5	0	0	0	0.2	8.2	6	0	0	2.5	3	0	0
其中:研究生(人年)	3	0	0	0	0	0	0	0	0	0	0	0	0	0	0	0	0
当年拨入经费(千元)	4	302	0	0	0	0	0	0	10	120	43	0	0	129	0	0	0
其中:当年立项项目拨入经费(千元)	5	302	0	0	0	0	0	0	10	120	43	0	0	129	0	0	0
当年支出经费(千元)	6	403.5	0	0	9	0	0	0	3	127	92.5	0	0	127	45	0	0
当年新开课题数(项)	7	32	0	0	0	0	0	0	1	12	8	0	0	11	0	0	0
当年新开课题批准经费(千元)	8	302	0	0	0	0	0	0	10	120	43	0	0	129	0	0	0
当年完成课题数(项)	9	54	0	0	1	0	0	0	0	15	14	0	0	9	15	0	0

续表

出版著作(部)	合计		10	0	0	0	0	0	0	0	0	0	0	0	0	0	0	0	0
	专著	合计	11	0	0	0	0	0	0	0	0	0	0	0	0	0	0	0	0
		其中:被0译成外文		12	0	0	0	0	0	0	0	0	0	0	0	0	0	0	0
	编著教材		13	0	0	0	0	0	0	0	0	0	0	0	0	0	0	0	0
	工具书/参考书		14	0	0	0	0	0	0	0	0	0	0	0	0	0	0	0	0
	皮书/发展报告		15	0	0	0	0	0	0	0	0	0	0	0	0	0	0	0	0
	科普读物		16	0	0	0	0	0	0	0	0	0	0	0	0	0	0	0	0
古籍整理(部)			17	0	0	0	0	0	0	0	0	0	0	0	0	0	0	0	0
译著(部)			18	0	0	0	0	0	0	0	0	0	0	0	0	0	0	0	0
发表译文(篇)			19	0	0	0	0	0	0	0	0	0	0	0	0	0	0	0	0
电子出版物(件)			20	0	0	0	0	0	0	0	0	0	0	0	0	0	0	0	0
发表论文(篇)	合计		21	88	0	0	1	0	1	0	4	30	20	0	0	1	31	0	0
	国内学术刊物		22	88	0	0	1	0	1	0	4	30	20	0	0	1	31	0	0
	国外学术刊物		23	0	0	0	0	0	0	0	0	0	0	0	0	0	0	0	0
	港、澳、台地区刊物		24	0	0	0	0	0	0	0	0	0	0	0	0	0	0	0	0
研究与咨询报告(篇)	合计		25	25	0	0	0	0	0	0	0	0	1	0	0	24	0	0	0
	其中:被采纳数		26	11	0	0	0	0	0	0	0	0	0	0	0	11	0	0	0

3.46 盐城工业职业技术学院人文、社会科学研究与课题成果来源情况表

		课题来源															
		合计	国家社科基金项目	国家社科基金单列学科项目	教育部人文社科研究项目	高校古籍整理研究项目	国家自然科学基金项目	中央其他部门社科专门项目	省、市、自治区社科基金项目	省教育厅社科项目	地、市、厅、局等政府部门项目	国际合作研究项目	与港、澳、台地区合作研究项目	企事业单位委托项目	学校社科项目	外资项目	其他
	编号	L01	L02	L03	L04	L05	L06	L07	L08	L09	L10	L11	L12	L13	L14	L15	L16
课题数(项)	1	193	0	0	1	0	0	3	2	42	32	0	0	92	19	0	2
当年投入人数(人年)	2	26	0	0	0.2	0	0	0.3	0.6	6.1	4.9	0	0	10.9	2.7	0	0.3
其中:研究生(人年)	3	0	0	0	0	0	0	0	0	0	0	0	0	0	0	0	0
当年拨入经费(千元)	4	1 757.8	0	0	0	0	0	20	0	260	41	0	0	1 405.8	31	0	0
其中:当年立项项目拨入经费(千元)	5	1 757.8	0	0	0	0	0	20	0	260	41	0	0	1 405.8	31	0	0
当年支出经费(千元)	6	2 169.45	0	0	5	0	0	18	4	155.5	60.55	0	0	1 897.9	27.5	0	1
当年新开课题数(项)	7	75	0	0	0	0	0	2	0	18	11	0	0	39	5	0	0
当年新开课题批准经费(千元)	8	1 768.8	0	0	0	0	0	20	0	271	41	0	0	1 405.8	31	0	0
当年完成课题数(项)	9	61	0	0	1	0	0	1	0	11	20	0	0	22	4	0	2

续表

出版著作(部)	合计		10	0	0	0	0	0	0	0	0	0	0	0	0	0	0	0	0
	专著	合计	11	0	0	0	0	0	0	0	0	0	0	0	0	0	0	0	0
		其中:被译成外文	12	0	0	0	0	0	0	0	0	0	0	0	0	0	0	0	0
	编著教材		13	0	0	0	0	0	0	0	0	0	0	0	0	0	0	0	0
	工具书/参考书		14	0	0	0	0	0	0	0	0	0	0	0	0	0	0	0	0
	皮书/发展报告		15	0	0	0	0	0	0	0	0	0	0	0	0	0	0	0	0
	科普读物		16	0	0	0	0	0	0	0	0	0	0	0	0	0	0	0	0
古籍整理(部)			17	0	0	0	0	0	0	0	0	0	0	0	0	0	0	0	0
译著(部)			18	0	0	0	0	0	0	0	0	0	0	0	0	0	0	0	0
发表译文(篇)			19	0	0	0	0	0	0	0	0	0	0	0	0	0	0	0	0
电子出版物(件)			20	0	0	0	0	0	0	0	0	0	0	0	0	0	0	0	0
发表论文(篇)	合计		21	62	0	0	2	0	0	2	0	12	22	0	0	15	6	0	3
	国内学术刊物		22	62	0	0	2	0	0	2	0	12	22	0	0	15	6	0	3
	国外学术刊物		23	0	0	0	0	0	0	0	0	0	0	0	0	0	0	0	0
	港、澳、台地区刊物		24	0	0	0	0	0	0	0	0	0	0	0	0	0	0	0	0
研究与咨询报告(篇)	合计		25	13	0	0	0	0	0	0	0	0	0	0	0	13	0	0	0
	其中:被采纳数		26	2	0	0	0	0	0	0	0	0	0	0	0	2	0	0	0

3.47 江苏财经职业技术学院人文、社会科学研究与课题成果来源情况表

		课题来源															
		合计	国家社科基金项目	国家社科基金单列学科项目	教育部人文社科研究项目	高校古籍整理研究项目	国家自然科学基金项目	中央其他部门社科专门项目	省、市、自治区社科基金项目	省教育厅社科项目	地、市、厅、局等政府部门项目	国际合作研究项目	与港、澳、台地区合作研究项目	企事业单位委托项目	学校社科项目	外资项目	其他
	编号	L01	L02	L03	L04	L05	L06	L07	L08	L09	L10	L11	L12	L13	L14	L15	L16
课题数(项)	1	187	0	0	1	0	0	1	1	47	24	0	0	56	57	0	0
当年投入人数(人年)	2	19.9	0	0	0.1	0	0	0.2	0.1	4.8	2.4	0	0	6.6	5.7	0	0
其中:研究生(人年)	3	0	0	0	0	0	0	0	0	0	0	0	0	0	0	0	0
当年拨入经费(千元)	4	1 710.8	0	0	50	0	0	34	0	180	100.8	0	0	1 296	50	0	0
其中:当年立项项目拨入经费(千元)	5	1 710.8	0	0	50	0	0	34	0	180	100.8	0	0	1 296	50	0	0
当年支出经费(千元)	6	1 171.03	0	0	30	0	0	8	18	124	86.63	0	0	854.8	49.6	0	0
当年新开课题数(项)	7	83	0	0	1	0	0	1	0	18	18	0	0	34	11	0	0
当年新开课题批准经费(千元)	8	1 834.8	0	0	160	0	0	40	0	180	108.8	0	0	1 296	50	0	0
当年完成课题数(项)	9	77	0	0	0	0	0	0	0	10	10	0	0	20	37	0	0

续表

			编号																
出版著作(部)	合计		10	3	0	0	0	0	0	0	0	0	0	0	0	3	0	0	0
	专著	合计	11	3	0	0	0	0	0	0	0	0	0	0	0	3	0	0	0
		其中:被译成外文	12	0	0	0	0	0	0	0	0	0	0	0	0	0	0	0	0
	编著教材		13	0	0	0	0	0	0	0	0	0	0	0	0	0	0	0	0
	工具书/参考书		14	0	0	0	0	0	0	0	0	0	0	0	0	0	0	0	0
	皮书/发展报告		15	0	0	0	0	0	0	0	0	0	0	0	0	0	0	0	0
	科普读物		16	0	0	0	0	0	0	0	0	0	0	0	0	0	0	0	0
古籍整理(部)			17	0	0	0	0	0	0	0	0	0	0	0	0	0	0	0	0
译著(部)			18	0	0	0	0	0	0	0	0	0	0	0	0	0	0	0	0
发表译文(篇)			19	0	0	0	0	0	0	0	0	0	0	0	0	0	0	0	0
电子出版物(件)			20	0	0	0	0	0	0	0	0	0	0	0	0	0	0	0	0
发表论文(篇)	合计		21	194	0	0	1	0	0	1	1	30	32	0	0	45	84	0	0
	国内学术刊物		22	194	0	0	1	0	0	1	1	30	32	0	0	45	84	0	0
	国外学术刊物		23	0	0	0	0	0	0	0	0	0	0	0	0	0	0	0	0
	港、澳、台地区刊物		24	0	0	0	0	0	0	0	0	0	0	0	0	0	0	0	0
研究与咨询报告(篇)	合计		25	0	0	0	0	0	0	0	0	0	0	0	0	0	0	0	0
	其中:被采纳数		26	0	0	0	0	0	0	0	0	0	0	0	0	0	0	0	0

3.48 扬州工业职业技术学院人文、社会科学研究与课题成果来源情况表

		课题来源															
		合计	国家社科基金项目	国家社科基金单列学科项目	教育部人文社科研究项目	高校古籍整理研究项目	国家自然科学基金项目	中央其他部门社科专门项目	省、市、自治区社科基金项目	省教育厅社科项目	地、市、厅、局等政府部门项目	国际合作研究项目	与港、澳、台地区合作研究项目	企事业单位委托项目	学校社科项目	外资项目	其他
	编号	L01	L02	L03	L04	L05	L06	L07	L08	L09	L10	L11	L12	L13	L14	L15	L16
课题数(项)	1	174	0	0	0	0	0	0	3	58	26	0	0	29	0	0	58
当年投入人数(人年)	2	19.2	0	0	0	0	0	0	0.4	6.4	2.7	0	0	3.9	0	0	5.8
其中:研究生(人年)	3	0	0	0	0	0	0	0	0	0	0	0	0	0	0	0	0
当年拨入经费(千元)	4	975	0	0	0	0	0	0	40	42	79	0	0	814	0	0	0
其中:当年立项项目拨入经费(千元)	5	972	0	0	0	0	0	0	40	42	76	0	0	814	0	0	0
当年支出经费(千元)	6	1 050.2	0	0	0	0	0	0	16	111.1	107.6	0	0	814	0	0	1.5
当年新开课题数(项)	7	125	0	0	0	0	0	0	1	25	13	0	0	29	0	0	57
当年新开课题批准经费(千元)	8	1 030	0	0	0	0	0	0	50	90	76	0	0	814	0	0	0
当年完成课题数(项)	9	110	0	0	0	0	0	0	0	5	18	0	0	29	0	0	58

续表

出版著作(部)	合计		10	3	0	0	0	0	0	0	0	0	2	0	0	0	0	0	1
	专著	合计	11	3	0	0	0	0	0	0	0	0	2	0	0	0	0	0	1
		其中:被译成外文	12	0	0	0	0	0	0	0	0	0	0	0	0	0	0	0	0
	编著教材		13	0	0	0	0	0	0	0	0	0	0	0	0	0	0	0	0
	工具书/参考书		14	0	0	0	0	0	0	0	0	0	0	0	0	0	0	0	0
	皮书/发展报告		15	0	0	0	0	0	0	0	0	0	0	0	0	0	0	0	0
	科普读物		16	0	0	0	0	0	0	0	0	0	0	0	0	0	0	0	0
古籍整理(部)			17	0	0	0	0	0	0	0	0	0	0	0	0	0	0	0	0
译著(部)			18	0	0	0	0	0	0	0	0	0	0	0	0	0	0	0	0
发表译文(篇)			19	0	0	0	0	0	0	0	0	0	0	0	0	0	0	0	0
电子出版物(件)			20	0	0	0	0	0	0	0	0	0	0	0	0	0	0	0	0
发表论文(篇)	合计		21	114	0	0	0	0	0	0	0	20	21	0	0	14	0	0	59
	国内学术刊物		22	114	0	0	0	0	0	0	0	20	21	0	0	14	0	0	59
	国外学术刊物		23	0	0	0	0	0	0	0	0	0	0	0	0	0	0	0	0
	港、澳、台地区刊物		24	0	0	0	0	0	0	0	0	0	0	0	0	0	0	0	0
研究与咨询报告(篇)	合计		25	15	0	0	0	0	0	0	0	0	0	0	0	15	0	0	0
	其中:被采纳数		26	9	0	0	0	0	0	0	0	0	0	0	0	9	0	0	0

3.49 江苏城市职业学院人文、社会科学研究与课题成果来源情况表

		课题来源															
		合计	国家社科基金项目	国家社科基金单列学科项目	教育部人文社科研究项目	高校古籍整理研究项目	国家自然科学基金项目	中央其他部门社科专门项目	省、市、自治区社科基金项目	省教育厅社科项目	地、市、厅、局等政府部门项目	国际合作研究项目	与港、澳、台地区合作研究项目	企事业单位委托项目	学校社科项目	外资项目	其他
	编号	L01	L02	L03	L04	L05	L06	L07	L08	L09	L10	L11	L12	L13	L14	L15	L16
课题数(项)	1	260	0	0	3	0	0	1	16	101	11	0	0	22	106	0	0
当年投入人数(人年)	2	99.6	0	0	1.4	0	0	0.2	7.8	41.5	5	0	0	6.8	36.9	0	0
其中:研究生(人年)	3	0	0	0	0	0	0	0	0	0	0	0	0	0	0	0	0
当年拨入经费(千元)	4	1 647.6	0	0	90	0	0	0	129	459	22	0	0	782.6	165	0	0
其中:当年立项项目拨入经费(千元)	5	1 553.6	0	0	30	0	0	0	105	459	22	0	0	782.6	155	0	0
当年支出经费(千元)	6	1 185.69	0	0	59	0	0	6	117.92	418.8	14.95	0	0	360	209.02	0	0
当年新开课题数(项)	7	83	0	0	1	0	0	0	3	42	8	0	0	15	14	0	0
当年新开课题批准经费(千元)	8	2 322.6	0	0	100	0	0	0	150	935	35	0	0	792.6	310	0	0
当年完成课题数(项)	9	32	0	0	0	0	0	1	3	10	1	0	0	2	15	0	0

续表

出版著作(部)	合计		10	0	0	0	0	0	0	0	0	0	0	0	0	0	0	0	0
	专著	合计	11	0	0	0	0	0	0	0	0	0	0	0	0	0	0	0	0
		其中:被译成外文	12	0	0	0	0	0	0	0	0	0	0	0	0	0	0	0	0
	编著教材		13	0	0	0	0	0	0	0	0	0	0	0	0	0	0	0	0
	工具书/参考书		14	0	0	0	0	0	0	0	0	0	0	0	0	0	0	0	0
	皮书/发展报告		15	0	0	0	0	0	0	0	0	0	0	0	0	0	0	0	0
	科普读物		16	0	0	0	0	0	0	0	0	0	0	0	0	0	0	0	0
古籍整理(部)			17	0	0	0	0	0	0	0	0	0	0	0	0	0	0	0	0
译著(部)			18	0	0	0	0	0	0	0	0	0	0	0	0	0	0	0	0
发表译文(篇)			19	0	0	0	0	0	0	0	0	0	0	0	0	0	0	0	0
电子出版物(件)			20	0	0	0	0	0	0	0	0	0	0	0	0	0	0	0	0
发表论文(篇)	合计		21	75	0	0	3	0	0	1	3	40	1	0	0	0	27	0	0
	国内学术刊物		22	75	0	0	3	0	0	1	3	40	1	0	0	0	27	0	0
	国外学术刊物		23	0	0	0	0	0	0	0	0	0	0	0	0	0	0	0	0
	港、澳、台地区刊物		24	0	0	0	0	0	0	0	0	0	0	0	0	0	0	0	0
研究与咨询报告(篇)	合计		25	2	0	0	0	0	0	0	0	0	0	0	0	2	0	0	0
	其中:被采纳数		26	0	0	0	0	0	0	0	0	0	0	0	0	0	0	0	0

3.50 南京城市职业学院人文、社会科学研究与课题成果来源情况表

		课题来源															
		合计	国家社科基金项目	国家社科基金单列学科项目	教育部人文社科研究项目	高校古籍整理研究项目	国家自然科学基金项目	中央其他部门社科专门项目	省、市、自治区社科基金项目	省教育厅社科项目	地、市、厅、局等政府部门项目	国际合作研究项目	与港、澳、台地区合作研究项目	企事业单位委托项目	学校社科项目	外资项目	其他
	编号	L01	L02	L03	L04	L05	L06	L07	L08	L09	L10	L11	L12	L13	L14	L15	L16
课题数(项)	1	97	0	0	0	0	0	0	4	37	0	0	0	1	55	0	0
当年投入人数(人年)	2	10.8	0	0	0	0	0	0	0.4	4.7	0	0	0	0.1	5.6	0	0
其中:研究生(人年)	3	0	0	0	0	0	0	0	0	0	0	0	0	0	0	0	0
当年拨入经费(千元)	4	44.45	0	0	0	0	0	0	0	23.8	0	0	0	2	9.65	0	0
其中:当年立项项目拨入经费(千元)	5	14.65	0	0	0	0	0	0	5	6	0	0	0	2	1.65	0	0
当年支出经费(千元)	6	102.55	0	0	0	0	0	0	9	63.9	0	0	0	2	27.65	0	0
当年新开课题数(项)	7	52	0	0	0	0	0	0	3	17	0	0	0	1	31	0	0
当年新开课题批准经费(千元)	8	423	0	0	0	0	0	0	120	170	0	0	0	2	131	0	0
当年完成课题数(项)	9	14	0	0	0	0	0	0	1	3	0	0	0	1	9	0	0

续表

出版著作(部)	合计		10	1	0	0	0	0	0	0	0	1	0	0	0	0	0	0	0
	专著	合计	11	1	0	0	0	0	0	0	0	1	0	0	0	0	0	0	0
		其中:被译成外文	12	0	0	0	0	0	0	0	0	0	0	0	0	0	0	0	0
	编著教材		13	0	0	0	0	0	0	0	0	0	0	0	0	0	0	0	0
	工具书/参考书		14	0	0	0	0	0	0	0	0	0	0	0	0	0	0	0	0
	皮书/发展报告		15	0	0	0	0	0	0	0	0	0	0	0	0	0	0	0	0
	科普读物		16	0	0	0	0	0	0	0	0	0	0	0	0	0	0	0	0
古籍整理(部)			17	0	0	0	0	0	0	0	0	0	0	0	0	0	0	0	0
译著(部)			18	0	0	0	0	0	0	0	0	0	0	0	0	0	0	0	0
发表译文(篇)			19	0	0	0	0	0	0	0	0	0	0	0	0	0	0	0	0
电子出版物(件)			20	0	0	0	0	0	0	0	0	0	0	0	0	0	0	0	0
发表论文(篇)	合计		21	20	0	0	0	0	0	0	1	10	0	0	0	0	9	0	0
	国内学术刊物		22	18	0	0	0	0	0	0	1	8	0	0	0	0	9	0	0
	国外学术刊物		23	2	0	0	0	0	0	0	0	2	0	0	0	0	0	0	0
	港、澳、台地区刊物		24	0	0	0	0	0	0	0	0	0	0	0	0	0	0	0	0
研究与咨询报告(篇)	合计		25	2	0	0	0	0	0	0	0	0	0	0	0	1	1	0	0
	其中:被采纳数		26	0	0	0	0	0	0	0	0	0	0	0	0	0	0	0	0

3.51 南京机电职业技术学院人文、社会科学研究与课题成果来源情况表

		课题来源															
		合计	国家社科基金项目	国家社科基金单列学科项目	教育部人文社科研究项目	高校古籍整理研究项目	国家自然科学基金项目	中央其他部门社科专门项目	省、市、自治区社科基金项目	省教育厅社科项目	地、市、厅、局等政府部门项目	国际合作研究项目	与港、澳、台地区合作研究项目	企事业单位委托项目	学校社科项目	外资项目	其他
	编号	L01	L02	L03	L04	L05	L06	L07	L08	L09	L10	L11	L12	L13	L14	L15	L16
课题数(项)	1	118	0	0	0	0	0	0	2	32	15	0	0	3	62	0	4
当年投入人数(人年)	2	24.7	0	0	0	0	0	0	0.5	8.8	3.1	0	0	0.3	11.2	0	0.8
其中:研究生(人年)	3	0	0	0	0	0	0	0	0	0	0	0	0	0	0	0	0
当年拨入经费(千元)	4	421	0	0	0	0	0	0	25	100	74	0	0	40	182	0	0
其中:当年立项项目拨入经费(千元)	5	286	0	0	0	0	0	0	25	100	30	0	0	40	91	0	0
当年支出经费(千元)	6	209.1	0	0	0	0	0	0	6.5	87.4	38.7	0	0	35.5	38	0	3
当年新开课题数(项)	7	49	0	0	0	0	0	0	2	10	4	0	0	3	28	0	2
当年新开课题批准经费(千元)	8	286	0	0	0	0	0	0	25	100	30	0	0	40	91	0	0
当年完成课题数(项)	9	50	0	0	0	0	0	0	0	7	5	0	0	2	33	0	3

续表

			编号																
出版著作(部)	合计		10	1	0	0	0	0	0	0	0	0	0	0	0	0	1	0	0
	专著	合计	11	0	0	0	0	0	0	0	0	0	0	0	0	0	0	0	0
		其中:被译成外文	12	0	0	0	0	0	0	0	0	0	0	0	0	0	0	0	0
	编著教材		13	0	0	0	0	0	0	0	0	0	0	0	0	0	0	0	0
	工具书/参考书		14	1	0	0	0	0	0	0	0	0	0	0	0	0	1	0	0
	皮书/发展报告		15	0	0	0	0	0	0	0	0	0	0	0	0	0	0	0	0
	科普读物		16	0	0	0	0	0	0	0	0	0	0	0	0	0	0	0	0
古籍整理(部)			17	0	0	0	0	0	0	0	0	0	0	0	0	0	0	0	0
译著(部)			18	0	0	0	0	0	0	0	0	0	0	0	0	0	0	0	0
发表译文(篇)			19	0	0	0	0	0	0	0	0	0	0	0	0	0	0	0	0
电子出版物(件)			20	0	0	0	0	0	0	0	0	0	0	0	0	0	0	0	0
发表论文(篇)	合计		21	77	0	0	0	0	0	0	0	27	2	0	0	0	48	0	0
	国内学术刊物		22	77	0	0	0	0	0	0	0	27	2	0	0	0	48	0	0
	国外学术刊物		23	0	0	0	0	0	0	0	0	0	0	0	0	0	0	0	0
	港、澳、台地区刊物		24	0	0	0	0	0	0	0	0	0	0	0	0	0	0	0	0
研究与咨询报告(篇)	合计		25	0	0	0	0	0	0	0	0	0	0	0	0	0	0	0	0
	其中:被采纳数		26	0	0	0	0	0	0	0	0	0	0	0	0	0	0	0	0

3.52 南京旅游职业学院人文、社会科学研究与课题成果来源情况表

	编号	课题来源															
		合计	国家社科基金项目	国家社科基金单列学科项目	教育部人文社科研究项目	高校古籍整理研究项目	国家自然科学基金项目	中央其他部门社科专门项目	省、市、自治区社科基金项目	省教育厅社科项目	地、市、厅、局等政府部门项目	国际合作研究项目	与港、澳、台地区合作研究项目	企事业单位委托项目	学校社科项目	外资项目	其他
		L01	L02	L03	L04	L05	L06	L07	L08	L09	L10	L11	L12	L13	L14	L15	L16
课题数(项)	1	115	2	0	0	0	0	0	3	49	9	0	0	9	33	0	10
当年投入人数(人年)	2	12.9	0.4	0	0	0	0	0	0.9	4.1	1	0	0	2	3.2	0	1.3
其中:研究生(人年)	3	0	0	0	0	0	0	0	0	0	0	0	0	0	0	0	0
当年拨入经费(千元)	4	347	0	0	0	0	0	0	10	129	100	0	0	0	48	0	60
其中:当年立项项目拨入经费(千元)	5	308	0	0	0	0	0	0	10	115	100	0	0	0	36	0	47
当年支出经费(千元)	6	231.6	36.5	0	0	0	0	0	1	49.1	10	0	0	42.47	74.73	0	17.8
当年新开课题数(项)	7	28	0	0	0	0	0	0	2	12	1	0	0	0	9	0	4
当年新开课题批准经费(千元)	8	308	0	0	0	0	0	0	10	115	100	0	0	0	36	0	47
当年完成课题数(项)	9	21	1	0	0	0	0	0	0	0	2	0	0	9	3	0	1

续表

出版著作(部)	合计		10	1	0	0	0	0	0	0	0	1	0	0	0	0	0	0	0
	专著	合计	11	1	0	0	0	0	0	0	0	1	0	0	0	0	0	0	0
		其中:被译成外文	12	0	0	0	0	0	0	0	0	0	0	0	0	0	0	0	0
	编著教材		13	0	0	0	0	0	0	0	0	0	0	0	0	0	0	0	0
	工具书/参考书		14	0	0	0	0	0	0	0	0	0	0	0	0	0	0	0	0
	皮书/发展报告		15	0	0	0	0	0	0	0	0	0	0	0	0	0	0	0	0
	科普读物		16	0	0	0	0	0	0	0	0	0	0	0	0	0	0	0	0
古籍整理(部)			17	0	0	0	0	0	0	0	0	0	0	0	0	0	0	0	0
译著(部)			18	0	0	0	0	0	0	0	0	0	0	0	0	0	0	0	0
发表译文(篇)			19	0	0	0	0	0	0	0	0	0	0	0	0	0	0	0	0
电子出版物(件)			20	0	0	0	0	0	0	0	0	0	0	0	0	0	0	0	0
发表论文(篇)	合计		21	76	0	0	0	0	0	0	1	43	1	0	0	0	21	0	10
	国内学术刊物		22	76	0	0	0	0	0	0	1	43	1	0	0	0	21	0	10
	国外学术刊物		23	0	0	0	0	0	0	0	0	0	0	0	0	0	0	0	0
	港、澳、台地区刊物		24	0	0	0	0	0	0	0	0	0	0	0	0	0	0	0	0
研究与咨询报告(篇)	合计		25	0	0	0	0	0	0	0	0	0	0	0	0	0	0	0	0
	其中:被采纳数		26	0	0	0	0	0	0	0	0	0	0	0	0	0	0	0	0

3.53 江苏卫生健康职业学院人文、社会科学研究与课题成果来源情况表

		课题来源															
		合计	国家社科基金项目	国家社科基金单列学科项目	教育部人文社科研究项目	高校古籍整理研究项目	国家自然科学基金项目	中央其他部门社科专门项目	省、市、自治区社科基金项目	省教育厅社科项目	地、市、厅、局等政府部门项目	国际合作研究项目	与港、澳、台地区合作研究项目	企事业单位委托项目	学校社科项目	外资项目	其他
	编号	L01	L02	L03	L04	L05	L06	L07	L08	L09	L10	L11	L12	L13	L14	L15	L16
课题数(项)	1	112	0	0	0	0	0	0	4	32	11	0	0	3	62	0	0
当年投入人数(人年)	2	25.7	0	0	0	0	0	0	0.7	6	2.9	0	0	1	15.1	0	0
其中:研究生(人年)	3	0	0	0	0	0	0	0	0	0	0	0	0	0	0	0	0
当年拨入经费(千元)	4	357	0	0	0	0	0	0	8	130	15	0	0	138	66	0	0
其中:当年立项项目拨入经费(千元)	5	349	0	0	0	0	0	0	0	130	15	0	0	138	66	0	0
当年支出经费(千元)	6	431.45	0	0	0	0	0	0	21.25	142	31.1	0	0	111	126.1	0	0
当年新开课题数(项)	7	37	0	0	0	0	0	0	0	13	3	0	0	3	18	0	0
当年新开课题批准经费(千元)	8	349	0	0	0	0	0	0	0	130	15	0	0	138	66	0	0
当年完成课题数(项)	9	26	0	0	0	0	0	0	3	3	6	0	0	0	14	0	0

续表

出版著作(部)	合计		10	0	0	0	0	0	0	0	0	0	0	0	0	0	0	0	0
	专著	合计	11	0	0	0	0	0	0	0	0	0	0	0	0	0	0	0	0
		其中:被译成外文	12	0	0	0	0	0	0	0	0	0	0	0	0	0	0	0	0
	编著教材		13	0	0	0	0	0	0	0	0	0	0	0	0	0	0	0	0
	工具书/参考书		14	0	0	0	0	0	0	0	0	0	0	0	0	0	0	0	0
	皮书/发展报告		15	0	0	0	0	0	0	0	0	0	0	0	0	0	0	0	0
	科普读物		16	0	0	0	0	0	0	0	0	0	0	0	0	0	0	0	0
古籍整理(部)			17	0	0	0	0	0	0	0	0	0	0	0	0	0	0	0	0
译著(部)			18	0	0	0	0	0	0	0	0	0	0	0	0	0	0	0	0
发表译文(篇)			19	0	0	0	0	0	0	0	0	0	0	0	0	0	0	0	0
电子出版物(件)			20	0	0	0	0	0	0	0	0	0	0	0	0	0	0	0	0
发表论文(篇)	合计		21	52	0	0	0	0	0	0	3	17	6	0	0	0	26	0	0
	国内学术刊物		22	52	0	0	0	0	0	0	3	17	6	0	0	0	26	0	0
	国外学术刊物		23	0	0	0	0	0	0	0	0	0	0	0	0	0	0	0	0
	港、澳、台地区刊物		24	0	0	0	0	0	0	0	0	0	0	0	0	0	0	0	0
研究与咨询报告(篇)	合计		25	1	0	0	0	0	0	0	0	0	1	0	0	0	0	0	0
	其中:被采纳数		26	0	0	0	0	0	0	0	0	0	0	0	0	0	0	0	0

3.54 苏州信息职业技术学院人文、社会科学研究与课题成果来源情况表

		课题来源															
		合计	国家社科基金项目	国家社科基金单列学科项目	教育部人文社科研究项目	高校古籍整理研究项目	国家自然科学基金项目	中央其他部门社科专门项目	省、市、自治区社科基金项目	省教育厅社科项目	地、市、厅、局等政府部门项目	国际合作研究项目	与港、澳、台地区合作研究项目	企事业单位委托项目	学校社科项目	外资项目	其他
	编号	L01	L02	L03	L04	L05	L06	L07	L08	L09	L10	L11	L12	L13	L14	L15	L16
课题数(项)	1	20	0	0	0	0	0	0	2	17	0	0	0	1	0	0	0
当年投入人数(人年)	2	5.7	0	0	0	0	0	0	0.5	4.6	0	0	0	0.6	0	0	0
其中:研究生(人年)	3	0	0	0	0	0	0	0	0	0	0	0	0	0	0	0	0
当年拨入经费(千元)	4	98	0	0	0	0	0	0	10	78	0	0	0	10	0	0	0
其中:当年立项项目拨入经费(千元)	5	98	0	0	0	0	0	0	10	78	0	0	0	10	0	0	0
当年支出经费(千元)	6	51.1	0	0	0	0	0	0	3.6	37.5	0	0	0	10	0	0	0
当年新开课题数(项)	7	8	0	0	0	0	0	0	1	6	0	0	0	1	0	0	0
当年新开课题批准经费(千元)	8	146	0	0	0	0	0	0	10	126	0	0	0	10	0	0	0
当年完成课题数(项)	9	3	0	0	0	0	0	0	1	1	0	0	0	1	0	0	0

续表

出版著作(部)	合计		10	0	0	0	0	0	0	0	0	0	0	0	0	0	0	0	0
	专著	合计	11	0	0	0	0	0	0	0	0	0	0	0	0	0	0	0	0
		其中:被译成外文	12	0	0	0	0	0	0	0	0	0	0	0	0	0	0	0	0
	编著教材		13	0	0	0	0	0	0	0	0	0	0	0	0	0	0	0	0
	工具书/参考书		14	0	0	0	0	0	0	0	0	0	0	0	0	0	0	0	0
	皮书/发展报告		15	0	0	0	0	0	0	0	0	0	0	0	0	0	0	0	0
	科普读物		16	0	0	0	0	0	0	0	0	0	0	0	0	0	0	0	0
古籍整理(部)			17	0	0	0	0	0	0	0	0	0	0	0	0	0	0	0	0
译著(部)			18	0	0	0	0	0	0	0	0	0	0	0	0	0	0	0	0
发表译文(篇)			19	0	0	0	0	0	0	0	0	0	0	0	0	0	0	0	0
电子出版物(件)			20	0	0	0	0	0	0	0	0	0	0	0	0	0	0	0	0
发表论文(篇)	合计		21	7	0	0	0	0	0	0	0	7	0	0	0	0	0	0	0
	国内学术刊物		22	7	0	0	0	0	0	0	0	7	0	0	0	0	0	0	0
	国外学术刊物		23	0	0	0	0	0	0	0	0	0	0	0	0	0	0	0	0
	港、澳、台地区刊物		24	0	0	0	0	0	0	0	0	0	0	0	0	0	0	0	0
研究与咨询报告(篇)	合计		25	0	0	0	0	0	0	0	0	0	0	0	0	0	0	0	0
	其中:被采纳数		26	0	0	0	0	0	0	0	0	0	0	0	0	0	0	0	0

3.55 苏州工业园区服务外包职业学院人文、社会科学研究与课题成果来源情况表

		课题来源															
		合计	国家社科基金项目	国家社科基金单列学科项目	教育部人文社科研究项目	高校古籍整理研究项目	国家自然科学基金项目	中央其他部门社科专门项目	省、市、自治区社科基金项目	省教育厅社科项目	地、市、厅、局等政府部门项目	国际合作研究项目	与港、澳、台地区合作研究项目	企事业单位委托项目	学校社科项目	外资项目	其他
	编号	L01	L02	L03	L04	L05	L06	L07	L08	L09	L10	L11	L12	L13	L14	L15	L16
课题数(项)	1	176	0	0	0	0	0	0	0	28	49	0	0	67	23	0	9
当年投入人数(人年)	2	26	0	0	0	0	0	0	0	5.2	8.1	0	0	8.4	3.1	0	1.2
其中:研究生(人年)	3	0	0	0	0	0	0	0	0	0	0	0	0	0	0	0	0
当年拨入经费(千元)	4	4 320	0	0	0	0	0	0	0	9	245	0	0	3 810	7	0	249
其中:当年立项项目拨入经费(千元)	5	4 195.73	0	0	0	0	0	0	0	9	245	0	0	3 690.73	2	0	249
当年支出经费(千元)	6	4 378.64	0	0	0	0	0	0	0	43.65	153.85	0	0	3 902.09	30.05	0	249
当年新开课题数(项)	7	113	0	0	0	0	0	0	0	5	34	0	0	61	4	0	9
当年新开课题批准经费(千元)	8	5 094.41	0	0	0	0	0	0	0	27	245	0	0	4 503.41	2	0	317
当年完成课题数(项)	9	83	0	0	0	0	0	0	0	4	14	0	0	48	10	0	7

续表

出版著作(部)	合计		10	3	0	0	0	0	0	0	0	1	1	0	0	0	1	0	0
	专著	合计	11	3	0	0	0	0	0	0	0	1	1	0	0	0	1	0	0
		其中:被译成外文	12	0	0	0	0	0	0	0	0	0	0	0	0	0	0	0	0
	编著教材		13	0	0	0	0	0	0	0	0	0	0	0	0	0	0	0	0
	工具书/参考书		14	0	0	0	0	0	0	0	0	0	0	0	0	0	0	0	0
	皮书/发展报告		15	0	0	0	0	0	0	0	0	0	0	0	0	0	0	0	0
	科普读物		16	0	0	0	0	0	0	0	0	0	0	0	0	0	0	0	0
古籍整理(部)			17	0	0	0	0	0	0	0	0	0	0	0	0	0	0	0	0
译著(部)			18	0	0	0	0	0	0	0	0	0	0	0	0	0	0	0	0
发表译文(篇)			19	0	0	0	0	0	0	0	0	0	0	0	0	0	0	0	0
电子出版物(件)			20	0	0	0	0	0	0	0	0	0	0	0	0	0	0	0	0
发表论文(篇)	合计		21	81	0	0	0	0	0	0	0	18	38	0	0	3	20	0	2
	国内学术刊物		22	81	0	0	0	0	0	0	0	18	38	0	0	3	20	0	2
	国外学术刊物		23	0	0	0	0	0	0	0	0	0	0	0	0	0	0	0	0
	港、澳、台地区刊物		24	0	0	0	0	0	0	0	0	0	0	0	0	0	0	0	0
研究与咨询报告(篇)	合计		25	53	0	0	0	0	0	0	0	0	0	0	0	53	0	0	0
	其中:被采纳数		26	53	0	0	0	0	0	0	0	0	0	0	0	53	0	0	0

3.56 徐州幼儿师范高等专科学校人文、社会科学研究与课题成果来源情况表

	编号	课题来源															
		合计	国家社科基金项目	国家社科基金单列学科项目	教育部人文社科研究项目	高校古籍整理研究项目	国家自然科学基金项目	中央其他部门社科专门项目	省、市、自治区社科基金项目	省教育厅社科项目	地、市、厅、局等政府部门项目	国际合作研究项目	与港、澳、台地区合作研究项目	企事业单位委托项目	学校社科项目	外资项目	其他
		L01	L02	L03	L04	L05	L06	L07	L08	L09	L10	L11	L12	L13	L14	L15	L16
课题数(项)	1	131	0	0	2	0	0	0	0	47	73	0	0	0	9	0	0
当年投入人数(人年)	2	26.7	0	0	0.7	0	0	0	0	12.3	12.8	0	0	0	0.9	0	0
其中:研究生(人年)	3	0	0	0	0	0	0	0	0	0	0	0	0	0	0	0	0
当年拨入经费(千元)	4	379	0	0	0	0	0	0	0	151	228	0	0	0	0	0	0
其中:当年立项项目拨入经费(千元)	5	379	0	0	0	0	0	0	0	151	228	0	0	0	0	0	0
当年支出经费(千元)	6	359.85	0	0	8	0	0	0	0	150.5	195.35	0	0	0	6	0	0
当年新开课题数(项)	7	64	0	0	0	0	0	0	0	15	49	0	0	0	0	0	0
当年新开课题批准经费(千元)	8	427	0	0	0	0	0	0	0	199	228	0	0	0	0	0	0
当年完成课题数(项)	9	58	0	0	0	0	0	0	0	12	40	0	0	0	6	0	0

续表

出版著作(部)	合计		10	6	0	0	0	0	0	0	0	0	6	0	0	0	0	0	0
	专著	合计	11	0	0	0	0	0	0	0	0	0	0	0	0	0	0	0	0
		其中:被译成外文	12	0	0	0	0	0	0	0	0	0	0	0	0	0	0	0	0
	编著教材		13	6	0	0	0	0	0	0	0	0	6	0	0	0	0	0	0
	工具书/参考书		14	0	0	0	0	0	0	0	0	0	0	0	0	0	0	0	0
	皮书/发展报告		15	0	0	0	0	0	0	0	0	0	0	0	0	0	0	0	0
	科普读物		16	0	0	0	0	0	0	0	0	0	0	0	0	0	0	0	0
古籍整理(部)			17	0	0	0	0	0	0	0	0	0	0	0	0	0	0	0	0
译著(部)			18	0	0	0	0	0	0	0	0	0	0	0	0	0	0	0	0
发表译文(篇)			19	0	0	0	0	0	0	0	0	0	0	0	0	0	0	0	0
电子出版物(件)			20	0	0	0	0	0	0	0	0	0	0	0	0	0	0	0	0
发表论文(篇)	合计		21	107	0	0	0	0	0	1	0	8	88	0	0	0	10	0	0
	国内学术刊物		22	107	0	0	0	0	0	1	0	8	88	0	0	0	10	0	0
	国外学术刊物		23	0	0	0	0	0	0	0	0	0	0	0	0	0	0	0	0
	港、澳、台地区刊物		24	0	0	0	0	0	0	0	0	0	0	0	0	0	0	0	0
研究与咨询报告(篇)	合计		25	22	0	0	0	0	0	0	0	0	22	0	0	0	0	0	0
	其中:被采纳数		26	5	0	0	0	0	0	0	0	0	5	0	0	0	0	0	0

3.57 徐州生物工程职业技术学院人文、社会科学研究与课题成果来源情况表

		课题来源															
		合计	国家社科基金项目	国家社科基金单列学科项目	教育部人文社科研究项目	高校古籍整理研究项目	国家自然科学基金项目	中央其他部门社科专门项目	省、市、自治区社科基金项目	省教育厅社科项目	地、市、厅、局等政府部门项目	国际合作研究项目	与港、澳、台地区合作研究项目	企事业单位委托项目	学校社科项目	外资项目	其他
	编号	L01	L02	L03	L04	L05	L06	L07	L08	L09	L10	L11	L12	L13	L14	L15	L16
课题数(项)	1	53	0	0	0	0	0	1	0	10	21	0	0	0	21	0	0
当年投入人数(人年)	2	5.3	0	0	0	0	0	0.1	0	1	2.1	0	0	0	2.1	0	0
其中:研究生(人年)	3	0	0	0	0	0	0	0	0	0	0	0	0	0	0	0	0
当年拨入经费(千元)	4	18	0	0	0	0	0	0	0	0	4	0	0	0	14	0	0
其中:当年立项项目拨入经费(千元)	5	14	0	0	0	0	0	0	0	0	0	0	0	0	14	0	0
当年支出经费(千元)	6	35.6	0	0	0	0	0	2	0	0	13.8	0	0	0	19.8	0	0
当年新开课题数(项)	7	16	0	0	0	0	0	0	0	5	8	0	0	0	3	0	0
当年新开课题批准经费(千元)	8	14	0	0	0	0	0	0	0	0	0	0	0	0	14	0	0
当年完成课题数(项)	9	13	0	0	0	0	0	1	0	0	12	0	0	0	0	0	0

续表

出版著作(部)	合计		10	1	0	0	0	0	0	0	0	0	1	0	0	0	0	0	0
	专著	合计	11	1	0	0	0	0	0	0	0	0	1	0	0	0	0	0	0
		其中:被译成外文	12	0	0	0	0	0	0	0	0	0	0	0	0	0	0	0	0
	编著教材		13	0	0	0	0	0	0	0	0	0	0	0	0	0	0	0	0
	工具书/参考书		14	0	0	0	0	0	0	0	0	0	0	0	0	0	0	0	0
	皮书/发展报告		15	0	0	0	0	0	0	0	0	0	0	0	0	0	0	0	0
	科普读物		16	0	0	0	0	0	0	0	0	0	0	0	0	0	0	0	0
古籍整理(部)			17	0	0	0	0	0	0	0	0	0	0	0	0	0	0	0	0
译著(部)			18	0	0	0	0	0	0	0	0	0	0	0	0	0	0	0	0
发表译文(篇)			19	0	0	0	0	0	0	0	0	0	0	0	0	0	0	0	0
电子出版物(件)			20	0	0	0	0	0	0	0	0	0	0	0	0	0	0	0	0
发表论文(篇)	合计		21	24	0	0	0	0	0	0	0	7	9	0	0	0	8	0	0
	国内学术刊物		22	24	0	0	0	0	0	0	0	7	9	0	0	0	8	0	0
	国外学术刊物		23	0	0	0	0	0	0	0	0	0	0	0	0	0	0	0	0
	港、澳、台地区刊物		24	0	0	0	0	0	0	0	0	0	0	0	0	0	0	0	0
研究与咨询报告(篇)	合计		25	13	0	0	0	0	0	1	0	0	12	0	0	0	0	0	0
	其中:被采纳数		26	0	0	0	0	0	0	0	0	0	0	0	0	0	0	0	0

3.58 江苏商贸职业学院人文、社会科学研究与课题成果来源情况表

	编号	合计	课题来源														
			国家社科基金项目	国家社科基金单列学科项目	教育部人文社科研究项目	高校古籍整理研究项目	国家自然科学基金项目	中央其他部门社科专门项目	省、市、自治区社科基金项目	省教育厅社科项目	地、市、厅、局等政府部门项目	国际合作研究项目	与港、澳、台地区合作研究项目	企事业单位委托项目	学校社科项目	外资项目	其他
		L01	L02	L03	L04	L05	L06	L07	L08	L09	L10	L11	L12	L13	L14	L15	L16
课题数(项)	1	93	0	0	0	0	0	0	0	18	14	0	0	22	39	0	0
当年投入人数(人年)	2	34.5	0	0	0	0	0	0	0	8.5	5.6	0	0	8.2	12.2	0	0
其中:研究生(人年)	3	0	0	0	0	0	0	0	0	0	0	0	0	0	0	0	0
当年拨入经费(千元)	4	224.4	0	0	0	0	0	0	0	0	5.5	0	0	172.7	46.2	0	0
其中:当年立项项目拨入经费(千元)	5	209.1	0	0	0	0	0	0	0	0	5.5	0	0	167.6	36	0	0
当年支出经费(千元)	6	239.62	0	0	0	0	0	0	0	0.9	13.25	0	0	190.17	35.3	0	0
当年新开课题数(项)	7	42	0	0	0	0	0	0	0	5	4	0	0	16	17	0	0
当年新开课题批准经费(千元)	8	221.6	0	0	0	0	0	0	0	0	9	0	0	167.6	45	0	0
当年完成课题数(项)	9	22	0	0	0	0	0	0	0	2	7	0	0	10	3	0	0

续表

出版著作(部)	合计		10	0	0	0	0	0	0	0	0	0	0	0	0	0	0	0	0
	专著	合计	11	0	0	0	0	0	0	0	0	0	0	0	0	0	0	0	0
		其中:被译成外文	12	0	0	0	0	0	0	0	0	0	0	0	0	0	0	0	0
	编著教材		13	0	0	0	0	0	0	0	0	0	0	0	0	0	0	0	0
	工具书/参考书		14	0	0	0	0	0	0	0	0	0	0	0	0	0	0	0	0
	皮书/发展报告		15	0	0	0	0	0	0	0	0	0	0	0	0	0	0	0	0
	科普读物		16	0	0	0	0	0	0	0	0	0	0	0	0	0	0	0	0
古籍整理(部)			17	0	0	0	0	0	0	0	0	0	0	0	0	0	0	0	0
译著(部)			18	0	0	0	0	0	0	0	0	0	0	0	0	0	0	0	0
发表译文(篇)			19	0	0	0	0	0	0	0	0	0	0	0	0	0	0	0	0
电子出版物(件)			20	0	0	0	0	0	0	0	0	0	0	0	0	0	0	0	0
发表论文(篇)	合计		21	54	0	0	0	0	0	0	0	24	2	0	0	2	20	0	6
	国内学术刊物		22	54	0	0	0	0	0	0	0	24	2	0	0	2	20	0	6
	国外学术刊物		23	0	0	0	0	0	0	0	0	0	0	0	0	0	0	0	0
	港、澳、台地区刊物		24	0	0	0	0	0	0	0	0	0	0	0	0	0	0	0	0
研究与咨询报告(篇)	合计		25	17	0	0	0	0	0	0	0	0	7	0	0	10	0	0	0
	其中:被采纳数		26	0	0	0	0	0	0	0	0	0	0	0	0	0	0	0	0

3.59 南通师范高等专科学校人文、社会科学研究与课题成果来源情况表

	编号	合计	国家社科基金项目	国家社科基金单列学科项目	教育部人文社科研究项目	高校古籍整理研究项目	国家自然科学基金项目	中央其他部门社科专门项目	省、市、自治区社科基金项目	省教育厅社科项目	地、市、厅、局等政府部门项目	国际合作研究项目	与港、澳、台地区合作研究项目	企事业单位委托项目	学校社科项目	外资项目	其他
		课题来源															
		L01	L02	L03	L04	L05	L06	L07	L08	L09	L10	L11	L12	L13	L14	L15	L16
课题数(项)	1	23	0	0	2	0	0	0	1	2	12	0	0	0	6	0	0
当年投入人数(人年)	2	5	0	0	0.9	0	0	0	0.2	0.4	2.9	0	0	0	0.6	0	0
其中:研究生(人年)	3	0	0	0	0	0	0	0	0	0	0	0	0	0	0	0	0
当年拨入经费(千元)	4	30	0	0	15	0	0	0	0	3	12	0	0	0	0	0	0
其中:当年立项项目拨入经费(千元)	5	17	0	0	15	0	0	0	0	0	2	0	0	0	0	0	0
当年支出经费(千元)	6	38.55	0	0	13.9	0	0	0	0	0	24.65	0	0	0	0	0	0
当年新开课题数(项)	7	15	0	0	1	0	0	0	0	0	8	0	0	0	6	0	0
当年新开课题批准经费(千元)	8	142	0	0	80	0	0	0	0	0	54	0	0	0	8	0	0
当年完成课题数(项)	9	3	0	0	0	0	0	0	0	0	3	0	0	0	0	0	0

续表

出版著作(部)	合计		10	0	0	0	0	0	0	0	0	0	0	0	0	0	0	0	0
	专著	合计	11	0	0	0	0	0	0	0	0	0	0	0	0	0	0	0	0
		其中:被译成外文	12	0	0	0	0	0	0	0	0	0	0	0	0	0	0	0	0
	编著教材		13	0	0	0	0	0	0	0	0	0	0	0	0	0	0	0	0
	工具书/参考书		14	0	0	0	0	0	0	0	0	0	0	0	0	0	0	0	0
	皮书/发展报告		15	0	0	0	0	0	0	0	0	0	0	0	0	0	0	0	0
	科普读物		16	0	0	0	0	0	0	0	0	0	0	0	0	0	0	0	0
古籍整理(部)			17	0	0	0	0	0	0	0	0	0	0	0	0	0	0	0	0
译著(部)			18	0	0	0	0	0	0	0	0	0	0	0	0	0	0	0	0
发表译文(篇)			19	0	0	0	0	0	0	0	0	0	0	0	0	0	0	0	0
电子出版物(件)			20	0	0	0	0	0	0	0	0	0	0	0	0	0	0	0	0
发表论文(篇)	合计		21	25	0	0	3	0	0	0	0	2	17	0	0	0	3	0	0
	国内学术刊物		22	25	0	0	3	0	0	0	0	2	17	0	0	0	3	0	0
	国外学术刊物		23	0	0	0	0	0	0	0	0	0	0	0	0	0	0	0	0
	港、澳、台地区刊物		24	0	0	0	0	0	0	0	0	0	0	0	0	0	0	0	0
研究与咨询报告(篇)	合计		25	0	0	0	0	0	0	0	0	0	0	0	0	0	0	0	0
	其中:被采纳数		26	0	0	0	0	0	0	0	0	0	0	0	0	0	0	0	0

3.60 江苏护理职业学院人文、社会科学研究与课题成果来源情况表

		课题来源															
		合计	国家社科基金项目	国家社科基金单列学科项目	教育部人文社科研究项目	高校古籍整理研究项目	国家自然科学基金项目	中央其他部门社科专门项目	省、市、自治区社科基金项目	省教育厅社科项目	地、市、厅、局等政府部门项目	国际合作研究项目	与港、澳、台地区合作研究项目	企事业单位委托项目	学校社科项目	外资项目	其他
	编号	L01	L02	L03	L04	L05	L06	L07	L08	L09	L10	L11	L12	L13	L14	L15	L16
课题数(项)	1	31	0	0	0	0	0	0	0	18	6	0	0	0	7	0	0
当年投入人数(人年)	2	3.8	0	0	0	0	0	0	0	2.1	0.9	0	0	0	0.8	0	0
其中:研究生(人年)	3	0	0	0	0	0	0	0	0	0	0	0	0	0	0	0	0
当年拨入经费(千元)	4	89.2	0	0	0	0	0	0	0	89.2	0	0	0	0	0	0	0
其中:当年立项项目拨入经费(千元)	5	89.2	0	0	0	0	0	0	0	89.2	0	0	0	0	0	0	0
当年支出经费(千元)	6	89.2	0	0	0	0	0	0	0	89.2	0	0	0	0	0	0	0
当年新开课题数(项)	7	31	0	0	0	0	0	0	0	18	6	0	0	0	7	0	0
当年新开课题批准经费(千元)	8	530.3	0	0	0	0	0	0	0	180	0.3	0	0	0	350	0	0
当年完成课题数(项)	9	6	0	0	0	0	0	0	0	0	6	0	0	0	0	0	0

续表

出版著作(部)	合计		10	3	0	0	0	0	0	0	0	0	0	0	0	0	3	0	0
	专著	合计	11	0	0	0	0	0	0	0	0	0	0	0	0	0	0	0	0
		其中:被译成外文	12	0	0	0	0	0	0	0	0	0	0	0	0	0	0	0	0
	编著教材		13	3	0	0	0	0	0	0	0	0	0	0	0	0	3	0	0
	工具书/参考书		14	0	0	0	0	0	0	0	0	0	0	0	0	0	0	0	0
	皮书/发展报告		15	0	0	0	0	0	0	0	0	0	0	0	0	0	0	0	0
	科普读物		16	0	0	0	0	0	0	0	0	0	0	0	0	0	0	0	0
古籍整理(部)			17	0	0	0	0	0	0	0	0	0	0	0	0	0	0	0	0
译著(部)			18	0	0	0	0	0	0	0	0	0	0	0	0	0	0	0	0
发表译文(篇)			19	0	0	0	0	0	0	0	0	0	0	0	0	0	0	0	0
电子出版物(件)			20	0	0	0	0	0	0	0	0	0	0	0	0	0	0	0	0
发表论文(篇)	合计		21	10	0	0	0	0	0	0	0	9	1	0	0	0	0	0	0
	国内学术刊物		22	10	0	0	0	0	0	0	0	9	1	0	0	0	0	0	0
	国外学术刊物		23	0	0	0	0	0	0	0	0	0	0	0	0	0	0	0	0
	港、澳、台地区刊物		24	0	0	0	0	0	0	0	0	0	0	0	0	0	0	0	0
研究与咨询报告(篇)	合计		25	1	0	0	0	0	0	0	0	1	0	0	0	0	0	0	0
	其中:被采纳数		26	0	0	0	0	0	0	0	0	0	0	0	0	0	0	0	0

3.61 江苏财会职业学院人文、社会科学研究与课题成果来源情况表

		课题来源															
		合计	国家社科基金项目	国家社科基金单列学科项目	教育部人文社科研究项目	高校古籍整理研究项目	国家自然科学基金项目	中央其他部门社科专门项目	省、市、自治区社科基金项目	省教育厅社科项目	地、市、厅、局等政府部门项目	国际合作研究项目	与港、澳、台地区合作研究项目	企事业单位委托项目	学校社科项目	外资项目	其他
	编号	L01	L02	L03	L04	L05	L06	L07	L08	L09	L10	L11	L12	L13	L14	L15	L16
课题数(项)	1	86	0	0	0	0	0	0	8	21	34	0	0	0	16	0	7
当年投入人数(人年)	2	15	0	0	0	0	0	0	1.5	3.5	6.1	0	0	0	2.5	0	1.4
其中:研究生(人年)	3	0	0	0	0	0	0	0	0	0	0	0	0	0	0	0	0
当年拨入经费(千元)	4	106	0	0	0	0	0	0	11	0	65	0	0	0	15	0	15
其中:当年立项项目拨入经费(千元)	5	71	0	0	0	0	0	0	0	0	56	0	0	0	0	0	15
当年支出经费(千元)	6	106	0	0	0	0	0	0	11	0	65	0	0	0	15	0	15
当年新开课题数(项)	7	34	0	0	0	0	0	0	4	5	18	0	0	0	3	0	4
当年新开课题批准经费(千元)	8	238.2	0	0	0	0	0	0	38	49.2	112	0	0	0	9	0	30
当年完成课题数(项)	9	49	0	0	0	0	0	0	2	4	29	0	0	0	13	0	1

续表

出版著作(部)	合计		10	0	0	0	0	0	0	0	0	0	0	0	0	0	0	0	0
	专著	合计	11	0	0	0	0	0	0	0	0	0	0	0	0	0	0	0	0
		其中:被译成外文	12	0	0	0	0	0	0	0	0	0	0	0	0	0	0	0	0
	编著教材		13	0	0	0	0	0	0	0	0	0	0	0	0	0	0	0	0
	工具书/参考书		14	0	0	0	0	0	0	0	0	0	0	0	0	0	0	0	0
	皮书/发展报告		15	0	0	0	0	0	0	0	0	0	0	0	0	0	0	0	0
	科普读物		16	0	0	0	0	0	0	0	0	0	0	0	0	0	0	0	0
古籍整理(部)			17	0	0	0	0	0	0	0	0	0	0	0	0	0	0	0	0
译著(部)			18	0	0	0	0	0	0	0	0	0	0	0	0	0	0	0	0
发表译文(篇)			19	0	0	0	0	0	0	0	0	0	0	0	0	0	0	0	0
电子出版物(件)			20	0	0	0	0	0	0	0	0	0	0	0	0	0	0	0	0
发表论文(篇)	合计		21	59	0	0	0	0	0	0	3	13	24	0	0	0	16	0	3
	国内学术刊物		22	59	0	0	0	0	0	0	3	13	24	0	0	0	16	0	3
	国外学术刊物		23	0	0	0	0	0	0	0	0	0	0	0	0	0	0	0	0
	港、澳、台地区刊物		24	0	0	0	0	0	0	0	0	0	0	0	0	0	0	0	0
研究与咨询报告(篇)	合计		25	19	0	0	0	0	0	0	0	5	14	0	0	0	0	0	0
	其中:被采纳数		26	1	0	0	0	0	0	0	0	0	1	0	0	0	0	0	0

3.62 江苏城乡建设职业学院人文、社会科学研究与课题成果来源情况表

	编号	合计	国家社科基金项目	国家社科基金单列学科项目	教育部人文社科研究项目	高校古籍整理研究项目	国家自然科学基金项目	中央其他部门社科专门项目	省、市、自治区社科基金项目	省教育厅社科项目	地、市、厅、局等政府部门项目	国际合作研究项目	与港、澳、台地区合作研究项目	企事业单位委托项目	学校社科项目	外资项目	其他
		课题来源															
		L01	L02	L03	L04	L05	L06	L07	L08	L09	L10	L11	L12	L13	L14	L15	L16
课题数(项)	1	131	0	0	1	0	0	0	0	40	23	0	0	17	50	0	0
当年投入人数(人年)	2	37.3	0	0	0.3	0	0	0	0	11.3	8	0	0	6	11.7	0	0
其中:研究生(人年)	3	0	0	0	0	0	0	0	0	0	0	0	0	0	0	0	0
当年拨入经费(千元)	4	395	0	0	24	0	0	0	0	0	24	0	0	280	67	0	0
其中:当年立项项目拨入经费(千元)	5	353	0	0	0	0	0	0	0	0	16	0	0	270	67	0	0
当年支出经费(千元)	6	573.47	0	0	21	0	0	0	0	51.92	24.2	0	0	417.7	58.65	0	0
当年新开课题数(项)	7	59	0	0	0	0	0	0	0	22	12	0	0	6	19	0	0
当年新开课题批准经费(千元)	8	353	0	0	0	0	0	0	0	0	16	0	0	270	67	0	0
当年完成课题数(项)	9	42	0	0	0	0	0	0	0	5	15	0	0	4	18	0	0

续表

出版著作(部)	合计		10	2	0	0	0	0	0	0	0	0	0	0	0	2	0	0	0
	专著	合计	11	0	0	0	0	0	0	0	0	0	0	0	0	0	0	0	0
		其中:被译成外文	12	0	0	0	0	0	0	0	0	0	0	0	0	0	0	0	0
	编著教材		13	0	0	0	0	0	0	0	0	0	0	0	0	0	0	0	0
	工具书/参考书		14	0	0	0	0	0	0	0	0	0	0	0	0	0	0	0	0
	皮书/发展报告		15	2	0	0	0	0	0	0	0	0	0	0	0	2	0	0	0
	科普读物		16	0	0	0	0	0	0	0	0	0	0	0	0	0	0	0	0
古籍整理(部)			17	0	0	0	0	0	0	0	0	0	0	0	0	0	0	0	0
译著(部)			18	0	0	0	0	0	0	0	0	0	0	0	0	0	0	0	0
发表译文(篇)			19	0	0	0	0	0	0	0	0	0	0	0	0	0	0	0	0
电子出版物(件)			20	0	0	0	0	0	0	0	0	0	0	0	0	0	0	0	0
发表论文(篇)	合计		21	72	0	0	2	0	0	0	0	29	12	0	0	6	23	0	0
	国内学术刊物		22	72	0	0	2	0	0	0	0	29	12	0	0	6	23	0	0
	国外学术刊物		23	0	0	0	0	0	0	0	0	0	0	0	0	0	0	0	0
	港、澳、台地区刊物		24	0	0	0	0	0	0	0	0	0	0	0	0	0	0	0	0
研究与咨询报告(篇)	合计		25	12	0	0	0	0	0	0	0	0	7	0	0	5	0	0	0
	其中:被采纳数		26	3	0	0	0	0	0	0	0	0	0	0	0	3	0	0	0

3.63 江苏航空职业技术学院人文、社会科学研究与课题成果来源情况表

		课题来源															
		合计	国家社科基金项目	国家社科基金单列学科项目	教育部人文社科研究项目	高校古籍整理研究项目	国家自然科学基金项目	中央其他部门社科专门项目	省、市、自治区社科基金项目	省教育厅社科项目	地、市、厅、局等政府部门项目	国际合作研究项目	与港、澳、台地区合作研究项目	企事业单位委托项目	学校社科项目	外资项目	其他
	编号	L01	L02	L03	L04	L05	L06	L07	L08	L09	L10	L11	L12	L13	L14	L15	L16
课题数(项)	1	10	0	0	0	0	0	0	0	1	1	0	0	0	8	0	0
当年投入人数(人年)	2	3.6	0	0	0	0	0	0	0	0.2	0.3	0	0	0	3.1	0	0
其中:研究生(人年)	3	0	0	0	0	0	0	0	0	0	0	0	0	0	0	0	0
当年拨入经费(千元)	4	33	0	0	0	0	0	0	0	0	0	0	0	0	33	0	0
其中:当年立项项目拨入经费(千元)	5	33	0	0	0	0	0	0	0	0	0	0	0	0	33	0	0
当年支出经费(千元)	6	33	0	0	0	0	0	0	0	0	0	0	0	0	33	0	0
当年新开课题数(项)	7	10	0	0	0	0	0	0	0	1	1	0	0	0	8	0	0
当年新开课题批准经费(千元)	8	38	0	0	0	0	0	0	0	5	0	0	0	0	33	0	0
当年完成课题数(项)	9	8	0	0	0	0	0	0	0	0	1	0	0	0	7	0	0

续表

出版著作(部)	合计		10	0	0	0	0	0	0	0	0	0	0	0	0	0	0	0	0
	专著	合计	11	0	0	0	0	0	0	0	0	0	0	0	0	0	0	0	0
		其中:被译成外文	12	0	0	0	0	0	0	0	0	0	0	0	0	0	0	0	0
	编著教材		13	0	0	0	0	0	0	0	0	0	0	0	0	0	0	0	0
	工具书/参考书		14	0	0	0	0	0	0	0	0	0	0	0	0	0	0	0	0
	皮书/发展报告		15	0	0	0	0	0	0	0	0	0	0	0	0	0	0	0	0
	科普读物		16	0	0	0	0	0	0	0	0	0	0	0	0	0	0	0	0
古籍整理(部)			17	0	0	0	0	0	0	0	0	0	0	0	0	0	0	0	0
译著(部)			18	0	0	0	0	0	0	0	0	0	0	0	0	0	0	0	0
发表译文(篇)			19	0	0	0	0	0	0	0	0	0	0	0	0	0	0	0	0
电子出版物(件)			20	0	0	0	0	0	0	0	0	0	0	0	0	0	0	0	0
发表论文(篇)	合计		21	6	0	0	0	0	0	0	0	0	0	0	0	0	6	0	0
	国内学术刊物		22	6	0	0	0	0	0	0	0	0	0	0	0	0	6	0	0
	国外学术刊物		23	0	0	0	0	0	0	0	0	0	0	0	0	0	0	0	0
	港、澳、台地区刊物		24	0	0	0	0	0	0	0	0	0	0	0	0	0	0	0	0
研究与咨询报告(篇)	合计		25	0	0	0	0	0	0	0	0	0	0	0	0	0	0	0	0
	其中:被采纳数		26	0	0	0	0	0	0	0	0	0	0	0	0	0	0	0	0

3.64 江苏安全技术职业学院人文、社会科学研究与课题成果来源情况表

		课题来源															
		合计	国家社科基金项目	国家社科基金单列学科项目	教育部人文社科研究项目	高校古籍整理研究项目	国家自然科学基金项目	中央其他部门社科专门项目	省、市、自治区社科基金项目	省教育厅社科项目	地、市、厅、局等政府部门项目	国际合作研究项目	与港、澳、台地区合作研究项目	企事业单位委托项目	学校社科项目	外资项目	其他
	编号	L01	L02	L03	L04	L05	L06	L07	L08	L09	L10	L11	L12	L13	L14	L15	L16
课题数(项)	1	4	0	0	0	0	0	0	0	2	1	0	0	0	1	0	0
当年投入人数(人年)	2	2.7	0	0	0	0	0	0	0	1.4	0.9	0	0	0	0.4	0	0
其中:研究生(人年)	3	0	0	0	0	0	0	0	0	0	0	0	0	0	0	0	0
当年拨入经费(千元)	4	31	0	0	0	0	0	0	0	24	5	0	0	0	2	0	0
其中:当年立项项目拨入经费(千元)	5	24	0	0	0	0	0	0	0	24	0	0	0	0	0	0	0
当年支出经费(千元)	6	31	0	0	0	0	0	0	0	24	5	0	0	0	2	0	0
当年新开课题数(项)	7	2	0	0	0	0	0	0	0	2	0	0	0	0	0	0	0
当年新开课题批准经费(千元)	8	40	0	0	0	0	0	0	0	40	0	0	0	0	0	0	0
当年完成课题数(项)	9	1	0	0	0	0	0	0	0	0	0	0	0	0	1	0	0

续表

出版著作(部)	合计		10	0	0	0	0	0	0	0	0	0	0	0	0	0	0	0	0
	专著	合计	11	0	0	0	0	0	0	0	0	0	0	0	0	0	0	0	0
		其中:被译成外文	12	0	0	0	0	0	0	0	0	0	0	0	0	0	0	0	0
	编著教材		13	0	0	0	0	0	0	0	0	0	0	0	0	0	0	0	0
	工具书/参考书		14	0	0	0	0	0	0	0	0	0	0	0	0	0	0	0	0
	皮书/发展报告		15	0	0	0	0	0	0	0	0	0	0	0	0	0	0	0	0
	科普读物		16	0	0	0	0	0	0	0	0	0	0	0	0	0	0	0	0
古籍整理(部)			17	0	0	0	0	0	0	0	0	0	0	0	0	0	0	0	0
译著(部)			18	0	0	0	0	0	0	0	0	0	0	0	0	0	0	0	0
发表译文(篇)			19	0	0	0	0	0	0	0	0	0	0	0	0	0	0	0	0
电子出版物(件)			20	0	0	0	0	0	0	0	0	0	0	0	0	0	0	0	0
发表论文(篇)	合计		21	3	0	0	0	0	0	0	0	0	0	0	0	0	3	0	0
	国内学术刊物		22	3	0	0	0	0	0	0	0	0	0	0	0	0	3	0	0
	国外学术刊物		23	0	0	0	0	0	0	0	0	0	0	0	0	0	0	0	0
	港、澳、台地区刊物		24	0	0	0	0	0	0	0	0	0	0	0	0	0	0	0	0
研究与咨询报告(篇)	合计		25	0	0	0	0	0	0	0	0	0	0	0	0	0	0	0	0
	其中:被采纳数		26	0	0	0	0	0	0	0	0	0	0	0	0	0	0	0	0

3.65 江苏旅游职业学院人文、社会科学研究与课题成果来源情况表

		课题来源															
		合计	国家社科基金项目	国家社科基金单列学科项目	教育部人文社科研究项目	高校古籍整理研究项目	国家自然科学基金项目	中央其他部门社科专门项目	省、市、自治区社科基金项目	省教育厅社科项目	地、市、厅、局等政府部门项目	国际合作研究项目	与港、澳、台地区合作研究项目	企事业单位委托项目	学校社科项目	外资项目	其他
	编号	L01	L02	L03	L04	L05	L06	L07	L08	L09	L10	L11	L12	L13	L14	L15	L16
课题数(项)	1	60	0	0	0	0	0	1	14	9	19	0	0	0	13	0	4
当年投入人数(人年)	2	12	0	0	0	0	0	0.3	2.2	2.7	3.2	0	0	0	2.6	0	1
其中:研究生(人年)	3	0	0	0	0	0	0	0	0	0	0	0	0	0	0	0	0
当年拨入经费(千元)	4	510	0	0	0	0	0	5	126	105	220	0	0	0	13	0	41
其中:当年立项项目拨入经费(千元)	5	367	0	0	0	0	0	5	90	50	200	0	0	0	1	0	21
当年支出经费(千元)	6	506	0	0	0	0	0	5	127	105	220	0	0	0	13	0	36
当年新开课题数(项)	7	35	0	0	0	0	0	1	9	5	17	0	0	0	1	0	2
当年新开课题批准经费(千元)	8	377	0	0	0	0	0	5	90	50	210	0	0	0	1	0	21
当年完成课题数(项)	9	30	0	0	0	0	0	0	8	1	10	0	0	0	11	0	0

续表

出版著作(部)	合计		10	0	0	0	0	0	0	0	0	0	0	0	0	0	0	0	0
	专著	合计	11	0	0	0	0	0	0	0	0	0	0	0	0	0	0	0	0
		其中:被译成外文	12	0	0	0	0	0	0	0	0	0	0	0	0	0	0	0	0
	编著教材		13	0	0	0	0	0	0	0	0	0	0	0	0	0	0	0	0
	工具书/参考书		14	0	0	0	0	0	0	0	0	0	0	0	0	0	0	0	0
	皮书/发展报告		15	0	0	0	0	0	0	0	0	0	0	0	0	0	0	0	0
	科普读物		16	0	0	0	0	0	0	0	0	0	0	0	0	0	0	0	0
古籍整理(部)			17	0	0	0	0	0	0	0	0	0	0	0	0	0	0	0	0
译著(部)			18	0	0	0	0	0	0	0	0	0	0	0	0	0	0	0	0
发表译文(篇)			19	0	0	0	0	0	0	0	0	0	0	0	0	0	0	0	0
电子出版物(件)			20	0	0	0	0	0	0	0	0	0	0	0	0	0	0	0	0
发表论文(篇)	合计		21	48	1	1	0	0	0	1	5	13	20	0	0	0	7	0	0
	国内学术刊物		22	47	1	1	0	0	0	1	5	13	19	0	0	0	7	0	0
	国外学术刊物		23	1	0	0	0	0	0	0	0	0	1	0	0	0	0	0	0
	港、澳、台地区刊物		24	0	0	0	0	0	0	0	0	0	0	0	0	0	0	0	0
研究与咨询报告(篇)	合计		25	0	0	0	0	0	0	0	0	0	0	0	0	0	0	0	0
	其中:被采纳数		26	0	0	0	0	0	0	0	0	0	0	0	0	0	0	0	0

4. 民办及中外合作办学高等学校人文、社会科学研究与课题成果来源情况表

	编号	合计	国家社科基金项目	国家社科基金单列学科项目	教育部人文社科研究项目	高校古籍整理研究项目	国家自然科学基金项目	中央其他部门社科专门项目	省、市、自治区社科基金项目	省教育厅社科项目	地、市、厅、局等政府部门项目	国际合作研究项目	与港、澳、台地区合作研究项目	企事业单位委托项目	学校社科项目	外资项目	其他
		课题来源															
		L01	L02	L03	L04	L05	L06	L07	L08	L09	L10	L11	L12	L13	L14	L15	L16
课题数(项)	1	2 394	9	1	16	1	9	4	123	1 281	371	5	1	102	411	2	58
当年投入人数(人年)	2	530.4	2.7	0.4	6	0.2	2.7	1.6	32.4	303.5	82.9	0.7	0.1	24.6	63.4	0.2	9
其中:研究生(人年)	3	0	0	0	0	0	0	0	0	0	0	0	0	0	0	0	0
当年拨入经费(千元)	4	11 298.79	420	0	290.1	0	348.6	0	450.4	3 976.4	2 320.83	121.85	129.66	2 072.35	813.1	197	158.5
其中:当年立项项目拨入经费(千元)	5	8 789.96	190	0	105	0	108.6	0	333.6	3 482.5	1 362.43	70.98	0	2 057.35	730	197	152.5
当年支出经费(千元)	6	10 205.05	516.42	14.4	149.72	15.79	546.29	26.6	506.93	2 874.08	2 141.12	116.03	195.25	2 442.96	473.36	120	66.1
当年新开课题数(项)	7	1 002	1	0	4	0	1	2	51	516	187	1	0	62	137	2	38
当年新开课题批准经费(千元)	8	11 756.13	200	0	280	0	181	0	554	4 451.5	1 402	70.98	0	3 095.65	866	482	173
当年完成课题数(项)	9	626	3	0	3	0	2	0	34	209	189	2	0	66	107	0	11

续表

出版著作(部)	合计		10	34	1	0	0	0	0	0	6	14	6	3	0	0	0	0	4
	专著	合计	11	11	1	0	0	0	0	0	3	5	1	0	0	0	0	0	1
		其中:被译成外文	12	0	0	0	0	0	0	0	0	0	0	0	0	0	0	0	0
	编著教材		13	22	0	0	0	0	0	0	3	9	4	3	0	0	0	0	3
	工具书/参考书		14	0	0	0	0	0	0	0	0	0	0	0	0	0	0	0	0
	皮书/发展报告		15	1	0	0	0	0	0	0	0		1	0	0	0	0	0	0
	科普读物		16	0	0	0	0	0	0	0	0	0	0	0	0	0	0	0	0
古籍整理(部)			17	0	0	0	0	0	0	0	0	0	0	0	0	0	0	0	0
译著(部)			18	0	0	0	0	0	0	0	0	0	0	0	0	0	0	0	0
发表译文(篇)			19	0	0	0	0	0	0	0	0	0	0	0	0	0	0	0	0
电子出版物(件)			20	1	0	0	0	0	0	0	0	0	0	0	0	1	0	0	0
发表论文(篇)	合计		21	1 262	11	1	13	0	12	4	96	692	153	11	0	37	176	0	56
	国内学术刊物		22	1 238	11	1	13	0	7	4	93	688	153	0	0	36	176	0	56
	国外学术刊物		23	24	0	0	0	0	5	0	3	4	0	11	0	1	0	0	0
	港、澳、台地区刊物		24	0	0	0	0	0	0	0	0	0	0	0	0	0	0	0	0
研究与咨询报告(篇)	合计		25	53	0	0	0	0	0	0	3	2	17	3	0	21	0	0	7
	其中:被采纳数		26	10	0	0	0	0	0	0	3	2	0	0	0	4	0	0	1

注:由于篇幅限制,本节不对民办及中外合作办学高等学校人文、社会科学研究与课题成果来源情况进行细分说明。

九、社科研究成果获奖

成果名称	编号	成果形式 L01	主要作者 L02	课题来源 L03	奖励名称 L04	奖励等级 L05
1. 南京大学						
20 世纪中国戏剧史(上、下)	001	专著	傅　谨	省、市、自治区社科基金项目	江苏省第十五届哲学社会科学优秀成果奖	一等
A Logic for WEAK Essence and Strong Accident	002	论文	潘天群	国家社科基金项目	江苏省第十五届哲学社会科学优秀成果奖	三等
La traduction et la réception de la littérature chinoise moderne en France	003	专著	高　方	国家社科基金项目	江苏省第十五届哲学社会科学优秀成果奖	一等
Measuring Delayed Recognition for Papers: Un-even Weighted Summation and Total Citations	004	论文	孙建军	教育部人文社科研究项目	江苏省第十五届哲学社会科学优秀成果奖	一等
The Neural Dynamics of Reward Value and Risk Coding in the Human Orbitofrontal Cortex	005	论文	李岩松	教育部人文社科研究项目	江苏省第十五届哲学社会科学优秀成果奖	二等
保罗·尼采:核时代美国国家安全战略的缔造者	006	专著	石　斌	省、市、自治区社科基金项目	江苏省第十五届哲学社会科学优秀成果奖	二等
被误解和被高估的动态体系论	007	论文	解　亘	省、市、自治区社科基金项目	江苏省第十五届哲学社会科学优秀成果奖	三等
城市政治学视域下的城市遗产保护机制研究	008	研究或咨询报告	姚　远	教育部人文社科研究项目	江苏省第十五届哲学社会科学优秀成果奖	二等
城镇化的不平等效应与社会融合	009	论文	陈云松	国家社科基金项目	江苏省第十五届哲学社会科学优秀成果奖	一等

续表

传统艺术活态保护与当代美学建设	010	论文	高小康	教育部人文社科研究项目	江苏省第十五届哲学社会科学优秀成果奖	二等
当代情感体制的社会学探析	011	论文	成伯清	教育部人文社科研究项目	江苏省第十五届哲学社会科学优秀成果奖	一等
当代我国大陆公民政治参与的变迁与类型学特点	012	论文	肖唐镖	省、市、自治区社科基金项目	江苏省第十五届哲学社会科学优秀成果奖	三等
当代艺术及其美学阐释的危机	013	论文	周计武	国家社科基金项目	江苏省第十五届哲学社会科学优秀成果奖	三等
当代资本主义新变化的批判性解读	014	专著	唐正东	国家社科基金项目	江苏省第十五届哲学社会科学优秀成果奖	二等
钓鱼岛问题文献集(共十本)	015	编著或教材	张　生	省、市、自治区社科基金项目	江苏省第十五届哲学社会科学优秀成果奖	一等
东方哲学与东方宗教(上、下)	016	专著	洪修平	省、市、自治区社科基金项目	江苏省第十五届哲学社会科学优秀成果奖	一等
东南亚早期区域合作:历史演进与规范建构	017	论文	郑先武	国家社科基金项目	江苏省第十五届哲学社会科学优秀成果奖	二等
东亚汉文学研究的方法与实践	018	专著	张伯伟	国家社科基金项目	江苏省第十五届哲学社会科学优秀成果奖	二等
多产品企业、汇率变动与出口价格传递	019	论文	韩　剑	教育部人文社科研究项目	江苏省第十五届哲学社会科学优秀成果奖	一等
俄汉语流重音声学实验对比及应用研究	020	专著	徐来娣	省、市、自治区社科基金项目	江苏省第十五届哲学社会科学优秀成果奖	二等
二十世纪中国戏剧理论大系(全四卷七册)	021	专著	董　健	省、市、自治区社科基金项目	江苏省第十五届哲学社会科学优秀成果奖	二等
法国科学哲学中的进步性问题	022	论文	刘　鹏	教育部人文社科研究项目	江苏省第十五届哲学社会科学优秀成果奖	三等

续表

成果名称		成果形式	主要作者	课题来源	奖励名称	奖励等级
	编号	L01	L02	L03	L04	L05
风险控制的部门法思路及其超越	023	论文	宋亚辉	国家社科基金项目	江苏省第十五届哲学社会科学优秀成果奖	一等
高管与员工:激励有效性之比较与互动	024	论文	陈冬华	国家社科基金项目	江苏省第十五届哲学社会科学优秀成果奖	二等
工作特征对新生代员工幸福感的影响机制研究	025	专著	赵宜萱	无依托项目研究成果	江苏省第十五届哲学社会科学优秀成果奖	二等
公共文化服务背景下我国公共图书馆发展战略分析	026	论文	陈　雅	国家社科基金项目	江苏省第十五届哲学社会科学优秀成果奖	三等
国际产能合作与重塑中国经济地理	027	论文	吴福象	国家社科基金项目	江苏省第十五届哲学社会科学优秀成果奖	一等
国际私法与民法典的分与合	028	论文	宋　晓	教育部人文社科研究项目	江苏省第十五届哲学社会科学优秀成果奖	二等
赫尔曼・麦尔维尔的现代阐释	029	专著	杨金才	国家社科基金项目	江苏省第十五届哲学社会科学优秀成果奖	一等
环境规制引起了污染就近转移吗?	030	论文	沈坤荣	国家社科基金项目	江苏省第十五届哲学社会科学优秀成果奖	三等
环境权入宪的比较研究	031	研究或咨询报告	吴卫星	国家社科基金项目	江苏省第十五届哲学社会科学优秀成果奖	三等
基础教育中的学校阶层分割与学生教育期望	032	论文	吴愈晓	省、市、自治区社科基金项目	江苏省第十五届哲学社会科学优秀成果奖	二等
基于协同学理论的数字图书馆演化趋势探讨	033	论文	郑建明	省、市、自治区社科基金项目	江苏省第十五届哲学社会科学优秀成果奖	三等
集权改革、城镇化与义务教育投入的城乡差距	034	论文	宗晓华	教育部人文社科研究项目	江苏省第十五届哲学社会科学优秀成果奖	三等

续表

教育还能促进底层的升迁性社会流动吗?	035	论文	余秀兰	省、市、自治区社科基金项目	江苏省第十五届哲学社会科学优秀成果奖	二等
决策的基因	036	专著	李　娟	教育部人文社科研究项目	江苏省第十五届哲学社会科学优秀成果奖	三等
利他型人寿保险中投保人与受益人的对价关系	037	论文	岳　卫	国家社科基金项目	江苏省第十五届哲学社会科学优秀成果奖	三等
流程、合规与操作风险管理	038	论文	肖斌卿	国家社科基金项目	江苏省第十五届哲学社会科学优秀成果奖	一等
论基莲・克拉克和格温妮丝・路易斯诗歌中的民族性书写	039	论文	何　宁	国家社科基金项目	江苏省第十五届哲学社会科学优秀成果奖	三等
论诉权的人权属性——以历史演进为视角	040	论文	吴英姿	国家社科基金项目	第七届钱端升法学研究成果奖	三等
论自然生态审美的三大观念转变	041	论文	赵奎英	国家社科基金项目	江苏省第十五届哲学社会科学优秀成果奖	三等
面向中国制造 2025 的产业知识创新研究:结构、能力和发展	042	专著	赵佳宝	国家社科基金项目	江苏省第十五届哲学社会科学优秀成果奖	三等
民族主义之前的“民族”:一项基于西方情境的概念史考察	043	论文	张凤阳	国家社科基金项目	江苏省第十五届哲学社会科学优秀成果奖	二等
契诃夫戏剧的喜剧本质论	044	专著	董　晓	国家社科基金项目	江苏省第十五届哲学社会科学优秀成果奖	三等
山石磊落自成岩:王德滋传	045	专著	王运来	省、市、自治区社科基金项目	江苏省第十五届哲学社会科学优秀成果奖	三等
世界一流大学通识教育课程研究:以美国大学为例	046	专著	汪　霞	国家社科基金项目	江苏省第十五届哲学社会科学优秀成果奖	三等
收入优先增长:总量与结构	047	专著	范从来	省、市、自治区社科基金项目	江苏省第十五届哲学社会科学优秀成果奖	一等

续表

成果名称	编号	成果形式 L01	主要作者 L02	课题来源 L03	奖励名称 L04	奖励等级 L05
数据与信息之间逻辑关系的探讨——兼及 DIKW 概念链模式	048	论文	叶继元	国家社科基金项目	江苏省第十五届哲学社会科学优秀成果奖	二等
唐诗与宋词	049	专著	莫砺锋	国家社科基金项目	江苏省第十五届哲学社会科学优秀成果奖	二等
戏之发生考——中国戏曲起源新说	050	论文	王宁邦	国家社科基金项目	江苏省第十五届哲学社会科学优秀成果奖	三等
先秦两汉农业与乡村聚落的考古学研究	051	专著	刘兴林	国家社科基金项目	江苏省第十五届哲学社会科学优秀成果奖	二等
新媒体涉私内容传播与隐私权理念审视	052	论文	陈堂发	教育部人文社科研究项目	江苏省第十五届哲学社会科学优秀成果奖	三等
亚洲新电影之现代性研究	053	专著	周安华	教育部人文社科研究项目	江苏省第十五届哲学社会科学优秀成果奖	二等
赢得死亡游戏:破解华为的创新之道	054	专著	杨　忠	教育部人文社科研究项目	江苏省第十五届哲学社会科学优秀成果奖	二等
语义学与语用学的分界:一种新方案	055	专著	陈新仁	教育部人文社科研究项目	江苏省第十五届哲学社会科学优秀成果奖	二等
域外汉籍与宋代文学研究	056	专著	卞东波	国家社科基金项目	江苏省第十五届哲学社会科学优秀成果奖	三等
在野的全球化:流动、信任与认同	057	专著	范　可	国家社科基金项目	江苏省第十五届哲学社会科学优秀成果奖	二等
哲学的解释与解释的哲学	058	专著	李承贵	国家社科基金项目	江苏省第十五届哲学社会科学优秀成果奖	二等
政治仪式:权力生产和再生产的政治文化分析	059	专著	王海洲	国家社科基金项目	江苏省第十五届哲学社会科学优秀成果奖	一等

续表

中非海洋领域合作现状、挑战与对策	060	研究或咨询报告	张振克	省、市、自治区社科基金项目	江苏省第十五届哲学社会科学优秀成果奖	二等
中国城镇体系规划的发展演进	061	专著	张京祥	国家社科基金项目	江苏省第十五届哲学社会科学优秀成果奖	三等
中国辞赋理论通史(上、下)	062	专著	许　结	国家社科基金项目	江苏省第十五届哲学社会科学优秀成果奖	二等
中国当代文学批评史料编年(共十二卷)	063	编著或教材	吴　俊	教育部人文社科研究项目	江苏省第十五届哲学社会科学优秀成果奖	一等
中国电影刊物史稿:1921—1949	064	专著	丁珊珊	教育部人文社科研究项目	江苏省第十五届哲学社会科学优秀成果奖	三等
中国基础设施超常规发展的土地支持研究	065	论文	葛　扬	省、市、自治区社科基金项目	江苏省第十五届哲学社会科学优秀成果奖	二等
中国居民收入差距变化对企业产品创新的影响机制研究	066	论文	安同良	国家社科基金项目	江苏省第十五届哲学社会科学优秀成果奖	三等
中国美学精神	067	专著	潘知常	省、市、自治区社科基金项目	江苏省第十五届哲学社会科学优秀成果奖	三等
中国文化二十四品	068	编著或教材	徐兴无	省、市、自治区社科基金项目	江苏省第十五届哲学社会科学优秀成果奖	一等
中美研究型大学本科生学习经历满意度的比较研究	069	论文	吕林海	国家社科基金项目	江苏省第十五届哲学社会科学优秀成果奖	二等
中外文学交流史:中国—法国卷	070	专著	钱林森	国家社科基金项目	江苏省第十五届哲学社会科学优秀成果奖	三等
2. 东南大学						
Hybrid Strategies, Dysfunctional Competition, and New Venture Performance in Transition Economies	001	论文	杜运周	国家自然科学基金项目	江苏省第十五届哲学社会科学优秀成果奖	三等

续表

成果名称		成果形式	主要作者	课题来源	奖励名称	奖励等级
	编号	L01	L02	L03	L04	L05
明清小说吸取插图研究	002	专著	乔光辉	省、市、自治区社科基金项目	江苏省第十五届哲学社会科学优秀成果奖	三等
从历史进程看中国道路的独特性	003	论文	袁久红	地、市、厅、局等政府部门项目	江苏省第十五届哲学社会科学优秀成果奖	二等
当代中国社会心态与道德生活状况研究报告	004	专著	马向真	学校社科项目	江苏省第十五届哲学社会科学优秀成果奖	三等
段玉裁年谱长编	005	专著	王华宝	教育部人文社科研究项目	江苏省第十五届哲学社会科学优秀成果奖	三等
房价、迁移摩擦与中国城市的规模分布——理论模型与结构式估计	006	论文	刘修岩	国家社科基金项目	江苏省第十五届哲学社会科学优秀成果奖	三等
家族企业治理模式分类比较与演进研究	007	论文	吕鸿江	无依托项目研究成果	江苏省第十五届哲学社会科学优秀成果奖	三等
具体的打击错误:从故意认定到故意归责	008	论文	欧阳本祺	省、市、自治区社科基金项目	江苏省第十五届哲学社会科学优秀成果奖	二等
科技创新驱动江苏省经济增长研究	009	研究或咨询报告	徐盈之	地、市、厅、局等政府部门项目	江苏省第十五届哲学社会科学优秀成果奖	三等
流动性与金融系统稳定:传导机制及其监控研究	010	专著	刘晓星	国家社科基金项目	江苏省第十五届哲学社会科学优秀成果奖	二等
伦理道德的精神哲学形态	011	专著	樊和平	国家社科基金项目	江苏省第十五届哲学社会科学优秀成果奖	一等
洛文塔尔文学传播理论研究	012	专著	甘　锋	教育部人文社科研究项目	江苏省第十五届哲学社会科学优秀成果奖	二等
尼采与现代道德哲学	013	专著	范志军	无依托项目研究成果	江苏省第十五届哲学社会科学优秀成果奖	三等

续表

实质犯罪论	014	专著	刘艳红	国家社科基金项目	第七届钱端升法学研究成果奖	二等
数据素养研究:源起、现状与展望	015	论文	孟祥保	国家社科基金项目	江苏省第十五届哲学社会科学优秀成果奖	三等
网络时代言论自由的刑法边界	016	论文	刘艳红	教育部人文社科研究项目	江苏省第十五届哲学社会科学优秀成果奖	一等
艺术的自我整合——从艺术跨界作品表现形式论艺术创意的建构逻辑	017	论文	徐子涵	无依托项目研究成果	江苏省第十五届哲学社会科学优秀成果奖	二等
异质性出口固定成本、生产率与企业出口决策	018	论文	邱　斌	国家社科基金项目	江苏省第十五届哲学社会科学优秀成果奖	二等
远与近:远程医疗服务模式创新	019	专著	赵林度	无依托项目研究成果	江苏省第十五届哲学社会科学优秀成果奖	二等
政府会计概念框架论	020	专著	陈志斌	无依托项目研究成果	江苏省第十五届哲学社会科学优秀成果奖	一等
中国丝绸之路上的墓室壁画(7卷本)	021	编著或教材	汪小洋	省、市、自治区社科基金项目	江苏省第十五届哲学社会科学优秀成果奖	三等
中国艺术海外传播的国家战略与理论研究	022	论文	王廷信	省、市、自治区社科基金项目	江苏省第十五届哲学社会科学优秀成果奖	二等
中国艺术史学理论与方法研究	023	专著	李倍雷	无依托项目研究成果	江苏省第十五届哲学社会科学优秀成果奖	二等
重大行政决策概念证伪及其补正	024	论文	熊樟林	教育部人文社科研究项目	江苏省第十五届哲学社会科学优秀成果奖	二等
3. 江南大学						
产品的视觉性与文化实践	001	专著	鲍懿喜	省、市、自治区社科基金项目	江苏省第十五届哲学社会科学优秀成果奖	二等

续表

成果名称		成果形式	主要作者	课题来源	奖励名称	奖励等级
	编号	L01	L02	L03	L04	L05
第二国际马克思主义哲学:时代、问题与批判	002	专著	陈爱萍	教育部人文社科研究项目	江苏省第十五届哲学社会科学优秀成果奖	三等
东道国产业集群根植性壁垒及其治理策略——基于FDI进入的视角	003	论文	黄建康	省教育厅社科项目	江苏省第十五届哲学社会科学优秀成果奖	三等
动画艺术及创作研究	004	专著	殷　俊	教育部人文社科研究项目	江苏省第十五届哲学社会科学优秀成果奖	三等
汉语中不礼貌构式的社会认知研究:以《红楼梦》为例	005	论文	严敏芬	省教育厅社科项目	江苏省第十五届哲学社会科学优秀成果奖	三等
近代中国的民主之路与历史经验	006	专著	刘焕明	省、市、自治区社科基金项目	江苏省第十五届哲学社会科学优秀成果奖	一等
科技创新与现代化进程	007	专著	张云霞	教育部人文社科研究项目	江苏省第十五届哲学社会科学优秀成果奖	三等
明代以来汉族民间服饰变革与社会变迁(1368—1949年)	008	专著	崔荣荣	教育部人文社科研究项目	江苏省第十五届哲学社会科学优秀成果奖	二等
歧路中的探求——当代俄罗斯科学技术哲学研究	009	专著	万长松	省、市、自治区社科基金项目	江苏省第十五届哲学社会科学优秀成果奖	三等
苏南传统民居建筑装饰研究	010	论文	崔华春	省、市、自治区社科基金项目	江苏省第十五届哲学社会科学优秀成果奖	三等
太湖鼋头渚近代园林研究	011	专著	朱　蓉	省、市、自治区社科基金项目	江苏省第十五届哲学社会科学优秀成果奖	二等
我国“公司+农户”型农产品供应链理论模型和运作研究	012	论文	浦徐进	教育部人文社科研究项目	江苏省第十五届哲学社会科学优秀成果奖	三等
我国食品安全风险治理及形势分析研发	013	研究或咨询报告	吴林海	国家社科基金项目	江苏省第十五届哲学社会科学优秀成果奖	一等

续表

艺术与数字重构：城市文化视野的公共艺术及数字化发展	014	专著	王　峰	教育部人文社科研究项目	江苏省第十五届哲学社会科学优秀成果奖	一等
4. 南京农业大学						
“一带一路”沿线73国高等教育大众化进程分析	001	论文	刘志民	省教育厅社科项目	江苏省第十五届哲学社会科学优秀成果奖	三等
当代中国县域信访治理研究	002	专著	于　水	无依托项目研究成果	江苏省第十五届哲学社会科学优秀成果奖	三等
民间艺术的审美经验研究	003	专著	季中扬	中央其他部门社科专门项目	江苏省第十五届哲学社会科学优秀成果奖	二等
农村土地流转中农村土地金融创新研究	004	专著	林乐芬	省教育厅社科项目	江苏省第十五届哲学社会科学优秀成果奖	二等
强化大学农技推广职能，推进大学与农技推广体系有机结合——给俞正声主席的一封信	005	研究或咨询报告	陈　巍	无依托项目研究成果	江苏省第十五届哲学社会科学优秀成果奖	二等
软实力视域下中国电影品牌国家化战略研究	006	专著	路　璐	无依托项目研究成果	江苏省第十五届哲学社会科学优秀成果奖	三等
现代农业导向的农业结构战略性调整研究	007	研究或咨询报告	张　兵	无依托项目研究成果	江苏省第十五届哲学社会科学优秀成果奖	三等
移动互联网用户阅读行为研究	008	专著	茆意宏	国家社科基金项目	江苏省第十五届哲学社会科学优秀成果奖	二等
政府参与农村土地流转研究	009	研究或咨询报告	诸培新	无依托项目研究成果	江苏省第十五届哲学社会科学优秀成果奖	三等
中国城市工业用地利用效率研究	010	专著	吴　群	无依托项目研究成果	江苏省第十五届哲学社会科学优秀成果奖	二等
中国农业文化遗产名录	011	编著或教材	王思明	省教育厅社科项目	江苏省第十五届哲学社会科学优秀成果奖	三等

续表

成果名称	编号	成果形式	主要作者	课题来源	奖励名称	奖励等级
		L01	L02	L03	L04	L05
5. 中国矿业大学						
Research on the Decoupling Analysis between Energy Consumption or Its Related CO_2 Emission and Economics Growth in China	001	专著	张　明	国家自然科学基金项目	江苏省第十五届哲学社会科学优秀成果奖	三等
城市居民节能行为影响因素及引导政策	002	专著	龙如银	国家自然科学基金项目	江苏省第十五届哲学社会科学优秀成果奖	三等
城市居民碳能力:成熟度测度、驱动机理及引导政策	003	专著	陈　红	国家社科基金项目	江苏省第十五届哲学社会科学优秀成果奖	一等
出场差异合理性:晚清以来英美小说翻译行为研究	004	专著	徐　剑	教育部人文社科研究项目	江苏省第十五届哲学社会科学优秀成果奖	三等
福利多元主义视域下的城市养老服务供给模式研究	005	专著	陈　静	教育部人文社科研究项目	江苏省第十五届哲学社会科学优秀成果奖	三等
江苏省城市公共安全蓝皮书	006	编著或教材	王义保	省教育厅社科项目	江苏省第十五届哲学社会科学优秀成果奖	三等
煤炭资源整合中的政府与企业关系研究	007	专著	孙自愿	国家社科基金项目	江苏省第十五届哲学社会科学优秀成果奖	二等
丝绸之路与中西体育文化交流	008	专著	张矛矛	教育部人文社科研究项目	江苏省第十五届哲学社会科学优秀成果奖	二等
苏北地区创新人才集聚突破路径的调查研究	009	研究或咨询报告	段鑫星	省教育厅社科项目	江苏省第十五届哲学社会科学优秀成果奖	三等
政治诠释学视域中的公正问题研究	010	专著	亓　光	国家社科基金项目	江苏省第十五届哲学社会科学优秀成果奖	三等
中国特色的公共事务治理之道:协商治理	011	论文	池忠军	国家社科基金项目	江苏省第十五届哲学社会科学优秀成果奖	三等

续表

6. 河海大学						
从“派系结构”到“关系共同体”：基于某国有中小改制企业组织领导“关系”变迁的案例研究	001	专著	沈 毅	学校社科项目	江苏省第十五届哲学社会科学优秀成果奖	三等
大都市社区协同治理视域下的公共文化服务	002	专著	颜玉凡	教育部人文社科研究项目	江苏省第十五届哲学社会科学优秀成果奖	三等
非常规突发水灾害应急合作管理与决策	003	专著	王慧敏	地、市、厅、局等政府部门项目	江苏省第十五届哲学社会科学优秀成果奖	一等
经济、社会和文化权利的法理学研究	004	专著	杨春福	无依托项目研究成果	江苏省第十五届哲学社会科学优秀成果奖	三等
流域生态补偿机制研究——基于主体行为分析	005	专著	张 婕	学校社科项目	江苏省第十五届哲学社会科学优秀成果奖	三等
马克思主义魅力与信仰研究	006	专著	黄明理	省、市、自治区社科基金项目	江苏省第十五届哲学社会科学优秀成果奖	一等
南水北调工程可持续性发展的水价研究	007	研究或咨询报告	史安娜	企事业单位委托项目	江苏省第十五届哲学社会科学优秀成果奖	二等
思想政治教育的公共化转型	008	论文	戴 锐	教育部人文社科研究项目	江苏省第十五届哲学社会科学优秀成果奖	三等
新兴大国发展战略性新兴产业的追赶时机、赶超路径与政策工具：全球价值链视角	009	专著	黄永春	国家社科基金项目	江苏省第十五届哲学社会科学优秀成果奖	二等
中国与周边国家水资源合作开发机制研究	010	研究或咨询报告	周海炜	国家社科基金项目	江苏省第十五届哲学社会科学优秀成果奖	二等
7. 南京理工大学						
民间权威与地方政治——一个中原乡村的传统蜕变	001	专著	李晓斐	学校社科项目	江苏省第十五届哲学社会科学优秀成果奖	三等

续表

成果名称	编号	成果形式 L01	主要作者 L02	课题来源 L03	奖励名称 L04	奖励等级 L05
构建区域商标品牌发展指数助推江苏省商标品牌发展战略的深入实施	002	研究或咨询报告	钱建平	企事业单位委托项目	江苏省第十五届哲学社会科学优秀成果奖	三等
8. 南京航空航天大学						
竞技能力网络结构特征的实证演绎——以女子重剑项目为例	001	论文	杜长亮	中央其他部门社科专门项目	江苏省第十五届哲学社会科学优秀成果奖	三等
浅析生态危机问题认识上的三大偏差	002	论文	何　艮	无依托项目研究成果	江苏省第十五届哲学社会科学优秀成果奖	三等
系统评价:方法、模型、应用	003	专著	刘思峰	国家自然科学基金项目	江苏省第十五届哲学社会科学优秀成果奖	二等
中国战略石油储备研究	004	专著	周德群	国家社科基金项目	江苏省第十五届哲学社会科学优秀成果奖	二等
9. 南京森林警察学院						
中国当代犯罪隐语数据库建设及犯罪隐语在刑事侦查中的应用研究	001	研究或咨询报告	王　卉	国家社科基金项目	江苏省第十五届哲学社会科学优秀成果奖	三等
10. 苏州大学						
“空”之美学释义	001	专著	王　耘	国家社科基金项目	江苏省第十五届哲学社会科学优秀成果奖	三等
当代中国马克思主义哲学创新范式图谱	002	论文	任　平	省、市、自治区社科基金项目	江苏省第十五届哲学社会科学优秀成果奖	二等
高铁网络时代区域旅游空间格局	003	专著	汪德根	教育部人文社科研究项目	江苏省第十五届哲学社会科学优秀成果奖	三等

续表

汉语句类史概要	004	专著	王建军	省、市、自治区社科基金项目	江苏省第十五届哲学社会科学优秀成果奖	二等
货运代理转委托行为的类型区分和法律效力	005	论文	方新军	国家社科基金项目	江苏省第十五届哲学社会科学优秀成果奖	二等
近代江南社会保障机构的经费收支与运作研究	006	专著	黄鸿山	国家社科基金项目	江苏省第十五届哲学社会科学优秀成果奖	二等
罗马体育法要论	007	专著	赵　毅	学校社科项目	江苏省第十五届哲学社会科学优秀成果奖	三等
马克思恩格斯的生态文明思想：基于《马克思恩格斯文集》的研究	008	专著	方世南	国家社科基金项目	江苏省第十五届哲学社会科学优秀成果奖	二等
秦汉土地赋役制度研究	009	专著	臧知非	国家社科基金项目	江苏省第十五届哲学社会科学优秀成果奖	二等
人的尊严的法律属性辨析	010	论文	胡玉鸿	国家社科基金项目	江苏省第十五届哲学社会科学优秀成果奖	一等
投资者关系管理能够稳定市场吗？——基于中国A股上市公司投资者关系管理的综合调查	011	论文	权小锋	全国教育科学规划（教育部）项目	江苏省第十五届哲学社会科学优秀成果奖	二等
文学社会学：明清诗文研究的问题与视角	012	专著	罗时进	国家社科基金项目	江苏省第十五届哲学社会科学优秀成果奖	一等
文学政治学的创构	013	专著	刘锋杰	无依托项目研究成果	江苏省第十五届哲学社会科学优秀成果奖	二等
我国公共体育服务体系研究	014	专著	王家宏	中央其他部门社科专门项目	江苏省第十五届哲学社会科学优秀成果奖	一等
我国集体土地征收制度的构建	015	论文	王克稳	中央其他部门社科专门项目	江苏省第十五届哲学社会科学优秀成果奖	三等
西方媒介文化理论研究	016	专著	曾一果	国家社科基金项目	江苏省第十五届哲学社会科学优秀成果奖	二等

续表

成果名称	编号	成果形式 L01	主要作者 L02	课题来源 L03	奖励名称 L04	奖励等级 L05
选择性注意机制探微	017	专著	张　明	国家自然科学基金项目	江苏省第十五届哲学社会科学优秀成果奖	三等
章回体小说的现代历程	018	专著	张　蕾	国家社科基金项目	江苏省第十五届哲学社会科学优秀成果奖	三等
中国城市风险化:问题与治理	019	论文	陈进华	无依托项目研究成果	江苏省第十五届哲学社会科学优秀成果奖	二等
中国古代染织纹样史	020	专著	张晓霞	地、市、厅、局等政府部门项目	江苏省第十五届哲学社会科学优秀成果奖	三等
中日韩三国“性向词汇”及文化比较研究	021	专著	施　晖	省、市、自治区社科基金项目	江苏省第十五届哲学社会科学优秀成果奖	二等
11. 江苏科技大学						
社会主义核心价值观的“内省”与“外化”	001	论文	黄　进	省、市、自治区社科基金项目	江苏省第十五届哲学社会科学优秀成果奖	三等
双边视角下用户参与众包创新的知识获取机制及实现策略研究	002	专著	孟庆良	无依托项目研究成果	江苏省第十五届哲学社会科学优秀成果奖	三等
12. 南京工业大学						
Task Type Effects on English as a Foreign Language Learners' Acquisition of Receptive and Productive Vocabulary Knowledge	001	论文	鲍　贵	国家社科基金项目	江苏省第十五届哲学社会科学优秀成果奖	三等
法治中国悦读丛书	002	专著	刘小冰	无依托项目研究成果	江苏省第十五届哲学社会科学优秀成果奖	一等
核心企业技术联盟伙伴选择问题研究	003	专著	吴松强	无依托项目研究成果	江苏省第十五届哲学社会科学优秀成果奖	三等

续表

中国法官惩戒的现代化转型:1901—1949	004	专著	李凤鸣	无依托项目研究成果	江苏省第十五届哲学社会科学优秀成果奖	三等
13. 常州大学						
法治评估知识的生成逻辑及实践反思	001	论文	张　建	国家社科基金单列学科项目	江苏省第十五届哲学社会科学优秀成果奖	二等
革命先驱张太雷故事	002	专著	张菊香	地、市、厅、局等政府部门项目	江苏省第十五届哲学社会科学优秀成果奖	二等
基于多学科视角的企业财务管理拓展与创新探讨	003	论文	王卫星	国家社科基金项目	江苏省第十五届哲学社会科学优秀成果奖	三等
基于双重网络嵌入的海归创业企业成长机制研究	004	专著	彭　伟	教育部人文社科研究项目	江苏省第十五届哲学社会科学优秀成果奖	三等
空间过程、环境认知与意象表达——中国古代绘画的历史地理学研究	005	专著	张　慨	省教育厅社科项目	江苏省第十五届哲学社会科学优秀成果奖	二等
区域经济差异视角下政府环境责任研究——基于省际碳排放的测度	006	专著	姜国刚	国家社科基金项目	江苏省第十五届哲学社会科学优秀成果奖	三等
社会需求视域中的大学课程变革——基于江苏省六所大学的研究	007	专著	徐高明	省、市、自治区社科基金项目	江苏省第十五届哲学社会科学优秀成果奖	三等
苏南现代化建设示范区进展评估	008	专著	宋林飞	学校社科项目	江苏省第十五届哲学社会科学优秀成果奖	二等
14. 南京邮电大学						
词块教学法:大学英语口语教学的创新实践	001	专著	戚　焱	无依托项目研究成果	江苏省第十五届哲学社会科学优秀成果奖	三等
村落里的单身汉	002	专著	彭大松	无依托项目研究成果	江苏省第十五届哲学社会科学优秀成果奖	三等

续表

成果名称		成果形式	主要作者	课题来源	奖励名称	奖励等级
	编号	L01	L02	L03	L04	L05
关于建立区域生态认证制度的研究报告	003	研究或咨询报告	景　杰	中央其他部门社科专门项目	江苏省第十五届哲学社会科学优秀成果奖	一等
加强风险防范 确保饮用水源安全	004	研究或咨询报告	杨　莉	省、市、自治区社科基金项目	江苏省第十五届哲学社会科学优秀成果奖	二等
教学媒体：由技术工具论、工具实在论到具身理论的范式转换	005	论文	张刚要	教育部人文社科研究项目	江苏省第十五届哲学社会科学优秀成果奖	三等
流动儿童心理研究	006	专著	王亚南	无依托项目研究成果	江苏省第十五届哲学社会科学优秀成果奖	二等
15. 南京林业大学						
流域生态系统价值评估：CVM 有效性与可靠性改进视角	001	专著	蔡志坚	国家社科基金项目	江苏省第十五届哲学社会科学优秀成果奖	三等
增加值率能否反映经济增长质量	002	论文	范　金	国家社科基金项目	江苏省第十五届哲学社会科学优秀成果奖	二等
16. 江苏大学						
高校科研数据管理理论与实践	001	研究或咨询报告	刘桂锋	企事业单位委托项目	江苏省第十五届哲学社会科学优秀成果奖	三等
马克思主义空间正义的问题谱系及当代建构	002	论文	王志刚	国家社科基金项目	江苏省第十五届哲学社会科学优秀成果奖	三等
语料库戏剧翻译文体学	003	专著	任晓霏	国家社科基金项目	江苏省第十五届哲学社会科学优秀成果奖	二等
远离学校的教育：当代西方国家“在家上学”运动研究	004	专著	王佳佳	教育部人文社科研究项目	江苏省第十五届哲学社会科学优秀成果奖	三等

续表

17. 南京信息工程大学						
城市化与空间正义	001	专著	张天勇	国家社科基金项目	江苏省第十五届哲学社会科学优秀成果奖	二等
江苏人才发展报告 2017	002	皮书/发展报告	曹　杰	地、市、厅、局等政府部门项目	江苏省第十五届哲学社会科学优秀成果奖	三等
学习范式下的教师发展:理论模式与组织建设	003	论文	吴立保	教育部人文社科研究项目	江苏省第十五届哲学社会科学优秀成果奖	二等
最小成本共识决策建模及应用	004	专著	巩在武	国家自然科学基金项目	江苏省第十五届哲学社会科学优秀成果奖	二等
18. 南通大学						
1930 年代中国现代作家群落研究	001	专著	顾金春	国家社科基金项目	江苏省第十五届哲学社会科学优秀成果奖	三等
《楚辞》英译的中国传统翻译诗学观研究	002	专著	严晓江	国家社科基金项目	江苏省第十五届哲学社会科学优秀成果奖	一等
《说文》古文研究	003	专著	张学城	高校古籍整理研究项目	江苏省第十五届哲学社会科学优秀成果奖	三等
标准化案主:社会工作临床技能教育的新策略	004	论文	臧其胜	无依托项目研究成果	江苏省第十五届哲学社会科学优秀成果奖	三等
东亚楚辞整理与研究丛书(全六册)	005	专著	周建忠	国家社科基金项目	江苏省第十五届哲学社会科学优秀成果奖	二等
网络谣言叙事范式及“跟进式”治理研究	006	专著	浦玉忠	国家社科基金项目	江苏省第十五届哲学社会科学优秀成果奖	三等
协调性均衡发展:长江经济带发展新战略与江苏探索	007	专著	成长春	国家社科基金项目	江苏省第十五届哲学社会科学优秀成果奖	一等

续表

成果名称	编号	成果形式 L01	主要作者 L02	课题来源 L03	奖励名称 L04	奖励等级 L05
运动员人力资本投资风险的形成与规避研究	008	专著	刘　建	省、市、自治区社科基金项目	江苏省第十五届哲学社会科学优秀成果奖	三等
中国特色社会主义理论体系的哲学透视	009	专著	顾玉平	无依托项目研究成果	江苏省第十五届哲学社会科学优秀成果奖	三等
19. 南京中医药大学						
《中华人民共和国中医药法》立法重点问题研究	001	研究或咨询报告	田　侃	中央其他部门社科专门项目	江苏省第十五届哲学社会科学优秀成果奖	二等
浅述孟河四大医家遣方用药思想与人文地域的关系	002	论文	吴承艳	省、市、自治区社科基金项目	江苏省第十五届哲学社会科学优秀成果奖	三等
中医药文化传承与传播系列丛书(全3册)	003	专著	申俊龙	国家社科基金项目	江苏省第十五届哲学社会科学优秀成果奖	二等
20. 南京师范大学						
20世纪俄苏文学批评理论史	001	专著	张　杰	无依托项目研究成果	江苏省第十五届哲学社会科学优秀成果奖	二等
When a Causal Assumption Is not Satisfied by Reality: Differential Brain Responses to Concessive and Causal Relations during Sentence Comprehension	002	论文	徐晓东	无依托项目研究成果	江苏省第十五届哲学社会科学优秀成果奖	三等
“适合的教育”:内涵、困境与路径选择	003	论文	冯建军	国家社科基金项目	江苏省第十五届哲学社会科学优秀成果奖	二等
《日本书纪》中特殊语言文字现象考察	004	论文	董志翘	国家社科基金项目	江苏省第十五届哲学社会科学优秀成果奖	三等
《伍尔夫小说美学与视觉艺术》	005	专著	杨莉馨	国家社科基金项目	江苏省第十五届哲学社会科学优秀成果奖	三等

续表

《隐喻与视觉：艺术史跨语境研究下的中国书画》	006	专著	王菡薇	省、市、自治区社科基金项目	江苏省第十五届哲学社会科学优秀成果奖	一等
别样的在场与书写——论近年女性非虚构文学写作	007	论文	王　晖	无依托项目研究成果	江苏省第十五届哲学社会科学优秀成果奖	三等
从环境到智慧：信息时代的教学变革	008	专著	沈书生	无依托项目研究成果	江苏省第十五届哲学社会科学优秀成果奖	二等
弹性与韧性：乡土社会民办教师政策运行的民族志	009	专著	魏　峰	无依托项目研究成果	江苏省第十五届哲学社会科学优秀成果奖	二等
电影政策与中国在其电影的历史进程：1927—1937	010	专著	宫浩宇	无依托项目研究成果	江苏省第十五届哲学社会科学优秀成果奖	三等
对义务教育优质学校及其建设路径的几点思考	011	论文	张新平	无依托项目研究成果	江苏省第十五届哲学社会科学优秀成果奖	二等
儿童语言障碍引论	012	专著	梁丹丹	国家社科基金项目	江苏省第十五届哲学社会科学优秀成果奖	二等
共识与分歧：网络舆论的信息传播研究	013	专著	于德山	无依托项目研究成果	江苏省第十五届哲学社会科学优秀成果奖	三等
古诗阅读的认知机制：来自眼动的证据	014	论文	陈庆荣	无依托项目研究成果	江苏省第十五届哲学社会科学优秀成果奖	一等
国家治理语境中的非制度化生存研究	015	专著	孟宪平	国家社科基金项目	江苏省第十五届哲学社会科学优秀成果奖	一等
国民党中央对民众运动的压制与消解（1927—1929）	016	专著	齐春风	无依托项目研究成果	江苏省第十五届哲学社会科学优秀成果奖	一等
黑色记忆：南京大屠杀	017	专著	张连红	无依托项目研究成果	江苏省第十五届哲学社会科学优秀成果奖	二等
教学认识信念研究	018	专著	喻　平	无依托项目研究成果	江苏省第十五届哲学社会科学优秀成果奖	二等

续表

成果名称		成果形式	主要作者	课题来源	奖励名称	奖励等级
	编号	L01	L02	L03	L04	L05
教学生活新论——基于过程哲学的视角	019	专著	魏善春	省教育厅社科项目	江苏省第十五届哲学社会科学优秀成果奖	三等
科研人员的刑法行为:从宪法教义学视域的思考	020	论文	姜　涛	国家社科基金项目	江苏省第十五届哲学社会科学优秀成果奖	三等
流动儿童与媒介:移民融合中的传播与社会化问题	021	专著	庄　曦	国家社科基金项目	江苏省第十五届哲学社会科学优秀成果奖	一等
马克思的法律发展思想及其当代意义	022	论文	公丕祥	国家社科基金项目	江苏省第十五届哲学社会科学优秀成果奖	二等
马克思社会形态理论及中国实践研究	023	专著	洪光东	无依托项目研究成果	江苏省第十五届哲学社会科学优秀成果奖	三等
民国时期法律解释的理论与实践	024	专著	方　乐	国家社科基金项目	江苏省第十五届哲学社会科学优秀成果奖	二等
南京通史隋唐五代宋元卷	025	专著	李天石	地、市、厅、局等政府部门项目	江苏省第十五届哲学社会科学优秀成果奖	三等
能源价格系统分析	026	专著	田立新	国家社科基金项目	江苏省第十五届哲学社会科学优秀成果奖	一等
山西农家行为变迁:1986—2012	027	专著	彭小辉	国家社科基金项目	江苏省第十五届哲学社会科学优秀成果奖	三等
社会舆论与教育发展	028	专著	骆正林	无依托项目研究成果	江苏省第十五届哲学社会科学优秀成果奖	二等
熟语表征与加工的神经认知研究	029	专著	张　辉	国家社科基金项目	江苏省第十五届哲学社会科学优秀成果奖	一等
谁之权利？何以利用？——基于整体生态观的动物权利和动物利用	030	论文	张　燕	无依托项目研究成果	江苏省第十五届哲学社会科学优秀成果奖	三等

续表

宋代图经与九域图志从资料到系统知识	031	论文	潘　晟	学校社科项目	江苏省第十五届哲学社会科学优秀成果奖	三等
苏俄非常时期列宁的常态性思想	032	专著	俞　敏	国家社科基金项目	江苏省第十五届哲学社会科学优秀成果奖	二等
天堂应该是图书馆的模样——走进民国大学图书馆	033	专著	王一心	无依托项目研究成果	江苏省第十五届哲学社会科学优秀成果奖	二等
瓦萨里和他的《名人传》	034	专著	李　宏	教育部人文社科研究项目	江苏省第十五届哲学社会科学优秀成果奖	二等
文艺美学的汉字学转向	035	专著	骆冬青	国家社科基金项目	江苏省第十五届哲学社会科学优秀成果奖	二等
五百年来王阳明	036	专著	郦　波	无依托项目研究成果	江苏省第十五届哲学社会科学优秀成果奖	三等
现代中国佛教文学史稿	037	专著	谭桂林	无依托项目研究成果	江苏省第十五届哲学社会科学优秀成果奖	二等
新教育公平引论——基于我国教育公平模式变迁的思考	038	论文	程天君	省教育厅社科项目	江苏省第十五届哲学社会科学优秀成果奖	一等
新乡土伦理——社会转型期的中国乡村伦理问题研究	039	专著	王露璐	无依托项目研究成果	江苏省第十五届哲学社会科学优秀成果奖	二等
刑事程序比例构造方法论探析	040	论文	秦　策	无依托项目研究成果	江苏省第十五届哲学社会科学优秀成果奖	三等
研发要素流动、空间知识溢出与经济增长	041	论文	白俊红	国家自然科学基金项目	江苏省第十五届哲学社会科学优秀成果奖	二等
意识形态功能提升新论	042	专著	张志丹	无依托项目研究成果	江苏省第十五届哲学社会科学优秀成果奖	二等
运动养生术“健心”理论研究	043	专著	高　亮	全国教育科学规划（教育部）项目	江苏省第十五届哲学社会科学优秀成果奖	二等

续表

成果名称		成果形式	主要作者	课题来源	奖励名称	奖励等级
	编号	L01	L02	L03	L04	L05
正向与反向:大同思想对早期中国知识分子接受马克思主义的影响	044	论文	王　刚	省、市、自治区社科基金项目	江苏省第十五届哲学社会科学优秀成果奖	三等
中国残疾人文化权利保障研究——融合教育的视角	045	专著	侯晶晶	无依托项目研究成果	江苏省第十五届哲学社会科学优秀成果奖	一等
中国共产党执政伦理建设研究	046	专著	张　振	无依托项目研究成果	江苏省第十五届哲学社会科学优秀成果奖	二等
中国近代中学组织结构演变研究	047	专著	陈学军	无依托项目研究成果	江苏省第十五届哲学社会科学优秀成果奖	一等
中国历代民歌史论	048	专著	陈书录	教育部人文社科研究项目	江苏省第十五届哲学社会科学优秀成果奖	一等
中国戏剧通史建构的百年转型与重构可能	049	论文	孙书磊	教育部人文社科研究项目	江苏省第十五届哲学社会科学优秀成果奖	二等
中国新农村性别结构变迁研究:流动的父权	050	专著	金一虹	无依托项目研究成果	江苏省第十五届哲学社会科学优秀成果奖	三等
重温“教学与科研相统一”	051	论文	王建华	国家社科基金项目	江苏省第十五届哲学社会科学优秀成果奖	二等
转型时期中国社会的政治稳定机制研究	052	专著	许开轶	无依托项目研究成果	江苏省第十五届哲学社会科学优秀成果奖	二等
21. 江苏师范大学						
大学组织内部治理研究——基于权力场域的视角	001	专著	胡仁东	无依托项目研究成果	江苏省第十五届哲学社会科学优秀成果奖	三等
当代中华民族凝聚力研究	002	专著	田旭明	无依托项目研究成果	江苏省第十五届哲学社会科学优秀成果奖	三等

续表

高等教育与人才集聚两种投入对区域经济增长的共轭驱动研究——以江苏、浙江两省为例	003	专著	刘　林	无依托项目研究成果	江苏省第十五届哲学社会科学优秀成果奖	二等
共轭与融通:职业教育学术课程与职业课程整合研究	004	专著	陈　鹏	无依托项目研究成果	江苏省第十五届哲学社会科学优秀成果奖	二等
古诗阅读的认知机制:来自眼动的证据	005	论文	杨亦鸣	无依托项目研究成果	江苏省第十五届哲学社会科学优秀成果奖	一等
汉画像艺术概论	006	专著	顾　颖	国家社科基金项目	江苏省第十五届哲学社会科学优秀成果奖	三等
江苏省产业系统环境适应性评价	007	专著	仇方道	无依托项目研究成果	江苏省第十五届哲学社会科学优秀成果奖	三等
教学模式创新发展的核心要素	008	论文	程　岭	省教育厅社科项目	江苏省第十五届哲学社会科学优秀成果奖	三等
留学生群体与民国的社会发展	009	专著	周　棉	国家社科基金项目	江苏省第十五届哲学社会科学优秀成果奖	一等
论“核心素养”的证成方式	010	论文	高　伟	省、市、自治区社科基金项目	江苏省第十五届哲学社会科学优秀成果奖	一等
明末清初私家修史研究	011	专著	杨绪敏	无依托项目研究成果	江苏省第十五届哲学社会科学优秀成果奖	二等
漆向大海——古代海上丝绸之路漆艺文化研究	012	专著	潘天波	国家社科基金单列学科项目	江苏省第十五届哲学社会科学优秀成果奖	三等
清代散见戏曲史料汇编(全十册)	013	专著	赵兴勤	无依托项目研究成果	江苏省第十五届哲学社会科学优秀成果奖	二等
收入分配与增长质量	014	专著	李子联	国家社科基金项目	江苏省第十五届哲学社会科学优秀成果奖	三等
选本批评与清代词坛的统序建构	015	论文	沙先一	国家社科基金项目	江苏省第十五届哲学社会科学优秀成果奖	三等

续表

成果名称	编号	成果形式 L01	主要作者 L02	课题来源 L03	奖励名称 L04	奖励等级 L05
学习方式何以变革:标准与路径	016	论文	王运武	中央其他部门社科专门项目	江苏省第十五届哲学社会科学优秀成果奖	三等
政治经济学与唯物史观的内在关联	017	论文	曹典顺	无依托项目研究成果	江苏省第十五届哲学社会科学优秀成果奖	一等
中国资源型城市脆弱性时空演化理论与实证研究	018	专著	徐　君	国家社科基金项目	江苏省第十五届哲学社会科学优秀成果奖	三等
子变韵和子变韵的形成构似——以孟州方言为例	019	论文	史艳锋	无依托项目研究成果	江苏省第十五届哲学社会科学优秀成果奖	三等
22. 淮阴师范学院						
翻译价值论	001	专著	高　雷	教育部人文社科研究项目	江苏省第十五届哲学社会科学优秀成果奖	三等
教育公正视角的农村学校变革研究	002	专著	刘国艳	省教育厅社科项目	江苏省第十五届哲学社会科学优秀成果奖	三等
南北朝佛教造像背光关系研究	003	论文	金建荣	地、市、厅、局等政府部门项目	江苏省第十五届哲学社会科学优秀成果奖	二等
宋代民间画家身份的再厘定——基于《画继》的考察	004	论文	黎　晟	省、市、自治区社科基金项目	江苏省第十五届哲学社会科学优秀成果奖	三等
23. 盐城师范学院						
台湾当代文学与五四新文学传统	001	专著	方　忠	国家社科基金项目	江苏省第十五届哲学社会科学优秀成果奖	三等
西方职业体育市场秩序演化与中国实践研究	002	专著	张　兵	国家社科基金项目	江苏省第十五届哲学社会科学优秀成果奖	三等

续表

中国高校学术创业：影响因素・实现机制・政策设计	003	专著	易高峰	国家自然科学基金项目	江苏省第十五届哲学社会科学优秀成果奖	一等
24. 南京财经大学						
构建与创新：经济法哲学研究	001	专著	陶广峰	国家社科基金项目	江苏省第十五届哲学社会科学优秀成果奖	三等
Empirical Study on the Relationship between Entrepreneurial Strategic Orientation and Entrepreneurial Performance: The Moderating Effects of Top Management Team's Vertical dyad Differences	002	论文	杨　林	国家社科基金项目	江苏省第十五届哲学社会科学优秀成果奖	二等
农地产权结构、生产要素效率与农业绩效	003	论文	李　宁	国家自然科学基金项目	江苏省第十五届哲学社会科学优秀成果奖	三等
婚姻市场性别比是否影响父母生育时的性别选择	004	论文	李　杏	无依托项目研究成果	江苏省第十五届哲学社会科学优秀成果奖	三等
基于创新驱动的我国高端服务业国际竞争力提升研究	005	专著	宣　烨	国家社科基金项目	江苏省第十五届哲学社会科学优秀成果奖	二等
基于物价调控的我国最优财政货币政策体制研究	006	专著	卞志村	国家社科基金项目	江苏省第十五届哲学社会科学优秀成果奖	一等
论被害人的自陷风险——以诈骗罪为中心	007	论文	王　骏	国家社科基金项目	江苏省第十五届哲学社会科学优秀成果奖	三等
马克思主义生态文明思想及其历史发展研究	008	专著	刘希刚	国家社科基金项目	江苏省第十五届哲学社会科学优秀成果奖	三等
人口年龄结构、养老保险制度转轨对居民储蓄率的影响	009	论文	杨继军	无依托项目研究成果	江苏省第十五届哲学社会科学优秀成果奖	二等
税费负担、创新能力与企业升级——来自"新三板"挂牌公司的经验证据	010	论文	李林木	国家自然科学基金项目	江苏省第十五届哲学社会科学优秀成果奖	二等

续表

成果名称	编号	成果形式 L01	主要作者 L02	课题来源 L03	奖励名称 L04	奖励等级 L05
碳信息披露研究:基于 CDP 的分析	011	专著	蒋　琰	国家自然科学基金项目	江苏省第十五届哲学社会科学优秀成果奖	二等
文化自信与马克思主义意识形态话语权的当代发展	012	论文	梅景辉	国家社科基金项目	江苏省第十五届哲学社会科学优秀成果奖	三等
我国数字出版产业发展新思路:基于动态能力视阈的研究	013	专著	朱　云	省、市、自治区社科基金项目	江苏省第十五届哲学社会科学优秀成果奖	三等
政府隐性担保一定能降低债券的融资成本吗?——关于国有企业和地方融资平台债券的实证研究	014	论文	韩鹏飞	国家社科基金项目	江苏省第十五届哲学社会科学优秀成果奖	三等
中国碳生产率的估算、预测及优化分配研究	015	研究或咨询报告	张　成	国家社科基金项目	江苏省第十五届哲学社会科学优秀成果奖	三等
资本账户开放对人民币国际化"货币锚"地位的影响分析	016	论文	杨荣海	教育部人文社科研究项目	江苏省第十五届哲学社会科学优秀成果奖	二等
25. 南京体育学院						
全日制体育硕士专业学位研究生培养的问题研究	001	专著	孙国友	无依托项目研究成果	江苏省第十五届哲学社会科学优秀成果奖	三等
体育治理视野下我国高端体育智库的建设研究	002	论文	杨国庆	省、市、自治区社科基金项目	江苏省第十五届哲学社会科学优秀成果奖	二等
26. 南京艺术学院						
风雅之好:明代嘉万年间的书画消费	001	专著	叶康宁	无依托项目研究成果	江苏省第十五届哲学社会科学优秀成果奖	三等
汉唐佛教造像艺术史(增订本)	002	专著	费　泳	无依托项目研究成果	江苏省第十五届哲学社会科学优秀成果奖	一等

续表

民国前期书画市场与社会变迁	003	论文	陶小军	无依托项目研究成果	江苏省第十五届哲学社会科学优秀成果奖	三等
士人传统与书法美学	004	专著	周　睿	无依托项目研究成果	江苏省第十五届哲学社会科学优秀成果奖	三等
艺术启蒙与趣味冲突:第一次全国美术展览会(1929年)研究	005	专著	商　勇	无依托项目研究成果	江苏省第十五届哲学社会科学优秀成果奖	三等
中国歌剧音乐剧通史	006	编著或教材	居其宏	教育部人文社科研究项目	江苏省第十五届哲学社会科学优秀成果奖	一等
27. 苏州科技大学						
城乡公共服务均等化与基层政府职能建设	001	专著	陆道平	国家社科基金项目	江苏省第十五届哲学社会科学优秀成果奖	一等
从权利到权力——洛克自然法思想研究	002	专著	李季璇	国家社科基金项目	江苏省第十五届哲学社会科学优秀成果奖	二等
高校文科本科专业应用性研究	003	专著	张兄武	国家社科基金单列学科项目	江苏省第十五届哲学社会科学优秀成果奖	三等
论音程循环在后调性音乐作品中的结构力作用	004	论文	陈　林	教育部人文社科研究项目	江苏省第十五届哲学社会科学优秀成果奖	二等
我国高校智库影响力提升路径探析	005	论文	周　刚	省、市、自治区社科基金项目	江苏省第十五届哲学社会科学优秀成果奖	三等
协同创新中心运行模式与机制研究	006	研究或咨询报告	施琴芬	省、市、自治区社科基金项目	江苏省第十五届哲学社会科学优秀成果奖	三等
28. 常熟理工学院						
苏州传统藏书文化研究	001	专著	曹培根	国家社科基金项目	江苏省第十五届哲学社会科学优秀成果奖	三等

续表

成果名称		成果形式	主要作者	课题来源	奖励名称	奖励等级
	编号	L01	L02	L03	L04	L05
行进中的现代性：晚清"五四"散文论	002	专著	丁晓原	国家社科基金项目	江苏省第十五届哲学社会科学优秀成果奖	三等
29. 淮阴工学院						
任弼时与《关于若干历史问题的决议》	001	论文	韩同友	教育部人文社科研究项目	江苏省第十五届哲学社会科学优秀成果奖	三等
苏北区域中心城市集聚与辐射能力研究	002	专著	史修松	教育部人文社科研究项目	江苏省第十五届哲学社会科学优秀成果奖	三等
30. 常州工学院						
苏南地区制造业向服务型制造转型的路径及对策研究	001	研究或咨询报告	金　青	地、市、厅、局等政府部门项目	江苏省第十五届哲学社会科学优秀成果奖	三等
新常态下常州市出租汽车行业改革建议研究	002	研究或咨询报告	王建明	地、市、厅、局等政府部门项目	江苏省第十五届哲学社会科学优秀成果奖	三等
虚拟存在的美学研究	003	专著	杨建生	地、市、厅、局等政府部门项目	江苏省第十五届哲学社会科学优秀成果奖	三等
31. 扬州大学						
A Monolingual Mind Can Have Two Time Lines: Exploring Space-time Mappings in Mandarin Monolinguals	001	论文	杨文星	学校社科项目	江苏省第十五届哲学社会科学优秀成果奖	一等
百年语文教育经典名著(1～15卷)	002	编著或教材	徐林祥	教育部人文社科研究项目	江苏省第十五届哲学社会科学优秀成果奖	一等
错时空与本土化—比较视野下中国电视纪录片风格衍变(1958—2013)	003	专著	武新宏	国家社科基金项目	江苏省第十五届哲学社会科学优秀成果奖	三等
宋元时期中日绘画的传播与交流	004	专著	王　莲	教育部人文社科研究项目	江苏省第十五届哲学社会科学优秀成果奖	三等

续表

从形式主义到历史主义:晚近文学理论“向外转”的深层机理探究	005	专著	姚文放	国家社科基金项目	江苏省第十五届哲学社会科学优秀成果奖	一等
公民服从的逻辑	006	专著	唐慧玲	教育部人文社科研究项目	江苏省第十五届哲学社会科学优秀成果奖	三等
汉译英翻译能力自动评价研究	007	论文	王金铨	国家社科基金项目	江苏省第十五届哲学社会科学优秀成果奖	二等
江苏农村物流业发展与城乡一体化研究	008	研究或咨询报告	姚冠新	省、市、自治区社科基金项目	江苏省第十五届哲学社会科学优秀成果奖	一等
焦循全集	009	编著或教材	刘建臻	中央其他部门社科专门项目	江苏省第十五届哲学社会科学优秀成果奖	一等
教育神经科学视野中的体育教育创新	010	专著	陈爱国	国家社科基金项目	江苏省第十五届哲学社会科学优秀成果奖	二等
鲁迅《中国小说史略》研究:以中国小说史学为视野	011	专著	温庆新	国家社科基金项目	江苏省第十五届哲学社会科学优秀成果奖	三等
马王堆帛书《六十四卦》异体字源流考	012	论文	于　淼	教育部人文社科研究项目	江苏省第十五届哲学社会科学优秀成果奖	三等
迁洛元魏皇族与士族社会文化史论	013	专著	王永平	教育部人文社科研究项目	江苏省第十五届哲学社会科学优秀成果奖	三等
生产者服务业与制造业的空间集聚:基于贸易成本的研究	014	论文	谭洪波	教育部人文社科研究项目	江苏省第十五届哲学社会科学优秀成果奖	三等
童心萌蒙绘:传统文化里的中国精神	015	科普读物	刘　佳	全国教育科学规划(教育部)项目	江苏省第十五届哲学社会科学优秀成果奖	成果普及奖
文类:世界观影响文学的中介	016	论文	陈　军	国家社科基金项目	江苏省第十五届哲学社会科学优秀成果奖	二等
县域经济发展的动力结构及其变迁规律	017	专著	秦兴方	国家社科基金项目	江苏省第十五届哲学社会科学优秀成果奖	二等

续表

成果名称	编号	成果形式 L01	主要作者 L02	课题来源 L03	奖励名称 L04	奖励等级 L05
中国农地流转现状及其政策改进——基于江苏、广西、湖北、黑龙江四省(区)调查数据的分析	018	论文	钱忠好	国家社科基金项目	江苏省第十五届哲学社会科学优秀成果奖	三等
中国外资需求偏好与供给机制的制度安排研究	019	专著	胡立法	国家社科基金项目	江苏省第十五届哲学社会科学优秀成果奖	三等
专题教育社区评价指标体系建构的方法研究	020	论文	冯　锐	省、市、自治区社科基金项目	江苏省第十五届哲学社会科学优秀成果奖	二等
32. 南京审计大学						
本科教育质量提升研究:基于就读经验的视角	001	专著	刘海燕	无依托项目研究成果	江苏省第十五届哲学社会科学优秀成果奖	三等
出口技术复杂度、劳动力市场分割与中国的人力资本投资	002	论文	陈维涛	国家社科基金项目	江苏省第十五届哲学社会科学优秀成果奖	三等
出口与内需的结构背离:成因及影响	003	论文	易先忠	国家社科基金项目	江苏省第十五届哲学社会科学优秀成果奖	二等
公共服务合同外包的理论、实践与反思	004	专著	詹国彬	国家社科基金项目	江苏省第十五届哲学社会科学优秀成果奖	二等
国家认同:全球化视野下的结构性分析	005	论文	金太军	国家社科基金项目	江苏省第十五届哲学社会科学优秀成果奖	二等
汉语语体语法研究	006	专著	朱　军	国家社科基金项目	江苏省第十五届哲学社会科学优秀成果奖	二等
居民基本权利差异对城乡差距的影响——来自中国省级面板数据的实证证据	007	论文	徐振宇	国家社科基金项目	商务发展研究成果奖	其他

续表

劳动法上的用人单位:概念甄别与立法考察	008	论文	秦国荣	国家社科基金项目	江苏省第十五届哲学社会科学优秀成果奖	三等
全球空间关联视角下的中国经济增长	009	论文	刘瑞翔	国家社科基金项目	江苏省第十五届哲学社会科学优秀成果奖	三等
社会预期管理论	010	专著	江世银	国家社科基金项目	江苏省第十五届哲学社会科学优秀成果奖	二等
外资商业竞争与中国流通产业安全研究	011	专著	李陈华	国家社科基金项目	商务发展研究成果奖	二等
外资商业竞争与中国流通产业安全研究	012	专著	李陈华	国家社科基金项目	江苏省第十五届哲学社会科学优秀成果奖	三等
要素分工与国际贸易理论新发展	013	专著	戴　翔	无依托项目研究成果	江苏省第十五届哲学社会科学优秀成果奖	二等
要素分工与国际贸易理论新发展	014	专著	戴　翔	无依托项目研究成果	第二十届安子介国际贸易研究奖	二等
应对突发公共事件中政府和企业互动研究	015	专著	袁建军	无依托项目研究成果	江苏省第十五届哲学社会科学优秀成果奖	三等
中国企业“出口—生产率悖论”:理论裂变与检验重塑	016	论文	汤二子	无依托项目研究成果	江苏省第十五届哲学社会科学优秀成果奖	三等
组织创新氛围、创新自我效能感与员工创新行为	017	专著	顾远东	国家社科基金项目	江苏省第十五届哲学社会科学优秀成果奖	三等
33. 南京晓庄学院						
电子政府治理理念及其相关制度创新研究	001	专著	王文建	无依托项目研究成果	江苏省第十五届哲学社会科学优秀成果奖	三等

续表

成果名称		成果形式	主要作者	课题来源	奖励名称	奖励等级
	编号	L01	L02	L03	L04	L05
多语环境下的母语建构与母语社区规划研究	002	专著	方小兵	教育部人文社科研究项目	江苏省第十五届哲学社会科学优秀成果奖	三等
媒介场中基于欲望主体的文学存在方式动态研究	003	专著	赵　玉	省、市、自治区社科基金项目	江苏省第十五届哲学社会科学优秀成果奖	三等
中国当代艺术歌曲研究	004	专著	孙会玲	学校社科项目	江苏省第十五届哲学社会科学优秀成果奖	三等
34. 江苏理工学院						
“十三五”时期非公经济发展“两个健康”发展战略和路径研究——以常州市为例	001	研究或咨询报告	王建华	地、市、厅、局等政府部门项目	江苏省第十五届哲学社会科学优秀成果奖	三等
常州籍四大语言学家与中国语文现代化	002	专著	赵贤德	中央其他部门社科专门项目	江苏省第十五届哲学社会科学优秀成果奖	二等
创新驱动转型升级的逻辑与江苏的实践研究	003	专著	陈晓雪	地、市、厅、局等政府部门项目	江苏省第十五届哲学社会科学优秀成果奖	一等
道德量化评价与学校道德教育	004	专著	尹　伟	教育部人文社科研究项目	江苏省第十五届哲学社会科学优秀成果奖	二等
高校师范生教师职业认同及其影响因素研究	005	论文	胡维芳	省、市、自治区社科基金项目	江苏省第十五届哲学社会科学优秀成果奖	三等
农村职业教育发展新论	006	专著	马建富	省、市、自治区社科基金项目	江苏省第十五届哲学社会科学优秀成果奖	三等

续表

35. 淮海工学院						
多样性视阈下的东亚区域经济一体化研究	001	专著	宣昌勇	省、市、自治区社科基金项目	江苏省第十五届哲学社会科学优秀成果奖	二等
赣榆金山方言研究	002	专著	王思建	省教育厅社科项目	江苏省第十五届哲学社会科学优秀成果奖	三等
全球化视角下的需求约束与我国产业发展研究	003	专著	孙　军	教育部人文社科研究项目	江苏省第十五届哲学社会科学优秀成果奖	三等
36. 徐州工程学院						
白居易生平与创作实证研究	001	专著	文艳蓉	省、市、自治区社科基金项目	江苏省第十五届哲学社会科学优秀成果奖	三等
基于空间分异的我国农村金融改革特色化研究	002	专著	董金玲	省、市、自治区社科基金项目	江苏省第十五届哲学社会科学优秀成果奖	三等
政治社会化与列宁时期的红色文化符号	003	论文	梁化奎	省、市、自治区社科基金项目	江苏省第十五届哲学社会科学优秀成果奖	三等
中国马克思主义意识形态变迁的动力与逻辑分析——以社会主义现代化为视点	004	论文	蒋　艳	省教育厅社科项目	江苏省第十五届哲学社会科学优秀成果奖	二等
37. 南京特殊教育师范学院						
上古——中古汉语颜色词研究	001	专著	赵晓驰	国家社科基金项目	江苏省第十五届哲学社会科学优秀成果奖	三等
我国特殊教育政策变迁逻辑与路径依赖	002	论文	冯　元	国家社科基金单列学科项目	江苏省第十五届哲学社会科学优秀成果奖	三等

续表

成果名称		成果形式	主要作者	课题来源	奖励名称	奖励等级
	编号	L01	L02	L03	L04	L05
中国残疾人事业发展报告 2005—2016	003	皮书/发展报告	凌迎兵	中央其他部门社科专门项目	江苏省第十五届哲学社会科学优秀成果奖	一等
中国残疾人职业教育与就业服务(上、下册)	004	专著	何　侃	教育部人文社科研究项目	江苏省第十五届哲学社会科学优秀成果奖	三等
38. 泰州学院						
法治中国悦读丛书	001	编著或教材	杨东升	无依托项目研究成果	江苏省第十五届哲学社会科学优秀成果奖	一等
39. 金陵科技学院						
知识产权与创新驱动发展	001	论文	丁　涛	地、市、厅、局等政府部门项目	江苏省第十五届哲学社会科学优秀成果奖	二等
40. 江苏第二师范学院						
学校课程领导发展的个案研究——以江苏省锡山高级中学为例	001	专著	王淑芬	省、市、自治区社科基金项目	江苏省第十五届哲学社会科学优秀成果奖	三等
元朝进士集证	002	专著	沈仁国	国家社科基金项目	江苏省第十五届哲学社会科学优秀成果奖	三等
中国书画史校注丛典·《圣朝名画评》《五代名画补遗》	003	专著	徐　声	无依托项目研究成果	江苏省第十五届哲学社会科学优秀成果奖	三等

续表

41. 苏州职业大学						
园治多维探析(上、下卷)	001	专著	金学智	无依托项目研究成果	江苏省第十五届哲学社会科学优秀成果奖	二等
42. 连云港师范高等专科学校						
教师八大功课	001	编著或教材	李明高	教育部人文社科研究项目	江苏省第十五届哲学社会科学优秀成果奖	三等
融合式适应体育教学法	002	专著	李沛立	无依托项目研究成果	江苏省第十五届哲学社会科学优秀成果奖	三等
43. 江苏经贸职业技术学院						
敦煌本古佚与疑伪经校注——以《大正藏》第八十五册为中心	001	专著	于淑健	国家社科基金项目	江苏省第十五届哲学社会科学优秀成果奖	二等
44. 无锡商业职业技术学院						
国际视野下马克思主义中国化研究	001	专著	杨建新	无依托项目研究成果	江苏省第十五届哲学社会科学优秀成果奖	二等
45. 宿迁学院						
刑事责任理论	001	专著	尹维达	无依托项目研究成果	江苏省第十五届哲学社会科学优秀成果奖	三等

十、社科学术交流

1. 全省高等学校人文、社会科学学术交流情况表

学术交流类别	编号	校办学术会议		参加学术会议			受聘讲学		社科考察		进修学习		合作研究		
		本校独办数	与外单位合办数	参加人次		提交论文（篇）	派出人次	来校人次	派出人次	来校人次	派出人次	来校人次	派出人次	来校人次	课题数（项）
				合计	其中：赴境外人次										
		L01	L02	L03	L04	L05	L06	L07	L08	L09	L10	L11	L12	L13	L14
合计	/	1 243	452	15 245	1 121	10 977	2 485	4 911	4 178	4 049	5 741	3 596	1 461	1 401	798
国际学术交流	001	88	55	2 913	908	1 953	402	877	804	830	1 276	820	191	184	70
国内学术交流	002	1 134	377	11 868	0	8 765	1 866	3 827	3 117	3 045	4 217	2 700	1 220	1 183	709
与港、澳、台地区学校交流	003	21	20	464	213	259	217	207	257	174	248	76	50	34	19

2. 公办本科高等学校人文、社会科学学术交流情况表

学术交流类别	编号	校办学术会议		参加学术会议			受聘讲学		社科考察		进修学习		合作研究		
		本校独办数	与外单位合办数	参加人次		提交论文（篇）	派出人次	来校人次	派出人次	来校人次	派出人次	来校人次	派出人次	来校人次	课题数（项）
				合计	其中：赴境外人次										
		L01	L02	L03	L04	L05	L06	L07	L08	L09	L10	L11	L12	L13	L14
合计	/	1 088	404	13 574	966	9 986	2 094	4 151	2 995	3 008	2 906	1 966	1 203	1 136	646
1. 南京大学		50	56	1 705	154	1 117	320	368	225	139	69	15	148	142	68
国际学术交流	001	14	16	258	123	172	39	103	53	23	32	2	41	44	19
国内学术交流	002	32	33	1 405	0	901	253	232	159	110	33	11	76	83	43

续表

与港、澳、台地区学校交流	003	4	7	42	31	44	28	33	13	6	4	2	31	15	6
2. 东南大学		18	18	700	62	435	149	228	58	22	25	6	25	41	71
国际学术交流	001	2	2	270	44	190	22	69	3	3	12	3	9	14	5
国内学术交流	002	16	15	403	0	228	119	139	53	18	13	3	11	17	61
与港、澳、台地区学校交流	003	0	1	27	18	17	8	20	2	1	0	0	5	10	5
3. 江南大学		23	9	367	15	148	135	252	289	277	53	64	46	79	21
国际学术交流	001	2	0	28	15	20	68	21	150	0	25	28	0	0	0
国内学术交流	002	21	9	339	0	128	0	229	28	277	28	36	46	79	21
与港、澳、台地区学校交流	003	0	0	0	0	0	67	2	111	0	0	0	0	0	0
4. 南京农业大学		30	18	607	40	186	48	92	147	72	40	1	38	27	30
国际学术交流	001	4	7	125	37	45	7	22	36	10	23	1	10	13	5
国内学术交流	002	26	10	453	0	139	39	69	110	62	17	0	24	14	25
与港、澳、台地区学校交流	003	0	1	29	3	2	2	1	1	0	0	0	4	0	0
5. 中国矿业大学		6	0	289	9	279	40	41	61	30	56	4	0	0	0
国际学术交流	001	1	0	9	9	9	0	5	1	0	43	0	0	0	0
国内学术交流	002	5	0	280	0	270	40	35	60	30	13	4	0	0	0
与港、澳、台地区学校交流	003	0	0	0	0	0	0	1	0	0	0	0	0	0	0
6. 河海大学		15	12	475	69	388	102	137	137	127	75	143	103	78	121
国际学术交流	001	4	3	86	67	65	12	28	18	16	11	28	18	11	15
国内学术交流	002	10	9	385	0	320	88	106	115	106	60	112	82	65	103
与港、澳、台地区学校交流	003	1	0	4	2	3	2	3	4	5	4	3	3	2	3
7. 南京理工大学		15	4	87	8	54	57	120	86	48	65	0	46	62	34
国际学术交流	001	1	0	8	8	8	6	5	7	6	16	0	0	0	0
国内学术交流	002	14	4	79	0	46	51	115	79	42	49	0	46	62	34
与港、澳、台地区学校交流	003	0	0	0	0	0	0	0	0	0	0	0	0	0	0

续表

学术交流类别	编号	校办学术会议		参加学术会议			受聘讲学		社科考察		进修学习		合作研究		
		本校独办数	与外单位合办数	参加人次		提交论文（篇）	派出人次	来校人次	派出人次	来校人次	派出人次	来校人次	派出人次	来校人次	课题数（项）
				合计	其中：赴境外人次										
		L01	L02	L03	L04	L05	L06	L07	L08	L09	L10	L11	L12	L13	L14
8. 南京航空航天大学		6	3	164	50	184	22	149	82	26	7	9	5	5	8
国际学术交流	001	2	1	54	45	53	5	57	24	5	2	3	3	3	2
国内学术交流	002	4	2	105	0	128	14	88	58	20	4	6	2	2	6
与港、澳、台地区学校交流	003	0	0	5	5	3	3	4	0	1	1	0	0	0	0
9. 中国药科大学		6	1	57	5	53	33	21	28	19	23	7	15	10	3
国际学术交流	001	0	0	4	4	2	0	6	3	9	3	0	0	0	0
国内学术交流	002	6	1	50	0	50	33	15	25	10	20	7	15	10	3
与港、澳、台地区学校交流	003	0	0	3	1	1	0	0	0	0	0	0	0	0	0
10. 南京森林警察学院		1	0	7	0	5	0	0	0	0	0	0	0	0	0
国际学术交流	001	0	0	0	0	0	0	0	0	0	0	0	0	0	0
国内学术交流	002	1	0	7	0	5	0	0	0	0	0	0	0	0	0
与港、澳、台地区学校交流	003	0	0	0	0	0	0	0	0	0	0	0	0	0	0
11. 苏州大学		46	10	681	66	711	148	361	48	375	108	99	45	28	8
国际学术交流	001	2	1	70	21	76	13	23	6	26	10	9	0	0	0
国内学术交流	002	41	7	523	0	544	99	280	38	301	82	78	45	28	8
与港、澳、台地区学校交流	003	3	2	88	45	91	36	58	4	48	16	12	0	0	0
12. 江苏科技大学		2	0	53	7	41	4	50	25	18	16	3	40	37	8
国际学术交流	001	0	0	35	6	18	0	12	0	0	16	3	12	11	3
国内学术交流	002	2	0	17	0	18	4	36	25	18	0	0	28	26	5
与港、澳、台地区学校交流	003	0	0	1	1	5	0	2	0	0	0	0	0	0	0

续表

13. 南京工业大学		0	2	87	9	91	0	0	8	17	2	0	8	9	3
国际学术交流	001	0	0	9	9	5	0	0	0	0	0	0	0	0	0
国内学术交流	002	0	2	78	0	86	0	0	8	17	2	0	8	9	3
与港、澳、台地区学校交流	003	0	0	0	0	0	0	0	0	0	0	0	0	0	0
14. 常州大学		8	17	163	17	147	59	89	162	143	84	13	3	4	3
国际学术交流	001	0	2	31	17	31	0	8	69	33	55	3	0	0	0
国内学术交流	002	8	15	132	0	116	59	81	93	110	29	10	3	4	3
与港、澳、台地区学校交流	003	0	0	0	0	0	0	0	0	0	0	0	0	0	0
15. 南京邮电大学		2	3	69	4	71	26	60	22	15	44	28	0	0	0
国际学术交流	001	0	0	13	4	15	0	2	4	6	6	3	0	0	0
国内学术交流	002	2	3	56	0	56	26	58	18	9	38	25	0	0	0
与港、澳、台地区学校交流	003	0	0	0	0	0	0	0	0	0	0	0	0	0	0
16. 南京林业大学		6	1	64	5	39	9	61	50	12	13	0	0	0	0
国际学术交流	001	0	0	10	5	6	3	11	1	0	5	0	0	0	0
国内学术交流	002	6	1	54	0	33	6	50	49	12	7	0	0	0	0
与港、澳、台地区学校交流	003	0	0	0	0	0	0	0	0	0	1	0	0	0	0
17. 江苏大学		4	4	50	0	57	30	50	0	0	8	3	0	0	0
国际学术交流	001	0	0	2	0	2	10	20	0	0	6	2	0	0	0
国内学术交流	002	4	4	48	0	55	20	30	0	0	2	1	0	0	0
与港、澳、台地区学校交流	003	0	0	0	0	0	0	0	0	0	0	0	0	0	0
18. 南京信息工程大学		12	1	411	33	343	56	110	117	91	115	97	20	16	6
国际学术交流	001	2	1	77	33	73	8	37	23	8	26	0	0	0	0
国内学术交流	002	10	0	334	0	270	48	73	94	83	89	97	20	16	6
与港、澳、台地区学校交流	003	0	0	0	0	0	0	0	0	0	0	0	0	0	0
19. 南通大学		3	2	141	54	105	87	182	219	187	134	329	35	16	0

续表

学术交流类别	编号	校办学术会议		参加学术会议			受聘讲学		社科考察		进修学习		合作研究		
		本校独办数	与外单位合办数	参加人次		提交论文（篇）	派出人次	来校人次	派出人次	来校人次	派出人次	来校人次	派出人次	来校人次	课题数（项）
				合计	其中：赴境外人次										
		L01	L02	L03	L04	L05	L06	L07	L08	L09	L10	L11	L12	L13	L14
国际学术交流	001	1	0	65	36	44	48	145	18	74	30	223	0	0	0
国内学术交流	002	2	1	47	0	43	21	26	189	86	85	78	35	16	0
与港、澳、台地区学校交流	003	0	1	29	18	18	18	11	12	27	19	28	0	0	0
20. 盐城工学院		0	20	19	0	18	2	7	10	3	11	3	0	0	0
国际学术交流	001	0	0	0	0	0	0	0	0	0	0	0	0	0	0
国内学术交流	002	0	20	19	0	18	2	7	10	3	11	3	0	0	0
与港、澳、台地区学校交流	003	0	0	0	0	0	0	0	0	0	0	0	0	0	0
21. 南京医科大学		4	0	18	3	3	3	4	4	5	4	0	0	0	0
国际学术交流	001	0	0	3	3	3	3	4	4	5	4	0	0	0	0
国内学术交流	002	4	0	15	0	0	0	0	0	0	0	0	0	0	0
与港、澳、台地区学校交流	003	0	0	0	0	0	0	0	0	0	0	0	0	0	0
22. 徐州医科大学		0	0	3	0	3	0	5	0	3	2	0	0	0	0
国际学术交流	001	0	0	0	0	0	0	0	0	0	1	0	0	0	0
国内学术交流	002	0	0	3	0	3	0	5	0	3	1	0	0	0	0
与港、澳、台地区学校交流	003	0	0	0	0	0	0	0	0	0	0	0	0	0	0
23. 南京中医药大学		3	2	98	0	97	0	0	27	0	18	0	0	0	0
国际学术交流	001	0	0	13	0	13	0	0	0	0	0	0	0	0	0
国内学术交流	002	3	2	85	0	84	0	0	27	0	18	0	0	0	0
与港、澳、台地区学校交流	003	0	0	0	0	0	0	0	0	0	0	0	0	0	0
24. 南京师范大学		135	55	2 250	121	1 042	45	179	30	57	120	383	70	115	84

续表

国际学术交流	001	30	10	800	105	402	7	36	4	8	39	90	24	40	8
国内学术交流	002	100	40	1 400	0	630	38	134	26	47	78	288	46	73	75
与港、澳、台地区学校交流	003	5	5	50	16	10	0	9	0	2	3	5	0	2	1
25. 江苏师范大学		36	12	974	54	794	144	428	131	111	505	229	338	263	74
国际学术交流	001	7	1	169	49	169	22	18	1	0	218	67	65	42	5
国内学术交流	002	29	11	800	0	620	120	400	130	111	260	150	270	220	68
与港、澳、台地区学校交流	003	0	0	5	5	5	2	10	0	0	27	12	3	1	1
26. 淮阴师范学院		9	0	595	28	566	83	139	104	63	136	24	0	0	0
国际学术交流	001	0	0	30	28	26	2	24	45	19	41	11	0	0	0
国内学术交流	002	9	0	565	0	540	81	115	59	44	95	13	0	0	0
与港、澳、台地区学校交流	003	0	0	0	0	0	0	0	0	0	0	0	0	0	0
27. 盐城师范学院		3	0	233	21	233	68	127	81	52	93	48	38	33	30
国际学术交流	001	0	0	32	21	32	0	0	0	0	0	0	0	0	0
国内学术交流	002	3	0	201	0	201	68	127	81	52	93	48	38	33	30
与港、澳、台地区学校交流	003	0	0	0	0	0	0	0	0	0	0	0	0	0	0
28. 南京财经大学		520	112	570	20	570	90	60	100	12	570	40	112	100	20
国际学术交流	001	0	0	150	0	150	10	20	0	0	260	0	0	0	0
国内学术交流	002	520	112	400	0	400	80	40	100	12	310	40	112	100	20
与港、澳、台地区学校交流	003	0	0	20	20	20	0	0	0	0	0	0	0	0	0
29. 江苏警官学院		15	0	281	11	235	7	60	10	31	17	0	0	6	3
国际学术交流	001	0	0	25	11	11	0	0	0	10	5	0	0	0	0
国内学术交流	002	15	0	256	0	224	7	60	10	21	12	0	0	6	3
与港、澳、台地区学校交流	003	0	0	0	0	0	0	0	0	0	0	0	0	0	0
30. 南京体育学院		7	0	48	2	48	23	35	46	25	6	0	8	4	2
国际学术交流	001	0	0	3	2	3	0	0	0	0	2	0	0	0	0

续表

学术交流类别	编号	校办学术会议		参加学术会议			受聘讲学		社科考察		进修学习		合作研究		
		本校独办数	与外单位合办数	参加人次		提交论文(篇)	派出人次	来校人次	派出人次	来校人次	派出人次	来校人次	派出人次	来校人次	课题数(项)
				合计	其中:赴境外人次										
		L01	L02	L03	L04	L05	L06	L07	L08	L09	L10	L11	L12	L13	L14
国内学术交流	002	6	0	45	0	45	23	35	46	25	4	0	8	4	2
与港、澳、台地区学校交流	003	1	0	0	0	0	0	0	0	0	0	0	0	0	0
31. 南京艺术学院		7	4	472	38	398	55	83	37	78	21	19	0	0	0
国际学术交流	001	2	1	57	36	22	5	21	14	29	10	3	0	0	0
国内学术交流	002	5	3	413	0	374	45	59	20	47	9	15	0	0	0
与港、澳、台地区学校交流	003	0	0	2	2	2	5	3	3	2	2	1	0	0	0
32. 苏州科技大学		0	3	125	0	119	18	23	17	20	21	13	0	0	0
国际学术交流	001	0	0	22	0	20	7	10	7	7	6	5	0	0	0
国内学术交流	002	0	3	103	0	99	11	13	10	13	15	8	0	0	0
与港、澳、台地区学校交流	003	0	0	0	0	0	0	0	0	0	0	0	0	0	0
33. 常熟理工学院		3	2	17	1	17	14	13	20	13	16	6	0	0	0
国际学术交流	001	0	0	4	1	4	1	2	1	0	1	0	0	0	0
国内学术交流	002	3	2	13	0	13	13	11	19	13	13	6	0	0	0
与港、澳、台地区学校交流	003	0	0	0	0	0	0	0	0	0	2	0	0	0	0
34. 淮阴工学院		3	2	140	10	116	0	38	29	173	82	0	0	0	0
国际学术交流	001	1	0	8	8	8	0	2	25	26	20	0	0	0	0
国内学术交流	002	2	2	130	0	106	0	33	0	99	36	0	0	0	0
与港、澳、台地区学校交流	003	0	0	2	2	2	0	3	4	48	26	0	0	0	0
35. 常州工学院		1	1	54	6	35	18	31	51	51	34	10	3	3	3
国际学术交流	001	0	0	0	0	0	3	5	10	15	13	2	0	0	0

续表

国内学术交流	002	1	0	48	0	35	12	26	35	36	18	8	3	3	3
与港、澳、台地区学校交流	003	0	1	6	6	0	3	0	6	0	3	0	0	0	0
36. 扬州大学		23	10	291	8	302	43	76	59	40	37	49	9	10	6
国际学术交流	001	4	2	35	8	22	5	8	3	4	22	3	0	0	0
国内学术交流	002	19	8	256	0	280	38	68	56	36	15	46	9	10	6
与港、澳、台地区学校交流	003	0	0	0	0	0	0	0	0	0	0	0	0	0	0
37. 南京工程学院		1	1	62	0	25	0	0	22	21	25	20	0	0	0
国际学术交流	001	0	0	0	0	0	0	0	0	0	0	0	0	0	0
国内学术交流	002	1	1	62	0	25	0	0	22	21	25	20	0	0	0
与港、澳、台地区学校交流	003	0	0	0	0	0	0	0	0	0	0	0	0	0	0
38. 南京审计大学		18	6	133	15	140	11	248	105	304	28	211	0	0	0
国际学术交流	001	2	0	30	15	41	11	56	105	124	28	211	0	0	0
国内学术交流	002	16	6	102	0	98	0	182	0	180	0	0	0	0	0
与港、澳、台地区学校交流	003	0	0	1	0	1	0	10	0	0	0	0	0	0	0
39. 南京晓庄学院		0	6	427	0	277	0	0	0	0	0	0	0	0	0
国际学术交流	001	0	4	95	0	61	0	0	0	0	0	0	0	0	0
国内学术交流	002	0	2	332	0	216	0	0	0	0	0	0	0	0	0
与港、澳、台地区学校交流	003	0	0	0	0	0	0	0	0	0	0	0	0	0	0
40. 江苏理工学院		3	0	140	0	150	30	75	30	51	28	31	25	30	32
国际学术交流	001	0	0	0	0	0	0	0	0	0	0	0	0	0	0
国内学术交流	002	3	0	140	0	150	30	75	30	51	28	31	25	30	32
与港、澳、台地区学校交流	003	0	0	0	0	0	0	0	0	0	0	0	0	0	0
41. 淮海工学院		5	0	185	0	165	6	13	15	10	21	22	0	0	0
国际学术交流	001	0	0	0	0	0	0	0	0	0	0	0	0	0	0
国内学术交流	002	5	0	185	0	165	6	13	15	10	21	22	0	0	0

续表

学术交流类别	编号	校办学术会议		参加学术会议			受聘讲学		社科考察		进修学习		合作研究		
		本校独办数	与外单位合办数	参加人次		提交论文(篇)	派出人次	来校人次	派出人次	来校人次	派出人次	来校人次	派出人次	来校人次	课题数(项)
				合计	其中:赴境外人次										
		L01	L02	L03	L04	L05	L06	L07	L08	L09	L10	L11	L12	L13	L14
与港、澳、台地区学校交流	003	0	0	0	0	0	0	0	0	0	0	0	0	0	0
42. 徐州工程学院		3	3	80	0	75	6	24	45	35	80	0	10	10	5
国际学术交流	001	0	0	0	0	0	0	0	0	0	0	0	0	0	0
国内学术交流	002	3	3	80	0	75	6	24	45	35	80	0	10	10	5
与港、澳、台地区学校交流	003	0	0	0	0	0	0	0	0	0	0	0	0	0	0
43. 南京特殊教育师范学院		3	0	65	10	19	65	31	90	35	26	7	0	0	0
国际学术交流	001	1	0	5	5	2	15	6	30	5	9	0	0	0	0
国内学术交流	002	2	0	40	0	10	20	15	40	20	3	4	0	0	0
与港、澳、台地区学校交流	003	0	0	20	5	7	30	10	20	10	14	3	0	0	0
44. 泰州学院		1	1	35	4	23	35	55	159	178	38	30	8	6	2
国际学术交流	001	0	0	4	4	2	1	2	18	40	4	0	0	0	0
国内学术交流	002	1	1	30	0	20	34	53	141	138	34	30	8	6	2
与港、澳、台地区学校交流	003	0	0	1	0	1	0	0	0	0	0	0	0	0	0
45. 金陵科技学院		28	1	51	1	32	3	26	1	2	22	0	5	2	1
国际学术交流	001	0	0	9	1	8	0	0	0	0	0	0	0	0	0
国内学术交流	002	28	1	42	0	24	3	26	1	2	22	0	5	2	1
与港、澳、台地区学校交流	003	0	0	0	0	0	0	0	0	0	0	0	0	0	0
46. 江苏第二师范学院		4	2	31	6	30	0	0	8	17	8	0	0	0	0
国际学术交流	001	1	1	3	3	2	0	0	7	17	7	0	0	0	0
国内学术交流	002	3	1	25	0	25	0	0	0	0	0	0	0	0	0
与港、澳、台地区学校交流	003	0	0	3	3	3	0	0	1	0	1	0	0	0	0

3. 公办专科高等学校人文、社会科学学术交流情况表

学术交流类别	编号	校办学术会议		参加学术会议			受聘讲学		社科考察		进修学习		合作研究		
		本校独办数	与外单位合办数	参加人次		提交论文（篇）	派出人次	来校人次	派出人次	来校人次	派出人次	来校人次	派出人次	来校人次	课题数（项）
				合计	其中：赴境外人次										
		L01	L02	L03	L04	L05	L06	L07	L08	L09	L10	L11	L12	L13	L14
合计	/	130	39	1 255	61	668	253	523	965	804	2 309	1 317	186	220	123
1. 苏州幼儿师范高等专科学校		0	0	16	0	1	0	0	0	0	0	0	3	0	0
国际学术交流	001	0	0	0	0	0	0	0	0	0	0	0	0	0	0
国内学术交流	002	0	0	16	0	1	0	0	0	0	0	0	0	0	0
与港、澳、台地区学校交流	003	0	0	0	0	0	0	0	0	0	0	0	3	0	0
2. 无锡职业技术学院		1	0	4	1	2	0	2	27	31	24	0	0	0	0
国际学术交流	001	0	0	2	1	1	0	0	9	18	3	0	0	0	0
国内学术交流	002	1	0	2	0	1	0	2	16	13	21	0	0	0	0
与港、澳、台地区学校交流	003	0	0	0	0	0	0	0	2	0	0	0	0	0	0
3. 江苏建筑职业技术学院		1	3	15	0	15	12	13	16	20	20	21	23	19	14
国际学术交流	001	0	0	0	0	0	0	0	0	0	0	0	0	0	0
国内学术交流	002	1	3	15	0	15	12	13	16	20	20	21	23	19	14
与港、澳、台地区学校交流	003	0	0	0	0	0	0	0	0	0	0	0	0	0	0
4. 南京工业职业技术学院		9	17	200	0	18	50	67	59	0	77	175	34	61	21
国际学术交流	001	1	0	100	0	0	0	4	4	0	2	0	1	1	1
国内学术交流	002	7	17	20	0	18	50	55	40	0	65	170	33	60	20
与港、澳、台地区学校交流	003	1	0	80	0	0	0	8	15	0	10	5	0	0	0
5. 江苏工程职业技术学院		2	0	10	0	10	4	20	6	2	38	25	9	5	5

续表

学术交流类别	编号	校办学术会议		参加学术会议			受聘讲学		社科考察		进修学习		合作研究		
		本校独办数	与外单位合办数	参加人次		提交论文（篇）	派出人次	来校人次	派出人次	来校人次	派出人次	来校人次	派出人次	来校人次	课题数（项）
				合计	其中:赴境外人次										
		L01	L02	L03	L04	L05	L06	L07	L08	L09	L10	L11	L12	L13	L14
国际学术交流	001	0	0	0	0	0	0	0	0	0	0	0	0	0	0
国内学术交流	002	2	0	10	0	10	4	20	6	2	38	25	9	5	5
与港、澳、台地区学校交流	003	0	0	0	0	0	0	0	0	0	0	0	0	0	0
6. 苏州工艺美术职业技术学院		2	1	25	2	25	6	3	18	19	51	63	51	73	6
国际学术交流	001	0	0	3	2	3	1	0	3	3	6	3	1	3	1
国内学术交流	002	2	1	22	0	22	5	3	15	16	45	60	50	70	5
与港、澳、台地区学校交流	003	0	0	0	0	0	0	0	0	0	0	0	0	0	0
7. 连云港职业技术学院		0	0	83	0	19	0	0	0	0	2	0	0	0	0
国际学术交流	001	0	0	2	0	2	0	0	0	0	2	0	0	0	0
国内学术交流	002	0	0	81	0	17	0	0	0	0	0	0	0	0	0
与港、澳、台地区学校交流	003	0	0	0	0	0	0	0	0	0	0	0	0	0	0
8. 镇江市高等专科学校		0	0	0	0	0	0	0	24	0	67	0	0	0	0
国际学术交流	001	0	0	0	0	0	0	0	0	0	7	0	0	0	0
国内学术交流	002	0	0	0	0	0	0	0	24	0	60	0	0	0	0
与港、澳、台地区学校交流	003	0	0	0	0	0	0	0	0	0	0	0	0	0	0
9. 南通职业大学		0	0	6	0	6	0	3	7	2	6	0	0	0	0
国际学术交流	001	0	0	0	0	0	0	0	0	0	0	0	0	0	0
国内学术交流	002	0	0	6	0	6	0	3	7	2	6	0	0	0	0
与港、澳、台地区学校交流	003	0	0	0	0	0	0	0	0	0	0	0	0	0	0
10. 苏州职业大学		0	0	3	0	3	0	0	0	0	158	0	0	0	0

续表

国际学术交流	001	0	0	0	0	0	0	0	0	0	0	0	0	0	0
国内学术交流	002	0	0	3	0	3	0	0	0	0	158	0	0	0	0
与港、澳、台地区学校交流	003	0	0	0	0	0	0	0	0	0	0	0	0	0	0
11. 沙洲职业工学院		0	0	13	0	11	0	5	15	10	2	0	0	0	0
国际学术交流	001	0	0	0	0	0	0	0	0	0	0	0	0	0	0
国内学术交流	002	0	0	13	0	11	0	5	15	10	2	0	0	0	0
与港、澳、台地区学校交流	003	0	0	0	0	0	0	0	0	0	0	0	0	0	0
12. 扬州市职业大学		1	3	20	0	16	12	15	24	28	153	0	5	0	18
国际学术交流	001	0	0	0	0	0	0	0	0	0	0	0	0	0	0
国内学术交流	002	1	3	20	0	16	12	15	24	28	153	0	5	0	18
与港、澳、台地区学校交流	003	0	0	0	0	0	0	0	0	0	0	0	0	0	0
13. 连云港师范高等专科学校		1	1	2	0	1	4	5	2	0	3	0	0	0	0
国际学术交流	001	0	0	0	0	0	0	0	0	0	0	0	0	0	0
国内学术交流	002	1	1	2	0	1	4	5	2	0	3	0	0	0	0
与港、澳、台地区学校交流	003	0	0	0	0	0	0	0	0	0	0	0	0	0	0
14. 江苏经贸职业技术学院		16	0	65	0	60	8	15	18	12	180	0	20	12	10
国际学术交流	001	0	0	0	0	0	0	0	0	0	0	0	0	0	0
国内学术交流	002	16	0	65	0	60	8	15	18	12	180	0	20	12	10
与港、澳、台地区学校交流	003	0	0	0	0	0	0	0	0	0	0	0	0	0	0
15. 泰州职业技术学院		0	0	2	0	2	0	0	32	29	38	11	0	0	0
国际学术交流	001	0	0	0	0	0	0	0	16	6	0	0	0	0	0
国内学术交流	002	0	0	2	0	2	0	0	5	18	29	11	0	0	0
与港、澳、台地区学校交流	003	0	0	0	0	0	0	0	11	5	9	0	0	0	0
16. 常州信息职业技术学院		7	0	0	0	0	0	0	0	0	8	9	0	0	0
国际学术交流	001	0	0	0	0	0	0	0	0	0	0	0	0	0	0

续表

学术交流类别	编号	校办学术会议		参加学术会议			受聘讲学		社科考察		进修学习		合作研究		
		本校独办数	与外单位合办数	参加人次		提交论文（篇）	派出人次	来校人次	派出人次	来校人次	派出人次	来校人次	派出人次	来校人次	课题数（项）
				合计	其中：赴境外人次										
		L01	L02	L03	L04	L05	L06	L07	L08	L09	L10	L11	L12	L13	L14
国内学术交流	002	7	0	0	0	0	0	0	0	0	8	9	0	0	0
与港、澳、台地区学校交流	003	0	0	0	0	0	0	0	0	0	0	0	0	0	0
17. 江苏海事职业技术学院		0	0	27	0	24	11	16	11	18	25	9	0	0	0
国际学术交流	001	0	0	6	0	3	3	6	3	6	10	3	0	0	0
国内学术交流	002	0	0	21	0	21	8	10	8	12	15	6	0	0	0
与港、澳、台地区学校交流	003	0	0	0	0	0	0	0	0	0	0	0	0	0	0
18. 江苏医药职业学院		0	1	18	0	10	2	0	16	0	3	0	0	0	0
国际学术交流	001	0	0	5	0	0	0	0	0	0	3	0	0	0	0
国内学术交流	002	0	1	13	0	10	2	0	16	0	0	0	0	0	0
与港、澳、台地区学校交流	003	0	0	0	0	0	0	0	0	0	0	0	0	0	0
19. 南通科技职业学院		0	0	1	1	1	13	10	20	81	22	15	0	0	0
国际学术交流	001	0	0	1	1	1	1	0	5	70	3	0	0	0	0
国内学术交流	002	0	0	0	0	0	12	10	15	6	18	15	0	0	0
与港、澳、台地区学校交流	003	0	0	0	0	0	0	0	0	5	1	0	0	0	0
20. 苏州经贸职业技术学院		0	0	3	1	3	0	0	0	0	117	0	0	0	0
国际学术交流	001	0	0	1	1	1	0	0	0	0	18	0	0	0	0
国内学术交流	002	0	0	2	0	2	0	0	0	0	99	0	0	0	0
与港、澳、台地区学校交流	003	0	0	0	0	0	0	0	0	0	0	0	0	0	0
21. 苏州卫生职业技术学院		0	0	0	0	0	0	0	0	0	23	3	0	0	0
国际学术交流	001	0	0	0	0	0	0	0	0	0	0	0	0	0	0

续表

国内学术交流	002	0	0	0	0	0	0	0	0	0	23	3	0	0	0
与港、澳、台地区学校交流	003	0	0	0	0	0	0	0	0	0	0	0	0	0	0
22. 无锡商业职业技术学院		1	2	160	0	150	5	30	25	10	60	10	5	10	5
国际学术交流	001	0	0	0	0	0	0	0	0	0	0	0	0	0	0
国内学术交流	002	1	2	160	0	150	5	30	25	10	60	10	5	10	5
与港、澳、台地区学校交流	003	0	0	0	0	0	0	0	0	0	0	0	0	0	0
23. 南通航运职业技术学院		32	0	106	0	0	16	28	146	73	235	0	0	0	0
国际学术交流	001	0	0	0	0	0	0	0	0	0	0	0	0	0	0
国内学术交流	002	32	0	106	0	0	16	28	146	73	235	0	0	0	0
与港、澳、台地区学校交流	003	0	0	0	0	0	0	0	0	0	0	0	0	0	0
24. 南京交通职业技术学院		0	0	8	0	8	5	20	25	25	97	0	0	0	0
国际学术交流	001	0	0	0	0	0	0	0	0	0	4	0	0	0	0
国内学术交流	002	0	0	8	0	8	5	15	25	25	35	0	0	0	0
与港、澳、台地区学校交流	003	0	0	0	0	0	0	5	0	0	58	0	0	0	0
25. 淮安信息职业技术学院		0	0	10	0	2	0	3	45	29	32	0	0	0	0
国际学术交流	001	0	0	0	0	0	0	0	11	7	2	0	0	0	0
国内学术交流	002	0	0	10	0	2	0	3	34	22	30	0	0	0	0
与港、澳、台地区学校交流	003	0	0	0	0	0	0	0	0	0	0	0	0	0	0
26. 江苏农牧科技职业学院		0	1	3	0	2	0	0	7	2	3	0	0	0	0
国际学术交流	001	0	0	0	0	0	0	0	0	0	0	0	0	0	0
国内学术交流	002	0	1	3	0	2	0	0	7	2	3	0	0	0	0
与港、澳、台地区学校交流	003	0	0	0	0	0	0	0	0	0	0	0	0	0	0
27. 常州纺织服装职业技术学院		5	0	76	1	49	2	4	30	27	113	0	16	10	3
国际学术交流	001	1	0	1	1	1	0	2	2	4	18	0	1	0	1
国内学术交流	002	4	0	75	0	48	2	2	26	23	95	0	15	10	2

续表

学术交流类别	编号	校办学术会议		参加学术会议			受聘讲学		社科考察		进修学习		合作研究		
		本校独办数	与外单位合办数	参加人次		提交论文(篇)	派出人次	来校人次	派出人次	来校人次	派出人次	来校人次	派出人次	来校人次	课题数(项)
				合计	其中:赴境外人次										
		L01	L02	L03	L04	L05	L06	L07	L08	L09	L10	L11	L12	L13	L14
与港、澳、台地区学校交流	003	0	0	0	0	0	0	0	2	0	0	0	0	0	0
28. 常州轻工职业技术学院		0	1	6	0	4	2	3	3	3	5	0	0	0	0
国际学术交流	001	0	0	0	0	0	0	0	0	0	0	0	0	0	0
国内学术交流	002	0	1	6	0	4	2	3	3	3	5	0	0	0	0
与港、澳、台地区学校交流	003	0	0	0	0	0	0	0	0	0	0	0	0	0	0
29. 常州工程职业技术学院		3	2	12	1	7	3	10	6	11	4	280	3	4	22
国际学术交流	001	0	0	2	1	1	0	0	0	0	0	0	0	0	0
国内学术交流	002	3	2	10	0	6	3	10	6	11	4	280	3	4	22
与港、澳、台地区学校交流	003	0	0	0	0	0	0	0	0	0	0	0	0	0	0
30. 江苏农林职业技术学院		0	0	6	0	4	0	0	0	0	34	0	0	0	0
国际学术交流	001	0	0	0	0	0	0	0	0	0	8	0	0	0	0
国内学术交流	002	0	0	6	0	4	0	0	0	0	26	0	0	0	0
与港、澳、台地区学校交流	003	0	0	0	0	0	0	0	0	0	0	0	0	0	0
31. 江苏食品药品职业技术学院		0	0	18	4	16	19	9	13	9	16	14	0	0	0
国际学术交流	001	0	0	2	2	0	5	0	0	0	0	0	0	0	0
国内学术交流	002	0	0	14	0	16	13	8	13	9	16	14	0	0	0
与港、澳、台地区学校交流	003	0	0	2	2	0	1	1	0	0	0	0	0	0	0
32. 南京铁道职业技术学院		7	1	36	16	9	5	17	50	80	43	394	0	5	2
国际学术交流	001	1	0	6	6	2	0	1	5	30	28	44	0	0	0
国内学术交流	002	6	1	20	0	5	5	16	30	50	15	350	0	5	2

续表

与港、澳、台地区学校交流	003	0	0	10	10	2	0	0	15	0	0	0	0	0	0
33. 徐州工业职业技术学院		5	0	15	0	4	4	12	18	25	17	10	4	5	2
国际学术交流	001	0	0	0	0	0	0	0	0	0	0	0	0	0	0
国内学术交流	002	5	0	15	0	4	4	12	18	25	17	10	4	5	2
与港、澳、台地区学校交流	003	0	0	0	0	0	0	0	0	0	0	0	0	0	0
34. 江苏信息职业技术学院		10	0	0	0	0	0	0	0	0	0	0	0	0	0
国际学术交流	001	0	0	0	0	0	0	0	0	0	0	0	0	0	0
国内学术交流	002	10	0	0	0	0	0	0	0	0	0	0	0	0	0
与港、澳、台地区学校交流	003	0	0	0	0	0	0	0	0	0	0	0	0	0	0
35. 南京信息职业技术学院		1	1	31	11	27	19	22	89	125	104	90	0	0	0
国际学术交流	001	0	0	10	8	8	1	0	20	38	30	20	0	0	0
国内学术交流	002	1	1	15	0	15	13	16	61	78	68	67	0	0	0
与港、澳、台地区学校交流	003	0	0	6	3	4	5	6	8	9	6	3	0	0	0
36. 常州机电职业技术学院		0	0	8	0	4	0	0	0	0	0	0	0	0	0
国际学术交流	001	0	0	0	0	0	0	0	0	0	0	0	0	0	0
国内学术交流	002	0	0	8	0	4	0	0	0	0	0	0	0	0	0
与港、澳、台地区学校交流	003	0	0	0	0	0	0	0	0	0	0	0	0	0	0
37. 江阴职业技术学院		5	0	15	0	11	5	8	5	0	13	0	0	0	0
国际学术交流	001	0	0	0	0	0	0	0	0	0	0	0	0	0	0
国内学术交流	002	5	0	15	0	11	5	8	5	0	13	0	0	0	0
与港、澳、台地区学校交流	003	0	0	0	0	0	0	0	0	0	0	0	0	0	0
38. 无锡城市职业技术学院		0	0	4	0	2	0	4	29	37	53	0	0	0	0
国际学术交流	001	0	0	0	0	0	0	0	4	37	0	0	0	0	0
国内学术交流	002	0	0	4	0	2	0	4	25	0	38	0	0	0	0
与港、澳、台地区学校交流	003	0	0	0	0	0	0	0	0	0	15	0	0	0	0

续表

学术交流类别	编号	校办学术会议		参加学术会议			受聘讲学		社科考察		进修学习		合作研究		
		本校独办数	与外单位合办数	参加人次 合计	其中:赴境外人次	提交论文(篇)	派出人次	来校人次	派出人次	来校人次	派出人次	来校人次	派出人次	来校人次	课题数(项)
		L01	L02	L03	L04	L05	L06	L07	L08	L09	L10	L11	L12	L13	L14
39. 无锡工艺职业技术学院		2	2	10	2	2	2	13	30	20	80	62	2	16	2
国际学术交流	001	1	1	2	2	1	0	3	8	6	38	50	0	0	0
国内学术交流	002	1	1	8	0	1	2	10	22	14	42	12	2	16	2
与港、澳、台地区学校交流	003	0	0	0	0	0	0	0	0	0	0	0	0	0	0
40. 苏州健雄职业技术学院		0	0	7	0	7	0	0	0	0	13	0	0	0	0
国际学术交流	001	0	0	0	0	0	0	0	0	0	0	0	0	0	0
国内学术交流	002	0	0	7	0	7	0	0	0	0	13	0	0	0	0
与港、澳、台地区学校交流	003	0	0	0	0	0	0	0	0	0	0	0	0	0	0
41. 盐城工业职业技术学院		0	0	15	0	15	0	0	10	0	0	0	0	0	0
国际学术交流	001	0	0	0	0	0	0	0	0	0	0	0	0	0	0
国内学术交流	002	0	0	15	0	15	0	0	10	0	0	0	0	0	0
与港、澳、台地区学校交流	003	0	0	0	0	0	0	0	0	0	0	0	0	0	0
42. 江苏财经职业技术学院		7	0	15	0	15	20	26	38	8	98	83	9	0	12
国际学术交流	001	0	0	0	0	0	0	0	0	0	0	0	0	0	0
国内学术交流	002	7	0	15	0	15	20	26	38	8	98	83	9	0	12
与港、澳、台地区学校交流	003	0	0	0	0	0	0	0	0	0	0	0	0	0	0
43. 扬州工业职业技术学院		0	0	7	0	6	0	4	5	4	0	0	0	0	0
国际学术交流	001	0	0	0	0	0	0	0	0	0	0	0	0	0	0
国内学术交流	002	0	0	7	0	6	0	4	5	4	0	0	0	0	0
与港、澳、台地区学校交流	003	0	0	0	0	0	0	0	0	0	0	0	0	0	0

续表

44. 江苏城市职业学院		3	0	25	3	15	0	49	4	22	41	0	0	0	0
国际学术交流	001	0	0	7	3	8	0	0	4	22	38	0	0	0	0
国内学术交流	002	3	0	18	0	7	0	49	0	0	2	0	0	0	0
与港、澳、台地区学校交流	003	0	0	0	0	0	0	0	0	0	1	0	0	0	0
45. 南京机电职业技术学院		0	1	0	0	0	0	0	0	0	42	0	0	0	0
国际学术交流	001	0	0	0	0	0	0	0	0	0	0	0	0	0	0
国内学术交流	002	0	1	0	0	0	0	0	0	0	42	0	0	0	0
与港、澳、台地区学校交流	003	0	0	0	0	0	0	0	0	0	0	0	0	0	0
46. 江苏卫生健康职业学院		1	1	8	0	3	0	2	5	6	5	0	0	0	0
国际学术交流	001	0	0	0	0	0	0	2	0	6	3	0	0	0	0
国内学术交流	002	1	1	8	0	3	0	0	5	0	2	0	0	0	0
与港、澳、台地区学校交流	003	0	0	0	0	0	0	0	0	0	0	0	0	0	0
47. 苏州工业园区服务外包职业学院		0	0	7	0	7	0	15	5	0	28	0	0	0	0
国际学术交流	001	0	0	0	0	0	0	0	5	0	3	0	0	0	0
国内学术交流	002	0	0	7	0	7	0	15	0	0	25	0	0	0	0
与港、澳、台地区学校交流	003	0	0	0	0	0	0	0	0	0	0	0	0	0	0
48. 徐州幼儿师范高等专科学校		4	0	105	18	46	7	40	59	17	58	27	0	0	0
国际学术交流	001	0	0	12	5	1	0	0	6	0	5	0	0	0	0
国内学术交流	002	3	0	80	0	40	7	40	35	17	35	27	0	0	0
与港、澳、台地区学校交流	003	1	0	13	13	5	0	0	18	0	18	0	0	0	0
49. 徐州生物工程职业技术学院		0	0	0	0	0	11	12	17	19	20	16	0	0	0
国际学术交流	001	0	0	0	0	0	0	0	0	4	0	0	0	0	0
国内学术交流	002	0	0	0	0	0	11	12	17	15	20	16	0	0	0
与港、澳、台地区学校交流	003	0	0	0	0	0	0	0	0	0	0	0	0	0	0
50. 江苏商贸职业学院		1	1	6	0	6	0	5	4	0	66	0	1	0	1

续表

学术交流类别	编号	校办学术会议		参加学术会议			受聘讲学		社科考察		进修学习		合作研究		
		本校独办数	与外单位合办数	参加人次		提交论文（篇）	派出人次	来校人次	派出人次	来校人次	派出人次	来校人次	派出人次	来校人次	课题数（项）
				合计	其中：赴境外人次										
		L01	L02	L03	L04	L05	L06	L07	L08	L09	L10	L11	L12	L13	L14
国际学术交流	001	0	0	0	0	0	0	0	0	0	20	0	0	0	0
国内学术交流	002	1	1	6	0	6	0	5	4	0	46	0	1	0	1
与港、澳、台地区学校交流	003	0	0	0	0	0	0	0	0	0	0	0	0	0	0
51. 南通师范高等专科学校		1	0	9	0	4	3	0	0	0	0	0	0	0	0
国际学术交流	001	0	0	0	0	0	0	0	0	0	0	0	0	0	0
国内学术交流	002	1	0	9	0	4	3	0	0	0	0	0	0	0	0
与港、澳、台地区学校交流	003	0	0	0	0	0	0	0	0	0	0	0	0	0	0
52. 江苏护理职业学院		1	0	4	0	4	3	10	0	0	1	0	1	0	0
国际学术交流	001	0	0	1	0	1	3	10	0	0	1	0	1	0	0
国内学术交流	002	1	0	3	0	3	0	0	0	0	0	0	0	0	0
与港、澳、台地区学校交流	003	0	0	0	0	0	0	0	0	0	0	0	0	0	0
53. 江苏财会职业学院		0	0	5	0	7	0	0	0	0	6	0	0	0	0
国际学术交流	001	0	0	0	0	0	0	0	0	0	6	0	0	0	0
国内学术交流	002	0	0	5	0	7	0	0	0	0	0	0	0	0	0
与港、澳、台地区学校交流	003	0	0	0	0	0	0	0	0	0	0	0	0	0	0
54. 江苏城乡建设职业学院		1	0	5	0	5	0	3	2	0	2	0	0	0	0
国际学术交流	001	0	0	0	0	0	0	0	0	0	0	0	0	0	0
国内学术交流	002	1	0	5	0	5	0	3	2	0	2	0	0	0	0
与港、澳、台地区学校交流	003	0	0	0	0	0	0	0	0	0	0	0	0	0	0
55. 江苏安全技术职业学院		0	0	0	0	0	0	0	0	0	3	0	0	0	0
国际学术交流	001	0	0	0	0	0	0	0	0	0	0	0	0	0	0
国内学术交流	002	0	0	0	0	0	0	0	0	0	3	0	0	0	0
与港、澳、台地区学校交流	003	0	0	0	0	0	0	0	0	0	0	0	0	0	0

注：此表删除了各项交流均为 0 的学校。

4. 民办及中外合作办学高等学校人文、社会科学学术交流情况表

学术交流类别	编号	校办学术会议		参加学术会议			受聘讲学		社科考察		进修学习		合作研究		
		本校独办数	与外单位合办数	参加人次		提交论文（篇）	派出人次	来校人次	派出人次	来校人次	派出人次	来校人次	派出人次	来校人次	课题数（项）
				合计	其中：赴境外人次										
		L01	L02	L03	L04	L05	L06	L07	L08	L09	L10	L11	L12	L13	L14
合计	/	25	9	416	94	323	138	237	218	237	526	313	72	45	29
1. 三江学院		3	0	35	0	35	3	5	20	30	3	0	3	3	1
国际学术交流	001	0	0	0	0	0	0	0	0	0	0	0	0	0	0
国内学术交流	002	3	0	35	0	35	3	5	20	30	3	0	3	3	1
与港、澳、台地区学校交流	003	0	0	0	0	0	0	0	0	0	0	0	0	0	0
2. 九州职业技术学院		0	0	8	0	5	13	22	68	52	74	177	9	4	4
国际学术交流	001	0	0	0	0	0	0	0	0	0	0	0	0	0	0
国内学术交流	002	0	0	8	0	5	13	22	68	52	74	177	9	4	4
与港、澳、台地区学校交流	003	0	0	0	0	0	0	0	0	0	0	0	0	0	0
3. 南通理工学院		0	0	4	0	4	0	8	0	0	2	0	0	0	0
国际学术交流	001	0	0	0	0	0	0	0	0	0	0	0	0	0	0
国内学术交流	002	0	0	4	0	4	0	8	0	0	2	0	0	0	0
与港、澳、台地区学校交流	003	0	0	0	0	0	0	0	0	0	0	0	0	0	0
4. 硅湖职业技术学院		0	1	8	1	8	3	4	10	5	8	0	15	13	9
国际学术交流	001	0	0	2	1	2	0	0	0	0	0	0	0	0	0
国内学术交流	002	0	1	3	0	3	3	4	10	5	8	0	15	10	7
与港、澳、台地区学校交流	003	0	0	3	0	3	0	0	0	0	0	0	0	3	2
5. 应天职业技术学院		0	0	6	0	3	0	3	4	0	4	0	3	0	1
国际学术交流	001	0	0	0	0	0	0	0	0	0	0	0	0	0	0

续表

学术交流类别	编号	校办学术会议		参加学术会议			受聘讲学		社科考察		进修学习		合作研究		
		本校独办数	与外单位合办数	参加人次		提交论文（篇）	派出人次	来校人次	派出人次	来校人次	派出人次	来校人次	派出人次	来校人次	课题数（项）
				合计	其中：赴境外人次										
		L01	L02	L03	L04	L05	L06	L07	L08	L09	L10	L11	L12	L13	L14
国内学术交流	002	0	0	6	0	3	0	3	4	0	4	0	3	0	1
与港、澳、台地区学校交流	003	0	0	0	0	0	0	0	0	0	0	0	0	0	0
6. 苏州托普信息职业技术学院		2	0	1	0	1	0	0	0	0	1	0	0	0	0
国际学术交流	001	0	0	0	0	0	0	0	0	0	0	0	0	0	0
国内学术交流	002	2	0	1	0	1	0	0	0	0	1	0	0	0	0
与港、澳、台地区学校交流	003	0	0	0	0	0	0	0	0	0	0	0	0	0	0
7. 东南大学成贤学院		9	5	23	3	11	5	10	10	16	22	14	0	0	0
国际学术交流	001	0	0	5	1	1	0	0	1	3	2	0	0	0	0
国内学术交流	002	7	4	14	0	8	3	6	6	8	15	12	0	0	0
与港、澳、台地区学校交流	003	2	1	4	2	2	2	4	3	5	5	2	0	0	0
8. 正德职业技术学院		0	0	0	0	0	0	0	0	0	1	0	0	0	0
国际学术交流	001	0	0	0	0	0	0	0	0	0	0	0	0	0	0
国内学术交流	002	0	0	0	0	0	0	0	0	0	1	0	0	0	0
与港、澳、台地区学校交流	003	0	0	0	0	0	0	0	0	0	0	0	0	0	0
9. 金肯职业技术学院		0	0	6	0	4	0	0	0	0	25	0	0	0	0
国际学术交流	001	0	0	0	0	0	0	0	0	0	0	0	0	0	0
国内学术交流	002	0	0	6	0	4	0	0	0	0	25	0	0	0	0
与港、澳、台地区学校交流	003	0	0	0	0	0	0	0	0	0	0	0	0	0	0
10. 建东职业技术学院		0	0	0	0	0	0	0	0	0	27	0	0	0	0
国际学术交流	001	0	0	0	0	0	0	0	0	0	0	0	0	0	0

续表

国内学术交流	002	0	0	0	0	0	0	0	0	0	27	0	0	0	0
与港、澳、台地区学校交流	003	0	0	0	0	0	0	0	0	0	0	0	0	0	0
11. 江海职业技术学院		2	0	4	0	4	0	0	0	0	2	0	0	0	0
国际学术交流	001	0	0	0	0	0	0	0	0	0	0	0	0	0	0
国内学术交流	002	2	0	4	0	4	0	0	0	0	2	0	0	0	0
与港、澳、台地区学校交流	003	0	0	0	0	0	0	0	0	0	0	0	0	0	0
12. 无锡太湖学院		0	0	12	1	12	3	5	10	5	55	0	0	0	0
国际学术交流	001	0	0	1	1	1	0	0	0	0	0	0	0	0	0
国内学术交流	002	0	0	11	0	11	3	5	10	5	55	0	0	0	0
与港、澳、台地区学校交流	003	0	0	0	0	0	0	0	0	0	0	0	0	0	0
13. 中国矿业大学徐海学院		0	0	5	0	0	0	5	0	0	1	0	0	0	0
国际学术交流	001	0	0	0	0	0	0	0	0	0	1	0	0	0	0
国内学术交流	002	0	0	5	0	0	0	5	0	0	0	0	0	0	0
与港、澳、台地区学校交流	003	0	0	0	0	0	0	0	0	0	0	0	0	0	0
14. 南京大学金陵学院		0	0	11	1	2	1	3	0	0	11	0	0	0	0
国际学术交流	001	0	0	1	1	0	0	0	0	0	0	0	0	0	0
国内学术交流	002	0	0	10	0	2	1	3	0	0	11	0	0	0	0
与港、澳、台地区学校交流	003	0	0	0	0	0	0	0	0	0	0	0	0	0	0
15. 南京理工大学紫金学院		0	0	2	0	0	0	0	0	0	3	0	0	0	0
国际学术交流	001	0	0	0	0	0	0	0	0	0	0	0	0	0	0
国内学术交流	002	0	0	2	0	0	0	0	0	0	3	0	0	0	0
与港、澳、台地区学校交流	003	0	0	0	0	0	0	0	0	0	0	0	0	0	0
16. 中国传媒大学南广学院		3	0	53	0	50	0	0	0	0	0	0	0	0	0
国际学术交流	001	0	0	0	0	0	0	0	0	0	0	0	0	0	0
国内学术交流	002	3	0	53	0	50	0	0	0	0	0	0	0	0	0

续表

学术交流类别	编号	校办学术会议		参加学术会议			受聘讲学		社科考察		进修学习		合作研究		
		本校独办数	与外单位合办数	参加人次		提交论文（篇）	派出人次	来校人次	派出人次	来校人次	派出人次	来校人次	派出人次	来校人次	课题数（项）
				合计	其中：赴境外人次										
		L01	L02	L03	L04	L05	L06	L07	L08	L09	L10	L11	L12	L13	L14
与港、澳、台地区学校交流	003	0	0	0	0	0	0	0	0	0	0	0	0	0	0
17. 南京理工大学泰州科技学院		0	0	18	0	16	2	16	3	6	21	19	4	3	2
国际学术交流	001	0	0	0	0	0	0	0	0	0	0	0	0	0	0
国内学术交流	002	0	0	18	0	16	2	16	3	6	21	19	4	3	2
与港、澳、台地区学校交流	003	0	0	0	0	0	0	0	0	0	0	0	0	0	0
18. 南京工业大学浦江学院		0	0	1	0	1	0	0	0	0	0	0	0	0	0
国际学术交流	001	0	0	0	0	0	0	0	0	0	0	0	0	0	0
国内学术交流	002	0	0	1	0	1	0	0	0	0	0	0	0	0	0
与港、澳、台地区学校交流	003	0	0	0	0	0	0	0	0	0	0	0	0	0	0
19. 昆山登云科技职业学院		3	1	10	0	2	0	0	4	10	3	0	0	0	0
国际学术交流	001	0	0	0	0	0	0	0	0	0	0	0	0	0	0
国内学术交流	002	0	0	10	0	2	0	0	4	10	3	0	0	0	0
与港、澳、台地区学校交流	003	3	1	0	0	0	0	0	0	0	0	0	0	0	0
20. 南京中医药大学翰林学院		0	0	3	0	3	2	2	2	0	5	0	2	3	2
国际学术交流	001	0	0	0	0	0	0	0	0	0	0	0	0	0	0
国内学术交流	002	0	0	3	0	3	2	2	2	0	5	0	2	3	2
与港、澳、台地区学校交流	003	0	0	0	0	0	0	0	0	0	0	0	0	0	0
21. 苏州大学文正学院		0	0	1	0	4	0	0	0	0	17	0	0	0	0
国际学术交流	001	0	0	0	0	0	0	0	0	0	0	0	0	0	0
国内学术交流	002	0	0	1	0	4	0	0	0	0	17	0	0	0	0

续表

与港、澳、台地区学校交流	003	0	0	0	0	0	0	0	0	0	0	0	0	0	0
22. 苏州大学应用技术学院		0	0	8	0	9	0	0	9	5	0	0	0	0	0
国际学术交流	001	0	0	0	0	0	0	0	0	0	0	0	0	0	0
国内学术交流	002	0	0	8	0	9	0	0	9	5	0	0	0	0	0
与港、澳、台地区学校交流	003	0	0	0	0	0	0	0	0	0	0	0	0	0	0
23. 苏州科技大学天平学院		0	0	4	0	3	0	4	0	0	6	0	0	0	0
国际学术交流	001	0	0	0	0	0	0	0	0	0	0	0	0	0	0
国内学术交流	002	0	0	4	0	3	0	4	0	0	6	0	0	0	0
与港、澳、台地区学校交流	003	0	0	0	0	0	0	0	0	0	0	0	0	0	0
24. 江苏师范大学科文学院		0	0	6	0	2	0	0	0	0	17	0	0	0	0
国际学术交流	001	0	0	0	0	0	0	0	0	0	0	0	0	0	0
国内学术交流	002	0	0	6	0	2	0	0	0	0	17	0	0	0	0
与港、澳、台地区学校交流	003	0	0	0	0	0	0	0	0	0	0	0	0	0	0
25. 南京财经大学红山学院		0	0	42	0	14	16	15	0	0	109	81	0	0	0
国际学术交流	001	0	0	0	0	0	0	0	0	0	0	0	0	0	0
国内学术交流	002	0	0	42	0	14	16	15	0	0	109	81	0	0	0
与港、澳、台地区学校交流	003	0	0	0	0	0	0	0	0	0	0	0	0	0	0
26. 南通大学杏林学院		0	0	2	0	0	0	0	2	0	5	0	0	0	0
国际学术交流	001	0	0	2	0	0	0	0	1	0	4	0	0	0	0
国内学术交流	002	0	0	0	0	0	0	0	0	0	0	0	0	0	0
与港、澳、台地区学校交流	003	0	0	0	0	0	0	0	1	0	1	0	0	0	0
27. 南京审计大学金审学院		0	0	15	0	12	0	14	4	0	52	0	28	15	2
国际学术交流	001	0	0	0	0	0	0	0	0	0	0	0	0	0	0

续表

学术交流类别	编号	校办学术会议		参加学术会议			受聘讲学		社科考察		进修学习		合作研究		
		本校独办数	与外单位合办数	参加人次		提交论文(篇)	派出人次	来校人次	派出人次	来校人次	派出人次	来校人次	派出人次	来校人次	课题数(项)
				合计	其中:赴境外人次										
		L01	L02	L03	L04	L05	L06	L07	L08	L09	L10	L11	L12	L13	L14
国内学术交流	002	0	0	15	0	12	0	14	4	0	52	0	28	15	2
与港、澳、台地区学校交流	003	0	0	0	0	0	0	0	0	0	0	0	0	0	0
28. 宿迁学院		0	0	10	0	10	0	5	3	0	20	0	0	0	0
国际学术交流	001	0	0	0	0	0	0	0	0	0	0	0	0	0	0
国内学术交流	002	0	0	10	0	10	0	5	3	0	20	0	0	0	0
与港、澳、台地区学校交流	003	0	0	0	0	0	0	0	0	0	0	0	0	0	0
29. 苏州高博软件技术职业学院		2	0	2	0	1	0	9	58	99	32	22	0	0	0
国际学术交流	001	0	0	0	0	0	0	0	0	37	0	0	0	0	0
国内学术交流	002	2	0	2	0	1	0	9	57	62	31	22	0	0	0
与港、澳、台地区学校交流	003	0	0	0	0	0	0	0	1	0	1	0	0	0	0
30. 西交利物浦大学		1	2	97	75	97	49	77	7	3	0	0	4	4	4
国际学术交流	001	1	2	75	75	75	29	41	7	3	0	0	2	2	2
国内学术交流	002	0	0	15	0	15	16	34	0	0	0	0	1	1	1
与港、澳、台地区学校交流	003	0	0	7	0	7	4	2	0	0	0	0	1	1	1
31. 昆山杜克大学		0	0	19	13	10	41	30	4	6	0	0	4	0	4
国际学术交流	001	0	0	13	13	5	26	20	0	2	0	0	3	0	3
国内学术交流	002	0	0	5	0	4	14	9	4	4	0	0	1	0	1
与港、澳、台地区学校交流	003	0	0	1	0	1	1	1	0	0	0	0	0	0	0

十一、社科专利

1. 全省高等学校人文、社会科学专利情况表

指标名称	专利申请数(件)	其中:发明专利数(件)	有效发明专利数(件)	专利所有权转让及许可数(件)	专利所有权转让与许可收入(百元)	专利授权数(件)	其中:发明专利数(件)	集成电路布图设计登记数(件)	植物新品种权授予数(项)	形成国家或行业标准数(项)
合计	984	115	267	64	260	695	48	15	0	2

2. 公办本科高等学校人文、社会科学专利情况表

指标名称	编号	专利申请数(件)	其中:发明专利数(件)	有效发明专利数(件)	专利所有权转让及许可数(件)	专利所有权转让与许可收入(百元)	专利授权数(件)	其中:发明专利数(件)	集成电路布图设计登记数(件)	植物新品种权授予数(项)	形成国家或行业标准数(项)
合计	/	312	71	127	1	75	221	26	0	0	0
南京大学	1	9	5	0	0	0	7	0	0	0	0
东南大学	2	19	19	0	0	0	3	3	0	0	0
河海大学	3	62	28	46	1	75	42	12	0	0	0
南京理工大学	4	11	5	72	0	0	11	4	0	0	0
苏州大学	5	32	6	0	0	0	19	3	0	0	0
江苏师范大学	6	14	2	2	0	0	8	1	0	0	0
淮阴师范学院	7	88	0	0	0	0	71	0	0	0	0
南京体育学院	8	7	1	1	0	0	6	1	0	0	0
南京艺术学院	9	17	0	0	0	0	15	0	0	0	0
淮阴工学院	10	25	1	0	0	0	18	0	0	0	0
南京晓庄学院	11	2	0	0	0	0	2	0	0	0	0
南京特殊教育师范学院	12	5	0	0	0	0	3	0	0	0	0
金陵科技学院	13	21	4	6	0	0	16	2	0	0	0

注:此表删除了各类专利数均为 0 的高校,下同。

3. 公办专科高等学校人文、社会科学专利情况表

指标名称	编号	专利申请数（件）	其中:发明专利数(件)	有效发明专利数(件)	专利所有权转让及许可数(件)	专利所有权转让与许可收入(百元)	专利授权数（件）	其中:发明专利数(件)	集成电路布图设计登记数(件)	植物新品种权授予数（项）	形成国家或行业标准数（项）
合计	/	503	40	118	63	185	392	21	15	0	2
无锡职业技术学院	1	9	0	0	0	0	4	4	0	0	0
南京工业职业技术学院	2	130	15	5	3	65	85	5	4	0	2
苏州工艺美术职业技术学院	3	97	2	97	0	0	97	2	0	0	0
南通职业大学	4	17	2	0	0	0	9	2	0	0	0
苏州职业大学	5	8	2	0	0	0	6	2	0	0	0
泰州职业技术学院	6	14	0	0	0	0	8	0	0	0	0
江苏海事职业技术学院	7	15	10	0	0	0	6	0	0	0	0
南通科技职业学院	8	4	0	0	0	0	6	0	0	0	0
南京交通职业技术学院	9	23	0	0	0	0	18	0	0	0	0
常州纺织服装职业技术学院	10	15	0	0	0	0	2	0	0	0	0
苏州农业职业技术学院	11	3	3	3	0	0	3	3	0	0	0
常州工程职业技术学院	12	13	0	0	0	0	9	0	0	0	0
江苏信息职业技术学院	13	0	0	0	0	0	5	0	0	0	0
常州机电职业技术学院	14	15	0	0	0	0	10	0	0	0	0
江阴职业技术学院	15	19	6	13	0	0	14	3	11	0	0
无锡城市职业技术学院	16	12	0	0	0	0	8	0	0	0	0
无锡工艺职业技术学院	17	85	0	0	60	120	78	0	0	0	0
江苏财经职业技术学院	18	8	0	0	0	0	8	0	0	0	0
江苏财会职业学院	19	16	0	0	0	0	16	0	0	0	0

4. 民办及中外合作办学高等学校人文、社会科学专利情况表

指标名称	编号	专利申请数(件)	其中:发明专利数(件)	有效发明专利数(件)	专利所有权转让及许可数(件)	专利所有权转让与许可收入(百元)	专利授权数(件)	其中:发明专利数(件)	集成电路布图设计登记数(件)	植物新品种权授予数(项)	形成国家或行业标准数(项)
合计	/	169	4	22	0	0	82	1	0	0	0
硅湖职业技术学院	1	30	2	0	0	0	16	0	0	0	0
江南影视艺术职业学院	2	5	0	0	0	0	4	0	0	0	0
金肯职业技术学院	3	30	1	0	0	0	20	0	0	0	0
无锡太湖学院	4	10	0	0	0	0	10	0	0	0	0
南京航空航天大学金城学院	5	1	1	0	0	0	1	1	0	0	0
中国传媒大学南广学院	6	50	0	0	0	0	0	0	0	0	0
南京理工大学泰州科技学院	7	2	0	0	0	0	1	0	0	0	0
南京师范大学泰州学院	5	21	0	21	0	0	11	0	0	0	0
南京工业大学浦江学院	6	1	0	1	0	0	1	0	0	0	0
昆山登云科技职业学院	7	7	0	0	0	0	6	0	0	0	0
苏州大学应用技术学院	8	2	0	0	0	0	2	0	0	0	0
苏州高博软件技术职业学院	9	10	0	0	0	0	10	0	0	0	0